La philanthropie au profit des musées d'art : une étude de droit privé comparé (France/États-Unis/ Québec)

Logiques Juridiques

Fondée par Gérard Marcou

Dirigée par Jean-Claude Némery et Thomas Perroud

Le droit n'est pas seulement un savoir, il est d'abord un ensemble de rapports et pratiques que l'on rencontre dans presque toutes les formes de sociétés. C'est pourquoi il a toujours donné lieu à la fois à une littérature de juristes professionnels, produisant le savoir juridique, et à une littérature sur le droit, produite par des philosophes, des sociologues ou des économistes notamment.

Parce que le domaine du droit s'étend sans cesse et rend de plus en plus souvent nécessaire le recours au savoir juridique spécialisé, même dans des matières où il n'avait jadis qu'une importance secondaire, les ouvrages juridiques à caractère professionnel ou pédagogique dominent l'édition, et ils tendent à réduire la recherche en droit à sa seule dimension positive. À l'inverse de cette tendance, la collection « Logiques juridiques » des éditions L'Harmattan est ouverte à toutes les approches du droit. Tout en publiant aussi des ouvrages à vocation professionnelle ou pédagogique, elle se fixe avant tout pour but de contribuer à la publication et à la diffusion des recherches en droit, ainsi qu'au dialogue scientifique sur le droit. Comme son nom l'indique, elle se veut plurielle.

Dernières parutions

Demba MBOW, *Le secret dans l'arbitrage international, Approche critique,* 2021.

Benoît GRÉMARE, *De l'arme nucléaire française. Essai sur la constitutionnalisation de la force de frappe,* 2021.

Gladys TREZENEM, *La dignité de la personne humaine et le juge administratif*, 2021.

Chryssi PAPANIKOLAOU, *Le principe de l'Etat social, Étude sur les limites de l'activité législative en droit comparé français et hellénique*, 2021.

Yves Gabriel DJEYA KAMDOM, *La responsabilité des ordonnateurs des crédits publics dans le système financier contemporain. Étude des droits camerounais et français,* 2021.

Anne-Sophie Hulin

La philanthropie au profit des musées d'art : une étude de droit privé comparé (France/États-Unis/ Québec)

L'Harmattan

5-7, rue de l'École-Polytechnique – 75005 Paris
www.editions-harmattan.fr
ISBN : 978-2-343-24775-5
EAN : 9782343247755

Note aux lecteurs et remerciements

De mon point de vue de chercheur, cet ouvrage ne saurait se réduire à la seule qualification d'un travail de recherche en droit privé comparé. Il constitue bien plus en réalité. Car, derrière ces nombreuses pages, se dissimule une expérience humaine et professionnelle, très riche, de la comparaison juridique. En effet, tant la recherche que la rédaction de cette monographie ont été réalisées pour l'essentiel depuis le Québec. Cette expérience de la recherche fut majeure dans mon cas, car elle influença et alimenta beaucoup la réflexion.
Toutefois, la réalisation outre-Atlantique de ce travail ne fut pas toujours une mince affaire du point de vue des ressources scientifiques. Aussi, je me permets d'en appeler à la clémence du lecteur pour toutes les fois où cette recherche a malheureusement manqué d'un accès aux versions imprimées des articles de revues françaises ou aux dernières éditions de certains manuels, et ce d'autant plus dans le contexte pandémique. Cependant, l'actualisation fut, dans la mesure du possible, poursuivie jusqu'en octobre 2021.

Cette expérience comparatiste n'aurait jamais pu être ce qu'elle fut sans le précieux soutien de ma directrice de thèse, la professeure Marie Goré (Université Panthéon-Assas). Aussi, je tiens à la remercier chaleureusement.
De même, je suis très reconnaissante envers le professeur Lionel Smith qui, outre son mentorat, m'ouvrit les portes du Centre Paul-André Crépeau de droit privé et comparé (Faculté de droit, Université McGill) et de son inspirante communauté de chercheur.es pour poursuivre mes recherches sur les différentes variations du concept d'affectation.
La liste est malheureusement bien trop longue pour que je puisse citer toutes les ami.es du Centre Crépeau avec lesquelles j'ai eu la chance et l'immense plaisir de collaborer. Néanmoins, je suis certaine que ces personnes sauront se reconnaître à travers ces quelques mots.
En guise de clin d'œil aux quelques années passées en ce lieu d'exception, prière de noter que le modèle de citation de ce travail s'inspire en grande partie de celui de la Faculté de droit de l'Université McGill.

Plus largement, cette monographie clôture une expérience doctorale. Outre le prix Mention de thèse de l'Université Panthéon-Assas (Paris II), je me réjouis énormément que ce travail aboutisse entre les mains des éditions L'Harmattan. À ce titre, je tiens à remercier les membres de mon jury de thèse (Prof. Marie Cornu, Marie Goré, Géraldine Goffaux-Callebot, Lionel D Smith et Christophe Vernières) pour leurs commentaires bienveillants et inspirants ainsi que l'inestimable aide de Valérie Lebrun, car tous et toutes m'ont permis d'enrichir ce manuscrit.

Finalement, je dédie cet ouvrage à mon conjoint, mes enfants et mes parents grâce auxquels tout cela est possible.

Principales abréviations

AAM	:	American Alliance of Museums
AAMD	:	Association of Art Museums Directors
adde	:	ajouter
ADMICAL	:	Association pour le développement du mécénat industriel et commercial
AJ Fam	:	Actualité juridique Famille
AJCT	:	Actualité juridique collectivité territoriales
AJDA	:	Actualité juridique de droit administratif
al.	:	alinéa
AN	:	Assemblée nationale
anc.	:	ancien
Art Antiq Law	:	Art, Antiquity and Law
art(s).	:	article(s)
Ass.	:	Assemblée nationale
Ass. plén.	:	Assemblée plénière de la Cour de cassation
Bofip	:	Bulletin officiel des Finances publiques-Impôts
BOI	:	Bulletin officiel des impôts
Bull ass plén	:	Bulletin des arrêts de la Cour de cassation (Assemblée plénière)
Bull civ	:	Bulletin des arrêts de la Cour de cassation (Chambres civiles)
Bull crim	:	Bulletin des arrêts de la Cour de cassation (Chambre criminelle)
Bull Joly Sociétés	:	Bulletin Joly Sociétés
Bull mixte	:	Bulletin des arrêts de la Cour de cassation (Chambre mixte)
C. civ.	:	Code civil
C. com.	:	Code de commerce
C. dom. Ét	:	Code du domaine de l'État
C. jur. fin.	:	Code des juridictions financières
C. jur. fin. :	:	Code des juridictions financières

C. marchés publ.	:	Code des marchés publics
C. patr.	:	Code du patrimoine
C. pén.	:	Code pénal
C. propr. intell.	:	Code de la propriété intellectuelle
C.c.B-C.	:	Code civil du Bas-Canada
C.c.Q.	:	Code civil du Québec
CA	:	arrêt de la Cour d'appel
CAA	:	arrêt de la Cour administrative d'appel
Cah Espac	:	Cahier Espaces: Tourisme et culture
Cam Law J	:	Cambridge Law Journal
Cardozo Arts Entertain Law J	:	Cardozo Arts & Entertainment Law Journal
Cardozo J Int Comp Law	:	Cardozo journal of international and comparative law
CCP	:	Code de la commande publique
CDE	:	Code du domaine de l'État
CE	:	Conseil d'État
CEDH	:	décision de la Cour européenne des droits de l'Homme
CGCT	:	Code général des collectivités territoriales
CGI	:	Code général des impôts
CGPPP	:	Code général de la propriété des personnes publiques
Ch.	:	chambre
Ch. réun.	:	arrêt des Chambres réunies de la Cour de cassation
Chic-Kent Law Rev	:	Chicago-Kent Law Review
Chr.	:	chronique
Cie	:	compagnie
Circ.	:	circulaire
Civ	:	arrêt de la Chambre civile
Civ 1re	:	arrêt de la première Chambre civile de la Cour de cassation
Civ 2e	:	arrêt de la deuxième Chambre civile de la Cour de cassation
Civ 3e	:	arrêt de la troisième Chambre civile de la Cour de cassation

CJUE	:	arrêt de la Cour de Justice de l'Union européenne
cmt(s)	:	*comment(s)*
coll.	:	collection
Columbia J Art Law	:	Columbia Journal of Law and the Arts
Com	:	arrêt de la Chambre commerciale de la Cour
comm.	:	commentaires
comp.	:	comparer
concl.	:	conclusions
Cons. const.	:	décision du Conseil constitutionnel
contra	:	en sens contraire
CPC	:	Code de procédure civile
CPCE	:	Code des procédures civiles d'exécution
Crim	:	arrêt de la Chambre criminelle de la Cour de cassation
CS	:	Cour supérieure (Québec)
Cult Mus	:	Culture & Musées
Cur Mus J	:	Curator: The Museum Journal
D	:	Recueil Dalloz
D S	:	Recueil Dalloz Sirey
DA	:	Documentation administrative
Dalloz jur. gén.	:	Dalloz (jurisprudence générale)
DC	:	Contrôle de constitutionnalité des lois ordinaires, lois organiques, des traités, des règlements des Assemblées
DDHC	:	Déclaration des droits de l'Homme et du citoyen
Defrénois	:	Répertoire du notariat Defrénois
DePaul J Art Technol Intellect Prop L	:	*DePaul Journal of Art, Technology & Intellectual Property Law*
DH	:	Dalloz Hebdomadaire
dir	:	sous la direction de
DMF	:	Direction des musées de France
DP	:	Dalloz Périodique
Dr adm	:	Droit administratif
Dr et patr	:	Droit et patrimoine
Dr Fam	:	Droit famille

Dr fisc	:	Droit fiscal
Dr soc	:	Droit social
Duke J Comp & Intl L	:	Duke J of Comparative & International Law
éd	:	édition
EIRL	:	Entreprise individuelle à responsabilité limitée
EMLJ	:	Emory Law Journal
EPA	:	Établissement public à caractère administratif
EPCC	:	Établissement public de coopération culturelle
EPIC	:	Établissement public à caractère industriel et commercial
et al	:	et autres
etc.	:	et cætera
Fasc.	:	fascicule
Fordham Urban Law J	:	*Fordham Urban Law Journal*
FRAC	:	Fonds régional d'art contemporain
FRUP	:	Fondation reconnue d'utilité publique
Gaz Pal	:	Gazette du Palais
HS	:	hors-série
ibid.	:	ibidem, au même endroit
ICOM	:	Conseil international des *musées*
IFI	:	Impôt sur la fortune immobilière
impr.	:	imprimerie
in	:	dans
infra	:	ci-dessous
Intl J Cultural Policy	:	International Journal of Cultural Policy
IRC	:	Internal Revenue Code
ISF	:	impôt de solidarité sur la fortune
ISR	:	impôt sur le revenu
J Arts	:	Journal des Arts
J Arts Manag Law Soc	:	Journal of Arts Management, Law, and Society
J Droit Int	:	Journal du droit international
J-Cl	:	Juris-Classeur (Encyclopédies)
JCP	:	Juris-Classeur périodique

JCP A	:	Juris-Classeur périodique – Édition Administrations et Collectivités territoriales
JCP E	:	Juris-Classeur périodique – Édition Entreprises et affaires
JCP G	:	Juris-Classeur périodique – Édition générale
JCP N	:	Juris-Classeur périodique – Édition notariale et immobilière
JD Intl (voir Frigo)	:	Journal de droit international
JO	:	Journal officiel (Lois et décrets)
JO AN CR	:	Journal officiel (Comptes rendus) Assemblée nationale
JO Sénat CR	:	Journal officiel (Comptes rendus) Sénat
JO Sénat Q	:	Journal officiel (Questions réponses) Sénat
JOAN Q	:	Journal officiel (Questions réponses) Assemblée nationale
JQ	:	Jugements du Québec
Juris Art	:	Revue Juris art etc.
Juris Assoc	:	Revue Juris associations
La Law Rev	:	Louisiana Law Review
LEGICOM	:	Revue thématique de droit de la communication
LGDJ	:	Librairie Générale de Droit et de Jurisprudence
LPA	:	Les Petite affiches
LPF	:	Livre des procédures fiscales
LRC	:	Lois révisées du Canada
McGill Law J	:	Revue de droit McGill/ McGill Law Journal
Minn L Rev	:	Minnesota Law Review
Mixte	:	Arrêt de Chambre mixte de la Cour de cassation
Mus Int	:	Museum International
N. Y Real Prop	:	New York Consolidated Laws, Real Property Law
NEA	:	National Endowment for the Arts
New Engl L Rev	:	New England Law Review

no(s)	:	numéro(s)
NY Pers Prop	:	New York Consolidated Laws, Personal Property Law
obs.	:	observations
OCGA	:	Official Code of Georgia Annotated
OCIM	:	Office de coopération et d'information muséales
p	:	page
para(s)	:	paragraphe(s)
postf.	:	postface
pp	:	pages
préf.	:	préface
PUAM	:	Presses universitaires d'Aix-Marseille
PUF	:	Presses universitaires de France
QPC	:	Question prioritaire de constitutionnalité
Rapp. AN	:	Rapport Assemblée nationale
Rapp. Sénat	:	Rapport Sénat
RDC	:	Revue des contrats
RDI	:	Recueil de droit immobilier (Québec)
RDP	:	Revue de droit public
RDP	:	Revue du droit public et de la science politique en France et à l'étranger
RDUE	:	Revue de droit de l'Union européenne
RDUS	:	Revue de droit de l'Université Sherbrooke
Real Prop Prob Tr	:	Real Property, Probate and Trust Journal
Rec CE	:	Recueil des décisions du Conseil d'État
rééd	:	réédition
Rép Dr civ	:	Répertoire de droit civil Dalloz (Encyclopédie)
Rep Dr soc	:	Répertoire de droit des sociétés Dalloz (Encyclopédie)
Rép. min.	:	Réponse ministérielle
Req	:	arrêt de la Chambre des requêtes de la Cour de cassation
Rev Crit Droit Int Privé	:	Revue critique de droit international privé
Rev fiscal can	:	Revue fiscale canadienne

Rev Générale Droit	:	Revue générale de droit (Université d'Ottawa)
Rev Jur Thémis	:	Revue juridique Thémis
Rev Lamy collectiv terri	:	Revue Lamy collectivités territoriales
Rev Lamy Dr civ	:	Revue Lamy Droit civil
Rev Lamy Droit Imm	:	Revue Lamy de droit immateriel
Rev Notar	:	Revue du notariat (Québec)
Rev Synthèse His	:	Revue de synthèse historique
Rev. sociétés	:	Revue des sociétés
RFDA	:	Revue française de droit administratif
RGD	:	Revue générale du droit
RGPP	:	Révision générale des politiques publiques
RIDC	:	Revue internationale de droit comparé
RIDE	:	Revue internationale de droit économique
RJEP	:	Revue juridique de l'économie publique
RLRQ	:	Recueil des lois et règlements du Québec
RMN	:	Réunion des musées nationaux
RRJ	:	Revue de recherche juridique et de droit prospectif
RTD civ	:	Revue trimestrielle de droit civil
RTD com	:	Revue trimestrielle de droit commercial
RTDE	:	Revue trimestrielle de droit européen
S	:	Recueil Sirey
s.	:	et suivant(e)s
SCN	:	Service à compétence nationale
Soc	:	Chambre sociale de la Cour de cassation
somm.	:	sommaires, sommaires commentés
spéc.	:	spécialement
ss	:	sous
supra	:	ci-dessus
t.	:	tome
T. civ.	:	Tribunal civil
T. confl.	:	Tribunal des conflits
TA	:	décision du tribunal administratif
Tenn. Ct. App.	:	Court of Appeals of Tennessee

TFUE	:	Traité sur le fonctionnement de l'Union Européenne
TGI	:	tribunal de grande instance
trad.	:	traduit
U.S.C	:	United States Code
UE	:	Union européenne
UNESCO	:	Organisation des Nations unies pour l'éducation, la science et la culture
Univ Pa J Const Law	:	University of Pennsylvania Journal of Constitutional Law
V.	:	voir
vol.	:	volume

Sommaire

INTRODUCTION

« Derrière nos œuvres, il y a une œuvre sociale.
Faites un don » [1] .

1. **De la philanthropie au profit des musées d'art**. Entendue comme un exercice de bienfaisance, la philanthropie a pour fin d'octroyer des ressources pour la réalisation et la satisfaction d'activités relevant de l'intérêt général[2]. Elle est donc un mécanisme d'allocation des richesses alternatif à celui du marché ou de l'État. La philanthropie allie générosité et altruisme lesquelles sont des notions étrangères au fonctionnement du marché. De même, la philanthropie se distingue de la subvention publique bien que partageant une finalité similaire[3]. La philanthropie est une initiative privée alternative ou complémentaire de l'interventionnisme public. Elle est un don, ou plus précisément une libéralité[4], au titre duquel le philanthrope cherche à améliorer, par son acte unilatéral et généreux, le bien public[5].

---

[1] Campagne de collecte de dons, Musées des Beaux-Arts de Montréal 2018-2019, en ligne : < https://www.mbam.qc.ca/actualites/campagne-de-financement-2018/> (consulté le 31 octobre 2021).

[2] Le centre national des ressources textuelles et lexicales (CNTRL) reconnaît comme premier sens à la notion de philanthropie celui d'exercice de la bienfaisance. Le CNTRL retrace l'étymologie du terme pour montrer que si initialement ce dernier était entendu comme « *l'amour de l'humanité* », le terme fut longtemps associé à des qualités de cœur de l'homme qui apporte son aide aux déshérités. Ce n'est que récemment que le terme devient synonyme de bienfaisance. V. Centre National de Ressources Textuelles et Lexicales, *sub verbo* « philanthropie » en ligne : <http://www.cnrtl.fr/definition/philanthropie> (consulté le 31 octobre 2021). Au regard de cette définition, la notion de philanthropie constitue un synonyme de mécénat. Cette dernière est notamment l'expression retenue dans l'arrêté du 6 janvier 1989 relatif à la terminologie économique et financière et est employée essentiellement dans le cadre du régime fiscal des dons aux organismes à but non lucratif.

[3] « La subvention, quant à elle, est définie dans son sens contemporain par les études de référence comme "une aide financière prélevée sur un budget public". Ce sens n'est toutefois apparu qu'au XVIIIème siècle. Auparavant, il s'agissait d'une recette levée par l'État sous diverses formes (emprunt, impôt) pour faire face à une dépense imprévue. La subvention est donc l'une des catégories possibles de dons, lesquels peuvent aussi s'exprimer en nature ou par renonciation à tout ou partie d'une recette due (prix, loyer, impôt, etc…) » (Pascale Idoux, « Les dons et subventions des personnes publiques aux personnes privées » dans Nathalie Jacquinot, dir, *Le don en droit public*, coll Actes de colloques de l'IFR, Toulouse, Presses de l'Université Toulouse 1 Capitole, 2018, 157 aux paras 4-5).

[4] « Acte par lequel une personne dispose à titre gratuit, par donation entre vifs ou par testament, de tout ou partie de ses biens ou de ses droits, au profit d'une autre personne, appartenant ou non à sa famille (C. civ., a. 893) ; toute disposition à titre gratuit, quel qu'en soit le mode de réalisation : entre vifs (donation ordinaire, indirecte ou déguisée), ou à cause de mort (legs, institution contractuelle*)* » Gérard Cornu et Association Henri Capitant. Vocabulaire juridique, 12e éd, coll Quadrige, Paris, PUF, 2017, *sub verbo* « Libéralité ».

[5] La philanthropie est « une bienfaisance [qui] consiste non pas à secourir individuellement les malheureux, mais à améliorer le sort des hommes par des moyens d'une portée générale », André

La philanthropie au profit des musées d'art constitue un des domaines majeurs de cette pratique en France. D'ailleurs, il convient dès à présent de souligner que le choix de nous concentrer sur les musées d'art se trouve justifié par des considérations non pas tant théoriques, mais davantage opérationnelles. En premier lieu, la philanthropie est particulièrement active dans ce domaine, et constitue certainement une des hypothèses les plus visibles en raison de l'attractivité que représente le rayonnement social des musées d'art pour les philanthropes. Notre choix d'étude se trouve donc commandé par de telles considérations, et ce d'autant plus que la philanthropie au profit des musées d'art défraye régulièrement l'actualité, que ce soit au titre du contenu de la libéralité[6] ou de ses modalités[7]. En second lieu, le choix de nous concentrer sur les musées d'art est également commandé par la nature comparative du travail. Les musées d'art constituent un pan de l'activité muséale qui, par leurs histoires, leurs prestiges, et donc leurs attraits philanthropiques, sont au cœur d'une abondante littérature scientifique dans chacun des pays de l'étude. Les musées d'art sont d'autant plus un objet d'étude commun à ces mêmes pays. Or, ceci constitue, du point de vue méthodologique, un argument de taille dans la mesure où notre recherche porte sur des pays appartenant à des traditions juridiques distinctes et dans lesquels l'histoire et la règlementation muséales constituent également des réalités profondément différentes comme nous aurons l'occasion de le voir ci-après. C'est dès lors pour des raisons de qualité de la recherche et d'accessibilité des sources qu'une telle circonscription de l'étude est en l'espèce retenue. D'ailleurs, tout en reconnaissant que le paysage muséal est d'une très grande richesse qui outrepasse largement le seul champ de l'art, nous n'écartons pas que les propos qui suivront,

---

Lalande, *Vocabulaire technique et critique de la philosophie*, Paris, PUF, 2010, *sub verbo* « philanthropie » :

[6] En 2016, deux collectionneurs américains ont donné au Musée d'Orsay une collection de près de 600 œuvres d'art du XIXe siècle et du XXe siècle. Le ministère de la Culture soulignait qu'il s'agit que « cette donation exceptionnelle par sa taille et sa cohérence est la plus importante que les musées français aient reçue d'un donateur étranger depuis 1945 » (<http://www.culture.gouv.fr/Actualites/Deux-collectionneurs-americains-font-une-donation-exceptionnelle-a-la-France> [consultée 15 août 2019].

[7] Il est notamment de pratique courante que les dons d'artiste aux musées soient la contrepartie d'une rétrospective de l'artiste. C'est ainsi que le musée Beaubourg a fait récemment l'acquisition d'une œuvre de David Hockney, d'une valeur estimée de l'ordre de 25 millions d'euros. V. sur cette pratique « Les dons d'artistes aux musées : une générosité à géométrie variable », *Le Monde.fr* (12 octobre 2017), en ligne : Le Monde.fr <https://www.lemonde.fr/m-actu/article/2017/10/12/les-dons-d-artistes-aux-musees-une-generosite-a-geometrie-variable_5199735_4497186.html> (consulté le 31 octobre 2021). L'artiste Jeff Koons a récemment été au cœur d'une polémique à la suite de son don de l'œuvre « Le bouquet de Tulipe » à la Ville de Paris, « Le bouquet de tulipes offert par Jeff Koons à la France est un cadeau empoisonné » », *Le Monde.fr* (29 juillet 2017), en ligne : Le Monde.fr <https://www.lemonde.fr/idees/article/2017/07/29/jeff-koons-offre-a-la-france-des-fleurs-empoisonnees_5166379_3232.html> (consulté le 31 octobre 2021).

tout au long de l'étude, ont vocation à s'appliquer à l'ensemble des musées français[8], et ce peu importe l'objet de leur mission.

2. Symbole de la passion pour les arts et de l'engagement social de son auteur[9], la philanthropie occupe un rôle important dans le développement des musées d'art. Si elle est à l'origine de nouveaux projets muséaux[10], la philanthropie participe, plus largement, au renouvellement des collections[11] ainsi qu'au maintien de certaines activités muséales. De nos jours, elle s'avère également une nécessité. Faute de financement public suffisant, les musées d'art comptent en effet sur le soutien privé pour maintenir leur activité et assurer l'enrichissement des collections. Les récentes campagnes d'appel aux dons mises en œuvre par le Louvre depuis 2013 pour financer les activités muséales ou ses installations en témoignent[12].

---

[8] Les musées d'art constituent une sorte de musée aux côtés des musées de civilisations, d'histoire naturelle, etc., qui ont longtemps constitué le modèle muséal référant. Sur ce point, v. Marie Cornu, « Le musée comme catégorie du droit, l'évolution des textes dans le droit français » dans François Mairesse, dir, *Définir le musée du XXIe siècle*, Paris, ICOFOM, 2017, 178 à la p 184 [Cornu, « Le musée comme catégorie du droit »].

[9] L'exemple de la Fondation Planque est révélateur de la passion et de l'engagement social du collectionneur et philanthrope. Aussi, peut-on lire sur le site de la Fondation Planque. : « À peine eut-il arrêté son activité en faveur de la galerie Beyeler, en juin 1972, que Jean Planque s'est posé la question du destin de sa collection qu'il souhaitait conserver dans son intégralité. À la fin des années 1980, le collectionneur, soucieux de faire connaître son exceptionnelle aventure aux générations futures, décide, avec son épouse et quelques proches, amis et spécialistes, de donner naissance à la Fondation Jean et Suzanne Planque. En instituant héritière de sa collection une fondation qui porte son nom, Jean Planque souhaitait en effet que le public puisse partager le bonheur qu'il avait éprouvé lui-même de son vivant en contemplant ses tableaux. La Fondation Jean et Suzanne Planque est inaugurée le 13 mars 1997 à La Sarraz. Par ses statuts, elle déclare avoir pour but principal d'assurer la conservation des œuvres réunies par Jean Planque, réputées inaliénables, et de faire connaître celles-ci par tous les moyens appropriés. À la mort de Jean Planque, l'activité de la fondation s'intensifie. Sous l'impulsion de son conservateur, l'inventaire des tableaux, dessins et sculptures est dressé, un travail d'enregistrement photographique et de restauration est entrepris et de nombreux contacts sont noués en vue d'organiser des expositions dans des musées appropriés et de préparer le futur dépôt des œuvres dans une institution digne de la recevoir. En 2010 la Fondation décide de déposer pour une durée de quinze années l'ensemble des tableaux, dessins et peintures au musée Granet d'Aix-en-Provence ». Musée Granet-Aix-en-Provence, « La fondation Jean et Suzanne Planque », en ligne : <http://www.museegranet-aixenprovence.fr/granet-xxe/granet-xxe-la-collection-jean-planque/la-fondation-jean-et-suzanne-planque.html> (consulté 31 octobre 2021).

[10] Par exemple, le Musée Rodin institué dans l'hôtel Biron après la donation d'Auguste Rodin en 1911 de l'ensemble ses œuvres et sa collection d'antiques : en ligne, <http://www.musee-rodin.fr/fr/le-musee/le-musee-rodin-paris/lhotel-biron>, (consulté le 31 octobre 2021).

[11] Par exemple, la longue liste de donateurs du Musée d'Orsay, en ligne : <https://www.musee-orsay.fr/fr/collections/acquisitions/donateurs.html> (consulté le 14 août 2019).

[12] En ligne : <http://www.tousmecenes.fr/fr/l-arc-a-travers-l-histoire> (consulté le 14 août 2019). Alors que les dons de cinq mille donateurs ont permis en 2010 l'acquisition d'un chef-d'œuvre de Cranach, le musée, dans une nouvelle campagne « *Tous mécènes!* », récolta près d'un million d'euros afin de restaurer l'arc du Carrousel. V. Le Point, « Cinq mille donateurs sont tombés sous le charme des "Trois Grâces" de Cranach » (17 décembre 2010), en ligne : Le Point <https://www.lepoint.fr/culture/cinq-mille-donateurs-sont-tombes-sous-le-charme-des-trois-graces-de-cranach-17-12-2010-1276700_3.php> (consulté le 31 octobre 2021.

3. Cette nécessité que représente le financement privé n'est pas propre au contexte muséal français : elle est également symptomatique du contexte muséal nord-américain dans lequel la faiblesse des subventions publiques fait de la philanthropie le mode principal de financement et de renouvellement des collections[13]. En France, même si le paysage muséal se trouve marqué d'un fort interventionnisme public, la philanthropie a également joué un rôle clé dans la constitution des collections muséales au point d'être admise comme un instrument de politique culturelle[14]. D'ailleurs, elle a vu son poids accentuer ces dernières années sous l'effet de la réduction des dépenses publiques[15].

4. Dans un discours prononcé par Jacques Chirac, alors candidat à l'élection présidentielle de la République, celui-ci déplorait les limites de l'interventionnisme public en matière culturelle. Aussi, présentait-il le mécénat des particuliers et des entreprises comme la solution à l'amélioration et au renouvellement de l'offre culturelle. Il s'engageait ainsi à faire de cette pratique une priorité de sa politique culturelle[16]. Il s'en suivra l'introduction de la loi n°2003-709 du 1er août 2003 relative

---

[13] Gérard Selbach, « Esquisse d'une histoire des musées américains : naissance, croissance, missions et politique fédérale et locale » (2007) 5:1 Lisa 58.

[14] La philanthropie au profit des musées d'art bénéficie d'un soutien institutionnel. « Au sein de la sous-direction des affaires économiques et financières à laquelle elle est rattachée depuis mai 2018, la mission du mécénat [du ministère de la Culture] assure la promotion et la diffusion de l'information relative au dispositif fiscal pour le mécénat et les fondations et contribue à ses évolutions. Elle est l'interlocutrice des autres ministères et des instances représentatives du mécénat dans son domaine d'action. Elle conseille les établissements publics, les porteurs de projets, les entreprises et les particuliers. Elle valorise le développement du mécénat culturel et ses acteurs. Elle apporte son concours aux levées de fonds initiées par les directions métiers et en tant que de besoin par les établissements du ministère. Elle évalue et contrôle, en liaison avec la mission fiscalité de la sous-direction des affaires économiques et financières, les dépenses fiscales liées au mécénat culturel » (Mission du mécénat, en ligne : < http://www.culture.gouv.fr/Thematiques/Mecenat> [consulté le 10 janvier 2018]).

[15] « La décennie 2000-2010 a été marquée par un objectif de développement des « ressources propres » des musées (c'est-à-dire des recettes autres que les subventions de l'État : droits d'entrées, redevances, recettes commerciales et mécénats) » (Cour des comptes, *Les musées nationaux après une décennie de transformations : 2000-2010 : rapport public thématique*, Paris, La Documentation française, 2011 à la p 44 [Cour des comptes, «Musées»]).

[16] « Tous déplorent l'essoufflement et la crispation d'un État qui, à trop vouloir embrasser, diriger et contrôler, n'assure plus, comme il le devrait, ses missions premières. Tous regrettent de voir leurs capacités d'initiative bridées et freinées par des règlements désuets, une fiscalité inadaptée, une tutelle d'un autre âge, une paralysie budgétaire, une absence de projet. Tous constatent que, malgré la formidable expansion culturelle des dernières décennies, trop de nos concitoyens ont été laissés au bord du chemin. Oui, l'heure est venue de donner une impulsion nouvelle à la politique culturelle. C'est pourquoi j'entends placer cette politique au cœur du projet que je propose aux Français pour les cinq ans à venir. [...] Libérer l'initiative, c'est ensuite encourager et impliquer dans notre vie culturelle tous les acteurs de la société civile : particuliers, associations, fondations, entreprises. La culture doit devenir pleinement l'affaire de tous. À cette fin, je propose qu'une loi vienne faciliter l'action de tous ceux qui œuvrent pour la culture et encourager le mécénat des entreprises et des particuliers », Jacques Chirac, « Déclaration de M. Jacques Chirac, Président de la République et candidat à l'élection présidentielle 2002, sur la politique culturelle, Paris le 8 avril 2002. » (8 avril 2002), en ligne : <http://discours.vie-publique.fr/notices/027000099.html> (consulté le 31 octobre 2021).

au mécénat, aux associations et aux fondations, dite loi Aillagon[17]. Sur la base d'avantages fiscaux très attractifs, cette loi souhaitait installer en France une « culture du don » rivalisant avec celle qui règne aux États-Unis[18]. En effet, la philanthropie américaine, notamment dans le contexte muséal, n'a cessé de susciter l'admiration française compte tenu des montants qu'elle draine[19]. Dès lors, la loi Aillagon introduisit de multiples dispositions fiscales dans le but de donner à la philanthropie les moyens nécessaires à son développement[20].

D'une part, elle consacre pour les particuliers[21] et les entreprises[22] un droit de réduction[23] pour les versements effectués à des fins philanthropiques dans la limite de vingt pour cent du revenu imposable pour les particuliers, et de cinq pour mille du chiffre d'affaires pour les entreprises. La loi prévoit également une possibilité de report de l'excédent sur les cinq années suivantes. Le passage d'un mécanisme de

---

[17] Loi n°2003-709 du 1er août 2003 relative au mécénat, aux associations et aux fondations, JO, 20 septembre 2003, n°288, 16127, 'rectificatif'.

[18] V. en ce sens *le plan gouvernemental de relance du mécénat et des fondations* présenté par le Premier ministre le 17 décembre 2002, en ligne : <https://www.vie-publique.fr/documents-vp/patrimoine_2005/plan_mecenat.pdf> (consulté le 25 janvier 2019).

[19] "In the United States and most other countries, we see philanthropy in all areas of modern life. Individuals use private resources to support public benefits of myriad kinds, including poverty relief, education, health care, cultural and artistic expression, international aid, and associational organizations of a thousand different stripes. Sometimes we use philanthropic resources to complement and sometimes to counteract public choices about the allocation of public or taxpayer funds. Philanthropic activity comes in many forms, from large gifts from a few individuals to small donations of money and time from almost everyone, from charitable organizations to private foundations to informal giving circles. Although rates and structures of philanthropy vary by culture and place, people on every continent, from countries rich and poor, democratic and otherwise, give of themselves to benefit others. In the United States, philanthropic activity supports a kaleidoscopic nonprofit sector of well more than one million organizations that accounts for approximately 10 percent of the labor force and that touches the daily lives of most citizens. In 2013, total giving in the United States was estimated to be $330 billions, an amount larger than the size of the gross domestic product of many countries" (Lucy Bernholz, Chiara Cordeli et Rob Reich, *Philanthropy in Democratic Societies*, University of Chicago Press, 2016 à la p 1. L'admiration qu'entretient la France pour la philanthropie est ancienne. Michel Pomey, alors conseiller du cabinet du ministre de la Culture A. Malraux, fut missionné en 1969 par ce dernier de s'inspirer du modèle philanthropique américain. De ce voyage naquit l'idée de la Fondation de France ; v. Michel Pomey, *Traité des fondations d'utilité publique*, Paris, PUF, 1980. V. également Jean-Pierre Alline, « Trois idées reçues sur le mécénat » dans Jean-Pierre Alline et Renaud Carrier, dir, *La culture au risque du marché: le mécénat face à ses acteurs*, coll Droit du patrimoine culturel et naturel, Paris, Harmattan, 2010, 17 à la p 22. Il convient également de souligner que la *loi n°87-571 du 23 juillet 1987 relative au mécénat* (JO, 24 juillet 1987, 8255) s'est inspirée du *charitable trust* pour définir le cadre juridique de la fondation (Sénat, *Avis de la commission des affaires culturelles au Sénat*, Document n°237, 1986-1987, à la p.26).

[20] V. exposé des motifs de la loi mentionné dans Frédérique Perrotin, « Les dix ans de la loi mécénat : un régime fiscal attractif » (2013) 22 LPA 4.

[21] CGI, art. 200.

[22] CGI, art. 238 bis.

[23] Le droit de réduction pour les particuliers était initialement de l'ordre de 60% du montant des versements effectués. Depuis la loi n° 2005-32 du 18 janvier 2005 de programmation pour la cohésion sociale (JO, n°15, 19 janvier 2005, 864, texte n°1, art. 127), ce taux est passé à 66%.

déduction à un mécanisme de réduction constitue un important changement de philosophie; le second offrant une bien plus grande économie d'impôt[24]. De même, les taux offerts sont tels qu'ils font de ce régime de mécénat un des régimes les plus attractifs au niveau international[25].
D'autre part, la loi introduit, en parallèle de ce régime de droit commun du mécénat, des dispositions en faveur de la philanthropie dans le domaine culturel.

En effet, la loi Aillagon introduit le don sur succession[26] au titre duquel tout héritier, donataire ou légataire qui décide de faire don de tout ou partie des biens reçus du défunt bénéficie d'un abattement sur l'assiette de calcul des droits de mutation par décès. Le dispositif est intéressant dans le contexte des musées d'art puisque les organismes visés sont l'État, les collectivités territoriales et leurs établissements publics ainsi que les associations et fondations reconnues d'utilité publique. Le dispositif peut ainsi autant s'adresser aux musées publics que privés. Toutefois, seul un don effectué, à titre définitif et en pleine propriété, dans les six mois suivant le décès ouvre droit à l'abattement[27]. De même,

---

[24] Au titre de la déduction, les sommes sont déduites de la valeur brute pour obtenir la valeur nette imposable. En revanche, la réduction consiste en une atténuation d'imposition. Pour la Cour des comptes, « [...] le mécénat de droit commun a effectivement vu son avantage fiscal théorique multiplié par deux » (Cour des comptes, *supra* note 15 à la p 62). Elle ajoute que « *la déductibilité (à l'américaine) — qui perdure dans le système du parrainage* — revient à admettre implicitement que des versements consentis au profit d'actions culturelles entrent dans l'objet social de l'entreprise. La réduction d'impôt, spécifiquement française, place ces dépenses en dehors de l'objet social : l'État compense fiscalement le montant exposé en considération de l'utilité sociale de ces dépenses » (*Ibid. Adde* Christine Rémond, *Le mécénat: interventions des entreprises dans la vie culturelle en France et à l'étranger. Bibliographie générale*, coll Collection du Département des études et de la prospective du Ministère de la Culture et de la Communication, Paris, La Documentation française, 1992.

[25] « La loi du 1er août 2003 a permis à la France, en comblant son retard, de bénéficier d'un dispositif fiscal parmi les plus incitatifs en Europe, comparé à ceux de l'Espagne, du Royaume-Uni et de l'Allemagne, et a favorisé une évolution des mentalités et de l'image du mécénat. [...] La France a presque doublé l'avantage consenti aux entreprises ; déduction de 60% du montant du don dans un plafond de 0,5% du chiffre d'affaires, l'excédent pouvant être reporté sur 5 ans. Cela a apporté souplesse et simplicité dans l'utilisation du mécénat, notamment pour les PME, d'autant que ce dispositif s'accompagne d'un avantage supplémentaire en termes de contreparties autorisées pour l'entreprise à hauteur de 25% du montant du don. Enfin, par rapport à la plupart des autres pays, qui appliquent tous une déduction du résultat imposable à 100%, il s'agit d'une déduction avantageuse pour les entreprises françaises » (Ministère de la Culture, « Mécénat – Entreprises : Comparaisons internationales », en ligne : <http://www.culture.gouv.fr/Thematiques/Mecenat/Entreprises/Comparaisons-internationales> [consulté le 15 janvier 2019]). De même, « en introduisant une réduction d'impôt de 66 % plafonnée à 20% du revenu imposable, assortie d'une possibilité de report de l'excédent du don sur 5 ans, la France dispose d'un régime comparable à celui de la plupart des pays étrangers en matière de plafonnement, tout en disposant d'un taux de réduction d'impôt supérieur à la moyenne. De fait, le régime de déduction à 100% sur le montant des revenus imposables, en vigueur dans une majorité de pays, équivaut en effet à une réduction d'impôt inférieure à 60 %. » (*ibid*).

[26] Loi n°2003-709 du 1er août 2003, *supra* note 13, *art. 8*, codifié à l'article 788 III CGI.

[27] CGI, art. 788 III.

le don manuel consenti à un organisme d'intérêt général mentionné à l'article 200 du Code général des impôts est entièrement exonéré des droits de mutation selon l'article 757 du CGI[28] . Il convient de souligner que la loi du 21 août 2007 étendit le bénéfice de la réduction d'impôt au titre du mécénat à l'impôt sur la fortune[29]. La réduction est admise à hauteur de 75% du montant du don dans la limite annuelle de 50 000 euros[30].

Parallèlement, la loi Aillagon élargit le champ des dispositions offrant un droit de réduction aux entreprises permettant l'acquisition d'un trésor national[31] ou d'une œuvre d'intérêt patrimonial majeur au profit de

---

[28] Loi n°2003-709 du 1er août, *supra* note 13, *art. 2*, codifié à l'article 757 CGI.

[29] L'impôt sur la fortune a été modifié pour devenir l'impôt sur la fortune immobilière (loi n°2017-1837 du 30 décembre 2017 de finances pour l'année 2018, JO, n°305, 31 décembre 2017, texte n°2, art. 31) L'assiette de l'impôt est dès lors réduite au patrimoine immobilier net taxable d'une valeur minimale d'1,3 million d'euros. Sur l'ensemble des modifications introduites par l'impôt sur la fortune immobilière, v. Daniel Gutman, Emmanuelle Féna-Lagueny et Christophe Vernières, « L'IFI en 10 questions » (2019) 10 Defrénois 13; Frédérique Perrotin, « IFI et don » (2018) 101 LPA 4 [Perrotin, « IFI et don »]; Frédérique Perrotin, « Générosité et fiscalité » (2019) 113 LPA 7.

[30] Loi n°2007-1223 du 21 août 2007 en faveur du travail, de l'emploi et du pouvoir d'achat, dite loi TEPA, JO, 22 août 2007, n°193, 13945, art. 16, codifié à l'art. 885-O V bis du CGI. Cet avantage permettait d'augmenter le nombre de contribuables susceptibles de bénéficier du régime du mécénat. Alors que les dispositions de l'article 200 du Code général des impôts sont réservées aux contribuables ayant leur résidence fiscale en France, celles de l'article 885-O V du Code général des impôts s'adressent aux contribuables, qui quand bien même n'ont pas leur résidence fiscale en France, sont sujets à l'impôt sur la fortune (ISF) à raison de leurs biens situés sur le territoire. Toutefois, notons que ces dispositions étaient réservées aux dons accordés à certains organismes à but non lucratif, soit les fondations reconnues d'utilité publique, les fonds de dotation (en cas de dotation irrévocable) et les établissements d'enseignement artistique publics ou privés pour le domaine culturel. De même, la fraction du versement pouvant donner lieu à la réduction au titre de l'ISF ne pouvait ouvrir droit à la réduction d'impôt sur le revenu. Ainsi, quand un don relève à la fois du champ d'application de l'ISF et de l'impôt sur le revenu, le redevable pouvait définir la part du versement qu'il souhaitait utiliser pour le bénéfice de chacun des deux impôts et procéder ainsi à une ventilation. Il importe de souligner que récemment l'assiette de l'impôt sur la fortune a été réduite entrainant la transformation de ce dernier en impôt sur la fortune immobilière. Sur la réduction des dons qu'il en résulte, Brigitte Clavagnier, « Dons ISF : record en 2017... avant la chute en 2018 » (2018) 579 Juris Assoc 3.Sur l'opportunité de ces mesures pour les contribuables étrangers, v. Anthony Lacoudre, « La France, un « paradis fiscal » pour les Américains » (2019) 15 Rev Droit Fisc 28-32.

[31] CGI, art. 238 bis O-A. Le champ de la disposition, initialement introduite par la loi n 2002-5 du 4 janvier 2002 relative aux musées de France (JO, 5 janvier 2002, 305) fut élargi. La réduction d'impôt n'est plus exclusive à « l'achat de biens culturels présentant le caractère de trésors nationaux ayant fait l'objet d'un refus de délivrance d'un certificat d'exportation par l'autorité administrative ». Selon l'alinéa 2 de l'article, « cette réduction d'impôt est également applicable, après avis motivé de la commission prévue à l'article 7 de la loi n° 92-1477 du 31 décembre 1992 précitée, aux versements effectués en faveur de l'achat des biens culturels situés en France ou à l'étranger dont l'acquisition présenterait un intérêt majeur pour le patrimoine national au point de vue de l'histoire, de l'art ou de l'archéologie ». Notons ici que le taux de réduction est de l'ordre de 90% des versements effectués. Le dispositif fut pour la première fois utilisé en février 2003 par l'entreprise PGA Holding permettant ainsi l'acquisition de l'ensemble de neuf grands panneaux décoratifs de Jean-Baptiste Oudry, désormais exposés au Louvre.

collections publiques[32]. Ces mesures sont notamment introduites au profit des collections des musées de France[33].

5. **Le bilan de la loi du 1er août 2003**. Si quelques textes antérieurs réglementaient déjà les pratiques philanthropiques[34], et dont certains s'appliquaient exclusivement au contexte des musées de France[35], ce texte marque un tournant majeur.
Sous l'effet de ces nouvelles dispositions fiscales, la philanthropie connaît un nouveau souffle en France. Le Ministère de la Culture, à l'occasion de la récente célébration des quinze ans de la loi Aillagon, a d'ailleurs souligné le succès de la loi puisqu'elle est « à l'origine d'un développement, sans précédent en France, du mécénat d'entreprise, de la philanthropie individuelle et de la création de fondations, dans tous les domaines d'intérêt général »[36]. Il poursuit en affirmant qu'« aujourd'hui, plus de 61 000 entreprises et plus de 5,8 millions de foyers fiscaux utilisent les dispositions fiscales en vigueur au profit d'organismes publics et privés d'intérêt général. Le volume global du mécénat déclaré est passé d'1 Md€ en 2004 à près de 4 Md€ aujourd'hui » [37].

La loi eut également pour effet de renforcer les liens entre la philanthropie et les musées, et *a fortiori* entre les musées d'art relevant de la catégorie des musées de France au regard des dispositifs fiscaux que nous venons de mentionner. Appuyés par la loi, les musées deviennent les acteurs incontournables de la philanthropie culturelle; participant notamment au renouvellement des formes de la philanthropie

---

[32] CGI, art. 238 bis O-AB.
[33] Les Musées de France regroupent les musées privés et publics disposant de l'appellation du même nom attribué par la puissance publique et dont la finalité est l'uniformisation et la règlementation de l'activité muséale française. Le label fut introduit par la loi n° 2002-5 du 4 janvier 2002 relative aux musées de France (JO, 5 janvier 2002, 305, texte n°1) et son régime codifié aux articles L442-1 et s. du Code du patrimoine. Les Musées de France occupent une très grande partie du paysage muséal français. Eric Mirieu de Labarre, « Naissance d'un statut général des musées : l'apport du livre IV du Code du patrimoine » [2004] AJDA 1344 ; Marie-Christine Labourdette, *Les musées de France*, Paris, PUF, 2015.
[34] Dans sa version initiale, la loi n°87-571 du 23 juillet 1987 sur le développement du mécénat consolidait le dispositif fiscal en vigueur depuis les années 1960. Au titre de l'article 2, les entreprises et les particuliers étaient autorisés à déduire du montant de leur bénéfice ou de leur revenu imposable les versements effectués au profit « d'œuvres ou d'organismes d'intérêt général ayant un caractère philanthropique, éducatif, scientifique, social, humanitaire, sportif, familial, culturel ou concourant à la mise en valeur du patrimoine artistique [...] » (Cour des comptes, *supra* note 15 à la p 62).
[35] La loi n°2002-5 du 4 janvier 2002 relative aux musées de France, *supra* note 33, arts 23 et 25. La définition des musées de France fera l'objet d'un traitement particulier au cours des développements qui vont suivre (*infra* aux paras 65 et s.).
[36] Ministère de la Culture, *Le ministère de la Culture célèbre les 15 ans de la loi Aillagon (communiqué de presse)*, en ligne : <http://www.culture.gouv.fr/Presse/Communiques-de-presse/Le-ministere-de-la-Culture-celebre-les-15-ans-de-la-loi-Aillagon> (consulté le 31 octobre 2021).
[37] *Ibid.*

comme attestent les campagnes d'appel à la générosité publique pour l'achat d'œuvres destinées à rejoindre les collections publiques[38] ou encore le rôle tenu par les sociétés d'amis[39].

6. **Une crise de légitimité**. Toutefois, deux rapports publics quasi concomitants à l'anniversaire de la loi Aillagon remettent en cause la légitimité des avantages fiscaux consentis au titre du mécénat.

Le rapport rendu par la commission sénatoriale de la culture, de l'éducation et de la communication note que « le maintien des dispositifs destinés à encourager le mécénat des entreprises comme des particuliers revêt un enjeu considérable pour l'avenir du financement de la culture » compte tenu du contexte de baisse des dépenses publiques venant fragiliser le secteur culturel[40], et dénonce le manque de données permettant d'évaluer l'efficacité de la dépense fiscale[41].

Ce second point constitue une critique partagée par la Cour des comptes. Dans son rapport sur le soutien public au mécénat des entreprises[42], elle

---

[38] Véritable « engagement citoyen » (Michel Herbillon, *Les nouvelles formes du mécénat culturel*, Rapport d'information, n° 4358, Paris, Assemblée nationale, Commission des Affaires culturelles et de l'Éducation, 2012 à la p 40), cette pratique communément appelée « mécénat populaire » en France consiste au soutien massif d'individus et entreprises pour une cause culturelle. La France connut plusieurs exemples récents comme le sauvetage de l'exportation des Trois Grâces de Cranach (Musée du Louvre) ou encore l'opération « Adopte un arbre » du château de Versailles pour préserver le lieu (Maureen Marozeau, « Le mécénat populaire » (2013) 384 J Arts 21). En réalité, la pratique de la souscription publique était bien connue sous la IIIe République, mais tomba en désuétude. Elle fut réintroduite par la Fondation du Patrimoine en matière culturelle (et par la Fondation de France pour des causes plus *charitables*) qui organise des souscriptions publiques en vue de restaurer de grands lieux du patrimoine français (sous réserve d'un prélèvement de frais de gestion de 3 % sur la totalité des sommes collectées et parfois sur l'allocation des subventions au projet (Herbillon, *supra* à la p 11).

[39] « En effet, l'une des caractéristiques du secteur culturel tient à la place qu'y occupent les réseaux d'amateurs éclairés réunis dans des associations d'amis ou des groupes de bienfaiteurs, voire dans des fondations spécifiques. La quasi-totalité des grands musées, des salles de spectacles, des orchestres et autres monuments historiques érigés en établissements publics autonomes bénéficient ainsi du concours d'une association d'amis qu'ils ont parfois suscitée, ou qui, dans quelques cas, se prévaut de décennies d'existence (la Société des amis du Louvre existe depuis 1897, la Société des amis de Versailles depuis 1907...). Bien souvent, c'est par l'intermédiaire de ces associations que se nouent et se dénouent les opérations de mécénat, avec une fréquente confusion des rôles entre ces structures réputées privées et les services des établissements publics » (Emmanuel Giannesini, « La gestion des fonds du mécénat culturel par les associations d'amis: prévenir des situations à risque » [2007] AJDA 122 à la p 122).V. également, Herbillon, *supra* note 38 aux pp 12-13.

[40] Alain Schmitz, *Le mécénat culturel : outil indispensable de la vitalité culturelle - Rapport d'information fait au nom de la commission de la culture, de l'éducation et de la communication du Sénat*, n°691, 2018, en ligne : <https://www.senat.fr/notice-rapport/2017/r17-691-notice.html> (consulté le 31 octobre 2021).

[41] Ministère de la culture, *supra* note 36.

[42] Cour des comptes, *Le soutien public au mécénat des entreprises*, 2018, en ligne : <https://www.ccomptes.fr/fr/publications/le-soutien-public-au-mecenat-dentreprises> (consulté le 31 octobre 2021) [Cour des comptes, *Mécénat des entreprises*].

appelle le législateur à redéfinir le cadre et les modalités de ce soutien afin de mieux réglementer les diverses contreparties offertes aux entreprises pour leurs opérations philanthropiques[43]. Les auteurs du rapport déplorent notamment une « gestion trop passive de cette dépense fiscale par les services de l'État » et se demandent si « l'intérêt général reste la caractéristique majeure de l'engagement des mécènes » face à la poursuite d'intérêts plus particuliers[44]. Le rapport prend notamment appui sur la Fondation Louis Vuitton dont le coût colossal de l'immeuble (790 millions d'euros) constitue un versement éligible au mécénat des entreprises[45].

Ces rapports soulignent les limites de la définition de la philanthropie essentiellement construite autour du paramètre fiscal et appellent à une révision prochaine du cadre juridique et fiscal relatif du mécénat[46]. Les critiques adressées au régime juridique et fiscal de la philanthropie se sont accentuées à l'issue du triste incendie ravageant Notre Dame de Paris et de l'élan de générosité qui s'en est suivi[47]. La philanthropie fait dès lors l'objet de nouvelles suspicions que la presse alimente à travers de nombreux articles récents qui l'accusent de n'être qu'une niche fiscale, une pratique dépourvue de toute sincérité. Plusieurs modifications législatives ont ainsi été apportées en réaction à cette crise de confiance. Notamment, la loi de finances de 2020 recadre le mécénat d'entreprise en réduisant notamment le taux de la réduction d'impôt à

---

[43] Frédérique Perrotin, « Mécénat d'entreprises : un rapport très critique de la Cour des comptes » (2018) 256 LPA 4. On notera que la Cour des comptes avait déjà formulé une telle remarque dans rapport de 2012 dix ans p.65 et s.

[44] Cour des comptes, *Mécénat des entreprises, supra* note 42 aux pp 130-131. La Fondation Louis Vuitton fut d'ailleurs vivement critiquée sur ce terrain, Jean-Michel Tobelem, « Fondation Louis Vuitton : le mécénat d'entreprise sans la générosité », *Le Monde.fr*, sect Idées (27 octobre 2014), en ligne : Le Monde.fr <https://www.lemonde.fr/idees/article/2014/10/27/fondation-louis-vuitton-le-mecenat-d-entreprise-sans-la-generosite_4513157_3232.html> (c consulté le 31 octobre 2021).

[45] Au regard des économies d'impôts dont le groupe a bénéficié au titre du mécénat - entre 2007 et 2017, il s'agirait d'une économie de l'ordre de 518 millions -, la Fondation est aujourd'hui visée par une plainte pour escroquerie et fraude fiscale déposée par une association anticorruption auprès de tribunal de grande instance de Paris. « La Fondation Louis Vuitton visée par une plainte pour escroquerie et fraude fiscale » (1 décembre 2018), en ligne : *Le Figaro* <http://www.lefigaro.fr/arts-expositions/2018/12/01/03015-20181201ARTFIG00066-la-fondation-louis-vuitton-visee-par-une-plainte-pour-escroquerie-et-fraude-fiscale.php> (c consulté le 31 octobre 2021).

[46] « Les députés vont s'atteler à réviser le mécénat des entreprises », *Le Monde* (29 novembre 2018), en ligne : Le Monde <https://www.lemonde.fr/economie/article/2018/11/29/les-deputes-vont-s-atteler-a-reviser-le-mecenat-des-entreprises_5390263_3234.html> (consulté le 31 octobre 2021); « La réforme de la loi sur le mécénat et les fondations attendra encore un peu », *Le Monde* (22 octobre 2018), en ligne : Le Monde <https://www.lemonde.fr/economie/article/2018/10/22/la-reforme-de-la-loi-sur-le-mecenat-et-les-fondations-attendra-encore-un-peu_5372843_3234.html> (consulté le 31 octobre 2021.

[47] Nicole Vulser « Notre Dame de Paris : l'élan de générosité décrié des grandes entreprises », Le Monde, 19 avril 2019 ; en ligne : < https://www.lemonde.fr/idees/article/2019/04/19/notre-dame-suspicions-autour-d-un-elan-de-generosite_5452319_3232.html > (consulté le 31 octobre 2021).

40% pour la fraction des dons excédant 2 millions d'euros, modifie également le seuil alternatif de 10 000 euros à 20 000 euros pour les entreprises et précise les modalités du mécénat de compétences. À des fins de simplification de la loi fiscale, le texte met également fin au dispositif selon lequel une entreprise qui souhaite acquérir un trésor national et en rester propriétaire bénéficiaire d'une déduction d'import à hauteur de 40% des dépenses engagées[48]. De même, la loi n°2021-1109 confortant le respect des principes de République renforce le contrôle des fonds de dotation, instaure un contrôle aléatoire sur place des organismes délivrant des reçus fiscaux ainsi qu'une obligation pour ces organismes de déclarer les dons et versements chaque année au titre du mécénat et pour lesquels ils auront émis des reçus fiscaux[49].

Parallèlement, si la loi Aillagon a permis de développer massivement le mécénat des entreprises, celui-ci se trouve critiqué par ses dérives d'un point de vue de l'éthique. Certains musées d'art se voient aujourd'hui contraints de se repentir d'avoir accepté des dons d'entreprises dont les activités sont devenues aujourd'hui socialement contestables. Le Louvre ainsi s'est contraint d'effacer le nom de la famille « Sackler » de l'une de ses ailes, ses membres étant devenus des « mécènes controversés du monde de l'art »[50] par leur implication dans un scandale sanitaire international. Ce geste eut d'ailleurs un fort retentissement sur la scène internationale[51]. D'autres scandales sur la provenance des fonds privés ont récemment impliqué le monde muséal parisien[52]. C'est pourquoi le ministère de la Culture refusa un don de 200 000 euros du groupe Lafarge adressé au Musée Cluny en raison de son rôle contesté en Syrie[53]. Or, nul

---

[48] Loi n°2019-1479 du 28 décembre de finances pour 2020, JO n°0302 du 29 décembre 2019, art. 29, 134.

[49] Loi n°2021-1109 confortant le respect des principes de République, JO n°0197 du 25 août 2021, art. 17 à 21.

[50] « Le Louvre efface le nom des Sackler, mécènes controversés du monde de l'art », en ligne : <http://www.lefigaro.fr/arts-expositions/le-louvre-efface-le-nom-des-sackler-mecenes-controverses-du-monde-de-l-art-20190717> (consulté le 31 octobre 2021).

[51] « Louvre Removes Name of OxyContin-Linked Sackler Family », en ligne : <https://time.com/5629134/louvre-paris-sackler-name-removed/> (consulté le 31 octobre 2021); « Louvre Removes Name Of OxyContin's Sackler Family From Museum Walls | HuffPost Canada », en ligne : <https://www.huffingtonpost.ca/entry/louvre-removes-sackler-family-name_n_5d2f7517e4b020cd993e0832> (consulté le 31 octobre 2021).

[52] « Ahae : le photographe, le milliardaire et autres faits divers », en ligne : Télérama.fr <https://www.telerama.fr/scenes/ahae-le-photographe-le-milliardaire-et-autres-faits-divers,115211.php> (consulté le 14 août 2019) ; « Soixante ans après Malraux, vers la privatisation de la culture » (24 juillet 2019), en ligne : France Culture <https://www.franceculture.fr/politique/soixante-ans-apres-malraux-vers-la-privatisation-de-la-culture> (consulté le 31 octobre 2021).

[53] « Le ministère de la Culture refuse 200.000 euros du groupe Lafarge en raison de son rôle en Syrie » (17 juillet 2019), en ligne : <http://www.lefigaro.fr/culture/le-ministere-de-la-culture-refuse-200-000-euros-du-groupe-lafarge-en-raison-de-son-role-en-syrie-20190717> (consulté le 31 octobre 2021).

ne saurait remettre en cause que la probabilité que d'autres scandales éthiques liés au mécénat des entreprises surviennent est corrélée à l'important développement du mécénat des entreprises depuis 2003.

Bien qu'il s'agisse de cas isolés, force est de reconnaître que la philanthropie envers les musées d'art est au cœur d'une crise de légitimité qui découle notamment de son dispositif fiscal actuel.

Cependant, la philanthropie ne saurait se passer d'avantages fiscaux attractifs. Ce constat est certainement d'autant plus vrai dans le contexte des musées d'art, au regard de l'instrumentalisation de fiscalité du mécénat pour l'enrichissement des collections muséales. C'est pourquoi une réforme des avantages fiscaux est redoutée par les acteurs de la philanthropie compte tenu de la corrélation qu'il existe entre le volume des dons et la fiscalité[54]. D'ailleurs, la récente réforme de l'impôt sur la fortune en impôt sur la fortune immobilière[55] semble corroborer cette crainte. En réduisant l'assiette de l'imposition, le nombre de contribuables concernés et donc éligibles aux dispositions fiscales relatives au mécénat se voit drastiquement réduit puisque « le nombre de contribuables concernés devrait chuter de 340 000 à 150 000 ménages »[56].

S'il apparaît que la pratique philanthropique est particulièrement sensible aux avantages fiscaux, est-ce véritablement là la seule garantie de son développement? N'existe-t-il pas des leviers juridiques qui permettraient de développer la philanthropie, et de manière subsidiaire, de restaurer une forme de confiance envers la pratique?

7. De la recherche d'un cadre juridique approprié aux enjeux de la philanthropie au profit des musées d'art. Compte tenu de l'importance de la philanthropie au sein des sociétés contemporaines pour le maintien d'activités d'intérêt général, et *a fortiori* muséales, celle-ci doit bénéficier d'un cadre juridique attractif; répondant aux

---

[54] Le député Gilles Carrez est notamment très critique du coût que représente le mécénat des entreprises pour l'État. En 2012, celui-ci avait déposé un amendement à l'occasion de l'examen du projet de loi de finances rectificative pour réduire le manque à gagner que représente, pour l'État, l'avantage fiscal octroyé aux mécènes. Il proposa de baisser la réduction d'impôt attachée aux dons des entreprises à des structures d'intérêt général à 50% de leur montant (contre 60%), dans une limite de 1 pour mille de leur chiffre d'affaires (au lieu de 5 pour mille). Le récent rapport de la Cour des comptes de 2018 a notamment été demandé par le député et il en fut d'ailleurs le rapporteur spécial. Brigitte Clavagnier, « Menace d'un nouveau coup de rabot sur le mécénat » (2018) 585 Juris Assoc 3 [Clavagnier, « Menace d'un nouveau coup de rabot sur le mécénat »].

[55] Loi n° 2017-1837 du 30 décembre 2017 de finances pour 2018 JO, n°305, 31 décembre 2017, texte n° 2, art.31. V. Perrotin, « IFI et don » *supra* note 29; Frédérique Perrotin, « Mécénat: la nouvelle donne » (2018) 151 LPA 4.

[56] Clavagnier, « Menace d'un nouveau coup de rabot sur le mécénat », *supra* note 51.

enjeux de la pratique. En effet, en se concentrant essentiellement sur le levier fiscal, la question de l'encadrement juridique fut sous-explorée ci si bien qu'elle présente aujourd'hui, comme nous allons le constater au cours des développements suivants, de réelles lacunes. Or, une telle situation n'est pas seulement incohérente avec la volonté de rattrapage dont nous faisions mention plus tôt. Elle est également inadmissible compte tenu de la crise de légitimité qui traverse la philanthropie au profit des musées d'art. En d'autres termes, une étude approfondie du cadre juridique de la philanthropie au profit des musées d'art ne vient pas seulement couvrir une carence du droit positif, mais elle se veut une réelle nécessité juridique et sociale dans le contexte actuel.

Par conséquent, l'objet de ce travail de recherche est d'étudier, sous l'angle exclusif du droit privé, quels peuvent être les leviers juridiques à mettre en place pour établir un cadre juridique qui permette de développer la philanthropie au profit des musées d'art; tout en veillant à ce que son essor allie la préservation de la finalité d'intérêt général de l'opération et la prise en considération des enjeux (financiers et culturels) du monde muséal français

L'étude que nous nous proposons de réaliser tâchera d'analyser les différents aspects juridiques de la philanthropie au profit des musées d'art permettant de dresser un bilan de son cadre juridique actuel. Il nous appartiendra de mettre en lumière ses limites pour définir les améliorations qui pourraient être apportées.

L'étude soulignera également les conséquences relatives au renforcement du levier juridique du point de vue politique et social. En renforçant la pratique philanthropique envers les musées, c'est la place et le rôle de l'État versus celui des volontés privées qui se trouvent également en jeu. L'essor de la philanthropie au profit des musées d'art a donc un impact sur la définition de l'ordre social. Ainsi, il importe de nourrir nos propos d'une telle perspective critique afin d'identifier les conséquences attachées à la volonté collective (politique et des acteurs de la philanthropie) de voir la philanthropie française au profit des musées d'art atteindre un niveau comparable à celle outre-Atlantique.

Cette démarche s'est récemment trouvée appuyée au niveau politique. En effet, à l'été 2019, le Premier Ministre Édouard Philippe mandata deux députées de déterminer les leviers juridiques et fiscaux requis pour solidifier la culture du don et développer une « philanthropie à la française ». Le rapport fut remis à l'été 2020. Celui-ci comprend 35 propositions, notamment relatives au statut des fondations, à la réserve héréditaire ou encore à l'action en réduction des libéralités, lesquelles semblent encore en suspens au moment de la publication de ce travail de recherche[57]. Nous en discuterons toutefois plusieurs aspects au cours des développements qui vont suivre.

8. Une libéralité à caractère collectif. La conduite d'une telle étude du cadre juridique relatif à la philanthropie au profit des musées d'art requiert comme prémisse de retenir une terminologie appropriée[58]. La philanthropie au profit des musées d'art relève, en droit privé français, de la catégorie des libéralités à caractère collectif. Celles-ci constituent une sorte de libéralité spéciale compte tenu de leur finalité de soutenir une activité d'intérêt général. Or, cette finalité collective induit également des conséquences du point de vue du droit applicable. La philanthropie au profit des musées d'art n'est pas exclusivement soumise aux règles de droit commun des libéralités, mais est empreinte d'une *polyjuralité* pour reprendre l'expression de D. Howes[59]. Ainsi, les dons aux musées d'art relèvent du droit des libéralités auquel se greffent, le cas échéant, les dispositions du Code du patrimoine — tout particulièrement du livre IV relatif aux musées de France[60] —, du droit public si le musée est une institution publique, ainsi que de l'ensemble des textes spéciaux ayant pour objet d'encadrer les activités d'intérêt général mises en œuvre par des particuliers[61]. La philanthropie au profit des musées d'art est, par conséquent, une libéralité à caractère collectif marquée d'une très forte interpénétration des règles de droit privé et de

---

[57] Sarah El Haïry et Naïma Moutchou, La philanthropie à la française : rapport remis au Premier ministre », 10 juin 2020, en ligne : < https://www.vie-publique.fr/rapport/274626-la-philanthropie-la-francaise-rapport-remis-au-premier-ministre>.

[58] « Comment pourrait-on, sans vocabulaire précis, exposer clairement une théorie, ou formuler des dispositions juridiques bien nettes ? Les mots ne sont pas seulement les signes des catégories abstraites, leurs étiquettes : ils sont en même temps les cloisons qui les séparent, les casiers qui permettent de les manier. [...] Ainsi, les mots sont l'enveloppe nécessaire des idées et surtout des idées abstraites, comme les notions juridiques, qui n'éveillent dans l'esprit aucune image » Jean Valloir, *Essai sur la notion d'acte à titre gratuit: étude de technique juridique*, Thèse de doctorat, Université de Rennes, 1919 à la p 15.

[59] David Howes, « From Polyjurality to Monojurality: The Transformation of Quebec Law, 1875-1929 » (1987) 32 McGill Law J. Bien qu'employée dans un contexte très différent, cette expression permet de rendre compte de la multitude de sources encadrant les dons adressés aux musées.

[60] Cette étude se concentra essentiellement sur la catégorie des musées de France pour deux raisons. D'une part, cette catégorie, compte tenu de sa une vocation générale (Mirieu de Labarre, *supra* note 33.), englobe une grande partie du paysage muséal français (Marie-Christine Labourdette, *Les musées de France*, Paris, PUF, 2015). Peuvent être un « musée de France » des institutions publiques comme privées (C. patr., art L442-1).

[61] Il convient de noter que la philanthropie est essentiellement réglementée par des lois spéciales. En plus de la loi fiscale, il convient de citer parmi elles la loi n° 87-571 du 23 juillet 1987 sur le développement du mécénat. Ce texte fut modifié à de nombreuses reprises. On citera par exemple la loi n° 90-557 du 4 juillet 1990 (JO, 6 juillet 1990, n° 155, 7914) a introduit la fondation d'entreprise. Par ailleurs, il convient de mentionner la loi n°2008-776 du 4 août 2008 portant création du fonds de dotation (art 140) Le régime de ce dernier fut notamment modifié par la loi n° 2014-856 du 31 juillet 2014 relative à l'économie sociale et solidaire (JO, 1er août 2014, n° 176, 12 666).

droit public. Les fondations reconnues d'utilité publique sont un exemple de cette interpénétration. Notamment, l'alinéa 2 de l'article 18 de la loi n° 87-571 du 23 juillet 1987 dispose que « lorsque l'acte de fondation a pour but la création d'une personne morale, la fondation ne jouit de la capacité juridique qu'à compter de la date d'entrée en vigueur du décret en Conseil d'État accordant la reconnaissance d'utilité publique. Elle acquiert alors le statut de fondation reconnue d'utilité publique ». Plus largement, le régime des fondations est marqué par l'interventionnisme public[62]. À cela, il convient d'ajouter les normes éthiques propres au contexte muséal et qui constituent une source de normativité majeure dans l'encadrement des pratiques philanthropiques au profit des musées d'art.

Toutefois, aussi juste et pertinente que soit la qualification juridique de la philanthropie comme libéralité à caractère collectif[63], elle ne permet pas, selon nous, de rendre compte de l'ensemble des éléments caractéristiques de la philanthropie au profit des musées d'art. Si la libéralité en est incontestablement le premier aspect, l'affectation des biens en constitue le second, et non le moindre.

9. Une affectation. Permettant d'assigner une finalité d'intérêt général aux biens contenus dans la libéralité faite à un musée d'art en vue de laquelle ces derniers seront utilisés, l'affectation est un procédé technique grâce auquel le but recherché par la volonté du disposant pénètre le plan juridique et produit des effets de droit[64] (comme celui de modifier le régime juridique des biens affectés). L'affectation constitue la clé de voûte de l'opération, et requiert pour cela d'être mise au premier plan de l'analyse que nous entendons mener. Ce choix de construction de l'étude se justifie par deux raisons principales.

D'une part, c'est au travers de l'affectation que se comprend l'ensemble des enjeux relatifs à l'exécution de la libéralité adressée à un musée d'art. Ces enjeux sont notamment l'influence de la volonté du disposant sur la conduite de l'activité muséale, la nature des modifications portées au régime juridique des biens contenus dans l'acte à l'issue du transfert[65], et

---

[62] V. *infra* au para 29, spéc. note 47.
[63] Pour une systématisation récente de la notion, v. Julien Boisson, *Les libéralités à caractère collectif*, 1ere édition, coll Doctorat & Notariat, tome 61, Issy-les-Moulineaux, Defrénois, 2019.
[64] Serge Guinchard, *L'affectation des biens en droit privé français*, coll Bibliothèque de droit privé, n°145, Paris, France, LGDJ, 1976.
[65] Ces modifications portées au régie juridique des biens culturels contenus dans l'acte sont particulièrement importantes dans le contexte des libéralités adressées à un musée de France. En effet, le Code du patrimoine édicte pour ces biens rejoignant les collections publiques ou privées d'un tel musée un régime dérogatoire aux articles L451-1 et s. Cette question fera l'objet d'un traitement particulier dans le chapitre II du second titre.

plus largement la conciliation de la finalité d'intérêt général de l'opération philanthropique avec le respect de la volonté du disposant.

D'autre part, au travers de l'affectation, rayonne le pouvoir de la volonté du disposant. L'affectation permet à ce dernier d'imprimer sa volonté sur tout ou partie de l'œuvre muséale. Par son don, le disposant définit les modalités dans lesquelles ses biens devront servir l'œuvre muséale. L'affectation donne donc à la volonté privée le pouvoir non seulement d'intervenir, mais également de définir les contours de l'intérêt général lequel relève traditionnellement de la compétence de la puissance publique. Ainsi, plus le développement de la philanthropie est encouragé, plus l'emprise de la volonté privée sur le domaine muséal, et donc sur celui de l'intérêt général, s'affirme.

En d'autres termes, l'affectation permet de souligner le rôle vers lequel tend la philanthropie au profit des musées d'art au sein de l'ordonnancement juridique. Et dès lors, l'affectation invite à définir les limites que le droit doit imposer à cette volonté privée au nom de l'ordre social : la philanthropie ne saurait, sous prétexte de générosité, instaurer une dictature des volontés individuelles dans le domaine muséal.

10. L'apport du droit comparé. Le rôle clé du procédé d'affectation dans l'analyse de la philanthropie au profit des musées d'art a pu être identifié grâce à l'étude comparée. La comparaison avec le droit américain est apparue en ce sens particulièrement riche. En plus de considérations historiques, sociales et culturelles, la culture américaine du don, tout comme l'essor des musées d'art, a en effet été portée par le *charitable trust* qui, nous le verrons, constitue l'équivalent en *common law* du procédé d'affectation[66]. Or, cette institution s'est avérée centrale pour notre étude. Elle présente en effet l'avantage d'être structurée autour de la préservation de la finalité d'intérêt général à l'issue du transfert des biens au *trustee*; cette finalité étant la raison même du *trust*[67]. Dès lors, le régime juridique des *charitable trust*s garantit que l'exécution des libéralités au profit d'un musée d'art soit conforme à la finalité d'intérêt général qui la fonde[68].

---

[66] *Infra* aux paras 208 et s.

[67] Contrairement aux *private trusts* (lesquels ne servent pas une finalité d'intérêt général, ou autrement dit un *charitable purpose*), les biens mis en *trust* sont dédiés au but qu'il leur est attribué (V. en ce sens, Austin Wakeman Scott, William Franklin Fratcher et Mark L Ascher, *Scott and Ascher on Trusts*, 5e éd, Boston, Aspen Publishers, 2006 au para 37.1)

[68] Une telle affirmation découle de la définition même du *trust*. Selon le *Restatement (Third) of Trusts*, "a trust [...] is a fiduciary relationship with respect to property, arising from a manifestation of intention to create that relationship and subjecting the person who holds title to the property to duties to deal with it for the benefit of charity or for one or more persons, at least one of whom is not the sole trustee".

Toutefois, la comparaison avec le *charitable trust* présente des limites compte tenu des différences profondes qui séparent la tradition civiliste de celle de *common law*. Ces différences justifient donc l'introduction du Québec dans le champ de la comparaison. « Modèle vivant de droit comparé [69]», le droit privé québécois est empreint d'une mixité juridique[70]. S'inscrivant essentiellement dans la tradition civiliste, le droit civil québécois comporte certains emprunts de la *common law* (comme la fiducie et la liberté absolue de tester). Le droit civil québécois a donc pour vocation d'établir un dialogue entre les traditions, et notamment d'étudier les leviers de convergence de la philanthropie française vers la pratique américaine. Outre une philanthropie plus développée qu'en France, le Québec dispose d'un modèle civiliste d'affectation des biens qui revêt d'importants traits communs avec le *charitable trust*. Notamment, nous verrons que la fiducie québécoise s'apparente au *purpose trust* dont le *charitable trust* de *common law* constitue l'archétype[71]. Plus encore, le Code civil du Québec fait de la fiducie d'utilité sociale, soit du patrimoine d'affectation[72], le mode de disposition à titre gratuit privilégié pour la réalisation d'opération de bienfaisance[73].

11. La notion d'acte philanthropique. À travers ces éléments, la singularité de la philanthropie au profit des musées d'art se dessine et justifie la nécessité d'un traitement particulier. Dès lors, nous optons pour l'expression d'*acte philanthropique* pour traiter de la philanthropie au profit des musées d'art; un choix dicté par la volonté de faire valoir au même niveau la nature de l'opération (une libéralité spéciale par sa finalité collective) et le procédé technique (l'affectation) qui à la fois

---

[69] Louis Baudouin, *Le droit civil de la province de Québec : modèle vivant de droit comparé*, Montréal, Wilson et Lafleur, 1953.

[70] William Tetley, « Mixed jurisdictions: Common Law v. Civil Law (Codified and Uncodified) » (2000) 60:3 La Law Rev 677 à la p 684.

[71] Alexandra Popovici, *Êtres et avoirs : les droits sans sujet en droit privé actuel*, coll Minerve, Cowansville (Qc), Éditions Yvon Blais, 2019 à la p 45. Les *purpose trusts* sont des *trusts* établis dans un but précis (essentiellement *charitable*) et non au profit des bénéficiaires déterminés. Dès lors, ils constituent une exception au modèle de « droit commun » des *trusts* (*express trust*). En effet, à défaut de bénéficiaires ne permettant pas de surveiller l'administration des biens par les trustees *trust instrument*, ces *trusts* ne sauraient être admis que s'il est prévu un mode de contrôle alternatif. L'*Attorney General*, détenteur du *parens patriae*, a compétence pour surveiller les *trustees* d'un *charitable trust*, ce qui justifie l'admission des *charitables trusts* en dépit de leur nature dérogatoire. V. Paul Matthews, « The New Trust: Obligations Without Rights? » dans A J Oakley, dir, *Trends in Contemporary Trust Law*, Oxford, Clarendon Press, 1996, 1. Plus largement, v. *infra* au para 215.

[72] C.c.Q., arts 1257 et 1260.

[73] John EC Brierley, « The Gratuitous Trust : A New Liberality in Quebec Law » dans *Mélanges offerts par ses collègues de McGill à Paul-André Crépeau*, Cowansville (Qc), Éditions Yvon Blais, 1997, 119.

gouverne les modalités d'exécution du don, et rend compte de sa portée dans l'ordonnancement juridique français. Ce choix terminologique répond parallèlement de difficultés liées à la comparaison juridique. En effet, la notion de libéralité est étrangère à la tradition de *common law*. Celle-ci est également en passe de sortir de l'imaginaire civiliste québécois en ce qu'elle ne fut pas retenue au moment de l'adoption du Code civil du Québec. Aussi, afin de ne pas s'appuyer sur des notions qui n'ont pas toutes la même résonance ou réalité selon le système juridique considéré, l'adoption d'une terminologie nouvelle et transsytémique parut nécessaire d'un point vue conceptuel pour bâtir la comparaison juridique sur une base d'éléments communs entre la France, les États-Unis et le Québec en matière de dons.

12. De la diversité des actes philanthropiques au profit des musées d'art. Ce choix terminologique opéré, il importe à présent de souligner que les actes philanthropiques au profit des musées d'art peuvent emprunter une multitude de formes.

Ceci tient au fait que les actes philanthropiques constituent pour la plupart des libéralités *sub modo*; c'est-à-dire une donation ou un legs grevé de charges dont la principale est celle d'affecter les biens à l'œuvre d'intérêt général[74]. C'est par le truchement de la charge grevant les libéralités que se forge l'essentiel de la diversité des actes philanthropiques au profit des musées d'art. Notamment, sous couvert des libéralités *sub modo*, il convient de mentionner les libéralités par l'entremise d'une personne morale à but non lucratif et à vocation d'intérêt général. Celles-ci regroupent les libéralités adressées à un organisme redistributeur comme la Fondation de France, les fondations abritées (dites aussi sous égide) et les fondations adressées à une personne morale préexistante[75]. De même, il convient de mentionner les

---

[74] *Infra* aux paras 221 et s.

[75] L'acte philanthropique constitue ici une libéralité avec charge dont la particularité est de faire intervenir trois personnes : le disposant, un grevé et l'affectataire (le musée d'art). Le grevé est ici une personne morale qui a pour charge de garantir l'affectation des biens à l'œuvre d'intérêt général en transmettant, à terme, ces derniers à l'affectataire. Même si l'opération repose sur une double transmission des biens, elle ne contient qu'une seule libéralité. La personne morale ne reçoit les biens qu'au titre de sa mission fiduciaire d'affecter les biens conformément à la volonté philanthropique du disposant. En dépit de cette structure tricéphale, ces actes ne sont pas des fiducies au sens du Code civil puisque l'article 2011 définit restrictivement leur champ matériel. Seuls deux types de fiducies sont admis en droit positif : la fiducie-gestion et la fiducie-sureté. Le Code prohibe, à l'article 2013, les fiducies aux fins libérales. Si la crainte de l'évasion fiscale ou encore celle du contournement des règles de l'ordre public successoral expliquent en partie un tel refus (v. en ce sens, François Tripet, « La prohibition de la fiducie-libéralité : pourquoi une telle démesure ? » (2006) 293 Gaz Pal 6 ; Delphine Louis-Caporal, « La fiducie-libéralité-Réflexion sur une opération prohibée » [2016] RTD Civ 49.), certains ont pu déceler, dans les libéralités mentionnées ci-dessous, les traits du mécanisme fiduciaire laissant apparaître en droit français l'existence de *fiducies innommées à des fins libérales* (Laurent Aynès, « La cession de créance à

libéralités permettant la création d'un organisme d'intérêt général (fondation reconnue d'utilité publique, fondation d'entreprise, fonds de dotation). Ces dernières peuvent, le cas échéant, donner naissance à un musée d'art privé.

Dans sa thèse, J. Boisson défend que la catégorie des libéralités à caractère collectif est duale : aux côtés des libéralités traditionnelles[76], émerge une catégorie de libéralités innomées[77] procédant soit de l'engagement unilatéral de volonté ou d'une fiducie aux fins de libéralité. C'est ainsi que l'auteur intègre dans le champ des libéralités à caractère collectif les actes de dotation ayant pour fin la création d'une fondation entre vifs, les engagements sur un programme d'action pluriannuel, ou encore les assurances-vie aux fins de placement[78]. Ces dernières méritent quelques précisions compte tenu du débat doctrinal qui entoure leur qualification comme libéralité.

13. En effet, les assurances-vie sont communément définies comme un contrat en vertu duquel « l'assureur s'engage à verser à l'assuré, s'il est en vie au terme du contrat, ou s'il meurt avant, au bénéficiaire qu'il aura désigné, un capital qui, dans les deux cas, sera égal au montant des primes accumulées, majoré des produits financiers et diminué des frais de gestion »[79]. La Cour de cassation réfute la qualification de libéralité aux assurances-vie aux fins de capitalisation en se fondant sur l'article L132-12 du Code des assurances lequel dispose que « le capital ou la rente stipulés payables lors du décès de l'assuré à un bénéficiaire déterminé ou à ses héritiers ne font pas partie de la succession de l'assuré. Le bénéficiaire, quelles que soient la forme et la date de sa désignation, est réputé y avoir eu seul droit à partir du jour du contrat, même si son acceptation est postérieure à la mort de l'assuré ». Exclues de la succession de l'assuré, ces assurances-vie ne sont donc pas soumises au

---

titre gratuit : quel avenir ? » [2007] D 961; Michel Grimaldi, « La fiducie : réflexions sur l'institution et sur l'avant-projet de loi qui la consacre » [1991] Defrénois art. 35085 et 35094, n° 44 [Grimaldi, « La fiducie : réflexions sur l'institution et sur l'avant-projet de loi qui la consacre »]. Sur une systématisation des fiducies innommées à des fins libérales, v. Vernières, *supra* note 70 au para 583 et s.).

[76] Le droit français ne connaît traditionnellement que deux types de libéralités : les donations et les testaments selon l'article 893 du Code civil.

[77] La notion de donation indirecte revêt un intérêt particulier dans le contexte des actes philanthropiques; cette dernière permettant de rassembler « [...] sous cette dénomination toutes les donations dispensées de forme par la jurisprudence autres que les dons manuels » (Aubry et Rau, 6e, 1964, par E. Esmein tome X, §658, p.522, note 8 cité in François Terré, Yves Lequette et Sophie Gaudemet, *Droit civil : les successions, les libéralités*, 4e éd, coll Précis Dalloz, Droit privé, Paris, Dalloz, 2014 au para 570)..

[78] Boisson, *supra* note 63 aux paras 192 et s.

[79] Michel Grimaldi, « L'assurance-vie et le droit des successions » [2001] Defrénois, art 37276, aux paras 2 3.[Grimaldi, « Assurance-vie et Successions »].

rapport ni à la réduction en cas d'atteinte à la réserve héréditaire[80] et font l'objet de nombreuses critiques puisqu'elles se révèlent en bout de ligne un instrument de contournement du régime légal des successions[81]. Aussi, il fut suggéré de limiter l'application de ce texte aux assurances-vie dite de « prévoyance » pour, en revanche, intégrer dans la succession les assurances-vie dites de « placement ». Contrairement aux premières, les assurances-vie aux fins de placement « sont des instruments de gestion et de transmission de patrimoine, qui visent à faire fructifier et à transmettre les actifs de l'assuré. Ce sont des contrats de fortune faite. Leurs bénéficiaires reçoivent de l'assureur ce que le souscripteur aurait pu leur laisser sous une autre forme, notamment sous celle d'un portefeuille de valeurs mobilières »[82]. Les assurances-vie aux fins de placement sont des opérations de placement qui, quel que soit le mode de dénouement du contrat, font que l'assureur est toujours certain de devoir verser le montant des primes capitalisées. Dès lors, ce type d'assurance-vie s'apparente davantage à un contrat de capitalisation dont le dénouement par décès est traité comme une libéralité soumise au rapport et à la réduction[83]. En dépit de ces propositions, la Cour de cassation, dans quatre arrêts rendus en Chambre mixte, a maintenu l'application de l'article L132-12 du Code des assurances aux assurances-vie de placements[84]. Toutefois, il fut soulevé que le refus de qualification de libéralité contredit l'essence de l'assurance-vie aux fins de placement en matière d'acte philanthropique, car dans l'hypothèse où le bénéficiaire est un organisme à but non lucratif, tout laisse à croire que le souscripteur est animé d'une intention libérale puisqu'il y a abandon des primes versées. Cette affirmation semble se corroborer en pratique dans la mesure où les assurances-vie aux fins de placements sont énumérées parmi les actes philanthropiques par certains organismes d'intérêt

---

[80] Sur le plan fiscal, les sommes placées dans le contrat d'assurance-vie ne font pas partie de l'actif taxable de la succession, échappant ainsi aux droits de mutation. En principe, les droits de mutation en l'absence de parenté entre le disposant et le bénéficiaire de la libéralité correspondent à soixante pour cent de la valeur de la libéralité (CGI, art 777). Toutefois, le souscripteur ne saurait bénéficier des avantages liés au mécénat pour les sommes versées durant son vivant puisque le dénouement du contrat (et donc le versement des primes à l'organisme) survient à son décès. Cette solution s'applique également s'agissant du capital et des primes versées selon l'article L132-13 du Code des assurances.

[81] v. Jean Aulagnier, « La réserve héréditaire peut-elle survivre à l'assurance-vie ? » (2011) 28 Gaz Pal 23; Axelle Meiller et Henri Leyrat, « Pour un assujettissement de l'assurance-vie au droit des libéralités » (2018) 14 Defrénois°17.

[82] Grimaldi, « Assurance-vie et successions », *supra* note 79 au para 13.

[83] Michel Grimaldi, « Réflexions sur l'assurance-vie et le droit patrimonial de la famille » [1994] Defrénois 737, art *35841, au para 24* [Grimaldi, « Réflexions »*].Contra* Jacques Ghestin et Marc Billiau, « Contre la requalification des contrats d'assurance-vie en contrats de capitalisation » [2001] JCP E 1194.

[84] Mix, 23 novembre 2004, n°03-12.673, n°02-175.07, n°01-13.592, n°02-11.352, Bull Mix. n°4 ; [2005] RDC 297 [obs. A. Bénabent] ; [2005] JCP I 111 [note J. Ghestin] ; [2005] RTD civ. 434 [obs. M. Grimaldi].

général[85]. Forts de ces éléments, une partie de la doctrine s'oppose à la Cour de cassation en définissant l'assurance-vie aux fins de placement comme une donation indirecte[86]. D'autres lui préfèrent même la qualification de fiducie-libéralité innommée au motif que l'assureur endosse le rôle d'un intermédiaire de transmission qui, contrairement au légataire, occupe un rôle actif compte tenu de sa mission de placement[87]. Dans la lignée de ces positions, il fut récemment ajouté au sujet de l'assurance-vie aux fins de placement qu'« il s'agit alors d'une fiducie mortis causa puisque son dénouement intervient à la mort du constituant, date à laquelle les droits du bénéficiaire sont consolidés et la libéralité devient véritablement irrévocable »[88].

En sommes, les actes philanthropiques peuvent revêtir de nombreuses formes lesquelles dépendent de l'ambition philanthropique, mais aussi du montant de la libéralité, et plus largement de son

14. Cependant, il importe de noter que cette diversité des actes philanthropiques n'est pas réservée aux actes faits au profit des musées d'art, mais est commune à l'ensemble des actes philanthropiques en droit français. Aussi, nous laissons la présentation des différents actes ainsi que l'étude de leurs conditions de validité aux travaux ayant une vocation généraliste[89]. Ce choix se trouve corroboré par la finalité de notre étude qui, nous le rappelons, est de définir les leviers juridiques permettant d'inciter aux développements des actes philanthropiques au profit des musées d'art. Dans cette perspective, la présentation des différents actes philanthropiques ne revêt pas d'intérêt particulier.

Néanmoins, nous ferons trois brèves remarques relatives à la forme de l'acte philanthropique compte tenu des enjeux que celle-ci peut revêtir dans le contexte muséal. En effet, sous couvert des questions de formes

---

[85] Grimaldi, « Assurance-vie et successions », *supra* note 79 au para 10.

[86] Henri Mazeaud, Jean Mazeaud, Léon Mazeaud et François Chabas, *Leçons de droit civil. Successions Libéralités Tome 4*, 5e éd par Laurent Leveneur et Sabine Mazeaud-Leveneur, Paris, Montchrestien, 1999 au para 1475; Rémy Libchaber, « Pour une redéfinition de la donation indirecte» [2000] Defrénois art. 37273 ; Grimaldi, « Assurance-vie et Successions », *supra* note 79 au para 22; Terré, Lequette et Gaudemet, *supra* note 77 au para 577.

[87] Les biens sont, en effet, transférés à l'assureur à charge de les gérer, et au décès du souscripteur, à charge de verser au bénéficiaire désigné le capital augmenté des revenus de placement. L'assureur n'a donc pas vocation à recueillir le capital versé bien que sa mission soit rémunérée. On retrouve alors en la qualité du souscripteur les traits caractéristiques de la propriété fiduciaire ; à savoir une propriété à la fois finalisée et temporaire Grimaldi, « Réflexions sur l'assurance-vie », *supra* au para 30 ; Christophe Vernières, *Les libéralités à trois personnes*, Thèse de doctorat, Université Panthéon-Assas Paris II, 2012 au para 560.

[88] Boisson, *supra* note 63 au para 210.

[89] *Ibid.*

des actes, transparaissent quelques-unes des tendances de la pratique philanthropique au profit des musées d'art.

15. D'une part, il convient de souligner l'importance des dons manuels dans le contexte de la philanthropie au profit des musées d'art. L'entrée de nombreuses œuvres d'art dans les collections publiques a plusieurs fois été opérée par ce biais[90]. Ce procédé concerne également l'entrée d'œuvres majeures comme atteste le don de deux tableaux de Van Gogh offerts par les époux Gachet au Musée du Louvre ou encore celui du fonds Gustave Eiffel au Musée d'Orsay[91]. Cependant, l'absence d'écrit *ad validatem* présente des risques pour le musée d'art en ce qu'il peut en dépendre l'intégrité de sa collection. En effet, l'absence d'acte notarié expose le musée d'art à l'action en revendication du propriétaire qui s'estime dépossédé de son bien. Cette problématique survient fréquemment dans l'hypothèse où des collectionneurs d'objets culturels laissent en dépôt certains de ces objets dans les collections muséales, et aucun écrit ne permet d'établir si les collectionneurs avaient pour intention de donner ces objets au musée[92]. Dès lors, un moyen de

---

[90] V. en ce sens, Xavier Près, « Heurs et malheurs du formalisme des dons manuels » (2016) 35 Juris Art 38.

[91] Marie Cornu et Nathalie Mallet-Poujol, *Droit, oeuvres d'art et musées : protection et valorisation des collections*, coll CNRS droit, Paris, CNRS, 2006 au para 361.

[92] Jean Chatelain, *Droit et administration des musées*, Paris, La Documentation française: École du Louvre, 1993 à la p 357). Cette problématique fut notamment l'objet d'une actualité récente avec la vente de l'œuvre volée *Intérieur à la fenêtre ouverte* de Maurice Marinot dont le Musée des Beaux-Arts de Marseille se revendiquait le propriétaire à la suite du don manuel de la fille de l'artiste (Civ. 1re, 13 janvier 2016, n° 14-28.297, [2016] AJDA somm 70; [2016] D somm 2016. 200 ; [2016] JCP G 76; Près, *supra* note 314). Aussi, ces derniers ou leurs héritiers peuvent conduire une action en revendication quand bien même l'œuvre ferait partie des collections publiques sous réserve de l'expiration des délais de recours (V. CE, ass., 30 juill. 2014, n° 349789, [2014] JCP G 1129 (obs H. Périnet-Marquet), Sandrine Biagini-Girard, « Le devoir de mémoire d'un "passé qui ne passe pas" comme service public », note ss arrêt, [2014] JCP G 995) . Sur le cas particulier des œuvres durant l'Occupation et la prescription dérogatoire au droit commun introduite par l'ordonnance du 21 avril 1945, v. Rémy Libchaber, « Le temps, les biens, la prescription: à propos de la restitution des biens spoliés » [2000] RTD Civ 206; Jean-Marie Pontier, « Restitution et spoliation d'oeuvres d'art : quelles règles ? » [2014] AJDA 2145). Le régime de la domanialité publique ne fait donc pas obstacle à l'action en revendication du propriétaire. L'action en revendication est soumise au jeu de l'article 2276 du Code civil selon lequel le véritable propriétaire dispose d'un délai de trois ans pour agir lorsque le bien a été volé ou perdu. Au-delà de ce délai, la situation du possesseur est consolidée. Toutefois, afin que le musée puisse se prévaloir de la prescription acquisitive, encore faut-il que celui-ci soit de bonne foi. En effet, le droit commun accorde au possesseur une présomption de bonne foi de sorte qu'il appartient à celui qui la conteste de rapporter la preuve du contraire. Les professeurs Cornu et Mallet-Poujol notent, néanmoins, que les juges se sont montrés, à quelques reprises, exigeants quant à l'appréciation de la bonne foi des musées afin de leur imposer une plus grande vigilance quant à l'origine des œuvres entrant dans leurs collections (Cornu et Mallet-Poujol, *supra* note 91 aux paras 286-288). S'appuyant sur un jugement de la Cour d'appel de Paris du 2 avril 2001 relatif à l'acquisition d'un tableau acquis par l'État pour le musée du Louvre, les auteurs constatent que « la qualité des possesseurs interfère et le degré d'exigence sera d'autant plus élevé que la situation de l'acheteur le met en mesure de vérifier l'origine du bien. Les musées doivent donc être plus attentifs à cette question de l'origine des œuvres » (*ibid* au para 286).

contourner les inconvénients que présente l'absence d'un acte notarié tout en conservant les avantages des dons manuels[93] est de systématiser le recours au pacte adjoint[94] ou aux conventions de mécénat[95]. Un second moyen préventif est de partager publiquement l'entrée de l'œuvre dans les collections muséales en vue de ne laisser aucun doute sur l'intention libérale du disposant[96]. Enfin, la réalisation de l'inventaire des collections participe également à prévenir la survenance de conflits relatifs aux œuvres acquises par dons manuels[97].

16. D'autre part, les actes philanthropiques au profit des musées d'art ont essentiellement pour objet le transfert en pleine propriété de biens (immobiliers ou mobiliers). Dans le contexte des musées d'art, il va sans dire que les dons d'œuvres d'art[98] occupent une place particulière. Il en va de même pour les autres biens culturels[99] tel que les livres, les objets

---

[93] La donation notariée mettrait un terme à tout doute puisqu'elle comporte nécessairement un état descriptif et estimatif annexé en minute des œuvres données tel que le prévoit l'article 948 du Code civil. Dans l'hypothèse où la donation porterait sur une collection, la jurisprudence admet une estimation globale de la collection par catégories d'éléments plutôt qu'un descriptif pièce par pièce. V. Civ 2e, 2 nov. 1954; [1954] JCP II 8843 (note Esmein); [1955] RTD civ 146 (obs. Savatier).

[94] Il s'agit de conventions accessoires qui, tout en aménageant les rapports entre les parties, sécurisent l'existence du don comme son contenu même si ces derniers n'ont qu'une valeur qu'*ad probationem*. Civ. 11 août 1880, [1880] D I 461 ; [1881] S I 15. Principe rappelé avec vigueur dans Civ 1ère, 13 janv. 2016, n° 14-28.297, [2016] AJDA somm 70; [2016] D somm 2016 200 ; [2016] JCP G 143.

[95] Armelle Verjat, « Le mécénat » dans Philippe-Henri Dutheil, dir, *Droit des associations et fondations*, coll Juris corpus, Paris, Dalloz : juris éditions, 2016, 635 au para 28.37 et s. On notera toutefois que le contenu des conventions de mécénat a une vocation plus large que celle des pactes adjoints, ces derniers étant bien souvent intégrés dans lesdites conventions. En effet, les conventions de mécénat intègrent en plus des clauses générales au rang desquelles sont précisées la désignation des parties, l'objet du don et ses modalités, les clauses relatives aux contreparties ou encore des clauses relatives à l'exclusivité, la confidentialité du don (*ibid* aux paras 28.82 et s.).

[96] Cornu et Mallet-Poujol, *supra* note 91 au para 362.

[97] L'inscription sur inventaire des collections et l'obligation décennale de recollement furent introduites par la loi n°2002-5 du 4 janvier 2002 relative aux musées de France (*supra note* 33) et codifiée à l'article L451-2 du Code du patrimoine. V. Philippe Richert et Commission des affaires culturelles du Sénat, *La gestion des collections des musées*, 379, Commission des affaires culturelles du Sénat, 2003 à la p 38 et s.; Cour des comptes, *supra* note 15 aux pp 92 et s.

[98] « Création de l'esprit conçue à des fins esthétiques, quel qu'en soit le mode d'expression (peinture, sculpture, architecture, photographie ...). Plus spécialement, objet mobilier qui, investi d'une valeur d'art, bénéficie d'une protection particulière (droit fiscal, droit des biens culturels, droit des marchés publics, droit des ventes publiques, droit de suite) » dans Marie Cornu, Jérôme Fromageau et Catherine Wallaert, dir, *Dictionnaire comparé du droit du patrimoine culturel*, Paris, CNRS Éditions, 2012, *sub verbo* « Oeuvre d'art -Droit français ». Pour une définition légale, v. l'article 98 A de l'annexe 3du Code général des impôts et l'article L112-2 du Code de la propriété intellectuelle lesquels dressent une liste exhaustive des biens répondant de la définition d'« œuvre d'art ». *Adde*, Emmanuèle Pierroux, *La propriété des œuvres corporelles. Éléments pour une propriété spéciale*. Tome 1 et 2, Aix-en-Provence, Presses Universitaires d'Aix-Marseille, 2003 aux paras 9-10.

[99] Sont ainsi visés les biens qui présentent « un intérêt historique, artistique, archéologique, esthétique, scientifique ou technique » (C. du patrimoine, art. L1). Sur le développement de la notion de bien culturel, v. Pierroux, *supra* note 99; Cornu, « Le musée comme catégorie du droit »,

de collections ou les documents jouissant d'une valeur artistique ou historique. Plus largement, l'objet de la libéralité appelle quelques précisions.

Tout d'abord, il importe de rappelle que « [...], l'article 893 précise que la libéralité 'est l'acte par lequel une personne dispose à titre gratuit de tout ou partie de ses biens ou de ses droits au profit d'une autre personne'. En réalité, la libéralité transfert un droit qui porte sur un bien. Lorsque ce droit est le droit de propriété, on considère par une sorte d'ellipse que la libéralité porte sur le bien lui-même. Lorsque ce droit est un droit démembré du droit de propriété, il est envisagé en tant que tel »[100]. Premièrement, dans le cas précis d'art plastique, la propriété de l'objet matériel doit être distinguée de la propriété artistique, ces dernières étant indépendantes selon l'article L111-3 alinéa 1er, du Code de la propriété intellectuelle. Puisque leur transmission peut théoriquement porter indifféremment sur l'une d'elles ou les deux, il importe donc que le disposant précise si la libéralité porte sur l'objet ou l'œuvre, ou les deux[101]. Secondement, l'objet de la libéralité (et donc du droit transmis) ne se pose pas en les mêmes termes selon que la libéralité est une donation ou un legs. La détermination de l'objet pose moins de difficulté dans le cas des donations notariées compte tenu de l'état descriptif et estimatif impose par l'article 948 du Code civil. Pour les dons manuels, il est admis que ce type de don est « impuissant à véhiculer une propriété intellectuelle insusceptible de tradition réelle ou par équivalent », quand bien même celui-ci bénéficie d'un pacte adjoint[102]. En revanche, s'agissant d'un legs, la détermination de l'objet de la libéralité sera tributaire de l'interprétation de la volonté du disposant, sauf dans le cas

---

supra note 8 à la p 1984; Marie Cornu, « La notion de bien culturel : un double héritage privatiste et publiciste » (2018) 165 supp. Rev Lamy Dr Civ 49.
S'agissant d'un legs, la détermination de l'objet de la libéralité sera tributaire de l'interprétation de la volonté du disposant, sauf dans le cas des legs universels. En effet, emportant vocation sur l'ensemble du patrimoine successoral, il est admis que le légataire recueille l'ensemble des droits de propriété (Civ 1re, 17 décembre 1996, Picabia ; Bull civ 1996, I, n°461 ; [1997] JCP G II 22888 [note J. Ravanas] ; [1998] RTD com. 148 [note A. Françon]. *Adde* Delphine Martin, « La transmission des oeuvres d'art à titre gratuit » (2018) 165 supp. Rev Lamy Dr Civ 17

[100] Terré, Lequette et Gaudemet, *supra* note 77 au para 339). (Civ 1re, 17 décembre 1996, Picabia ; Bull civ 1996, I, n°461 ; [1997] JCP G II 22888 [note J. Ravanas] ; [1998] RTD com. 148 [note A. Françon]. *Adde* Delphine Martin, « La transmission des oeuvres d'art à titre gratuit » (2018) 165 supp. Rev Lamy Dr Civ 17.

[101] « À défaut de détermination suffisante, il nous semble s'inférer du principe d'indépendance de l'article L111-3, alinéa 1er, [...], du Code de la propriété intellectuelle que la libéralité de la propriété corporelle (corpus) n'emporte pas à titre accessoire celle de la propriété incorporelle (opus) [...]. Au soutien de cette solution, on ajoutera que le Code de la propriété intellectuelle prévoit l'accomplissement de certaines formalités pour encadrer la cession des droits de reproduction et/ou de représentation, laquelle ne peut dès lors être implicite »(François Sauvage, « La succession anticipée du collectionneur d'art » dans Vivien Zalewski, *Mélanges en l'honneur du professeur Raymond Le Guidec*, Paris, Lexis Nexis, 2014, 489 au para 19).

[102] *Ibid* au para 21.

des legs universels. En effet, emportant vocation sur l'ensemble du patrimoine successoral, il est admis que le légataire recueille l'ensemble des droits de propriété[103].
Ensuite, les dons d'œuvre d'art posent avec acuité la question de l'authenticité et de la licéité du titre de propriété[104]. Dans le contexte de la philanthropie, elle soulève d'autres types de questions puisque la valeur d'une œuvre est tributaire de son authenticité. Ainsi, la remise en cause de l'authenticité de l'œuvre d'art donnée à un musée a pour conséquence de remettre en cause le montant de la réduction d'impôt. Parallèlement, le musée pourrait s'exposer à une demande de restitution advenant que l'œuvre ait été volée et/ou illicitement importée. Or, le contrôle de l'origine licite des œuvres ne fait pas l'objet d'un cadre normatif national établi[105].

17. Si les transferts en pleine propriété représentent une importante partie des dons, les libéralités portant un démembrement du droit de propriété sont aussi fréquentes en pratique. Les donations avec réserve de jouissance ou d'usufruit[106] présentent un fort intérêt pour notre étude.

---

[103] Civ 1re, 17 décembre 1996, Picabia ; Bull civ 1996, I, n°461 ; [1997] JCP G II 22888 [note J. Ravanas] ; [1998] RTD com. 148 [note A. Françon]. *Adde* Delphine Martin, « La transmission des oeuvres d'art à titre gratuit » (2018) 165 supp. Rev Lamy Dr Civ 17. À titre illustratif, v. l'affaire Hantaï, infra aux paras 325.

[104] Voir en ce sen, Stéphanie Lequette-de Kervenoaël, *L'authenticité des œuvres d'art*, Paris, LGDJ, 2006 ; Françoise Labarthe, « Dire l'authenticité d'une œuvre d'art » [2014] D 1047.

[105] Au niveau international, il faut souligner la Convention UNIDROIT du 24 juin 1995 sur les biens culturels volés ou illicitement exportés qui pose les principes de la restitution des biens culturels volés et le retour des biens culturels illicitement exportés. Elle précise également les conditions de mise en œuvre de ces actions en prévoyant les délais pour agir, l'indemnisation du possesseur de bonne foi, les diligences requises de ce dernier (avec pour la restitution des biens volés, un renversement de la charge de la preuve) et les exceptions possibles au retour du bien dans son pays d'origine. Toutefois, si elle constitue un instrument prometteur dans la lutte contre le trafic illicite des biens culturels, peu de pays ont à ce jour ratifié la convention, y compris la France. V. Gérard Sousi, « Introduction : Colloque sur la prévention du trafic international de biens culturels organisé par l'association Art et Droit à Lyon le 16 novembre 2000 » (2001) 13 LPA 3. Comp. *Directive numéro 2014/60/UE du Parlement européen et du Conseil du 15 mai 2014, relative à la restitution de biens culturels ayant quitté illicitement le territoire d'un État membre et modifiant le règlement (UE) numéro 1024/2012*, v. Claire Chastanier, « Refonte de la directive sur la restitution des biens culturels » (2015) 27 Juris Art 32. La recherche de l'origine des œuvres d'art, bien qu'elle soit une préoccupation laissée aux soins des musées, constitue une obligation déontologique (Code ICOM, art 2.2.) Ce contrôle est notamment exercé par les départements de conservation quand ces derniers procèdent à l'examen de l'intérêt scientifique et culturel. V. Cornu et Mallet-Poujol, *supra* note 91 au para 284.

[106] La donation emporte, en principe, le dépouillement actuel et irrévocable du donateur. Cela ne signifie pas pour autant que le donataire doit être immédiatement mis en possession et jouissance des biens contenus dans la donation. L'article 949 du Code civil permet au donateur de se réserver à son profit ou de disposer au profit d'un tiers de la jouissance ou l'usufruit des biens meubles ou immeubles contenus dans la donation. Cette hypothèse ne remet pas en cause le transfert, car le donataire acquiert la nue-propriété des biens, et à l'extinction de la réserve, celui-ci retrouve de plein droit tous les attributs du droit de propriété. La réserve de jouissance ou d'usufruit au profit du donateur est même admise en cas de don manuel si ce dernier se trouve effectivement privé des prérogatives d'administration et de libre disposition des biens contenus dans la libéralité (Civ. 11

En effet, ce type de donation est encouragé par la loi fiscale dans le contexte précis des dons d'œuvres d'art faits à l'État et aux collectivités territoriales. En effet, l'article 1131 du CGI prévoit que sont exonérés de droits de mutation et taxes annexes afférents à la transmission, les dons d'une œuvre d'art, de livres, d'objets de collection ou de documents de haute valeur artistique ou historique. L'alinéa 2 du même article précise que ces avantages sont aussi applicables quand bien même le donateur choisit de « conserver sa vie durant la jouissance du bien donné ». Il est également admis que le donateur stipule « la réserve de jouissance bénéficiera, après sa mort, à son conjoint ». Les personnes morales peuvent également bénéficier de cette disposition à condition que la réserve de jouissance prenne fin à la dissolution de la personne morale et, sous réserve, qu'elle n'excède pas plus de vingt-cinq ans (CGI, art. 1131 al. 2). Afin de bénéficier de l'avantage fiscal, le donateur doit garantir que l'exposition de l'œuvre demeure conforme aux conditions d'accès au public fixées par l'autorisation administrative dans la décision d'agrément de la donation. Le détail de la procédure d'agrément est précisé à l'article 310 G annexe 2 du Code général des impôts. Si la donation répond à ces conditions, l'œuvre pourra rester aussi longtemps que souhaité entre les mains de la personne morale[107].

---

août 1880, [1880] DP I 461 ; req. 28 octobre 1935, [1936] DP I 29, rapp. Pilon ; CA Lyon, 20 mars 1969, [1970] JCP II 16492, note Rabut ; [1970] RTD Civ.389, obs. R. Savatier. Sur les pactes adjoints : « dans le don manuel : c'est la possession, et elle seule, qui vaut titre ; dès lors, une lettre écrite par la donatrice à la donataire, postérieurement à la mise en possession des valeurs données, pour lui rappeler que sa libéralité et en précisant la destination, n'est ni le titre, ni de la donation, ni des modalités qui l'accompagnent ; par suite, du fait que cet écrit ne mentionne pas la réserve d'usufruit, il n'en saurait résulter qu'elle n'a pas été convenue par les parties, au moment où la donataire a été mise en possession des titres donnés (en l'espèce, preuve de la réserve d'usufruit par des documents attestant que le montant des coupons des titres avait été régulièrement payé à la donatrice) », Req, 28 oct. 1935 ; [1936] DP, I, 29, rapp. Pilon.

[106] Ce dispositif visait initialement seulement les dons d'œuvres d'art faits à l'État. Mais, par la loi de finances de 1992 (loi n°91-1322 du 30 décembre 1991, JO, n°304, 31 décembre 1991, 17225, art. 6), il fut par la suite étendu aux « donations, legs faits aux musées gérés par des collectivités territoriales ou par des groupements de collectivités territoriales ».

[107] Cornu et Mallet-Poujol, *supra* note 91 au para 366. Si les biens donnés sont attachés à un immeuble en vertu de motifs d'ordre historique ou artistique et que le donateur s'engage à « les conserver dans cet immeuble et d'en autoriser l'accès au public à les visiter », le donateur peut stipuler que la réserve de jouissance bénéficiera successivement aux personnes auxquelles l'immeuble est transmis. Aussi, apparaît-il que ce dispositif est mis en œuvre afin de concilier l'incitation aux dons de biens culturels avec le respect de « l'intérêt culturel du bien » transmis (*ibid* au para 367). En effet, « les intérêts liés à la conservation de la chose entre les mains de son ancien propriétaire sont de plusieurs sortes. D'une part, on peut présumer qu'en dépit de la disparition du lien de propriété le possesseur continue d'entretenir avec le bien un rapport privilégié. On peut penser qu'en vertu de cet attachement il n'en sera que plus attentif dans sa fonction de "dépositaire". D'autre part, une des clefs du système repose sur l'accessibilité au public. Dès lors qu'il se trouve satisfait dans des conditions raisonnables, le maintien du bien sur son emplacement d'origine peut être préférable à son intégration dans une collection. Le Code général des impôts semble ici consacrer l'existence d'une 'propriété éminente' au profit de l'État, conservant au donateur une forme de "propriété utile" » (*ibid* au para 368).

De même, sont fiscalement encouragées les donations temporaires d'usufruit. Celles-ci consistent en une transmission à titre gratuit d'un usufruit préexistant pour une durée limitée. Véritable exception à l'irrévocabilité des donations, la donation temporaire d'usufruit présente un intérêt tant pour le donateur que pour le donataire. Pour le donataire, l'opération lui permet de percevoir des revenus du bien et d'en jouir librement. Pour le donateur, le bien contenu dans la donation sort du patrimoine taxable du donateur lui permettant ainsi de réduire l'assiette de l'impôt sur le revenu et de l'impôt sur la fortune immobilière pour une période donnée[108]. Toutefois, Afin d'éviter que ce type de donation ne soit utilisé à des fins frauduleuses, la validité de l'opération est soumise au respect de conditions strictes (la durée minimale de trois ans, la forme authentique ou encore la préservation des droits de l'usufruitier) permettant à l'affectataire de jouir de cette donation sans crainte du disposant[109].

18. Enfin, l'acte philanthropique au profit des musées d'art peut revêtir la forme d'une opération complexe quand le transfert à titre gratuit des biens est couplé à un montage juridique permettant l'administration de ces derniers. Le choix d'un tel montage répond d'une logique révélatrice de l'ambition philanthropique du disposant. Quand l'acte philanthropique emporte la création d'une institution nouvelle (fondation reconnue d'utilité publique, fondation d'entreprise, éventuellement fonds de dotation), le disposant souhaite autant inscrire son acte dans la durée que donner une autonomie à son projet philanthropique en créant une nouvelle institution muséale façonnée selon sa volonté. De même, l'acte philanthropique au profit des musées d'art peut s'inscrire dans une stratégie de placements financiers qui permettra au disposant de maximiser le montant qu'il souhaite donner au musée d'art. Tel est le cas quand le disposant crée un fonds de dotations ou quand ce dernier a recours à l'assurance-vie aux fins de placement[110]. Ainsi, il advient que la forme de l'opération doit être déterminée au regard du contenu de la volonté philanthropique, des moyens que le disposant souhaite y consacrer, mais également au regard du contexte et des besoins du monde muséal.

---

[108] V. Instruction fiscale n°176 du 6 novembre 2003, BOI, N°7S-4-03.

[109] Instruction fiscale du 6 juin 2018, BOI-PAT-IFI-20-20-30-10-20180608). *Adde* Pierre Lemée, « La donation temporaire d'usufruit au profit d'une association ou d'une fondation, aspects juridiques » [2013] Guide Assoc 21 ; Laurent Mazeyrie, « Les donations d'usufruit temporaire: un outil attractif pour le mécénat » [2005] JCP N HS 26).

[110] V. en ce sens, Alexis Becquart et Xavier Delsol, « Volonté des philanthropes : le choix stratégique de la structure juridique » (2018) 282 Dr et patr 42.

19. Approches méthodologiques. La méthodologie retenue est plurale compte tenu des diverses perspectives de ce travail.

Dans le but d'interroger dans quelle mesure les règles existantes sont suffisantes et adaptées pour établir un cadre juridique favorable au développement et au maintien de la philanthropie au profit des musées d'art, notre recherche repose sur une approche à la fois dogmatique et interdisciplinaire s'articulant autour d'une étude approfondie des sources juridiques et extra juridiques. En effet, alors que le sujet d'étude est à la croisée de plusieurs branches du droit positif (droit privé, droit public, histoire du droit et droit du patrimoine culturel), celui-ci relève également d'autres disciplines (muséologie, éthique ou encore économie) dont l'apport ne saurait être négligé. Celles-ci permettent en effet d'obtenir un portrait étoffé de l'ensemble des enjeux relatifs à la philanthropie au profit des musées d'art, et ainsi d'en affiner ainsi le cadre règlementaire. Plus largement, les rapports de convergence et d'opposition entre ces différentes sources juridiques et extra juridiques constituent notamment un point d'analyse majeur, puisqu'en découle des constats sur la source et l'effectivité de la normativité s'imposant aux musées d'art.

Ensuite, il importe de préciser l'approche méthodologique retenue du point de vue de la comparaison juridique. Puisque le recours à cette dernière procède de la volonté de combler les carences du droit français en matière de philanthropie au profit des musées d'art, l'approche comparative est par essence fonctionnelle et sélective. Il s'agit en effet de résoudre un problème précis en droit français à la lumière de droits étrangers. Les droits étrangers ne sont dès lors invoqués que lorsqu'ils permettent d'apporter des compléments pertinents d'étude. En même temps, cette sélectivité/ du droit étranger a pu être opérée dans la mesure où ce travail de recherche retient comme trame de fond la méthode comparative de Constantinesco[111]. Pour rappel, celle-ci s'articule autour de trois phases successives : connaître, comprendre et comparer. Les deux premières phases requièrent une étude *systémique* de l'objet d'étude, c'est-à-dire à la lumière de son contexte historique, juridique, politique et culturel. Alors que la première phase requiert un intense travail de l'ombre dans lequel le chercheur se livre à un important travail d'investigation du droit étranger qui outrepasse largement le seul champ de sa recherche, la seconde étape constitue une étape de synthèse au titre de laquelle le chercheur ne retient et n'expose que les éléments pertinents

---

[111] Léontin-Jean Constantinesco, *Traité de droit comparé. Tome 2, La méthode comparative*, Paris, Librairie générale de droit et de jurisprudence, Economica, 1972.

de sa recherche et qui, chez Constantinesco, ne saurait répondre d'une démarche d'exhaustivité. La pertinence est définie par la finalité même de la recherche. Une fois ces étapes réalisées et les premiers constats d'étude établis, s'en vient la troisième et ultime étape, la comparaison, qui est finalement une étape de synthèse. Selon l'auteur, cette étape est tributaire de la finalité de la recherche laquelle se trouve librement déterminée par le chercheur. En l'espèce, la comparaison est invoquée pour offrir une relecture du droit français et ouvrir de nouvelles perspectives juridiques pour le déploiement de la philanthropie au profit des musées d'art. Comme cela fut mentionné plus haut, c'est bien grâce au droit comparé qu'il est possible de mesurer toute l'importance du procédé d'affectation en matière de philanthropie des musées d'art, et par là, de repenser certains éléments du régime juridique de ces actes en droit français. L'approche comparative permet ainsi d'expliquer la distinction des résultats de recherche entre cette thèse et d'autres travaux majeurs conduits exclusivement sous l'angle du droit français[112]. Dans cette perspective, si d'aucuns pourraient s'interroger sur la réduction progressive de la comparaison juridique au fil de l'avancement de l'étude, ceci constitue tant une conséquence de l'approche comparative retenue que de la finalité de la recherche : identifier des leviers juridiques pour consolider la philanthropie au profit des musées d'art en France. De ce point de vue, il ne semblait pas pertinent de détailler le régime juridique des actes philanthropiques en droit étatsunien ni en droit québécois à moins que cela permettait de faire avancer les réflexions en droit français. De manière similaire, l'abondance des notes de bas de page dans ce travail n'est autre que la conséquence directe de l'approche transversale, comparatiste et interdisciplinaire retenue dans ce travail. Aussi précis que soit le sujet d'étude, l'étude de la philanthropie au profit des musées d'art requiert de nombreux détours de recherche. Ceci imposa le choix de basculer en notes de bas de pages de nombreux compléments d'analyse afin d'éviter des digressions qui, aussi pertinentes et nécessaires au travail de recherche, auraient eu pour effet de diluer le fil de la démonstration et de noyer le lecteur. Si la répartition du contenu entre le corps du texte et les notes de bas de page peut dès lors être contesté, il fut opéré avec le souhait d'offrir un double niveau de lecture et l'espoir que cette étude puisse intéresser un lectorat au-delà de la seule sphère du droit.

20. Annonce de plan. L'objet de notre étude étant précisé, il convient dès lors de définir la structure des propos qui vont suivre.

---

[112] Boisson, *supra* note 63. Dans ce travail, l'auteur n'accorde qu'une place relative au concept d'affectation alors qu'il est central ici ce qui emporte des conséquences du point de vue du régime juridique des actes.

Au titre d'une approche systémique nous permettant de déterminer la place et la finalité des concepts juridiques (philanthropie et musée d'art) au sein de l'ordre juridique, il nous appartiendra d'apprécier les outils juridiques sur lesquels l'acte philanthropique au profit des musées d'art s'est développé et le rôle de cet acte dans la conduite des activités muséales, et plus largement, au sein de l'ordonnancement juridique français. Conservant une même approche systémique pour le droit américain et le droit québécois, l'étude comparée nous aidera à porter un regard critique sur le statut de l'acte philanthropique au profit des musées d'art en droit français. L'étude comparée nous permettra également de confronter la réception et le développement de la philanthropie au profit des musées d'art au sein de la tradition civiliste avec celle de *common law*. Tel sera l'objet du premier titre de cette étude (I).

Au titre d'une approche analytique, nous étudierons les éléments constitutifs de l'acte philanthropique au profit des musées d'art — une libéralité spéciale et une affectation — à l'issue de quoi nous examinerons si le régime juridique l'acte préserve la vocation collective de l'opération et répond tant aux attentes des disposants que celles du monde muséal. Avec l'appui du droit américain et du droit québécois, nous identifierons dans cette perspective, plusieurs carences du droit français. Nous formulerons dès lors plusieurs séries de recommandations qui, veillant à renforcer le cadre juridique de la philanthropie au profit du musée d'art, participeront à restaurer la confiance en la pratique (II).

TITRE I.

DES ACTES PHILANTHROPIQUES AU PROFIT DES MUSÉES D'ART : APPROCHE SYSTÉMIQUE

21. **Présentation du titre**. Ce premier titre a pour vocation de préciser le contexte de l'étude afin d'évaluer la place et le rôle tenu par la philanthropie en France, et particulièrement dans le contexte muséal. Si les éléments introduits ici constituent des éléments préliminaires à l'étude particulière des actes philanthropiques au profit des musées d'art, ils ont toutefois valeur de prérequis fondamentaux auxquels nous devons prêter une attention particulière. En effet, il est primordial de définir scrupuleusement les termes de philanthropie et de musée d'art, de les qualifier juridiquement, tout comme d'exposer l'étendue des rapports qui les unissent. De ce fait, nous élargirons naturellement le champ d'analyse à des matières autres que juridiques comme l'Histoire, l'économie ou encore la muséologie. Ces détours sont nécessaires dans la mesure où ils nous permettront de révéler certaines problématiques juridiques à l'égard des actes philanthropiques dans les musées d'art. Aussi, verrons-nous que l'acte philanthropique ne peut pas se résumer à un simple transfert de valeurs ou à l'institution d'une organisation à but non lucratif en charge d'administrer le don. Celui-ci induit des conséquences directes quant à la préservation du patrimoine culturel et la conduite des missions muséales. Le poids de la technique juridique face à celui des facteurs culturels et historiques sera également une des problématiques soulevées. Cette première étape de notre étude sera opérée avec l'appui de la comparaison juridique. Seule celle-ci nous permettra, en effet, de mettre en perspective le contexte juridique français des actes philanthropiques au profit des musées d'art, pour ainsi définir les fondements de son analyse critique.

22. **Annonce de plan**. Le premier chapitre du présent titre portera sur l'étude de la place de l'acte philanthropique au sein des États retenus pour notre étude. Ceci nous permettra alors de souligner la place accordée aux actes philanthropiques au sein des ordonnancements juridiques tout en révélant les leviers culturels, juridiques et fiscaux communs ou propres à chacun. Nous ancrerons largement notre étude dans une perspective historique afin de mettre en lumière les fondements juridiques de l'acte philanthropique dans les différents États, tout comme les orientations contemporaines qui l'animent. Une telle approche

permettra dès lors de révéler nombre des facteurs qui inhibent ou, au contraire, participent au développement de la pratique.
Le second chapitre analysera ensuite les liens étroits qui unissent l'acte philanthropique au musée d'art. Ceci requerra préalablement d'apporter une série de précisions sur la notion de musée d'art au sein des États qui permettront de démontrer comment la philanthropie et les modèles muséaux sont intimement liés. En effet, le modèle muséal, qu'il soit de nature privée ou publique, explique pour beaucoup la place tenue par l'initiative et le financement privé. Parallèlement, ce chapitre mettra en lumière la diversité et la complexité des enjeux relatifs aux actes philanthropiques au profit des musées d'art en constatant une certaine immixtion de la philanthropie dans la conduite des missions muséales.

CHAPITRE I. L'ACTE PHILANTHROPIQUE ET LES TRADITIONS JURIDIQUES

23. Présentation du chapitre. La philanthropie trouve ses origines dans la charité chrétienne. Celle-ci constitue une vertu théologale aux côtés de la foi et de l'espérance[1]. Aussi, n'est-il pas surprenant que l'Église, au nom de la charité, prît en charge le soutien aux pauvres, aux malades et celui, plus tardivement de l'enseignement. Aussi verrons-nous que, dans chacun des pays étudiés, les premières manifestations de la philanthropie sont au profit des Églises chrétiennes pour la constitution d'institutions destinées à la réalisation de missions *charitable*s comme l'aide aux pauvres, les hospices et orphelinats ou encore l'instruction.

Toutefois, son lien avec l'Église catholique joua en sa défaveur en France. La centralisation et la concentration du pouvoir royal en France s'opposèrent à la philanthropie qui enrichissait le patrimoine ecclésiastique et constituait alors une menace pour le pouvoir royal. Et, avec la Révolution française, l'abolition des ordres emporta l'abolition des œuvres pieuses. En revanche, la philanthropie n'étant pas perçue comme une menace politique, les États-Unis et le Québec l'encouragèrent pour répondre aux besoins des Nations.

À l'issue de ces éléments, force est d'admettre la nécessité d'un exposé historique. En effet, l'étude des fondements de la philanthropie en France, aux États-Unis, et au Québec, révèle que, si la pratique se voit tributaire des règles de droit privé, celle-ci se trouve particulièrement dépendante du contexte social et politique dans lequel elle s'inscrit au sein de ces États. D'ailleurs, nous verrons notamment que les difficultés françaises, quant à la nature et au régime juridique de la philanthropie, sont, en partie, l'héritage d'une méfiance ancienne envers la philanthropie.

---

[1] V. La Charité, La Bible, 1 Co 13. La charité fait partie des trois vertus théologales du Christianisme avec la foi et l'espérance. Elle se comprend comme l'amour de Dieu et de ses prochains. Sa pratique consiste en la réalisation d'œuvre de bienfaisance et plus largement de toute aide apportée à son prochain. Toutefois, les prémisses de la charité datent de l'Antiquité. En effet, « la cité antique favorisa les fondations. Celles-ci étaient, à Rome, inspirées par des considérations religieuses. Le Christianisme relaya ce courant, de sorte que notamment, notre Ancien Droit, encouragea le développement des œuvres pies et de toutes sortes de fondations – fondations de messe, fondation charitable — accueillies favorablement par l'Église » (François Terré, Yves Lequette et Sophie Gaudemet, *Droit civil : les successions, les libéralités*, 4e éd, coll Précis Dalloz Droit privé Paris, Dalloz, 2014 à la p 688).

24. Annonce de plan. En d'autres termes, l'étude des fondements et de l'évolution de l'acte philanthropique sera successivement étudiée en France (Section I) aux États-Unis (Section II), et finalement au Québec (Section III). Même si l'ordre des développements peut sembler descriptif de prime abord, il répond toutefois à un double objectif. D'une part, il est animé par la volonté de brosser un portrait de la philanthropie dans chacun des États en vue de mettre en exergue les particularités françaises. D'autre part, l'introduction du Québec à l'issue des développements en droits français et américain découle de la mixité juridique qui le caractérise. Le Québec a ici vocation d'établir un dialogue entre la France et les États-Unis permettant de surmonter quelques obstacles relatifs à la comparaison entre des traditions juridiques distinctes.

Section I. FRANCE

25. Annonce de plan. L'étude des fondements de l'acte philanthropique (I) en France révèle comment l'encadrement des actes philanthropiques fut non-linéaire, récent, voire à certains égards, tumultueux. Pendant longtemps, la pratique fut admise avec restriction et sous la supervision de la puissance publique. Bien que cette tendance semble s'inverser, le cadre juridique de la philanthropie se révèle encore incomplet à ce jour (II).

I. LES FONDEMENTS DE L'ACTE PHILANTHROPIQUE

26. Du Moyen-âge à la période révolutionnaire. Le rapport, au cours de l'Histoire, de la société française aux pratiques philanthropiques fut variable et conflictuel dans la mesure où se mêlèrent considérations religieuses et sociales, et rivalités politiques. Pour en mesurer toute l'évolution, il nous faut remonter au Moyen-Âge. À la différence du droit romain qui admettait favorablement les œuvres pieuses[2], l'évolution du

[2] La réalisation d'œuvres charitables constituait une préoccupation en droit romain. Notamment, si la personne morale présentait l'inconvénient d'être soumise à autorisation préalable de la puissance publique (les groupements qui ne bénéficiaient pas de la personnalité morale étaient alors considérés comme incertains et incapables de recevoir en droit), la substitution fidéicommissaire permit la réalisation de nombreuses œuvres éludant alors les lacunes de la personnalité morale comme la capacité à recevoir par testament. Ainsi, l'héritier ou le légataire légalement institué était grevé de l'obligation de transférer entre vifs tout ou partie du patrimoine du défunt a une personne incertaine ou incapable. Et jusqu'au règne de Justinien, elle était valable *in perpetuto*. Aussi à partir de la fin de la République, la majeure partie des libéralités testamentaires à des fins charitables prenaient cette forme. En revanche, pour les donations entre vifs, elles prenaient davantage la forme de donations avec charge aux personnes morales, et, par

droit des libéralités collectives en France s'inscrit dans une démarche contraire. Plutôt qu'une libéralisation de la pratique, la France appréhende avec méfiance les actes philanthropiques, ces derniers donnant lieu à la constitution de biens de mainmorte.

En effet, il convient de rappeler qu'au cours du Moyen-Âge, la forte division de la société et du pouvoir[3] profita aux libéralités charitables en ce qu'il appartenait à l'Église l'accomplissement de certaines missions comme celles de l'enseignement, du secours aux pauvres et aux malades[4]. Sur le plan du droit, il résultait de la division de la France entre les régions du nord appliquant un droit coutumier, hérité alors du droit germanique et les régions du sud conservant le droit romain, un contexte juridique également favorable aux libéralités charitables. D'une part, et de manière commune, aucun de ces systèmes de droit ne prévoyait le contrôle de la puissance publique quant à la création de personnes morales. Constituant le plus souvent des institutions ecclésiastiques, le pouvoir étatique n'était tout simplement pas assez puissant pour imposer son contrôle[5]. Surtout, celles-ci ne représentaient aucune menace politique[6]. Ainsi, les fondations ecclésiastiques se développèrent jusqu'à la centralisation du pouvoir par l'émergence d'une monarchie puissante imposant son pouvoir sur l'ensemble du territoire. Enfin, chaque système disposait de moyens techniques adaptés à la réalisation de libéralités charitables puisque le procédé de la libéralité avec charge était largement admis et utilisé à des fins pieuses[7].

Au cours des XIe et XIIe siècles, fut amorcé le déclin de la féodalité sous l'impulsion d'un « dégel économique et un redressement intellectuel »[8].

---

l'accroissement des personnes morales capables de recevoir par testament, cette forme de libéralités devint la forme la plus répandue pour toute libéralité à des fins charitables. Par la suite, l'ère chrétienne apporta quelques modifications comme l'introduction du devoir de charité, et, l'Église se vit dotée d'une capacité juridique totale. Ces deux facteurs expliquent l'essor des libéralités à des fins charitables. Le règne de Justinien fut marqué par la volonté de libéraliser les œuvres charitables, par notamment la reconnaissance des œuvres dites *pia causae* et par l'existence d'établissements indépendants au profit des pauvres, malades, prisonniers ou orphelins bénéficiant de la personnalité morale sans que l'autorisation de la puissance publique ne soit requise. V. Martin Boodman, *Les libéralités à des fins charitables au Québec et en France*, Université de droit, d'économie et de sciences sociales de Paris (Paris 2), 1980 aux pp 2-9.

[3] « En France, le Moyen Âge fut une époque de divisions, sinon de désordre. Il n'y avait pas de pouvoir central et le pays morcelé de régions, était gouverné par une élite, peu nombreuse, de propriétaires fonciers autonomes. Dans cette structure, l'Église ayant la propriété de beaucoup de terres était très puissante » in *ibid* à la p 10.

[4] M. Boodman souligne également qu'au-delà de la réalisation des tâches relatives à l'intérêt général, le fonctionnement politique de l'Église ainsi que les problèmes de corruption y afférant permirent de justifier l'affluence de dons des particuliers au profit de l'Église (*Ibid* à la p 10).

[5] *Ibid* à la p.11.

[6] *Ibid* à la p. 11.

[7] *Ibid* à la p.12.

[8] Boodman, *supra* note 2 à la p 12.

Ceci entraina une mutation des formes de richesses — soit le déclin de la richesse immobilière au profit de la richesse mobilière –, ainsi que l'émergence d'une nouvelle classe sociale et politique dans les villes[9]. La charité privée était communément pratiquée et bénéficiait essentiellement au patrimoine ecclésiastique. C'est ainsi que la richesse de l'Église devint progressivement source de méfiance et le contrôle des personnes de mainmorte une question de premier ordre pour le pouvoir royal. Dès lors, plusieurs mesures furent prises en vue d'assujettir au contrôle royal les fondations ecclésiastiques[10]. Notamment, Philippe III instaura dès 1275 « le contrôle a priori des constitutions de biens de mainmorte dédiés à la philanthropie »[11]. Plusieurs raisons justifiaient un tel revirement telles que « la protection de l'État contre la menace politique des personnes de mainmorte, la lutte contre l'évasion des droits de mutation et d'autres impôts, la répression des abus commis par le clergé, et la protection des fondations contre des charges trop onéreuses ou en dehors de leur but ou mission »[12].

27. En sus de la menace politique qu'elle représentait, l'Église catholique était accusée des maux de la société et sa richesse vivement critiquée. Dès lors, toute création ou dotation des fondations ecclésiastiques supposait préalablement l'obtention d'une autorisation royale[13].
Surtout, l'Édit d'Aguesseau d'août 1749 marqua un important « tournant, en France, dans l'histoire des libéralités et particulièrement dans l'histoire des fondations »[14]. En effet, le texte prescrivait que toute acquisition de biens immeubles par testament était absolument interdite. De même, toute acquisition de biens immeubles, autrement que par testament, était soumise à l'autorisation royale. En revanche, la liberté d'acquisition des biens meubles demeurait. De plus, le texte prohibait toute disposition testamentaire visant la création d'un nouvel établissement.

En somme, l'Édit supprima l'établissement de fondation directe et indirecte faisant dire à un auteur du début du XIXe siècle que « c'est à

---

[9] *Ibid.*
[10] V. *ibid* à la p 13 citant les textes suivants : l'Édit de 1536, l'Ordonnance de 1629, l'Édit de 1659, l'Édit d'août 1661, l'Édit de décembre 1666, l'Édit d'août 1669 ainsi que la Déclaration de 1693.
[11] Francis Charhon, *La philanthropie : des entrepreneurs de solidarité*, Paris, Fondapol, Fondation pour l'innovation politique, 2012 à la p 9.
[12] Boodman, *supra* note 2 à la p 13.
[13] M. Boodman note que ces mesures n'étaient pas appliquées ni de manière constante ni toujours avec le même niveau d'exigence (*Ibid* à la p 14).
[14] René Cassin, *Droit civil approfondi et comparé : des libéralités avec charge et fondations en droit français*, coll : Licence 1ère année, Paris, Les Cours de droit, 1939 à la p 24.

cet édit que nous devons en grande partie, aujourd'hui la législation peu libérale sous laquelle les fondations chez nous doivent se créer et vivre »[15].

Même s'il fut constaté que l'Édit ne fut appliqué que restrictivement[16], ce texte marque le début de la réticence sociale et politique envers les œuvres charitables tenues par l'Église. Le patrimoine ecclésiastique ainsi constitué fut tel qu'il tendait à rivaliser directement avec celui de l'État. De même, les œuvres pieuses entraînaient, en sus d'une diminution de la perception[17] des droits de mutation pour l'État, un frein au dynamisme du pays; les biens de mainmorte ne circulant plus dès lors qu'ils se trouvaient propriété de l'Église[18].

28. Le contexte défavorable à la philanthropie qui s'établit en France trouve également ses racines dans l'émergence d'une charité publique à compter du XIIIe siècle[19]. Notamment, l'institution de l'aumônier du roi comme « ministre de la Charité » sous le règne du roi Philippe le Bel affirme la mainmise étatique sur les œuvres de bienfaisance, et l'émergence de l'assistance publique[20] . Cette générosité royale était perçue comme un moyen d'ancrer le pouvoir royal et de faire rayonner le royaume de France par-delà les frontières. Tout naturellement, celle-ci investit le domaine des Arts. Avec François Ier, et plus encore avec Louis XIVe, il s'ouvrit une tradition selon laquelle le roi devint « le chef

---

[15] Félix Garcin, *La mainmorte, le pouvoir, l'opinion de 1749 à 1901*, Paris, Librairie de la Société de Recueil Général des Lois et des Arrêts, 1903 à la p 35.

[16] Notamment, la déclaration du 20 juillet 1762 autorisa les legs *sub modo* d'immeubles au profit des établissements de charité, des asiles et des églises, v. Boodman, *supra* note 2 à la p 15.

[17] Le qualificatif *public* est synonyme ici de royal.

[18]Le terme de « mainmorte » tire son origine dans l'incapacité du serf à transmettre son patrimoine au reste de sa famille à sa mort. En effet, si ce dernier pouvait jouir librement de ses biens durant sa vie, à sa mort, il ne pouvait librement transmettre à cause de mort. Ses biens revenaient de droit à son seigneur conformément à l'adage « le serf est mort, saisit le vif son seigneur ». Dès lors, des subterfuges juridiques furent imaginés afin d'éviter la perte du patrimoine familial. Par exemple, la constitution d'une société familiale permettait, sous certaines conditions, de préserver les biens au profit des descendances, sous réserve de payer une indemnité seigneuriale et un droit d'amortissement au roi. Toutefois, le transfert à cause de mort des biens pour l'Église et les hospices échappait aux règles des mutations par décès puisque ces derniers avaient une existence juridique indéfinie. C'est ainsi que l'Église catholique accumula progressivement un patrimoine, dénommé biens de mainmorte, au regard de leur provenance. La prolifération des biens de mainmorte participa à la chute du système féodal. L'Église s'enrichit au détriment de la Seigneurie et les ressources du roi diminuaient faute d'impôts acquittés. De plus, l'accumulation de ces biens fut par la suite aussi vivement critiquée en ce que les biens ne circulaient plus car frappés d'inaliénabilité. V. Centre National de Ressources Textuelles et Lexicales, « Philanthropie (Portail Lexical- Lexicographie-CNRTL) », *sub verbo* « mainmorte » en ligne : <http://www.cnrtl.fr/definition/philanthropie>; Garcin, *supra* note 9.

[19] V. Catherine Lecomte, « Ancien Régime et générosité publique » dans Pascal Mbongo (dir), *La générosité publique : dons, mécènes entre droit et politique*, Paris, LGDJ, 2006, 29 à la p 34.

[20] Philippe le Bel fut l'aumônier du roi. V. *ibid.*

d'orchestre des arts »[21], s'imposant dès lors comme acteur principal et garant du progrès social, scientifique, artistique et culturel[22]. L'État s'est si bien approprié les œuvres de bienfaisance que la philanthropie devenait peu à peu une sorte de pratique concurrente du pouvoir royal. Cette période est fondamentale en ce qu'elle pose les fondements du service public. En effet, l'initiative publique évince l'initiative privée de la prise en charge du bien commun.

29. Par la suite, le droit intermédiaire fut marqué par la méfiance politique et sociale envers l'Église et ses fondations ecclésiastiques. Ces dernières étant contraires à la pensée révolutionnaire23, le législateur de cette période intermédiaire souhaite donc les abolir.

Ainsi, l'Assemblée constituante vota, par une loi du 2-4 novembre 1789, que tous les biens ecclésiastiques étaient à la disposition de la Nation de sorte que plusieurs textes prévoyaient la nationalisation ou la vente desdits biens[24]. De même, les fondations en tant qu'instrument privilégié de la philanthropie privée furent progressivement anéanties, et plus largement les œuvres charitables abolies[25]. Il fallut attendre la fin du XIXe, durant l'Empire, pour que celles-ci renaissent en Droit, et ce sous le contrôle rigoureux du respect de l'intérêt général du Conseil d'État. Ce contrôle persiste aujourd'hui.

Cependant, force est de reconnaître que la disparition des œuvres charitables généra aussi bien des coûts supplémentaires pour l'État que la survenance de réelles carences dans la prise en charge des besoins d'intérêt général. Sous la pression de l'opinion publique, le décret du 2 Brumaire de l'An IV suspendit les procédés de nationalisation et de vente des biens des établissements charitables. Cette seconde période du droit intermédiaire, ou de « résurgence »[26] des œuvres charitables, fut marquée par le rôle de la puissance publique au stade de la création et de la dotation des personnes de mainmorte.

30. Les libéralités, objet de suspicion. Avant d'en venir au Droit moderne, il convient de rappeler comment le droit des libéralités, tel que

---

[21] *Ibid* aux pp 39-44.
[22] *Ibid* à la p 44.
[23] Dans le nouvel ordre, n'étaient admis que l'état et l'individu. Les personnes de mainmortes menaçaient le nouvel ordre politique et social en empêchant notamment la circulation des richesses et en éludant l'imposition. Notamment, par la loi du 14 novembre 1792, la substitution fidéicommissaire fut prohibée.
[24] Boodman, *supra* note 2 à la p 17.
[25] *Ibid.*
[26] *Ibid* aux pp 16-18.

défini dans le Code napoléonien, s'est forgé dans un climat de suspicion ; lui-même fruit de la méfiance envers les biens de mainmorte, mais aussi envers les actes à titre gratuit. En effet, avec le passage vers une société moderne d'économie libérale, seul l'acte onéreux, par opposition à l'acte à titre gratuit, était considéré comme « normal » au sens d'être un acte libre, éclairé, et équilibré[27].

De plus, si les successions assurent la transmission du patrimoine au sein du cercle familial et constituent un élément fondamental du maintien de la cohésion de cette dernière[28], les libéralités comportent néanmoins le risque de détourner le cours de la succession ab intestat ou même de réduire le gage des créanciers chirographaires. Dès lors qu'il s'agit de satisfaire l'intérêt de tiers, pourquoi donc donner quand la norme économique et sociale invite à l'échange réciproque ? Plus encore, partant du postulat que l'intérêt général est la somme des intérêts particuliers et que la maximisation de l'intérêt particulier réside dans l'échange, les libéralités se révélaient comme contraire à la maximisation de l'intérêt général, voire comme une menace à l'harmonie sociale[29]. Ainsi, voit-on que les libéralités oscillent entre la nécessité et la dangerosité de disposer à titre gratuit de son patrimoine[30]. Seul un régime légal partagé entre faveur et défiance pouvait donc naître[31]. C'est dans cette optique que les rédacteurs du Code civil entreprirent d'établir un équilibre entre la protection des droits des héritiers, la préservation du nouvel ordre social et la liberté individuelle. Il en découle que les libéralités ne sont admises que sous couvert de respecter d'importantes conditions de fond et de forme32 en vue de garantir que l'acte soit libre

---

[27] V. en ce sens, Xavier Martin, « L'insensibilité des rédacteurs du Code civil à l'altruisme » (1982) 60:4 RHD 589.

[28] « L'héritage est un instrument de cohésion sociale qui permet de cultiver la mémoire des membres de la famille et de se rassembler autour des biens du défunt, d'entretenir le sentiment d'appartenance à un groupe, de s'inscrire dans une généalogie, ce qui contribue à développer le sentiment d'identité d'appartenance » (Cécile Pérès et Christophe Vernières, Droit des successions, 1re éd, coll Thémis Droit, Paris, PUF, 2018 au para 9).

[29] « Soupçonnant, derrière des intentions libérales, des arrière-pensées moins pures mais jugées souvent plus naturelles, le législateur estima que, du point de vue de l'économie libérale, la satisfaction de l'intérêt général reposait sur la poursuite de leurs intérêts par les particuliers et que l'harmonie sociale risquait d'être altérée par l'accomplissement d'actes désintéressées » (Terré, Lequette et Gaudemet, *supra* note 1 au para 269).

[30] Comp. John Philip Dawson, *Gifts and promises: continental and American law compared*, coll Storrs lectures on jurisprudence, n°1978, New Haven, Yale University Press, 1980. Dans ce texte, l'auteur souligne le contexte de défiance envers les libéralités dans la tradition de *common law*. Non pour les mêmes raisons, ni la même intensité qu'en droit français, les libéralités, en ce qu'elles rompent avec la logique du marché, sont naturellement porteuses d'un caractère suspicieux.

[31]Michel Grimaldi, *Droit civil : libéralités, partages d'ascendants*, Paris, Litec, 2000 au para 1020.

[32] V. C civ, art 900 et s. Notamment, le Code civil encadre les libéralités de sorte que l'acte ne porte préjudice ni aux parties ni aux tiers intéressés par le transfert à titre gratuit. Ainsi, la protection du disposant comme du bénéficiaire est en partie assurée par un fort formalisme *ad valididatem*. Le bénéficiaire, en acceptant l'acte, s'assure ainsi de la portée et des conséquences

et éclairé comme le recommande la doctrine dominante de l'autonomie de la volonté.
Cette constante méfiance à l'égard des libéralités peut certainement expliquer l'introduction tardive de l'acte philanthropique, et son acceptation difficile dans le système juridique français.

II. UN CADRE JURIDIQUE ENCORE INCOMPLET

31. L'admission d'outils juridiques adaptés à la philanthropie. Si on peut se rappeler de quelques grands mécènes privés en France comme les frères Caillebotte, la pratique ne fut juridiquement encadrée que tardivement. Surtout, la France connaît une forte tradition de mécénat public héritée de l'époque monarchique qui perdura au moyen de la théorie du service public. La philanthropie était pratiquée, mais sans le soutien d'un cadre légal spécifique et sur le seul fondement du droit commun des libéralités. Outre sa soumission aux rigoureuses conditions de fond et de forme qui régissent ces dernières, la philanthropie n'échappe pas au respect de la réserve héréditaire[33]. Ceci a pour conséquence de réduire le montant que les particuliers peuvent attribuer à des œuvres philanthropiques[34]. En cela, la réserve héréditaire constitue, pour certains, un obstacle majeur au développement de la philanthropie dans des proportions similaires à la pratique nord-américaine[35].

Bien que l'introduction de la fondation, à la fin du XIXe siècle par le Conseil d'État, apporta un souffle nouveau à la philanthropie, son régime juridique souleva des aléas et des difficultés sur le plan de la technique. D'une part, elle fut véritablement dépourvue de tout cadre légal jusqu'en 1987[36]. D'autre part, la théorie classique du patrimoine et de la personnalité juridique empêchait autant la reconnaissance d'un

de l'acte généreux, et par l'irrévocabilité du transfert se libère de la capricieuse volonté du disposant. De même, la prohibition des clauses illicites ou encore les règles relatives à la capacité du disposant et du bénéficiaire préviennent la survenance de situations susceptibles de porter atteinte aux bonnes mœurs de la société (V. *Ibid* au para 1023. *Adde* Jean Valloir, *Essai sur la notion d'acte à titre gratuit : étude de technique juridique*, Thèse de doctorat, Université de Rennes, 1919 à la p 163.; Henri Souleau, Jean Luc Aubert et Jacques Flour, *Les libéralités*, coll U, Série Droit privé, Paris, A Colin, 1982 aux para 55-57).

[33] C. civ., art 912.

[34] C. civ., art. 912. Sur la réserve héréditaire en droit français, v. *infra* au para 173.

[35] Ce point sera plus largement discuté dans des développements subséquents aux paras 170 et s.

[36] Notamment, le terme de fondation ne fut légalement introduit et protégé qu'à compter de la loi n°87-571 du 23 juillet 1987 relative au développement du mécénat, JO, 24 juillet 1987, 8255.

patrimoine d'affectation à durée indéterminée[37] que la reconnaissance de la fondation testamentaire[38]. En dépit des carences de la loi, les juges se montrèrent favorables aux fondations essayant, au moyen de techniques de droit commun, de sauver et préserver les volontés philanthropiques[39]. Ils préconisèrent une interprétation audacieuse des volontés testamentaires en vue de permettre *in fine* la réalisation des fondations testamentaires indirectes[40].

---

[37] V. Terré, Lequette et Gaudemet, *supra* note 1 au para 590. V. également Benoît Fromion-Hebrard, *Essai sur le patrimoine en droit privé*, Paris, Librairie de jurisprudence ancienne et moderne, 2004.

[38] Les fondations testamentaires désignent les fondations-personne morale, réalisées à cause de mort, et dont l'acte de dotation procède du testament. On distingue deux types de fondations testamentaires. D'une part, la fondation testamentaire directe consiste en un legs en faveur d'une personne morale non encore existante au jour de la fondation. Selon une jurisprudence constante, tout legs adressé à une personne morale non encore existante est nul selon le principe de l'article 906 du Code civil au motif qu'il ne peut y avoir de droits sans sujet de droit (v. [1928] D, II,121 [note R Savatier]). D'autre part, la fondation testamentaire indirecte se définit comme la fondation dont la réalisation est confiée à un légataire à charge de créer une nouvelle personne morale, et de remettre la dotation à cette dernière, une fois instituée. Le légataire peut être aussi bien une personne physique qu'une personne morale, et notamment un organisme à vocation d'intérêt général. Il relève d'ailleurs des compétences de la Fondation de France de créer des fondations testamentaires. Dans l'hypothèse de la fondation testamentaire indirecte, les biens transitent par le patrimoine du légataire dans le but unique que celui-ci les conserve le temps que la fondation soit créée, à charge pour ce dernier de les lui transmettre. Celui-ci est « pur intermédiaire de *transmission* » (Grimaldi, *supra* note 31 au para 1199) si bien que le légataire se trouve dans une situation analogue à celle du fidéicommis (Claude Witz, *La fiducie en droit privé français*, Paris, Économica, 1981 au para 25 et s. [Witz, *La fiducie*]). En effet, le disposant n'a pas souhaité gratifier le légataire-intermédiaire de transmission, l'intention libérale fait ici défaut. Il importe que ce dernier soit une personne de confiance dont la désignation a pour seul fondement la réalisation des formalités nécessaires à la création de la fondation testamentaire.

[39] En effet, par une interprétation extensive de la volonté du testateur, les juges judiciaires admirent l'hypothèse des fondations testamentaires indirectes en interprétant le testament comme une libéralité avec charge de créer une fondation par un intermédiaire de transmission, et ainsi, contourner la règle de principe énoncée à l'article 906 du Code civil qui prohibe les legs à des personnes morales non existantes au moment de l'ouverture. Sur ce sujet précis, V en ce sens, la jurisprudence

« Marcel Dupré », Civ 1ère, 22 juillet 1987, [1987] Bull civ II 187, n°258 (note E.S. de la Marnière); Civ 1ère, 14 mai 1991, [1992] D I 142 (note E. Agostini). Toutefois, cette jurisprudence n'a plus d'intérêt depuis la loi n°90-559 du 4 juillet 1990 créant les fondations d'entreprise et modifiant les dispositions de la loi n°87-571 du 23 juillet 1987 sur le développement du mécénat, JO, 6 juillet 1990, n°155, 7914. Par cette loi, fut ajouté l'article 18-2 à la loi n°87-571 du 23 juillet 1987 sur le développement du mécénat, *supra* note 36 selon lequel les legs au profit d'une fondation non encore existante au jour de l'ouverture de la succession sont valides sous réserve que la fondation obtienne la reconnaissance d'utilité publique. La règle fut par la suite réitérée pour les fonds de dotation à l'article 140 IV de la loi n°2008-776 du 4 août 2008 de modernisation de l'économie, JO, 5 août 2008, n°0181, 12471.

[40] Les fondations testamentaires indirectes constituaient des subterfuges grâce auxquels les juges pouvaient contourner l'impossible réalisation des fondations testamentaires directes. Pour ne citer que l'un des exemples les plus célèbres, Civ., 5 juillet. 1886, 1, 465; Req., 6 novembre 1888, [1989] D, I, 314 ; (Affaire de l'académie Goncourt) T. civ. Seine, 5 août 1897) et en appel, Cour d'appel de Paris, 1er août 1900, [1905] S, 2, 78. Pour une analyse de ces affaires, v. Valérie Guedj, *Essai sur le régime juridique des fondations*, Thèse de doctorat, Université Panthéon-Assas Paris II, 2001 aux pp 198 et s.

Par la suite, les interrogations récurrentes relatives à l'encadrement juridique des fondations permirent de restaurer le débat sur la philanthropie. En 1969, André Malraux, alors ministre de la Culture, mandatait Michel Pomey pour comprendre les causes du retard français en matière de philanthropie. Après un voyage aux États-Unis dont il s'inspira, celui-ci créa une nouvelle institution chargée en vue d'encourager et de soutenir la générosité française, la Fondation de France[41]. Très vite, cette institution devint le lieu d'expérience des diverses modalités de la philanthropie (par ex., les fondations abritées[42], les fondations de flux ou opérationnelle), tout comme l'outil adapté pour

---

[41] Créée par *décret du 9 janvier 1969, JO, 15 janvier 1969, 500*, la Fondation de France est une personne morale à but non lucratif dont la finalité est d'offrir des services pour la réalisation d'initiatives philanthropiques. En effet, selon l'article 1er de ses statuts : « l'établissement dit 'Fondation de France' a pour but de recevoir toutes libéralités, sous forme notamment de dons et legs ou de versements manuels, d'en assurer la gestion et de redistribuer ces libéralités, ou leurs fruits et produits disponibles, au profit de personnes, œuvres ou organismes d'intérêt général, ayant un caractère philanthropique, éducatif, scientifique, social, humanitaire, culturel ou concourant à la mise en valeur du patrimoine artistique, à la défense de l'environnement ou à la diffusion de la culture française, en se conformant, pour ce faire, aux intentions, charges et conditions éventuellement stipulées par les donateurs. Il a vocation, dans les conditions prévues aux présents statuts, à recevoir des versements pour le compte d'œuvre ou d'organismes mentionnés aux articles 200 et 238 bis du Code général des impôts, qui s'assigne un but analogue aux siens ». Celle-ci est directement inspirée des *charitables trusts* anglo-américains et plus particulièrement des *community trusts* (Michel Pomey, *Traité des fondations d'utilité publique*, Paris, PUF, 1980 à la p 281).

[42] Les fondations abritées, dites aussi « sous égide », sont définies par la loi comme « l'affectation irrévocable, en vue de la réalisation d'une œuvre d'intérêt général et à but non lucratif, de biens, droits ou ressource à une fondation reconnue d'utilité publique dont les statuts ont été approuvés à ce titre, dès lors que les biens, droits ou ressources sont gérés directement par la fondation affectataire, et sans que soit créée à cette fin une personne morale distincte » (Loi n°87-571 du 23 juillet 1987, *supra* note 36, art 20). La fondation abritée est une masse de biens, un fonds qui bien que désigné fondation, ne jouit pas de la personnalité juridique. Elle prend concrètement la forme d'un compte comptable. Seule la fondation d'utilité publique tenue d'héberger la fondation abritée – communément dénommée fondation abritante – est habilitée à passer des actes juridiques, au nom et pour le compte de la fondation sous égide, et sera notamment responsable de tous les actes de cette dernière. Bien que l'article 20 de la loi de 1987 reconnaisse à toute fondation reconnue d'utilité publique la possibilité d'abriter des fondations non personnifiées, la Fondation de France tient en l'espèce « un monopole de fait » (Christophe Vernières, *Les libéralités à trois personnes*, Thèse de doctorat, Université Panthéon-Assas Paris II, 2012 au para 622). Enfin, il convient de souligner que la fondation abritée repose dès lors sur un mécanisme fiduciaire : la fondation abritante reçoit la dotation qu'elle gère directement. Pourvue de la mission d'accueillir les fondations sous égide, la qualité de fiduciaire de la Fondation de France a d'ailleurs souvent été mise en avant en ce qu'elle « apparaît comme un intermédiaire entre les disposants et les œuvres d'intérêt général, comme un catalyseur favorisant l'affectation des libéralités à des missions désintéressées » (Henri Souleau, *L'Acte de fondation en droit français*, Thèse de doctorat, Paris, 1969 à la p 244. *Adde* Jacques Dufaux, « Les opérations fiduciaires à des fins de libéralités » dans Claude Witz, dir, *Les Opérations fiduciaires*: (pratiques, validité, régime juridique dans plusieurs pays européens et dans le commerce international) : colloque de Luxembourg des 20 et 21 septembre 1984, Paris, FEDUCI/LGDJ, 1985, 113) Il fut notamment avancé que cette qualité justifie autant la vocation générale de son objet social que la demande d'une rémunération en contrepartie de sa prestation de service fiduciaire. Il est en effet question de tarifs dans les conditions générales de la Fondation de France (Witz, *La fiducie, supra* note 38 au para 98.).

sauver les fondations testamentaires[43]. De cette époque, en France, est née l'idée que la philanthropie américaine constitue le modèle de référence en la matière, et auquel la France doit tendre.
La volonté de « rattrapage » orientera pour beaucoup les lois ultérieures[44]. Il émerge également de cette époque la nécessité d'un cadre juridique adapté aux enjeux de la pratique philanthropique.

32. L'émergence d'un « droit de la philanthropie ». Même si les actes philanthropiques constituent des libéralités relevant du droit commun, le Code civil ne consacre que quelques dispositions aux libéralités à caractère collectif. D'une part, l'article 900-1 alinéa 2 soustrait les clauses d'inaliénabilités contenues dans des libéralités adressées à des personnes morales aux restrictions posées à l'alinéa 1er. D'autre part, l'article 910 définit la capacité des différents organismes d'intérêt général à recevoir des libéralités[45] tandis que l'article 911 sanctionne par la nullité toute libéralité adressée à une personne physique ou morale frappée d'une incapacité de recevoir à titre gratuit.

C'est en marge des règles de droit commun que le droit de la philanthropie s'est progressivement constitué. La première loi allant en ce sens est celle du 23 juillet 1987 relative au développement du mécénat[46]. Cette loi crée un cadre légal et fiscal en vue d'inciter au développement de l'exercice de la philanthropie. Elle définit les modalités de création ainsi que le régime juridique de la fondation reconnue d'utilité publique[47]. Cette loi fut modifiée par la loi n°90-559

---

[43] Les juges du fond ont admis qu'au regard de ses statuts, la Fondation de France avait « vocation à recueillir les libéralités faites dans un intérêt public et à leur donner une affectation conforme à la volonté de leurs auteurs » dans l'hypothèse où le défunt a exprimé le souhait de gratifier des œuvres par leurs objectifs particuliers. Une telle solution ne fut admise qu'en l'espèce où la Fondation de France n'entrait pas en concours avec des héritiers réservataires conformément à l'article 1008 du Code civil (Par ex., CA Nancy, 26 avril 1976 [1977] Defrénois art. 31396 (note H. Souleau) ; [1979] JCP G I 19123 (note Brimo). Sur cette question, Terré, Lequette et Gaudemet, *supra* note 1 au para 591.

[44] Tel est notamment l'esprit des dispositions relatives aux fondations introduites par la loi n°87-571 du 23 juillet 1987, *supra* note 36. V. Sénat, Avis n°237 présenté par Michel Miroudot au nom de la Commission des affaires culturelles sur le projet de loi sur le développement du mécénat, 21 mai 1987, à la p 26. Cette influence fut également réaffirmée au sujet de l'opportunité d'introduire les fonds de dotation en France (Commission sur l'économie de l'immatériel, L'économie de l'immatériel, la croissance de demain, par Maurice Lévy et Jean-Pierre Jouyet, Rapport de la commission sur l'économie immatérielle, Paris, La Documentation française, 2006 à la p 107).

[45] Sur les modifications récentes portées à cet article, v. *infra* au para 169.

[46] *Supra* note 36.

[47] En dépit de son caractère privé, la fondation reconnue d'utilité publique (FRUP) est un établissement rigoureusement soumis au contrôle de la puissance publique. La tutelle administrative se manifeste, en effet, de différentes manières au cours de l'existence de la FRUP (Sur la justification de cette tutelle, voir Conseil d'État, Rapport public 2008, La Documentation Française, aux pp.74 et s.). Sa première manifestation, et non la moindre, tient à la reconnaissance d'utilité publique laquelle conditionne la validité et l'existence de ces fondations. Contrairement au droit des associations, il n'existe pas de fondation-personne morale simplement déclarée en

du 4 juillet 1990[48] laquelle introduit, à cette occasion, la fondation d'entreprise[49]. Toutefois, le caractère insuffisamment incitatif des textes

---

droit positif. Le fonds de dotation constitue une exception. La reconnaissance de l'utilité publique est octroyée par décret après avis simple du Conseil d'État (sur les origines de la procédure, v. Pomey, *supra* note 41 à la p 405.) et de manière discrétionnaire (Armelle Verjat, « Fondation d'utilité publique » dans Philippe-Henri Dutheil, dir, *Droit des associations et fondations*, coll Juris corpus, Paris, Dalloz : juris éditions, 2016, 1367 au para 63.101.). L'utilité publique est appréciée sur la base des statuts de la fondation. La liberté des fondateurs se trouve limitée en ce point puisqu'il est rare, en pratique, que la reconnaissance d'utilité publique soit accordée à des institutions qui s'écarteraient des statuts types édictés par le Conseil d'État (V. Statuts types du 19 juin 2018). Or, la reconnaissance d'utilité publique est soumise à de lourdes conditions. En effet, « le Conseil d'État a défini l'ensemble des critères requis pour obtenir la reconnaissance d'utilité publique, dont il vérifie pour chaque dossier qu'ils sont bien réunis. Ainsi, l'établissement sollicitant sa reconnaissance d'utilité publique doit-il poursuivre un but d'intérêt général (c'est-à-dire distinct des intérêts particuliers de ses propres membres, non contraires à la loi et n'empiétant pas sur les compétences normalement dévolues à la puissance publique [...]. Les fondations doivent apporter les garanties financières suffisantes (à titre indicatif, une dotation initiale d'un million et demi d'euros) et également assurer leur indépendance par rapport aux fondateurs, ce qui se vérifie par la composition du conseil d'administration ou de surveillance » (Rép. Min. n°82915, JO AN Q 31 août 2010, 9511). La tutelle administrative se poursuit au cours de l'existence de la fondation comme en atteste la présence de l'État dans l'administration de la fondation, ou encore la dissolution de la FRUP à titre de sanction. La dissolution de la fondation est notamment la conséquence du retrait de la reconnaissance d'utilité publique. Il s'agit d'une sanction grave retenue dans divers cas comme la violation grave de statuts, de la caducité de l'objet de la fondation ou si le calendrier des versements n'a pas été respecté. Le retrait de la reconnaissance est pris par décret après avis du Conseil d'état. Le juge administratif, s'il venait à être saisi, ne se prononcera pas sur l'opportunité de la décision, et ne portera un jugement que sur sa légalité (*ibid*). Toutefois, il importe de souligner que cette tutelle fut allégée ces dernières années avec l'affirmation du principe de libre acceptation des libéralités (C. civ, art. 910 ; v. *supra* note 45).

[48] Loi n°90-559 du 4 juillet 1990 créant les fondations d'entreprise et modifiant les dispositions de la loi n° 87-571 du 23 juillet 1987 sur le développement du mécénat relatives aux fondations, JO, 6 juillet 1990, n°155, 7914.

[49] Afin de prendre en considération les particularités des actes philanthropiques effectués par des entreprises, la loi du 4 juillet 1990 (*supra* note 48), venant modifier la loi du 23 juillet 1987 (*supra* note 36) introduit un nouveau type de fondations, la fondation d'entreprise. Celle-ci se définit comme une personne morale à but non lucratif ne pouvant être créée que par des sociétés civiles, commerciales ou coopératives, des établissements publics à caractère industriel ou commercial, des instituts de prévoyance ou des mutuelles, en vue de la réalisation d'une œuvre d'intérêt général. De même, si elle est une institution autonome, elle demeure une institution dûment encadrée par l'autorité publique. La fondation d'entreprise jouit de la capacité juridique à compter de la publication au *Journal officiel* de l'arrêté préfectoral accordant l'autorisation. Plus largement, le préfet dispose d'un pouvoir général de surveillance à l'issue duquel il doit veiller à la régularité du fonctionnement de la fondation d'entreprise. Au titre de l'article 19-10 de la loi n°87-571 du 23 juillet 1987, *supra* note 36, le préfet peut se faire communiquer tous les documents et procéder à toutes investigations qu'il estime utiles. La fondation d'entreprise se distingue de la FRUP au regard de quatre éléments. Premièrement, la fondation d'entreprise est par principe à durée déterminée. En effet, sa viabilité étant liée au destin économique de ses fondateurs, elle ne saurait avoir une vocation perpétuelle (Pierre Laffite, *Fondations : Rapport au nom de la commission des Affaires culturelles du Sénat sur le projet de loi créant des fondations d'entreprises et modifiant les dispositions de la loi n° 87-571 du 23 juillet 1987 sur le développement du mécénat, relatives aux fondations*, Sénat, n°213, 1989-1990 aux pp 14 et 43). C'est ainsi que l'article 19-2 de la loi du 23 juillet 1987 dispose que la fondation est créée pour une durée déterminée d'au moins cinq ans, toutefois prorogeable indéfiniment. La loi n°2014-856 du 31 juillet 2014 relative à l'économie sociale et solidaire (JO, 1er août 2014, n°176, 12666) a allégé la procédure de prorogation. Au titre du nouvel article 19-2 al.2 de la loi du 23 juillet 1987 (*supra* note 36), la prorogation de la fondation d'entreprise peut être obtenue sur simple déclaration auprès de la préfecture compétente. Celle-ci devra notamment être appuyée par un

ne donna pas à la philanthropie l'élan escompté. Surtout, celle-ci demeurait une pratique risquée pour les entreprises. En effet, le soutien sans contrepartie à une œuvre d'intérêt général par une société commerciale pouvait être considéré comme dérogeant à la spécialité des entreprises, exposant alors ses dirigeants à l'abus de biens sociaux[50].

La loi n°2003-709 du 1er août 2003 relative au mécénat, aux associations et fondations[51] (dite loi Aillagon) marque un tournant majeur pour la règlementation de la philanthropie française. Celle-ci inscrit les actes philanthropiques dans une dynamique alliant incitation et encadrement. En effet, l'apport de la loi Aillagon se concentre essentiellement autour des mesures fiscales incitatives[52] telles que celles prévues aux articles 200 et 238 bis du Code général des impôts[53]. La loi prête également une attention toute particulière au développement de la philanthropie des entreprises[54]. Outre une nette amélioration des avantages fiscaux offerts

---

nouveau programme d'action pluriannuel. Deuxièmement, la création d'une fondation d'entreprise ne requiert pas de dotation initiale, son financement étant assuré par un programme d'action pluriannuel. Ceci est une conséquence directe de son caractère temporaire. Ce programme élabore un calendrier des versements consécutifs aux engagements pluriannuels de la part du ou des fondateurs permettant tant à la fondation d'entreprise de fonctionner que de réaliser son œuvre d'intérêt général. Puis, aucun représentant de l'État ne siège au conseil d'administration (Loi n°87-571 du 23 juillet 1987, *supra* note 36, art 19-4). Troisièmement, la fondation d'entreprise dispose d'une capacité juridique restreinte. Seul un cercle restreint de mécènes peut soutenir la fondation. Elle ne peut faire appel à la générosité publique ni recevoir des dons ou des legs (*Ibid,* art 19-8.). Toutefois, elle peut recevoir des dons des salariés, mandataires sociaux, sociétaires, adhérents ou actionnaires de l'entreprise ou du groupe fiscalement intégré à laquelle la fondation d'entreprise appartient (CGI, art 223 A). La liste des mécènes était initialement restreinte aux salariés de l'entreprise ou du groupe fiscalement intégré. Cette liste fut d'ailleurs élargie avec la loi n°2014-856 du 31 juillet 2014 modifiant l'article 19-8 al 1er de la loi n°87-571 du 23 juillet 1987. Quatrièmement, la fondation d'entreprise ne peut acquérir ou posséder d'autres immeubles que ceux nécessaires aux buts définis par les statuts (Loi n°87-571 du 23 juillet 1987, *supra* note 36, art 19-3).

[50] V. par exemple Crim, 4 février 1985 ; [1985] D 478 (note D Ohl) ; [1985] Rev Sociétés 648 (obs B Bouloc). Sur la notion de parrainage, v. *infra* aux para 129-131.

[51] Loi n°2003-709 du 1er août 2003 relative au mécénat, aux associations et aux fondations, JO, 2 août 2003, n°177, 13277, texte n°6.

[52] Nous rappelons que la loi n°2002-5 du 4 janvier 2002 relative aux musées de France, JO, 5 janvier 2002, 305, texte n°1 avait déjà introduit des mesures fiscales incitatives aux dons aux musée d'art aux articles 238 bis OA et 238 bis OAB du Code général des impôts. Ce second dispositif fut supprimé récemment par la loi n°2019-1479 du 28 décembre de finances pour 2020, JO n°0302 du 29 décembre 2019, art. 29, voir *infra* au para 121.

[53] Cette réforme s'articule autour de quatre grands axes : « encourager le mécénat des particuliers par un renforcement substantiel des incitations fiscales, car le don individuel n'est point ancré dans le comportement social en France (contrairement aux États-Unis qui se caractérise par un très fort mécénat individuel). Puis, favoriser le mécénat des entreprises (principaux mécènes sur le plan quantitatif) par un doublement de l'incitation fiscale et ainsi augmenter quantitativement le mécénat. Alléger la fiscalité des fondations. Enfin, accélérer et simplifier la reconnaissance d'utilité publique encore trop longue et complexe à ce jour ». V. Assemblée nationale, *Rapport fait au nom de la Commission des finances, de l'économie générale et du plan sur le projet de loi n 678 relatif au mécénat et aux fondations*, par Laurent Hénart, rapport n°690 (12 mars 2003).

[54] Cette orientation de la loi fait l'objet de critiques. Pour certains, source d'avenir pour les activités d'intérêt général, pour d'autres, dépense fiscale infondée, la philanthropie des entreprises

aux entreprises en contrepartie de leurs dons[55], le risque d'abus de biens sociaux est considérablement atténué par la loi[56].

L'effort d'incitation se reporte dans les textes ultérieurs qui viennent autant élargir le champ des incitations introduites par ladite loi[57] que sécuriser certains types d'acte philanthropique comme les donations avec réserve de jouissance ou d'usufruit[58], ainsi que les donations temporaires d'usufruit[59]. De même, il faut souligner le récent apport de l'ordonnance n°2015-904 du 23 juillet 2015[60] consacrant l'abandon de la tutelle administrative relative à l'acceptation des dons par des fondations reconnues d'utilité publique[61] ainsi que l'allégement des conditions de

---

ne fait pas l'unanimité. Souvent accablée de n'être qu'une « mesure de publicité à bas coûts » et une « pratique socialement élitiste », la philanthropie a du mal à pleinement s'imposer, comme souffrant d'un manque de légitimité. Plus largement, « l'insuffisance de revenus, les scandales comme la dérive financière du président de l'A.R.C servent généralement d'arguments pour expliquer cette frilosité » (Anne Courtois, « Mécène or not Mécène? » [2004] Defrénois art. 37898 à la p 395). V. également Michel Herbillon, *Les nouvelles formes du mécénat culturel*, Rapport d'information, n° 4358, Paris, Assemblée Nationale, Commission des Affaires Culturelles et de l'Education, 2012 à la p 23.

[55] Procédant par voie d'alignement par le haut, le régime du mécénat des entreprises devient tout aussi favorable que celui des particuliers contrairement à ce que prévoyait la loi de 1987. Une telle réforme s'explique notamment par la forte action et présence de l'ADMICAL, association pour le développement du mécénat industriel et commercial, dans le processus de gestation de ladite loi.

[56] La loi du 1er août 2003 (*supra* note 51) confirmant l'instruction fiscale du 26 avril 2000 (BOI 4 C-2-00, n°86, 5 mai 2000) autorise expressément la mention du nom de l'entreprise lors des opérations philanthropiques. Ainsi, la valorisation de l'image de l'entreprise au travers de l'acte philanthropique permet de garantir que l'acte demeure dans le spectre de l'intérêt social, et permet ainsi, de sécuriser la pratique philanthropique pour les entreprises. Le risque d'abus de biens sociaux demeure néanmoins[56]. En effet, outre la compatibilité de l'opération avec l'intérêt social, la jurisprudence impose que l'opération n'excède pas les limites financières de l'entreprise (V. Crim, 4 février 1985, *supra* note 50.). De même, l'opération doit véritablement avoir des retombées en termes d'image pour l'entreprise et ne doit en aucun cas être liée aux goûts personnels des dirigeants pour certaines activités d'intérêt général. En ce sens, V. Patrice Macqueron, « Mécénat et abus des biens sociaux : une liaison dangereuse ? » (2009) 38 Lettre Omnidroit 2.

[57] On peut par exemple citer la loi n°2016-925 du 7 juillet 2016 relative à la liberté de la création, à l'architecture et au patrimoine, JO, 8 juillet 2016, n°0158, texte n°1 qui étend la protection des œuvres données ou léguées, tel qu'existante dans le domaine muséal, aux fonds régionaux d'art contemporain pour inciter aux dons.

[58] Si l'hypothèse du don de la propriété d'un bien est la plus courante, elle ne saurait éclipser les dons ayant pour objet un démembrement de la propriété : l'usufruit, la nue-propriété ou encore un simple droit d'usage. Ces procédés présentent des avantages fiscaux. V. *supra*, au para 17.

[59] *Supra* au para 16.

[60] Ordonnance n°2015-904 du 23 juillet 2015 portant simplification du régime des associations et des fondations, JO, 24 juillet 2015, n°0169, 12632, art 4 portant modification de l'article 20-2 de la loi n°87-571 du 23 juillet 1987, *supra* note 36.

[61] La validité d'une libéralité faite à un organisme désintéressé (excepté les fonds de dotation) supposait l'autorisation préalable de l'administration. Les fondements de la pratique étaient doubles. Veillant à contrôler l'enrichissement des organismes à but non lucratif compte tenu des raisons historiques précitées, ces libéralités étaient également « suspectées d'anormalité voire d'immoralité : le patrimoine devait rester dans le giron familial » (Daniel Bruneau, « Une révolution tranquille : la suppression de la tutelle administrative sur les libéralités » [2005] JCP N HS 11). Ce régime disparaît en 2005 au profit de la libre acceptation des libéralités sous réserve d'un droit d'opposition de l'administration (Ordonnance n°2005-856 du 28 juillet 2005 portant

restructurations des organismes philanthropiques[62]. Ces mesures font véritablement preuve de la volonté d'offrir un cadre dynamique aux projets philanthropiques.

Toutefois, les modalités de l'incitation vont de pair avec un fort encadrement de la philanthropie par la puissance publique. En effet, la loi Aillagon n'entend pas signer le retrait de l'État dans les domaines de l'intérêt général, mais cherche à développer une forme de partenariat[63] alors rigoureusement encadré par la puissance publique. Alors que l'administration fiscale contrôle la destination et le volume des dons[64], l'administration centrale encadre les fondations reconnues d'utilité publique[65]. Le contrôle de ces dernières a toutefois perdu de sa vigueur avec l'abandon de la tutelle administrative relative à l'acceptation des dons par des fondations reconnues d'utilité publique que nous venons de mentionner.

33. Les limites du cadre légal. En dépit des apports de la loi Aillagon et des mesures postérieures, plusieurs critiques peuvent être formulées sur l'actuel cadre juridique de la philanthropie. Notamment, la loi reste silencieuse sur la nature juridique de l'acte philanthropique. En se concentrant essentiellement sur l'opportunité fiscale que peut représenter la philanthropie[66], la loi crée malgré elle une dépendance des actes philanthropiques aux incitations fiscales, ne fournissant pas d'autres leviers pour agir sur leur développement. Par exemple, en dépit de

---

simplification du régime des libéralités consenties aux associations, fondations et congrégations, de certaines déclarations administratives incombant aux associations, et modification des obligations des associations et fondations relatives à leurs comptes annuels, JO, 29 juillet 2005, n°175, 12350, modifiant l'article 910 du Code civil). Récemment, ce droit d'opposition a été supprimé par l'ordonnance n°2015-904 du 23 juillet 2015 (Ordonnance n°2015-904 du 23 juillet 2015 portant simplification du régime des associations et des fondations, JO, 24 juillet 2015, n°0169, 12632, art 4 portant modification de l'article 20-2 de la Loi n°87-571 du 23 juillet 1987, *supra* note 60).

[62] Ordonnance n°2015-904 du 23 juillet 2015, *supra* note 53, art 6. Ce texte facilite notamment les possibilités de restructuration des associations ou fondations d'entreprise en fondations reconnues d'utilité publique. Si ces mesures ébranlent la distinction fondamentale entre les groupements de biens et de personnes, elles s'inscrivent délibérément dans la volonté d'offrir un cadre dynamique aux projets philanthropiques.

[63] Sorte de « 'décentralisation du mécénat', chacun (personnes publiques et privées) peut y [la culture] prendre part, dans une parfaite complémentarité, afin de contribuer plus efficacement à l'épanouissement de l'intérêt général dans les secteurs culturel, social, éducatif, sportif, médical et philanthropique », in Courtois, *supra* note 54 aux pp 418-419.

[64] Sur le fondement des articles 200 et 238 bis CGI, l'administration fiscale définit le champ de l'intérêt général pouvant bénéficier de la philanthropie. En accordant des taux plus favorables au domaine culturel, (CGI, art 238 bis OA), la loi fiscale définit les orientations prioritaires de la philanthropie.

[65] *Supra* note 47.

[66] Cette approche a notamment été réitérée avec l'admission des donations temporaires d'usufruit. V. Laurent Mazeyrie, « Les donations d'usufruit temporaire : un outil attractif pour le mécénat » [2005] JCP N HS 26.

l'intitulé de la loi qui en faisait une priorité, le régime des fondations connaît certes des changements majeurs[67], mais demeure non unifié et complexe[68]. La fondation est une notion polysémique, pouvant arpenter différentes formes selon son objet[69]. L'introduction du fonds de dotation en 2008[70] ne permit pas d'éclaircir ce paysage. En effet, celui-ci présente de nombreuses caractéristiques analogues à la fondation[71], mais se distingue par un régime de création et de fonctionnement bien plus souple[72]. Le maintien de ces deux institutions fait notamment l'objet de

---

[67] Les dons des salariés de l'entreprise ou du groupe ouvrent dès lors droit à la réduction d'impôt de l'article 200 CGI selon l'article 11 et 12 de la loi venant modifier l'article 19-8 de la *loi n°87-571 du 23 juillet 1987, supra* note 38.

[68] Pour M. Grimaldi, le régime de la fondation aurait pu être unifié et définitivement établi avec le projet de loi relative à la fiducie en 1989, lequel échoua. En effet, le texte adoptait une définition de la fiducie alors compatible avec celle de la fondation : « la fiducie est le contrat par lequel un constituant transfert ses biens à un fiduciaire à charge pour lui d'agir dans un but déterminé au profit du bénéficiaire ». Seule la fondation testamentaire aurait posé quelques difficultés (Michel Grimaldi, « La fiducie : réflexions sur l'institution et sur l'avant-projet de la loi qui la consacre » [1991] Defrénois art. 35085 et 35094). Ce manque de clarté du régime des fondations et des fonds de dotation est notamment une des critiques adressées dans un récent rapport d'information du Sénat, Alain Schmitz, *Le mécénat culturel : outil indispensable de la vitalité culturelle - Rapport d'information fait au nom de la commission de la culture, de l'éducation et de la communication du Sénat*, n°691, 2018, en ligne : <https://www.senat.fr/notice-rapport/2017/r17-691-notice.html> (consulté le 31 octobre 2021).

[69] V. Jean-Pierre Allinne, « Trois idées reçues sur le mécénat » dans Jean-Pierre Allinne et Renaud Carrier, dir, *La culture au risque du marché : le mécénat face à ses acteurs,* coll Droit du patrimoine culturel et naturel, Paris, L'Harmattan, 2010, 17 aux pp 43-50.

[70] V. Loi n°2008-776 du 4 août 2008 de modernisation de l'économie, *supra* note 39, art 140. Selon l'article 140-I de la loi, le fonds de dotation est « une personne morale de droit privé à but non lucratif qui reçoit et gère, en les capitalisant, des biens et des droits de toute nature qui lui sont apportés à titre gratuit et irrévocable et utilise les revenus de la capitalisation en vue de la réalisation d'une œuvre ou d'une mission d'intérêt général ou les redistribue pour assister une personne morale à but non lucratif dans l'accomplissement de ses œuvres et de ses missions d'intérêt général ».

[71] À l'instar de la fondation, le fonds de dotation est un groupement de biens personnifiés « [...] constitué par les dotations en capital qui lui sont apportées » (Loi n°2008-776 du 4 août 2008, *supra* 39, art 140). Aussi, la dotation peut être constituée de biens et droits, de toute nature, lesquels sont affectés de manière gratuite et irrévocable. De même, le fonds de dotation jouit, comme les FRUP, de la grande capacité à recevoir des dons et legs (*ibid*, art 140-I). Il peut ainsi détenir tout type de biens, y compris des immeubles de rapport. Il jouit également de la capacité à faire appel à la générosité publique (*ibid*, art 140-III). Il peut également être constitué à titre posthume (*ibid*, art 140-IV).

[72] Le fonds de dotation est en effet pourvu d'une plus grande souplesse de création et de gestion. Sa création repose sur un régime déclaratoire, et échappe aux formalités contraignantes de la reconnaissance d'utilité publique. Le fonds de dotation acquiert la personnalité juridique à compter de la seule publication au Journal Officiel de la déclaration de constitution et du dépôt des statuts réalisé auprès de la préfecture du département dans lequel le fonds de dotation a établi son siège (*ibid*, art 140-II). De même, aucun modèle de statut n'est imposé à la différence de la FRUP. Jusqu'à récemment, le fonds de dotation pouvait, en l'absence de précision contraire dans la loi, être constitué sans dotation initiale. L'article 140-III, alinéa 2 de la loi n° 2008-776 du 4 août 2008 (*supra* note 39) précisait seulement dans sa rédaction originale que « le ou les fondateurs peuvent apporter une dotation initiale au fonds ». Toutefois, ce système libéral donna lieu à la création de fonds de dotation qui, dans les faits, se révélèrent des *coquilles vides*. Aussi, fut-il introduit l'exigence d'une dotation minimale de 15 000 euros (v. décret n°2015-49 du 22 janvier 2015, JO, 24 janvier 2015, n°20,1073, art. 1er). La loi n°2021-1109 confortant le respect des principes de République (JO n°0197 du 25 août 2021) renforce le contrôle des fonds de dotation

critiques[73] bien que, contrairement à la fondation reconnue d'utilité publique, celui-ci s'inscrit dans une logique essentiellement financière[74]. Toutefois, la souplesse des fonds de dotation, qui jusque-là constituait leur attrait, fut l'objet de vives critiques au cours des dernières années sur le fondement du manque de transparence de ces institutions. La loi confortant certains principes de la République de 2021 tend à résorber ces critiques en augmentant les modalités de contrôle des fonds de dotation, et ce dès leur constitution[75]. Plus largement, cette loi augmente le contrôle du mécénat et soumet l'ensemble des organismes à but non lucratif à de nouvelles obligations de transparence[76] qu'afin de combler

---

et altère quelques peu la grande souplesse de ces institutions en renforçant le contrôle de ces dernières par l'administration. Notamment, par exemple, lors de la leur constitution, l'autorité administrative sera tenue de vérifier non seulement la régularité du fonctionnement du fonds de dotation, mais également de veiller à la conformité de l'objet du fonds de dotation à la définition légale (art 140 I de la loi loi n° 2008-776 du 4 août 2008).

[73] L'opportunité du fonds de dotation ne semble pas faire l'unanimité. Si elle offre des avantages notables comparativement à la FRUP (*supra*), les fonds de dotation présentent quelques désavantages d'un point de vue fiscal réduisant alors son attractivité pour les disposants. Notamment, les libéralités consenties à un fond de dotation ne bénéficient pas de la réduction au titre de l'impôt sur la fortune immobilière, sauf lorsque le fonds exerce lui-même une activité visée par l'article 978 du CGI. Enfin, si la dotation a vocation à être consommée, celle-ci devra être nécessairement importante afin que le fonds de dotation conserve son intérêt (Loi n°2008-776 du 4 août 2008, *supra* 39, art. 140-III al. 4). Pour un taux de rendement des actifs placés de l'ordre 3%, il faudrait en effet constituer une dotation de plus de 3 millions d'euros en vue d'obtenir des revenus à hauteur de 100 000 euros.

[74] Le fonds de dotation procède d'une logique de capitalisation (Loi n°2008-776 du 4 août 2008, *supra* note 39, art. 140-I.). En cela, il fut décrit comme « un outil innovant de recherche de mécénat et de gestion des sommes ainsi réunies » (Wilfried Meynet, « Fonds de dotation » dans Philippe-Henri Dutheil, dir, *Droit des associations et fondations*, coll Juris corpus, Paris, Dalloz : Juris éditions, 2016, 1473 au para 69.01). D'ailleurs, l'article 140-III de la loi du 4 août 2008 impose que les modalités de gestion financière soient fixées par décret en Conseil d'État, ce qui témoigne de la vocation financière de l'institution. Son introduction en droit français témoigne, pour certains, d'une évolution des pratiques philanthropiques. Madame Christine Lagarde, alors ministre de l'Économie, déclarait que le fonds de dotation était « le prélude à une période nouvelle dans notre pays, où les mécènes privés ne doivent plus se cacher pour donner de l'argent, et où la société reconnaît et valorise pleinement leur générosité » (*ibid*). Si la loi permet qu'« aucun fonds public ne peut, en principe, être versé à un fonds de dotation sauf dérogation particulière du ministre de l'Économie et le ministre du Budget qui, par arrêté conjoint, peuvent autoriser à titre exceptionnel un fonds à recevoir des fonds de cette nature pour une œuvre ou un programme d'action déterminé compte tenu de son importance ou de sa particularité au regard de l'intérêt général » (Martine Blanck-Dap, « Le fonds de dotation : nouvel outil de financement privé pour des opérations d'intérêt général » [2010] 212 Gaz Pal 16 à la p 17.). Le Louvre bénéficia de ce régime dérogatoire à l'occasion du projet d'Abu Dhabi (Arrêté du 16 juillet 2009 autorisant le versement de fonds publics au fonds de dotation du musée du Louvre, JO, 14 juillet 2004, n°0169,12383). Le financement du Musée du Louvre repose traditionnellement sur trois piliers : la subvention publique, les recettes de billetterie et la philanthropie. Le fonds de dotation créé afin de soutenir le projet d'Abu Dhabi permit de créer un quatrième pilier, les revenus de la dotation constituant une ressource pour le long terme (Henri Loyrette, « Entretien », (2010) 129 Entreprises et Mécénat 23). V. également, Colas Amblard, « Fonds de dotation - Retour sur 10 ans de succès » [2018] 590 Juris Assoc 33).

[75] Loi n°2021-1109 du 24 août 2021 confortant des principes de la République, JO n°0197 du 25 août 2021, art 17.

[76] *Infra* au para 276.

les carences du cadre règlementaire et fiscal qui ont provoqué la récente crise de légitimité de la philanthropie française[77].

De même, la loi ne s'intéresse pas sur la compatibilité entre le droit commun des libéralités et les enjeux propres des actes philanthropiques comme atteste, par exemple, la question de la réserve héréditaire mentionnée ci-dessus[78]. Ainsi, la loi Aillagon n'a de cesse d'accentuer le besoin d'une qualification juridique de l'acte philanthropique afin d'en définir quels peuvent être les leviers juridiques à mettre en œuvre pour assurer, et le maintien, et le développement de la pratique. Le récent rapport des députées El Haïry et Moutchou ayant pour objet de relancer et consolider « la philanthropie à la française » adressent ces différents enjeux. Notamment, celles-ci préconisent, entre autres, de clarifier et rationaliser les statuts des fondations, de faire évoluer le droit des successions en modifiant la réserve héréditaire de sorte à libéraliser les dons ou encore d'alléger le régime juridique de la renonciation anticipée à l'action en réduction des libéralités afin de sécuriser les donations[79].

***

CONCLUSION DE LA SECTION

34. De même, compte tenu de la diversité des sources qui réglementent son exercice, l'appréhension de l'acte philanthropique se révèle difficile. La production de guides législatifs et fiscaux[80] tout comme la réalisation d'étude spécifique[81] attestent un besoin de clarification du sujet. Finalement, nous devons nous demander si la carence et le désordre législatif qui caractérisent aujourd'hui le droit de philanthropie ne jouent pas au détriment de cette dernière, laquelle peine à se constituer une place certaine au sein de l'ordonnancement juridique. Bien que relevant du domaine des libéralités, l'essentiel de sa réglementation se trouve en parallèle du droit commun des libéralités, à

---

[77] *Supra* au para 6.

[78] Il ne s'agit pas de la seule problématique que pose la conciliation du régime des actes philanthropiques avec celui des règles de droit commun. L'administration des biens contenus dans l'acte philanthropique à l'issue du transfert, l'(in)aliénabilité des biens ou encore la révision des charges sont autant de questions fondamentales qui, toutefois, seront traitées dans le second titre de ce travail.

[79] Sarah El Haïry et Naïma Moutchou, La philanthropie à la française : rapport remis au Premier ministre », 10 juin 2020, propositions 1, 10, 11, en ligne : < https://www.vie-publique.fr/rapport/274626-la-philanthropie-la-francaise-rapport-remis-au-premier-ministre>.

[80] V. Olivier Binder, *Guide juridique et fiscal du mécénat et des fondations : à l'usage des entreprises et des entrepreneurs*, Paris, Admical, 2007; Perrine Daubas, Sébastien de La Touanne et France Générosités Paris, *Collecte de fonds et philanthropie : droit et fiscalité*, coll Le Juri'guide, n°5, Lyon et Paris, Juris et Dalloz, 2009.

[81] Julien Boisson, *Les libéralités à caractère collectif*, coll Doctorat & Notariat, tome 61, Issy-les-Moulineaux, Defrénois, 2019.

cheval entre le droit privé et le droit public, ce qui marginalise la pratique.

Dès lors, la nécessité d'une définition juridique des actes philanthropiques se trouve corroborée au moyen de l'étude comparée.

Section II. ÉTATS-UNIS

35. Annonce de plan. L'étude des fondements de l'acte philanthropique aux États-Unis (I) nous place dans un tout autre paradigme. En effet, le développement de la société américaine reposa en partie sur la philanthropie. Portée tant par un système de valeurs que des outils juridiques adaptés à sa finalité, la pratique n'a cessé depuis de se développer (II).

I. LES FONDEMENTS DE L'ACTE PHILANTHROPIQUE

36. Philanthropie et ses origines en *common law*. L'étude des fondements de la philanthropie américaine suppose de remonter à ses origines anglaises, celles-ci jouant un rôle crucial dans l'ensemble des pays de *common law* dont fait partie les États-Unis. Notamment, l'historien W.K Jordan retrace les premiers enjeux de la philanthropie à l'époque des Tudors[82].

Parallèlement, l'Angleterre connut les mêmes difficultés que la France quant à la sollicitation par l'Église pour la charité des croyants, et la prolifération des biens de mainmorte. Compte tenu de la rivalité patrimoniale que l'Église pouvait constituer pour la Couronne, le roi Édouard I[83] prit des mesures en vue de contenir ce type de biens au moyen d'une limitation de la capacité de l'Église à être propriétaire. Comme en France, en ce que les biens de mainmorte devenaient la propriété de l'Église sans limites de temps, ces biens induisaient un détournement des règles de mutation et réduisaient la circulation des richesses. Ces différents textes imposaient que tout legs à vocation charitable obtienne préalablement le consentement royal[84].

---

[82] Olivier Zunz, *Philanthropy in America: a history*, Princeton, NJ, Princeton University Press, 2012 à la p 12 citant l'étude de Wilbur Kitchener Jordan, *Philanthropy in England 1480-1660: A Study of the Changing Pattern of English Social Aspiration* (1959).

[83] Roi d'Angleterre de 1272 à 1302.

[84] V. en ce sens les « *Mortmain Statutes* » de 1279 et de 1280 (Ray D Madoff, *Immortality and the Law: The Rising Power of the American Dead*, New Haven, Yale University Press, 2010 à la p 94.

Le Parlement anglais se démarqua de ses voisins européens en 1601[85] par le vote d'une loi reconnaissant, dans son préambule, diverses activités considérées comme relevant de l'intérêt général, et pour lesquelles l'État souhaitait encourager l'initiative privée à travers des contributions sous forme de *charitable trust.* Ainsi, cette loi bien connue sous le nom d'*Elizabeth Statute* établissait une liste de vingt et une causes entrant dans le champ du *charitable.* Elle posait également comme condition fondamentale que la finalité du don *charitable* soit explicitement spécifiée. À la différence du droit français qui optait pour la limitation quantitative des libéralités, le droit anglais choisit de réglementer l'exercice de la philanthropie par la définition d'un cadre légal pour la réalisation des dons *charitable*s, et ce, grâce à la flexibilité du *trust.* Ce texte devint le texte fondateur des activités philanthropiques en attestant implicitement de leur rôle important dans la société. À ce jour, il constitue encore le socle de la conception anglo-saxonne de la philanthropie qui allait par la suite irriguer l'ensemble des pays de *common law.* Le Parlement anglais prit ensuite l'habitude de légiférer régulièrement afin de réguler les activités philanthropiques. Tel est le rôle des *Charities Act* dont la dernière version date de 2011[86].

Surtout, le *charitable trust* se révèle très tôt comme la technique la plus adaptée à la réalisation d'actes philanthropiques. En effet, il se présente comme un mode de disposition des biens par lequel le disposant (*settlor*) assigne une finalité précise aux biens et dont il résulte des obligations fiduciaires garantissant que l'administration de ces derniers soit exclusivement exécutée dans le respect de ladite finalité[87]. De plus, ce mode de disposition offre une grande flexibilité[88] aux disposants qui peuvent aussi bien opérer de simples libéralités que créer une entité juridique prenant en charge une activité d'intérêt général (*charitable purpose*). Ainsi, la diversité des actes philanthropiques se trouve initialement regroupée sous un même mécanisme juridique, ce qui donne une assise particulière et certaine à la philanthropie dans les pays en *common law*, dont les États-Unis.

---

[85] V. *Charitable uses Act*, 1601 (R-U), 43 Elizabeth I, c 4.

[86] Entrée en vigueur le 14 mars 2012, cette loi ([2011] c. 25) avait pour but de simplifier l'ensemble du droit des organismes à but lucratif regroupant au sein d'un seul texte l'ensemble des dispositions régissant la matière. En revanche, des grands changements avaient été opérés par le texte de 2006 pour réduire les lourdeurs administratives en matière : d'administration des *charities*, de transfert de propriété (facilitation des donations et legs), de capacité pour un *charity* de changer de but, de dépenses du capital d'un *charity*, et, de la rémunération des *trust*ees pour certains services rendus par ces derniers au profit du *charity* dont ils sont membres.

[87] Le mécanisme du *charitable trust* sera plus largement exposé au cours des paragraphes 209-213.

[88] Notamment, C. Witz notait que, d'une manière générale, le *trust* constituait « une institution unique apte à satisfaire les fins les plus variées » tandis que, dans les pays de droit civil, la satisfaction des mêmes fins sera assurée par différentes institutions juridiques autonomes (Witz, *La fiducie, supra* note 38 à la p 4).

37. Réception de la *common law* anglaise aux États-Unis. Toutefois, le respect et l'application de l'*Elizabeth Statute* de 1601 par les États-Unis ont fait l'objet de vifs débats. En effet, la question de la philanthropie était au cœur des interrogations et oppositions quant au rapport des États-Unis avec le droit anglais au moment de sa constitution comme État indépendant.

Durant la période où les États demeuraient des colonies de la Couronne, l'urgence de créer une structure politique, juridique et sociale eut deux effets sur le développement de la philanthropie américaine. D'une part, compte tenu des besoins imminents en matière de santé, de soutien aux pauvres, et même d'éducation dans un pays en construction, l'initiative privée fut vivement accueillie. D'autre part, en dépit d'une certaine volonté d'indépendance vis-à-vis de l'Angleterre, les juristes arrivant d'Angleterre ne pouvaient s'affranchir de leur passé. Leur conception du droit était directement héritée du droit anglais[89]. La philanthropie s'avéra une nécessité et la loi anglaise offrait un cadre légal déjà satisfaisant. Ainsi, les États de la Nouvelle-Angleterre proclamèrent la conservation de la loi de 1601 et affirmèrent leur appui aux œuvres philanthropiques[90]. En revanche, un État comme la Virginie[91] ne pouvait affirmer une telle position de manière aussi évidente. En effet, l'État de Virginie connaissait un fort pluralisme religieux enclin aux tensions. Les gouverneurs redoutaient alors que la philanthropie ne devienne le théâtre des luttes de pouvoir entre les différentes confessions[92]. Ainsi, la réticence à reconnaître l'applicabilité de la loi de 1601 n'était pas initialement dirigée contre la philanthropie, mais s'expliquait davantage par la crainte que les différentes églises ne redeviennent trop puissantes.

Toutefois, l'expérience anglaise avait déjà révélé la montée en puissance de l'Église grâce aux « dons sur les lits de mort » menaçant à terme le pouvoir exécutif. L'heure était donc à la prévention en refusant la validité des legs *charitable*s.

Au moment de l'indépendance des colonies, la question de la reconnaissance des actes philanthropiques devint incertaine au point tel

---

[89] V. Howard S Miller, *The Legal Foundations of American Philanthropy*, 1776-1844, Madison (WI), The State Historical Society of Wisconsin, 1961 à la p 9.

[90] *Ibid* à la p 6. Par exemple, le Massachussetts reconnut légalement la loi anglaise de 1601 par une loi de 1692 et la Pennsylvanie fit de même en 1715.

[91] L'État de Virginie fut un des premiers États à réclamer l'indépendance vis-à-vis de la Couronne d'Angleterre.

[92] Miller, *supra* note 89 à la p 7.

que jusque dans les années 1830-1840, l'applicabilité de *l'Elizabeth Statute* était source de multiples doutes. L'indépendance des États-Unis remettait directement en cause la conservation de la *common law* anglaise. Si la doctrine dominante était pour la conservation de la *common law* anglaise, c'est aux juges qu'il appartint de trancher la question[93]. Or, très souvent, le droit anglais était rejeté au même titre que l'ordre social qu'il représentait.

Parallèlement, la conception de l'État qui a été développée au moment de la rédaction de la Constitution américaine était favorable à la philanthropie. En effet, les Pères Fondateurs n'envisageaient qu'un rôle modéré de l'État. L'idéal américain aspirait au libéralisme, à l'instauration d'une souveraineté populaire[94], et à un pouvoir régalien contenu grâce à la séparation des pouvoirs vertical et horizontal. Il s'ensuit une conception nouvelle de l'État : « tout ce qui parut limiter, circonscrire, empêcher le pouvoir des représentants reçut les faveurs du peuple. [...]. Moins le peuple (américain) a eu confiance dans ses élus, plus il a cherché à garantir la représentation aussi fidèle que possible de ses intérêts »[95]. La Constitution du 17 septembre 1787 établit un État fédéral en faveur des États fédérés, où les compétences étatiques sont entendues restrictivement. C'est ainsi que la consécration du libéralisme politique eut pour conséquence d'exclure les activités religieuses, éducatives et culturelles du champ régalien[96]. Ces activités n'avaient pas d'autre soutien financier que celui provenant de la philanthropie. Dès lors, la philanthropie devient une pratique nécessaire au développement de la société américaine[97].

---

[93] *Ibid* à la p 12.

[94] V. Élisabeth Zoller, *Introduction au droit public*, 2 éd, coll Précis Dalloz, Série Droit public, science politique, Paris, Dalloz, 2013 à la p 131.

[95] *Ibid* à la p 128. V. également sur la question Gordon S Wood, « The Origins of American Democracy, or How the People Became Judges in Their Own Cause, The Sixty-Ninth Cleveland-Marshall Fund Lecture » (1999) 47:3 Clev St L Rev 309.

[96] Alexis de Tocqueville décrivait notamment l'initiative privée comme l'une des clés du fonctionnement de la société américaine et soulignait son rôle de contre-pouvoir à l'égard de l'État (Alexis de Tocqueville, *De la Démocratie en Amérique*, cité dans James J. Fishman, « The Development of Nonprofit Corporation Law and an Agenda for Reform » [1985] EMLJ 617). Il faut aussi souligner l'influence du texte de John Stuart Mill, *On Liberty*, New York, Gateway, 1959 dans lequel l'auteur écrit: « in many cases, thought individuals [...] it should be done by them rather than by the Government, as a mean to their own mental education (a mode of strengthening their active faculties, exercising their judgments and giving their a familiar knowledge of the subjects with which they are left them to deal. This a principal, thought the sole recommendation of the conduct of industrial and philanthropic enterprises by voluntary association » cité dans Bruce R. Hopkins, *The Law of Tax-Exempt Organizations*, 11th edition., Hoboken, NJ, Wiley, 2015 à la p 34.

[97] Dobkin Hall, « A Historical Overview of the Private Nonprofit Sector » dans Walter W Powell et Richard Steinberg, *The nonprofit sector: a research handbook*, 2e éd, New Haven, Yale University Press, 2006, p.3 à la p 3.

En dépit d'un terrain politique favorable à la philanthropie, les divergences relatives à la conservation du droit anglais constituèrent toutefois des obstacles à la réalisation d'œuvres philanthropiques.

38. L'acte philanthropique au cœur de l'affirmation nationale. Dans l'affaire *Trustees of Philadelphia Baptist Association v. Hart's Excutors* de 1819[98], la Cour Suprême des États-Unis réfuta la validité du legs de M. Hart au profit de l'Association Baptiste de Philadelphie au motif que l'État de Virginie avait expressément refusé l'applicabilité de la loi de 1601. De plus, même si les recueils de la Chancellerie (*The Calendars of the Proceedings on Chancery*) attestaient qu'il existait des précédents antérieurs à la loi réglementant les legs *charitables*, ces recueils n'avaient aucune valeur aux États-Unis. Ils ne pouvaient pas servir de base légale subsidiaire pour confirmer la validité du legs de M. Hart. Dès lors, dans la mesure où l'organisme bénéficiaire du legs n'était pas une personne juridique encore constituée aux yeux du droit, le *charitable trust* litigieux ne respectait pas la condition de validité des charitable *trusts* selon laquelle la finalité du don *charitable* doit être explicitement spécifiée[99]. Ainsi, ni les *précédents* anglais, ni l'état actuel du droit de l'État de Virginie ne permettaient de reconnaître la validité dudit *charitable trust*; empêchant les juges d'exécuter une telle volonté.

Cette décision eut un retentissement du fait de sa solution, mais aussi compte tenu de ses auteurs, Chief Justice Marshall et Justice Story. Aussi, fut-elle par la suite connue sous le nom de *doctrine de Virginie*[100] et vivement critiquée.[101]. Le premier coup porté à cette décision fut la jurisprudence *McCartee v. The Orphan Asylum Society*[102] dans laquelle la Cour Suprême de l'État de New York prôna un regard plus pragmatique sur la valeur sociale des actes philanthropiques appelant dès lors à considérer davantage les volontés du donateur plutôt que de se concentrer sur les technicités du droit[103].

---

[98] 17 US 1 (1819).
[99] Fishman, *supra* note 96 à la p 626.
[100] La référence à l'État de Virginie est un fort symbole pour montrer la réticence à appliquer les précédents d'origine anglaise et tendant alors à une interprétation restrictive des charitable *trusts*.
[101] "It has been suggested that the Hart decision was based only upon historical ignorance but was part of the ongoing anti-charity-anti-clerical atmosphere at the period" (Fishman, *supra* note 96 à la p 626).
[102] *McCartee v. The Orphan Asylum Society*, 9 Cow. 437 (1827) ; Miller, *supra* note 89 aux pp 30 et s.
[103] *Ibid* à la p 27.

La résistance à la jurisprudence Hart se propagea peu à peu au sein du circuit fédéral[104] pour finalement provoquer un revirement de jurisprudence au sein de la Cour Suprême. Dans l'affaire *Girard* de 1844, la Cour Suprême admit en effet une approche plus favorable à la philanthropie[105]. Le problème de fond de cet arrêt était de savoir si les *Probate Courts* de l'État de Pennsylvanie pouvaient administrer des *charitable trusts* alors que la loi restait silencieuse sur ce point. Le juge Story distingua le cas *Girard* du cas *Hart* sur trois points. D'une part, à la différence de la Virginie, l'État de Pennsylvanie n'avait pas expressément aboli la loi de 1601. D'autre part, les *trustees* dans le cas *Trustees of Philadelphia Baptist Association v. Hart's Excutors* n'avaient aucune capacité légale pour administrer un tel *trust,* car l'association des Baptistes de Philadelphie n'était pas une entité légale pouvant recevoir des legs. Enfin, le contexte politique et juridique s'était montré favorable à la reconnaissance des *charitables trusts* dans le droit local pennsylvanien. Par la réunion des trois conditions, la Cour Suprême accueillit les actes philanthropiques et admit la validité et l'applicabilité de *l'Elisabeth Statute.*

Néanmoins, les États du Sud firent preuve de résistance et continuèrent à appliquer la « doctrine de Virginie ». L'admission des *charitables trusts* sur l'ensemble du territoire se fit progressivement au gré des modifications des législations locales régissant les *trusts*. Ainsi, à partir de l'arrêt *Girard*, et grâce à l'admission des *charitable trusts*, la philanthropie se trouvait juridiquement consacrée.

39. Un second débat porta sur les contours de la notion de *charitable purpose* afin de déterminer les domaines d'activités dans lesquels il était possible de constituer des *charitable trusts*. Bien que la loi de 1601 constitue le texte fondateur et référent de la philanthropie moderne, dans un État où elle ne cessait de croître, cette loi est paradoxalement devenue l'obstacle majeur au développement de la pratique. Fallait-il voir en la liste du préambule de 1601 une liste fermée ?

---

[104] *Magill v. Brown,* 16 F. Cas 408 (CCED Pa 1833). Dans ce jugement, le juge Baldwin admet largement certaines pratiques philanthropiques notamment au *Calendars of the Proceedings in Chancery* et aux pratiques philanthropiques dans l'État de Pennsylvanie et affirme que les causes dont la loi de 1601 fait mention ne sont pas limitatives. Le droit doit évoluer selon les besoins de la société. Par conséquent, la loi de 1601 n'établit qu'une pratique, mais ne peut en limiter le champ d'action de la philanthropie en droit positif (*ibid* aux pp 32-33).

[105] *Vidal v. Girard's Executor,* 43 US 127 (1844). Dans cette affaire, Stephan Girard léguait en *trust* sept millions de dollars en vue de créer une école pour « *poor, white, male orphans* » à Philadelphie. Les héritiers contestèrent le legs en ce que, à l'instar du cas Hart, le bénéficiaire n'était pas identifiable.

Il est vrai que la réponse à cette question dépasse la sphère du droit. En effet, les grandes fortunes américaines militèrent pour une philanthropie de grande envergure[106]. Pour ces derniers, le texte de 1601 bridait véritablement les aspirations philanthropiques. Ceci explique d'ailleurs pourquoi la question se posa devant les juges de l'État de New York lequel concentrait les grandes fortunes adeptes de la pratique.

En effet, dans cet État, les juges interprétaient restrictivement la loi de 1601. Plus encore, une loi de 1848 limitait la capacité des organisations à but non lucratif à détenir un certain montant de biens. Une première affaire, débutant en 1881, permit à l'État de New York de prendre conscience des conséquences de la limitation imposée aux *charitable trusts* comme le fait de freiner le développement des universités. Ainsi, l'État abrogea en 1882 le plafond légal du montant des biens donnés[107]. Le véritable tournant fut opéré lors de l'affaire Tilden[108] où les juges de la Cour suprême l'État de New York ont refusé de donner effet au legs de Tilden — un don d'une valeur de quatre millions de dollars destiné à la création d'une bibliothèque publique pour la ville de New York — au regard des dispositions estimées trop vagues. En effet, selon les termes du legs, en cas d'échec de la réalisation du projet de bibliothèque, le disposant spécifiait que l'argent devait aller à toute cause servant au bénéfice de l'humanité[109]. Cette formulation contrevenait autant à la loi qu'aux précédents anglais qui limitaient les *charitables trusts* à des buts précis. En ce que Tilden était une personnalité politique reconnue, la décision de la Cour eut un fort retentissement. Néanmoins, plusieurs personnalités influentes proches du légataire menèrent un combat auprès du législateur afin de modifier le cadre juridique et éviter qu'un cas similaire ne se répète. Au terme de cette campagne, l'État de New York réforma en profondeur le cadre légal de la philanthropie en 1893. Les *charitables trusts* n'avaient dès lors plus pour obligation de reposer sur une description précise du but auquel il se rattachait, ce dernier ne devant

---

106 "Instead of limiting their [the great American fortunes formed after the Civil War] to pre-established purposes, as mandated by the rules governing charitable contributions, the advanced an open-ended program of works for the improvement of mankind" (Zunz, *supra* note 82 à la p 8).

107 *McGraw's Estate*, 111 NY 66 ; 19 NE 233 (1881). Dans cette affaire, Jennie Fiske décida de léguer sa fortune à l'Université de Cornell en vue de poursuivre le projet de création d'une bibliothèque mené par son père, John McGraw et lancé quelques années auparavant. Le plafond légal du montant des biens donnés fut en l'espèce abrogé afin de pouvoir réaliser l'intégralité du projet.

108 Ancien gouverneur très populaire de l'État, Samuel Tilden légua par testament l'ensemble de sa fortune à la ville de New York en vue d'y construire une bibliothèque gratuite. N'ayant pas d'enfants, ce sont ses neveux et nièces qui contestèrent le testament bien qu'ils furent pourvus généreusement. Or, criblés de dettes, les neveux et nièces avaient longtemps attendu de devenir riches et furent déçus de ce que Tilden leur avait réservé. Ces derniers contestèrent alors le legs en vue d'obtenir la fortune de leur oncle.

109 Madoff, *supra* note 84 à la p 94.

qu'être *charitable*[110]. Ce nouveau cadre donnait alors une souplesse à la philanthropie. La loi Tilden servit d'ailleurs de modèle pour nombre d'États par la suite[111].

40. Par conséquent, si l'exercice de la philanthropie fut au cœur des enjeux politiques relatifs à l'indépendance américaine vis-à-vis de l'Angleterre, elle bénéficie depuis la fin du XIXe siècle d'un contexte juridique, politique et social qui lui est favorable compte tenu de la nécessité sociale qu'elle représente. Surtout, il apparaît que la philanthropie est intrinsèquement liée au *charitable trust*, celui-ci se présentant comme l'outil privilégié pour la réalisation d'aspirations philanthropiques. D'ailleurs, avons-nous pu constater que celui-ci a véritablement porté le développement de la philanthropie américaine.

Ce contexte, bien plus favorable, justifie que les questions relatives à la philanthropie se soient concentrées sur l'adaptation de la pratique aux nouveaux besoins de la société américaine, notamment par une expansion de son champ matériel.

II. LES FACTEURS DE L'EXPANSION DES ACTES PHILANTHROPIQUES

41. Mutation de la philanthropie américaine. Sous l'effet des réformes successives en vue d'offrir un cadre légal avantageux aux actes philanthropiques, la philanthropie évolua progressivement au XXe siècle aux États-Unis. Originellement attachée aux grandes fortunes, elle devint un phénomène de masse. Cette mutation est instaurée par un régime fiscal de faveur à la suite de l'instauration de l'impôt fédéral sur le revenu en 1913. En effet, le Congrès vota dès 1917 un texte introduisant un système de déduction pour les dons charitables dans la section 170 de l'*Internal*

---

[110] *Ibid.* Tilden Act of 1893, ch. 701, codifié NY Real Prop, §113; NY Pers Prop §12. En réalité, l'apport de la loi ne se limitait pas à élargir le champ de la philanthropie. Elle modifiait en profondeur le droit des *charitable trusts* : "the new law not only restored the charitable trust as a legal instrument of philanthropy in New York State to make easier to give money, but also made it possible to leave a bequest undefined and to put the trustees in charge of redefining its goals for each generations. New York legislators in effect transferred the power of cy près from the judge to the trustee. The new legal framework would make it possible for successive generations of trustees to alter the donors' plan in response of social needs" (Zunz, *supra* note 82 à la p 16).

[111] La loi constitua un modèle pour les juges des États voisins. Par exemple, la Cour Suprême de Californie s'inspira de cette loi pour retenir dans un arrêt de 1890 que « la définition des usages charitables doit s'élargir avec l'avancement des civilisations » [notre traduction] (*People v. Dashaway Association*, 84 Cal 114 [1890]). Pour un exemple similaire, v. jugement de la Cour Suprême *In re Knight's Estate* (159 PA 500 [1894]. Certains États votèrent des lois similaires voire même identiques, comme l'État du Maryland en 1888 ou encore l'État du Michigan en 1907 (Zunz, *supra* note 82 à la p 17).

Revenue Code. Parallèlement, sous l'affluence d'actes philanthropiques, leur encadrement est rapidement devenu une nécessité. C'est au législateur fiscal que revint cette tâche[112] en définissant, entre autres, le terme de *charitable*. Ceci eut deux effets majeurs.

D'une part, l'introduction d'une régulation fiscale des actes philanthropiques par la définition des causes *charitable*s et de leurs modalités entraîna le déplacement des litiges des *probates courts* au profit des cours fiscales fédérales.

D'autre part, les problématiques relatives aux *charitables trusts* ne relevaient dès lors plus de la validité de ces derniers, mais de leur légitimité à bénéficier du régime fiscal incitatif. Ainsi, les débats autour de l'acte philanthropique changèrent aussi bien de lieu de régulation que de contenu. Des divergences d'interprétation du terme *charitable* allaient naître entre les juridictions locales des États et les cours fiscales fédérales[113].

42. Pratique majeure de la société américaine. De plus en plus, la philanthropie s'affirma comme un élément fort de la culture américaine. Le croisement de la morale protestante avec le capitalisme américain explique comment les actes philanthropiques se forgèrent une place centrale dans la société américaine moderne. En effet, l'éthique protestante[114] impose, en contrepartie de la réussite individuelle, une obligation de retour envers la société; sorte de dette envers la communauté qui permet à l'individu une telle réussite. Dès lors, la philanthropie devient une sorte d'obligation sociale liée aux fondements de la société américaine[115].
Plus encore, selon Carnegie[116], dans son texte fondateur sur la philanthropie moderne, la recherche du profit et la compétition économique sont les seuls moyens d'accroître le développement matériel

---

[112] Notamment, le législateur fédéral introduit l'impôt sur le revenu en 1917 (*Revenue Act of 1917*, 40 Stat. 300) et de manière quasi simultanée un régime fiscal d'incitation à la philanthropie comme corollaire à l'impôt (Hopkins, *supra* note 96 à la p 59).
[113] V. *infra* au para 143.
[114] Max Weber, *L'éthique protestante et l'esprit du capitalisme ; suivi d'autres essais*, traduit par Jean-Pierre Grossein, coll Tel, Paris, Gallimard, 2004.
[115] Frédéric Martel, *De la culture en Amérique*, coll Champs Essais, Paris, Flammarion, 2011 à la p 402.
[116] Andrew Carnegie (1835-1919) était un industriel et philanthrope américain d'origine écossaise. Il fut notamment l'un des acteurs majeurs de l'essor de l'industrie de l'acier, à la fin du XIXe siècle aux États-Unis ainsi que le père de la philanthropie moderne. Carnegie donna à de nombreuses œuvres charitables, tous domaines confondus. Participant au financement d'une soixantaine de bibliothèques, il finança également de nombreuses institutions muséales. En 1896, il créa, dans la ville de Pittsburg (Pennsylvanie), le Carnegie Museum of Art, lequel est considéré comme le premier musée d'Art moderne aux États-Unis.

des sociétés modernes. En revanche, le capitalisme moderne tend à un « capitalisme de surplus » où les richesses sont concentrées. Toutefois, ce dernier affirme que la philanthropie est le seul « antidote » à une répartition inéquitable des richesses, et qui permet de réduire les écarts de richesses[117].

C'est ainsi que les dons des grandes fortunes de la fin du XIXe siècle devinrent de plus en plus importants et que, peu à peu, la pratique philanthropie se propagea au sein des différents niveaux de richesse pour devenir une « philanthropie de masse »[118]. Parallèlement, Carnegie note une professionnalisation de la philanthropie avec le recours aux techniques de gestion tant pour la collecte que pour l'investissement des fonds récoltés[119]. En réponse à cette expansion de la pratique, se trame une diversification de la technique.

43. Le renouveau des techniques. Compte tenu de la fiscalité incitative pour les disposants, et des besoins de financement des organismes à but non lucratif, le *charitable trust* devint progressivement un instrument de gestion de patrimoine et de planification successorale du disposant cumulant un double avantage : assurer des économies d'impôts sur le long terme et garantir à l'organisme bénéficiaire du *trust* des revenus réguliers. Tel est notamment l'apport des *charitable reminder trust* et autres techniques dites de dons planifiés[120]. La philanthropie n'est dès lors plus une seule obligation sociale, mais elle devient une pratique financièrement attractive.

***

CONCLUSION DE LA SECTION

44. Compte tenu de son dynamisme et du montant des dons qu'elle arrive à générer, la philanthropie américaine constitue le modèle référent

---

[117] Andrew Carnegie, « Wealth » (1889) 148 North American Rev 653.

[118] Cette expression souligne un changement important dans la philanthropie américaine où celle-ci n'est plus une pratique exclusive des grandes fortunes, mais une pratique à la portée de l'ensemble des citoyens. Par exemple, l'auteur cite notamment les grandes opérations de collecte de fonds sur l'ensemble du territoire mises en œuvre à partir de la Première Guerre mondiale. Zunz, *supra* note 82 aux pp 45 et s, spéc. 56.

[119] Sur les pratiques de *fundraising* (levée de fonds), *ibid* aux pp 62 et s.

[120] "In the realm of planned giving, the most common and most versatile charitable gift vehicle is the split-interest trust termed the charitable remainder trust. Essentially, a charitable remainder trust is what its name conveys: it is an entity by which property (including money) is split, using the legal fiction of the contrivance of interests in a trust, into two types of interests: an income interest and a remainder interest. The remainder interest is destined for one or more charitable organizations, while the income interest is retained by and/or created for one or more non-charitable beneficiaries. If the trust is a qualified one, the gift of the remainder interest gives rise to one or more federal tax charitable contribution deductions" (Bruce R. Hopkins, The Tax Law of Charitable Giving, 5e éd, coll Wiley Nonprofit Authority, Heboken (NJ), John Wiley and sons, 2014 à la p 446.).

de la philanthropie contemporaine. À l'issue de cette présentation de la philanthropie américaine, nous retenons trois facteurs permettant de justifier son succès. D'une part, elle se présenta comme la seule avenue pour la satisfaction de certains besoins (santé, éducation, soutien aux pauvres, etc.) de la société américaine. D'autre part, elle fut portée par un système de valeurs encourageant les actes philanthropiques. Enfin, elle a quasi-immédiatement bénéficié d'un outil juridique, qui outre sa capacité à englober la diversité des actes philanthropiques (allant du simple don à des formes plus complexes comme la création d'un organisme à but d'intérêt général) permet de donner des biens en vue de soutenir une cause d'intérêt général (*charitable purpose*).

Si nous laissons de côté les considérations politico-sociales, son lien étroit avec le *charitable trust* nous invite à nous demander si le développement de la philanthropie n'est pas tributaire de la tradition juridique dans laquelle elle s'inscrit. En effet, le *charitable trust* est une institution fondamentale de la *common law*. Force est de se demander si, en l'absence d'une institution analogue, le droit français aura véritablement les moyens d'opérer le rattrapage tant espéré par rapport à son homologue américain. Cette interrogation justifie l'introduction du droit québécois dans notre analyse puisque, étant donné sa mixité juridique, celui-ci dispose depuis la fin du XIXe siècle, de mécanismes fiduciaires permettant la réalisation d'actes philanthropiques.

Section III. QUÉBEC

45. Annonce de plan. La place de l'acte philanthropique au Québec est l'objet de plusieurs paradoxes. En effet, l'étude de la genèse de l'acte philanthropique (I) montre que celui-ci bénéficia d'un contexte politique et juridique favorable à son développement. Contrairement à la France, aucun obstacle juridique ne s'est dressé pour en limiter le développement. Plus encore, le Québec bénéficie de l'influence de la *common law* et hérite de certains de ses mécanismes pour favoriser son exercice. La philanthropie jouit d'un cadre juridique favorable, comme atteste par ailleurs l'introduction dans le Code civil québécois de la fiducie d'utilité sociale. Toutefois, si cette dernière se veut être le vecteur privilégié de la philanthropie, son succès demeure modeste pour des raisons tant juridiques que culturelles. Aussi, la philanthropie à l'ère du Code civil du Québec fait-elle figure de paradoxe (II).

I. LES FONDEMENTS DE L'ACTE PHILANTHROPIQUE

46. La philanthropie et la période coloniale française. À l'instar des États-Unis, l'histoire de la philanthropie québécoise est liée au développement de la province[121]. L'Église catholique joua un rôle fondamental dans l'organisation sociale de la Nouvelle-France. En effet, « étant donné l'homogénéité religieuse, linguistique et sociale des colons, la dureté de la vie, les ressources et l'organisation de l'Église, l'entretien de cette dernière par le gouvernement français et le manque d'autres institutions, l'Église catholique y est devenue le centre de la vie religieuse, sociale et politique ce qui incluait le contrôle presque exclusif des œuvres de charité. Même les œuvres charitables résultant de l'initiative individuelle, peu nombreuses à l'époque, avaient besoin de l'approbation de l'église catholique pour leur fonctionnement »[122].

47. Sur le plan juridique, la Nouvelle-France était une colonie française, donc soumise au droit français. Durant le monopole de la Compagnie des Cent Associés (1627-1663), la coutume de Paris s'appliquait de manière exclusive sur le territoire ainsi que sous le régime des Indes occidentales créé par l'Édit royal de 1664. La soumission au droit français fut modifiée avec l'Édit royal de 1663 qui dota le Canada d'un conseil souverain ayant le pouvoir de légiférer et de rendre exécutoires les ordonnances royales[123].
En marge du droit français, se développait le droit colonial notamment sur des domaines tels que celui de la règlementation des personnes morales. Conformément à la « déclaration du roi concernant les ordres religieux et gens de mainmorte établis aux colonies françaises » de 1743, enregistrée par le Conseil en 1744, la création et la dotation des personnes morales étaient soumises aux mêmes règles restrictives que celles de l'Édit d'Aguesseau de 1749[124] et le pouvoir royal en ce domaine affirmait avec force. Cependant, les restrictions imposées aux personnes morales n'avaient pas le même fondement que celles du droit français. Par cette déclaration, la finalité du contrôle royal sur la création et la dotation des établissements charitables n'était pas tant de contenir la puissance grandissante d'une Église de plus en plus riche. L'affirmation du pouvoir

---

[121] Face à la dureté de l'environnement, l'entraide était une condition de survie dans ce « Nouveau Monde » hostile. V. Serge Mongeau, *Évolution de l'assistance au Québec : une étude historique des diverses modalités d'assistance au Québec, des origines de la colonie à nos jours*, coll Les idées du jour, n°D-32, Montréal, Éditions du Jour, 1967 à la p 14.
[122] Boodman, *supra* note 2 à la p 23.
[123] Marie-Ève Arbour, *Fragments de droit québécois et canadien. Histoire, mixité, mutations*, Cowansville (Qc), Éditions Yvon Blais, 2013 aux pp 9-11.
[124] *Supra*, au para 7 p 21.

royal en l'espèce en Nouvelle-France veillait davantage à garantir la bonne administration de la colonie. Il était reconnu que la réalisation d'œuvres charitables répondait à des besoins imminents et ne constituait pas, pour cette raison, une menace politique[125].

En somme, lors de la période française, les œuvres charitables se développent sur la base des mécanismes du droit civil, mais grâce à l'absence du pouvoir royal centralisateur qui régnait au même moment en France.

48. Le renforcement de la philanthropie durant la période coloniale anglaise. À partir de 1759 s'ouvrit la période coloniale anglaise[126], durant laquelle le pouvoir de l'Église allait se consolider. Cette dernière était perçue comme l'élément de stabilité, mais également comme la garantie de la préservation de la culture française face à l'invasion anglaise. Ainsi, son rôle dans la réalisation d'œuvres charitables subsista en dépit de la Conquête anglaise, surtout qu'elle était perçue comme un vecteur de la préservation de l'identité francophone. De plus, les autorités firent preuve de tolérance voire d'un certain encouragement à l'égard de la philanthropie qui se manifesta dans le contenu des règles de droit applicables en l'espèce.

Avant de présenter le contenu de ces règles, il convient toutefois de souligner que la conquête anglaise provoqua un changement important dans l'ordre juridique. Celle-ci posa les fondements de la mixité juridique qui caractérise le Québec. Conformément aux principes de droit international, il était admis que le droit privé du pays cédé par traité ou conquis restait en vigueur, contrairement au droit public qui devenait celui du pays conquérant[127]. C'est ainsi qu'au terme d'une période de flottement, l'Acte du Québec de 1774[128] et l'Acte constitutionnel de 1791[129] consacrèrent la règle de maintien du droit privé de source française dans la province.

---

[125] Boodman, *supra* note 2 aux pp 25-26.

[126] La Province du Québec naît de la conquête anglaise de 1757 et de la fin de la Guerre de Sept Ans. Elle constitue une colonie de l'Empire britannique jusqu'en 1791 (Acte constitutionnel).

[127] Boodman, *supra* note 2 à la p 28.

[128] 14 Geo III, c 83 (1774), art VIII. Par cet acte, la province du Québec se trouve agrandie et ses différences culturelles avec le reste du Canada reconnues et garanties. Sur l'Acte de Québec, v. Arbour, *supra* note 123 aux pp 18–27.

[129] 31 Geo III, c 31 (1791), art. XXIII. Acte qui divise le Canada en deux parties : le Haut-Canada et le Bas-Canada. Par cet acte, les Canadiens français se voient garantir le respect de leur religion, de leur institution et du droit civil. Le système d'assistance est également officiellement reconnu. Sur l'Acte constitutionnel, v. *Ibid* aux pp 27-29.

Toutefois, la crainte des mouvements d'indépendance ainsi que la montée de la pensée révolutionnaire poussèrent les Anglais à la recherche d'une certaine loyauté des Canadiens envers la Couronne. Aussi, les autorités anglaises prirent le parti de la libéralisation. Ceci se manifesta par l'introduction de la liberté testamentaire du droit anglais. Ceci vint marquer une rupture profonde avec le droit français. En effet, « selon la coutume de Paris, le pouvoir de disposer par testament était restreint en ce qui concerne les biens disponibles et les personnes capables de recevoir »[130]. L'ensemble de ces restrictions furent abrogées par l'Acte de Québec dans son article X et par l'Acte pour expliquer, et amender la loi concernant les testaments et ordonnances de dernière volonté[131], sauf celles relatives à la capacité générale de recevoir par testament et par douaire. Ainsi, la règle du droit anglais fut adoptée, marquant alors une rupture profonde avec le modèle français du droit des successions[132]. Cette règle fut conservée puisque codifiée à l'article 831 du Code civil du Bas-Canada, elle-même reprise à l'article 703 du Code civil du Québec. Aussi, le droit québécois s'affranchit des notions de réserve héréditaire et de quotité disponible qui constituent en France des limites importantes à la liberté de tester, et, donc à la liberté de tester à des fins charitables[133].

49. En revanche, la création des personnes morales relevait du droit public lesquelles se trouvaient assujetties au droit anglais. À l'instar du pouvoir royal français, le pouvoir anglais se méfiait des personnes morales et surtout des pratiques frauduleuses des corporations qui avaient bouleversé l'Angleterre au début du XVIIIe siècle[134]. Aussi, la création de toute personne morale demeurait assujettie au pouvoir royal. Toutefois, il faut voir dans ce contrôle la recherche d'une bonne administration de la colonie[135]. Cet encadrement des personnes morales fut par la suite tempéré puisqu'en 1850, l'administration anglaise adopta une loi relative à l'incorporation et la protection des institutions charitables pour l'ensemble du Canada[136]. Cette loi généralise la bienveillance de l'administration anglaise de la province à l'égard de la philanthropie.

50. En somme, il faut retenir de l'histoire de la philanthropie québécoise avant la codification de 1866, que la pratique philanthropique

---

[130] Boodman, *supra* note 2 à la p 29.
[131] 41 Geo. III, c.4 (1801).
[132] Boodman, *supra* note 2 à la p 29.
[133] V. *infra* au para 184.
[134] Boodman, *supra* note 2 à la p 29.
[135] *Ibid* aux pp 29-30.
[136] 13-14 Vict. c 32 cité dans *Ibid* à la p 30.

n'était en rien perçue comme une menace politique. Pour cela, la philanthropie a pu bénéficier, même dans un contexte de droit civil, d'un contexte juridique favorable. N'étant pas critiquée dans son fondement, elle fut au contraire favorisée, mais au prix d'une altération de la tradition civiliste par l'introduction de la liberté de tester.

Cependant, l'Acte de 1791 séparant le Canada en deux provinces rendit extrêmement complexe la détermination des règles de droit applicables, tout comme la question de l'origine et de la conservation des règles de droit au Québec. La codification de 1866 visait à apporter quelques éclaircissements en ce point. Toutefois, l'enjeu s'avérait particulièrement délicat. D'une part, le Québec souhaitait conserver sa tradition civiliste laquelle avait déjà évolué par l'influence de la *common law*. D'autre part, la question de l'articulation de la tradition civiliste avec celle de la *common law* à laquelle était assujetti le reste du Canada était au cœur de vives interrogations. Aussi, avant de poursuivre notre étude, il convient de s'attarder sur ces questions, car leur résolution eut un impact considérable sur les règles applicables à l'acte philanthropique.

51. Modifications politiques et avènement du Code civil du Bas-Canada. Les tensions au sein du Canada entre populations anglophones et francophones — ces derniers étant insatisfaits des pouvoirs limités que leur conférait l'Acte constitutionnel de 1791 — vont conduire à des actes de contestation puis, de révolte, des Canadiens français. En 1840, à la suite de la rébellion du Bas-Canada[137] et au rapport Durham[138], l'Acte d'Union de 1840[139] eut pour vocation d'unir et d'assimiler les deux Canada. Mais, les résultats ne sont pas à la hauteur des espérances pour les Canadiens français, et l'opposition entre anglophones et francophones ne cessa de s'aggraver. Aussi, la solution trouvée fut de scinder, en 1867, par l'Acte de l'Amérique du Nord britannique, le Canada en deux provinces où chaque communauté était majoritaire (Ontario pour les anglophones et Québec pour les francophones) auxquelles se joignent deux autres colonies (le Nouveau-Brunswick et la Nouvelle-Écosse). Si

---

[137] Rébellion des Canadiens français contre la Couronne anglaise entre 1837 et 1838.

[138] Daté de 1839, le rapport prône ouvertement une politique d'assimilation des Canadiens français. Son auteur, Lord Durham, écrit alors : « je n'entretiens aucun doute sur le caractère national qui doit être donné au Bas-Canada ; ce doit être celui de l'Empire britannique, celui de la majorité de la population de l'Amérique britannique, celui de la race supérieure qui doit à une époque prochaine dominer sur tout le continent de l'Amérique du Nord. Sans opérer le changement ni trop vite ni trop rudement pour ne pas froisser les esprits et ne pas sacrifier le bien-être de la génération actuelle, la fin première et ferme du Gouvernement britannique doit à l'avenir consister à établir dans la province une population de lois et de langue anglaises, et de n'en confier le gouvernement qu'à une Assemblée décidément anglaise » (extraits du rapport cité dans Arbour, *supra* note 120 à la p 29).

[139] An Act to re-unite the Provinces of Upper and Lower Canada, and for the government of Canada, 3-4 Vict., c.35 (1840).

le Canada n'était pas souverain, il contrôlait ses finances et définissait sa politique interne. Par cet acte, chaque communauté disposa des outils nécessaires pour protéger ses intérêts, notamment culturels.

52. En matière de droit privé, le projet d'un Code civil du Bas-Canada fut échafaudé par l'Acte concernant la Codification des Lois du Bas-Canada qui se rapportent aux matières civiles et à la procédure[140] de 1857[141]. Le projet revêtait une forte dimension politique dans un contexte où les Canadiens français redoutaient le déclin de la culture francophone face à la culture anglaise dominante[142]. Mais, plusieurs justifications techniques sont tout aussi évidentes[143]. En effet, le droit privé du Bas-Canada se transforma en une sorte de « patchwork incohérent »[144] du fait de la combinaison des sources françaises et anglaises qui rendait le droit civil difficilement intelligible tant pour les juges que pour les praticiens du droit et les habitants du Bas-Canada. De plus, la question de l'accessibilité au droit en vigueur par les anglophones du Bas-Canada constituait une problématique tout aussi majeure. Aussi, le projet de codification ne consista pas tant en la réforme du droit positif. Elle visa surtout à consolider les règles de droit privé applicables au Québec, et à rendre ces dernières accessibles à tous[145]. Le Code civil du Bas-Canada (C.c.B-c.) entra en vigueur le 1er août 1866 comme œuvre de

---

[141] Acte concernant la Codification des Lois du Bas-Canada, qui se rapportent aux matières civiles et à la procédure, 20 Vict., c. 43, (1857).

[142] Jean-Louis Baudouin ira jusqu'à le qualifier « d'arme défensive de la race canadienne », et, « né du besoin de la survivance française » (*Le droit civil de la province de Québec : modèle vivant de droit comparé*, Montréal, Wilson et Lafleur, 1953 à la p 61).

[143] Le Préambule de l'Acte de 1857, *supra* note 140, résume l'ensemble des causes appelant à une codification des lois civiles : « Attendu que les lois du Bas-Canada, en matière civile, sont principalement celles qui, à l'époque de la cession du pays à la couronne d'Angleterre, étaient en force dans cette partie de la France, régie par la coutume de Paris, modifiées par des statuts de la Province, ou par l'introduction de certaines parties des lois d'Angleterre dans des cas spéciaux, et qu'il arrive en conséquence que la généralité des lois, dans cette division de la Province, n'existe que dans la langue qui n'est pas la langue naturelle des personnes d'origine Britannique qui l'habitent, pendant que partie ne se trouve point dans la langue naturelle des personnes d'origine française; et considérant que les lois et coutumes suivies en France, à l'époque ci-dessus mentionnée, y ont été modifiées et réduites en un code général, de manière que les lois anciennes, encore suivies dans le Bas-Canada, ne sont plus ni ré-imprimées ni commentées en France, et qu'il devient de plus en plus difficile d'en obtenir des exemplaires ou des commentaires; et considérant que pour les raisons susdites et les grands avantages qui ont résulté pour la France, comme pour l'État de la Louisiane et d'autres endroits, de la codification des lois, il est évidemment expédient de pourvoir à la codification des lois civiles du Bas-Canada ».

[144] Expression utilisée par Durham dans son rapport, cité dans John EC Brierley, « Quebec's Civil Law Codification » (1968) 14:4 McGill LJ 521 à la p 534 [Brierley, « Quebec's Civil Law Codification »].

[145] V. *ibid* à la p 521.

consolidation du droit civil québécois. Pour ce faire, les codificateurs s'inspirèrent du Code napoléonien dans sa forme et sa structure[146].

53. La philanthropie dans le Code civil du Bas-Canada. Toutefois, le Code civil du Bas-Canada se distinguait du Code napoléonien par l'admission de moyens techniques en vue de disposer à des fins charitables. Notamment, l'article 869 du C.c.B-C. dispose : « Un testateur peut établir des légataires seulement fiduciaires ou simples ministres pour des fins de bienfaisance ou autres fins permises et dans les limites voulues par la loi; il peut aussi remettre les biens pour les mêmes fins à ses exécuteurs testamentaires, ou y donner effet comme charge imposée à ses héritiers et légataires ».

Aussi, cet article constitua la base législative pour toute affectation d'une masse de biens à des fins *charitable*s et consacrait, contrairement au droit français, une place aux actes philanthropiques au sein du Code civil. Néanmoins, la lettre de l'article s'avérait restrictive; celui-ci débutant par une référence au testateur. L'*Acte concernant la fiducie* de 1879, codifié aux articles 981a et suivants en 1888, lors de la refonte des Statuts provinciaux, vînt élargir l'hypothèse des actes philanthropiques aux actes *inter vivos*[147]. Selon Faribault, « les articles 981a et suivants n'ont fait que préciser l'article 869 de façon à permettre la création des fiducies charitables par la donation (art. 981a) et à déterminer notamment les pouvoirs des fiduciaires, l'article 981c pourvoyant au remplacement de ceux-ci pour toute la durée de la fiducie, c'est-à-dire même à perpétuité lorsque le caractère charitable de la fiducie ou de la fondation le demande »[148]. Le champ des actes philanthropiques s'élargit alors au moyen de l'introduction d'un régime général de la fiducie.

Toutefois, la réalisation d'un acte philanthropique ne se réduisait pas à la technique fiduciaire. Le droit civil québécois conservait des mécanismes parallèles comme celui de la substitution fidéicommissaire[149]. Il fut noté

---

[146] Il faut souligner que l'exercice de codification est très différent que celui du droit français. En effet, alors que le droit napoléonien avait vocation à unifier et réformer le droit civil, le Code civil du Bas-Canada combine et agence de manière structurée les différentes sources du droit civil. Plus encore, la différence du contexte politique entre la France et le Québec a des implications fortes sur la codification que l'on ne saurait sous-estimer. V. en ce sens, Brierley, « Quebec's Civil Law Codification », *ibid* à la p 532.

[147] Notamment, l'article 981a du C.c.B-C. : « toute personne capable de disposer librement de ses biens, peut transporter des propriétés mobilières ou immobilières à des fiduciaires par donation ou par testament, pour le bénéfice des personnes en faveur de qui elle peut faire valablement des donations ou des legs ».

[148] Marcel Faribault, *Traité théorique et pratique de la fiducie ou trust du droit civil dans la province de Québec*, Montréal, Wilson et Lafleur, 1936 au para 188.

[149] Selon l'article 964 du C.c.B-C.: « le légataire qui est chargé comme simple ministre d'administrer les biens et de les employer ou restituer pour les fins du testament, bien que dans

que celle-ci se prêtait moins à la philanthropie dans la mesure où le fidéicommis a la charge de conserver, mais également de rendre les biens donnés ou légués. La conjonction de ces éléments permet d'élever la fiducie au rang de technique privilégiée de réalisation des ambitions philanthropiques[150].

En dépit de ces avancées, la fiducie du Code civil du Bas-Canada demeurait l'objet de nombreux doutes. Le Code de 1866 était lacunaire sur le champ matériel de l'article 869. Aucune précision n'était alors donnée sur la notion de bienfaisance[151]. Surtout, il en allait de même s'agissant du régime juridique de la fiducie[152]. Cette situation résultait certainement des doutes relatifs aux fondements de la fiducie tel qu'elle apparaissait dans le C.c.B-C. Son rattachement à la *common law* ou au droit civil était crucial, car en dépendaient la nature et le régime juridique de l'institution[153] Ces doutes se sont maintenus en dépit de l'apport de la loi de 1879. Bien que cette loi ait introduit une réglementation détaillée de la fiducie couvrant tant sa création que la saisine, le remplacement, la destitution, la renonciation, les pouvoirs, la rémunération, la responsabilité et les obligations du fiduciaire de rendre compte de son activité, elle demeurait silencieuse sur la nature de la propriété des biens constituant la fiducie. Aussi, plusieurs théories furent avancées[154] partageant pour la plupart le souhait d'enraciner l'institution dans la tradition civiliste[155].

---

les termes sa qualité paraisse réellement être celle de propriétaire grevé et non simplement d'exécuteur et administrateur, ne conserve pas les biens dans le cas de caducité de la disposition ultérieure ou de l'impossibilité de les appliquer aux fins voulues, à moins que le testateur n'ait manifesté son intention à ce sujet. Ces biens passent en ce cas à l'héritier ou au légataire qui recueille la succession ».

[150] Boodman, *supra* note 2 à la p 146.

[151] Il importait de définir ce que le législateur visait par « des fins de bienfaisance et autres fins ». V. Boodman, *supra* note 2 aux pp 135-139.

[152] V. en ce sens, C.c.B-C., art 964.

[153] Dans un premier temps, les juges se réfèrent au *trust* de la *common law*. En effet, dans l'arrêt *Desrivières c. Richardson* (Stuart KB 218) le juge Kerr décrivit la fiducie comme un acte hérité de la *common law*. Or, l'assimilation de la fiducie québécoise au *trust* de la *common law* emportait *a priori* l'assimilation au régime juridique de ce dernier. Cependant, ceci venait directement remettre en cause les sources du droit civil québécois. Néanmoins, dans son analyse, M. Boodman montre que les codificateurs de 1866 avaient en tête, outre la liberté de tester propre à la *common law*, les mécanismes de l'ancien droit au regard des auteurs sur lesquels ils se basèrent pour rédiger le Code – les jurisconsultes Ricard et Thévenot d'Essaule – (Boodman, *supra* note 2 aux pp 129-134).

[154] Sylvio Normand et Jacques Gosselin, « La fiducie du Code civil : un sujet d'affrontement dans la communauté juridique québécoise » (1990) 31:3 C D 681; Madeleine Cantin Cumyn, « L'origine de la fiducie au Québec » dans *Mélanges offerts par ses collègues de McGill à Paul-André Crépeau*, Cowansville (Qc), Éditions Yvon Blais, 1997, 199; Jacques Beaulne et André J. Barette, *Droit des fiducies*, 3e éd, coll Bleue, Montréal, Wilson et Lafleur, 2015 aux pp 14-26.

[155] Normand et Gosselin, *supra* note 154. Les auteurs montrent que ce souhait d'enraciner la fiducie dans la tradition civiliste a connu une intensité variable au fil du temps, identifiant alors trois courants. Le premier courant, dit des pragmatiques, reconnaissait l'ascendance de la *common law*

Malgré les controverses que la qualification de la fiducie a pu générer, la technique fiduciaire était associée à la réalisation d'œuvres charitables. En 1960, J-G Cardinal écrivait alors : « la fiducie, maintenant acclimatée dans la province du Québec, est l'institution toute désignée pour donner à nos compatriotes et à leurs fondations l'élan nécessaire à leur plein rayonnement »[156]. Son rôle dans le soutien des œuvres de bienfaisance fut notamment confirmé par le Code civil du Québec.

II. LA PHILANTHROPIE SOUS L'EMPIRE DU CODE CIVIL

54. L'apport du Code civil du Québec. La réforme du Code civil du Québec marque une étape majeure pour la philanthropie au Québec qui se matérialise à trois niveaux.

En premier lieu, le nouveau Code tenta de consolider la nature et le régime juridique de la fiducie[157]. En second lieu, le Code civil du Québec accorda une nouvelle place aux actes philanthropiques avec l'introduction d'un titre dédié aux œuvres philanthropiques. Tel est l'objet du sixième titre du Quatrième Livre, « De certains patrimoines d'affectation ». Celui-ci traite conjointement de la fondation-personne morale à but non lucratif, et de la fondation-fiducie d'utilité sociale[158]. Celles-ci sont définies à l'article 1256 au regard de leur objet : la constitution d'une affectation irrévocable par une personne de tout ou partie de ses biens au profit d'une œuvre d'utilité sociale, et ne pouvant avoir pour fin la réalisation de bénéfice[159]. Aussi, le Code civil du Québec

---

et s'interrogeait sur la portée de l'emprunt du *trust* en droit civil québécois. Le second courant, dit des protectionnistes, combattit la thèse véhiculée par les pragmatiques en vue de « veiller au rôle prépondérant de la tradition civiliste en droit civil québécois » (*Ibid* à la p. 705). Ces derniers souhaitaient ainsi éviter que des solutions issues de la *common law* ne soit substituée à celles du droit civil. Enfin, le troisième courant, dit des novateurs, fut la voie du consensus. Tout comme les protectionnistes, ce courant critiqua les solutions retenues par les pragmatiques tout en considérant que le droit civil ne disposait pas des outils conceptuels pour définir convenablement la fiducie. Pour ces derniers, seule l'introduction de nouveaux concepts comme celui du patrimoine d'affectation permettrait l'achèvement d'un tel dessein.

156 Jean-Guy Cardinal, « Les hommes meurent, les fondations demeurent » (1960) 63 R de N 431 à la p 443.

157 *Supra* au para 50.

158 On parle de fondation statutaire ou corporative.

159 Le professeur Brierley souligne la polysémie du terme fondation désignant aussi bien la personne morale que la fiducie (« De certains patrimoines d'affectation : les articles 1256-1298 » dans Barreau du Québec et Chambre des notaires, *La réforme du Code civil*, t 1: Personnes, successions, biens, Sainte-Foy (Qc), Presses de l'Université de Laval, 1993, 735). De plus, le terme de fondation n'est pas un terme juridiquement protégé en droit comme en France. Aussi, l'auteur met en garde à ne pas confondre la fondation de l'article 1260 avec l'association des

définit deux modes d'affectation irrévocable à des fins d'intérêt général. Enfin, le Code instaure un changement sémantique important dans la qualification de l'acte philanthropique. La formule de l'article 869 du C.c.B-C. « œuvres de bienfaisance et autres fins permises par la loi » est abandonnée pour y substituer la notion d'utilité sociale, dont le contenu matériel se trouve expressément défini à l'article 1270 du Code[160].

En somme, la fiducie telle que présentée dans le Code civil du Québec s'affranchit de nombreux doutes qui pesaient jusque-là sur elle. En effet, elle devient une institution définie dans sa nature et son régime juridique dont la souplesse lui permet de répondre aux diverses ambitions philanthropiques, que celles-ci soient entre vifs ou à cause de mort[161]. Sa création ne repose que sur la volonté privée de son constituant[162]. Surtout, elle permet aussi bien d'opérer des dons que d'accueillir la mise œuvre d'une activité philanthropique. D'ailleurs, il fut noté que la fiducie faisait perdre tout intérêt à la technique de la libéralité avec charge[163]. Quand bien même la charge grevant la libéralité permet d'affecter des biens à une fin précise, la fiducie constitue un procédé d'affectation des biens bien plus élaborée. Ceci tient en partie à l'existence du régime juridique de l'administration du bien d'autrui auquel est soumis le fiduciaire. De même, la fiducie permet de structurer les actes philanthropiques dans une démarche de gestion de patrimoine et de planification successorale. Par exemple, la fiducie résiduaire de bienfaisance permet au disposant de donner des actifs (argent comptant, titres ou biens immobiliers) à un organisme œuvrant dans les domaines reconnus de l'utilité sociale, tout en conservant les revenus générés par ces actifs pour la période établie dans l'acte constituant de la fiducie. À l'issue de cette période, ou au décès du disposant, le résidu de cette fiducie est transféré au bénéficiaire de la fiducie, soit l'organisme. Ce type de montage présente des avantages financiers tant pour le disposant[164] que pour l'organisme

---

articles 2186 al.2, et 2267 à 2279 ou même certaines corporations qui prennent l'appellation de fondation.

160 Selon l'article 1270 du C.c.Q., « la fiducie d'utilité sociale est celle qui est constituée dans un but d'intérêt général, notamment à caractère culturel, éducatif, philanthropique, religieux et scientifique ».

161 C.c.Q., art 1258.

162 Notamment, il convient de souligner qu'avec la fiducie, l'affectation d'intérêt général demeure exclusivement le fait de l'initiative privée sans que celle-ci ait besoin d'être validée par l'administration pour exister. La fiducie québécoise consacre l'affectation d'intérêt général des biens dans le spectre exclusif du droit privé contrairement au droit français.

163 V. John EC Brierley, « The Gratuitous Trust: A New Liberality in Quebec Law » dans *Mélanges offerts par ses collègues de McGill à Paul-André Crépeau*, Cowansville (Qc), Éditions Yvon Blais, 1997, 119.

164 Cette modalité de fiducie offre les avantages suivants : continuer à jouir des biens durant son vivant, obtenir immédiatement un reçu pour don correspondant à la valeur escomptée des actifs mis en fiducie, confier la gestion des actifs à un fiduciaire.

bénéficiaire du don. Ce dernier gagne notamment une visibilité à long terme sur ses ressources financières.

55. Un bilan contrasté. Sous l'effet d'une fiscalité incitative[165], le Québec bénéficie de dons majeurs. Notamment, l'histoire du Musée des Beaux-Arts de Montréal est marquée par le rôle de la philanthropie. Celui-ci a d'ailleurs reçu plusieurs dons exceptionnels d'une valeur de plusieurs millions lui permettant progressivement de renouveler son offre muséale au point de devoir élargir son espace[166]. Il en va de même pour l'Université McGill qui, bénéficiant d'un fort soutien privé, a également tout récemment bénéficié d'un don exceptionnel de 200 millions de dollars faisant « franchir un palier à l'histoire de la philanthropie au Québec »[167] .

Toutefois, la philanthropie québécoise demeure dans des proportions nettement inférieures à celle de son voisin américain et des autres provinces canadiennes relevant de la tradition de *common law*. Si certains

---

[165] Le crédit d'impôt pour dons de bienfaisance sont prévus au niveau fédéral par la Loi de l'impôt sur le revenu (LRC [1985], ch.1 [5e suppl.], art. 118.1 et para 248[30] à [41]) et au niveau provincial par la loi sur les impôts (RLRQ, c. I-3, art. 752.0.10.1 à 752.0.10.18). En effet, un bien culturel est un bien qui présente un intérêt exceptionnel en raison soit de son rapport étroit avec l'histoire du Canada ou la société canadienne, soit de son esthétique, soit de son utilité pour l'étude des arts ou des sciences et qui revêt une importance nationale et bénéficie d'un traitement fiscal différencié. Contrairement aux dons de bienfaisance, la loi fiscale fédérale n'impose pas à ce type de don un plafond. La loi fiscale accorde également des avantages particuliers pour les dons à vocation culturelle. D'une part, un particulier résidant du Québec peut bénéficier pour un don important en culture d'un crédit d'impôt additionnel et unique de 25 %. Ce crédit est applicable à un seul don. Un don important en culture est un don monétaire d'au moins 5 000 CAD. Le don maximal admissible au crédit est de 25 000 $ (Revenu Québec, 395- Crédits d'impôt pour don). Un particulier résidant du Québec peut également bénéficier d'un crédit d'impôt de 30 % sur un don en argent d'au moins 250 000 $ à un organisme de bienfaisance œuvrant au Québec dans le domaine des arts ou de la culture, à un organisme culturel ou une institution muséale. Une promesse de don d'au moins 25 000 CAD sur 10 ans est admissible. Toutefois, ce crédit n'est pas cumulable avec le crédit pour don de bienfaisance ou du crédit d'impôt additionnel pour don important en culture (*ibid.*). Sur la fiscalité des dons de bienfaisance au Canada, Kathryn Chan, « Taxing Charities: Harmonization and Dissonance in Canadian Charity Law » (2007) 55:3 Rev Fisc Can 481.

[166] Par exemple, le don de Michal et Renata Hornstein composé de 750 œuvres de maitres anciens comme d'art contemporain en 2012 qui initia la création du Pavillon pour la Paix (Isabelle Paré, « La collection Hornstein : un don unique pour le Musée des beaux-arts de Montréal », en ligne : Le Devoir <https://www.ledevoir.com/culture/350965/la-collection-hornstein-un-don-unique-pour-le-musee-des-beaux-arts-de-montreal> (consulté le 31 octobre 2021). Ou plus récemment, le dons de plusieurs millions de dollars du couple de mécènes Stéphan Crétier et Stéphany Maillery (Éric Clément, « MBAM: une nouvelle aile grâce à un don de plusieurs millions », *La Presse* (11 mai 2018), en ligne : La Presse <https://www.lapresse.ca/arts/arts-visuels/201805/11/01-5181447-mbam-une-nouvelle-aile-grace-a-un-don-de-plusieurs-millions.php> (consulté le 31 octobre 2021).

[167] « Le don de 200 millions à McGill fait franchir un palier à l'histoire de la philanthropie au Québec », *Le Devoir*, en ligne : Le Devoir <https://www.ledevoir.com/societe/548000/le-don-de-200-millions-a-mcgill-fait-franchir-un-palier-a-l-histoire-de-la-philanthropie-au-quebec> (c consulté le 31 octobre 2021).

ont pu dénoncer les faiblesses de la culture philanthropique, ou encore la forte présence de l'État dans les activités d'intérêt général[168], la méconnaissance des règles relatives aux fondations (personnes morales ou fiducies d'utilité sociale) freinent pour beaucoup les initiatives[169]. Il fut notamment affirmé que la fiducie d'utilité sociale constituait « un thème méconnu »[170], malgré les avantages que l'institution offre en matière de gestion patrimoniale.

***

CONCLUSION DE LA SECTION

56. En somme, la philanthropie au Québec s'est constituée sur la base d'un contexte social, politique et juridique qui lui a été favorable. Si la culture du don ne saurait jouir de la même vigueur qu'aux États-Unis, la philanthropie québécoise draine d'importants montants et a permis le développement d'institutions culturelles et éducatives de renom. Toutefois, du point de vue strictement juridique, force est de reconnaître que la *common law* anglaise a eu une influence cruciale tant d'un point de vue substantiel que technique. En effet, que ce soit par la consécration de la liberté de tester ou de la fiducie dans le Code civil du Bas-Canada, le Québec a intégré les dons de bienfaisance en droit privé, mais au prix de la mixité juridique. Si le Québec est sans conteste un pays de droit civil, celui-ci consacre un modèle civiliste alternatif[171] à celui du droit

---

[168] La philanthropie culturelle fait l'objet de réflexions gouvernementales au Québec. Au cours de l'année 2013, le gouvernement québécois a mandaté un groupe de travail en vue d'apporter des solutions quant au retard québécois en matière de philanthropie culturelle. Il en résulte le rapport Bourgie. Le rapport cite notamment que le montant moyen accordé à la philanthropie culturelle par les individus est de l'ordre de 208 dollars au Québec contre 446 dollars dans les autres provinces. Outre les mesures fiscales repensées pour encourager la philanthropie, le rapport interroge les causes du retard québécois, et s'interroge sur les modalités pour susciter davantage une culture du don. Aussi, au gré d'une analyse des traits socioculturels de la philanthropie culturelle, les auteurs relèvent que les Québécois entretiennent un rapport ambigu en ce point avec la puissance publique. Si les citoyens s'attendent à un certain degré d'interventionnisme dans le domaine de la culture, ces derniers conservent une certaine méfiance à son égard. Le rapport met également en exergue que même si les causes sociales ont tendance à être favorisées au détriment de la culture, l'existence du fort sentiment identitaire peut constituer un levier important pour la philanthropie culturelle. Pierre Bourgie, *Rapport du groupe de travail sur la philanthropie culturelle : vivement, pour une culture philanthropique au Québec !* Québec, juin 2013, en ligne : https://www.mcc.gouv.qc.ca/fileadmin/documents/publications/rapport-philantrophie-culturelle-06-2013.pdf (consulté le 31 octobre 2021).

[169] V. en ce sens, Cardinal, *supra* note 153.

[170] André J. Barette, « La fiducie d'utilité sociale : réflexions sur un thème méconnu » dans Service de la formation permanente du Barreau du Québec, *Fiducies personnelles et successions*, 269, Cowansville (Qc), Éditions Yvon Blais, 2007, 81.

[171] Baudouin écrivait alors en 1953 « [...] le droit civil de la Province du Québec est le modèle vivant et unique au monde du droit comparé », in Baudouin, *supra* note 142 à la p 15.

français[172]. Cette rupture avec le droit français sera d'autant plus forte avec l'introduction du Code civil du Québec[173]. Cependant, le droit civil québécois nous révèle que si la philanthropie n'est pas exclusive à la *common law*, il n'en demeure pas moins que les techniques fiduciaires jouent un rôle clé dans son développement.

[172] Sur l'émergence de la doctrine civiliste véritablement québécoise notamment comment celle-ci passe d'un stade d'adaptation (1895-1945) à celle d'affirmation (1945 à nos jours), v. Arbour, *supra* note 123 aux pp 189 et s.

[173] Paul-André Crépeau, « Une certaine conception de la recodification » dans Centre de recherche en droit privé et comparé du Québec, dir, *Du Code civil du Québec : contribution à l'histoire immédiate d'une recodification réussie*, Montréal, Éditions Thémis, 2005, 23 aux pp 24-29.

CONCLUSION DU CHAPITRE

57. Synthèse comparative. D'une part, les développements relatifs aux fondements et évolutions des actes philanthropiques dans les pays étudiés nous invitent à formuler deux séries de remarques quant aux *formants* de la philanthropie et, d'autre part, à l'importance de mécanismes juridiques appropriés pour garantir le développement de la philanthropie.

58. Les formants de la philanthropie. Le professeur R. Sacco affirme que la méthodologie comparée requiert en bien des cas d'élargir la seule analyse juridique des notions à des considérations extra juridiques[174]. Aussi établit-il la distinction entre les *formants formulés* du droit (loi, jurisprudence, doctrine) et les *formants non formulés* qui conditionnent, de manière tout aussi fondamentale, la compréhension et l'application des règles de droit. Sont ainsi visés les usages, les coutumes, les idéologies qui influencent l'exercice du droit, ainsi que l'environnement institutionnel, historique et culturel.

Or, les *formants non formulés* jouent en l'espèce un rôle décisif dans la compréhension de l'acte philanthropique. Le modèle de l'État-nation, la religion et l'Histoire sont autant de facteurs explicatifs et déterminants des divergences entre la France, les États-Unis et le Québec. En effet, la France a hérité d'une « tradition » de suspicion envers les libéralités justifiant alors le retard et les difficultés dans la constitution d'un cadre juridique propre à la philanthropie. L'étude du droit américain comme celle du droit québécois révèlent, au contraire, un rapport plus apaisé quant aux libéralités en ce que ces dernières ont permis de répondre aux besoins les plus pressants de ces sociétés nouvelles. L'influence des *formants non formulés* est particulièrement vive si l'on s'en tient à la seule comparaison entre la France et le Québec. Alors que ces pays partagent une tradition juridique commune, leur réponse à la philanthropie a pris des directions drastiquement opposées; notamment à cause de leur contexte social et de leur histoire. De ces éléments, il apparaît alors que la France dispose d'une culture du don beaucoup moins forte que ses homologues nord-américains.

S'agissant des *formants formulés*, force est de reconnaître le rôle joué par la législation fiscale. Celle-ci a sans conteste permis l'augmentation du volume des dons. Pour la France, l'accent qui est mis par le législateur

---

[174] Rodolfo Sacco, *La comparaison juridique au service de la connaissance du droit*, coll Études juridiques comparatives, Paris, Économica, 1991.

sur le pouvoir d'incitation de la fiscalité aux dons a eu pour conséquence d'éclipser la nécessité d'un cadre juridique aussi favorable à la philanthropie. Contrairement aux États-Unis et au Québec, la France ne bénéficie pas d'une technique juridique répondant particulièrement aux enjeux de la philanthropie.

59. L'importance de mécanismes juridiques appropriés à la philanthropie. En effet, l'étude de la philanthropie aux États-Unis et au Québec a permis de souligner, qu'avant de bénéficier d'une fiscalité incitative, celle-ci a pu se développer grâce à l'existence des mécanismes fiduciaires propres aux dons de bienfaisance. À titre de rappel, le *charitable trust* permet de disposer des biens à des fins d'intérêt général tout en garantissant que ceux-ci demeurent au bénéfice exclusif de ce même but. La flexibilité du procédé permet de réaliser une multitude de montages philanthropiques allant de la réalisation d'un simple don, à la création d'un organisme œuvrant dans le domaine de l'intérêt général (*charitable purpose*), en passant par des montages financiers (*charitable reminder trust*).

Au regard de ces éléments, il convient de se demander si le retard français en matière de philanthropie ne s'explique pas par défaut d'un mécanisme juridique approprié. L'étude du droit québécois confirme l'existence d'un lien étroit entre la philanthropie et des mécanismes similaires au *charitable trust* qui permettent et protègent l'attribution d'une finalité aux biens. Elle met également en lumière que c'est par son héritage de la *common law* que le Québec jouit aujourd'hui d'un droit civil favorable aux actes philanthropiques : d'une part, en bénéficiant de la liberté de tester, et d'autre part, en ayant introduit une fiducie aux racines anglaises[175].

S'il est possible de voir entre « le *charitable trust* et la fondation des moyens analogues de protection du patrimoine culturel[176]», cette dernière n'a pas la polyvalence du premier. La fondation est une personne morale à but non lucratif permettant soit d'affecter des biens à une œuvre d'intérêt général particulière. Celle-ci n'a pas la vocation à être le support de l'ensemble des aspirations philanthropiques comme le fait de réaliser

---

[175] Alexandra Popovici, « La fiducie québécoise, re-belle infidèle » dans Alexandra Popovici, Lionel D Smith et Régine Tremblay, dir, *Les intraduisibles en droit civil, Alexandra Popovici*, Éditions Thémis, Montréal, 2014, 129.

[176] François Barrière, « Charitable Trusts anglo-américains et fondations françaises : des moyens analogues de protection du patrimoine naturel et culturel » dans *Fondation et trust dans la protection du patrimoine en droit français et droit comparé*, coll Droit du patrimoine culturel et naturel, Paris, France, 1999.

un simple don. Dès lors, les actes philanthropiques reposent sur une diversité de techniques juridiques en France.

L'étude comparée confirme la nécessité d'un cadre juridique adapté aux enjeux de la philanthropie afin de garantir son développement en France. Avant de procéder à une telle étude, il nous faut souligner les particularités de l'acte philanthropique dans le domaine des musées d'art.

CHAPITRE II. L'ACTE PHILANTHROPIQUE DANS LE CONTEXTE DES MUSÉES D'ART

58. Présentation du chapitre. Si le premier chapitre du présent titre se donnait comme objectif de préciser le contexte juridique relatif aux actes philanthropiques, ce second chapitre a pour finalité de souligner les particularités de ces actes dans le contexte précis des musées d'art.
En effet, les musées d'art entretiennent des liens étroits avec la philanthropie. En participant à l'édification des musées d'art, celle-ci constitue un des éléments explicatifs de choix de la structure juridique des musées de même qu'elle apporte des éclairages sur la nature des modèles muséaux propres à chaque État. La philanthropie est également un levier primordial pour leur développement et leur pérennité. Les collections muséales se renouvellent grâce aux actes philanthropiques, les musées n'ayant que rarement les fonds nécessaires pour se porter directement acquéreurs sur le marché de l'art. Aussi, ces derniers sont bien souvent tributaires des dons d'œuvres d'art ou des dons monétaires pour financer l'achat d'une œuvre. En dehors du renouvellement des collections, les actes philanthropiques permettent de subvenir aux divers besoins de l'institution muséale, en sus de soutenir la réalisation de ses missions culturelles (exposition, conservation, éducation du public). Par conséquent, la philanthropie est inhérente à la création et au fonctionnement des institutions muséales.

Toutefois, si la philanthropie donne aux musées les moyens de réaliser leurs activités, il n'est pas toujours garanti que l'ambition philanthropique s'aligne sur les intérêts du musée. L'appui qu'elle apporte se fait parfois au prix d'une certaine immixtion du disposant dans la conduite des missions muséales. Naturellement, des divergences surviennent entre cette volonté et les intérêts de l'institution. Or, l'enjeu s'avère délicat compte tenu de la dépendance des musées d'art aux actes philanthropiques. Brider la volonté du disposant aurait certainement pour effet de décourager la réalisation de ce type d'actes. Ceci explique l'émergence et le développement des normes éthiques veillant notamment à anticiper et désamorcer la survenance de tels conflits. Ainsi, bien que la philanthropie constitue une alternative au financement public, voire même une nécessité pour le maintien et/ou le renouvellement de l'offre muséale, on ne saurait négliger le risque qu'elle présente d'altérer la conduite des missions muséales. Véritable aubaine pour les musées d'art, les actes philanthropiques ont des conséquences qui ne se limitent pas aux enjeux patrimoniaux de l'opération.

60. Annonce de plan. Ce chapitre a pour objet d'identifier les différents liens existants entre la philanthropie et les musées d'art et les rapports juridiques qui en découlent. Une telle démarche requiert préalablement de définir les modèles muséaux nationaux afin de souligner la place qu'y occupe la philanthropie (section I). Ensuite, nous nous concentrerons sur le rôle tenu par la philanthropie dans l'administration des musées d'art afin de mettre en lumière les conséquences attachées à la sollicitation de la philanthropie par les musées d'art (section II).

Section I. L'ACTE PHILANTHROPIQUE ET LES MODÈLES MUSÉAUX

61. Annonce de plan. Pour apprécier en quoi la philanthropie revêt des particularités dans le contexte des musées d'art, encore faut-il définir avec précisions ce contexte. Or, la France, les États-Unis et le Québec présentent des modèles muséaux très différents que ce soit par la nature privée ou publique de l'initiative muséale, par les formes juridiques (institutions de droit privé ou de droit public) que peuvent revêtir les musées ou encore le type de réglementation auxquelles ces derniers sont assujettis. Or, nous verrons que la place tenue par la philanthropie dans le contexte muséal est directement liée au modèle muséal. Plus l'interventionnisme public est affirmé, plus la place tenue par la philanthropie dans le contexte muséal s'en trouve réduite, et inversement. Or, le principal témoin d'un fort interventionnisme public réside dans la forte présence de musées publics. Tel est notamment le cas en France par comparaison aux États-Unis et au Québec.

Ainsi, afin d'établir les contours de ces modèles et ainsi mettre en exergue les spécificités du contexte muséal français, les développements suivants se diviseront en deux temps. Tout d'abord, nous nous interrogerons sur la définition juridique du musée d'art. Ensuite, nous verrons en quoi la nature institutionnelle du musée d'art définit le rôle tenu par la philanthropie dans l'élaboration de l'offre muséale. En d'autres termes, nous étudierons, dans chacun des États, le musée d'art comme objet du droit (I), puis comme sujet de droit (II). Au plan de la méthodologie comparée, et à l'instar du précédent chapitre, chacun des États seront présentés successivement dans le but de mettre en exergue les particularités du contexte muséal français et commenter la place concédée à la philanthropie.

I. LE MUSÉE D'ART, OBJET DU DROIT

62. Définir la notion de musée. Le musée se définit couramment comme un « lieu, édifice où sont réunies, en vue de leur conservation et de leur présentation au public, des collections d'œuvres d'art, de biens culturels, scientifiques ou techniques[1] ». Le langage courant voit dans le musée un lieu de conservation et d'exposition d'objets auxquels est attribuée une valeur historique, culturelle ou scientifique. Si la représentation du musée dans l'imaginaire commun ne crée pas de difficultés, nous constaterons au cours des développements qui vont suivre que la définition matérielle du musée appelle quelques précisions. Avant de préciser ces différences, il convient de souligner que la définition matérielle du musée s'inscrit dans un cadre commun constitué par la définition produite par le Conseil International des musées (ICOM)[2]. La première définition de l'ICOM date de 1946 (année de sa création) et fut depuis actualisée afin de répondre aux nouvelles formes et fonctions muséales qui se sont développées depuis. Selon l'article 2§1 des statuts de l'ICOM, « un musée est une institution permanente sans but lucratif au service de la société et de son développement ouvert au public, qui acquiert, conserve, étudie, expose et transmet le patrimoine matériel et immatériel de l'humanité et de son environnement à des *fins* d'étude, d'éducation et de délectation »[3]. Force est de souligner le

---

[1] *Larousse*, *sub verbo* « musée », en ligne : Larousse <http://www.larousse.fr/dictionnaires/francais/mus%c3%a9e/53378?q=mus%c3%a9e#53028> (c onsulté le 31 octobre 2021): « Établissement ouvert au public où sont conservés, répertoriés, classés des objets, des documents, des collections d'intérêt artistique, scientifique ou technique, dans un but socioculturel, scientifique et pédagogique »; *Oxford Dictionary*, *sub verbo* « museum », en ligne :<https://en.oxforddictionaries.com/definition/museum> : "A building in which objects of historical, scientific, artistic, or cultural interest are stored and exhibited"

[2] Créé en 1946 aux fins de produire, notamment, un cadre de référence et de coopération au sein du monde muséal, l'ICOM initia, par la réunion de comités d'experts, les réflexions autour de la définition du musée et de ses missions sociales et scientifiques. Ainsi, l'ICOM produit des règles déontologiques relatives au domaine muséal, participe à la lutte contre le trafic illicite et collabore notamment avec des partenaires tels que l'Organisation Mondiale de la Propriété Intellectuelle, INTERPOL et l'Organisation Mondiale des Douanes. Il conduit également un programme pour la préservation des musées (programme d'urgence dans les musées) en vue de protéger les institutions en cas de survenance de conflits ou de catastrophes naturelles. Enfin, l'ICOM anime un réseau muséal autour de programmes de recherches et de rencontres réunissant des institutions muséales du monde entier.

[3] En ligne : <https://icom.museum/fr/activites/normes-et-lignes-directrices/definition-du-musee/>. Cette définition date de 2007 et fut adopté à l'occasion de la 21e conférence internationale de Vienne. Celle-ci sera prochainement amendée, faisant l'objet d'un actuel projet de révision depuis 2017 dirigé par le Comité pour la définition du musée, perspectives et potentiels dans la perspective. C'est ainsi qu'il fut proposé la définition suivante : « les musées sont des lieux de démocratisation inclusifs et polyphoniques, dédiés au dialogue critique sur les passés et les futurs. Reconnaissant et abordant les conflits et les défis du présent, ils sont les dépositaires d'artefacts et de spécimens pour la société. Ils sauvegardent des mémoires diverses pour les générations futures et garantissent l'égalité des droits et l'égalité d'accès au patrimoine pour tous les peuples. Les musées n'ont pas de but lucratif. Ils sont participatifs et transparents, et travaillent

caractère universel de cette définition laquelle ne prête aucune considération au contenu des collections muséales. Le musée est défini par ses missions fondamentales, qui sont d'effectuer des recherches, d'acquérir, de conserver, de communiquer et d'exposer les éléments témoins du passé de l'Homme et de son environnement. En se concentrant sur les fonctions muséales à défaut du contenu muséal, la notion de musée s'émancipe du type de collections comme élément de définition et s'ouvre ainsi à des institutions autres que celles vouées aux Beaux-Arts comme celles consacrées au domaine des sciences, de l'histoire, de l'ethnologie, de l'anthropologie, etc. Surtout, la définition souligne que le but ultime des missions muséales est l'accomplissement de la fonction sociale du musée. En d'autres termes, l'ICOM retient une définition qui revêt trois dimensions (fonctionnelle, généraliste et sociale) ce qui lui octroie une portée universelle. Cependant, la définition de l'ICOM, aussi importante soit-elle dans l'univers muséal, est dépourvue de toute portée juridique. En effet, en dépit de la référence internationale qu'elle constitue pour l'ensemble des institutions muséales, la définition donnée par l'ICOM n'a pas induit une uniformisation de la notion de musée entre les États laquelle reste très marquée par le contexte culturel, social, politique et juridique dans laquelle elle s'inscrit.

63. Annonce de plan. C'est ainsi qu'il demeure des disparités fondamentales entre la France (A), les États-Unis (B) et le Québec (C) que l'étude suivante permet de mettre en exergue.

---

en collaboration active avec et pour diverses communautés afin de collecter, préserver, étudier, interpréter, exposer, et améliorer les compréhensions du monde, dans le but de contribuer à la dignité humaine et à la justice sociale, à l'égalité mondiale et au bien-être planétaire ». Très critiquée pour son orientation politique (notamment par le comité français) au détriment du contenu des missions muséales, l'adoption de cette nouvelle version devait être votée lors de la 25e conférence internationale de Kyoto en septembre 2019 mais a été reportée. Sur les enjeux relatifs à une nouvelle définition, v. par exemple Karen Brown et François Mairesse, « The definition of the museum through its social role » (2018) 61:4 Curator Mus J 525.

A. FRANCE

64. Le paysage muséal en France avant la loi de 2002. Paradoxalement, alors que la France est certainement l'un des pays les plus réputés pour ses institutions muséales, le monde muséal fut longtemps caractérisé par un important « désordre juridique »[4].

Le premier texte relatif aux musées d'art est l'ordonnance du 13 juillet 1945 portant sur l'organisation provisoire des musées des Beaux-Arts[5]. Ce texte, qui ne visait que les musées des Beaux-Arts, affirmait dans son article 2 qu'« est considérée comme musée, au sens de la présente ordonnance toute collection permanente et ouverte au public d'œuvres présentant un intérêt artistique, historique ou archéologique ». Outre la restriction de la notion de musée à un lieu de conservation et d'exposition, la loi restreignait également la notion de musée par le type de biens formant sa collection[6]. Très vite, ce texte fut en décalage avec la réalité muséale[7] dont la diversité des objets collectionnés ne cessait de s'élargir.

65. Une redéfinition nécessaire du musée. La compréhension du secteur muséal était aussi ternie par les différents types d'institutions. Le Ministère de la Culture encadrait trois types d'institutions[8]. En effet, une trentaine de musées nationaux[9] - dont certains des plus

---

[4] V. Eric Mirieu de Labarre, « Naissance d'un statut général des musées : l'apport du livre IV du Code du patrimoine » [2004] AJDA 1344 à la p 1346. V. aussi Pierre Galan, « Les musées de France » (2003) 55 Droit Ville 251.

[5] Ordonnance n°45-1546 du 13 juillet 1945 portant organisation provisoire des musées des beaux-arts, JO, 14 juillet 1945, 4342.

[6] « Si elle avait le mérite de la simplicité, cette acception étroite du musée ne rendait plus compte d'une réalité muséale de plus en plus complexe en raison de la diversité des objets collectionnés, des modes de gestion, des ministères et des personnes de rattachement, de l'intérêt scientifique et des animations des musées (le rapport Richert recense 72 musées des beaux-arts seulement pour 1078 musées) », Mirieu de Labarre, *supra* note 4 à la p 1345.

[7] *Ibid* à la p 1346.

[8] « Jusqu'en 1945, les 30 musées appartenant à l'État étaient gérés par le ministère de l'Éducation nationale, dans une direction générale des Beaux-Arts. Les musées en région étaient, eux, placés sous le contrôle mal défini d'une Inspection des musées de province. À la Libération, l'ordonnance du 13 juillet du gouvernement provisoire de la République française « portant organisation provisoire des musées des Beaux-Arts », rapidement complétée par un décret du 31 août 1945, classifia les musées en trois types d'institutions : les musées nationaux (au nombre de 24), les musées classés (10) et les musées contrôlés (environ un millier). La création de la Direction des musées de France permit de réunir la tutelle de ces trois types d'établissements, avec pour mission d'assurer « l'administration des musées nationaux, la gestion scientifique des musées classés, le contrôle et l'inspection des musées de province classés et contrôlés, ainsi que la tutelle de la Réunion des musées nationaux » (Marie-Christine Labourdette, « Les principes fondamentaux d'organisation des musées de France » dans *Les musées de France,* coll Que sais-je?, 2015, 40 aux paras 4-5).

[9] La liste des musées nationaux étaient établis dans le décret n°45-2075 du 31 août 1945 portant application de l'ordonnance relative à l'organisation provisoire des musées des beaux-arts. Les

prestigieux[10] - côtoyaient quelques dizaines de musées classés[11] ainsi qu'un millier de musées contrôlés[12]. Ces derniers formaient une catégorie résiduelle et hétéroclite, dont les seuls dénominateurs n'étaient ni d'être un musée classé ni d'être soumis à une tutelle de la direction des musées de France. Par ailleurs, certains musées rattachés au ministère de la Culture ne relevaient pas de la direction des Musées de France comme le Centre Georges Pompidou. Ce dernier était directement rattaché au ministre de la Culture. Enfin, certains musées échappaient au contrôle du Ministère de la Culture. Ils étaient alors soit rattachés au Ministère de l'Éducation[13], soit n'étaient soumis à aucun contrôle ministériel comme les musées de la Ville de Paris. À cela, s'ajoutait une diversité des modes de gestion[14].

Dès lors, « cette diversité des musées français antérieure à 2002 n'était satisfaisante ni pour les pouvoirs publics, dont les moyens à l'égard des musées étaient insuffisants pour mettre en œuvre une vraie politique muséale, ni pour les usagers qui, à défaut d'un minimum d'unité du 'marché muséal', ne pouvaient jouir d'une garantie de qualité »[15] . Par exemple, les collectionneurs pouvaient ouvrir leur collection au public sous le nom de « musée » sans que l'État n'exerce le moindre contrôle sur leur qualité scientifique. Par conséquent, une refondation du paysage muséal s'imposait, avec en premier lieu une redéfinition du musée pour mettre un terme à une réglementation devenue obsolète[16]. Tels furent les

---

musées nationaux correspondent ainsi à une liste établie d'institutions ayant notamment pour particularités que leurs collections appartiennent à l'État.

[10] V. Ministère de la Culture, Liste des musées nationaux, en ligne : < http://www.culture.gouv.fr/Thematiques/Musees/Composants/Liste-des-musees-nationaux>(consulté le 31 octobre 2021). Font notamment partie de cette liste le Musée du Louvre, le Musée d'Orsay, le Musée Picasso, le Musée Chagall, le Musée du Quai Branly, le Musée Gustave Moreau, le Musée Fernand Léger ou encore le Musée du Château de Compiègne.

[11] « La catégorie des musées classés comprenait en 2002 les 35 musées les plus importants en région. Ils étaient obligatoirement dirigés par un conservateur du patrimoine du corps d'État rémunéré par le ministère » (Labourdette, *supra* note 8 au para 20).

[12] Les musées classés constituaient une sorte de catégorie résiduelle et pour le moins hétéroclite de plus d'un millier d'institutions (*Ibid* au para 4).

[13] Telle est l'hypothèse des musées d'histoire naturelle. V. en ce sens, *Ibid* au para 6.

[14] Si initialement les musées de l'État et des collectivités locales étaient gérés en régie, la forme de l'établissement public s'est répandue en vue d'octroyer une plus grande autonomie et flexibilité dans la gestion des institutions au début des années 1990. Les musées pouvaient également être gérés par une personne de droit privé, comme une association ou une fondation à laquelle la puissance publique consentait une délégation de service public (v. Laurent Richer, « L'intervention des personnes privées dans la gestion du service public des musées » dans Édouard Bonnefous, Laurent Richer et Éric Peuchot, dir, *Droit au musée, droit des musées*, Paris, Dalloz : Fondation Singer-Polignac, 1994, 125). Enfin, à titre exceptionnel, les pouvoirs publics recouraient à la société d'économie mixte. Les musées pouvaient également être gérés par une personne de droit privé, comme une association ou une fondation, à laquelle la puissance publique consentait une délégation de service public. Sur les formes muséales,v. *infra* aux paras 73 et s.

[15] Mirieu de Labarre, *supra* note 4 à la p 1346.

[16] Labourdette, *supra* note 8.

enjeux de la loi n°2002-5 du 4 janvier 2002[17], codifiée, par la suite, dans le Code du patrimoine de 2004[18].

66. La définition du musée dans la loi. Selon l'article L410-1 du Code du patrimoine, « est considérée comme musée, au sens du présent livre, toute collection permanente composée de biens dont la conservation et la présentation revêtent un intérêt public et organisée en vue de la connaissance, de l'éducation et du plaisir du public ». Si cette nouvelle définition du musée conserve certains points de l'ordonnance de 1945 comme la permanence de la collection, l'ouverture au public et la mission de conservation, elle élargit considérablement la notion de musée, et ce, à deux égards.

D'une part, alors que l'ordonnance réservait l'objet des collections aux seules « œuvres », il est désormais étendu aux biens : « mobiliers ou immobiliers, sans qu'ils présentent nécessairement le caractère d'une œuvre originale »[19]. Ce renouvellement sémantique s'inscrit, selon E. Mirieu de Labarre, « dans une perspective de démocratisation de la culture qui affecte aussi l'offre culturelle »[20]. Soulignons également que l'extension de la notion de musée porte aussi sur l'intérêt que doit revêtir la collection muséale. « L'intérêt public » prévu par l'ordonnance de 1945 cède ici au profit d'un « intérêt artistique, historique ou archéologique » selon l'article 1er de la loi du 4 janvier 2002. Par ce biais est intégrée la diversité des musées[21] — le champ disciplinaire des collections n'étant plus réduit au domaine des Beaux-Arts —permettant ainsi de réconcilier la réalité de l'offre muséale avec son encadrement juridique.

---

[17] Loi n°2002-5 du 4 janvier 2002, JO, 5 janvier 2002, 305 texte n°1, codifiée dans le Titre IV du Code du patrimoine de 2004. Avant la loi de 2002, plusieurs tentatives échouèrent pour clarifier la notion de musée et définir un cadre juridique commun à l'ensemble des diverses hypothèses que le concept recouvre. E. Mirieu de Labarre précise qu'un détour par l'histoire française des musées permet d'expliquer cette réforme tardive du cadre juridique au-delà de la seule difficulté à adapter le droit à une réalité complexe. En effet, les musées connurent une grande période de désamour, si bien que leur image ne cessa de se dégrader au cours du XXe siècle. Institution archaïque pour Bourdieu, voire vouée à disparaître pour l'artiste Dubuffet, le musée ne représentait plus alors la modernité mais l'institution du passé (Mirieu de Labarre, *supra* note 4 à la p 1345).

[18] Jean-Marie Pontier, « Le code du patrimoine » [2004] AJDA 1330.

[19] Jean-Marie Pontier, « La notion d'oeuvre d'art » [1990] RDP 1403.

[20] Mirieu de Labarre, *supra* note 4 à la p 1346.

[21] Toutefois, il fut noté que « [...] si l'article L. 410-1 se réfère, conformément à la loi de 2002, à la seule notion d'intérêt public, il n'en demeure pas moins que l'article L. 1, premier article du nouveau code [du patrimoine], retient une approche plus restrictive des biens patrimoniaux qui doivent présenter "un intérêt historique, artistique, archéologique, esthétique, scientifique ou technique". Les collections d'intérêt ethnographique peuvent-elles être rattachées à l'un de ces qualificatifs ? La codification est, en l'état, source d'incertitude plus que de sécurité » (*Ibid* à la p 1346.).

D'autre part, les missions muséales sont élargies, intégrant alors celle d'éducation. Si la loi met l'accent sur le rôle du musée dans l'enrichissement des connaissances, l'élément central de sa définition réside dans la détention d'une collection permanente. La loi reste fidèle aux orientations de la politique culturelle française laquelle est principalement axée sur la préservation et la protection du patrimoine culturel[22]. Ces dernières fondent la légitimité de l'interventionnisme public.

67. Les Musées de France. L'apport majeur de la loi réside surtout dans la création de l'appellation « Musées de France »[23] ayant vocation à unifier le monde muséal autour d'exigences scientifiques, mais également relevant du service public. En effet, l'appellation peut être attribuée, sous conditions, à tout musée, peu importe qu'il appartienne à « l'État, à une autre personne morale de droit public ou à une personne morale de droit privé à but non lucratif »[24]. Les Musées de France font alors l'objet d'une définition plus précise au titre de l'article L441-2 telle que « les Musées de France ont pour missions permanentes de : a) Conserver, restaurer, étudier et enrichir leurs collections ; b) Rendre leurs collections accessibles au public le plus large ; c) Concevoir et mettre en œuvre des actions d'éducation et de diffusion visant à assurer l'égal accès de tous à la culture ; d) Contribuer aux progrès de la connaissance et de la recherche ainsi qu'à leur diffusion ». De ce fait, au sein de la notion juridique de musée, existe une catégorie particulière de musées dont la définition et le régime juridique se trouvent harmonisés, indépendamment de leur nature ou de leur mode de gestion, par l'octroi de l'appellation « Musées de France ».

Cette appellation unifie la notion de musée autour de la mission de service public[25], et pose pour cela des obligations communes quant à la qualité de l'offre culturelle[26]. Les musées « Musées de France »

---

[22] C. patr., art L410-1.

[23] Codifié aux articles L410-1 et s. du Code du patrimoine. Il fut également souligné que « l'expression n'est pas nouvelle, puisqu'une direction des musées de France existe au Ministère de la Culture depuis 1945 ; mais cette dénomination ne renvoyait à aucune catégorie d'institutions bien déterminée. La loi clarifie la situation, en donnant un objet à l'appellation « Musée de France » et en imposant des exigences aux institutions ainsi désignées » (Mirieu de Labarre, *supra* note 4 à la p 1346).

[24] C. patr., art L441-1.

[25] V. en ce sens, Étienne Fatôme, « Les musées et l'idée du service public » dans Édouard Bonnefous, Eric Peuchot Laurent Richer, dir, *Droit au musée, droit des musées*, Paris, Dalloz, 1994, p.15.

[26] « À cette fin, le législateur crée le label « Musée de France » dont la délivrance emporte l'application d'un régime juridique marqué par une approche jacobine du rôle de l'État en matière culturelle » (Mirieu de Labarre, *supra* note 4 à la p 1345).V. également, Jean-Marie Pontier, « L'appellation Musée de France » (2017) 52 Juris Art 16 à la p 201.

s'engagent, par l'octroi de l'appellation, à respecter des exigences d'accueil au public et de qualité[27] énoncées aux articles L442-6 à L442-11 du Code du patrimoine. Ils sont soumis au contrôle du Haut Conseil des musées de France[28], et plus largement à celui de l'État[29] qui intervient à travers la commission de récolement des dépôts d'œuvres d'art[30]. Compte tenu de ces obligations, on comprend alors que l'appellation ne fut pas automatiquement attribuée aux musées privés[31], contrairement aux musées nationaux et classés relevant de l'ordonnance de 1945[32]. En dehors de ces hypothèses, l'attribution de l'appellation se fait à la demande des musées sous réserve que ces derniers répondent aux conditions prévues à l'article L442-1 du Code du patrimoine[33]. Ceci justifie également que certains musées privés préfèrent demeurer en dehors du réseau « Musées de France » compte tenu des obligations assorties à l'octroi de ladite appellation. Certains musées privés n'ont ni les ressources matérielles ni financières pour intégrer ce réseau muséal qui, dans les faits, présente un caractère contraignant et coûteux, et ce d'autant plus que la seule création d'un musée privée constitue déjà « une voie semée d'embûches », exclue de la possibilité de subventions publiques[34]. Aussi, ces derniers n'ont ainsi potentiellement aucun intérêt

[27] Un musée de France signe alors avec l'État une convention qui en échange du respect de certaines obligations, se voit assurer aides et conseils. L'État exerce néanmoins un contrôle scientifique et technique rigoureux auprès des musées labélisés.

[28] Définie aux articles L430-1 et L430-2 du Code du patrimoine complété par le Décret n°2002-628 du 25 avril 2002 pris pour l'application de la loi n°2002-5 du 4 janvier 2002 relative aux musées de France, JO, 28 avril 2002, n°100, 7742, cette institution dispose en principe de la capacité d'intervenir « sur toute question relative aux musées » (art 3). Toutefois, celle-ci joue principalement un rôle consultatif dans l'octroi de l'appellation tel que son contrôle est *a priori*.

[29] « Les Musées de France sont soumis au contrôle scientifique et technique de l'État dans les conditions prévues par le présent livre. L'État peut diligenter des missions d'étude et d'inspection afin de vérifier les conditions dans lesquelles ces musées exécutent les missions qui leur sont confiées par la loi », C. patr., art. L442-11.

[30] C. patr., art. D113-27 à D113-30.

[31] François Goliard, « Musées privés et label Musée de France : un champ d'application très réduit » (2017) 52 Juris Art 33 [Goliard, « Musées privés et label Musée de France »]. À titre indicatif, seuls 13 % des musées de France seulement relèvent de personnes morales de droit privé. La majorité relève des collectivités territoriales (plus de 80 %). Ceux relevant de l'État ne constituent qu'une partie très réduite (5 %). *Ibid.*

[32] *Ibid*, art. L442-2. V. aussi Marie Cornu et Nathalie Mallet-Poujol, *Droit, oeuvres d'art et musées : protection et valorisation des collections*, coll CNRS droit, Paris, CNRS, 2006 au para 519 et s. « L'attribution du label est de droit sans égard à la réalité, l'état, la consistance, la cohérence, l'intérêt des collections. Vérifier a priori l'intérêt public attaché à leur conservation et leur présentation eut considérablement retardé le processus. D'où cette méthode conservatoire » (Marie Cornu, « Le musée comme catégorie du droit, l'évolution des textes dans le droit français » dans François Mairesse, dir, *Définir le musée du XXIe siècle*, Paris, ICOFOM, 2017, 178 à la p 188).

[33] V. en ce sens, C. patr., art. L442-1.

[34] François Goliard, « Les musées privés : une fiscalité inadaptée » (2017) 42 Juris Art 41 aux pp 41-42 [Goliard, « Les musées privés : une fiscalité inadaptée »].

à demander l'attribution de ladite appellation, surtout quand ils ont une renommée antérieure déjà bien établie[35].
Parallèlement, le maintien de la qualité de l'offre muséale est garanti par deux moyens. D'une part, l'appellation peut être retirée dans quelques hypothèses comme celle de la perte de l'intérêt public de la collection[36]. D'autre part, l'appellation « Musées de France » est contrôlée de sorte que tout usage non autorisé sera passible d'une amende[37].
Enfin, l'appellation permet aux musées de bénéficier d'un régime fiscal favorable ou encore d'aides techniques de l'État ainsi que de subventions[38]. La loi prévoit également des mesures particulières visant à promouvoir les dons d'œuvre d'art à un musée public appartenant au réseau « Musées de France » en accordant auxdites œuvres le bénéfice d'une inaliénabilité quasi-absolue[39].

De plus, derrière cette définition matérielle du musée, se dessine les contours de l'interventionnisme public dans le secteur muséal[40]. Aussi, sous couvert des enjeux relatifs à la définition juridique du musée, se révèle de manière diffuse la volonté, pour le législateur, de dessiner les contours de sa politique muséale et les modalités de l'interventionnisme public en l'espèce. Il obtient ce résultat autant en définissant un cadre juridique à vocation générale, adapté aux enjeux du monde muséal, qu'en établissant précisément ce que doit être un musée. E. Mirieu de Labarre constate ainsi que « c'est la tradition bien ancrée de l'interventionnisme étatique en matière culturelle qui a présidé à l'élaboration du droit des musées »[41]. D'ailleurs, sous l'effet de la loi de 2002, tous les musées

---

[35] Goliard, « Musées privés et label Musée de France », *supra* note 31 à la p 34. À titre illustratif, v. Martine Robert, « Ces fondations d'art qui n'ont rien à envier aux musées », *Les Echos Executives* (12 août 2013), en ligne : <http://business.lesechos.fr/directions-generales/0202939462002-ces-fondations-d-art-qui-n-ont-rien-a-envier-aux-musees-8551.php#Xtor=AD-6000> (consulté le 31 octobre 2021). Enfin, cette appelation peut aussi s'avérer incompatible avec l'hypothèse de fondation d'entreprise compte tenu du lien étroit avec l'entreprise et la stratégie de marque à l'appui de sa constitution (V. Emmanuelle Lequeux, « Ricard, du pastis au mécénat culturel », *Le Monde* (24 octobre 2010), en ligne : <https://www.lemonde.fr/culture/article/2010/10/23/ricard-du-pastis-au-mecenat-d-art-actuel_1430224_3246.html> [consulté. Le 15 mars 2019]).
[36] C. patr., art. L442-3. L'article prévoit également le retrait de l'appellation si aucune convention conclue entre le musée et l'État précisant les conditions dans lesquelles le musée s'engage à conduire sa mission (art. L 442-10 Code du patrimoine) n'a été conclue dans un délai de quatre ans suivant l'attribution de l'appellation (art. L442-5 Code du patrimoine).
[37] C. patr., art L442-5.
[38] V. en ce sens, François Goliard, « Financement et fiscalité des musées bénéficiant du label Musée de France » (2017) 52 Juris Art 25 [Goliard, « Financement et fiscalité »].
[39] C. patr., art. L451-10.
[40] V. en ce sens Jean-Marie Pontier, « Le régalien dans le culturel » [2012] AJDA 1673.
[41] Mirieu de Labarre, *supra* note 4 à la p 1348. L'interventionnisme public se manifeste aussi par le poids de la politique muséale. La France fut l'un des premiers pays à se doter d'une politique culturelle active, et dont le musée fut toujours un élément fort. La création en 1945 de la Direction des Musées de France (DMF) en est d'ailleurs symptomatique. Sa mission est notamment « d'assurer l'administration des musées nationaux, la gestion scientifique des musées classés, le

disposant de l'appellation « Musées de France » sont certes soumis aux règles du service public[42], mais également à la tutelle de la Direction

contrôle et l'inspection des musées de province classés et contrôlés, ainsi que la tutelle de la Réunion des musées nationaux » (Décret n°45-2075 du 31 août 1945 portant application de l'ordonnance relative à l'organisation provisoire des musées des beaux-arts). Par l'arrêté du 23 octobre 1979 portant organisation de la direction des musées de France, la DMF se vit confier la responsabilité de la préparation et de la mise en œuvre de la politique publique destinés à « conserver, protéger, enrichir, étudier et mettre en valeur le patrimoine muséographique, et en assurer le libre accès au public ». La politique muséale française implique aussi bien des aides au financement de l'activité muséale qu'une intervention directe dans des activités scientifiques muséales. Enfin, il faut également souligner qu'avec la création en 1958 d'un Ministère de la Culture, est plus largement institutionnalisé le rôle de l'État dans la diffusion de la culture nationale, ce dernier se donnant les moyens financiers (budget de l'ordre de 1 % du PIB, le plus important au monde), techniques et institutionnels pour mener à bien sa politique culturelle. V. Jean-Marie Pontier, Jean-Claude Ricci et Jacques Bourdon, *Droit de la culture*, 2e éd, Paris, Dalloz, 1996 aux paras 49 et s.

[42] Sans s'y référer explicitement, le Code du patrimoine tire les conséquences du principe d'égalité, en favorisant le rapprochement entre musée et citoyen, et du principe de continuité, en s'assurant de la qualité des prestations servies par les musées. Notamment, en ce qu'il remplit une fonction sociale, le musée ne doit pas satisfaire seulement la curiosité de certains. L'exigence d'accueil fut notamment un des maître-mots de la loi relative aux musées de France de 2002, *préc.* : « si le musée a pour mission de conserver et d'enrichir des collections, il faut rappeler qu'il ne s'agit pas d'une finalité en soi. Ce n'est que dans la mise en relation des collections avec les publics qu'un musée trouve pleinement son sens » (exposé des motifs). Ainsi, pour y parvenir, l'article L 442-6 du Code du patrimoine exige que les Musées de France agissent sur les droits d'entrée « de manière à favoriser l'accès de ces musées au public le plus large » (*ibid*). Mais, une telle politique tarifaire n'est envisageable qu'avec le soutien des subventions publiques, sinon le musée serait menacé. Tel est l'objet de l'instauration, en 2009, de la gratuité des collections permanentes des musées et des monuments nationaux pour les jeunes de 18 à 25 ans résidant dans l'Union européenne, quelle que soit leur nationalité. Cette réforme est notamment directement inspirée du fonctionnement des musées en Grande-Bretagne. Cependant, elle ne put être imposée aux autres musées sous crainte de contrevenir au principe de libre administration des collectivités territoriales (V. en ce sens, Françoise Benhamou, « Généraliser la gratuité des musées nationaux ? » (2008) 6 Esprit 83). L'article L 442-7 du Code du patrimoine impose à la même fin la création de service « d'animation et de médiation culturelle » (avec possibilité de regroupement de ces services entre plusieurs musées afin d'éviter des charges trop importantes). La philosophie de l'action muséale s'en trouve bouleversée : le musée doit devenir conquérant de son public en vue d'assurer une plus grande égalité et démocratiser son accès. Parallèlement, l'attribution du label induit des obligations en matière de respect d'un certain degré de qualité de l'offre culturelle. Selon les articles L 442-8 et L 442-9 du Code du patrimoine, le musée doit engager du personnel qualifié dont les compétences exigées sont définies par voie règlementaire. L'exigence de qualification n'est pas une nouveauté mais elle est largement étendue. Notamment, si les conservateurs de musées nationaux devaient répondre à des exigences en matière de compétences scientifiques, rien n'était imposé pour le cas de musées classés et contrôlés. Enfin, le Code organise un système de contrôle et de régulation des musées de France. Le Haut Conseil des musées de France (Décret n°2002-628 du 25 avril 2002, JO, n°100, 28 avril 2002, 7742, texte n°45, art L 430-1 et L 430-2) se contente de consacrer l'existence et de fixer les principes de la composition. Le code est moins précis que la loi de janvier 2002, le nombre des membres n'étant pas fixé par la partie législative du Code, la compétence propre de cette institution apparaissant plus restreinte dans le Code que dans la loi qui octroyait au Haut Conseil la capacité d'intervenir « sur toute question relative aux musées de France » (art 3). Cependant, le Code du patrimoine étend restrictivement cette compétence. Présentant essentiellement les traits d'organe consultatif, son rôle dans la définition d'une politique muséale globale demeure limité et incertain. Parallèlement, l'État s'est vu reconnaître un large pouvoir de contrôle scientifique et technique sur la gestion des collections, sur les personnels de conservation et de restauration selon les articles L 410-2 et L 442-11 dudit Code.

générale des patrimoines[43], et notamment du service des musées de France[44]. Les musées bénéficient également de l'appui d'autres institutions publiques telles que la Réunion des musées nationaux[45]. Par conséquent, la définition matérielle du musée telle qu'introduite par la loi de 2002 ne fait pas que mettre fin au désordre juridique qui animait le monde muséal, elle entérine le contenu de la politique muséale française[46].

68. Les institutions d'inspiration muséale. Bien que notre étude se concentrera essentiellement sur les Musées de France en raison de sa pertinence sur le plan des concepts juridiques, force est de souligner, qu'en dépit des efforts faits par la loi pour réunifier le monde muséal français au travers d'une définition commune aux institutions publiques et privées, la loi retient une vision réductrice de la notion de musée, et *a fortiori* de musée d'art. Notamment, en parallèle du réseau « musée de France », il faut souligner celui des « fonds régionaux d'art contemporain » (FRAC). Défini à l'article L116-1 du Code du patrimoine, cette appellation peut être attribuée à une personne morale de droit public ou de droit privé à but non lucratif qui en ferait la demande sur le fondement de la collection d'œuvres d'art contemporain qu'elle a

---

[43] Sur la politique muséale française, V. Philippe Richert, *La gestion des collections des musées*, 379, Commission des affaires culturelles du Sénat, 2003 à la p 72 et s; Philippe Poirrier, « Introduction » (2007) 9:1 Culture et Musées 13; Philippe Poirrier, « Musées et politiques culturelles en France » (2004) 96 Lettre de l'OCIM 13.

[44] « Le service des Musées de France fixe les règles en matière de gestion des musées, en particulier pour faciliter la conservation et l'étude des œuvres protégées par ceux-ci, ainsi que pour assurer la sécurité. Il coordonne l'activité scientifique et pédagogique des Musées français. Il assure un contrôle technique et scientifique, ainsi qu'une fonction d'expertise sur l'ensemble des musées ayant le label « Musées de France » », Ministère de la Culture, Service des musées de France, en ligne : <www.culture.gouv.fr/Nous-connaitre/Organisation/La-direction-generale-des-patrimoines/Service-des-Musees-de-France> (consulté le 31 octobre 2021).

[45] Depuis sa fusion avec l'établissement public du Grand Palais (Décret n°2011-52 du 13 janvier 2011 relatif à l'Etablissement public de la Réunion des musées nationaux et du Grand Palais des Champs-Elysées, JO, n°0011, 14 janvier 2011, 798, texte n°51), elle assiste les musées dans l'organisation d'exposition, la gestion de leurs boutiques ou encore la gestion et production des produits dérivés sans pour autant bénéficier d'un partenariat privilégié avec les musées comme autrefois. Cour des comptes, Les musées nationaux après une décennie de transformations : 2000-2010 : rapport public thématique, Paris, La Documentation française, 2011 à la p 25. Jean-Marie Pontier, « Une décennie de gestion des musées nationaux » [2012] AJDA 74 [Pontier, « Une décennie »].

[46] Ceci explique alors le maintien d'institutions à vocation muséale en parallèle des musées de France comme les FRAC et les centres d'art contemporain eu égard à la réserve souhaitée en matière d'art contemporain. S'agissant des centres d'art contemporain, le Ministère de la Culture des Communications affirmait, dans le préambule de la circulaire n°2011/003 du 9 mars 2011 relative au conventionnement avec les centres d'art contemporain (BO, Ministère de la Culture et de la Communication, n°196, mars 2011) qu'il « met en œuvre une politique en faveur des arts plastiques en soutenant la création et la diffusion des œuvres, la formation, la structuration professionnelle et économique du secteur, l'éducation artistique et l'action culturelle en direction des publics. La politique de l'État dans ce domaine se développe dans le respect de l'indépendance des artistes comme des choix artistiques des professionnels ».

constituée. De même, en axant la définition légale du musée autour de la notion de collection permanente, les centres d'art contemporain sont exclus de la qualification muséale, n'ayant pas pour vocation première de constituer des collections permanentes[47].

Ainsi, voit-on, qu'en droit français, la notion de musée — et corrélativement celle de musée d'art — constitue une notion juridique propre à laquelle est associé un cadre juridique contraignant. Ceci fonde alors la particularité du droit français comme nous allons pouvoir le constater au travers des développements qui vont suivre quant aux droits américain et québécois.

B. ÉTATS-UNIS

69. L'absence de définition matérielle du musée aux États-Unis. Les États-Unis ne disposent pas d'une définition matérielle particulière du musée que ce soit au plan fédéral ou au plan local. Par exemple, si l'on se réfère au « *Museum and Library Services Act* » du Gouvernement fédéral américain de 1996, le musée américain répond à la définition suivante : "a public or private agency or institution organized on a permanent basis for essentially educational or aesthetic purposes, which, utilizing professional staff, owns or utilizes tangible objects, cares for them, exhibits them to the public on a regular basis"[48]. Ainsi, le musée n'est défini que par référence à sa nature de *charitable organization* ce qui implique que le droit muséal n'est pas un droit autonome, mais un cas particulier du droit relatif aux *charitables organizations.* Il n'y a donc pas de définition juridique propre au musée à l'instar de celle retenue par l'ICOM ou par le législateur français. En revanche, les organisations professionnelles muséales offrent une définition matérielle du musée,

[47] Selon la circulaire n°2011/003 du 9 mars 2011 relative au conventionnement avec les centres d'art contemporain, *supra,* du Ministère de la Culture et de la Communication, « les centres d'art sont, dans le champ des arts plastiques, des acteurs essentiels de la création contemporaine et de la diffusion en France. Leurs activités de soutien à la création, de diffusion et de médiation ont contribué à la dynamisation de la scène française de l'art contemporain aux côtés des Fonds régionaux d'art contemporain (Frac), des écoles d'art, des autres structures de diffusion et des dispositifs de soutien à la création et à la commande publique. Ils permettent la diffusion d'œuvres représentatives de la création contemporaine, contribuent à la production d'œuvres, favorisent l'émergence d'artistes, de pratiques artistiques et de pratiques novatrices pour la présentation des œuvres, conçoivent et développent des actions de formation et de médiation, destinées à faciliter l'accès de publics variés à l'art contemporain. Les centres d'art n'ont pas pour vocation de constituer des collections. Certains d'entre d'eux ont néanmoins pu être amenés à assurer la gestion, voire à développer une programmation à partir d'un fonds d'œuvres permanent ».

[48] 20 USC 9101 et s, Title III, « Museums services ».

alignée pour l'essentielle sur celle retenue par l'ICOM[49], mais dépourvue de toute normativité juridique.

70. Le musée comme *public trust*. En réalité, la définition matérielle du musée d'art est sous-jacente de la notion de *public trust*. Si les contours de cette notion soulèvent de nombreux questionnements dans la doctrine[50], elle permet le préciser le contenu d'une définition substantielle du musée en droit américain[51]. En effet, la notion de *public trust* a une triple dimension. D'une part, les *public trusts* ne sont autres que les organismes à but charitable auxquels la loi fiscale concède un traitement fiscal favorable en ce que leurs activités revêtent un intérêt public se substituant ainsi à l'initiative publique[52]. Comme nous le verrons ultérieurement, les buts juridiquement admis comme charitables sont regroupés en quelques catégories[53]. Les musées d'art relèvent de la catégorie des institutions à but non lucratif[54] ayant une vocation éducative[55]. Ceci marque une distinction notable avec le droit français qui considère prioritairement le musée non comme une institution éducative, mais avant tout comme un lieu de mémoire[56]. D'autre part, la notion de *public trust* permet de mettre en exergue la finalité sociale des

---

[49] V. notamment, la définition de mission muséale donnée par l'American Alliance of Museums sur son site internet : « Mission and Planning Standards », en ligne :<https://www.aam-us.org/programs/ethics-standards-and-professional-practices/mission-and-planning-standards> (consulté le 31 octobre 2021).

[50] Allison Anna Tait, « Publicity Rules For Public Trusts » (2015) 33:2 Cardozo Arts Entertain Law J 421; Jennifer Kreder, « The "Public Trust" » (2016) 18 Univ Pa J Const Law 1425.

[51] V. en ce sens, Kreder, *supra* à la p 1460.

[52] C'est ainsi qu'une auteure a récemment défini la notion de *public trust* en les termes suivants : "an entity given special privilege by the government, beyond the simple grant of a state corporate charter often coupled with state or federal tax waivers, so long as that entity is legally obliged to engage in conduct that could traditionally have been performed by the government itself for the public's benefit" *Ibid* à la p 1478. Comp. Le *Board of Regents* de l'État de New York codifia la définition de notion de *public trust* en les termes suivants*: "public trust means the responsibility of institutions to carry out activities and hold their assets in trust for the public benefit*" (N.Y. COMP. CODES R. & REG., tit. 8, §3.27 (a)(18)). Cette notion n'est pas en tout point étrangère au contexte muséal français si l'on admet que cette notion se retrouve indirectement dans le Code de déontologie de ICOM au regard du second principe : « la mission d'un musée est d'acquérir, de préserver et de valoriser ses collections afin de contribuer à la sauvegarde du patrimoine naturel, culturel et scientifique. Ses collections constituent un important patrimoine public, occupent une position particulière au regard de la loi et jouissent de la protection du droit international. À cette mission d'intérêt public est inhérente la notion de gestion raisonnée, qui recouvre les idées de propriété légitime, de permanence, de documentation, d'accessibilité et de cession responsable ».

[53] Notamment, le Restatement of the Trusts (Third) énumère six catégories lesquelles sont: "the relief of poverty; the advancement of knowledge or education; the advancement of religion; the promotion of health; governmental or municipal purposes; and other purposes that are beneficial to the community". (American Law Institute, Restatement (Third) of the Trusts, vol. II, (§28)).

[54] Les musées américains sont constitués soit sous la forme d'un *charitable trust* soit sous celle d'une corporation à but non lucratif.

[55] Patty Gerstenblith, *Art, Cultural Heritage, and the Law : Cases and Materials*, 3e éd, Durham, NC, Carolina Academic Press, 2012 à la p 235 [Gerstenblith, *Art and the Law*].V. *infra* au para 152..

[56] Comp. C. patr., arts. L410-1et L441-2.

institutions muséales. En effet, elle érige comme principe que les œuvres composant les collections muséales sont détenues dans le but unique de satisfaire l'intérêt public[57], répondant alors de la catégorie des ressources publiques[58]. Enfin, la notion de *public trust* revêt une dimension déontologique[59] au titre de laquelle est mis en exergue le fait que les musées sont tributaires de la confiance publique[60] eu égard à leurs rôles de gardien du patrimoine culturel[61]. De manière commune, ces trois dimensions insistent sur la mission sociale du musée qui influence la définition du contenu des obligations fiduciaires auxquelles les musées sont soumis en raison de leur nature de *charitable organizations*[62]. Notamment, au travers de la notion de *public trust*, la doctrine s'interroge sur les conditions auxquelles un musée américain peut et doit exercer ses missions d'acquisition, de conservation ou encore de restauration[63].

En cela, la notion de *public trust* offre indirectement une définition matérielle du musée d'art américain fondée sur sa fonction sociale, contrairement à la définition française qui met l'emphase sur la fonction culturelle de l'institution[64].

---

[57] Par exemple, selon le New York Code of Rules & Regulations, title 8, § 3.30(a)(11): "Public trust means the responsibility of institutions to carry out activities and hold their asset in trust for the public benefit".

[58] C'est ainsi que la notion de *public trust* trouve son origine dans le domaine des ressources naturelles. V. en ce sens, Patty Gerstenblith, « The Fiduciary Duties of Museum Trustees » (1983) 8 Columbia J Arts Law 175 à la p 184 [Gerstenblith, « The Fiduciary Duties »]; Derek Finchman, « Deaccession of Art from the Public Trust » (2011) 16 Art Antiq Law 93 aux pp 23-24; Kreder, *supra* note 50 ; Tait, *supra* note 50 aux pp 434-436.

[59] "Leaders in the museums field have put their own twist on the term 'public trust', and they employ the term not only in the legal sense of setting property for the benefit of the public, but also to refer to 'the public trust's in art museums' as a moral issue" (Sara Tam, « In Museums We Trust: Analyzing the Mission of Museums, Deaccessioning Policies, and the Public Trust » (2012) 39:3 Fordham Urban Law J 849 à la p 861).

[60] Le terme publique est ici employé dans le sens de ce qui « *concerne le peuple, l'ensemble de la population* » (Centre National de Ressources Textuelles et Lexicales, *sub verbo* « public,-que » en ligne : <http://www.cnrtl.fr/definition/philanthropie> (consulté le 31 octobre 2021).

[61] "The public trust' refers to the trust and confidence that public has given to the museums to collect, preserve, and make available works of art. This view contends that the public has entrusted museums with the authority and responsibility to develop and manage a collection of art and provide public enjoyment of art through exhibitions" Tam, *supra* note 59 à la p 862.

[62] Gerstenblith, « The Fiduciary Duties », *supra* note 58; Tait, *supra* note 50.

[63]La notion de *public trust* constitue notamment le cadre référentiel sur lequel la doctrine se fonde pour déterminer dans quelle mesure un musée peut aliéner des œuvres composant sa collection. V. en ce sens, Finchman, *supra* note 57 ; Tam, *supra* note 59 ; Tait, *supra* note 50. Sur la pratique de *deaccesioning*, v. *infra* au para 311.

[64] L'ICOM fusionne les deux approches si l'on se réfère au second principe de son Code de déontologie : « la mission d'un musée est d'acquérir, de préserver et de valoriser ses collections afin de contribuer à la sauvegarde du patrimoine naturel, culturel et scientifique. Ses collections constituent un important patrimoine public, occupent une position particulière au regard de la loi et jouissent de la protection du droit international. À cette mission d'intérêt public est inhérente la notion de gestion raisonnée, qui recouvre les idées de propriété légitime, de permanence, de documentation, d'accessibilité et de cession responsable » (ICOM, Code de déontologie, à la p.8 en ligne : <https://icom.museum/wp-content/uploads/2018/07/ICOM-code-Fr-web-1.pdf>).

C. QUÉBEC

71. L'absence d'une définition juridique unique du musée au Québec. La notion de musée au Québec apparaît dans différentes sources sans pour autant faire l'objet d'une définition juridique unique. Notamment, le Ministère de la Culture et des Communications, au sujet des orientations de la politique muséale, fournit des précisions quant à la définition du musée. Il établit une classification des institutions muséales selon leur objet et le lien qu'elles entretiennent avec le ministère[65].

En effet, le réseau muséal québécois s'organise autour trois types d'établissements constituant « des lieux de conservation, de recherche, de production et de diffusion du savoir, des lieux d'éducation et de transmission de la culture, entres autres, dans les domaines de l'histoire, du patrimoine, de l'art et des sciences »[66]. Cependant, ces éléments sont dépourvus de portée juridique et permettent surtout de structurer la politique muséale[67]. Ainsi, la définition matérielle du musée est appréhendée de manière plus large. Celle-ci se manifeste du point de vue des champs disciplinaires admis, mais surtout dans le fait de ne pas imposer comme critère essentiel pour qualifier un établissement comme muséal celui de la détention d'une collection permanente comme en France. Tel est le cas des centres d'exposition qui ont « pour mandat de promouvoir et de mettre en valeur des expositions et des évènements ou activités portant sur l'art traditionnel, moderne, contemporain et actuel, l'histoire, la science et les technologies »[68]. Ces derniers n'ont pas vocation à constituer une collection permanente[69].
La notion de musée apparaît également dans la loi. En effet, le Québec dispose de trois musées nationaux régis par la Loi sur les musées nationaux[70], et d'un musée privé, le Musée des Beaux-Arts de Montréal, régi par une loi particulière[71]. Or, de manière commune à ces institutions, la définition du musée retenue dans la loi n'a pas de vocation générale

---

[65] Groupe de travail sur l'avenir du réseau muséal du Québec, *Rapport du groupe de travail sur l'avenir du réseau muséal du Québec - entre mémoire et devenir*, Ministère de la Culture et des Communications, dir, octobre 2013 à la p 10.
[66] *Ibid.*
[67] À compter de 1994, le Ministère de la Culture et des Communications affirme sa volonté de conduire une action muséale par un système de reconnaissance des institutions. En 2000, il définit une procédure officielle de reconnaissance qui instaure alors une classification officielle des institutions selon qu'elles sont reconnues ou reconnues et soutenues par le Ministère (Québec, Ministère de la Culture et des Communications, *Énoncé d'orientations : s'ouvrir sur le monde*, Le réseau muséal québécois, 1994; Québec, Ministère de la Culture et des Communications du Québec, *Politique muséale : vivre autrement... la ligne du temps*, 2000).
[68] Groupe de travail sur l'avenir du réseau muséal du Québec, *supra* note 65 à la p 10.
[69] *Ibid.*
[70] Loi sur les musées nationaux, RLRQ, c M-44.
[71] Loi sur le Musée des Beaux-Arts de Montréal, RLRQ, c M-42.

puisqu'elle est propre à chaque musée au regard de sa nature institutionnelle, mais surtout au regard de son champ disciplinaire[72].

72. Toutefois, au cours de l'année 2019, le Ministère de la Culture a mis en place, avec la collaboration de la Société des musées du Québec, un système d'accréditation des institutions muséales certifiant que l'activité muséale est exercée dans « le respect de normes reconnues internationalement en matière de pratiques muséologiques, et de planification, de protection et de mise en valeur du patrimoine »[73]. Pour obtenir l'agrément, le musée doit répondre à la définition suivante : « [...] institution permanente à but non lucratif ouverte au public, le terme institution muséale comprend les musées, centres d'exposition et centres d'interprétation qui, outre les fonctions d'acquisition, de conservation, de recherche, de gestion et de mise en valeur de collections assumées par certains, ont en commun d'être des lieux d'éducation, de médiation et de diffusion consacrés à l'art, à l'histoire et aux sciences, qui sont au service de la société *et de* son développement »[74].
Le système d'agrément confirme de nouveau une vision extensive de la notion de musée[75] dont la fonction première est celle d'éducation. Notons que les musées nationaux ainsi que le Musée des Beaux-Arts de Montréal reçoivent automatiquement l'agrément contrairement aux autres institutions qui doivent en faire la demande. Celui-ci est octroyé pour une durée de cinq ans, renouvelable. En cas de manquement aux exigences[76], l'agrément peut être retiré. Enfin, s'il permet aux institutions d'être admissibles à certains services et programmes d'aide financière du ministère, l'agrément est surtout un gage de crédibilité et de qualité.

---

[72] La Loi sur les musées nationaux (*supra* note 70) précise par exemple à l'article 23 que l'objet particulier de chaque musée. Par exemple, « le Musée national des Beaux-Arts du Québec a pour fonction de faire connaître, de promouvoir et de conserver l'art québécois de toutes les périodes, de l'art ancien à l'art actuel, et d'assurer une présence de l'art international par des acquisitions, des expositions et d'autres activités d'animation » tandis que le Musée d'Art Contemporain de Montréal a son champ restreint à l'art québécois contemporain (*ibid* art 24). L'article 4 de la Loi sur le Musée des Beaux-Arts de Montréal (*supra* note71), introduit une légère variante : « le Musée a pour fonction d'encourager les arts plastiques, de diffuser les connaissances artistiques, d'acquérir, de conserver, de collectionner, de mettre en valeur et d'exposer des œuvres d'art ».

[73] Ministère de la Culture et des Communications du Québec, *Agrément des institutions muséales*, en ligne : < https://www.mcc.gouv.qc.ca/index.php?id=6155#c35981> (consulté le 31 octobre 2021).

[74] Ministère de la Culture et des Communications du Québec, *Guide des exigences*, en ligne : < https://aim.formulaires.mcc.gouv.qc.ca/guide/#guide_24026> (consulté le 31 octobre 2021).

[75] Cette largesse se manifeste d'ailleurs d'un point de vue sémantique puisque l'expression consacrée est davantage celle d'« institution muséale » plutôt que celle de « musée ».

[76] L'agrément repose sur une série d'exigence relatives aux domaines suivants : de gouvernance, de gestion des ressources financières, humaines et physiques, de services aux différentes clientèles, de gestion et de conservation des collections, de diffusion, d'éducation (supra *note 74.)*.

Ainsi, celui-ci a essentiellement une valeur et une portée professionnelles ce qui le distingue fondamentalement de l'appellation « Musées de France ». La notion de musée au Québec ne jouit pas d'une autonomie conceptuelle sur le plan juridique. Au regard du système d'agrément, le premier critère de sa définition est celui relatif à sa nature d'institution sans but lucratif [77].

Or, il est vrai que la dimension institutionnelle des musées d'art constitue un élément majeur dans la qualification du modèle muséal. Dès lors, il convient d'étudier à présent le musée d'art comme sujet de droit.

II. LE MUSÉE D'ART, SUJET DE DROIT

73. Annonce de plan. Au cours des développements qui vont suivre, nous ne traiterons pas, de manière exhaustive, de l'histoire des musées, car tel n'est pas l'objet de notre étude, et surtout, nous laissons le soin d'une telle tâche aux experts de la matière[78]. Cependant, il nous semble nécessaire d'aborder les rapports entre les musées d'art et la philanthropie sous l'angle de l'Histoire afin de mettre en exergue l'intensité du lien qui les unit au plan juridique. En effet, la nature publique ou privée des institutions n'altère pas le recours à la philanthropie, mais définit seulement l'intensité du rapport qui les unit. Aussi, verrons-nous que si la philanthropie permit l'enrichissement des collections, sa place au sein du fonctionnement des institutions est relative en France, compte tenu du fort interventionnisme public. En revanche, elle s'avère essentielle aux États-Unis où les musées d'art reposent sur l'initiative privée. Le Québec nous offre l'exemple d'une situation intermédiaire. Dans cette perspective, nous étudierions successivement les structures muséales en France (A), aux États-Unis (B) et au Québec (C).

A. FRANCE

74. Le musée d'art comme institution publique. La Révolution française est à l'origine de la création des collections publiques du fait de leur appropriation par le nouvel État. Le 2 novembre 1789,

---

[77] Au plan juridique, le musée n'est autre qu'une institution permanente à but non lucratif si l'on se réfère à la définition donnée dans le Guide des exigences (*ibid.).* V. Yves Bergeron et Lisa Baillargeron, « Être ou ne pas être « sans but lucratif » dans le contexte des musées canadiens » dans François Mairesse, dir, *Définir le musée du XXIe siècle*, Paris, ICOFOM, 2017, 138.

[78] V. notamment, Remco Wallig, « Le mécénat culturel. Une histoire au service des musées » (2005) 87 Cahier Espaces 24.

l'Assemblée décréta que tous les biens ecclésiastiques étaient à disposition de la Nation, et, par une loi du 2 avril 1792, que les biens royaux entraient dans le patrimoine national. De la rupture de l'ordre politique et social antérieur naît ainsi le patrimoine national dont la protection relève de l'État.

Cependant, le vandalisme révolutionnaire menaça la conservation des richesses. En effet, après la chute du pouvoir royal comme suite de l'insurrection du 10 août 1792, les révolutionnaires souhaitaient détruire les symboles de l'Ancien Régime. Le ministre Roland s'opposa à un tel massacre, et prit par urgence, le 19 septembre 1792, un décret ordonnant le transport dans le dépôt du Louvre des tableaux et autres monuments relatifs aux beaux-arts se trouvant dans les maisons royales. Le 1er octobre, il mit en place la commission en charge du Museum des arts qui ouvrit officiellement ses portes le 10 août 1793. Sous couvert de la protection du patrimoine culturel, émergent les prémisses du service public muséal en France. Les conséquences en sont majeures pour notre étude. Le musée d'art devient une institution publique créant ainsi une rupture entre musée et initiative privée.

Cette prise en charge par la puissance publique française des institutions muséales n'est pas antagonique de la philanthropie dans les musées d'art. En Europe, l'évergète[79] est à l'époque signe de rayonnement social, ce qui explique que les dons soient devenus plus importants dans les institutions publiques déjà formées. « La générosité à l'égard des musées est devenue dans la haute société allemande, et principalement dans l'aristocratie nouvelle des industriels et des banquiers, une mode élégante. On donne une collection de tableaux comme autrefois on fondait une chapelle et un hôpital »[80].

75. Le phénomène s'observe de manière similaire en France[81]. Le Louvre développa ainsi sa collection grâce aux nombreux dons, notamment d'œuvres exceptionnelles comme la Vénus de Milo ou le

---

[79] Celui-ci se définit comme un notable qui fait profiter de sa richesse à la collectivité. Cet adjectif était attribué à deux rois de la dynastie des Ptolémée et était employé seulement dans les mondes hellénistiques et romains. La notion fut ravivée par l'étude par l'historien Paul Veyne dans son ouvrage *Le pain et le cirque: sociologie historique d'un pluralisme politique*, Paris, Seuil, 1995.
[80] Louis Réau, « L'organisation des musées » (1908) 17 Rev Synthèse His 166 ; François Mairesse et Bernard Deloche, *Le musée hybride*, coll Musées-mondes, Paris, La Documentation française, 2010 à la p 116.
[81] V. Jean Chatelain, *Droit et administration des musées*, Paris, La Documentation française: École du Louvre, 1993 à la p 356; Pierre-Laurent Frier, *Droit du patrimoine culturel*, Paris, PUF, 1997 au para 287.

Cavalier Rampin[82]. Il en va de même pour le musée d'Orsay[83]. Parallèlement, le développement de la plupart des musées de province tient, également, beaucoup à la générosité privée : le musée Fabre à Montpellier, le musée Calvet en Avignon ou encore le musée Granet à Aix-en-Provence. Quelques institutions muséales verront le jour en France, mais le secteur reste largement sous le joug de l'initiative publique[84].

Cette emprise de la puissance publique est d'autant plus manifeste au regard de la répartition du paysage muséal français. Les musées publics de France occupent la très grande partie de ce paysage. Ceci signifie donc que les Musées de France ne sont que rarement le fruit de l'initiative privée[85] même si le Code du patrimoine prévoit qu'un musée de France puisse être également une personne de droit privé[86]. Toutefois, on ne saurait déduire de ce constat de prédominance d'institutions publiques que la philanthropie ne joue qu'un rôle limité dans le secteur français. En effet, la nature publique des musées n'est pas incompatible avec toute forme de soutien privé. D'ailleurs, les modes de gestion publiques ont évolué dans un sens qui permet une meilleure conciliation entre la nature publique des musées et le soutien privé. Aussi, il importe, pour apprécier la place et le rôle tenu par la philanthropie au sein du réseau des musées de France, de présenter les différents modes de gestion (publique et privée) desdites institutions.

---

[82] V. Mairesse et Deloche, *supra* note 80 à la p 117.

[83] Enfin, les libéralités accordées au musée d'Orsay demeurent aujourd'hui l'une des sources principales de l'enrichissement des collections. Chaque année, des œuvres majeures sont acquises grâce aux différents dons, donations ou legs. C'est avec la participation de Georges D. Havas qu'ont pu être financés les achats de *L'enfance de Sixte-Quint* de Gustave Moreau (2009) et du *Portrait d'Yvonne Lerolle en trois aspects* de Maurice Denis (2010). Pour ce portrait, jalon essentiel dans l'histoire du symbolisme, le musée d'Orsay a également pu s'appuyer sur les aréages d'une donation anonyme canadienne et sur la participation du Fonds du patrimoine. Citons également en exemple l'exceptionnelle donation Meyer, effectuée sous réserve d'usufruit en 2000 et qui rassemble aujourd'hui dans un espace dédié des tableaux de Bonnard, Vuillard, Cézanne, Seurat, Degas, Fantin-Latour, Monet, Manet, Hammershoi et Mondrian. Cet ensemble fut encore complété en 2009 avec le don de *La symphonie pastorale* de Bonnard par la Fondation Meyer. Une autre donation historique a été signée début 2011, sous réserve d'usufruit, composée de 141 œuvres d'artistes du groupe des nabis. Ce geste d'une grande générosité permet au musée d'Orsay de s'affirmer encore plus comme l'institution de référence pour des artistes tels que Vuillard et Bonnard (extraits Musée d'Orsay, « Histoire de la collection de peintures, Politique acquisition », en ligne : <http://www.musee-orsay.fr/fr/collections/histoire-des-collections/accueil.html> [consulté le 15 août 2019]).

[84] V. Mairesse et Deloche, *supra* note 80 aux pp 116-117.

[85] Goliard, « Musées privés et label Musée de France », *supra* note 31 à la p 33.

[86] C. patr., art. L441-1

76. La gestion publique du musée. La gestion publique du service public muséal peut s'effectuer de deux sortes selon le degré d'autonomie voulu et consenti aux institutions[87].

La gestion est dite « directe » en ce que l'activité muséale est *directement* exercée par la puissance publique. Telle est l'hypothèse de la régie. Les services muséaux sont alors « placés sous la dépendance directe de la collectivité territoriale dont ils relèvent » [88]. La régie demeure un mode de gestion largement répandu, et adapté à des musées qui ne pourraient fonctionner de manière autonome compte tenu des ressources, mais aussi des contraintes matérielles et financières qui sont les leurs. Cependant, ce mode de gestion est souvent critiqué pour la rigidité qu'il impose à l'administration du musée tant au plan culturel qu'au plan financier[89].

77. La recherche d'une plus grande autonomie opérationnelle conduit à une réorganisation du système muséal français à partir de la fin des années 1990[90]. C'est ainsi que certains musées furent érigés en service à compétence nationale[91]. Sans bénéficier de la personnalité juridique, ce mode de gestion offrait davantage de flexibilité que la régie. En effet, la tutelle administrative se trouvait alors allégée, et l'autonomie de gestion était pourvue grâce à une dotation de fonctionnement globale et annuelle. Cependant, ces services demeuraient affiliés au système mutualisé de la

---

[87] V. Maria-Luisa Martins Da-Silva, « Les modalités de gestion d'un musée » [2011] AJCT 162.

[88] Jean Waline, *Droit administratif*, 26e éd, coll Précis, Droit public: science politique, Paris, Dalloz, 2016 aux para 408 et s. Ce type de services muséaux ne dispose pas de personnalité juridique ni d'autonomie financière. Le personnel est recruté directement par la personne publique et son financement garanti par le budget de cette dernière. Il en ressort que les biens affectés au service public muséal appartiennent à la personne publique en charge du service (Gilles J. Guglielmi, *Introduction au droit des services publics*, coll Droit et Société, n°29, Paris, LGDJ : Lextenso éditions, 1994 à la p 79.). La régie directe doit être distinguée de la régie indirecte où le service se voit doté d'une autonomie financière mais en aucun cas d'une autonomie administrative (V. art L 2221-11 CGCT, R323-76, R323-81, R323-115 du Code des communes). La régie indirecte offre une plus grande transparence et clarté quant à la situation financière du service, et ce d'autant plus, quand le service se livre à des activités dérivées à caractère industriel et commercial. V. Cornu et Mallet-Poujol, *supra* note 32 aux paras 51-53.

[89] V. Richer, *supra* note 14 à la p 126. Sur la régie, Pierre-Laurent Frier et Jacques Petit, *Droit administratif*, 11e éd, coll Domat droit public, Issy-les-Moulineaux, LGDJ, 2017 aux pp 384-386.

[90] V. Cour des comptes, *supra* note 45 à la p 10.

[91] Un service à compétence nationale (SCN) est un service administratif exerçant des missions opérationnelles sur l'ensemble du territoire national (fonctions de gestion, études techniques ou de formation, activités de production de biens ou de prestation de services). Les SCN ont été instaurés à la suite du décret n° 463 et 464 du 9 mai 1997. Le service est soit rattaché à un ministre, et, dans ce cas, créé par décret en Conseil d'État, soit à un directeur d'administration centrale, à un chef de service ou à un sous-directeur, auquel cas il est créé par arrêté ministériel. Il est soumis à des règles de fonctionnement particulières. Les SCN constituent, avec les administrations centrales et les services déconcentrés, l'un des trois principaux modes d'organisation de l'administration civile d'État, intermédiaire entre l'administration centrale et les administrations déconcentrées. La particularité des SCN réside dans cette ambivalence du service qui bien qu'opérationnel ne dispose pas pour autant de la personnalité juridique, tout en bénéficiant d'un certain degré d'autonomie. V. Frier et Petit, *supra* note 89 au para 233.

Réunion des musées nationaux si bien que les musées n'étaient pas libres de la conduite de leur activité[92].
Aussi, sous l'impulsion de la révision générale des politiques publiques (RGPP), le Ministère de la Culture formula les grands axes d'une réforme des musées nationaux en approfondissant leur autonomie à l'instar de ce dont le Musée du Louvre[93] et le château de Versailles[94] bénéficiaient. Plusieurs musées nationaux furent alors transformés en établissements publics[95] comme le musée d'Orsay ou le musée Guimet[96].

78. L'établissement public est une personne morale de droit public dotée d'un patrimoine propre, soumis au droit public et à la compétence du juge administratif sauf dans les cas où l'activité conduite est une activité industrielle et commerciale, soit relevant de la gestion privée[97].

---

[92] Créée par la Loi du 16 avril 1895 portant fixation du budget général des dépenses et recettes de l'exercice 1895, JO, 17 avril 1895, 2089, et transformée en 1990 (Décret n° 90-1026 du 14 novembre 1990 relatif à la Réunion des musées nationaux et à l'École du Louvre, JO, 18 novembre 190, n°268 du 18 novembre 1990, aux pp 14232-14236) en établissement public à caractère industriel et commercial, la Réunion des musées nationaux (RMN) fut conçue comme un instrument de mutualisation pour une meilleure gestion du réseau des musées nationaux. En effet, avant la généralisation de la forme d'établissement publique, les musées publics étaient sous gouverne de la direction des Musées de France (DMF) et de la Réunion des musées de France (RMN). Si la première fixait les lignes directrices de la politique muséale et administrait les collections, il appartenait à la seconde de percevoir les droits d'entrée, les actes philanthropiques, les expositions temporaires, et plus largement d'administrer l'ensemble des activités économiques des musées (éditions et boutiques). Elle avait également pour vocation à procéder à l'acquisition d'œuvres d'art destinées à enrichir les collections nationales (Pour une présentation de ce système, Cour des comptes, *supra* note 45 aux pp 97-103). Lors de sa transformation en établissement public à caractère industriel et commercial en 1990, la RMN acquiert trois nouvelles fonctions : l'accueil du public, l'organisation d'expositions temporaires et la diffusion culturelle autour de ces expositions et des collections permanentes des musées et plus largement l'organisation des activités économiques (boutiques et éditions).
[93] Décret n°92-1338 du 22 décembre 1992 portant création de l'Établissement public du Musée du Louvre, JO, 23 décembre 1992, n°0298, 17596.
[94] Décret n°95-463 du 27 avril 1995 portant création de l'Établissement public du musée et du domaine national de Versailles, JO, 28 avril 1995, n°100, 6588.
[95] Cour des comptes, *supra* note 45 aux pp 13-14. Parmi les transformations intervenues au cours de l'année 2010, nous pouvons citer le changement de statut de service à compétence nationale en établissement public (administratif) du musée Picasso ainsi que le rattachement du musée de l'Orangerie à l'établissement public du musée d'Orsay. V. « Le Conseil des ministres entérine le rattachement de l'Orangerie au Musée d'Orsay [Archives] », *Journal des Arts* (25 mai 2010), en ligne : <http://archive.today/tyOx> (consulté le 31 octobre 2021).
[96] Il est à noter que la transformation en établissement public donna à ces musées plus d'autonomie que celle consentie au Louvre ou à Versailles. Contrairement à ces derniers, le musée d'Orsay et le musée Guimet conservent l'intégralité de leurs recettes. Le Louvre et Versailles n'ont cessé de reverser à la RMN la fraction de leurs droits d'entrée que dix ans après l'octroi de leur statut d'établissement public, V. Cour des comptes, *supra* note 45 aux pp 16-17.
[97] C'est ainsi que l'on distingue traditionnellement les établissements publics soumis au droit administratif des établissements industriels et commerciaux relevant du droit privé (V.Waline, *supra* note 89 à la p 240 ; Frier et Petit, *supra* note 88 au para 395 ; Étienne Fatôme, « La détermination des caractères des établissements publics » [2001] AJDA 222). Une troisième catégorie d'établissement public dite de coopération culturelle est ici à mentionner. Il s'agit de celle instituée par la loi n° 2002-6 du 4 janvier 2002 relative à la création d'établissements publics de coopération culturelle (1), JO, 5 janvier 2002, 309, texte n°2 (et codifiée aux articles L 1431-1

Ce mode de gestion est utilisé par la personne publique comme mode de gestion déléguée afin d'exercer un service public particulier. Bien que disposant de la personnalité morale, l'établissement public reste soumis à une tutelle de l'État[98]. L'exemple du Louvre avait notamment forgé la croyance que l'établissement public, par l'autonomie institutionnelle et financière qu'il offre, permet un développement notable des publics, des activités et des ressources[99].Parce que l'établissement public dispose d'un patrimoine propre, il devient maître de son budget, mais également de la sollicitation et de la gestion des actes philanthropiques[100]. C'est

---

et s du CGCT) en vue de répondre aux attentes des collectivités locales qui ne trouvaient pas, en l'état du droit, des instruments adaptés au développement de leur politique culturelle (Anne Chiffert, Robert Lecat et Philippe Reliquet, *La rénovation des instruments juridiques des services publics culturels locaux*, 18, Ministère de la Culture et de la Communication, Inspection Générale de l'Administration des Affaires Culturelles, 1999. V. aussi Jean-Marie Pontier, « L'établissement public de coopération culturelle : un nouvel outil juridique pour la culture? » [2002] AJDA 430). Constitué par une collectivité locale ou un établissement public de coopération intercommunale, l'établissement public de coopération culturelle (EPCC) est un établissement public local visant à la réalisation d'un service public culturel. Sa particularité tient au fait qu'il peut associer différentes personnes publiques. Surtout, il offre un cadre à la fois souple et stable pour la gestion d'institutions culturelles permanentes qui supposent une coopération entre l'État et les collectivités territoriales (V. Cornu et Mallet-Poujol, *supra* note 32 à la p 51). ainsi que pour la gestion d'institutions culturelles permanentes qui supposent une coopération entre l'État et les collectivités territoriales. Les EPCC répondent véritablement à la volonté de créer une réponse collective à des projets culturels entre la centralisation et l'autonomie locale. Notamment, la place des dispositions relatives à leur sujet témoigne de leur nature d'établissements publics locaux. De plus, outre leur dimension locale, ils ont vocation à fédérer le réseau muséal et moins vocation à conduire une activité muséale proprement dite (*Ibid* au para 61.). Sur des musées constituées comme EPCC, v. Pierre Fronton, « La gestion d'un musée de France » (2017) 52 Juris Art 20.

[98] V. Jean-Marie Pontier, « Le Ministère de la culture, inutilité, nécessité? » [2009] AJDA 634; Pontier, « Une décennie », *supra* note 45 aux pp 26-27. Par exemple, le choix du président de l'établissement est une décision administrative. Selon l'article 12 du *Décret n°92-1338 du 22 décembre 1992 portant création de l'Etablissement public du Musée du Louvre*, *supra* note 93, « le président de l'établissement est nommé par décret sur proposition du ministre chargé de la culture ».

[99] Communication du ministre de la Culture du 4 avril 2003 dans Cour des comptes, *supra* note 45 à la p 17. Cette croyance fut sévèrement contestée par la Cour des comptes dans son rapport susmentionné. En effet, l'autonomie réalisée au moyen de la transformation statutaire des musées en établissement public aurait été coûteuse pour l'État, et sans pour autant opérer l'indépendance financière escomptée des musées au profit d'une réduction de la dépense publique. Par exemple, la transformation d'Orsay aurait entrainé un coût net pour l'État de 2,3 millions d'euros. La Cour des comptes poursuit la critique en soulignant que la transformation en établissement public implique la création de postes d'encadrements qui relevaient auparavant de la mutualisation au sein de la RNM ou de la DMF. Elle conclut par la remarque que la transformation statutaire fut considérée comme une fin en soi mais sans considération d' « objectifs d'efficience qui doivent être attachés à la transformation statutaire ». (*ibid* aux pp 18-20.).

[100] Cependant, l'autonomisation des musées se révéla en contradiction directe avec les missions de la RMN. De plus, le système centralisé de la RMN était critiqué pour sa rigidité et pour ne pas répondre aux besoins individuels des musées, surtout locaux (V. Assemblée nationale, Commission des finances, de l'économie générale et du plan, *Rapport d'information déposé en application de l'article 145 du Règlement par la Commission des finances, de l'économie générale et du plan en conclusion des travaux de la Mission d'évaluation et de contrôle (MEC) sur le musée du Louvre,* par Nicolas Perruchot, Richard Dell'Agnola et Marcel Rogemont, n°1719 (4 octobre 1958) aux pp 43–44). Le système RMN empêchait surtout les musées jouissant du statut d'EP de définir leur propre politique d'acquisition, d'édition si bien que les compétences de la RMN

ainsi que certains musées furent également constitués sous forme d'établissement public en vue de conserver l'unité de la collection et/ou la volonté du donateur[101].
Ainsi, derrière la rénovation des modes de gestion des musées publics, se révèle la volonté de la puissance publique de concilier l'interventionnisme public avec la philanthropie. Ceci nécessitait de pourvoir les musées publics d'une autonomie institutionnelle.

79. La gestion du musée par des personnes privées. Selon le Code du patrimoine, le musée privé de France est une personne morale de droit privé à but non lucratif[102] sous réserve que son activité s'inscrive dans le

---

entraient en concurrence avec celles octroyées par l'autonomie muséale, v. Pontier, « Une décennie » supra note 45 à la p 75. Si la transformation en établissement public de certains musées nationaux n'avait pour but de remettre en cause le système centralisé de la RMN, il advint, dans les faits, que ce dernier constituait un obstacle à l'autonomie des musées. Aussi, le RMN fut de plus en plus critiqué pour sa rigidité et pour ne pas répondre aux besoins individuels des musées, surtout locaux. Plus encore, le système RMN empêchait surtout les musées jouissant du statut d'établissement public de définir leur propre politique d'acquisition, d'édition si bien que les compétences de la RMN entraient en concurrence avec celles octroyées par l'autonomie muséale (*ibid* à la p 75). Notamment, les limites du systèmes furent résumées de la sorte : « ou bien les musées de l'État sont de grands musées, et ils aspirent à être le plus autonomes possible, à définir leur politique (aspirations légitimes au demeurant et qui tendraient à aller en ce sens, sauf à préciser que, du point de vue financier, si la RMN connaît ses coûts, ce n'est pas le cas des musées en question, ce qui peut fausser les analyses) ; ou bien les musées sont de petits musées et la gestion directe (récusée par les musées concernés) apparaît, sauf démonstration contraire, la mieux indiquée. Mais aucun accord n'a pu être acquis depuis des années, et le ministère apparaît incapable de trancher ». (*ibid* à la p 76.). Sous l'effet de ces critiques, une réforme de la RMN fut engagée en vue de fusionner avec l'établissement public du Grand Palais (voir Décret n°2011-52 du 13 janvier 2011 relatif à l'Établissement public de la Réunion des musées nationaux et du Grand Palais des Champs-Élysées, JO, 14 janvier 2011, n°0011, 798). La Cour des comptes note alors que cette réforme transforme la RMN « en opérateur culturel à part entière, qui ne jouerait plus auprès des musées qu'un rôle de 'prestataire de services' parmi d'autres pour les activités commerciales (boutiques...) ». Elle ajoute que « cette évolution marque la fin du dernier vestige des compétences exclusives ou même simplement « partenariales-obligées » de la RMN vis-à-vis des musées. Cela signifie que même pour la gestion des boutiques, la mise en concurrence – déjà pratiquée par le musée du quai Branly mais remportée par la RMN – s'impose désormais en application d'une 'orientation politique assumée du ministère de la Culture' » (Cour des comptes, *supra* note 45 à la p 25.). Sur les liens entre l'autonomie financière des musées nationaux et la gestion des sommes collectées au titre de la philanthropie, v. également Cour des Comptes, *Observations de la Cour des comptes sur les comptes d'emploi pour 1994 à 1998 des ressources collectées auprès du public par la Fondation de France*, Paris, Documentation française, 2002 aux pp 15-22.

[101] Tel est, par exemple, le cas des musées Gustave Moreau et Rodin, v. Cour des comptes, *supra* note 45 à la p 16.

[102] Il fut noté que la constitution de musée de France sous forme d'entreprise commerciale est expressément exclue par le législateur (C. patr., L441-1). L'affirmation selon laquelle un musée ne saurait être une structure à but lucratif se trouvait également exprimée dans la définition des musées de l'International Council of Museums (ICOM) jusqu'en 2019. Pour rappel, le musée est notamment défini comme « une institution permanente, sans but lucratif, au service de la société et de son développement, ouverte au public et qui fait des recherches concernant les témoins matériels de l'homme et de son environnement, acquiert ceux-là, les conserve, les communique et notamment les expose à des fins d'étude, d'éducation et de délectation ». En dehors du réseau musées de France, certains musées privés ne constituent pas une personne morale à but lucratif et sont institués sous la forme sociétaire. Bien que réalisant peu de profits, la forme sociétaire offre

champ de l'article L 410-1 du Code du patrimoine portant définition de la notion de musée. Peuvent *a priori* remplir de telles fonctions les associations et fondations reconnues d'utilité publique, les fondations d'entreprise ainsi que les fonds de dotation[103].
La forme associative peut s'avérer une structure risquée pour la gestion d'une activité à but d'intérêt général[104]. Surtout, sa nature se prête plus difficilement à la constitution d'une collection permanente puisque l'association est un groupement de personnes et non une affectation de biens[105]. Elle se prête davantage à la constitution d'un centre d'art contemporain dont la finalité première est l'animation de projets culturels et non la constitution d'une collection. Elle est également pertinente pour conduire des activités parallèles aux musées comme celles mises en œuvre par les sociétés d'amis.
En revanche, les fondations (reconnues d'utilité publique et d'entreprise) et les fonds de dotation sont des groupements de biens. Ceux-ci constituent des affectations irrévocables de biens en vue de soutenir ou réaliser directement une œuvre d'intérêt général. La constitution de leur dotation initiale appelle donc un acte philanthropique. Ces institutions sont ainsi par définition des institutions philanthropiques. Même si ces musées résultent dans ce cas-ci exclusivement de l'initiative privée, et sont, dès lors, soumis aux règles de droit privé, ils n'échappent pas pour autant à un certain contrôle de la puissance publique. Exerçant une

---

des avantages du point de vue des dirigeants et des collections. En effet, la responsabilité des dirigeants est, en principe, limitée au montant de leurs apports, et les propriétaires gardent la maîtrise sur leurs collections (Goliard, « Les musées privés : une fiscalité inadaptée », *supra* note 34 à la p 41). Ne bénéficiant pas de l'appellation « Musées de France », ces musées ne sont pas soumis aux dispositions particulières du Code du patrimoine relatives aux collections. Ils ne bénéficient pas non plus des avantages fiscaux offerts aux particuliers et entreprises au titre du mécénat. Pour ces raisons, ce les musées privés à but lucratif ne feront pas l'objet d'un traitement particulier dans notre étude.

[103] En parallèle, il convient de mentionner la société d'économie mixte. Toutefois, cette hypothèse s'avère très rare en matière de musée d'art. Nous soulignerons toutefois l'exemple de Culturespaces qui, en tant qu'entreprise de valorisation et de gestion du patrimoine culturel, opère une gestion déléguée de certains musées comme le musée Jacquemart-André alors propriété de l'Institut de France. Il s'agit d'une société anonyme dont le capital est majoritaire détenu par une ou plusieurs personnes publiques Le régime de la société d'économie mixte a été redéfini par la loi n° 2002-1 du 2 janvier 2002 tendant à moderniser le statut des sociétés d'économie mixte locales (1), JO, 3 janvier 2002, 121, texte n°1 (codifiée aux articles L 1521-1 et suivants du code général des collectivités territoriales et aux articles L 225-1 et suivants du code de commerce). Au moins une personne privée doit participer au capital de la société. Le recours à cette forme sociétaire permet de conjuguer la prise en compte de l'intérêt général avec la souplesse institutionnelle et les objectifs prêtés à la société de droit privée. La SEM est à but lucratif et suppose, pour être instituée, que le projet culturel jouisse d'une dimension économique bénéficiant aux partenaires.

[104] Franck Buors, « Les "risques" de la gestion associative » (2006) 11 Revue Lamy Collectivités Territoriales 15; Pascal Cadieu, « La gouvernance des associations "revisitée" » (2009) 42 Revue Lamy des Collectivités Territoriales 75.

[105] En effet, rappelons que l'association se définit comme « la convention par laquelle deux ou plusieurs personnes mettent en commun, d'une façon permanente, leurs connaissances ou leur activité dans un but autre que de partager des bénéfices » (Loi du 1er juillet 1901 relative au contrat d'association, JO, 2 juillet 1901, 4025, art 1).

activité muséale[106], ces derniers sont, d'une part, soumis aux règles encadrant les activités ayant un caractère de service public[107] et, d'autre part, aux dispositions du Code du patrimoine s'ils jouissent de l'appellation « Musées de France »[108].

Ainsi, voit-on que le paysage muséal français est essentiellement composé d'institutions nées de l'initiative publique. La philanthropie intervient essentiellement comme une forme de soutien au développement de l'offre muséale. Toutefois, la place de ce soutien n'a eu de cesse de grandir au sein du réseau public grâce à l'autonomie institutionnelle progressivement conférée aux musées.

La situation est diamétralement différente dans le contexte américain.

---

[106] Les musées constituent un domaine important de la politique culturelle française marquée par le fort interventionnisme public. Il fut souligné que l'interventionnisme public s'articule autour de quatre axes. D'une part, la puissance publique, à savoir le Ministère la Culture, est la gardienne de lois qui visent tantôt au développement de certains secteurs (comme celui de la philanthropie et de l'enrichissement des collections muséales), tantôt à l'établissement de modalités de contrôle en vue de protéger le patrimoine culturel (par ex., le contrôle des exportations d'œuvres d'art ou encore le classement des biens culturels). D'autre part, elle est également la gestionnaire des activités culturelles compte tenu de sa tutelle sur les établissements publics muséaux et plus largement sur l'administration du secteur muséal via l'attribution du label Musée de France. Ensuite, elle assure une redistribution des richesses muséales sur l'ensemble du territoire. Enfin, elle est l'animatrice de projets culturels et structure le secteur culturel par l'encadrement et la formation des professionnels (Pierre Moulinier, *Les politiques publiques de la culture en France*, coll Que sais-je ?, Paris, PUF, 2016 aux pp 50 et s.).

[107] Dans un arrêt de section, CE, 6 avril 2007, *Commune d'Aix-en-Provence* [2007] Rec 284736, le Conseil d'État a clarifié l'ensemble des hypothèses dans lesquelles une collectivité publique chargeait un organisme de droit privé d'une mission de service public. Tout d'abord, faut-il considérer le cas classique dans lequel la collectivité publique souhaite déléguer le service à un organisme privé ? Elle a alors recours soit au contrat de délégation de service public soit au marché public selon le mode de rémunération de l'activité escompté. Puis, il convient de considérer une seconde série d'hypothèse où la personne privée exerce sous sa responsabilité et sans que la personne publique en détermine le contenu, une activité d'intérêt général dont elle a l'initiative. Son activité se voit reconnaître alors le caractère de service public en dehors de toute dévolution formelle, donnant lieu à un droit de regard de l'administration sur son organisation. Du fait de ce caractère de service public, l'organisme est éligible à une aide financière de la part de la collectivité publique en vue d'accomplir sa mission. Cette hypothèse est admise sous réserve qu'aucune règle ou principe n'y fasse objection. Son activité sera alors encadrée par la collectivité publique, traduisant ainsi le rattachement organique à cette dernière. V. Jean-Marie Pontier, « Mode d'emploi pour la gestion des services publics culturels » [2007] JCP A 2128 ; Frédéric Lenica et Julien Boucher, « Relations entre collectivités publiques et personnes privées exerçant une mission de service public : mode d'emploi » [2007] AJDA 1020 ; Gilbert Orsoni, « Gestion du service public », [2007]RTD Com 694 ; François Séners, « Une personne privée peut prendre en charge un service public même en dehors de toute délégation de service public », [2007] RJEP 273.

[108] C. patr., art L441-1 et s.

B. ÉTATS-UNIS

80. Le musée d'art américain et l'initiative privée[109]. L'émergence et le développement des musées sur le sol américain résultent de l'initiative des colons. Toutefois, leur soif de culture se concentrait exclusivement sur des connaissances scientifiques[110]. De ce fait, le musée d'art n'émerge véritablement, aux États-Unis, qu'à compter de la deuxième moitié du XIXe siècle[111]. Les musées, comme édifices de réussite et de fierté individuelles, fleurissent dans les grandes villes sous l'impulsion des riches entrepreneurs de la Révolution industrielle pris d'une « fièvre collectionneuse »[112]. Il convient de citer notamment le *Buffalo Fine Art Academy* (1862), *l'Art Institute* de Chicago (1866), ou encore le *Metropolitan Museum* de New York City (1870). À cela, il faut ajouter le contexte économique favorable de la fin du XIXe grâce auquel de grandes fortunes se constituèrent. La combinaison de ces éléments explique alors que les musées américains se soient développés « au rythme des dons philanthropiques[113] ». Outre l'octroi de fonds, ces dons permirent de constituer des collections muséales notamment composées de grands maîtres européens[114]. Il en découle alors que, contrairement à la France, le paysage muséal américain est essentiellement composé

---

[109] V. Allan Ullberg, Patricia Ullberg et Ann Hostra Grogg, « A short story of the museum » dans Robert C. Lind, Robert M. Jarvis et Marilyn E. Phelan, dir, *Art and museum law: cases and materials*, Durham (NC), Carolina Academic Press, 2002, 425 à la p 430.

[110] V. Gérard Selbach, « Esquisse d'une histoire des musées américains : naissance, croissance, missions et politique fédérale et locale » (2007) 5:1 Lisa 58 au para 4. Les premiers musées américains avaient davantage une vocation scientifique ou/et technique plutôt qu'esthétique. Sorte de réaction aux liens étroits que les monarchies européennes entretenaient avec le culte du beau et la promotion des arts, les musées d'art n'ont connu qu'un développement tardif aux États-Unis. Dérogeant à cette tendance, le musée ouvert par Wilson Peale à Philadelphie en 1786 dont le contenu était éclectique et non exclusivement scientifique fut le premier musée d'art ouvert au public. Ce dernier soutint ardemment que le musée d'art était également l'affaire de tous et sollicita l'appui de la puissance publique en ce sens. Cependant, il ne l'obtint jamais et l'ensemble de sa collection fut dilapidé à sa mort (Ullberg, Ullberg et Hostra Grogg, *supra* note 109 aux pp 428-429).

[111] Selbach, *supra* note 110 aux paras 19-21. « En fait, ce qui aiguisait la curiosité des habitants des premiers États était avant tout l'histoire naturelle. Elle était l'expression du désir de découvrir leur nouvel environnement, de mieux le connaître et le comprendre pour mieux l'utiliser et l'exploiter dans leur vie de tous les jours » *Ibid* à la p 19.

[112] Outre le prestige social qu'offre le fait d'être collectionneur d'art, plusieurs circonstances économiques favorisent l'éclosion de grandes collections privées américaines : la Révolution industrielle génère d'importantes fortunes individuelles, les familles européennes en cette même période connaissent des grandes difficultés financières et cèdent une partie de leur patrimoine. On qualifia notamment ces industriels de *robber barons* qui, pour se dédouaner du capitalisme sauvage, mettent en avant le retour à la société des richesses accumulées conformément à la doctrine calviniste. Aussi nombre de grands philanthropes invoqueront le fondement religieux pour justifier leur générosité. V. Selbach, *supra* note 110 aux paras 21-25.

[113] *Ibid* au para 27.

[114] *Ibid* au para 45.

d'institutions procédant de l'initiative privée[115], comme atteste l'histoire des grands musées américains[116].

81. La nature hybride des institutions muséales. Aux côtés des musées privés, il existe toutefois un certain nombre de musées publics, créés et majoritairement financés par la puissance publique.
Il importe de souligner que, contrairement à la France, il n'existe pas de dichotomie juridiquement établie entre les musées publics et les musées privés[117]. Les musées américains revêtent plutôt une nature hybride[118], mêlant des caractéristiques propres aux institutions publiques et privées[119]. Quelle que soit la nature privée ou publique de l'initiative, un musée peut revêtir la forme d'un *charitable trust* ou toute autre forme d'organisme sans but lucratif[120]. La plupart des musées publics se voient très largement appuyés d'un soutien privé atténuant alors le poids de la seule initiative publique.
De même, il est très fréquent qu'un musée privé signe une convention avec le gouvernement de l'État dans lequel il se trouve afin de bénéficier d'un soutien public direct[121].

---

[115] Ullberg, Ullberg et Hostra Grogg, *supra* note 109 aux pp. 425 et 457-461.

[116] Notamment, le MET, le MoMa, la Frick Collection, la Fondation Guggenheim, la Fondation Barnes ou encore le Whitney Museum et bien d'autres ont tous en commun de résulter de l'initiative privée. Certes, ces institutions bénéficient d'un soutien public. Cependant, elles furent constituées sur la base de collections d'œuvres et de fonds privés. V. Winifred E Howe, *A History of the Metropolitan Museum of Art, with a chapter on the early institutions of art in New York*, New York, Arno, 1974.

[117] En droit français, comme dans d'autres systèmes civilistes, le terme public est principalement utilisé dans un sens très spécifique, désignant essentiellement l'État ou ses institutions. Il a été noté que dans les pays de *common law*, et en particulier aux États-Unis, le terme "public" couvre un plus large éventail de sens (Giorgio Resta, « Systems of public ownership » dans Michele Graziadei et Lionel D Smith, dir, *Comparative property law: global perspectives*, coll Research handbooks in comparative law, Cheltenham, UK, Edward Elgar Publishing, 2017, 216 à la p 218). L'auteur souligne que dans la majorité des cas le terme "public" vise des ressources qui appartiennent à la collectivité et un usage par le grand public (*Ibid)*.

[118] Sur la notion d'institution hybride, v. l'arrêt relatif au Smithsonian Institute *Dong v Smithsonian Institution*, 125 F(3d) 877 (D.C. Cir. 1997), cert Denied, 524 US 922 (1998).

[119]Certains résument le paysage muséal américain en les termes suivants: "each of the nearly one half of United States museums that are hybrid institutions may have its own special blend of public and private aspects of the structure, management, operations, and funding despite a fundamental organization nature that may be "public" or "private" (Robert C Lind, Robert M Jarvis et Marilyn E Phelan, Art and museum law: cases and materials, Durham (NC), Carolina Academic Press, 2002 à la p 461).

[120] Ullberg, Ullberg et Hostra Grogg, *supra* note 109 aux pp 458-460.

[121] Par soutien direct, sont visées les subventions accordées par la puissance publique. Au niveau fédéral, la question du financement des institutions muséales devint une question de politique publique dans les années 1950. À la suite du rapport de l'American Association for Museums faisant appel à l'aide publique compte tenu de la fonction sociale et éducative des musées, les musées commencèrent à bénéficier d'aides gouvernementales fédérales. Aussi, sous l'impulsion du président Kennedy puis du président Johnson, le gouvernement fédéral s'engagea, à partir de 1965, à aider financièrement les États qui mettaient en place des State Art Councils. En deux ans, la totalité des États se dotèrent de telles institutions et votaient des budgets en sus des subventions fédérales pour développer l'offre muséale (Selbach, *supra* note 109 au para 61.). Parallèlement à

Plutôt que de créer des institutions[122], la puissance publique américaine soutint essentiellement le développement des institutions muséales par le biais d'une fiscalité avantageuse des organismes d'intérêt général et notamment pour les dons qu'ils reçoivent[123]. Ce type de soutien présente

---

ces mesures, la période des années 1960 fut marquée par la création du National Endowment for the Arts (NEA), agence indépendante ayant pour mission d'apporter son soutien à l'art et notamment aux institutions muséales (NEA NEH Act 1965 Pub, No 89-209, 79 Stat 845 (1965) codified as amended at 20 USCA §§ 951-968 (West 2000)). Son rôle est majeur. Celle-ci revêt, à quelques égards, les traits d'un Ministère de la culture en ce qu'elle fournit, au moyen des techniques d'*endowment*, des fonds votés par le Congrès et destinés à des organismes sans but lucratif. En effet, toute subvention du NEA serait assortie d'un effet catalyseur d'une puissance huit fois supérieure. Ainsi, pour une subvention de l'ordre de 100 000 dollars, le musée arrive à collecter à terme 800 000 dollars. V. « How the United States Funds the Arts, National Endowment for the Arts », Office of Research and Analysis, 2e ed, Washington, DC, 2007, à la p vii. Notamment, pour sa première année de fonctionnement, le NEA bénéficiait d'un budget de huit millions de dollars. Surtout, sur la base d'un rapport rendu au Président Johnson (*America's Museums: The Belmont Report; A Report to the Federal Council on the Arts and the Humanities*, 1968 aux paras 61-62), il fut affirmé que le seul moyen de contrer les difficultés financières rencontrées par les musées était l'accroissement des aides fédérales. Il faudra attendra la présidence Nixon en 1968 pour que cette recommandation soit suivie et que le budget du NEA passe de huit millions à quatre-vingts millions de dollars en 1975. L'aide fédérale sera maintenue durant la présidence Carter. Cependant, la tendance s'inversa durant la présidence Reagan. L'assombrissement du climat économique et politique appelait à la réduction des dépenses publiques et donc du budget du NEA. En 1996, l'État fédéral créa, en 1996, une nouvelle agence fédérale, Institute for Museum and Library Services, ayant pour but d'allouer des subventions aux musées. Elle constitue depuis la principale source de soutien fédéral pour l'ensemble des bibliothèques et musées du territoire américain (*ibid* aux paras 62-64 ; *adde* Micah J Burch, « National funding for the Arts and Internal Revenue Code §501(c)(3) » (2010) 37:2 Fla St UL Rev 303). Au niveau des États, il est intéressant de relever une plus grande diversité des aides publiques laissant apparaître un système majoritairement décentralisé. En effet, diverses agences locales apportent leur soutien aux musées. Celles-ci se superposent sur trois niveaux : les agences régionales lesquelles sont au nombre de six (Arts Midwest, Mid-America Arts Alliance, Mid Atlantic Arts Foundation, New England Foundation for the Arts, Southern Arts Federation et Western States Arts Federation.), les agences étatiques, et les agences locales ou au niveau des États. La loi fédérale oblige, d'ailleurs, le NEA à reverser une partie de ses revenus aux agences locales. (40 % répartis en fonction du nombre d'habitants). Le reste de leurs fonds provient de l'État et dans une moindre mesure des revenus de la dotation. L'allocation d'un budget local par l'État peut être réalisée de différentes manières telles que : l'octroi d'un pourcentage annuel du budget de l'État ou des revenus provenant de l'impôt (*sales tax*) ; la création de programmes ou d'actions spécifiques comme de loterie ou de personnalisation des plaques d'immatriculation en Californie ; un prélèvement sur les impôts collectés par les hôtels, bars, locations de voitures par les touristes. V. Mark J Schuster, « Sub-National Cultural Policy - Where the Action is: Mapping State Cultural Policy in the United States » (2002) 8:2 Intl J Cultural Policy 181.

[122] Comme cela l'a été déjà mentionné, l'interventionnisme public est admis de manière bien plus restrictive aux États-Unis comparativement à la France. Le développement du secteur à but non lucratif fut souvent présenté comme la garantie de la préservation d'un État libéral. En effet, l'initiative privée se révèle une alternative au marché et à l'État ; garantissant pour cela le pluralisme au sein de la société américaine. Dès lors, la préservation du pluralisme explique la place et le rôle accordés à la philanthropie au sein de la société américaine. Sur ce point, v. Bruce R Hopkins, *The law of tax-exempt organizations*, 11th edition., Hoboken, NJ, Wiley, 2015 à la p 14 et s.

[123] Les différentes mesures fiscales relatives à la philanthropie sont regroupées au titre des « *charitable deduction provisions in federal and state laws taxing income, estates, gifts* » et permirent l'essor des musées sur le sol américain (Gerstenblith, *Art and the Law*, *supra* note 55 à la p 234).Ces différentes règles accordent un régime privilégié tant aux philanthropes qu'aux musées. Un musée doit initialement être reconnu comme éligible pour que les règles relatives aux

le désavantage de rendre les musées d'art excessivement tributaires des cycles économiques[124] et de la philanthropie, laquelle est tout aussi sensible aux variations du climat économique. Cette dépendance des musées au soutien privé fait l'objet de critiques. Notamment, pour certains, l'interventionnisme indirect de l'État américain génère une aide neutre sans prise en compte des réels besoins des *charities*. Le système de financement des institutions muséales induit une vive concurrence entre celles-ci dans la recherche de financements privés. Il fut alors soutenu qu'un tel système contrevient aux principes d'équité et de justice qui fondent toute société démocratique dans la mesure où ce système repose sur les dons d'une certaine classe sociale ayant alors le pouvoir d'imposer ses goûts. De plus, en ce que plus le don est important plus la déduction l'est, le système est également critiqué pour l'avantage qu'ils procurent essentiellement aux personnes jouissant de revenus élevés. En effet, en cumulant les dons, ces personnes mettent en œuvre une stratégie de planification patrimoniale et font peser sur la société des économies

---

dons s'appliquent. Pour être éligible au régime, l'acte philanthropique (*charitable contribution* selon la terminologie fiscale) doit alors remplir les conditions posées dans la section 501(c) (3) de l'Internal Revenue Code (IRC). L'institution muséale devra être préalablement qualifiée par les autorités fiscales comme *charitable organization* pour que le disposant puisse bénéficier du régime incitatif. Il est intéressant de relever que la fiscalité des actes philanthropiques fut introduite de manière quasi simultanée à l'introduction d'une fiscalité sur le revenu. En effet, l'impôt sur le revenu au niveau fédéral fut voté en 1913 par le Congrès qui admit, dès 1917, la possibilité de déduire les dons durant la vie du disposant. En 1918, cette règle sera complétée par une exemption des droits de mutation à titre gratuit en cas de transferts testamentaires. Ce système de déduction fiscale pour les dons faits aux organismes à but non lucratif tels les musées est défini dans la section 170 de l'IRC pour les transferts *inter vivos* et aux sections 2522 et 2055 pour les transferts testamentaires. Initialement ouvertes aux particuliers, les entreprises bénéficient aussi de déductions fiscales en contrepartie de leur soutien aux arts. De nos jours, les règles relatives à la fiscalité des actes philanthropiques constituent un corpus de normes complexes du fait des différences de traitement selon l'objet du transfert, le type de bénéficiaire ou encore les modalités du don.

[124] V. Burch, *supra* note 120. Par exemple, suite à la crise économique qui sévit durant l'ère Reagan, les musées ont fait face à une forte contraction de leurs financements privés et publics au point de générer d'importants déficits. Cette réduction du financement privé est en partie le résultat de la Tax Reform Act de 1986 qui entreprit de réduire drastiquement les taux des déductions offertes en contrepartie des actes philanthropiques. Face à l'enracinement des déficits, les musées mirent en place des processus de transformation en vue de varier et garantir leurs financements. Pour ce faire, les musées se sont depuis dotés d'experts en collecte de fonds afin de solliciter le plus grand nombre possible de donateurs, mais également pour la mise en œuvre de stratégies ayant pour fin la stabilité des revenus philanthropiques. De même, les musées diversifièrent leurs activités par une multiplication des services proposés (privatisation d'espace), et plus largement, le développement d'activités commerciales afin d'engendrer des ressources propres. Le musée d'art change alors de visage : non plus simple institution culturelle, il devient une institution de services dotée de stratégies financières élaborées, et où la philanthropie fait l'objet d'un service composé de professionnels en la matière. Parmi les différentes stratégies conduites, G. Selbach relève la stratégie d'internationalisation conduite par la fondation Guggenheim à Venise, Bilbao et tout récemment Abu Dhabi, les efforts faits en matière de gestion de collection ainsi que les modèles d'exposition clé en mains, Selbach, *supra* note 110 au para 80. Sur la stratégie d'internationalisation, v. Collectif, « Internationalisation des musées (Dossier) » [2001] 188 Espaces. Sur les stratégies commerciales des musées, v. Gérard Selbach, *Les musées d'art américains : une industrie culturelle*, coll Esthétiques, Paris, L'Harmattan, 2000.

d'impôt ainsi opérées. Enfin, il fut avancé que les dons sont orientés non selon les besoins des institutions mais dépendamment de la reconnaissance sociale qu'ils offrent aux disposants[125]. Toutefois, sans le soutien d'une fiscalité incitative, il est clair que l'offre muséale américaine n'aurait pu atteindre un tel niveau de développement et de diversité. Notamment, la loi fiscale favorise le don d'œuvres d'art à un musée à leur vente sur le marché de l'art ce qui contribue fortement au renouvellement des collections muséales et permet notamment d'introduire en leur sein des œuvres qui suscitent l'intérêt du marché de l'art[126].

En raison de la prépondérance de l'initiative privée, nous concentrerons exclusivement les développements qui vont suivre sur les musées privés[127].

---

[125] V. Howard Leoner Oleck et Martha E Stewart, *Nonprofit Corporations, Organizations & Associations*, Englewood Cliffs, NJ, Prentice Hall, 1994 aux pp 808-809.

[126] La règle joue seulement si le propriétaire de l'œuvre est certain de réaliser une plus-value sur la vente de l'œuvre. En effet, le donateur pourra déduire de son impôt le montant de l'œuvre au prix du marché, en d'autres termes, il déduit le montant de la plus-value engendrée selon la section 170 (e) (1) (A) de l'IRC. En revanche, s'il vend son œuvre sur le marché de l'art, celui-ci sera redevable de la taxe sur les gains en capital. De ce fait, en comparant le montant de la taxe sur les plus-values et l'économie fiscale réalisée à la suite du don, le propriétaire a davantage intérêt à donner l'œuvre, car la fiscalité relative à la vente générera une dette fiscale réduisant le montant du gain obtenu issu de la vente. Le dispositif fiscal favorise également les dons faits par des collectionneurs d'œuvres contemporaines (IRC, section 170 (e)(1)). V. Anne-Marie E Rhodes, « Big Picture, Fine Print: The Intersection of Art and Tax » (2003) 26 Colum J Arts 179; Sean Conley, « Paint A New Picture: The Artist-Museum Partnership Act and the Opening of New Markets for Charitable Giving » (2009) 20:1 DePaul J Art Technol Intellect Prop L 89.

[127] À titre liminaire, nous préciserons quelques points relatifs aux musées publics. D'une part les musées fédéraux sont institués et administrés par les départements et/ou agences fédérales. L'exemple à noter est celui du Smithsonian Institute qui est un complexe de 19 musées et de sept centres de recherche situés à Washington. Fondé par le scientifique britannique James Smithson pour la promotion et la diffusion du savoir après son décès, l'institut vit le jour par suite d'une loi du Congrès du 10 août 1846 faisant de l'institution un partenariat public/privé. L'institution fait partie de manière fonctionnelle et juridique du gouvernement fédéral (20 U.S.Code §§41-80) bien que celui-ci prenne initialement la forme d'un *trust*. Selon 20 U.S.C. §41, le musée se définit comme un « *trust instrumentally of the United States* », institué selon la volonté de James Smithson, et administré par le Trésor américain (V. Ullberg, Ullberg et Hostra Grogg, *supra* note 109 à la p 461.). Ses employés sont des fonctionnaires de l'État fédéral. Les condamnations financières sont prises en charge par le Trésor fédéral, et les litiges en matière de droits d'auteurs sont notamment jugés devant la United States Court of Federal Claims (V. *O'Rourke v. Smithsonian Inst Press*, 399 F(3d) 113 (2nd Cir 2005)). Le poste de responsable officiel est, par tradition, toujours occupé par le Président de la Cour Suprême. Un collège de 17 membres, le Board of Regents, gère les affaires courantes. Parmi ses membres, on retrouve notamment le Ministre de la Justice (Attorney General), trois sénateurs nommés par le vice-président du Congrès qui en fait notamment partie, trois membres de la Chambre des Représentants nommés par le Speaker de l'Assemblée (20 U.S.C. §41). D'autre part, certains musées résultent de l'initiative locale et bénéficient d'un financement direct soit au niveau de l'État, soit au niveau de la ville. Leur création résulte d'une loi particulière qui déterminera l'objet et la finalité de l'institution, son fonctionnement ainsi que l'ensemble des questions relatives à son administration (V. Lind, Jarvis et Phelan, *supra* note 119 aux pp 458-460.).

82. Les formes muséales. Le musée privé (*private museum*) est une organisation à but non lucratif qui peut prendre diverses formes telles qu'un *charitable trust*, une corporation sans non lucratif (*nonprofit corporation*), et dans de rares hypothèses, la forme d'une association[128].

Si le *charitable trust* constitue l'outil privilégié de mise en œuvre des aspirations philanthropiques, il est également la forme traditionnelle des organismes à but lucratif œuvrant dans le domaine de l'intérêt général. Ainsi, les musées privés américains étaient-ils essentiellement constitués sous cette forme.

Toutefois, le *charitable trust* fut progressivement délaissé pour les *non-profit corporations*[129] en réponse aux impératifs de gestion des activités muséales. En effet, malgré la souplesse qui caractérise le *trust*[130], la forme corporative[131] est aujourd'hui favorisée compte tenu des avantages qu'elle offre du point de vue de la gestion, de la gouvernance

---

[128] La forme associative est une forme assez rare en matière muséale, et ce d'autant que peu d'États ont adopté, à ce jour, le *Uniform Unincorporated Nonprofit Association Act*. L'association peut s'avérer une entité légale relativement incertaine et risquée en ce que les membres de l'association sont, en principe, tenus personnellement responsables des actes de l'association conformément aux règles de la théorie de l'agence (*doctrine of agency*) L'*Uniform Unincorporated Nonprofit Association Act* institue cependant une responsabilité limitée des membres. Enfin, en l'absence de dispositions légales, la forme associative ne peut qu'être à durée déterminée. Somme toute, elle demeure une entité dont la création est très simple. Outre la volonté de différentes personnes de conduire ensemble un but particulier, nulle obligation formelle n'est exigée. V. Lind, Jarvis et Phelan, *supra* note 119 aux pp 462-463.

[129] Ce constat doit toutefois être tempéré dans l'hypothèse où le *charitable trust* a pour objet de gérer des fonds comme dans le cas des fondations privées à vocation distributive. V. James J Fishman, *Nonprofit organizations: cases and materials*, 4e éd, coll University casebook series, New York, Foundation Press : Thomson, 2010 à la p 68.

[130] La constitution d'un *charitable trust* est souvent présentée comme moins contraignante. En principe, celui-ci peut être institué sans formalité déclaratoire, par la seule manifestation de volonté (*intention to create a trust*). Sur les conditions relatives à la création d'un *charitable trust*, et notamment la nécessité d'un transfert de propriété v. Austin Wakeman Scott, William Franklin Fratcher et Mark L Ascher, *Scott and Ascher on Trusts*, 5e éd, 5, Boston, Aspen Publishers, 2006 aux paras 37.2.1 et s.). En revanche, la création d'une *nonprofit corporation* requiert la réalisation de diverses formalités auprès de l'administration locale, comme l'obtention du *certificate of corporation* après enregistrement. Certains États comme celui de New York requièrent également l'obtention préalable d'une autorisation administrative pour la création de toute nouvelle *nonprofit corporation* (V. *NY Nonprofit Corporation Law*, § 404). Il a été également souligné que la gestion d'un *charitable trust* peut s'avérer moins onéreuse que celle d'une *nonprofit corporation* (V. Fishman, *supra* note 129 à la p 69.).

[131] Chaque État dispose d'une législation relative aux corporations à but non lucratif. Plusieurs États ont, cependant, adopté le modèle fédéral introduit en 1952 par une loi, the *Model Nonprofit Corporation Act*, qui fut révisé par la suite à plusieurs reprises et dont la dernière version date de 2008. En dépit de l'éclectisme local des règles relatives aux corporations à but non lucratif, certaines règles sont communément partagées. Notamment, tous les États prohibent le versement de dividendes. Tel est le fondement de la corporation à but non lucratif. En revanche, tous les États ne prohibent pas, pour autant, la réalisation de profit.

institutionnelle[132] ainsi que de la responsabilité des administrateurs[133]. Surtout, la forme corporative permet de faire évoluer plus aisément l'objet de l'activité[134] et octroie davantage de latitude quant à l'administration des dons[135]. Si cette forme offre une plus grande flexibilité opérationnelle, il n'en demeure pas moins que le musée constitue une institution d'origine philanthropique.

En somme, le modèle muséal américain est marqué par l'initiative et le soutien privé. La philanthropie joue donc un rôle clé dans le développement de l'offre muséal qui se reflète notamment dans les formes institutionnelles muséales.

C. QUÉBEC

83. Un interventionnisme public croissant. Le Québec offre, une fois de plus, un exemple intermédiaire par rapport aux développements français et américains précédents. Si le paysage muséal reste majoritairement composé de musées privés, nous allons voir que le gouvernement québécois façonna au fil des années une véritable politique muséale tout en incitant à la philanthropie par une fiscalité avantageuse.

---

[132] Par exemple, pour faire face à la démission ou au décès d'un administrateur, le disposant peut se réserver le droit de participer à l'administration de cette dernière. Tel n'est pas le cas s'agissant du *trust* dans la mesure où une fois les biens mis en *trust*, le disposant (*settlor*) perd tout droit à l'égard de ces derniers. Surtout, son activité à but non lucratif n'enlève rien au fait que la *nonprofit corporation* soit soumise au droit commun des sociétés. Aussi, l'assemblée générale des actionnaires doit être réunie annuellement en vue de définir avec le Conseil d'administration (*Board of Directors*) la « politique suivie », leurs droits et devoirs envers la société, le règlement intérieur. À cette occasion, il peut être décidé d'une réorientation de l'activité de la corporation, contrairement au *trust* qui demeure contraint par les volontés du *settlor* telles qu'exprimées dans l'acte constitutif. V. Lind, Jarvis et Phelan, *supra* note 119 aux pp 463-464.

[133] En effet, les dirigeants et membres bénéficient d'un régime de responsabilité limitée ainsi qu'un cadre précis de règles légales d'administration de l'objet de la corporation. La corporation est une entité juridique détenant les biens en son nom propre et pouvant faire l'objet de procédures judiciaires pour les dommages qu'elle aurait causés au cours de son activité (Wakeman Scott, Fratcher et Ascher, *supra* note 130 au para 348.1.). De plus, la définition des obligations fiduciaires des administrateurs, et notamment leur alignement sur le niveau d'exigence appliqué au *trust*, est l'objet de nombreux débats. En principe, les règles relatives aux obligations fiduciaires des administrateurs diffèrent du droit des *charitables trusts* en ce qu'elles sont appréciées selon des critères moins stricts. Cette affirmation semble aujourd'hui remise en cause. Les administrateurs sont dès lors assujettis à des obligations fiduciaires semblables à celles imposées aux fiduciaires. V. en sens, Gerstenblith, « The Fiduciary Duties », *supra* note 58 à la p 177 ; Gerstenblith, *Art and the Law*, *supra* note 55 à la p 254 ; Lind, Jarvis et Phelan, *supra* note 118 à la p 463.

[134] *Ibid* aux pp 463-464.

[135] V. en ce sens Susan Gary, « The Problems with Donor Intent: Interpretation, Enforcement, and Doing the Right Thing » (2010) 85:3 Chic-Kent Law Rev 977.

La politique culturelle[136] québécoise en matière d'art[137] remonte au début du XXe siècle[138]. La loi relative à la conservation des monuments et des objets d'art ayant un intérêt historique ou artistique du 21 mars 1922 constitue la première initiative culturelle publique. Avant elle, les initiatives culturelles étaient exclusivement privées, comme atteste l'exemple de l'Art Association of Montréal qui sera, par la suite, à l'origine du Musée des Beaux-Arts de Montréal. Alors fondée sur la préservation du patrimoine culturel, celle-ci intervint progressivement dans le domaine muséal. Par une loi de 1933 fut institué le « Musée de la province de Québec » lequel constituait la première institution muséale créée par le gouvernement du Québec. Aucune autre institution similaire ne fut créée avant les années 1980 si bien que le paysage muséal québécois fut essentiellement constitué de musées privés bénéficiant, malgré tout, d'aides spécifiques du gouvernement.

Même si la politique culturelle fut renforcée à compter des années 1960[139], les prémisses d'une politique muséale n'émergèrent

---

[136] La compétence provinciale en matière de politique culturelle fut l'objet de débats, notamment quant à l'interprétation des articles 91 et 92 de la loi constitutionnelle de 1867 opérant une répartition des pouvoirs entre l'État fédéral et les provinces. Puisque l'article 92 reconnaît une compétence législative pour les provinces dans les domaines ayant une incidence culturelle comme le droit civil, le bien-être social et l'enseignement, la compétence des provinces en matière culturelle fut dès lors admise. V. Maurice Croisat, *Le Fédéralisme canadien et la question du Québec*, Paris, Anthropos, 1979 à la p 31, cité dans Diane Saint-Pierre, « Les politiques culturelles au Canada et au Québec » dans Philippe Poirrier, dir, *Pour une histoire des politiques culturelles dans le monde, 1945-2011*, Paris, Comité d'histoire du ministère de la Culture, 2011, 113 à la p 114.

[137] À titre de remarque, il est pertinent de noter que la notion de patrimoine n'intégrait pas initialement l'art. En effet avant la loi de 1922, le Québec entendait la notion de patrimoine dans un sens restreint de telle sorte que la notion faisant davantage écho au patrimoine naturel et historique. L'art n'intégra la notion de patrimoine qu'à compter de 1952 avec la loi relative aux monuments, sites et objets historiques ou artistiques. La notion de patrimoine fut progressivement élargie avec la loi de 1972 relatives aux biens culturels (RLRQ, c B-4) et surtout la loi de 2011 sur le patrimoine culturel (RLRQ, c P-9.002) qui abandonne la notion de biens culturels au profit de l'expression de patrimoine culturel en vue d'y intégrer le patrimoine linguistique, immatériel et les paysages historiques. Voir, Ministère de la Culture et des Communications, « Histoire de la protection du patrimoine au Québec » (11 décembre 2012), en ligne : <http://www.mcc.gouv.qc.ca/index.php?id=5122> (consulté le 31 octobre 2021); Diane Saint-Pierre, « Politiques Culturelles et Patrimoines au Québec et Canada » (2007) 9 Culture et Musées 121 aux pp 126 -127.

[138] La politique culturelle fut notamment initiée par Athanase David, un homme politique montréalais (1882-1953), convaincu de la nécessité de l'interventionnisme étatique dans les domaines de l'éducation et de la santé (traditionnellement pris en charge par l'Église). V. Fernand Harvey, « La politique culturelle d'Athanase David, 1919-1936 » (2003) 57 Cah Dix 31 aux pp 37 et s. Le début de cette politique est marqué par la volonté d'accroître le patrimoine des Canadiens français et « d'intercéder en faveur d'une culture lettrée et élitiste ("la culture du beau") » (Saint-Pierre, *supra* note 137 à la p 123). De manière sous-jacente, la politique culturelle constituait un outil pour l'affirmation et la protection de l'identité nationale de la province (*Ibid* aux pp 123-127).

[139] Le Ministère des Affaires Culturelles est créé en 1961. Le Premier Ministre Jean Lesage déclarait alors qu'il est « de l'obligation morale » du Gouvernement du Québec de prendre « une part considérable de responsabilité en instaurant les structures administratives qui s'imposant et

qu'au début des années 1970. En effet, en 1972, le Musée des Beaux d'Art de Montréal devint un organisme à but lucratif financé à 50 % par le gouvernement alors que le musée était initialement une institution privée[140]. Puis, en 1974, le Ministère crée un service des musées privés qui a pour vocation d'apporter une aide régulière et directe aux différents musées privés accrédités[141]. Surtout, les musées deviennent une préoccupation majeure de la politique culturelle compte tenu de l'adoption, en 1983, de la Loi sur les musées nationaux[142]. Celle-ci inaugure la catégorie de musée national à laquelle s'ajoute deux nouvelles institutions : le Musée d'Art contemporain de Montréal et le Musée de la civilisation à Québec.

En dehors de ces initiatives, le Ministère maintiendra son soutien financier en dépit de la réorientation libérale de la politique gouvernementale des années 1980 et 1990[143]. Il réaffirma au cours des années 2000 l'importance des institutions muséales en renouvelant les modalités de son soutien[144].

---

en suscitant à travers elles, le mouvement dynamique de l'expression culturelle canadienne-française », Saint-Pierre, *supra* note 13 à la p 125. Celui-ci remplace la Commission des Biens culturels et jouit d'une périmètre d'action élargi au-delà de la procédure de classement des biens.

[140] La création du musée remonte à la création de l'Art Association of Montréal en 1860 qui regroupaient collectionneurs et amateurs d'art montréalais. Grâce au legs du marchand d'art Benaiah Gibb, l'association disposa alors d'un terrain et de fonds suffisants en vue de créer une institution muséale. Celui-ci légua également plusieurs œuvres d'art. Si l'actuel site n'ouvrit ses portes qu'en 1912, l'association ouvrit l'Art Gallery en 1877 qui constituait alors le premier établissement muséal canadien exposant une collection permanente et des collections temporaires. En 1949, l'association devint officiellement le Musée des Beaux-Arts de Montréal. Le musée a bénéficié depuis de l'appui de nombreux philanthropes tant au profit de son fonctionnement que pour l'enrichissement de sa collection permanente ou encore pour l'aménagement du bâtiment.

[141] Il faudra attendre l'année 2000 pour qu'une procédure de reconnaissance des musées soit officiellement instaurée. V. Québec, Ministère de la Culture et des Communications du Québec, *supra* note 67.

[142] Loi sur les musées nationaux, *supra* note 70. L'ancien musée de la Province du Québec change de nom pour devenir le Musée national des Beaux-Arts du Québec. Auparavant, le musée avait déjà changé de nom en 1960, « Musée du Québec ». Avec la loi de 1983, le musée devient exclusivement un musée d'art, celui-ci se séparant, au profit d'autres instituons muséales, de sa collection de sciences naturelles et d'archives. V. Musée national des beaux-arts du Québec (MNBAQ), « Musée National des Beaux-Arts du Québec - MNBAQ - Musée national des beaux-arts du Québec (MNBAQ) », en ligne : <http://www.mnbaq.org/en> (consulté le 31 octobre 2021).

[143] V. Saint-Pierre, *supra* note 136 aux pp 126-127. Nous pouvons notamment citer la politique culturelle de 1992 qui fut la première politique gouvernementale dans le sens où les actions culturelles sont pensées au-delà du seul ministère, pour l'ensemble des institutions publiques, des sociétés d'État et au niveau municipal. La muséologie devient notamment une priorité affirmée en ce que l'un des grands axes de cette action publique porte sur le soutien aux arts. Dans cette optique est créé le Conseil des arts et des lettres du Québec (CALQ), organisme autonome qui a pour mission d'apporter un soutien décentralisé aux acteurs du monde de l'art. V. en ce sens, Ministère de la Culture et des Communications, *La politique culturelle du Québec : Notre culture, notre avenir*, juin 1992).

[144] Le Ministère de la Culture instaura une procédure de reconnaissance des institutions muséales qu'elles soient soutenues ou non par le Ministère. Cette reconnaissance a pour fonction de valoriser la performance de l'institution et à terme de déterminer les institutions éligibles au financement ministériel. En 2010, le Ministère apportait son soutien à 120 institutions muséales.

84. Les mesures publiques en faveur de la philanthropie envers les musées d'art. Les conditions économiques et politiques du Québec n'ont pas permis au Gouvernement de maintenir les subventions publiques. À la suite de la politique « déficit zéro » initiée en 1996 par le Parti Québécois, le gouvernement réduit les dépenses publiques[145] et fait alors appel à la philanthropie pour soutenir le milieu muséal. En 2005, le Gouvernement crée Placement Culture dont le programme de mécénat vise à développer les dons et les contributions des particuliers et des entreprises en faveur des arts et notamment des musées. À l'instar du fonctionnement du *National Endowment for the Arts* aux États-Unis, Placement Culture accorde des subventions en contrepartie des fonds privés collectés ayant un effet de levier important[146].

Réaffirmant cette volonté, le Gouvernement Marois mandate en 2013 le célèbre protecteur des arts et philanthrope des musées, Pierre Bourgie, pour dresser un état des lieux de la philanthropie culturelle au Québec. Rendu en juin 2013, ce rapport souligne les carences d'une culture du don au Québec et propose différentes mesures pour inciter à la philanthropie culturelle. Le rapport souligne la nécessaire amélioration du fonctionnement du programme Placement Culture et insiste particulièrement sur la nécessité de renouveler la fiscalité des actes philanthropiques[147].

Pourtant, même si la culture du don n'est pas généralisée à l'ensemble de la population à l'instar de ce que l'on retrouve dans les pays anglo-saxons, le Québec connaît de grands philanthropes au profit des

---

V. Johanne Jutras, *Institutions muséales reconnues et soutenues*, Québec, Ministère de la Culture, des Communications et de la Condition féminine, 2010 à la p 4.

[145] V. Caroline St-Pierre, « Les musées ont besoin d'aide, de soutien et de reconnaissance », *La Presse* (5 novembre 2013), en ligne : <http://www.lapresse.ca/arts/arts-visuels/201311/05/01-4707503-les-musees-ont-besoin-daide-de-soutien-et-de-reconnaissance.php?utm_categorieinterne=trafficdrivers&utm_contenuinterne=cyberpresse_lire_aussi_4703733_article_POS1> ; Pierre Landry, « Un cri du coeur des musées du Québec », *le Soleil* (27 octobre 2013), en ligne : <https://www.lesoleil.com/opinions/point-de-vue/un-cri-du-coeur-des-musees-du-quebec-6b6b14e5cd329217224ae49c0ab24b2e> ; Frédérique Doyon, « Financement de la culture: le recul se poursuit », *Le Devoir* (30 janvier 2013), en ligne : <http://www.ledevoir.com/culture/actualites-culturelles/369619/financement-de-la-culture-le-recul-se-poursuit>.

[146] V. Pierre Bourgie, *Rapport du groupe de travail sur la philanthropie culturelle: vivement pour une culture philanthropique au Québec !*, Québec, 2013 aux pp 11-20, en ligne : <https://www.mcc.gouv.qc.ca/fileadmin/documents/publications/rapport-philantrophie-culturelle-06-2013.pdf> (consulté le 31 octobre 2021).

[147] V. *ibid* aux pp 31-37. V. aussi Christiane Gamache, « "Placements Culture": une mesure publique de soutien au mécénat culturel au Québec en alliance avec le secteur privé » dans Jean-Pierre Alline et Renaud Carrier, dir, *La culture au risque du marché, le mécénat face à ses acteurs*, coll Droit du patrimoine culturel et naturel, Paris, L'Harmattan, 2010, 161.

musées[148]. Comme nous le rappelons, seuls trois musées se trouvent être des musées nationaux, le reste du paysage muséal demeure des institutions de droit privé, même si elles connaissent pour certaines un soutien public[149].

85. Les musées nationaux. En droit québécois, les musées sont des personnes morales de droit privé ou de droit public selon qu'ils résultent de l'initiative privée ou publique. Cette différence de statut détermine la répartition entre fonds privés et fonds publics, mais également la loi qui leur est applicable. Les trois musées d'État sont soumis à la Loi sur les musées nationaux[150] et constituent des personnes morales à but non lucratif dont le régime juridique se trouve précisé dans les lois[151]. Surtout, la Loi sur les musées nationaux précise que ces derniers sont des mandataires de la puissance publique[152] et que le patrimoine qu'ils détiennent relève du domaine de l'État[153]. Ceci implique dès lors que les biens du musée sont imprescriptibles, insaisissables et inaliénables, et jouissent d'une immunité fiscale[154].

---

[148] Nous pouvons citer Liliane Stewart ou encore Claire et Pierre Bourgie qui firent des dons importants en valeur et en œuvres au Musée des Beaux-Arts de Montréal, si bien que des pavillons furent renommés en leur nom. Le Musée des Beaux-Arts de Montréal n'est pas le seul musée à bénéficier de dons exceptionnels. Par exemple, en février 2014, le couple Riverin fit don de sa collection d'art personnelle composée de 5000 objets au Musée de la civilisation de Québec. V. Isabelle Houde, « L'oeuvre d'une vie offerte au Musée de la civilisation », *le Soleil* (7 février 2014), en ligne : <https://www.lesoleil.com/archives/loeuvre-dune-vie-offerte-au-musee-de-la-civilisation-0435c5b4f1bfd2dd15cae7c8cca6a2d0>.

[149] Notamment sur les 420 institutions muséales québécoises (dans cette catégorie, il y a lieu de distinguer les musées d'art, les centres d'exposition et les lieux d'interprétation), 120 sont reconnues et soutenues par le Ministère de la Culture et des Communications, 66 seulement reconnues, et 230 ne sont ni reconnues et ni soutenues. V. Jutras, *supra* note 144 à la p 4.

[150] *Supra* note 70.

[151] Le président du conseil d'administration est directement nommé par le gouvernement qui intervient également dans le choix des autres membres du conseil d'administration (Loi sur les musées nationaux, *supra* note 70, art. 7).

[152] Il en découle que les musées nationaux ne peuvent acquérir, aliéner ou hypothéquer des biens immeubles ni même consentir à des emprunts sans l'autorisation préalable du gouvernement (*ibid*, art 25 et 26).

[153] *Ibid*, art 5.

[154] C.c.Q., art 916. « S'agissant des sociétés d'État, lorsqu'elles sont décrites dans leur loi constitutive comme des mandataires de l'État, leurs biens ont le même statut que ceux de l'État. Pour les autres personnes morales de droit public, la dualité domaniale prévaut. Il en découle que seuls leurs biens qui "sont affectés à l'utilité publique" se rattachent au domaine public, le reste de leurs biens tombe dans le domaine privé (916 al. 2 C.c.Q.). La dualité domaniale ne vaut pas pour les biens de l'État et de ses mandataires » (Sylvio Normand, Introduction au droit des biens, 2e édition., coll Le manuel de l'étudiant, Montréal, Québec, Wilson & Lafleur, 2014 à la p 421). Toutefois, l'inaliénabilité des œuvres n'est ici que de principe. L'article 22.7 de la loi sur les musées nationaux, *supra* note 70, précise que le conseil d'administration peut aliéner les œuvres conformément aux conditions prévues par le règlement intérieur de l'institution. Ceci marque une différence notable avec le régime des collections publiques des musées de France dans lequel l'inaliénabilité des œuvres, notamment acquises par dons ou legs, jouit d'une forte vigueur (C. patr., art L451-7 et art L451-8).

En dehors de ces trois musées, le paysage muséal demeure essentiellement marqué par l'initiative privée.

86. Les musées privés. Si l'ensemble des musées privés se trouvent soumis au droit commun, nous notons le cas particulier du Musée des Beaux-Arts de Montréal. Celui-ci est en effet régi par une loi spéciale - Loi sur le musée des Beaux-Arts de Montréal[155] compte tenu du soutien public particulier dont il bénéficie.

Les musées privés sont des personnes morales de droit privé et à but non lucratif[156] soumises à la partie III de la Loi sur les compagnies[157]. Celles-ci définissent les modalités de constitution des personnes morales à but non lucratif. Au regard de la lettre de l'article 1257 du C.C.Q, un musée privé pourrait tout aussi bien prendre la forme d'une fiducie d'utilité sociale[158]. Cependant, aucun musée sous forme de fiducie n'a été recensé malgré la souplesse constitutive de celle-ci[159]. Ceci tient certainement au fait que, jusqu'à l'introduction du Code civil québécois, la fiducie

---

[155] Loi sur le Musée des Beaux-Arts de Montréal, *supra* note 71.

[156] V. C.c.Q., art 299. Sur le choix lexicographique entre corporation, compagnie, personne morale et société au moment de l'entrée en vigueur du Code civil Du Québec, V. Paul Martel, *La corporation sans but lucratif au Québec : aspects théoriques et pratiques*, Montréal, Wilson & Lafleur, 2014 aux pp 2-11 à 2-12.

[157] Malgré l'entrée en vigueur de la Loi sur les sociétés par actions abrogeant la Loi sur les compagnies, RLRQ c C-38, la partie III de la Loi relative aux personnes morales sans but lucratif ainsi que les dispositions de la partie I de la Loi sur les compagnies qui leur sont applicables demeurent en vigueur.

[158] Il importe de noter que le Code civil québécois regroupe sous le terme fondation les personnes morales à but non lucratif ainsi que les fiducies d'utilité sociale.

[159] V. C.c.Q., art. 1260-1264. Par comparaison, les fondations-personnes morales, pour être instituées, doivent se conformer à la procédure des lettres patentes. En effet, il est admis que « la constitution d'une personne morale sans but lucratif n'est pas un droit, mais une prérogative accordée par le ministre. En conséquence, il faut en demander la constitution » (Michel Perreault, *Le droit des sociétés par actions et des personnes morales au Québec*, 3e éd, coll Bleue : Répertoire de droit, Montréal, Chambre des notaires du Québec, 2011 à la p 34.). L'octroi de la lettre officialise alors la création de l'organisme, lui confère un statut juridique, et de là, lui octroie la personnalité juridique. Elle atteste également la légalité du but poursuivi. Selon le *Code civil du Québec* (art 2814, al 2), les lettres patentes constituent un acte authentique, soit un acte attesté par un officier public compétent selon les lois du Québec et du Canada. En l'espèce, il s'agit du registraire des entreprises (art 1-3 de la Loi sur la publicité légale des entreprises, c P-44.1). Toute modification apportée à l'acte constitutif devra être conciliée au sein de lettres patentes supplémentaires. Cette hypothèse intervient quand l'organisme souhaite faire évoluer son objet social ou encore lorsque le nombre d'administrateurs souhaite être modifié. Le non-respect de dispositions inclues dans la lettre patente risque de provoquer la dissolution de la personne morale. Le registraire peut prescrire des clauses particulières à insérer dans les lettres patentes. Notamment, la possibilité pour la personne morale sans but lucratif d'acquérir des actions de sociétés par actions (au sens des articles 44 et 224 de la Loi sur les compagnies, *supra* note 157) devra faire l'objet d'une mention spéciale dans les lettres patentes. Il en sera de même pour la possibilité de la personne morale de varier le nombre de ses administrateurs, pour les modalités de leur destitution, pour l'organisation d'assemblée annuelle et des élections des administrateurs en dehors du Québec. Enfin, les lettres patentes devront préciser la distribution du boni de liquidation à une organisation exerçant une activité analogue.

constituait davantage un mode de disposition à cause de mort, et non une forme institutionnelle ayant vocation à la réalisation d'une œuvre d'intérêt général[160]. De plus, la forme corporative présente moins d'aléas[161].
En somme, une fois de plus le Québec, nous offre une voie médiane entre ce qui fut constaté en France et aux États-Unis. En effet, bien que le paysage muséal résulte essentiellement de l'initiative privée, le Québec est doté d'une politique culturelle.

***

CONCLUSION DE LA SECTION

87. Cette section avait pour objectif de qualifier les différents modèles muséaux afin de déterminer les particularités du contexte muséal français, et corrélativement le rôle et la place tenue par la philanthropie. Pour ce faire, nous nous sommes concentrés, tout d'abord, sur la définition juridique du musée d'art puis sur sa nature et ses formes institutionnelles. Or, la France s'est distinguée des États-Unis et du Québec sur chacun de ces éléments.

En effet, contrairement aux autres pays de l'étude, la France a établi dans la loi un « statut général du musée[162] ». Ce statut, commun aux institutions publiques et privées, consacre le musée comme catégorie juridique autonome soumis à un régime particulier lorsque ce dernier

---

[160] C.c.B.c., art 869.
[161] La partie III de la Loi sur les compagnies, *supra* note 156 s'intitule « Des corporations ou associations n'ayant pas de capital par actions, constituées par lettres patentes ». Cette partie vise exclusivement les modalités de création pour ce type de personnes morales dont la fin est « sans intention d'un gain pécuniaire », et, « organisé dans un but national, patriotique, religieux, philanthropique, charitable, scientifique, artistique, social professionnel, athlétique ou sportif ou du même genre ». La portée exacte de la loi québécoise sur les compagnies est plus complexe qu'il n'y paraît en raison des renvois à la partie I de la Loi sur les compagnies laquelle est abrogée. Les articles 298 à 333 du Code civil du Québec (C.c.Q.) établissent dès lors le régime de droit commun des personnes morales, ce qui inclue les règles relatives au fonctionnement des personnes morales ainsi que le régime des administrateurs. L'article 300 C.c.Q. précise néanmoins que ces règles ont un caractère supplétif et ne s'appliquent qu'en cas de carence des dispositions des lois particulières relatives aux personnes morales. C'est ainsi que les dispositions du Code civil ont vocation à s'appliquer s'agissant des devoirs des administrateurs. En dépit de cette règle, l'articulation des sources du droit applicable aux personnes morales à but non lucratif fait l'objet d'incertitudes. Au titre des dispositions de l'article 334 du C.c.Q, le fonctionnement de ces personnes morales devraient relever exclusivement de la Loi sur les compagnies et des lois particulières. Pourtant, la Cour suprême a jugé que les règles relatives aux articles 355 à 364 relatifs à la dissolution et à la liquidation des personnes morales s'appliquent aux personnes morales sans but lucratif puisque les dispositions auxquelles la partie III renvoyait ont été abrogées. (*Fédération des producteurs acéricoles du Québec c Regroupement pour la commercialisation des produits de l'érable inc*, 2006 CSC 50, [2006] 2 RCS 591). Plusieurs propositions de loi ont depuis été faites afin de clarifier le droit applicable aux sociétés et personnes morales sans but lucratif, mais aucune n'a abouti à ce jour. V. Martel, *supra* note 156 aux pp 2-8 à 2-10.
[162] Mirieu de Labarre, *supra* note 4.

bénéficie de l'appellation « Musées de France »[163]. En retenant comme critère central celui de l'existence d'une collection permanente, la France retient également, du point de vue substantiel, une définition restrictive du musée d'art comparativement à ce qui fut constaté aux États-Unis et au Québec. Tout en apportant davantage de précisions sur le domaine de notre étude, l'analyse de la notion de musée d'art permit surtout de mettre en exergue l'emprise publique sur le domaine muséal au travers de l'appellation « Musées de France ». En effet, contrairement au Québec, il ne s'agit pas d'une simple certification professionnelle mais bien d'un concept normatif.

Par ailleurs, l'interventionnisme public est encore plus manifeste au regard de la nature essentiellement publique du paysage muséal français. Les musées privés, qu'ils jouissent ou non de l'appellation « Musées de France » ne composent qu'une partie résiduelle de ce dernier[164].
Ceci nous conduit à l'observation que l'initiative muséale privée fut éclipsée par l'initiative publique au motif que la puissance publique s'est très tôt emparée du développement de l'offre muséale[165]. Ce constat explique alors que la philanthropie soit reléguée, en France, au second plan. Son rôle est circonscrit à celui d'aide financière et matérielle, sauf dans le cas résiduel des musées privés. Pour ces raisons, on comprend également que la philanthropie française ait du mal à s'affranchir de son rôle d'auxiliaire du financement public[166] et qu'elle ne soit, dans la majorité des cas, perçue qu'en des termes financiers et fiscaux[167]. Son rôle d'animateur culturel n'est que subsidiaire en ce que les musées font partie intégrante du service public culturel et relèvent de la politique culturelle conduite par la puissance publique[168]. Notamment, nous avons

---

163 Cornu, *supra* note 32.

164 Goliard, « Musées privées et label Musée de France » *supra* note 31.

165 V. en ce sens, Anne Héritier, « De mécène à mécénat, des idées reçues à une réalité politique et sociale : une approche historique. » dans *La culture au risque du marché, le mécénat face à ses acteurs*, coll Droit du patrimoine culturel et naturel, Paris, L'Harmattan, 2010, 85.

166 J. Rigaud insista, à diverses reprises, sur la méprise quant à la philanthropie qui ne saurait « combler les fins de mois d'un État nécessiteux » et prônant les bienfaits qu'un financement croisé peut avoir au-delà du seul apport financier complémentaire comme en matière de diversité culturelle. « C'est par la recherche de nouvelles formes de collaboration et de conjonction entre les initiatives publiques et privées que l'on parviendra à sortir de l'impasse où se placent ceux qui ne voient d'avenir que dans la croissance des financements publics de la culture. [...] Les uns et les autres [les responsables politiques] ne songent à l'initiative privée que pour lui transférer des charges que les finances publiques ne peuvent plus assumer, ou l'enrôler, à titre d'auxiliaire, dans la gestion des services publics dont l'État se réserverait l'initiative et la conduite » (Jacques Rigaud, *Les deniers du rêve : essai sur l'avenir des politiques culturelles*, Paris, B Grasset, 2001 aux pp 151-152).

167 *Ibid* aux pp 178-180.

168 « L'administration [...] professe à l'égal d'un dogme la conviction que l'État a le monopole de la définition et de la mise en œuvre de l'intérêt général, toute personne ou entité qui prétendrait s'en mêler étant par définition rivale, donc suspecte et illégitime » (*ibid* aux pp 151-152). Même

vu que les musées privés qui ne sont pas des « Musées de France » sont dépourvus de certains avantages comme une fiscalité avantageuse, une éligibilité à certaines subventions, sans oublier un régime des collections muséales plus protecteur que les règles de droit commun.

Aux États-Unis, ce sont les fonds publics qui jouent « un rôle résiduel[169] » par rapport à l'initiative privée dans le développement de l'offre muséale. Certains attribuent même à certaines fondations privées le rôle d'animateur culturel qui caractérise le Ministère français de la Culture.[170].

Le Québec présente quant à lui les traits d'un modèle muséal mixte[171]. En effet, « le modèle québécois tend [...] vers une hybridation des deux grands modes de fonctionnement, soit la concession de responsabilités à des sociétés d'État et à des organismes de financement autonome, largement inspirés du modèle anglo-saxon, et le maintien du rôle central de la réglementation gouvernementale et d'un ministère de la Culture dans l'attribution directe de financements gouvernementaux » [172]. On retrouve dans l'exemple québécois des similarités avec le modèle muséal américain quant au rôle de l'initiative privée et notamment la présence de grands philanthropes, mais également avec le modèle français où le Ministère est un acteur majeur du monde muséal au gré des subventions et de son action en faveur de la philanthropie. Cependant, le Ministère de la Culture jouit d'un rôle bien moins marqué, notamment parce que la notion de service public, qui forge l'interventionnisme public français en matière culturelle, ne se retrouve pas au Québec. Au regard de ces éléments, le modèle muséal québécois se trouve à mi-chemin des modèles français et étatsunien. Ce modèle est intéressant, car plutôt que de présenter la philanthropie comme une alternative ou un support de l'interventionnisme public, il révèle un modèle muséal dual à la fois bâti sur l'interventionnisme public et la philanthropie.

Finalement, il ressort de ces éléments que la place et le rôle tenu par la philanthropie dans le domaine des musées d'art sont définis, en France,

---

si aujourd'hui certaines fondations privées (par exemple, la fondation Vuitton) renouvèle l'offre muséale, cette dernière demeure essentiellement sous l'emprise publique.

[169] *Ibid* à la p 164.

[170] Notamment, si la fondation Ford fut particulièrement innovante dans les techniques de levée de fonds, elle se démarqua aussi par son approche du soutien aux institutions culturelles. Outre un appui financier, la Fondation Ford prônait l'apport d'un soutien justifié. Les notes internes de la Fondation s'attardaient à définir le sens d'intérêt général, insistaient sur le souci de construire un dispositif durable où l'autonomie et l'efficacité des institutions constituaient de véritables priorités. Certains virent dans l'action de la Fondation, et notamment dans ces notes, l'équivalent de directives administratives (Frédéric Martel, *De la culture en Amérique*, coll Champs Essais, Paris, Flammarion, 2011 aux pp 423-424).

[171] Saint-Pierre, *supra* note 136.

[172] Saint-Pierre, *supra* note 137 à la p 130.

par la puissance publique[173]. En effet, celle-ci décrète les modalités de l'initiative privée, mais aussi les orientations du soutien privé. Notamment, le titre II relatif aux acquisitions de biens culturels du Code du patrimoine consacre une section au mécénat[174]. L'article L122-7 dudit Code prévoit l'hypothèse par laquelle une entreprise permet l'acquisition par l'État de trésors nationaux ayant fait l'objet d'un refus de délivrance d'un certificat d'exportation par l'autorité administrative et pour lesquels l'État a fait au propriétaire du bien une offre d'achat[175]. Ainsi, le législateur instrumentalise la philanthropie de sorte que celle-ci soutienne la mise en œuvre de la politique culturelle définie par la puissance publique[176].

Si le rôle et la place de la philanthropie sont intrinsèquement liés au modèle muséal dans lequel elle s'inscrit, voyons à présent comment celle-ci influe sur l'administration des musées d'art quel que soit le modèle muséal considéré.

---

[173] Rigaud, *supra* note 166 à la p 164.

[174] C. patr., art L122-4 à L122-8.

[175] Sous réserve de respecter les conditions prévues à l'article 238bis O-A du CGI, l'entreprise bénéficie d'une réduction d'impôt égale à 90 % des versements effectués.

[176] Il convient ici de dresser un parallèle avec la dation en paiement laquelle constitue une autre mesure fiscale permettant l'enrichissement des collections publiques. Sous l'influence d'André Malraux, le mécanisme de la dation en paiement fut introduit par la loi du 31 décembre 1968 permettant ainsi à un particulier de s'acquitter de certaines dettes fiscales par la cession d'une œuvre d'art. Initialement prévue pour les droits des successions, la mesure fut utilisée pour le règlement des successions de Matisse, Cézanne, Picasso ou encore Chagall. Elle fut étendue aux droits de mutation à titre gratuit entre vifs mais demeure refusée au paiement de l'impôt sur la fortune (art 885-D CGI). Son mécanisme est défini à l'article 1716 bis du CGI. V. Frédéric Bicheron, *La dation du paiement*, thèse de doctorat, Université Panthéon-Assas Paris II, 2006. V. également Jean-Raphaël Pellas, *La fiscalité du patrimoine culturel*, coll Systèmes, Paris, LGDJ, 2003 à la p 127 et s ; Eric Mirieu de Labarre, « Le statut fiscal de l'objet d'art » (2006) 20 R de D fiscal 973 au para 22 et s. À titre comparatif, nous noterons que certaines mesures fiscales américaines favorisent également la constitution de collections, mais des collections privées. Notamment, il s'agit de la mesure connue sous le nom « the Payne –Aldrich Tariff » de 1909 qui fixa une liste d'exemptions des droits d'entrée pour les œuvres d'art vieilles de plus de 20 ans. Cette mesure fut introduite après que J. Pierpont Morgan, banquier et grand collectionneur de photographies confia au Sénateur-Président de la Monetary Commission, au cours d'un dîner à Londres en 1906, son souhait de donner sa riche collection au Metropolitan Museum. Avant cela, les droits d'entrée sur le territoire des photos lui auraient coûté environ un million et demi de dollars. En 1913, les droits d'entrée imposées aux œuvres d'art furent allégés pour toutes les œuvres originales (peu importe leurs âges, qui seraient exemptées de droits d'entrée). Cette mesure fut essentielle en ce qu'elle donna un coup de pouce majeur à la constitution de collections privées. Ainsi, de riches Américains venant en Europe importèrent ainsi de nombreuses œuvres européennes exceptionnelles aux États-Unis (notamment de nombreuses œuvres impressionnistes). De nos jours, cette mesure permet aux musées américains d'être des acteurs majeurs du marché de l'art sur le plan international., V. Gerstenblith, *Art and the Law*, *supra* note 55 à la p 242.

Section II. L'ACTE PHILANTHROPIQUE ET L'ADMINISTRATION DES MUSÉES D'ART

88. Annonce de plan. Ainsi, quel que soit le système juridique, les musées d'art entretiennent un rapport privilégié avec la philanthropie. Toutefois, la sollicitation de la philanthropie par les musées d'art n'est pas sans conséquence pour ces derniers. En effet, il est de l'essence de la philanthropie que de porter avec elle le risque d'une immixtion du disposant dans la conduite des activités muséales. La présence d'un tel risque explique notamment l'essor des normes éthiques à l'échelle globale, lesquelles constituent, à ce jour, une source de normativité majeure des actes philanthropiques au profit des musées d'art. Ainsi, après avoir étudié l'influence de la philanthropie sur la réalisation des missions muséales (I), nous aborderons la question du développement des normes éthiques en réaction aux dérives de la philanthropie au profit des musées d'art (II). Puisque ces questions ont une portée transnationale, il n'est pas nécessaire ici de procéder à des développements distincts pour chacun des États de notre étude.

I. L'INFLUENCE DE LA PHILANTHROPIE SUR LA RÉALISATION DES MISSIONS MUSÉALES

89. Position du problème. Comme nous l'avons déjà indiqué, la philanthropie au profit des musées d'art se matérialise essentiellement par l'octroi de fonds ou par un don d'objets culturels. Toutefois, les implications de la philanthropie dépassent bien souvent les enjeux relatifs au financement des institutions. Par exemple, il est très fréquent que le disposant assujettisse son don à l'obligation d'exposition sans interruption des œuvres données ou encore à l'intangibilité de la collection donnée. Si ces modalités sont un moyen pour le disposant de laisser la marque de son geste philanthropique, il apparaît que la philanthropie n'est pas qu'une simple opération patrimoniale. Celle-ci peut entrainer l'immixtion du disposant dans la conduite des activités muséales.

90. La philanthropie et le contenu des collections muséales. Le contributeur peut-il, en rétribution de sa générosité, intervenir dans les choix culturels du musée ? Il semble alors inévitable qu'une ingérence se fasse puisque l'enrichissement des collections est tributaire des dons. La composition des collections dépend en effet des aspirations artistiques des contributeurs.

Aussi, en France où le financement muséal se veut essentiellement public, il a été constaté, à diverses reprises, que la contribution publique avait pour effet d'insuffler une tendance conservatrice dans la composition des collections[177]. Doit-on rappeler la perte des œuvres de Caillebotte du fait que l'État ne considérait pas les œuvres impressionnistes de l'artiste comme d'une valeur artistique suffisante pour entrer dans les collections nationales [178]? Les pièces maîtresses de l'artiste, considéré aujourd'hui parmi les plus grands artistes impressionnistes français, se trouvent dès lors à l'*Art Institute* de Chicago. De même, les philanthropes permirent un renouvellement des collections muséales ainsi que leur diversification entrainant ainsi un élargissement sensible de la notion même de beaux-arts. Il fallut attendre 1981 pour que la photographie artistique entre dans les musées français. Avant cela, elle n'était pas considérée comme relevant du domaine de l'art. En revanche, elle fut bien plus tôt acceptée dans les collections muséales américaines. Par exemple, le département de photographie de l'Art Institute de Chicago ouvrit en 1949 à la suite du don de la collection Alfred Stieglitz par G. O'Keeffe[179]. Il en va de même pour l'art contemporain[180]. Il est reconnu que les collections françaises ont longtemps fait preuve d'un plus grand classicisme[181]. Le constat

---

[177] Le manque de renouvellement de l'offre culturelle en France étaient un des arguments de l'étude menée par Jacques Rigaud, Philippe Douste-Blazy pour le Ministère de la Culture, *Pour une refondation de la politique culturelle*, Paris, La Documentation française, 1996. Sur la pertinence d'un financement croisé à l'égard de l'offre culturelle, v. Manlio Frigo, « Le rôle des règles de déontologie entre le droit de l'art et la régulation du marché » (2003) 3 JD Intl 883 à la p 892. Pour une étude comparée du sujet entre la France, l'Angleterre et les États-Unis, v. Paul Kearns, *The Legal Concept of Art*, Oxford, Hart, 1998 aux pp 126-130.

[178] Jeanne Laurent, *Arts & pouvoirs en France de 1793 à 1981: histoire d'une démission artistique*, coll Travaux / Université de Saint-Etienne, Centre interdisciplinaire d'études et de recherches sur l'expression contemporaine, 0335-8402 ; 34, Saint-Etienne, Université de Saint-Etienne, Centre interdisciplinaire d'études et de recherches sur l'expression contemporaine, 1982 aux pp 84 et s.

[179] Art Institute Chicago, en ligne: < https://www.artic.edu/artists/36062/georgia-o-keeffe> (consulté le 31 octobre 2021).

[180] Le MoMa fut créé en 1929 par Louis Sulli et avec l'aide de treize célèbres collectionneuses dont Abbie A Rockfeller: "Founded in 1929 as an educational institution, The Museum of Modern Art is dedicated to being the foremost museum of modern art in the world. Through the leadership of its trustees and staff, The Museum of Modern Art manifests this commitment by establishing, preserving, and documenting a permanent collection of the highest order that reflects the vitality, complexity and unfolding patterns of modern and contemporary art; by presenting exhibitions and educational programs of unparalleled significance; by sustaining a library, archives, and conservation laboratory that are recognized as international centers of research; and by supporting scholarship and publications of preeminent intellectual", MoMA, « About Us », en ligne: <http://www.moma.org/about/index> (consulté le 31 octobre 2021).

[181] V. Augustin Girard, « Les politiques culturelles d'André Malraux à Jack Lang : ruptures et continuités, histoire d'une modernisation » (1996) 20:2 Hermès 26 aux pp 33 et s. Il convient de souligner l'initiative du Ministère de la Culture en mars 2010 avec la création d'une mission de la photographie au sein de la Direction générale des patrimoines, pour notamment donner « une plus grande vitalité et diversité dans l'écriture photographique du paysage français ». La mission fut

semble encore d'actualité au sujet de la place du design dans les musées. La France se montre réticente[182] tandis que certains musées américains font preuve d'avant-gardisme en l'espèce[183].

91. Ainsi, certains auteurs établirent une corrélation entre l'origine dominante du financement et le renouvellement des collections muséales. Dressant un portrait comparé de l'interventionnisme public en matière culturelle entre l'Angleterre, la France et les États-Unis, P. Kearns dénonce, dans le cas de la France, un manque d'innovation dans les constitutions muséales, lequel découle, selon l'auteur, du financement public de la culture[184]. Il note alors que le modèle muséal américain de nature privée permet un plus grand éclectisme dans la notion d'art que celui de « l'art promu »[185]. Doit-on pour autant conclure de ces

ensuite remplacée en 2017 par la Délégation à la photographie placée au sein de la Direction générale de la création artistique (*Arrêté du 22 juin 2017 modifiant l'arrêté du 12 juin 2015 relatif aux missions et à l'organisation de la direction générale de la création artistique*, JO, 1 juillet 2017, n°153, texte n°14).

[182] V. en ce sens, Sophie Flouquet, « L'impossible musée ? », *Journal des Arts, n°280* (24 avril 2008) 20.

[183] V. en ce sens, Philippe Régnier, « Être un musée à la fois moderne et encyclopédique », *Journal des Arts, n°304* (29 mai 2009) 4.

[184] Kearns, *supra* note 177 aux pp 126-130.

[185] *Ibid.* Cette affirmation se trouve appuyée par l'exemple de la célèbre affaire Mapplethorpe où l'interventionnisme de la puissance publique se solda par une censure des œuvres de l'artiste. Le NEA alloua une somme de 30,000 dollars à Robert Mapplethorpe et 15,000 dollars à Andres Serrano à la fin des années 1970, deux artistes dont les travaux étaient souvent considérés comme obscènes. Face à l'audace du choix de l'artiste, le Congrès empêcha indirectement, par la suite, le NEA de financer des œuvres d'artistes estimées comme portant atteinte à la moralité publique. Il imposa notamment à chaque artiste la signature d'un engagement de ne pas produire de tels travaux en contrepartie du soutien du NEA. Plusieurs artistes refusèrent le financement plutôt que de se voir censurés. En 1991, le Congrès américain atténua cette contrainte en substituant la formule suivante dans l'acte liant l'artiste à l'institution : "artistic excellence and artistic merit are the criteria by which application are judged, taking into consideration general standards and respect for the diverse beliefs of the American Public". L'artiste n'a plus à signer d'engagement de non-obscénité, mais, il devra se comporter en fonction des standards de décence. Ceux-ci sont appréciés non par le NEA, mais par le juge. Cependant, rien n'empêche le Gouvernement à la réception du travail de refuser celui-ci pour cause de son obscénité selon la Cour Suprême (*National For the Arts v. Finley*, 524 US 569 [1998]). Toutefois, le juge veillera au respect de la liberté d'expression protégée par l'Amendement Premier de la Constitution. Les idées, aux États-Unis, sont libres selon cet amendement. Il est important que toutes soient exprimées afin d'enrichir en permanence le débat et les esprits. En revanche, sera prohibé un acte illégal manifestant l'idée, mais jamais l'idée en elle-même selon le célèbre arrêt de la Cour Suprême (*RAV v. St Paul*, 505 US 377 [1992]). Quelle que soit l'idée, elle ne peut être sanctionnée, seul l'acte par lequel elle est exprimée peut s'avérer litigieux. Le juge américain réaffirme régulièrement l'importance de la liberté d'expression en matière culturelle. Dans l'affaire Saatchi, il affirma notamment que le financement public ne pouvait justifier une quelconque censure. Lors de l'exposition Saatchi au Musée de Brooklyn de 1999, la ville de New York a bloqué les fonds en principe alloués au musée et prévus au budget, et saisit le juge afin d'annuler le prêt d'immeuble dans lequel le musée exposait sa collection depuis plus de cent ans. La collection était composée d'œuvres de jeunes artistes anglais qui faisaient, à cette époque, scandale. Il s'agissait notamment de l'œuvre controversée *The Holy Virgin Mary* de Chris Ofili L'affaire fut portée devant le juge de l'État New York. Au titre de l'amendement 1er de la Constitution, la ville fut déboutée de sa demande (*Brooklyn Inst Of Arts and Sciences v. New York & R Guiliani*, 64 F. Supp. 2d 184 [1999]).

développements que la philanthropie garantit aux musées une plus grande liberté artistique ?

Certains économistes de la culture avancent que la philanthropie assure un plus grand renouvellement des artistes et de l'art exposés dans les musées. Les subventions publiques parviendraient essentiellement à des artistes déjà reconnus et installés, suscitant un phénomène d'académisme des collections muséales. Ainsi, l'évolution des collections peut se trouver figée par l'avis artistique des généreux disposants. Les économistes Baumol et Bowen, à la suite de leur étude sur le spectacle vivant, constataient qu'en général les interférences publiques étaient moindres que celles du privé. Ces dernières auraient davantage tendance à dicter le « goût du public ». Notamment, la place prédominante des fondations dans le paysage culturel américain, et, plus largement, dans toutes les activités philanthropiques provoque un réel débat. Sans remettre en cause leur générosité, nécessité et efficacité, certains auteurs voient en celles-ci une sorte de « *shadow government* ». En complétant l'aide publique, elles s'octroient le pouvoir d'imposer un modèle et un contenu culturel.

92. À ce titre, il convient de souligner les effets induits sur l'activité muséale de la recherche quotidienne de financement privés par les musées américains. Celle-ci génère une forte concurrence entre les musées compte tenu du caractère plus rare voire aléatoire des sources de financement. C'est ainsi que les musées américains n'hésitent pas à construire leur programme culturel en vue d'attirer le plus grand nombre de contributeurs privés. Pour certains auteurs, ce phénomène est le reflet d'une mutation profonde de l'activité muséale américaine. En ce que la collection permet de créer l'identité d'un musée et participe à sa renommée, elle était, jusque dans les années 1970, le cœur de l'activité muséale. Les *missions statements* des institutions muséales établissaient dès lors, comme priorité, le devoir d'entretien et de préservation des collections. Cependant, à partir des années 1970, le marché de l'art a connu une réelle expansion si bien que les prix des œuvres ne cessèrent d'augmenter depuis. Cela eut un double effet. D'une part, l'augmentation des prix du marché de l'art eut pour conséquence de réduire les actes philanthropiques d'objets culturels, le marché étant bien plus rémunérateur. D'autre part, et de manière corollaire, les musées ont eu de plus en plus de difficultés à constituer, modifier et enrichir leurs collections. C'est dans un tel contexte que les musées américains durent s'orienter vers une démarche « plus gestionnaire » de leurs collections. Ainsi, l'activité de collection fut relayée au second plan au profit de celle d'exposition, cette dernière étant source de revenus pour le musée. En effet, la réalisation de grandes expositions à succès permet d'attirer un grand public et de constituer l'image du musée. Ces expositions constituent ainsi un nouvel élément attractif pour les actes philanthropiques, et génèrent des recettes supplémentaires pour les musées grâce aux ventes de produits dérivés. S'il est vrai que de telles expositions permettent de favoriser les publications, d'apporter de nouvelles connaissances et compétences au musée, elles enferment le musée dans une nouvelle sorte de dépendance économique. La réussite de l'exposition en nombre d'entrées est fondamentale. De même, ces expositions tendent à opérer un changement dans l'esprit du public en ce qu'il considère, de plus en plus, l'art comme un évènement, une visite exceptionnelle. Les collections permanentes s'en trouvent souvent délaissées par le public (et même par les philanthropes) si bien que la mission éducative du musée se trouve affectée par ce changement d'orientation[186].

93. La philanthropie et la gestion des collections. L'immixtion du disposant peut aussi se manifester dans la gestion des collections. En effet, il est courant que le disposant grève le don de l'objet culturel d'obligations relatives au maintien de l'unité de la collection donnée ou encore aux conditions d'exposition, de conservation et de mobilité des œuvres. Comme elles sont bien souvent déterminantes pour la réalisation des actes philanthropiques au profit du musée d'art, les musées se trouvent parfois forcés d'accepter de telles charges pour bénéficier du don. Sous couvert de sa générosité, le disposant contraint la gestion des collections muséales[187]. Pour le musée d'art, l'immixtion du disposant est alors le prix à payer pour obtenir des dons.

Par conséquent, si la philanthropie permet de réaliser des projets que la puissance publique ne peut soutenir, celle-ci appelle une certaine prudence de la part des musées. En effet, la philanthropie permet le

---

[186] Theodore E. Stebbins Jr. Et al, « The museum's collection » dans Martin Feldstein, dir, *The Economics of Art Museums*, Chicago, University of Chicago Press, 1992, 13 aux pp 18 et s.

[187] En effet, en grevant de charges sa libéralité (par ex., clause d'inaliénabilité, obligations quant à la conservation ou exposition des objets culturels), le disposant définit les modalités dans lesquelles il souhaite que les biens soient affectés au musée d'art. v. *infra* aux paras 229 et s. Comp. Au Canada, l'affaire *McMichael v. Ontario* relative à la création et l'administration de McMichael Canadian Art Collection est un exemple important de l'immixtion du disposant dans la conduite dans la gestion des collections. En effet, le disposant avait formulé dans le *trust instrument* d'importantes restrictions quant au renouvellement des œuvres composant la collection de l'institution. Ce dernier ne voulait que seules des œuvres du Groupe des sept rejoignent la collection et ne permettaient pas l'ouverture de la collection à d'autres artistes canadiens (Albert J McLean, « One Man's Obsession » (1998) 7 :2 Int J Cult Prop 496). Il fut à ce titre noté que le *charitable trust* permet une telle démesure des volontés philanthropiques contrairement au droit des libéralités selon lesquels il est de principe qu'un disposant ne peut grever son don de charges (*conditions*) qui seraient incompatibles avec les attributs normaux de la propriété (*ibid* à la p 508).

renouvellement de l'offre muséale, mais parfois au prix d'une immixtion du disposant dans la définition de cette dernière.
Ceci constitue une contrainte majeure à prendre en considération dans le contexte de la volonté française d'intensifier le rôle de la philanthropie au profit des musées d'art.

Ce risque que présente l'acte philanthropique explique également l'émergence de normes éthiques propres au contexte muséal afin notamment d'encadrer les relations entre le disposant et le musée.

II. LA PHILANTHROPIE ET L'ESSOR DES NORMES ÉTHIQUES MUSÉALES

94. L'importance des normes éthiques dans le contexte muséal. Veillant à établir un socle de « *valeurs de transparence, loyauté, intégrité et de bonne gouvernance*[188] », les normes éthiques[189] constituent un cadre normatif majeur qui touchent à l'ensemble des problématiques muséales[190]. Dans le cas précis de la philanthropie envers les musées d'art, ces normes encadrent tant l'acceptation des dons que leur exécution ou encore règlementent l'octroi des contreparties offertes au disposant en échange de son acte[191]. En cela, elles posent les limites de la pratique philanthropique pour en éviter les dérives.

95. Typologie des normes éthiques muséales. En effet, les normes éthiques muséales sont nombreuses et diverses en ce qu'elles sont produites par différentes institutions — professionnelles et/ou publiques — et relatives à l'ensemble des problématiques muséales. Toutefois, il

---

[188] Géraldine Goffaux-Callebaut, « Les enjeux éthiques du mécénat » (2015) 28 Juris Art 34; « Les outils juridiques de l'éthique du mécénat » dans Géraldine Goffaux-Callebaut, *Éthique et patrimoine culturel : regards croisés,* coll Droit du patrimoine culturel et naturel, Paris, L'Harmattan, 2016, 161 à la p 165.

[189] Les normes éthiques peuvent être définies comme l'ensemble des normes instaurant « une morale professionnelle ». Elles sont ainsi entendues comme « la science du devoir professionnel » (Denis Alland et Stéphane Rials, *Dictionnaire de la culture juridique*, coll Quadrige, Dicos poche, Paris, PUF, 2003, *suvb verbo* « éthique »).

[190] M. Frigo utilise notamment l'expression de « contenu typique » pour qualifier le contenu de ces normes, et souligne qu'il: « convient de remarquer que, dans la majeure partie des textes considérés, se retrouvent des règles déontologiques relatives à des aspects essentiels faisant déjà l'objet de réglementations spécifiques de la part des conventions internationales d'importance. Il s'agit, notamment, d'acquisitions et de cessions de collections, d'origine des collections, de conduite professionnelle des adhérents, de sanctions dans les cas de non-respect des règles en question » (Frigo, *supra* note 177 à la p 887).

[191] Michel Herbillon, *Les nouvelles formes du mécénat culturel*, Rapport d'information, n° 4358, Paris, Assemblée Nationale, Commission des Affaires Culturelles et de l'Education, 2012 à la p 36.

est possible de distinguer ces normes en fonction de leur portée générale ou spéciale.
Relèvent de la première catégorie les codes ou chartes éthiques qui, en ce qu'ils constituent « *un ensemble de devoirs inhérents à l'exercice d'une activité professionnelle* [192]» veillent à instaurer un environnement muséal transparent, professionnel et sécurisé, luttant ainsi contre le trafic illicite des œuvres ou toute autre pratique qui serait susceptible de nuire aux collections muséales[193].

Notamment, le Code de déontologie de l'ICOM pour les musées, introduit en 2001[194], constitue le texte de référence en la matière. En effet, en tant que principale organisation internationale représentant les musées et leurs professionnels, l'ICOM[195] établit, à travers son réseau muséal, une gouvernance mondiale hiérarchisée en vue d'accompagner les différents acteurs de la communauté muséale dans la préservation, la conservation et la transmission des biens culturels[196]. Si le Code de l'ICOM jouit d'une grande autorité, on ne saurait oublier de mentionner dans le contexte nord-américain celle des codes produits par *l'American Alliance of Museums*[197] et l'*Assocation of Art Musuems Directors* [198].

---

[192] *Vocabulaire juridique, sub verbo* « charte éthique ».

[193] L'American Alliance of Museums (AAM) met à disposition, sur son site internet un document décrivant la procédure à suivre et les éléments à intégrer quand les musées décident de se doter d'un document éthique. L'association préconise qu'un tel document doive traiter des thématiques suivantes : la gouvernance muséale et les devoirs professionnels, la gestion des conflits d'intérêts, les questions éthiques relatives aux collections, le respect de la loi dans la conduite des activités muséales et des standards éthiques muséaux, la procédure d'acceptation et de modification du code et les conditions de sa mise en œuvre voire les sanctions relatives. AAM Code of Ethics for Museums, en ligne : < https://www.aam-us.org/programs/ethics-standards-and-professional-practices/code-of-ethics-for-museums/ > (consulté le 31 octobre 2021).

[194] Cette version se base sur deux documents éthiques de l'organisation : Ethique des organisations de 1970, et, une première version du Code de déontologie en date de 1986 (Assemblée Générale de Buenos Aires). Sur la base d'une version de 2001 fut adoptée, après trois séries consultations des membres, en Assemblée générale, en 2004 21ème Assemblée générale de l'ICOM, Séoul, 8 Septembre 2004.

[195] L'ICOM est la seule organisation de musées et de professionnels de musées à l'échelon mondial. Créée en 1946, elle est une institution spécialisée de l'UNESCO ayant pour mission de promouvoir et protéger le patrimoine culturel et naturel, présent et futur, tangible et intangible. ICOM, « À propos », en ligne : <http://icom.museum/lorganisation/L/2> (consulté le 31 octobre 2021).

[196] *Ibid.*

[197] L'American Alliance of Museums (AAM), anciennement American Association of Museums, est une organisation à but non lucratif fondée en 1906 qui réunit l'ensemble des acteurs du monde muséal, et ce quel que soit le type de musée. Elle participe activement au développement de règles et pratiques déontologiques, et se présente comme un lieu de réflexion, d'analyse et d'initiatives concernant les institutions muséales et leur personnel. Elle adopta en 1993 une première version du *Code of Ethics for Museums*. Ce code est disponible en ligne : « Ethica », <https://www.aam-us.org/programs/ethics-standards-and-professional-practices/ethics> (consulté le 31 octobre 2021).

[198] L'Association of American Museums Directors (AAMD) est une organisation à but non lucratif regroupant les directeurs des musées d'art américains, canadiens et mexicains. Établie en 1916 à l'initiative de douze directeurs américains, celle-ci prendra officiellement naissance en 1969. Elle est à l'origine de normes éthiques à destination des directeurs de musées d'art depuis 1971 en vue de promouvoir une gouvernance éthique et socialement responsable. La dernière version des *Professsional Practises in Art*

96. La France ne dispose pas d'organisation similaire à ces dernières. Certainement, l'existence d'un droit muséal encadrant la nature et l'exercice de l'activité muséale limite l'intérêt de voir émerger des codes tels que ceux mentionnés ci-dessus. De même, l'interventionnisme public réduit l'intérêt d'une initiative professionnelle en ce domaine. Dans un rapport de 2005 relatif à l'Éthique de la conservation et de l'enrichissement du patrimoine culturel, la Cour des comptes affirmait à ce titre que « l'État devrait [...] faire sienne la démarche déontologique au point d'élaborer lui-même ou susciter leur élaboration, ou d'adopter officiellement ces codes de déontologie aujourd'hui largement diffusés et qui constituent une des conditions de la crédibilité des professions de conservation au niveau international »[199].

97. Toutefois, le besoin de normes éthiques est particulièrement manifeste dans le domaine de la philanthropie. En effet, face au développement et à une sollicitation toujours plus intense de la philanthropie en France, le besoin d'encadrer les relations philanthropiques est devenu, depuis quelques années, une question centrale de la pratique philanthropique. C'est ainsi que l'ADMICAL, qui, nous le rappelons, constitue la principale association de développement du mécénat d'entreprise, a produit sa propre charte du mécénat en 2011. Cependant, en dépit de son approbation par les acteurs du mécénat d'entreprise et par le Ministère de la Culture, cette charte n'est relative qu'aux dons des entreprises, et non spécifique au domaine muséal. De son côté, le Ministère de la Culture rédigea la Charte du mécénat culturel[200]. Cette charte a vocation à constituer le texte de référence pour l'ensemble des acteurs du secteur culturel, notamment les musées,[201] que

---

Museums date notamment de 2011. Le code d'éthique de l'AAMD est disponible en ligne : « Code of Ethics », <https://www.aamd.org/about/code-of-ethics> (consulté le 31 octobre 2021). V. Jane R Glaser, « Museum Studies in the United States: Coming a Long Way for a Long Time » (1987) 39:4 Museum International 268 ; Selbach, *supra* note 110 au para 44.

[199] V. préambule de la Circulaire n° 2007/007 du 26 avril 2007 portant charte de déontologie des conservateurs du patrimoine (fonction publique d'État et territoriale) et autres responsables scientifiques des musées de France pour l'application de l'article L. 442-8 du Code du patrimoine. Dans la lignée de ces considérations, le rapport Herbilllon sur le mécénat culturel suggérait notamment la constitution de chartes agréées par le Ministère de la Culture (Herbillon, *supra* note 190 aux pp 35-39).

[200] La charte fut mise à jour en novembre 2017 pour notamment intégrer les enjeux relatifs au financement participatif. V. Ministère de la Culture, « Charte du mécénat culturel », en ligne : <http://www.culturecommunication.gouv.fr/Thematiques/Mecenat/Documentation-et-textes-juridiques/Textes-juridiques/Charte-du-mecenat-culturel> (consulté le 31 octobre 2021).

[201] Nous noterons que cette charte constitue un document qui s'applique à l'ensemble des acteurs du secteur culturel, et non strictement aux musées, et ce même si le document s'inspira à divers égards de la Charte du musée du Louvre.

ceux-ci soient des institutions privées ou publiques[202]. Surtout, elle établit un cadre détaillé de normes éthiques devant s'appliquer à toute opération philanthropique en vue d'instaurer une éthique générale du mécénat culturel en France[203]. Ainsi, les actes philanthropiques dans le domaine culturel, et donc au profit des musées d'art, se trouvent aujourd'hui soumis au respect de normes éthiques.

98. En marge des codes éthiques ayant une vocation générale, certains musées n'hésitent pas à produire leur propre charte éthique laquelle complète et/ou précise le contenu des règles générales éthiques auxquelles ils sont soumis. Notamment, plusieurs précisions seront apportées sur les modalités d'acceptation des dons et le type exact de contreparties pouvant être octroyées au disposant selon une échelle de valeurs des dons. Ces chartes sont fondamentales en ce qu'elles permettent ainsi de limiter l'immixtion du disposant dans la gestion des collections muséales. Par conséquent, elles tendent à réduire la survenance de conflits entre le respect de la volonté du disposant et l'incompatibilité de cette volonté avec la conduite de l'activité muséale. En cela, ces normes, en établissant un cadre de valeurs, cherchent à assurer la préservation de l'intérêt muséal sur le long terme sans pour autant réfréner les disposants à donner aux musées d'art. Très fréquente dans les musées américains[204], cette pratique reste plus rare en France. Elle constitue depuis peu une obligation professionnelle au Québec[205].

---

[202] Elle comble en cela une carence du secteur muséal. Dans un rapport de 2012 relatif aux musées nationaux, la Cour des comptes recommandait que l'ensemble des musées nationaux se dotent d'une charte éthique à l'instar de celle du Louvre. V. Cour des comptes, *supra* note 44 à la p 74.

[203] Le rapport Herbillon sur le mécénat culturel insistait sur le développement d'une éthique en l'espèce et suggérait notamment la constitution de chartes agrées par le Ministère de la Culture, qui auraient pour effet une bonification des avantages fiscaux consentis aux dons. Le but était alors de moduler l'incitation fiscale en fonction de l'existence d'une démarche éthique. Cependant, le rapport affirmait que l'absence de charte ne saurait pénaliser les établissements car bien souvent la charte éthique est essentiellement un enjeu pour les grandes institutions, bien plus sujettes à la philanthropie (Herbillon, *supra* note 191 aux pp 35-39).

[204] Le Museum of Modern Art (MoMA) offre notamment un libre accès en ligne à sa politique d'acceptation des dons. Selon ce document, les dons font l'objet d'un examen par un comité créé à cette fin alors composé du personnel administratif et scientifique du musée qui a pour fonction d'étudier les propositions de dons et de rendre compte de ses décisions devant le Conseil d'Administration lors des assemblées semi-annuelles. Ce document détaille précisément les types de dons susceptibles d'être acceptés et dans quelle mesure ceux-ci peuvent faire l'objet de charges. Il insiste également qu'une procédure soit écrite en vue d'éviter la survenance de tous conflits. À défaut de chartes éthiques, les musées affirment tout au moins des valeurs éthiques dans leur « *mission statement* » ou déclaration de mission au Québec. Ce texte formel rédigé au moment de la création de toute institution à but non lucratif permet de définir l'objet et la spécificité de la mission d'intérêt général qu'elle s'est attribuée et de définir les valeurs dans lesquelles l'institution s'engage à les exécuter.

[205] Le récent système d'agrémentation des musées québécois requiert que les musées se conforment à une éthique muséale soit en se soumettant à un code préexistant soit en fournissant leur propre document (Ministère de la culture et des communications, *Guide des exigences*, en ligne : <

En France, seuls les grands musées comme le Louvre, le Quai Branly ou encore le Musée Guimet disposent de tels documents. La Cour des comptes a notamment souligné, dans son rapport sur les Musées de France de 2012, l'opportunité que représentent ces chartes pour désamorcer les difficultés relatives aux contreparties, et par là, réduire le risque que l'opération ne soit requalifiée en opération de parrainage[206]. Elle cite alors le document produit par le Musée du Louvre qui détaille les conditions d'acceptation des dons monétaires et d'œuvres d'art[207]. Les chartes muséales se révèlent d'une très grande utilité pour encadrer les relations entre le musée et une société d'amis laquelle constitue un regroupement de philanthropes. En effet, la proximité entre ces institutions philanthropiques et certains musées publics fait naître dans quelques cas un risque de gestion de fait, soit « le maniement irrégulier de deniers publics par des personnes privées qui n'y sont pas habilitées »[208]. Une charte éthique entre le musée et l'association constitue, ainsi, un outil pertinent pour définir de manière transparente les limites des relations entre le musée et une société d'amis[209].

99. L'apport certain des normes éthiques dans l'encadrement de la philanthropie au profit des musées d'art. Bien qu'elles constituent une source de normativité majeure des activités muséales et philanthropiques, les normes éthiques sont un ensemble de règles de conduite qui s'imposent à un groupe, mais non sur le fondement de la loi ou de tout autre source juridique[210]. Contrairement à la règle de droit, la

---

https://www.mcc.gouv.qc.ca/index.php?id=3355&tx_lesecrits_pi1%5Becrit%5D=815&cHash=e2cf124f09c4b3131916be6a044204ba > [consulté le 15 août 2019]).

[206]Elle cite à titre d'exemple les enjeux entourant le « nommage » de salle de la Galerie du Louvre suite à sa rénovation grâce à la contribution d'une société de télécommunication japonaise (Cour des comptes, *supra* note 54 aux pp 68-69). V. également en ce point, Herbillon, *supra* note 190 à la p 36.

[207] Le Louvre rédigea un document très précis relatif à ses relations avec les donateurs particuliers traitant de la procédure d'acceptation des dons par le musée, de l'évaluation scientifique et de son adéquation avec la collection du musée quand il s'agit de dons d'œuvres d'art. Elle précise également sa politique de contrepartie. V. « Charte éthique du musée du Louvre en matière de mécénat, parrainage et autres relations avec les entreprises ou fondations », en ligne : https://www.louvre.fr/sites/default/files/medias/medias_fichiers/fichiers/pdf/louvre-charte-ethique-du-musee-du-louvre-en-matiere-de-mecenat-parrainage-et-autres-relations-avec-les-entr.pdf (consulté le 31 octobre 2021).

[208] À titre illustratif, v. Emmanuel Giannesini, « La gestion des fonds du mécénat culturel par les associations d'amis : prévenir des situations à risque » [2007] AJDA 122.

[209] E. Giannesini ne parle pas à proprement parler d'éthique mais souligne la nécessité pour les établissements culturels de se doter d'un mécanisme institutionnel, et ce au regard de la jurisprudence de la Cour des comptes qui appelle à une plus grande transparence du fonctionnement et du rôle de ces associations au regard desdits établissements (*ibid* aux pp 126-127).

[210] V. Pascale Deumier, *Introduction générale au droit*, coll Manuel, n°8, Paris, LGDJ, 2011 au para 21. Nous soulignerons que l'édiction de telles normes par une institution publique,

norme éthique n'est pas assortie d'une sanction juridique forgeant son caractère exécutoire[211]. En cela, si la règle de droit contraint les comportements, la norme éthique ne fait que les influencer. Toutefois, leur pertinence n'en est pas moins certaine au regard de deux éléments.

D'une part, les normes éthiques permettent de combler certaines carences de loi. Par exemple, le code de l'ICOM joue un rôle majeur dans l'établissement et la promotion d'une déontologie muséale comblant bien souvent des carences législatives. Son préambule précise à ce titre que le code « apporte un moyen d'autorégulation professionnelle dans un domaine clé de prestations publiques où, au niveau national, la législation est variable et peut être mal définie. Il fixe des normes minimales de conduite et de performance auxquelles le personnel professionnel peut, dans le monde entier, raisonnablement aspirer, tout en stipulant clairement ce que le public est en droit d'attendre de la profession muséale » [212]. Toutefois, comme il est disposé ici, il ne s'agit que de règles éthiques minimales.

D'autre part, si ces normes sont dépourvues de force juridique, elles ne sont pas pour autant dépourvues de force normative[213]. Aussi, il fut avancé que « ce qui fait la force de la norme, c'est avant tout la conviction qu'ont ses destinataires qu'elle les oblige et le degré d'adhésion qu'elle suscite par son contenu »[214] . De plus, l'absence de sanction juridique ne signifie pas que le non-respect de ces normes soit privé de toute sanction.

---

notamment comme c'est parfois le cas en France, n'est en rien la garantie d'une juridicité desdites normes comme le prouve l'exemple de la circulaire du Ministère de la Culture n°2007/007 du 26 avril 2007 portant charte de déontologie pour les activités des conservateurs de musée de France. La circulaire invite les conservateurs à la plus grande vigilance pour tout projet d'enrichissement des collections, notamment par libéralité venant ainsi, spécifier le contenu de l'article L442-8 du Code du patrimoine. Toutefois, sauf à rapporter la preuve de son caractère impératif, la circulaire n'a qu'une valeur interprétative. Notamment, les circulaires constituent des actes de portée générale adressés par les chefs de service à leur agent pour leur indiquer la manière d'interpréter et d'appliquer les lois et règlements. Si dans la majorité des cas, les circulaires se veulent interprétatives, elles auront selon quelques circonstances une valeur impérative. En effet, depuis la jurisprudence Duvignères de 2002 (CE, sect, 18 décembre 2002, *Mme Duvignères*, [2003] AJDA 487, chron. F. Donnat et D. Casas ; [2003] RFDA 280, concl. P. Fombeur, [2003] RFDA 510, note J. Petit), le Conseil d'État reconnaît un caractère impératif aux circulaires si le contenu de la circulaire dépasse la seule interprétation d'un texte supérieur en vigueur en vue d'harmoniser son application sur le territoire. Dans ce cas, la circulaire est susceptible d'un recours en excès de pouvoir. V. Jean-Marie Pontier, « L'infra-réglementaire, puissance méconnue » [2014] AJDA 1251.

[211] Sur la distinction entre la règle et la norme, le Doyen Carbonnier écrivait « la règle est droite, raide, impérative, la norme n'est qu'un modèle susceptible de degrés » (Jean Carbonnier, *Droit civil*, 2e éd, coll Quadrige manuels, Paris, PUF, 2017 à la p 11).

[212] Préambule du Code, Geoffrey Lewis, en ligne : < https://icom.museum/wp-content/uploads/2018/07/ICOM-code-Fr-web-1.pdf> (consulté le 31 octobre 2021).

[213] Sur ce concept, v. Catherine Guelfucci-Thibierge, *La force normative : naissance d'un concept*, Paris, LGDJ, 2009.

[214] *Ibid* à la p 858.

Dans le contexte muséal, le non-respect des codes éthiques est susceptible d'entraîner la perte de la qualité de membre de l'association éditrice dudit code. Encore faut-il qu'une telle sanction soit prévue[215]. Mais si tel est le cas, la sanction se veut retentissante dans le milieu muséal, et surtout dommageable pour le musée ayant commis un manquement du point de vue des normes éthiques. En effet, le retrait de l'accréditation signifie pour ses pairs que l'institution refuse de se conformer aux standards éthiques de la profession[216]. Ceci peut réduire sa capacité à organiser des expositions temporaires, les autres musées étant plus réticents à prêter leur œuvre dans de telles circonstances. De même, l'image de l'institution étant entachée, le retrait de l'accréditation n'est pas sans détériorer son attractivité auprès des philanthropes[217].

Tandis que la juridicisation de leur contenu constitue une avenue à considérer pour sceller leur caractère contraingant, l'intérêt grandissant pour les normes éthiques — lequel s'explique finalement par la nécessité d'une réaffirmation des valeurs de la philanthropie — témoigne de leur utilité. D'ailleurs, les normes éthiques font notamment l'objet de réflexions parlementaires[218]. Ceci nous invite à affirmer que toute

---

[215] Toutefois, un auteur regretta que rares soient les hypothèses ou la perte de la qualité de membre soit expressément prévue par les textes, de même que les modalités d'évaluation des violations (Frigo, *supra* note 177 à la p 892).

[216] Par exemple, l'article 9 des statuts de l'ICOM prévoit la radiation d'un musée par le Conseil exécutif sur recommandation d'un comité international ou national, sur sa propre initiative ou non, pour des raisons graves touchant à l'éthique professionnelle. Les motifs de radiation sont précisés dans l'article 18.7 (d) au rang desquelles se retrouve comme tout acte constituant une violation grave des statuts ou du Code de déontologie professionnelle.

[217] En 2014, le Delaware Art Museum perdit récemment son accréditation de l'AAM pour avoir vendu aux enchères une œuvre majeure du courant préraphaélite afin de couvrir des dépenses institutionnelles, V. Margie Fishman, « Delaware Art Museum loses its accreditation », *The News Journal* (20 juin 2014), en ligne : The News Journal <http://www.delawareonline.com/story/life/2014/06/18/museum-directors-sanction-delaware-art-museum/10757111/>.

[218] Notamment, les auteurs du rapport parlementaire sur *les nouvelles formes de mécénat culturel* de 2012 constataient que l'autorégulation de la pratique du mécénat culturel prive les musées d'un argument réglementaire contraignant pour faire face aux demandes excessives des disposants et tenter d'établir un consensus. Le rapport rappelait alors la proposition de la Cour des comptes de subordonner l'acceptation des actes philanthropiques au-delà d'un certain seuil à la délivrance d'un agrément par l'administration fiscale. Si cette solution offre l'avantage d'introduire un tiers régulateur, elle se fait au prix d'une certaine lourdeur administrative. C'est pourquoi les auteurs du rapport écartaient cette proposition préférant un système de chartes éthiques agréées afin de laisser les négociations philanthropiques en dehors de la manne publique. Les auteurs vont même jusqu'à proposer un système d'incitation à l'édiction de telles chartes par les musées. Notamment, un bonus fiscal pourrait être accordé au disposant qui accorderait une libéralité à un musée doté d'une charte agrée. Elle ne prévoit pas pour autant l'instauration d'un malus en ce que cela risquerait de pénaliser les petites structures alors sujettes aux rapports de force. Elle insiste toutefois sur la nécessité d'une charte subsidiaire élaborée par le Ministère de la Culture. Ces propositions n'ont pas été suivies à ce jour (Herbillon, *supra* note 190 aux pp 35-39). La récente mission parlementaire du 12 juillet 2019 relative à la rénovation du cadre juridique de la philanthropie fait notamment état de la crise de confiance qui agite actuellement le secteur philanthropique (Lettre de mission du Premier Ministre Édouard Philippe, 12 juillet 2019, Décret

révision du cadre juridique de la philanthropie ne saurait faire l'économie d'une réflexion sur les points qui ne sont aujourd'hui qu'encadrés par les normes éthiques.

***

CONCLUSION DE LA SECTION

100. Les actes philanthropiques sont inhérents à la création et au fonctionnement des institutions muséales. Si ces actes permettent au musée d'art d'exister, ils ont également la capacité d'influer sur l'administration des biens. En d'autres termes, sous couvert de son acte philanthropique, il arrive que le disposant s'immisce dans la conduite des missions muséales comme les choix artistiques de l'institution ou la gestion des collections.

Ainsi, les actes philanthropiques comportent à la fois l'obligation pour les musées de se conformer au respect de la volonté généreuse du disposant et le risque d'une immixtion du disposant dans la conduite des missions muséales. L'essor des normes éthiques confirme l'acuité de cette tension qui finalement caractérise les actes philanthropiques. D'ailleurs, certaines normes éthiques ont justement pour objet de prévenir la survenance d'une incompatibilité entre le respect de la disposant et la conduite de l'activité muséale. Cependant, dépourvues de caractère exécutoire, ces normes ont une efficacité limitée.

En somme, l'acte philanthropique est un acte nécessaire pour le développement et le maintien de l'offre muséale, mais génère parallèlement des conséquences qui outrepassent la seule dimension patrimoniale de l'opération. La recherche d'un équilibre entre le respect de la volonté du disposant et la préservation de l'intérêt muséal sans pour autant induire un recul des dons constitue une question primordiale, surtout compte tenu du souhait français de voir le volume des actes philanthropiques au profit des musées d'art augmenter.

---

du 12 juillet 2019 chargeant une députée d'une mission temporaire, JO, n°0161, 13 juillet 2019, texte n° 32).

CONCLUSION DU CHAPITRE

101. Ce chapitre a permis de présenter les liens étroits qui unissent l'acte philanthropique au contexte des musées d'art. Pour ce faire, nous avons divisé notre propos en deux temps en vue de dessiner la place et le rôle qu'occupe la philanthropie au sein des différents modèles muséaux.

Dans un premier temps, la notion de musée d'art fut précisée nous permettant ainsi de préciser le champ de notre étude. Ceci nous permit également de révéler que seule la France fait du musée un *objet du droit* autonome auquel est associé le cas échéant un régime juridique particulier défini dans le Code du patrimoine. Par le biais de l'appellation « Musées de France », le paysage muséal se trouve, pour l'essentiel, placé sous le contrôle de la puissance publique.

Dans un second temps, nous nous sommes concentrés sur les formes juridiques que les musées d'art peuvent recouvrir. L'aspect technique permit véritablement de dessiner les contours des modèles muséaux nationaux. Il s'avère qu'il existe un lien direct et manifeste entre le modèle muséal, privé ou public, et la place accordée au financement privé des musées. Toutefois, le rapport entre la philanthropie et les musées d'art varie d'un système à l'autre du fait des facteurs historiques et culturels. L'étude présentée révèle une nette dichotomie entre la France et les États-Unis. Cette divergence tend toutefois à se résorber compte tenu de l'appel croissant des musées d'art français à des financements d'origine privée.

La seconde section de ce chapitre nous a permis de montrer que la philanthropie revêt des conséquences qui outrepassent la seule nature patrimoniale de l'opération (à savoir fournir au musée d'art les moyens d'exister et de conduire son activité). En effet, l'acte philanthropique ouvre la porte à l'intrusion du disposant dans la conduite des activités muséales. Or, cette intrusion, outre la question de sa légitimité, emporte le risque d'une divergence d'intérêts entre la volonté du disposant et les enjeux de l'activité muséale. Surtout, se pose la question de la légitimité de cette intrusion. Afin de résorber la survenance de telles difficultés, des réglementations professionnelles furent développées. Bien que dépourvues de valeur juridique, ces normes éthiques jouissent d'une autorité professionnelle, et leur influence se manifeste dans la transformation des politiques d'acceptation des dons par les musées.

Par conséquent, outre les précisions sur les objets de notre étude, ce second chapitre mit en lumière la nature et l'étendue des liens qui unissent la philanthropie aux musées d'art. Ceci nous permit ainsi de montrer que si la philanthropie constitue une nécessité pour le développement de l'offre muséale, elle suscite des tensions importantes.

CONCLUSION DU PREMIER TITRE

102. L'objectif de ce premier titre était à la fois de définir et de délimiter les contours de notre étude en vue d'apprécier, avec l'appui de la comparaison, comment l'acte philanthropique au profit des musées d'art s'est développé et la place qu'il occupe au sein de l'ordonnancement juridique français. Ceci nous a conduit à diviser notre étude en deux temps.

Dans un premier temps, il convenait de s'interroger sur la place de l'acte philanthropique en droit français. Ceci supposait alors d'étudier le contexte juridique, culturel et économique de l'acte philanthropique afin d'en dessiner les contours. Si la place fragile de l'acte philanthropique s'explique pour beaucoup par des raisons extra juridiques, force est de reconnaître les carences de la règlementation juridique française. En effet, essentiellement défini sous l'angle du droit fiscal, l'acte philanthropique fait l'objet d'un traitement juridique parcellaire dans la loi. Toutefois, cette étude nous permet de révéler les deux traits fondamentaux de la nature juridique de l'acte. En plus de revêtir un caractère intéressé du fait des avantages fiscaux sur lesquels le développement de la philanthropie est bâti, elle se définit au gré de son caractère finalisé. En effet, l'acte philanthropique intervient dans le contexte particulier de l'intérêt général relevant initialement de la puissance publique. Ceci justifie que la philanthropie soit placée sous l'emprise publique. Ceci justifie également que la philanthropie ne constitue pas une alternative à l'interventionnisme publique : elle ne joue en France qu'un rôle supplétif sinon complémentaire.

L'étude comparée a, en parallèle, permis de souligner le malaise qui irrigue la pratique philanthropique française. Si ce malaise est un héritage de la suspicion envers les libéralités et les biens de mainmorte, il se matérialise en l'espèce par le désordre de son cadre juridique. La réglementation des actes philanthropiques fut à la fois progressive, décousue, restreinte et placée sous le contrôle étroit de la puissance publique. L'acte philanthropique se trouve alors à mi-chemin entre le droit privé et le droit public, ce qui fragilise son positionnement au sein de l'ordonnancement juridique français. Or, la situation s'avère diamétralement opposée aux États-Unis où les nécessités sociales et politiques poussèrent à une acceptation et au développement de l'acte philanthropique. De surcroit, l'acte philanthropique bénéficia du mécanisme du trust. Or, celui-ci se prête parfaitement aux enjeux de la philanthropie. En plus de s'adapter aux différents projets philanthropiques, le *charitable trust* permet que des biens soient assignés à la réalisation d'un but particulier (*charitable purpose*) tout en garantissant que l'administration des biens demeure conforme à cette finalité. L'exemple de la fiducie québécoise, largement inspirée du *trust* de *common law*, a confirmé le rapport fondamental qui existe entre l'essor de la philanthropie et l'existence de mécanismes similaires au *charitble trust.* Par conséquent, outre une fiscalité attractive et une culture du don, il apparaît comme primordial que la philanthropie française jouisse d'une technique juridique qui soit adaptée à la finalité de l'opération afin de garantir son développement dans des proportions comparables à celles de ses homologues nord-américains.

Dans un second temps, nous nous sommes concentrés sur les liens étroits qui unissent la philanthropie aux musées d'art. Ceci nous permit de révéler la portée de l'acte juridique au sein du secteur muséal. Le rayonnement de la philanthropie dans les musées d'art est particulièrement étendu, allant de leur financement, du renouvellement de leurs collections à la création d'institutions muséales. Il fut également souligné le risque d'immixtion du disposant dans la conduite des activités muséales. Ce risque est bien réel comme en témoigne l'intérêt grandissant pour les normes éthiques muséales dont le contenu reflète l'existence d'un tel risque. Si la légitimité d'une telle immixtion du disposant dans la conduite des activités muséales devra être discutée, l'acte philanthropique requiert en tout état de cause la recherche d'un équilibre entre le respect de la volonté du disposant et la préservation de l'intérêt muséal sur le long terme.

L'étude comparée nous permit aussi de mesurer les particularités de l'acte philanthropique au profit des musées d'art. En effet, il est apparu combien le secteur muséal français est sous l'emprise de la personne publique et que la philanthropie est entièrement décrétée par cette dernière afin de compléter ou suppléer son action.

Finalement, ce premier titre nous invite à affirmer que la philanthropie au profit des musées ne saura jamais atteindre un niveau comparable à la philanthropie américaine ni québécoise compte tenu de l'interventionnisme public français. En dépit de cela, la philanthropie dispose encore d'une marge de progression par la consolidation de son cadre juridique. Ceci requiert de préciser la nature comme le régime juridique de l'acte, et ce à la lumière des développements que nous venons d'opérer. Tel est l'objet du second titre.

TITRE 2.

DE PHILANTHROPIE AU PROFIT DES MUSÉES D'ART : APPROCHE ANALYTIQUE

102. Domaine d'étude. La philanthropie envers les musées d'art est une pratique qui ne cesse de se développer. Véritable nécessité pour la conduite des missions muséales, elle vient prêter main forte au financement muséal dans un contexte où les subventions publiques ne cessent de diminuer. Comme nous venons de le voir dans le précédent titre, la puissance publique se fonde essentiellement sur le levier fiscal pour inciter les particuliers et les entreprises à soutenir les musées d'art. Toutefois, il est apparu que la philanthropie souffre de l'absence d'un cadre juridique clair et établi, ce qui est d'autant plus regrettable compte tenu de la nécessité qu'elle représente pour le secteur muséal.
Si nous avons pu définir préalablement l'acte philanthropique comme l'acte juridique par lequel un sujet de droit dispose à titre gratuit de ses biens en vue de soutenir une cause d'intérêt général, il convient d'apporter de multiples précisions.
Aussi, l'objet de ce second titre est-il d'identifier la nature juridique de l'acte philanthropique dans les musées d'art pour adapter son régime juridique aux enjeux particuliers que soulève sa réalisation.

103. Annonce de plan. La particularité de l'acte philanthropique au profit des musées d'art découle de sa finalité d'intérêt général. C'est notamment en se concentrant sur le rôle tenu par la finalité d'intérêt général qui irrigue l'opération que s'affinent les contours de la nature juridique de l'acte.

Si nul ne doute ne pèse sur la qualification de l'acte philanthropique au profit des musées d'art comme libéralité, force est d'en souligner son caractère dérogatoire au regard de deux éléments. D'une part, soutenu par un système de contreparties, l'acte philanthropique au profit des musées d'art revêt un caractère intéressé. D'autre part, l'acte philanthropique au profit des musées d'art constitue également une libéralité finalisée puisque l'acte est circonscrit à un domaine particulier — celui de l'intérêt général dont l'activité muséale est un secteur – rigoureusement défini par la puissance publique. Dès lors, l'acte philanthropique au profit des musées d'art constitue une libéralité spéciale (chapitre I).

Le rôle tenu par la finalité d'intérêt général qui irrigue l'opération se manifeste également du point de vue de la technique juridique sur laquelle repose l'acte philanthropique au profit des musées d'art : l'affectation. Ce mécanisme permet d'assigner une finalité aux biens telle que leur régime juridique se trouve commandé non plus par leur nature juridique, mais par ladite finalité. L'affectation permet donc d'expliquer que le régime juridique des biens se modifie à l'issue du transfert au musée d'art (chapitre II).

Dans le contexte de notre étude, ce mécanisme revêt également la particularité de consacrer le pouvoir de la volonté privée dans le domaine des œuvres d'intérêt général lesquelles sont, par principe, tributaires de la volonté publique. En d'autres termes, au travers de l'affectation, se manifeste le pouvoir de la volonté du disposant qui, par son don, définit les modalités dans lesquelles ses biens devront servir l'œuvre muséale. L'affectation offre donc à la volonté privée le pouvoir d'intervenir voire même de définir les contours de l'intérêt général. Dès lors, la pratique philanthropique ne saurait conduire, par le biais de l'affectation, à une dictature des volontés individuelles dans le domaine muséal. Il importe donc que le droit définisse les limites dans lesquelles la volonté privée peut s'exprimer en veillant à ce que la finalité d'intérêt général soit préservée au fil de l'exécution de l'acte. L'effet de l'affectation ne se limite donc pas au régime juridique des biens contenus dans l'acte, elle se répercute également sur le régime juridique de l'acte comme nous le confirmera l'étude comparée. Dans cette perspective, il ressort l'importance que le régime juridique de l'acte intègre le respect de cette finalité d'intérêt général qui fonde l'opération philanthropique (chapitre III).

104. Précisions méthodologiques. Notons que le recours à la comparaison juridique sera circonscrit compte tenu de l'objectif retenu ici. Puisqu'au cours de la première partie de ce travail nous souhaitions brosser un portrait de la philanthropie française dans les musées d'art, la comparaison se devait être exhaustive. Tel n'est pas ici : la démarche n'étant plus systémique mais analytique[1]. C'est ainsi que les droits américain et québécois ne seront mentionnés que dans l'hypothèse où ils apportent des éclairages pertinents pour l'analyse du droit français. Ils ne feront donc pas l'objets de traitements distincts, contrairement à la première partie, mais seront intégrés le cas échéant au sein de l'étude du

---

[1] *Supra* au para 18.

droit français. En cela, nous retenons, pour ce second titre, une approche exclusivement fonctionnelle de la comparaison juridique[2].

[2] Sur la méthodologie fonctionnelle en droit comparé, v. Béatrice Jaluzot, « Méthodologie du droit comparé : bilan et prospective » (2005) 57:1 RDC 29 aux pp 39-41.

CHAPITRE I. UNE LIBÉRALITÉ SPÉCIALE

105. Annonce de plan. Il n'est pas nouveau de qualifier les actes philanthropiques de libéralités spéciales, soit des libéralités qui, à divers égards, se distinguent du droit commun des libéralités et appellent un traitement différencié. Si cette singularité des actes philanthropiques procède de la finalité d'intérêt général à laquelle les actes sont assujettis, elle se manifeste à deux égards tout en s'affirmant plus particulièrement dans le contexte muséal.

D'une part, contrairement aux libéralités ordinaires dont l'essence est désintéressée, les actes philanthropiques intègrent un caractère intéressé compte tenu des divers avantages que le disposant retire de l'opération. Le contexte muséal compte d'ailleurs beaucoup sur ces divers avantages pour attirer de nouveaux philanthropes. Ainsi, mêlant gratuité et intérêts privés, l'acte philanthropique au profit des musées emprunte la forme, non pour le moins contradictoire, d'une *libéralité intéressée* dont il nous appartiendra au cours des développements suivants d'en préciser la définition (section I).

D'autre part, le caractère spécial des actes philanthropiques au profit des musées procède du fait que celles-ci appartiennent à la catégorie des libéralités à caractère collectif. Cette catégorisation permet de mettre en exergue que celles-ci interviennent dans le contexte précis et particulier de l'intérêt général dont l'activité muséale relève. Surtout, il découle de ce contexte précis une série de limites qui restreignent la réalisation des actes, voire entravent le développement de la philanthropie au profit des musées d'art (section II).

Section I. UNE LIBÉRALITÉ INTÉRESSÉE

106. Annonce de plan. L'acte philanthropique dans les musées d'art, tout en constituant une libéralité, donne, souvent, lieu à l'octroi de contreparties (fiscales, matérielles, morales) pour le disposant. Bien que cela semble contraire à l'essence de la libéralité, ces contreparties sont nécessaires au maintien des œuvres philanthropiques, et sont admises au nom de l'intérêt général[3]. En cela, l'acte philanthropique constitue une *libéralité intéressée*[4]. Aussi, l'objet de cette section est-il d'étudier comment l'acte philanthropique, tout en demeurant une libéralité, procure divers avantages au disposant. De la réunion de ces éléments

---

[3] Les contreparties fiscales ont notamment été le levier privilégié pour développer la philanthropie (*supra* aux paras 5-6, 29).

[4] Cette expression se trouve employée dans la thèse de J. Boisson afin de décrire, plus largement, l'ensemble des libéralités à caractère collectif (Julien Boisson, *Les libéralités à caractère collectif*, coll Doctorat & Notariat, Issy-les-Moulineaux, Defrénois, 2019 aux pp 29 et s).

contradictoires libéralité et intéressement il apparaît que le critère de gratuité fait l'objet de variantes, comparativement aux libéralités ordinaires. Aussi, verrons-nous comment l'acte philanthropique appelle une révision du critère de gratuité (I). Parallèlement, cette nature hybride des actes philanthropiques au profit des musées d'art explique les risques de confusion avec certains types d'actes onéreux (II).

I. LE CRITÈRE DE GRATUITÉ ET LA NATURE HYBRIDE DE L'ACTE PHILANTHROPIQUE AU PROFIT DES MUSÉES D'ART

107. Annonce de plan. La libéralité se définit comme tout acte de disposition à titre gratuit, quel que soit son mode de réalisation, entre vifs (les donations) ou à cause de mort (les testaments). La libéralité procède de la transmission[5] d'un droit[6] lequel est dépourvu de contrepartie[7]. Elle constitue donc un acte *désintéressé* compte tenu du contexte de gratuité[8] dans laquelle elle se réalise. Parce que l'acte philanthropique au profit des musées d'art constitue une libéralité, sa qualification requiert la preuve de la nature gratuite de l'opération. Afin d'apprécier dans quelle mesure le critère de gratuité se trouve altéré ou non en l'espèce par l'existence quasi-systématique de contreparties à l'opération, il convient préalablement de présenter sa définition de droit commun. Ainsi, après avoir rappelé la notion de gratuité dans le contexte des libéralités ordinaires (A), nous traiterons de sa particularité dans celui des actes philanthropiques au profit des musées d'art (B).

---

[5] Il convient de préciser la vocation de la transmission opérée par la libéralité. Quand la libéralité est opérée du vivant du disposant, la transmission ne peut être qu'à titre particulier (soit portée sur un bien particulier) soit à titre universel (sur une quote-part part de l'universalité de ses biens). La transmission universelle, soit de l'intégralité du patrimoine du disposant, ne peut, en principe, n'être opérée qu'à cause de mort sauf exceptions (ex. l'institution contractuelle prévue à l'article 1082 du Code civil).

[6] Traditionnellement, l'objet de la libéralité est un droit réel (la propriété ou l'un de ses démembrements). Toutefois, il est admis que la libéralité ne consiste pas en un transfert de droit à proprement parler comme dans l'hypothèse d'une remise de dette (C. civ., art 893). Dans ce cas-ci, l'appauvrissement du disposant procède de l'extinction de sa créance, et l'enrichissement du gratifié de l'extinction de sa dette. Aussi, certains considèrent plutôt que l'élément matériel de la libéralité revêt alors une définition plus générale, cette dernière opérant plutôt un « mouvement de valeurs » (René Savatier, « Transfert d'une valeur comptable d'un patrimoine à l'autre » [1975] RTD civ 756 ; Michel Grimaldi, *Droit civil : libéralités, partages d'ascendants*, Paris, Litec, 2000 au para 1002, [Grimaldi, *Partages d'ascendants*]).

[7] Telle est la définition donnée à l'article 893 du Code civil.

[8] « Caractère de ce qui est ou fait ou donné sans contrepartie, sans recherche de compensation[8] », v. Centre national de ressources textuelles et lexicales, *sub verbo* « gratuité », en ligne :<http://www.cnrtl.fr/definition/gratuit%C3%A9> (consulté le 31 octobre 2021).

A. LA NOTION DE LIBÉRALITÉ

108. Annonce de plan. La gratuité de l'opération, laquelle permet sa qualification comme libéralité, procède de la réunion de deux éléments : un élément matériel, l'absence de contreparties (a), et un élément moral, l'intention libérale (b)[9]. Chacun de ces éléments fera l'objet d'une présentation générale laquelle nous permettra ensuite d'apprécier leurs spécificités dans le contexte des actes philanthropiques au profit des musées d'art.

a. L'ÉLÉMENT MATÉRIEL

109. L'appauvrissement du disposant. La libéralité procède du *sacrifice du disposant*[10] qui, en opérant un transfert de biens, souhaite avantager une personne, ou dans notre espèce, soutenir une cause d'intérêt général. Ce sacrifice est porté par la gratuité de l'acte, soit l'absence de contreparties au transfert. L'élément matériel repose sur des considérations objectives, économiques et met en exergue le fait que la libéralité a pour effet de produire, de manière simultanée, l'appauvrissement du disposant et l'enrichissement du gratifié[11]. Contrairement à d'autres actes à titre gratuit, comme le prêt à usage, le dépôt ou encore le mandat, la gratuité n'est pas un élément accessoire de la libéralité, mais son essence[12].

Ceci ne suppose pas pour autant que l'acte soit absolument gratuit. Il doit seulement être dépourvu de contreparties équivalentes. En effet, la gratuité de l'acte sera garantie si l'opération laisse entrevoir une réelle disproportion entre la valeur des prestations, de telle sorte que l'économie générale de l'opération apparaisse comme gratuite. Parce que les prestations sont disproportionnées, le disposant s'appauvrit au regard de l'avantage perçu par le bénéficiaire.[13] La contrepartie ne remet pas en

---

[9] R. Hyland, dans son étude comparative sur les dons, constate que la définition juridique de don repose, de manière commune, et dans nombre de traditions juridiques, sur la réunion de deux éléments : l'un matériel et l'autre intentionnel (Richard Hyland, *Gifts : A Study in Comparative Law*, Oxford, Oxford University Press, 2009 aux para 209 et s.).

[10] Sur la notion de sacrifice précisément, v. Jean Valloir, *Essai sur la notion d'acte à titre gratuit : étude de technique juridique*, Thèse de doctorat, Université de Rennes, 1919 à la p 104.

[11] L'appauvrissement et l'enrichissement ne sauraient être que de nature patrimoniale. En effet, aucune libéralité ne saurait porter sur un droit extrapatrimonial ou avoir un objet contraire à l'ordre public (C. civ, art. 1162). Sur la notion de cause dans les libéralités depuis la réforme des obligations, v Boisson, *supra* note 4 au par 33.

[12] V. Sophie Lambert, *L'intention libérale dans les donations*, coll Collection du Centre Pierre Kayser, Aix-en-Provence, Presses universitaires d'Aix-Marseille, 2006 à la p 185. Par exemple, l'article 1928 du Code civil prévoit le caractère rémunéré du dépôt alors que celui-ci est un contrat, en principe, à titre gratuit selon l'article 1918 du Code civil.

[13] La notion de valeur, d'équivalent au sein de l'échange suscita beaucoup de développements au sein de la doctrine, faute de précisions du Code civil. Notamment, en vue d'identifier clairement

cause la libéralité tant que sa valeur nominale reste inférieure à celle de l'objet du transfert. Précisant l'éligibilité des dons au régime du mécénat, l'administration fiscale a précisé que la disproportion des prestations demeure caractérisée si le montant des contreparties reste inférieur à 25% de la valeur du don dans le cas précis d'actes philanthropes d'entreprises[14]. Si le disposant est un particulier, le montant des contreparties ne saurait dépasser la somme forfaitaire de 65 euros[15]. C'est ainsi que les actes philanthropiques demeurent des libéralités en dépit des contreparties matérielles et des avantages fiscaux qui leur sont octroyées. La gratuité de l'acte réside donc dans un rapport déséquilibré[16] et unilatéral[17].

---

le critère de distinction entre les actes onéreux et gratuits, il s'agissait de définir la notion de contrepartie équivalente pouvant exclure la gratuité de l'acte. Plusieurs conceptions s'opposèrent alors. Certains auteurs estimaient que la notion d'intérêt moral constituait une contrepartie suffisante pouvant exclure la gratuité de l'acte alors que d'autres estimaient que seule la recherche de la satisfaction d'un intérêt matériel pouvait avoir un tel pouvoir. J-J Dupeyroux proposa de changer l'angle d'analyse. Aussi, c'est au regard du disposant, et notamment au regard de l'existence d'un sacrifice équivalent à l'avantage procuré que la gratuité de l'acte se déduisait. Enfin, certains prônèrent que seule la contrepartie d'ordre économique et matérielle pouvait exclure la gratuité de l'acte. Pour un résumé de ces conceptions, v. *ibid* aux pp 187-92. La réforme du droit des obligations (ordonnance n°2016-131 du 10 février 2016, JO, n°35, texte n° 26) renouvela la distinction entre les contrats à titre gratuit et à titre onéreux en leur attribuant une nouvelle définition. Selon l'article 1107 du Code civil, « le contrat est à titre onéreux lorsque chacune des parties reçoit de l'autre un avantage en contrepartie de celui qu'elle procure ». L'alinéa 2 précise qu'« il est à titre gratuit lorsque l'une des parties procure à l'autre un avantage sans attendre ni recevoir de contrepartie ». Ainsi, le critère de distinction devient celui-ci de l'échange, ce qui fut souligné comme une amélioration. Dans la version antérieure, le Code civil mettait l'accent sur l'obligation et induisait une confusion entre la notion de contrat onéreux et de contrat synallagmatique. Toutefois, pour certains, le critère de l'échange emporte une vision restrictive, mais non conforme à la réalité contractuelle, des contrats à titre onéreux (François Terré, Philippe Simler, Yves Lequette et François Chénedé, *Droit civil ; les obligations*, 12e éd, coll Précis Dalloz, Droit privé, Paris, Dalloz, 2018 au para 101 [Terré et al]).

[14] Instruction du 26 avril 2000 relative aux versements effectués au profit d'œuvres ou d'organismes d'intérêt général, BOI 4 C-2-00, n°86 ; Instruction du 13 juillet 2004 relative aux mesures visant à encourager le mécénat d'entreprises, BOI 4 C-5-04, n° 11 ; BOI-BIC-RICI-20-30-10-20-20190807.

[15] Instruction du 11 mai 2011 relative au mécénat des particuliers, BOI 5 B-10-11, n°42 ; BOI-IR-RICI-250-20-20120912.

[16] L'ancien article 893 invitait à s'en tenir au seul respect du critère formel tel qu'« on ne pourra disposer de ses biens à titre gratuit, que par donations entre vifs ou par testament, dans les formes ci- après établies » Cet article fut notamment critiqué en ce que certaines donations échappent aux exigences solennelles et que dès lors la distinction entre le titre onéreux et le titre gratuit ne saurait reposer sur le seul critère formel. Le nouvel article 893, introduit à la suite de la réforme du droit des successions de 2006 (Loi n°2006-728 du 23 juin 2006 portant réforme des successions et des libéralités, JO, n°145, 24 juin 2006, 9513, texte n°1), dispose depuis que « la libéralité est l'acte par lequel une personne dispose à titre gratuit de tout ou partie de ses biens ou de ses droits au profit d'une autre personne ». L'alinéa 2 du même article précise qu'« il ne peut être fait de libéralité que par donations entre vifs ou par testament ».

[17] La notion de libéralité est en cela incompatible avec la notion de contrat commutatif (C. civ., art 1108). Puisque chacune des parties s'engage à fournir un avantage qui est regardé comme l'équivalent de celui qu'elle reçoit, le contrat commutatif est un contrat par définition à titre onéreux (V. Terré et al, *supra* note 13 au para 103 ; François Terré, Yves Lequette et Sophie Gaudemet, *Droit civil : les successions, les libéralités*, 4e éd, coll Précis Dalloz, Droit privé Paris, Dalloz, 2014 à la p 254).

110. C'est sur ce fondement qu'il fut alors possible de distinguer les hypothèses dans lesquelles la charge grevant les libéralités pouvait neutraliser la gratuité de l'acte[18]. Se définissant comme « toute obligation imposée au gratifié par le disposant »[19], il y a lieu de distinguer selon que la charge est stipulée au profit du disposant, d'un tiers ou encore du gratifié. Notamment, la gratuité de l'acte sera susceptible d'être remise en cause selon que la charge est au profit du disposant, et que l'*accipiens* se trouve tenu à des prestations dont la valeur dépasse l'émolument qu'il reçoit. Dans ce cas précis, la jurisprudence requalifie l'acte comme à titre onéreux quand bien même la volonté du disposant aurait été de gratifier l'*accipiens*[20].
La charge stipulée dans l'intérêt du gratifié peut également menacer la gratuité de l'acte. À ce titre, il fut admis que, dans l'hypothèse des libéralités faites aux personnes morales, si la charge impose à l'*accipiens*-personne morale de s'affranchir de sa mission normale, elle équivaut à un sacrifice pour la personne morale privant alors l'acte de son caractère gratuit[21].

111. Enfin, il importe de souligner que le seul déséquilibre de l'opération n'implique pas nécessairement que l'acte constitue une libéralité. En effet, l'élément matériel est insuffisant à lui seul pour qualifier l'acte de libéralité. Le disposant ne doit pas seulement s'appauvrir, encore faut-il qu'il ait eu l'intention de consentir à un véritable sacrifice[22]. En d'autres termes, « l'inégalité objective des prestations ne suffit pas à rompre leur équivalence [...]. Pour que cette rupture ait lieu, pour que l'avantage naisse à la vie juridique et qu'il soit pris en considération dans la qualification de l'acte, il faut que l'intention de lucre disparaisse et que l'intention libérale se manifeste. Intention

---

[18] Marguerite Bouyssou, *Les libéralités avec charges en droit civil français*, Sirey, 1947 à la p 159 et s.
[19] *Ibid* à la p 148.
[20] Req, 25 février 1913, [1920] S 1 220 ; Civ, 28 novembre 1938, [1939] DH 17, [1939] S I 55. On peut notamment citer l'hypothèse des fondations de messe. Les fondations de messe consistent dans les sommes versées par les fidèles, désireux de s'attirer les bonnes grâces, au profit de l'Église afin que celle-ci les emploie à la célébration des messes « pour le repos de leur âme ». Or, il fut admis que la fondation de messe était à caractère onéreux dès lors que le montant versé était équivalent au prix des messes prévues (Civ, 6 décembre 1909, [1910] D 1 281 [note H. Capitant], [1910] S I 261).
[21] Jacques Flour et Henri Souleau, *Les libéralités*, coll U, Série Droit privé, Paris, A Colin, 1982 au para 149.
[22] Cette intention permet d'ailleurs d'éviter l'écueil que tout acte déséquilibré ne constitue une libéralité. Tel est, par exemple, l'enjeu de la distinction entre la libéralité et la vente lésionnaire. V. Gabriel Marty et Pierre Raynaud, *Droit civil. Les Successions et les libéralités*, Tome 4 vol 2, Paris, Sirey, 1983 au para 293 ; Grimaldi, *Partages d'ascendants supra* note 6 au para 1005 ; Terré, Lequette et Gaudemet, *supra* note 17 au para 256.

libérale et avantage sont donc intimement unis dans la notion de gratuité »[23]. L'exemple des charges grevant les libéralités, particulièrement fréquentes dans le contexte des actes philanthropiques au profit des musées d'art, révèle notamment les limites du seul critère matériel pour la qualification de la libéralité. En effet, « la balance des avantages ou des sacrifices s'opère éventuellement de manière autre que par une pesée d'ordre économique. Il arrive notamment, au sujet des libéralités avec charges, que les charges échappent à la possibilité d'une évaluation suffisamment nette ou encore que la charge soit stipulée non au profit du disposant, mais au profit d'un tiers, voire du bénéficiaire direct de la libéralité. En pareille circonstance, il peut être donc difficile d'écarter la référence à des considérations d'ordre subjectif »[24].

Ainsi, convient-il de présenter l'élément intentionnel des libéralités, à savoir l'intention libérale.

b. L'ÉLÉMENT INTENTIONNEL

112. L'intention libérale. L'intention libérale constitue l'élément intentionnel qui, aux côtés du critère matériel, détermine la qualification de libéralité à l'acte[25]. Celle-ci consiste en la volonté pour le disposant

---

[23] Jean Champeaux, *Étude sur la notion juridique de l'acte à titre gratuit en droit civil français*, Thèse de doctorat, Université de Strasbourg, 1931 à la p 20. L'existence ou l'absence d'intention libérale fut notamment interprétée par certains auteurs comme le critère essentiel de distinction du titre gratuit et du titre onéreux (V. Joseph Hamel, *La notion de cause dans les libéralités : étude de la jurisprudence française et recherche d'une définition*, Paris, Sirey, 1920 ; Louis Josserand, *Les mobiles dans les actes juridiques du droit privé*, Paris, Dalloz, 1928 au para 233 [Josserand, *Les mobiles*]).

[24] Terré, Lequette et Gaudemet, *supra* note 17 au para 256.

[25] Certains auteurs ont affirmé que l'intention libérale permettait à elle seule de qualifier de libéralités les actes (Louis Josserand, « Le déclin du titre gratuit et sa transformation » dans *Évolutions et Actualités : Conférences de droit civil*, vol 7, Paris, Recueil Sirey, 1936 à la p 135 [Josserand, *Évolutions*]) alors que d'autres en minimiseront l'intérêt (Marcel Planiol, note ss Nîmes, 22 janvier 1890 [1891] D II 113) au point de l'exclure (Jean-Jacques Dupeyroux, *Contribution à la théorie générale de l'acte à titre gratuit*, Paris, Librairie générale de droit et de jurisprudence, 1955) Toutefois, la jurisprudence n'a jamais suivi la tendance objective si bien que l'intention libérale demeure une condition essentielle pour toute libéralité (Req, 27 juin 1887, [1888] D 1 303 ; Req, 9 décembre 1913, [1919] DP 1 29). La Cour de cassation affirmait notamment que « la volonté de donner ou de léguer est de l'essence des dispositions à titre gratuit » (Req, 27 juin 1887, [1888] DP 1 303), et par là que « la libéralité n'existe qu'autant qu'on rencontre chez le donateur l'intention de gratifier » (Req, 9 décembre 1913, [1919] D 1 29). La nouvelle rédaction de l'article 1107 du Code civil raviva indirectement les interrogations relatives aux critères permettant de qualifier les libéralités. Portant définition des contrats à titre gratuit, cet article fait une référence équivoque à l'intention du disposant par le biais de la formule « sans attendre ni recevoir de contrepartie ». Dès lors, fallait-il voir ici l'abandon de l'élément intentionnel -l'intention de gratifier- au profit du seul élément objectif (l'absence d'avantages) pour la qualification des contrats à titre gratuit ? Pour certains, une telle interprétation de la lettre de l'article 1107 n'est pas admissible (Gaël Chantepie et Mathias Latina, *La réforme du droit des obligations : commentaire théorique et pratique dans l'ordre du Code civil*, Paris, Dalloz, 2016 au para 125 ; Terré et al, *supra* note 13 au para 101). « L'existence de gratifier est indispensable

de gratifier le bénéficiaire de l'opération[26]. S'il est de principe que l'intention libérale ne se présume pas[27], celle-ci fut au cœur de multiples débats dont nous ne rappellerons ici que les grandes lignes. Ces débats se concentraient notamment sur le contenu de la notion. En effet, la loi ne fournit aucune définition de l'intention libérale tandis que la doctrine et la jurisprudence se divisaient en deux courants. Au gré de ces deux courants, la notion d'intention libérale était admise avec plus ou moins de rigueur si bien que la qualification de libéralité était, par voie de conséquence, admise avec plus ou moins de tolérance[28].

Un premier courant suggéra une approche dite subjective (ou encore affective) selon laquelle l'intention libérale correspondrait au « sentiment de bienveillance, [à] une pensée entièrement altruiste et désintéressée »[29]. L'intention libérale doit alors traduire la volonté de préférer autrui à soi-même[30]. Toute forme d'intérêt — matériel comme moral — doit alors priver l'acte de la qualification de libéralité. Ce courant fut critiqué du fait que sa stricte application reviendrait à réduire drastiquement le

---

à l'existence du titre gratuit, et on devrait pouvoir déduire, sans difficulté, cette exigence de la référence à l'absence de contrepartie » (Terré et al, *supra* au para 101). Nous nous rattachons à cette analyse.

[26] Il importe de souligner que cette volonté ne saurait se confondre avec le consentement. Notamment, l'intention libérale précède le consentement lequel est une condition essentielle de la validité des actes juridiques. Ce dernier fait l'objet d'exigences particulières en matière de libéralité (art. 901 C. civ) en plus de l'exigence d'être exempt, comme dans toute convention, de vice du consentement (C. civ, arts 1130 à 1144). Sur la validité du consentement en matière de libéralités, Terré, Lequette et Gaudemet, *supra* note 17 aux paras 276 et s. ; Ibrahim Najjar et Vincent Brémond (actualisation), *Rep Droit civ*, *sub verbo* « Libéralités: consentement et cause».

[27] Cette affirmation trouve ses racines dans l'adage « nul n'est censé se départir de ses biens gratuitement » (*nemo facile praesumitur donare)*. Ainsi, il est de principe qu'il appartient à celui qui se prévaut de la libéralité d'en rapporter l'existence, et donc de rapporter la preuve du transfert patrimonial comme celle de l'intention libérale (Civ 1ère, 10 juillet 1979, [1980] Defrénois art. 32174 [note A Ponsard] ; [1980] D IR 427 [obs D Martin]; [1981] RTD civ 426 [obs J Patarin]). Sur la preuve de l'intention libérale, v. également Lambert *supra* note 12). La preuve de l'intention libérale se fait par tous les moyens. Le formalisme des donations permet de faciliter la preuve de l'intention libérale (V. Terré, Lequette et Gaudemet, *supra* note 17 au para 259). À titre comparé, il convient de souligner que la jurisprudence québécoise a déduit de l'adage précité la présomption de fait de non-libéralité (*Lijoi c. Rullo* [1997] JQ n°1398). En cas de doute sur l'intention de gratifier, « les tribunaux doivent appliquer les règles des actes à titre onéreux, qui sont celles de droit commun et non les règles des libéralités, qui parce qu'exceptionnelles, sont d'interprétation stricte » (*Religieuses du Précieux Sang de Notre Dame de Grâce, Montréal c. Décarie*, [1990] RDI 1387 [CS]).

[28] Fort de l'aléa que la notion peut en cela représenter, certains ont décrit la notion comme *fuyante* (Lambert, *supra* note 12 à la p 20).

[29] Flour et Souleau, *supra* note 21 au para 41. V. notamment, Robert Joseph Pothier, *Traité des obligations*, coll Bibliothèque Dalloz, Paris, Dalloz, 2011 au para 12 ; Charles Demolombe, *Cours de Code Napoléon : Traité des contrats ou des obligations conventionnelles en général*, 2e éd, 1, Paris, A Durand, 1870 au para 24 ; Josserand, *Les mobiles, supra* note 23 au para 293; Hamel, *supra* note 23 aux pp 23, 369.

[30] J. Hamel écrivait d'ailleurs que l'intention libérale serait également « la volonté chez le disposant de sacrifier un instant son intérêt personnel pour assurer le triomphe d'un intérêt étranger », Hamel, *supra* note 23 à la p 369.

champ des libéralités[31]. En effet, a-t-on pu lire que « l'intention libérale n'est pas toujours pure relève de l'évidence »[32].

En réponse à ces critiques, un second courant proposa une appréciation abstraite de la notion[33]. L'acte doit être qualifié comme libéralité s'il s'avère que le disposant a manifesté l'intention de donner sans contrepartie. L'intention libérale s'entend alors comme la « conscience et volonté de ne pas recevoir de contrepartie et donc de s'appauvrir au bénéfice d'autrui quels que soient les motifs particuliers ayant pu inspirer la libéralité »[34]. Cette approche s'émancipe des mobiles du disposant, emportant alors une acceptation plus souple de la notion de libéralité. Dans cette optique, les libéralités ne sont pas incompatibles avec la poursuite d'intérêts personnels s'il s'avère que le disposant a clairement manifesté sa volonté de donner sans contrepartie[35].

113. Il est difficile de définir la position de la jurisprudence en ce point, et ce, particulièrement lorsqu'il est question de déterminer si un intérêt moral peut être admis au rang de contrepartie privant ainsi l'acte de la qualification de libéralité. Si la Cour de cassation réfute en principe la prise en compte de tout avantage moral[36], certains arrêts retiennent, cependant, une position opposée[37]. En effet, dans quelques cas, le juge

---

[31] Flour et Souleau, *supra* note 21 au para 41.
[32] Michel Grimaldi, « Synthèse » (1995) 55 LPA 21 au para 55.
[33] V. Henri Mazeaud, Jean Mazeaud, Léon Mazeaud et François Chabas, *Leçons de droit civil. Successions Libéralités Tome 4*, 5e ed par Laurent Leveneur et Sabine Mazeaud-Leveneur, Paris, Montchrestien, 1999 au para 1325 [Mazeaud et al] ; Grimaldi, *Partages d'ascendants, supra* note 6 au para 1006 ; Terré, Lequette et Gaudemet, *supra* note 17 au para 258. Alain Sériaux écrivait que la notion d'avantage moral est incompatible avec celle de libéralité. Il affirme que « peu importe l'avantage moral qu'en retire le disposant ; seule compte l'absence d'avantage économique, matériel qui résulte pour lui de l'opération à laquelle il a consenti » (*Les successions, les libéralités*, 2e éd, coll Droit fondamental Droit civil, Paris, PUF, 1993 au para 58). Il ajoutait alors que « l'existence ou l'absence, totale ou partielle, d'avantage économique doit s'apprécier in abstracto, par rapport à ce que l'on considère comme une contrepartie dans les relations de commerce » (*ibid*).
[34] Terré, Lequette et Gaudemet, *supra* note 17 au para 258.
[35] « Le droit des libéralités n'exige pas, en effet, que l'intention libérale soit aussi abstraite qu'une attitude de sainteté ou de désintéressement ultime et exigeant, rarement vérifiable dans la pratique. La référence à la normalité suffit. Une conception exclusive de tout motif égoïste serait déroutante, tant l'affectivité et le domaine des mobiles lointains et hypothétiques sont dangereux pour le droit positif et l'interprétation jurisprudentielle. Les méandres de la subjectivité sont inconciliables avec l'exigence d'une intention libérale totalement altruiste, sinon on réduirait par trop le domaine de la donation. L'intention libérale est compatible avec la recherche de la satisfaction d'un caprice, de la fantaisie ou de la vanité, surtout si aucune contrepartie matérielle n'est stipulée », Ibrahim Najjar, *Rep Droit Civ*, *sub verbo* « Donation » au para 40.
[36] La Cour de cassation admet que l'intention libérale n'est pas exclusive de la recherche d'une satisfaction personnelle, d'un intérêt moral ou de l'exécution d'un devoir de conscience (Civ 1re, 8 décembre 1982, (1983) 1 Gaz Pal 65).V. Grimaldi, *Partages d'ascendants, supra* note 6 au para 1007; Najjar, *supra* note 35 au para 35.
[37] Pour quelques exemples des différentes solutions retenues par la Cour de cassation, v. notamment Grimaldi, *Partages d'ascendants, supra* note 6 au para 1007. À titre d'exemple, dans

considéra l'avantage moral du disposant comme l'équivalent de la renonciation au bien transmis[38]. Le caractère fluctuant de la jurisprudence tient au fait que la Cour de cassation abandonne l'identification de l'intention libérale aux juges du fond[39] lesquels tranchent au cas par cas[40]. Mais, il ressort surtout de ces éléments combien la distinction entre les libéralités et les actes à titre gratuit peut se révéler une tâche délicate[41]. Or, la frontière qui sépare les libéralités des actes à titre gratuit est particulièrement mince dans le contexte des actes philanthropiques au profit des musées d'art. Mêlant à la fois gratuité et recherche d'intérêts privés, leur nature hybride de libéralité intéressée conduit à une révision du critère de gratuité ; faute de quoi leur réalisation serait menacée.

---

l'affaire Bardet dans laquelle le sieur Bardet s'était engagé à la réfection de la sonnerie de l'église, exigeant « le rétablissement dans des conditions spéciales et singulièrement onéreuses, de l'ancienne sonnerie de la paroisse, telle qu'il la rêvait dans les vagues réminiscences de son jeune âge, telle qu'il la lui fallait et qu'il la voulait pour la satisfaction de sa vanité de millionnaire… ». Confirmant l'arrêt de la Cour de Bourges, la chambre des requêtes de la Cour de cassation requalifia le contrat entre le sieur Bardet et la fabrique de contrat à titre onéreux faute d'intention libérale du disposant. Plusieurs arrêts s'inscrivent néanmoins dans la lignée de la jurisprudence Bardet (Req, 24 avril 1863, [1863] D 1 402, [1863] S 1 362). En l'espèce la Cour de Cassation retient une approche particulièrement affective et concrète de l'intention libérale en affirmant que « *la satisfaction morale ou religieuse exclut l'intention libérale* ». Dans la lignée de la jurisprudence Bardet, v. également Req, 12 novembre 1867, [1869] DP 1 528 ; Req, 9 décembre 1913, *supra* note 25 ; Nîmes, 22 janvier 1890, [1891] DP II 113 (note Planiol). Toutefois, quelques années suivant la jurisprudence Bardet, la Cour de cassation retenait qu'une somme d'argent remise en vue de la construction d'une église ou d'un presbytère constituait une libéralité en dépit de l'intérêt moral poursuivi par le disposant (Req, 17 novembre 1913 [1922] D 1 84 ; Civ, 19 juillet 1921, [1922] D 1 84). V. dans le même sens des libéralités avec affectation, Serge Guinchard, *L'affectation des biens en droit privé français*, coll Bibliothèque de droit privé, n°145, Paris, France, LGDJ, 1976 aux paras 122 et s.

[38] V. Req, 9 décembre 1913, *supra* note 25.

[39] Il appartient également aux juges du fond de fixer l'étendue de la libéralité. V. Grimaldi, *Partages d'ascendants*, *supra* note 6 au para 1007 ; Terré, Lequette et Gaudemet, *supra* note 17 au para 259.

[40] Si la preuve de l'intention libérale est souvent induite par l'acte en lui-même, le juge se réfère souvent à plusieurs indices (Req, 9 décembre 1913, *supra* note 25) comme l'existence d'un prix vil ou lésionnaire afin de faire plaisir au donataire (hypothèse de la donation indirecte). Les juges prennent en considération autant les éléments tenant à l'acte en lui-même que les circonstances entourant ce dernier. Par exemple, dans un jugement du 18 septembre 2000 rendu par le Tribunal de grande instance de Paris, il fut admis que les « circonstances de nature à caractériser les donations déguisées peuvent se rattacher soit à la situation du cédant, soit à celle du cessionnaire ou aux modalités de la cession » (n°17830). En aucun cas, l'intention libérale ne saurait se déduire du seul déséquilibre de l'acte (Civ 1ère, 14 février 1989, Bull Civ I, n°79, [1989] RTD civ 802 [obs J.Patarin]). Plus largement sur la preuve de l'intention libérale, v. Terré, Lequette et Gaudemet, *supra* note 17 au para 259.

[41] V. Pierre Voirin et Gilles Goubeaux, *Droit civil. Tome 2, Régimes matrimoniaux, successions-libéralité*, 30e éd, coll Manuel, Issy-les-Moulineaux, LGDJ : Lextenso éditions, 2018 au para 664.

B. LA RELECTURE DU CRITÈRE DE GRATUITÉ DANS LE CONTEXTE DES ACTES PHILANTHROPIQUES AU PROFIT DES MUSÉES D'ART

114. Annonce de plan. Comme nous l'avons déjà mentionné, l'acte philanthropique dans les musées d'art, bien qu'il constitue une libéralité, donne souvent lieu à l'octroi de contreparties (fiscales, matérielles, morales) pour le disposant. Or, l'existence de telles contreparties semble, de prime abord, contraire à l'essence même de la notion de libéralité à moins que ne soit opérée une révision du critère de gratuité. En effet, compte tenu des différentes contreparties admises pour les actes philanthropiques, le critère de gratuité ne saurait s'appliquer avec une trop grande rigueur. Autrement, le champ des actes philanthropiques au profit des musées s'en trouverait drastiquement réduit. Dès lors, puisque l'acte philanthropique au profit des musées poursuit des intérêts privés (A), chacun des éléments permettant d'établir la gratuité de l'acte doivent être définis d'une manière différente que pour les libéralités ordinaires ; afin de concilier la nature à la fois gratuite et intéressée de l'opération. C'est ainsi que l'élément matériel revêt les traits d'une gratuité partielle (B) tandis que l'élément intentionnel ceux d'une générosité intéressée (C).

a. LA POURSUITE D'INTÉRÊTS PRIVÉS

115. Le rejet du mythe du désintéressement absolu. En anthropologie, à la différence du droit, le don est souvent décrit comme l'objet d'une réciprocité. Le lien qu'il instaure a pour fonction de créer, soutenir ou préserver un lien social au-delà de la simple circulation des richesses (et ce, à la différence de la vente). Le don instaure *de facto* un rapport bilatéral, ou pour reprendre la formule maussienne, tout don appelle un contre-don[42]. Il est alors admis que celui qui donne le fait toujours pour recevoir en retour ne fut-ce que la conscience de donner,

---

[42] Dans son texte fondateur, Marcel Mauss montre comment le don n'est qu'un fait social articulé autour de la triple obligation de « donner-recevoir -rendre ». Le don est présenté comme une forme d'échange, au regard du fait qu'il est créateur de liens sociaux. Par conséquent, à tout don émerge un contre-don, créant un état de dépendance, lequel garantit la perduration du lien social. Cette définition du don s'oppose à celle retenue en droit qui le présente comme un transfert unilatéral dépourvu de contrepartie. V. Marcel Mauss, *Essai sur le don : forme et raison de l'échange dans les sociétés archaïques*, coll Quadrige, n°6, Paris, PUF, 2012 (1ère publication parue en 1923-1924 dans la revue l'Année Sociologique). L'analyse de Mauss fera l'objet d'une vive critique par le philosophe Derrida pour lequel la notion exclut celle de réciprocité, le conduisant à définir le don comme la figure même de l'impossible (Jacques Derrida, *Donner le temps*, 1: La fausse monnaie, Paris, Galilée, 1991).En effet, le don est une aporie : si le don donne toujours lieu à un contre-don, alors il est le contraire de ce qu'il doit être. Seul le don pour lequel on ignore que c'est un don saura répondre de la notion de don. Autrement, ce que l'on prétend don n'est qu'une forme de réciprocité économique.

l'estime de soi [43]. Finalement, le don constituerait une forme d'échange *altruiste* par opposition à l'échange marchand, ce dernier étant uniquement orienté sur la satisfaction d'intérêts privés. Cette thèse du don comme échange a séduit par la suite de nombreux auteurs en sociologie[44]. Certains économistes ont ainsi pu justifier l'existence de contreparties tangibles comme intangibles en matière d'acte philanthropique[45].

116. En revanche, une telle représentation n'a pas pénétré le droit privé français[46]. Celui-ci reste attaché au don comme transfert unilatéral à titre gratuit. C'est notamment sur ce postulat que toute la notion de libéralité fut et demeure échafaudée, en dépit de certains allègements des critères établissant la gratuité de l'acte. En effet, même si certaines contreparties sont admises, il n'empêche que la libéralité doit reposer sur une disproportion marquée des prestations, et résulter de l'intention libérale du disposant. Surtout, si contrepartie il y a, ce n'est qu'à titre exceptionnel et dérogatoire. En cela, la libéralité constitue l'archétype de l'acte désintéressé en droit privé.

---

[43] Gérald Berthoud, « L'univers du don. Reconnaissance d'autrui, estime de soi et gratitude », *Revue du MAUSS permanente*, 26 janvier 2008, en ligne : <http://www.journaldumauss.net/./?L-univers-du-don-Reconnaissance-d> (consulté le 31 octobre 2021).

[44] V. par exemple les travaux de Jacques Godbout, *L'esprit du don*, Paris, La Découverte, 2000 ; Jacques Godbout, *Le don, la dette et l'identité : homo donator versus homo oeconomicus*, Montréal, Éditions du Boréal, 2000.

[45] V. Susan Rose-Ackerman, « Altruism, Nonprofits, and Economic Theory » (1996) 34:2 J Economic Literature 701 ; Eric A Posner, « Altruism, Status, and Trust in the Law of Gifts and Gratuitous Promises » [1997] Wis L Rev 567. James Andreoni mit notamment en avant la satisfaction personnelle que procure tout acte philanthropique à son auteur. Cette satisfaction doit pour cela être érigée comme fondement des actes au même titre que l'altruisme (« Impure Altruism and Donations to Public Goods: A Theory of Warm-Glow Giving » (1990) 100:401 Economic J 464).

[46] V. en ce sens, Cosimo Marco Mazzoni, « Le don, c'est le drame. Le don anonyme et le don despotique » [2004] RTD civ 704. Comp. Dans un célèbre arrêt de 1819 de la Cour Suprême, le juge Marshall interprétait l'acte philanthropique comme un contrat implicite entre le disposant et l'État américain (*Trustees of Dartmouth College v. Woodward*, 17 US 518 [1819]). Ceci avait pour fin de justifier le devoir de respecter la volonté du disposant, mais aussi sa primauté sur tout autre intérêt en jeu puisque l'acte philanthropique constitue un échange de valeurs à des fins perpétuelles. Cette approche se retrouve dans la doctrine américaine (V. Jane B Baron, « Gifts, bargains and forms, 64 INLJ 155 » (1989) 2:64 Ind LJ 155 ; Carol M Rose, « Giving, Trading, Thieving and Trusting: How and Why Gifts Become Exchanges and Vice Versa » (1992) 44 Fla L Rev 295 ; Mary Louise Fellows, « His to Give: His to Receive; Hers to Trust: A Response to Carol M. Rose » (1992) 44 Fla L Rev 329 ; Samuel Stoljar, « Enforcing Benevolent Promises » (1989) 12:1 Sydney L Rev 17). Dans un récent article, un auteur reprend cette idée de contrat implicite, et plus largement d'échange pour justement atténuer la primauté de la volonté du disposant au profit des considérations d'intérêt général pour lesquelles le don a été effectué. En effet, l'auteur présente l'acte philanthropique comme une forme complexe d'échange en ce qu'outre les contreparties, l'acte s'inscrit au cœur de relations sociales et culturelles (Allison Anna Tait, « The Secret Economy Of Charitable Giving » (2015) 95:1 BUL Rev 1663).

Toutefois, la doctrine est consciente des limites du fondement purement désintéressé des libéralités. Notamment, H. Vialleton écrivait que « la nature humaine est ainsi faite que le désintéressement absolu, total, l'absence de toute arrière-pensée, de quelque nature que ce soit, sont pour ainsi dire incompatibles avec la norme de son activité »[47]. J. Flour et H. Souleau affirmaient également, pour dénoncer la jurisprudence sanctionnant les contreparties morales dans les libéralités, que « si quelqu'un donne, c'est toujours qu'il y trouve un intérêt moral ; sinon il ne le ferait pas. Cet intérêt consiste, au minimum, dans la satisfaction intime que procure une action généreuse — dans cette joie dont les moralistes disent qu'elle est la plus pure — la joie de celle que l'on donne aux autres »[48]. Ainsi, en dépit des critères juridiques exposés précédemment, force est d'admettre que l'intention libérale procède d'un délicat « mélange d'altruisme et d'égoïsme »[49] ce que consacre indirectement l'approche abstraite de l'intention libérale[50].

117. Ce constat est certainement d'autant plus avéré dans le cas des actes philanthropiques, compte tenu des contreparties qui lui sont offertes. En effet, celles-ci sont admises au motif que l'acte philanthropique répond aux besoins de l'intérêt général, notamment en participant à la préservation du patrimoine culturel[51] et au maintien de l'offre muséale[52]. Pour cette raison, il convient d'inciter à la réalisation de ce type d'actes généreux comme attestent les avantages fiscaux consentis aux disposants du fait de leur acte philanthropique. De même, dans un contexte où la recherche du soutien fait l'objet d'une forte concurrence entre les institutions muséales, celles-ci usent des contreparties pour susciter la générosité des disposants. Hormis l'hypothèse des dons anonymes ou des dons pour lesquels les disposants ne souhaitent pas bénéficier des avantages fiscaux qui leur sont offerts, l'acte philanthropique au profit des musées d'art revêt de manière quasi-systématique des contreparties lui valant sa nature hybride[53].

---

[47] Civ, 24 janvier 1928, [1929] S I 37 (note H Vialleton).
[48] Flour et Souleau, *supra* note 21 au para 44.
[49] Sériaux, *supra* note 33 au para 73.
[50] *Supra* au para 112.
[51] Cette hypothèse vise notamment les dispositions relatives aux trésors nationaux. Notamment, une entreprise qui fait un don au profit d'une personne publique pour financer l'achat d'un trésor national peut obtenir une réduction d'import à hauteur de 90% de la valeur de la contribution selon l'article 238 bis O A du Code général des impôts.
[52] Michel Herbillon, *Les nouvelles formes du mécénat culturel*, Rapport d'information, n° 4358, Paris, Assemblée Nationale, Commission des Affaires Culturelles et de l'Education, 2012 à la p 36.
[53] Ce constat renvoie finalement à la notion d'acte mixte de Pothier en vue de rendre compte de la nature hybride des donations avec charges. En ce qu'elle remettait en cause la classification binaire des actes, elle ne fut pas retenue par les rédacteurs du Code civil (v. Hamel, *supra* note 23 à la p 26).

Outre leur existence quasi-systématique, la particularité des actes philanthropiques au profit des musées d'art réside également dans l'étendue de ces avantages consentis aux disposants. Ces derniers peuvent, en effet, cumuler le bénéfice de différents types de contreparties (morales[54], matérielles[55] et fiscales[56]) sous réserve que les contreparties matérielles demeurent maintenues en deçà des montants définis par la puissance publique[57]. Sinon, l'acte, n'étant plus empreint d'une disproportion marquée des prestations, perdra sa qualification de libéralité, mais surtout son éligibilité au régime fiscal de faveur des actes philanthropiques. Ainsi, l'acte philanthropique est indissociable de ce système de contreparties sur lequel il repose et qui est en partie établi par la puissance publique.

118. Le caractère relatif de la notion de libéralité. Toutefois, compte tenu de l'ampleur des contreparties, l'acte philanthropique au profit du musée d'art répond-il encore véritablement à la définition de libéralité ? Pour le professeur D. Guével, les actes philanthropiques se concrétisent plutôt dans le contexte de « l'onérosité désintéressée »[58], réfutant alors le lien avec la notion de libéralité. Bien que nous reconnaissions une immixtion de l'onérosité au sein des actes philanthropiques du fait de l'existence quasi-systématique de

---

[54] On ne saurait que trop rappeler les propos accusateurs de Turgot à l'égard des fondateurs, dans son article encyclopédique, reprochant à ces derniers de ne rechercher dans leur acte que l'immortalité et la mise en avant de leur personne. Mais bien avant cela, Pascal écrivait que « rien n'est si semblable à la charité que la cupidité et rien n'y est si contraire » (Pensées, 1670, X, 663). Aussi, la contrepartie morale est quasi inhérente à l'acte sauf dans l'hypothèse du don anonyme. Relèvent de cette catégorie les contreparties symboliques ou institutionnelles au titre desquelles le disposant retire un titre honorifique, certaines prérogatives du fait de sa qualité de donateur ou toute autre forme d'hommage symbolique, comme l'attribution du nom du donateur de salle ou l'intégration de son nom dans une liste publique de philanthropes. Bien que ce type de contreparties soit intangible, elles n'en sont pas moins à prendre en considération surtout dans le cas d'actes philanthropiques effectués par des entreprises. Les contreparties morales s'appréhendent dans ce cas précis comme l'amélioration escomptée de l'image de l'entreprise laquelle sera source de gains à plus ou moins long terme pour l'entreprise. V. *infra* aux paras 122 et s.

[55] Les contreparties matérielles consistent en la remise de biens comme des produits dérivés du musée ou de l'exposition temporaire, l'envoi de publications, bulletins ou autres documents payants.

[56] Le régime fiscal de faveur offert à tout disposant a pour effet que l'acte philanthropique génère une économie d'impôt pour le disposant. Ce régime est d'ailleurs fortement incitatif dans la mesure où plus la valeur du don est importante, plus l'économie fiscale réalisée l'est par conséquent.

[57] L'administration fiscale considère que les entreprises ne sauraient ainsi obtenir des contreparties matérielles supérieures à 25% de la valeur du don (BOI 4 C-2-00 et 4 C-5-04, *supra* note 14) tandis que le montant des contreparties admis pour les particuliers est soumis au montant forfaitaire de 65 euros (BOI 5 B-10-11, *supra* note 15).

[58] Didier Guével, « La gratuité intéressée : oxymore d'avenir ? » dans Olivier Cachard et Xavier Henry, dir, *Mélanges en l'honneur du professeur Gilles Goubeaux: liber amicorum*, Paris, Dalloz, 2009, 229 au para 32.

contrepartie, nous ne saurions nous rallier à cette position. Les actes philanthropiques demeurent des libéralités dont ils sont un cas particulier.

Pour s'en convaincre, il convient de rappeler la thèse relative au caractère relatif de la notion de libéralité. Développée par J. Valloir, elle établit que les éléments matériel et intentionnel ne s'apprécient pas toujours autant avec la rigidité qu'on leur prétend. Au contraire, l'auteur constate que le juge favorise l'un ou l'autre élément selon les situations pour en déduire que l'élément le plus fondamental dans la notion de libéralité est certainement la considération du but à atteindre[59]. Dans la lignée de ces propos, J. Flour et H. Souleau écrivaient :

> « pour qualifier un acte de libéralité, et lui en appliquer les règles, faut-il exiger que ces deux éléments soient réunis ? En stricte logique, la réponse affirmative paraîtrait s'imposer. S'il est vrai que la libéralité suppose un certain résultat économique (appauvrissement et enrichissement) et un certain état d'esprit (intention libérale), elle n'existe pas dès que l'un de ces éléments fait défaut. Mais cette logique serait bien abstraite, pour ne pas dire qu'elle procèderait d'un pur esprit de géométrie. En réalité, les règles édictées par le Code civil ne reposent pas toutes, on le sait, sur le même fondement. Il est donc normal qu'elles n'aient pas toutes le même domaine d'application, qu'un acte déterminé puisse parfois être soumis à quelques-unes d'entre elles, sans l'être aux autres. Le régime des libéralités n'est pas un bloc indivisible. Pour exprimer cette idée, on dit que la notion de libéralité est relative, c'est-à-dire qu'elle varie suivant la règle à appliquer »[60].

Ces auteurs affirment alors que la qualification de libéralités est indissociable des tendances politiques et économiques contemporaines lesquelles déterminent la définition plus ou moins large de la notion de libéralité[61]. C'est ainsi qu'ils justifient les tempéraments apportés aux éléments matériel et intentionnel afin de retenir une approche extensive de la notion de la libéralité. Les auteurs notent que les tempéraments portés au critère de gratuité se justifient dans les cas relatifs à la

---

[59]Valloir, *supra* note 10 à la p 163.
[60] Flour et Souleau, *supra* note 21 au para 53.
[61] *Ibid* au para 54.

protection de l'intérêt du disposant, de sa famille ou encore de ses créanciers[62].

Compte tenu des éléments que nous venons d'aborder, il convient d'ajouter à cette liste le cas des actes philanthropiques au profit des musées d'art. Leur étude révèle en effet un relâchement de la notion de libéralité non à des fins de protection d'intérêts individuels, mais en vue de garantir la satisfaction de l'intérêt général.

En admettant que la notion de libéralité puisse revêtir un caractère relatif, la nature singulière de l'acte philanthropique, soit une libéralité intéressée, prend une assise théorique laquelle conduit à une relecture du critère de gratuité.

b. UNE GRATUITÉ PARTIELLE

119. Notion de gratuité partielle. Sans remettre en cause le caractère libre et spontané de l'acte philanthropique au profit des musées d'art, le disposant est malgré tout encouragé à faire œuvre de générosité compte tenu des différentes incitations ayant une valeur pécuniaire et/ou fiscale mises en place pour développer la philanthropie. En ce qu'elles constituent des contreparties à l'acte, ces incitations menacent le caractère gratuit de l'opération. Ainsi, leur admission repose sur un délicat équilibre qui est celui de maintenir la valeur de ces contreparties en dessous d'un certain seuil afin de ne pas altérer la nature gratuite de l'opération. Aussi apparaît-il que les actes philanthropiques au profit des musées d'art constituent des opérations à titre gratuit attrayantes pour le disposant. Les contreparties offertes aux disposants en échange de leurs actes sont inhérentes à la conception de la gratuité de l'opération. Pourvue d'une certaine relativité, la gratuité n'est finalement que partielle, les contreparties se révélant nécessaires au développement de la philanthropie.

Dès lors, il convient d'étudier les différentes contreparties admises afin de s'assurer que la nature et le montant de ces dernières ne remettent pas en cause l'économie gratuite de l'opération. Dans cette perspective, nous étudierons successivement les règles encadrant les contreparties ayant une valeur pécuniaire et fiscales. Il importe de noter ici que cette dualité de contrepartie est une singularité du droit français. En effet, de manière similaire aux États-Unis et au Canada, le taux de déduction appliqué à l'impôt en contrepartie des dons s'applique sur le montant donné moins

---

[62] *Ibid* aux paras 55-57.

le montant des contreparties ayant une valeur pécuniaire[63]. L'exigence de gratuité pour qualifier, du point de vue du droit fiscal, les actes philanthropiques est alors appliquée plus rigoureusement dans ces pays qu'en France.

120. L'encadrement des contreparties ayant une valeur pécuniaire. Ces contreparties tangibles se déclinent en deux catégories : d'une part, les contreparties matérielles consistant en la remise d'objets matériels ou en la fourniture d'une prestation de services et, d'autre part, en contreparties immatérielles pouvant faire l'objet d'une valorisation monétaire comme l'apposition du nom d'entreprise et/ou du logotype sur tout support de communication. Dans le contexte muséal, il est fréquent d'accorder un accès privilégié au musée en contrepartie de la gracieuse contribution faite pour soutenir la préparation d'une nouvelle exposition, la restauration ou l'achat d'œuvres. Il peut également offrir en contrepartie les publications muséales ou les produits dérivés qu'il produit.

La nature et le montant admis de ces contreparties sont définis par l'administration fiscale. En effet, celle-ci veut s'assurer que l'opération demeure une libéralité, faute de quoi elle ne saurait plus être éligible au régime fiscal de faveur dont bénéficient les actes philanthropiques.

Aussi, faut-il rappeler que seules les contreparties indirectes sont admises[64]. Le terme « indirect » exprime ainsi l'idée selon laquelle l'opération doit reposer sur un rapport de non-équivalence entre le montant du don et les contreparties matérielles assorties. Afin de distinguer fermement les actes philanthropiques du parrainage, l'administration fiscale se voulait initialement assez stricte envers les entreprises philanthropes. Toute contrepartie prenant la forme d'un bien ou d'un service privait le disposant de toute déduction fiscale[65].

---

[63] Aux États-Unis, v. IRC, *Publication 526 (2018), Charitable Contributions*. Canada, Loi de l'impôt sur le revenu, L.R.C. (1985), ch.1 (5e suppl.), art. 118.1, par. 248(30) à (41) et Loi sur les impôts, RLRQ, c. I-3, art. 752.0.10.1 à 752.0.10.18.

[64] Arrêté du 6 janvier 1989 relatif à la terminologie économique et financière (JO, 31 janvier 1989, 1448) définissant la notion de mécénat : « soutien matériel apporté, sans contrepartie directe de la part du bénéficiaire, à une œuvre ou à une personne pour l'exercice d'activités présentant un intérêt général ».

[65] Quelques tempéraments avaient été admis en 1999 (Instruction 5 B-17-99 du 4 octobre 1999 relative aux réductions d'impôts accordées au titre des dons, BOI 5B-17-99, n° 186, 8 octobre 1999). Cette rigueur de l'administration fiscale à l'égard des contreparties pour les dons des entreprises engendrait une déconnexion forte entre la réalité de la pratique philanthropique et la forme de générosité motivant l'acte du disposant. En effet, les actes philanthropiques des entreprises se trouvaient, de fait, bridés par les éventuelles conséquences civiles et pénales pour abus de biens sociaux que les versements à titre gratuit des dirigeants pouvaient engager. Or, la

Toutefois, la réalité de la pratique philanthropique a poussé l'administration fiscale à faire preuve d'une plus grande tolérance. C'est ainsi que, par l'instruction fiscale du 26 avril 2000[66] portant application de l'article 17 relative à loi de finances 2000[67], les contreparties matérielles relatives aux actes philanthropiques des entreprises sont admises sous réserve que la valeur des contreparties fasse preuve d'une « disproportion marquée » [68] par rapport à la valeur du don. Si l'administration fiscale a défini un seuil au-dessus duquel les contreparties remettent en cause la gratuité de l'opération, leur valorisation n'est pas toujours aisée dans les faits[69].

121. Les contreparties fiscales. Les contreparties fiscales consistent en la réalisation d'économie fiscale pour le disposant et constituent le levier privilégié pour inciter les sujets de droits à disposer de leurs biens à des fins philanthropiques. Deux éléments caractérisent particulièrement la fiscalité française relative à la philanthropie.

D'une part, comme cela fut mentionné préalablement, la France s'est dotée d'un régime très avantageux pour les disposants[70]. D'ailleurs, la

---

frontière entre l'abus de bien social et l'acte philanthropique peut s'avérer mince dans certaines hypothèses. V. les enjeux relatifs à la distinction entre l'acte philanthropique et le parrainage, *infra* au para 129.

[66] BOI 4 C-2-00, *supra* note 14, aux paras 6 et 7.

[67] Loi n°99-1172 du 30 décembre 1999 de finances pour l'année 2000, JO, n°0303, 31 décembre 1999, 19914, texte n° 1.

[68] BOI 4 C-2-00 et BOI 4 C-5-04, *supra* note 14.

[69] Le plafonnement des contreparties est de 25% de la valeur du don. Si ce montant est mentionné dans les instructions relatives au mécénat des entreprises, l'administration fiscale ne dit rien sur les dons des entreprises. L'administration fiscale se cantonne de rappeler le critère de la disproportion marquée qu'elle met en lumière par divers exemples (BOI-BIC-RICI-20-30-10-20-20190807 au para 120 et s.). La Cour des comptes regrette qu'en dépit du taux de 25% de la valeur, aucune règle précise ne soit édictée pour valoriser le montant des contreparties (Cour des comptes, *Le soutien public au mécénat des entreprises*, 2018 à la p 117, en ligne : <https://www.ccomptes.fr/fr/publications/le-soutien-public-au-mecenat-dentreprises> (consulté le 31 octobre 2021) [Cour des comptes, *Mécénat des entreprises*].

[70] Au sujet de la loi n°2003-709 du 1er août 2003 relative au mécénat, aux associations et aux fondations (JO, n°177, 2 août, 13277, texte n°6), la Cour des comptes souligne que « le mécénat de droit commun a effectivement vu son avantage fiscal théorique multiplié par deux, la loi ayant modifié les articles 200-1 ter et 238 bis du Code général des impôts dans le sens d'une réduction d'impôt égale à 60 % des versements effectués par des particuliers ou des entreprises. Dans le même temps, les plafonds des dons ont été multipliés par deux, ceux-ci passant de 10 à 20 % du revenu imposable pour les particuliers et de 2,25 à 5 pour mille du chiffre d'affaires pour les entreprises » (Cour des comptes, *Les musées nationaux après une décennie de transformations : 2000-2010 : rapport public thématique*, Paris, Documentation française, 2011 à la p 63). Plus largement, celle-ci constate qu' « au total, c'est donc un régime très favorable aux mécènes qui a été institué par la loi du 1er août 2003, conformément aux intentions du Gouvernement et du législateur, qui entendaient placer la France à la pointe des pays développés en la matière. Et depuis 2003, diverses dispositions sont venues conforter ce dispositif. Notamment, la réduction de l'impôt sur le revenu inscrite à l'article 200-1-ter pour les particuliers a été portée à 66 % par la loi du 18 janvier 2005, tandis que la loi du 21 août 2007 a étendu le régime du mécénat à l'impôt de solidarité sur la fortune (ISF) avec un taux de réduction de l'impôt dû égal à 75 % de la valeur

diversité des avantages offerts comme leur montant a transformé la pratique philanthropique en levier d'ingénierie patrimoniale et de planification successorale[71].

D'autre part, ce régime est de nature duale dans le domaine culturel. Comme le souligne la Cour des comptes, « le mécénat culturel appliqué aux musées comprend deux dispositifs distincts : le mécénat de droit commun lié à l'ensemble des activités ; et le mécénat destiné à l'acquisition d'œuvres. Tous deux ont connu un essor remarquable au cours de la dernière décennie du fait d'initiatives législatives »[72]. C'est ainsi que la loi de 2002 introduit deux dispositifs relatifs au mécénat des entreprises expressément en faveur de l'acquisition d'œuvres.

L'article 238 bis OA du Code général des impôts ouvre droit à une réduction d'impôts de l'ordre de 90% des sommes versées pour l'acquisition par l'État d'un bien relevant de la catégorie des trésors nationaux[73] et ayant fait l'objet d'un refus de délivrance d'un certificat d'exportation par l'autorité administrative[74]. Cette mesure vise en effet

---

des dons dans la limite annuelle de 50 000 € » (*ibid* aux pp 63-64). Toutefois, les avantages consentis au titre de l'impôt sur la fortune ont été atténués lors de sa récente transformation en 2017 en impôt sur la fortune immobilière (v. en ce sens, Frédérique Perrotin, « IFI et don » (2018) 101 LPA 4).

[71] V. Annabelle Pando, « Philanthropie : quelles stratégies appliquer pour une transmission de patrimoine » (2016) 228 LPA 4.

[72] Cour des comptes, *Mécénat des entreprises, supra* note 69 à la p 62.

[73] Selon l'article L111-1 du Code du patrimoine : « sont des trésors nationaux : 1° Les biens appartenant aux collections des musées de France ; 2° Les archives publiques, au sens de l'article L. 211-4, ainsi que les biens classés comme archives historiques en application du livre II ; 3° Les biens classés au titre des monuments historiques en application du livre VI ; 4° Les autres biens faisant partie du domaine public mobilier, au sens de l'article L. 2112-1 du code général de la propriété des personnes publiques ; 5° Les autres biens présentant un intérêt majeur pour le patrimoine national au point de vue de l'histoire, de l'art ou de l'archéologie ». Il est à noter que la qualification de trésor national demeure une mesure exceptionnelle. Sur cette question, v. Éric Mirieu de Labarre, « La notion de trésor national : entre identités et diversités culturelles » (2007) 2 Droit administratif 15.

[74] C'est seulement à l'issue du refus de la délivrance d'un certificat d'exportation selon les conditions prévues à l'article L111-4 du Code du patrimoine que l'État peut présenter une offre de rachat d'un trésor national. Si le cédant et l'État trouvent un accord sur le prix, l'État peut alors solliciter l'aide du secteur privé en échange d'une réduction d'impôt afin d'acquérir l'œuvre. Pour comprendre le fondement de ces dispositions, il convient de rappeler que la France dispose d'un important dispositif de contrôle des biens culturels au moyen d'une règlementation de contrôle des exportations d'œuvres d'art définie par la loi n° 92-1477 du 31 décembre 1992 relative aux produits soumis à certaines restrictions de circulation et à la complémentarité entre les services de police, de gendarmerie et de douane (JO, n°3, 4 janvier 1993, 198), remplaçant celle de 1941 régissant l'exportation des œuvres antérieures à 1900. Cette règlementation va du simple contrôle jusqu'à l'interdiction même de l'exportation quand le bien est qualifié de trésor national. En effet, toute exportation d'œuvres est soumise à l'octroi, par l'administration chargée des changes, et après avis de la Direction des musées de France, d'une licence d'exportation. L'octroi d'une telle licence requiert également l'examen préalable du bien tant par les services douaniers que par les musées de France. Si au terme de cette expertise, l'État décide de s'opposer à l'exportation, il peut retenir le bien soit pour son compte soit pour le compte d'un département, d'une commune, d'un

l'enrichissement des collections nationales. Aussi, fut-elle par la suite étendue[75] aux « œuvres d'intérêt majeur », soit « les œuvres situées à l'étranger ou sur le territoire français et dont l'acquisition est jugée de premier intérêt »[76]. C'est notamment par le biais de cette mesure que le décor peint par Jean-Baptiste Oudry pour le Château Voré put rejoindre les collections du Louvre[77] tout comme le chef-d'œuvre de Cranach, *Les trois Grâces*[78].

Parallèlement, au titre de l'article 238 bis O-AB du Code général des impôts, une entreprise qui achète pour son propre compte un bien classé « trésor national », et faisant l'objet d'un refus de délivrance d'un

établissement public. Les conditions de l'offre d'achat au cédant par l'État sont prévues à l'article L 121-1 du Code du patrimoine. Notamment, l'État acquiert le bien au prix fixé par l'exportateur (sur l'appréciation de la valeur du bien, CE, 3 avril 1987, *Consorts Heugel*, Rec 119, n°54140). Le refus d'exportation doit être motivé. Le droit pour l'État d'acquérir une œuvre proposée en vue de l'exportation est subordonné à la condition que la demande de licence d'exportation présentée par le vendeur ne soit pas retirée avant que l'État n'use de son droit de rétention (CE, Section, 30 mai 1990, *Ministre de la Culture c Sté Alex Wengraff Limited*, nos100940 et 100812). Enfin, il convient de préciser que toutes les œuvres d'art ne sont pas susceptibles d'une telle mesure. Elles doivent présenter une certaine ancienneté, posséder un « intérêt national d'histoire ou d'art » (notion floue et subjective). Il faut ensuite que l'objet n'ait pas été importé en France auparavant et n'ait pas fait l'objet d'une déclaration à cette époque. La préemption d'objets importés et déclarés constitue une voie de fait (Civ 1ère, 15 janvier 1975, [1975] Gaz Pal II 515). En revanche, la loi du 31 décembre 1992 relative aux produits soumis à certaines restrictions de circulation et à la complémentarité entre les services de police, de gendarmerie et de douane, exclut de l'exportation les biens culturels ayant le caractère de trésor national. Les biens de cette dernière catégorie seront examinés et susceptibles d'être classés comme tels s'ils sont d'une valeur d'au moins 150 000 euros et s'ils sont anciens de plus de 50 ans. La notion de trésor national est entendue de manière extensive puisque l'œuvre n'a pas nécessairement besoin d'être une œuvre d'un artiste français. Le terme de « national » permet de souligner que la France tient à conserver une telle œuvre dans son patrimoine car elle entretient avec elle un lien étroit. Ainsi, il peut s'agir d'œuvre par un commanditaire, œuvre d'un artiste étranger ayant habité en France, œuvre ayant été détenue pendant longtemps en France. Mais, pour la Direction des Musées, « il s'agit surtout d'une conception humaniste de l'œuvre : cette pièce est essentielle à conserver sur le territoire parce qu'elle est importante pour le patrimoine de l'humanité et l'instruction du public » (Anne Distel et Claire Chastanier, *Qu'est-ce qu'un trésor national ?*, entretien réalisé par Lucie Agache, Connaissance des arts, 22 décembre 2006, en ligne : <http://www.connaissancedesarts.com/archeologie/actus/dossiers/qu-est-ce-qu-un-tresor-national-78144.php>(consulté le 31 octobre 2021).

[75] Loi n°2003-709 du 1er août 2003, *supra* note 70, art. 14.

[76] Cour des comptes, *Mécénat des entreprises, supra* note 69 à la p 63.

[77] Cette œuvre a pu être acquise grâce aux dons de PGA Holding et aux dons de Nicole et Pierre Guénant. V. *Avis d'appel au mécénat d'entreprise pour l'acquisition par l'État d'un trésor national dans le cadre de l'article 238 bis 0 A du code général des impôts*, JO, 14 novembre 2002, 18795.

[78] V. Établissement public du Musée du Louvre, « Acquisition des Trois Grâces de Lucas Cranach : un Trésor national entre au Louvre grâce à plus de 7000 donateurs » (12 novembre 2010), en ligne : <http://www.louvre.fr/acquisition-des-trois-graces-de-lucas-cranach> (consulté le 31 octobre 2021). L'achat de cette œuvre fut particulièrement médiatisé en ce que le musée du Louvre orchestra une vaste campagne d'appel aux dons, s'étalant sur un projet de trente mois afin de réunir quatre millions d'euros pour son rachat quand son propriétaire demanda l'exportation, alors refusée, du bien. Le musée put réunir les trois quarts de la somme grâce au groupe international d'audit et de conseil Mazars, et d'autres entreprises, puis compléta par ses crédits d'acquisitions et surtout les dons des particuliers. L'œuvre fut acquise grâce aux contributions de 7200 donateurs.

certificat d'exportation, peut bénéficier d'une réduction d'impôt égale à 40 % des sommes engagées[79] à charge pour elle de laisser l'objet exposé dans un musée de France pendant dix ans avant d'en récupérer la jouissance. Dans ce cas, l'œuvre d'art n'a pas vocation à intégrer les collections muséales. Le musée qui recevra l'œuvre en dépôt en jouira toutefois pour une durée limitée. Cette mesure ne connait pas toutefois le même succès que la précédente[80]. C'est pourquoi la loi de finances de 2020 mit fin à ce dispositif sous couvert de simplification de la loi fiscale[81].

Enfin, notons que d'autres mesures similaires furent introduites afin de soutenir la création contemporaine tout comme l'entrée d'instruments de musique au regard de l'article 238 bis AB du CGI.

Au regard de la nature des avantages fiscaux consentis aux actes philanthropiques au profit des musées d'art, on peut se demander si l'opération ne perd pas son caractère gratuit compte tenu des économies fiscales opérées. Il s'agirait là d'une vision tronquée de ce qu'est la philanthropie, car même si le disposant retire un avantage fiscal de son acte, l'appauvrissement du disposant se trouve tant garanti par les plafonds auxquels les dons sont soumis[82] et par les limites imposées au montant des contreparties matérielles.

Ainsi, l'étude de la gratuité dans les actes philanthropiques au profit des musées d'art révèle une tension constante entre l'intérêt et le désintérêt du fait que la gratuité de l'acte n'est que partielle. Cette tension est d'autant plus manifeste si l'on se concentre sur l'élément moral comme nous allons le voir dans le paragraphe qui suit.

---

[79] La réduction d'impôt est subordonnée à une procédure d'agrément. Il appartient à la commission consultative des trésors nationaux de se prononcer sur la valeur d'acquisition du bien. L'intérêt du classement est quant à lui apprécié soit par la commission supérieure des monuments historiques soit par la commission supérieure des archives. Ces avis sur la valeur et l'intérêt du classement sont par la suite transmis sans délai au ministre chargé de la Culture et au ministre du Budget (CGI, annexe II, art 171 BG). À cela, pour que l'entreprise bénéficie de la réduction, l'article 238 bis O-AB ajoute les conditions suivantes : le bien ne doit pas avoir fait l'objet d'une offre d'achat de l'État ; l'entreprise doit consentir au classement du bien comme monument historique ou archive historique ; le bien ne doit être cédé avant l'expiration d'un délai de dix ans à compter de l'acquisition.

[80] Cette seconde hypothèse semble bien plus rare, certainement en ce que les obligations coercitives sont trop fortes et découragent les entreprises. Nous n'avons pu trouver d'exemples relatifs à cet article.

[81] Loi n°2019-1479 du 28 décembre de finances pour 2020, JO n°0302 du 29 décembre 2019, art. 29.

[82] CGI, art 200-1 et 238 bis.

c. UNE GÉNÉROSITÉ INTÉRESSÉE

122. Notion de générosité intéressée. L'apparence contradictoire de l'intitulé du présent paragraphe semble surprenante, mais s'avère néanmoins appropriée pour traiter de l'élément intentionnel dans les actes philanthropiques. En effet, celui-ci permet de mettre en exergue le fait que la générosité dont procède l'acte philanthropique est souvent induite par la recherche de la satisfaction de l'intérêt du disposant du fait de l'opération philanthropique. L'intérêt de ce dernier est, à première vue, d'ordre patrimonial comme nous venons de le voir au détour des contreparties matérielles et fiscales. Or, comme l'écrivait justement le Doyen Hamel, « il est faux de penser que les avantages matériels, appréciables en argent sont les seuls auxquels les hommes attachent un prix »[83]. Cette affirmation a une résonance particulière dans le contexte des actes philanthropiques au profit des musées d'art où les disposants sont sensibles aux contreparties morales.
Celles-ci correspondent aux hypothèses dans lesquelles le disposant satisfait un intérêt moral et/ou personnel. Dans ce second cas, les contreparties morales sont soit de nature institutionnelle (prérogatives institutionnelles comme droit de vote lors des assemblées générales, éligibilité au conseil d'administration, etc.), soit de nature symbolique (titre honorifique, hommage symbolique…).

Or, ces contreparties peuvent se révéler déterminantes quant à la réalisation de l'acte. En effet, compte tenu des enjeux éthiques que ce type de contreparties peut générer, certaines chartes éthiques précisent les conditions dans lesquelles un don peut notamment être « personnifié » à la demande du disposant. Par exemple, dans sa charte éthique pour ses relations avec les donateurs individuels, le Louvre précise dans quelles conditions l'attribution du nom du disposant à un lieu du musée (*nommage*) peut être effectué[84].

---

[83] Hamel, *supra* note 23 à la p 17.

[84] V. Musée du Louvre, « Charte éthique du musée du Louvre pour ses relations avec les donateurs individuels » en ligne : <http://www.louvre.fr/sites/default/files/medias/medias_fichiers/fichiers/pdf/louvre-charte-ethique-individuels.pdf> (consulté le 31 octobre 2021). Selon le paragraphe 4.2. « Pratiques d'appellation des salles », il est précisé que : « certaines salles du Louvre ont une appellation consacrée par le temps, ce qui signifie que leur dénomination a été figée il y a plus de cinquante ans (exemple : Galerie d'Apollon, salle du Manège etc.). Aussi, le Musée du Louvre s'interdit de débaptiser un espace du musée dont l'appellation serait ainsi consacrée pour lui donner le nom d'un donateur individuel en remerciement d'un don particulièrement important. Si un espace n'a pas d'appellation historique, le Président-directeur peut proposer au Conseil d'Administration du musée de *lui* donner le nom d'un donateur en remerciement d'un don particulièrement important. L'appellation d'une salle se fera pour une durée limitée dans le temps, selon le montant et la nature du don, conformément à la politique d'octroi des contreparties validée par le Conseil d'Administration du 10 octobre 2003. Dans le cas d'une restauration d'œuvre, le nom du donateur est mentionné sur le cartel et ce jusqu'à la prochaine restauration de celle-ci, sauf si une durée

Du point de vue juridique, l'analyse des contreparties morales procède de celle relevant de l'intention libérale. En effet, selon que la définition de cette dernière est plus ou moins stricte, la présence de contreparties morales pourrait priver l'acte philanthropique de sa qualification de libéralité. Or, comme nous l'avons vu précédemment, oscillant entre une approche objective et subjective, l'intention libérale fait l'objet d'une interprétation au cas par cas faisant que, en présence de contreparties morales, la qualification de l'acte philanthropique peut souffrir d'un certain aléa[85]. Compte tenu de la nature hybride de l'acte philanthropique, la reconnaissance d'un intérêt moral est quasi inévitable[86]. Ainsi, seule une interprétation objective de l'intention libérale ne peut être admise en l'espèce[87] afin d'écarter le risque que cette intention libérale ne se rencontre jamais dans le contexte des actes philanthropiques au profit des musée d'art. Il en découlerait l'entretien d'un climat de défaveur envers les libéralités, et *a fortiori* envers les actes philanthropiques[88]. Or, au regard des développements relatifs aux contreparties fiscales, le législateur manifeste une volonté nette de soutenir et de développer la philanthropie[89], ce qui n'est pas compatible avec une stricte interprétation de l'intention libérale.

---

plus courte a été convenue entre le musée du Louvre et le donateur et/ou ses ayants-droit ». De telles dispositions se retrouvent également dans la Charte du mécénat culturel du Ministère de la Culture en ligne : <http://www.culturecommunication.gouv.fr/Thematiques/Mecenat/Documentation-et-textes-juridiques/Textes-juridiques/Charte-du-mecenat-culturel> (consulté le 31 octobre 2021).

[85] *Supra* au para 113.

[86] V. en ce sens, Guével, *supra* note 58 au para 24, qui mentionne le fait que la présence d'avantages fiscaux instaure *de facto* « une suspicion d'intérêt sur la gratuité ».

[87] L'application de la théorie subjective promeut un idéal de gratuité qui emporte avec elle une acception restrictive du champ des libéralités au profit d'une cause qui ne saurait servir l'intérêt familial. « On constatera aisément la gratuité d'une libéralité assortie d'une clause d'affectation du bien transmis ou adressé à une personne morale, en faisant valoir que son auteur satisfait l'intérêt, au moins moral, qu'il porte par hypothèse à l'affectation stipulée ou à l'activité de la personne morale. A la limite, toute libéralité sera sujette à disqualification sur la preuve que le disposant a satisfait sa vanité, son amour-propre, son souci de conformisme, sa haine de ses héritiers, voire sa générosité » (Grimaldi, *Partages d'ascendants*, *supra* note 6 au para 1006).

[88] V. en ce sens, Martine Béhar-Touchais, obs ss Civ 1re, 1er mars 1988, [1988] JCP G II 21373. Comp. En *common law* américaine, la notion de *donative intent* -laquelle permet de qualifier les dons - consiste en la volonté pour le disposant de se séparer des biens à titre gratuit. La motivation du disposant n'est pas, en principe, prise en considération (Elias Clark et al, *Cases and materials on gratuitous transfers: Wills, intestate succession, trusts, gifts, and future interests*, 5th ed., coll American casebook series, St Paul, Thomson West, 2007 à la p 483). Toutefois, dans certains arrêts, les juges se sont attardés à rechercher la motivation du disposant afin d'apprécier dans quelle mesure ce dernier agissait de manière désintéressée (Bruce R Hopkins, *The Tax Law of Charitable Giving*, 5e éd, coll Wiley Nonprofit Authority, Heboken (NJ), John Wiley and sons, 2014 aux pp 72 et s).

[89] V. en ce sens l'exposé des motifs de la loi n°2003-709 du 1er août 2003 relative au mécénat, aux associations et aux fondations, *supra* note 70.

123. Des avantages pécuniaires indirects. Bien que morales, ces contreparties ne sont pas dépourvues de toute patrimonialité, procurant dans quelques cas un avantage pécuniaire indirect et différé au disposant. Elles accentueraient le caractère hybride de l'opération au point parfois de se demander si le paradigme de l'acte n'en devient pas celui d'une *onérosité désintéressée*[90].
L'exemple des actes philanthropiques des entreprises soutient ce constat. Soumis au principe de spécialité, l'acte philanthropique au profit du musée d'art doit être cohérent avec l'objet social[91] de l'entreprise-personne morale. De plus, compte tenu de son but lucratif (notamment si l'entreprise est instituée sous la forme d'une société commerciale), l'acte philanthropique au profit d'un musée d'art ne se justifie que s'il valorise l'image de l'entreprise, et par là assure indirectement des retombées économiques. En cela, les actes philanthropiques au profit du musée doivent à la fois être conformes à l'objet social de l'entreprise et participer à la réalisation de son but lucratif.

124. Par ailleurs, il est un cas, plus anecdotique cette fois, dans lequel les contreparties morales procurent un avantage pécuniaire sur le long terme, remettant en cause la nature désintéressée de l'opération. Tel est le cas des dons d'œuvres d'art d'un artiste vivant ou d'un collectionneur à un musée. Les libéralités aux musées d'art ont bien des motivations (personnelles, fiscales, sociales, culturelles) telle que la volonté de valoriser certains artistes, et notamment d'augmenter leur cote sur le marché de l'art[92]. L'art fait l'objet de spéculation, et la présence de certaines œuvres dans des musées contribue à certifier au reste du monde la qualité comme la valeur stable du travail de l'artiste. Aussi, les libéralités faites à des musées d'art par des artistes ou des collectionneurs

---

[90] Guével, *supra* note 58 à la p 241.
[91] Le contenu de la définition de l'intérêt social est l'objet de discordes dans la doctrine. Une première théorie dite contractuelle retient l'intérêt social qui est celui défini par les associés. Or une telle approche fut récemment condamnée par la Cour de cassation qui estime qu'un acte peut s'avérer contraire à l'intérêt social bien qu'il ait été consenti par l'ensemble des associés. Une seconde approche, dite de l'école de Rennes, affirme que l'objet social se confondrait avec l'intérêt de l'entreprise. Enfin, une troisième approche retient une interprétation institutionnelle de la notion de sorte que l'intérêt social équivaudrait à l'intérêt propre de la société (Maurice Cozian, Alain Viandier et Florence Deboissy, *Droit des sociétés*, 29e éd, coll Manuel, Paris, Lexis Nexis, 2016 aux paras 490-491). Certains auteurs ont présenté la complémentarité de ces approches en fonction de l'enjeu dont il est question (V. Jean-Pierre Bertrel, « Liberté contractuelle et sociétés : essai d'une théorie du "juste milieu" en droit des sociétés » [1996] RTD com 595 ; Didier Martin, « L'intérêt des actionnaires se confond-il avec l'intérêt social? » dans *Mélanges en l'honneur de Dominique Schmidt : liber amicorum*, coll Mélanges, Paris, Joly, 2005, 359.
[92] V. Géraldine Goffaux Callebaut, « Marché de l'art, successions et libéralités » dans Giulio Cesare Giorgini et Sophie Perez, dir, *Droit et marché de l'art en Europe : régulation et normalisation du risque : entre champs culturels et économie réelle : quelles régulations ?*, Bruxelles, Bruylant, 2015, 146 aux para 228 et s.

constitueraient des « instruments de valorisation des œuvres »[93] . L'acte philanthropique au profit des musées d'art verrait sa finalité en partie détournée. Au lieu de servir exclusivement l'intérêt général, celui-ci aurait pour but de favoriser l'intérêt particulier du disposant. Toutefois, force est de reconnaître que le gain escompté de la part du disposant est purement spéculatif. De plus, il semble difficile d'apprécier, dans les faits, dans quelle mesure le disposant a véritablement conscience du potentiel avantage pécuniaire de son don. La preuve de la recherche du gain supposerait un examen approfondi des mobiles du disposant, ce qui n'est pas souhaitable[94].

Au regard de ces éléments, la considération des contreparties morales se heurte à leurs difficiles preuve et valorisation. C'est ainsi que, dans le cas des actes philanthropiques des entreprises, l'administration fiscale ne retient pas ces avantages comme des contreparties susceptibles de priver le don du bénéfice de l'avantage fiscal[95]. Toutefois, il n'en demeure pas moins que ces contreparties morales sont bien réelles et teintent discrètement l'opération d'un certain degré d'onérosité. Ainsi, seule une définition abstraite de l'élément intentionnel compatible avec le caractère irréductiblement intéressé de l'acte philanthropique au profit des musées d'art doit être admise afin de ne pas réduire de manière trop importante le champ de la philanthropie.

Ainsi, avons-nous vu que l'acte philanthropique au profit des musées d'art repose sur un système de contreparties, lesquelles sont nécessaires et inhérentes à leur réalisation. En cela, le critère de gratuité fait l'objet d'une relecture afin que chacun des éléments de sa définition reflète la nature hybride de l'opération.

Fort de ce caractère intéressé, l'acte philanthropique au profit des musées s'avère sans aucun doute une libéralité spéciale.

---

[93] *Ibid* à la p 158.

[94] Nous noterons toutefois que cette hypothèse présente un risque pour le musée d'art. En effet, si l'opération permet d'enrichir et de renouveler les collections muséales en art contemporain, l'acquisition d'œuvres d'artistes vivants expose, à terme, le musée au risque d'une action en réduction de la part des héritiers pour atteinte à leur réserve héréditaire dès lors que ceux-ci n'auraient pas renoncé par anticipation à cette dernière. La spéculation sur les œuvres expose davantage un musée à une action en réduction de la part des héritiers réservataires pour atteinte à la réserve héréditaire puisque la valeur des biens est appréciée au moment de l'ouverture de la succession (*ibid* au para 235-236).

[95] Certes, la valorisation de ces contreparties est difficile si bien que l'administration fiscale ne considère pas ces avantages comme des contreparties réelles susceptibles de priver le don du bénéfice de l'avantage fiscal (BOI 5 B-17-99, n°186, 8 octobre 1999, *supra* note 65).

II. LA DISTINCTION DE L'ACTE PHILANTHROPIQUE AVEC LES ACTES À TITRE ONÉREUX PARTICIPANT AU DÉVELOPPEMENT DE L'OFFRE MUSÉALE

125. Position du problème. La distinction de l'acte philanthropique au profit des musées d'art avec certains actes ne répondant pas à la qualification de libéralité, mais participant au développement de l'offre muséale, constitue un réel enjeu en pratique. Bien que matériellement proches de l'acte philanthropique au profit des musées d'art, ces actes sont, pour la plupart, pourvus d'un caractère onéreux au regard des contreparties qu'ils offrent. Ne satisfaisant pas le critère de gratuité qui fonde toutes libéralités, ces actes ne peuvent évidemment pas bénéficier de la qualification juridique d'acte philanthropique et sont privés des avantages fiscaux associés.
Dès lors, l'étude de ces actes à titre onéreux revêt un double objectif : il s'agit d'une part de délimiter le champ des actes philanthropiques au profit des musées d'art, et d'autre part, de souligner la mince frontière qui les sépare. De ce fait, nous traiterons successivement l'hypothèse de l'apport dans les associations (a), du parrainage (b), du contrat de marché public (c) et des offres de concours (d), compte tenu de leur intérêt dans le domaine muséal.

A. L'APPORT

126. Définition. Le soutien à une œuvre d'intérêt général peut prendre différentes formes au rang desquelles se trouve l'apport[96]. Celui-ci se définit comme un transfert de biens ou de valeurs à un organisme à but non lucratif en vue de l'accomplissement de sa mission. Au regard de l'élément matériel, et quand il est dépourvu de caractère onéreux comme dans le cadre des organismes à but non lucratif[97], l'apport s'apparente à une donation entre vifs. Or, l'enjeu de la qualification n'est pas seulement conceptuel. En effet, si les apports constituent des ressources fondamentales pour les associations[98], les fondations et les fonds de

---

[96] V. Paul Chassagne-Belmin, « Les apports aux associations », [1958] Journ not art. 45646.

[97] V. Civ 1re, 8 décembre 1982, [1983] Gaz Pal I pan 65 ; Civ 1re, 1er mars 1988, Bull civ I, n°52, [1988] RTD com 464 (obs E Alfandari et M Jeantin), [1988] JCP G II 21373 (obs M Béhar-Touchais). La distinction entre apport et libéralité peut s'avérer délicate quand la contrepartie est une satisfaction morale ou religieuse. V. notamment, Civ 1re, 27 juin 2000, n°98-17.733, Bull civ I, n°195, [2000] Defrénois art 37250 (note R Crône).

[98] L'apport aux associations suscita beaucoup de difficultés, surtout dans l'hypothèse de l'apport d'un bien immobilier dans la mesure où la loi de 1901 relative aux associations ne fait aucunement mention de cette question. Aussi, la jurisprudence admit la validité des opérations tant pour les

dotation[99], ils bénéficient cependant d'un régime fiscal moins intéressant que celui des actes philanthropiques[100]. Ainsi, la distinction entre l'apport et l'acte philanthropique se pose avec acuité, notamment dans le contexte de la création d'un musée d'art privé. La détermination de la nature juridique de la contribution apportée à la nouvelle institution peut d'ailleurs conditionner sa réalisation.

127. Une distinction difficile avec l'acte philanthropique. La distinction entre ces deux types d'acte pose de réelles difficultés. Plusieurs arguments furent avancés pour établir la distinction entre l'apport et la libéralité[101] au rang desquels se retrouve celui de l'intention libérale. En effet, l'apport à un organisme à but non lucratif ne saurait constituer une libéralité compte tenu des contreparties morales qu'il octroie à son auteur. L'existence de telles contreparties priverait alors l'auteur de l'apport de toute intention libérale. Cette position fut notamment soutenue par la jurisprudence à diverses reprises. Notamment, dans un arrêt rendu par la Cour d'appel de Lyon en 1971[102] relatif à une donation consentie à une association, les juges soulignèrent que « l'apporteur vise une fin qui lui tient à cœur : la participation aux buts de l'association ; qu'en assumant, proportionnellement à son apport, la réalisation de ceux-ci, l'apporteur reçoit un avantage moral et une

---

associations déclarées que celles reconnues d'utilité publique (Civ, 20 janvier 1930, [1930] S I 281 (obs F Gény). V. également, Civ, 11 décembre 1973, n°72-13.853, Bull civ I 305, n°344). La règle fut inscrite dans la loi fiscale par l'article 9 de la loi de finances de 1936, devenu article 809 al 1er, 2° du Code général des impôts).

[99] Instruction fiscale 4 C63-09 du 9 avril 2009 portant sur le régime des dons au profit du fonds de dotation (BOI 4 C63-09, n°40, 9 avril 2009) au para 12 : « les membres ou ayants droit ne peuvent être déclarés attributaires d'une part quelconque de l'actif sous réserve du droit de reprise des apports ». De même l'article 140 III de la loi n°2008-776 du 4 août 2008 dite de modernisation de l'économie (JO, n°0181, 5 août 2008, 12471) dispose que « le fonds de dotation est constitué par les dotations en capital qui lui sont apportées auxquelles s'ajoutent les dons et legs qui lui sont consentis ».

[100] L'article 809-I, 2 du Code général des impôts dispose que « les apports immobiliers qui sont faits aux associations constituées conformément à la loi du 1er juillet 1901 [...] sont soumis aux mêmes droits ou taxes que les apports aux sociétés civiles ou commerciales ». Sur le régime des apports faits à une association, v. Richard Crône, « Régime des apports faits à une association » [2000] BMIS 980.

[101] Notamment, pour le Doyen Gény, l'apport ne constituerait qu'une forme d'affectation à un but, sans emporter transfert du droit de propriété compte tenu du caractère révocable de l'apport. De plus, l'auteur affirmait que le pouvoir de disposer du bien apporté reposait sur le mécanisme du mandat (François Gény, « Les apports en immeubles dans les associations déclarées et reconnues d'utilité publique » [1930] RTD civ 653). Ce second point fut écarté par la jurisprudence qui affirmait le droit de propriété de l'association sur les biens apportés (Civ 1re, 4 novembre 1982, [1983] Rev sociétés 826 (note G Sousi) ; [1983] RTD com 572 (obs E Alfandari et M Jéantin) Pour d'autres, l'apport emporte bien un transfert, mais à la différence du don, ce transfert est révocable, car tout apport emporte un droit de reprise pour son auteur (v. P Chassagne-Belmin, *supra* note 95). Certains ont rapproché également l'apport de la fiducie-gestion (Claude Witz, *La fiducie en droit privé français*, Paris, Économica, 1981 aux paras 136 et s).

[102] CA Lyon,8 juin 1971, [1971] D 555 (note M Chavrier), [1972] Defrénois art. 30054 (note P Malaurie).

considération sociale du milieu dans lequel il aime vivre, qui compensent pour lui l'abandon provisoire du bien apporté, qu'il est évident par ailleurs que l'apport effectué donne à l'apporteur un poids particulier dans l'association et le droit moral de faire prévaloir son point de vue dans l'accomplissement des fins que celle-ci se propose ». Puis, dans une affaire du 8 décembre 1982, la Cour de cassation, cette fois, retint une position similaire. En effet, la Cour constata que l'acte de mise à disposition d'apports mobiliers et immobiliers qui permettait à l'association de réaliser ses buts était assujetti à la volonté d'affectation des biens de la donatrice, excluant ainsi l'existence de toute intention libérale[103]. L'acte fut dès lors requalifié en apport.

128. En vue de distinguer l'apport de la libéralité, la jurisprudence retient une interprétation rigoureuse de la libéralité. Or, cette solution n'est pas sans critique en ce qu'elle repose sur la prise en considération des contreparties morales[104]. D'une part, elle implique que la libéralité soit exclusive de toute forme d'intérêt personnel, ce qui est très contestable comme nous l'avons vu précédemment[105]. D'autre part, certains soulignent qu'en mettant l'accent sur l'intérêt moral du disposant, la distinction repose bien souvent sur des considérations d'opportunités[106]. En d'autres termes, si la nécessaire distinction entre ces deux actes a pour conséquence de taire la nature hybride de l'acte philanthropique au profit des musées d'art, elle témoigne surtout de la porosité de la frontière qui les distingue.

B. LE PARRAINAGE

129. Définition. La distinction entre le parrainage et l'acte philanthropique au profit des musées d'art s'avère particulièrement délicate quand l'acte philanthropique est opéré dans le cadre d'une activité commerciale. À l'instar des actes philanthropiques, mais également des apports, le parrainage consiste pour un particulier ou pour une entreprise en l'octroi à un organisme à but non lucratif de ressources matérielles, comme financières, pour la conduite de sa mission d'intérêt général. Toutefois, la caractéristique majeure du parrainage tient à son caractère exclusivement intéressé. Le parrainage procède en effet d'une démarche commerciale au moyen de laquelle son auteur cherche à promouvoir son image et à bénéficier de retombées publicitaires. En

---

[103] Civ 1re, 8 décembre 1982, *supra* note 96.

[104] V. Boisson, *supra* note 4 aux paras 122 et s qui défend la thèse selon laquelle l'apport constitue une donation déguisée.

[105] Un auteur y voit « une machine à faire sauter les libéralités » (Béhar-Touchais *supra* note 88).

[106] V. Didier Guével, *Droit des successions et des libéralités*, 3e éd, coll Systèmes : cours, Issy-les-Moulineaux, LGDJ : Lextenso, 2014 au para 251.

effet, conformément à l'arrêté du 6 janvier 1989 relatif à la terminologie économique et financière, le parrainage se définit comme « le soutien matériel à une manifestation, une personne, à un produit ou à une organisation en vue d'en retirer un bénéfice direct ». De manière plus concrète, il consiste « en la mise en œuvre d'un ensemble de techniques contractuelles classiques, essentiellement variables selon la finalité recherchée et adaptée au but poursuivi »[107]. En cela, le contrat de parrainage est à la fois onéreux et synallagmatique[108]. En effet, en échange du soutien apporté, le parrain peut exiger certaines prestations du bénéficiaire de l'opération comme la vente ou la location d'espaces publicitaires, la reproduction du logo ou de la marque de ce dernier, etc.[109].

130. Une distinction difficile avec l'acte philanthropique. Si le parrainage tend vers la recherche de nouveaux profits, celui-ci est malgré tout matériellement proche de l'acte philanthropique. En effet, le parrainage et l'acte philanthropique interviennent respectivement dans le domaine des œuvres d'intérêt général, notamment muséales. L'article 39-1-7° du Code général des impôts dispose que relèvent du parrainage « les dépenses engagées dans le cadre de manifestations de caractère philanthropique, éducatif, scientifique, social, humanitaire, familial, culturel ou concourant à la mise en valeur du patrimoine artistique, à la défense de l'environnement naturel ou à la diffusion de la culture, de la langue et des connaissances scientifiques françaises lorsqu'elles sont exposées dans l'intérêt direct de l'exploitation ». De plus, le risque de confusion est particulièrement avéré quand une entreprise réalise un acte philanthropique[110]. Tout comme le parrainage, l'acte philanthropique s'inscrit dans une démarche commerciale en ce qu'il est un moyen d'améliorer l'image de l'entreprise sur le long terme[111]. Le risque de confusion est bien réel quand l'entreprise perçoit des contreparties, même morales, en remerciement de son acte généreux[112]. Si le montant de ces

---

[107] Karine Rodriguez, « Parrainage » dans Philippe-Henri Dutheil, dir, *Droit des associations et fondations*, coll Juris corpus, Paris, Dalloz, 2016, 664 au para 29.04.
[108] À cela, il convient de rajouter que le parrainage est un contrat écrit. L'écrit procède de la nécessité d'organiser les relations entre le parraineur et le bénéficiaire, mais également de définir la nature des contreparties escomptées. V. *ibid* au para 29.21.
[109] *Ibid* aux para 29.18-29.20.
[110] Compte tenu de la réalité que ce risque représente, la Charte du mécénat culturel du Ministère de la Culture (*supra* note 83) débute avec la distinction entre le mécénat et le parrainage.
[111] La loi de finances 2000 admettait d'ailleurs que le régime du mécénat s'applique « même si le nom de l'entreprise versante est associé aux opérations réalisées par ces organismes [récipiendaires] » (Loi n°99-1172 du 30 décembre 1999, JO, 31 décembre 1999, 19914, art 17). Sur les contreparties morales, v. *supra* aux paras 122 et s.
[112] V. en ce sens, Frédérique Perrotin, « Parrainage ou mécénat : une opération difficile à distinguer » (2012) 204 LPA 3.

contreparties outrepasse celui admis pour les actes philanthropiques, il est évident que l'acte sera alors requalifié en opération de parrainage.

131. Or, la distinction entre les deux actes revêt deux séries d'enjeux. D'une part, la confusion entre les deux types actes peut donner lieu à une sanction économique qui est celle de la perte de l'éligibilité au régime fiscal de faveur dont bénéficient les actes philanthropiques, et *a fortiori*, les actes philanthropiques au profit des musées d'art[113]. D'autre part, la confusion emporte des conséquences juridiques. L'acte philanthropique pourrait en fonction du montant de la contribution, et de son objet, constituer un abus de biens sociaux[114] ou un acte anormal de gestion[115]. Outre la sanction pénale, l'acte serait sanctionné par la nullité du fait du détournement de pouvoir du dirigeant[116]. Ce risque est bien moins fort dans le cas du parrainage puisque l'opération vise, par essence, l'obtention de bénéfices directs pour l'entreprise[117]. Aussi, afin d'éviter que l'acte philanthropique ne soit critiqué sur l'un de ces deux fondements, l'acte doit-il être conforme à l'objet social, mais aussi à la finalité lucrative de l'entreprise[118]. En cela, il doit servir indirectement les intérêts de l'entreprise. D'ailleurs, le risque de confusion entre les deux actes semble fréquent puisque l'éthique muséale considère avec intérêt cette question. Par exemple, dans sa charte éthique relative au mécénat, parrainage et autres relations avec les entreprises et fondations, le Musée du Louvre précise que « dans ses rapports avec les entreprises, le musée du Louvre prendra toutes les dispositions possibles pour qu'à aucun moment ne puisse lui être reproché d'avoir contribué à un abus de

---

[113] Selon l'article 39-1-7 du Code général des impôts, les dépenses engagées au titre du parrainage sont seulement déductibles du revenu imposable de l'entreprise.

[114] L'abus de bien social constitue un délit pénal au titre des articles L241-3 et L242-6 du Code de commerce, puni d'un emprisonnement de cinq ans et d'une amende de 375 000 euros, et pouvant donner lieu à des peines complémentaires (C com., art L 241-3 al 7). L'abus de bien social consiste pour le président, les administrateurs ou directeurs généraux d'avoir de mauvaise foi, opérer un usage des biens ou crédit de la société à des fins contraires à ceux de la société. Il s'agit notamment d'avoir utilisé les biens à des fins personnelles ou encore d'avoir favorisé une société ou une entreprise dans laquelle ils sont intéressées directement ou indirectement. La qualification de l'abus de bien social nécessite la preuve de l'élément matériel.

[115] L'acte anormal de gestion se caractérise par le fait de mettre une dépense ou une perte à la charge de l'entreprise ou qui prive cette dernière d'une recette sans être justifiée par les intérêts de l'exploitation commerciale. Il s'agit d'une notion fiscale dégagée par la jurisprudence puis codifiée aux article 38 et 39 du Code général des impôts. Bien que l'administration ne soit pas autorisée à s'immiscer dans la gestion des entreprises, elle peut toutefois intervenir sous le contrôle du juge de l'impôt. Si l'anormalité de l'acte est établie, le résultat imposable de l'entreprise en sera modifié de telle façon que les charges considérées comme excessives seront réintégrées dans le résultat imposable. V. Cozian, Viandier et Deboissy, *supra* note 91 au para 495.

[116] *Ibid* au para 353. Les dirigeants, quand ils méconnaissent l'intérêt social, engagent également leur responsabilité personnelle, *ibid* aux paras 355et s.

[117] D'ailleurs, l'article 39-1-7 du Code général des impôts dispose que seules les dépenses engagées dans l'intérêt direct de l'entreprise peuvent être déduites du revenu imposable.

[118] Sur ce point, v. Frédérique Perrotin, « Mécénat et abus de biens sociaux » (2014) 148 LPA 4.

bien social, c'est à dire à un acte contraire ou sans rapport avec l'intérêt de l'entreprise » avec laquelle il s'associe. Pour ce faire, la charte éthique du Musée du Louvre précise :

> « Ainsi, il s'assurera que toute relation contractuelle avec une entreprise partenaire s'inscrira : - soit dans le cadre du mécénat d'entreprises, donnant lieu à des déductions fiscales selon les modalités définies dans l'article 238bis du CGI, ainsi qu'à des contreparties d'image quantitativement limitées - soit dans le cadre du parrainage, c'est à dire d'un investissement accompli par l'entreprise en vue d'améliorer son image dans le cadre de sa stratégie de communication. Ainsi par exemple, il veillera à ce que la dénomination qu'il choisira de faire figurer sur des supports pérennes (cartel d'une œuvre, gravure dans le marbre, inscription sur une plaque, ...) ou temporaires (affiches, programmes d'information, dossiers de presse, bannières, ...) est bien celle de la personne morale qui lui verse les fonds, représentée par sa raison sociale, son logo, ou toute autre appellation notoirement représentative de l'identité de l'entreprise ou de son activité industrielle ou commerciale. Les conditions détaillées de l'exercice de cette pratique de citation font l'objet de négociations à chaque fois particulières, mais toujours encadrées par des principes généraux d'octroi de contreparties validés par le Conseil d'administration » [119].

En somme, la distinction entre l'acte philanthropique au profit des musées d'art et le parrainage s'avère forte délicate en présence de contreparties afférentes à l'image de l'entreprise. Or, contrairement à l'apport, nul doute ne pèse sur le caractère exclusivement onéreux du parrainage. Dès lors, aussi manifeste que soit la nature hybride l'acte philanthropique au profit des musées d'art, elle engendre des difficultés

---

[119] En ligne : <https://www.louvre.fr/sites/default/files/medias/medias_fichiers/fichiers/pdf/louvre-charte-ethique-du-musee-du-louvre-en-matiere-de-mecenat-parrainage-et-autres-relations-avec-les-entr.pdf> (consulté le 31 octobre 2021). La Charte du mécénat culturel du Ministère de la Culture (*supra* note 84) évoque également ce risque au paragraphe 12, invitant notamment les organismes bénéficiaires de mécénat d'entreprise à prendre « toutes les dispositions possibles pour qu'à aucun moment ne puisse lui être reproché le fait d'avoir contribué à un abus de bien social ».

réelles en pratique et instaure, malgré elle, une certaine défiance envers les actes philanthropiques.

C. LE MARCHÉ PUBLIC DE TRAVAUX

132. Définition. Selon l'article 1111-1 du Code des commandes publiques[120], le marché public est « un contrat conclu par un ou plusieurs acheteurs soumis au présent code avec un ou plusieurs opérateurs économiques, pour répondre à leurs besoins en matière de travaux, de fournitures ou de services, en contrepartie d'un prix ou de tout équivalent ». Le contrat de marché public[121], est un contrat de droit administratif soumis à un ensemble de règles, principes et procédures régissant la passation comme l'exécution des marchés publics. Par ce biais, la personne publique confie la réalisation de certains ouvrages publics, notamment des travaux de rénovation d'un musée public, à une entreprise privée en échange d'une rémunération. La jurisprudence admit que le caractère onéreux du marché ne se déduit pas seulement du versement du prix à l'opérateur, mais peut également résulter de l'avantage en nature, ou encore de l'abandon de recettes, que le marché pouvait procurer à ce dernier[122].

133. Une distinction difficile avec l'acte philanthropique. D'une manière générale, l'acte philanthropique de l'entreprise ne saurait constituer un contrat de marchés publics déguisé, contournant les règles contraignantes relatives aux modes de passation des marchés publics[123] et brisant le jeu la mise en concurrence des candidats[124]. Il peut être, en effet, tentant pour une collectivité, dans un souci d'économies, de contraindre ou d'inviter les entreprises candidates à un marché public à intégrer dans leur offre une proposition de mécénat permettant de réduire

---

[120] Le Code de la commande publique (CCP) regroupe les dispositions régissant les contrats de la commande publiques sur la base d'une distinction entre les marchés publics et les concessions. Celui-ci prend la suite du Code des marchés publics et de l'ordonnance n°2015-899 du 23 juillet 2015 relative aux marchés publics (JO, n°0169, 24 juillet 2015, 12602, texte n° 38) lesquels dès lors ont été abrogés. Le Code est introduit par l'ordonnance n° 2018-1074 du 26 novembre 2018 (JO, n°0281, 5 décembre 2018, texte n° 20) et le décret n° 2018-1075 du 3 décembre 2018 (JO, n°0281, 5 décembre 2018, texte n° 21). Son entrée en vigueur date du 1er avril 2019. V. Stéphane Braconier, « Marchés publics de travaux : notion. Dossier 410 » dans Philippe Malinvaud, dir, *Droit de la construction 2018-2019*, 7e éd, coll Dalloz Action, Paris, Dallloz, 2017 au para 410.11.

[121] Sur les différents marchés publics, CCP, art. 1111-4 à 1111-7.

[122] V. Braconier, *supra* note 120 au para 410.231.

[123] CCP, art L2120-1 et s.

[124] CCP, art L.3 : « les acheteurs et les autorités concédantes respectent le principe d'égalité de traitement des candidats à l'attribution d'un contrat de la commande publique. Ils mettent en œuvre les principes de liberté d'accès et de transparence des procédures, dans les conditions définies dans le présent code. Ces principes permettent d'assurer l'efficacité de la commande publique et la bonne utilisation des deniers publics ».

le prix du marché[125]. Une telle pratique est évidemment contraire au principe d'égalité de traitement des candidats[126], mais aussi aux règles relatives à la fixation du prix du marché selon le Code des commandes publiques[127].

Il importe de souligner qu'outre le changement de régime juridique ou fiscal, la requalification de l'acte philanthropique au profit des musées d'art en contrat de marché public entrainera la nullité de l'acte pour avoir été passé dans des conditions irrégulières[128]. Le juge pourra prononcer des pénalités financières, et dans certaines hypothèses, une condamnation pénale[129].
Compte tenu du risque de confusion entre ces deux actes, le musée du Louvre s'est doté de mesures préventives. La charte éthique du musée du Louvre en matière de mécénat, de parrainage et autres relations avec les entreprises ou fondations mentionne que « le musée se réserve[rait] la possibilité de ne pas accepter le mécénat ou le parrainage d'une entreprise qui participerait (ou aurait participé récemment) à une mise en concurrence préalable à la passation d'un marché public, que le sujet du parrainage ou du mécénat éventuel ait un lien direct ou non avec l'objet du marché »[130].

D. L' OFFRE DE CONCOURS

134. Définition. La contribution du secteur privé à la réalisation de travaux publics suscite des doutes sur la qualification de l'opération quand celle-ci consiste en une offre de concours[131] ; soit « une

---

125 V. Bruno Koebel, « Mécénat d'entreprise et marchés publics : éviter le mélange des genres » [2013] JCP A 2304 au para 7.

126 CCP, art L3.

127 Selon l'article L2152-7 du CCP, le marché public est attribué au(x) soumissionnaires(s) ayant présenté l'offre économiquement la plus avantageuse au regard des critères objectifs, précis et en lien avec l'objet du marché public ou avec ses conditions d'exécution. L'offre anormalement basse devra être rejetée par l'acheteur (CCP, art. L2152-7) après avoir demandé à l'opérateur économique que celui-ci fournisse des précisions et justifications sur le montant de son offre (CCP, art. L2152-6).

128 Yves Gaudemet, *Traité de droit administratif. Tome 2, Droit administratif des biens : la propriété publique, les domaines administratifs, l'expropriation, la réquisition, les travaux publics*, 14e éd, Paris, LGDJ : Lextenso éditions, 2011 au para 1037 [Gaudemet, *Traité Tome 2*]. Sur le contrôle de légalité des contrats de marché public conclus par des collectivités territoriales dont la valeur excède 209 000 euros hors taxes, v. CGCT, art. L2131-13.

129 Par exemple, le délit de favoritisme (C. pén., art. 432-14) sanctionne le fait d'avoir procuré un avantage injustifié à autrui. En l'espèce, ce délit ne porte que sur la méconnaissance des règles ayant pour objet la liberté d'accès et d'égalité des candidats. V. sur ce point, Jérome Lasserre Capdeville, *Rep Dr pén. et proc. pén.*, *sub verbo* « Favoritisme : Marchés publics ».

130 *Supra* note 119 au para 1.d.

131 V. Gaston Jèze, « L'opération administrative d'offre de concours » [1925] RDP 603 ; Bernard Poujade, « L'offre de concours » [1985] RDP 1625 ; Jean-Bernard Auby et Rozen Noguellou, *J-Cl* A, Fasc. n°684 « Offre de concours » ; Gaudemet, *Traité Tome 2, supra* note 127 aux paras

contribution volontaire, en espèce ou en nature, d'une personne privée ou publique à une collectivité publique, en vue de la réalisation d'un travail public »[132] . Toute comme l'acte philanthropique au profit des musées d'art, l'offre de concours constitue une forme de soutien privé à une œuvre d'intérêt général.

135. Une distinction difficile avec l'acte philanthropique. Non seulement, l'offre de concours constitue un contrat administratif[133] unilatéral[134], mais elle constitue également un contrat à titre gratuit puisque l'apport consenti au titre de l'offre est sans contrepartie équivalente. Son caractère gratuit induit un risque de confusion avec la libéralité avec charge. Pourtant, l'offre de concours s'en distingue par certains traits[135]. Notamment, l'administration se voit offrir un concours gratuit pour la réalisation du travail public tandis que l'offrant satisfait un intérêt propre à l'aboutissement dudit travail. La contribution, bien que gratuite, revêt un caractère intéressé ; l'offrant cherchant à retirer pour lui-même ou pour les tiers certains avantages[136]. C'est ainsi que la distinction entre l'acte philanthropique à un musée d'art et l'offre de concours est tributaire de l'interprétation objective ou subjective de l'intention libérale[137]. La question s'est d'ailleurs posée au sujet d'une donation faite par les époux Trémois à la ville de Nice de dix-sept œuvres d'art japonais estimées à deux cent cinquante millions de francs ainsi que de trente-cinq peintures, huit dessins, gouaches et fusains, cent vingt-

---

1036 et s. ; Jean-Marie Auby, Pierre Bon, Jean-Bernard Auby et Philippe Terneyre, *Droit administratif des biens : domaine public et privé, travaux et ouvrages publics, expropriation*, 7e éd, coll Précis, Paris, Dalloz, 2016 aux pp 246-47 [Auby et al]. V. aussi Nathalie Jacquinot, « Le don en droit public » dans Nathalie Jacquinot, *Le don en droit public*, coll Colloques de l'IFR, Toulouse, Presses de l'Université Toulouse, 2013, 65.

[132] Jacqueline Morand-Deviller, Pierre Bourdon et Florian Poulet, *Droit administratif des biens*, 10e éd, coll Cours, Paris, LGDJ, 2018 à la p 705.

[133] L'offre de concours s'analyse comme un contrat public et non comme un marché public de travaux (TA Amiens 9 novembre 1993, *Association espace littoral*, Rec Lebon, tables, 871).

[134] L'offre de concours est un contrat unilatéral ne faisant naître, par définition, que des obligations à la charge du particulier contractant. Dès lors, une fois l'offre acceptée, l'offrant ne peut revenir sur cette dernière et la collectivité bénéficiaire pourrait le contraindre à l'honorer (CE 12 octobre 1979, *Touchard*, Lebon tables, 666). Le maître de l'ouvrage a quant à lui, en dépit de son acceptation de l'offre, le droit de renoncer aux travaux convenus (CE 17 juin 1960, *Langellier-Bellevue*, Lebon, 405), mais, dans ce cas, il est tenu de restituer les sommes mises à sa disposition.

[135] Sur l'autonomie de l'offre de concours par rapport à la donation avec charge, Gaudemet, *Traité Tome 2*, *supra* note 127 au para 1040. Il convient de souligner que les personnes publiques ne peuvent consentir des libéralités au motif que « *les biens qu'elles possèdent, acquis par des deniers publics, sont directement ou indirectement le support de l'intérêt général dont elle a la charge* » (*ibid.* au para 35). Cette interdiction est d'ordre public (*ibid*). *Adde* Auby et Noguellou, *supra* note 130 au para 31.

[136] Morand-Deviller, Bourdon et Poulet, *supra* note 132 aux pp 705-706 ; Gaudemet, *Traité Tome 2*, *supra* note 128 au para 1040.

[137] Pour des exemples, v. Nathalie Peterka, « Achats pour autrui entre époux » dans Michel Grimaldi, dir, *Droit patrimonial de la famille 2018-2019*, 6e éd, coll Dalloz Action Paris, Dalloz, 2017, chapitre 355, au para 355.42.

deux gravures sur papier, vingt-trois gravures sur parchemin, sept grands livres illustrés, dix sculptures et cent quarante cuivres gravés de Pierre-Yves Trémois estimés à un peu plus de seize millions de francs. La donation des époux Trémois était toutefois à charge pour la ville de créer à ses frais un nouveau musée municipal d'art japonais intitulé *Musée donation Trémois et collection d'art japonais*, et sur le fronton duquel, seule l'inscription *Musée Trémois* devait figurer[138]. Or, la ville, initialement favorable au projet, revint sur sa position en émettant une contre-proposition près d'un an après la donation [139]. Suite à l'échec des négociations, la ville refusa la donation et M. Trémois saisit le juge afin d'obtenir une indemnisation de la Ville de Nice et du Département des Alpes-Maritimes pour le préjudice subi du fait de l'échec du projet. La qualification de l'acte comme libéralité ou offre de concours déterminait le droit à indemnisation du demandeur. En effet, il est de principe que l'administration reste libre de décider de l'opportunité de ne pas exécuter l'offre ; la renonciation à l'offre de concours ne l'obligeant qu'à restituer les biens à l'offrant[140]. En revanche, si l'opération était qualifiée de libéralité, le donateur pouvait agir sur le fondement de la responsabilité contractuelle. Pour le commissaire au Gouvernement, outre le montant des charges grevant la libéralité[141], M. Trémois satisfaisait un intérêt moral dans la construction du musée qui portant son nom destiné à accueillir sa collection et ses œuvres. Il concluait alors qu'à la vue de ces éléments, l'acte du disposant perdait tout caractère libéral[142] et répondait davantage à la qualification de l'offre de concours. Or, la Cour d'appel Marseille n'a pas suivi ces recommandations quand bien même elle ait rejeté la requête du demandeur. Celle-ci conclut qu'il ne résulte pas de l'instruction que la ville de Nice aurait pris des engagements à l'égard du donataire, fait des promesses auxquelles elles ne seraient pas tenues ou encore qu'elle aurait été à l'origine de l'échec du projet[143]. Aussi, la Cour écarte-t-elle la responsabilité de la Ville et du département. Si cette

---

[138] Initialement, M. Trémois souhaitait se réserver en contrepartie du don destiné à la création du musée d'art japonais permettant d'accueillir sa collection privée, le droit d'approuver les plans du musée, d'intervenir dans la sélection de l'architecte, d'interdire l'exposition d'œuvres n'appartenant pas à sa donation ou encore de disposer d'un droit de veto quant à la nomination du conservateur du musée.

[139] Ce changement de position découlait certainement du fait que la Direction des musées de France avait fait savoir à la Ville de Nice que ce musée ne saurait constituer un musée municipal classé ou contrôle compte tenu que la collection comprenait essentiellement les œuvres de P-Y. Trémois. V. Jean-Jacques Louis, « Offre de concours ou donation : à propos de la création d'un musée d'objet d'art japonais » (2005) 2 RFDA 393.

[140] Bernard Poujade, « L'offre de concours » [1985] 6 RDP 1625 à la p1635 ; Gaudemet, *Traité Tome 2*, *supra* note 127 au para 1040.

[141] La création du musée semblait être une opération plus onéreuse que le montant total de la donation.

[142] Louis, *supra* note 139 au para IV.2.

[143] CAA Marseille, 28 juin 2004, n° 02MA00231, *Ville de Nice et Trémois*, (2005) 2 RFDA 393.

affaire témoigne de la mince frontière séparant l'acte philanthropique au profit des musées d'art et l'offre de concours, elle souligne le caractère fondamentalement intéressé de l'acte philanthropique.

***

CONCLUSION DE LA SECTION

136. En vue d'encourager et de maintenir le soutien aux causes d'intérêt général, les contreparties aux actes philanthropiques au profit des musées d'art sont admises sous réserve qu'elles ne bouleversent pas l'essence gratuite de l'opération. Au regard de leur existence quasi-systématique, nous avons établi la nature — hybride — de l'acte philanthropique au profit des musées d'art comme *libéralité intéressée*. En effet, le disposant, tout en réalisant une libéralité, agit en considération de ses intérêts. En cela, l'acte philanthropique constitue une libéralité d'un genre particulier pour laquelle il convient d'admettre que la gratuité ne peut s'apprécier qu'en des termes différents. Néanmoins, l'existence de telles contreparties, notamment morales, rend difficile sa distinction avec certains actes à titre onéreux ayant un objet et/ou une finalité matériellement proche. La qualification de l'acte philanthropique au profit des musées d'art requiert un certain degré de vigilance, comme nous avons pu le constater au travers des exemples de l'apport, du parrainage, du marché public et de l'offre de concours. Pris au cœur d'une tension entre gratuité et onérosité, l'acte philanthropique au profit des musées d'art tend vers les actes à titre onéreux, et ce, par nécessité.

Mais à force de souligner le caractère intéressé de l'opération, l'acte philanthropique au profit des musées d'art n'entraine-t-il pas une dénaturation de la notion de libéralité ? Ou du moins, demeure-t-il véritablement un don ? Plus tôt, nous avons souligné comment la redéfinition du don et même des actes philanthropiques en une forme complexe d'échange avait autant séduit la *common law* américaine que des disciplines non juridiques. L'acte philanthropique au profit des musées d'art paraît, à divers égards, s'inscrire dans ce schéma au regard du système de contreparties sur lequel il repose. D'ailleurs, certains ont récemment décrit les actes philanthropiques comme des partenariats dont il importe de consigner, au sein d'une convention, la nature et le montant des différentes contreparties[144]. Ainsi, au travers de la singularité de ces actes, on peut se demander dans quelle mesure la notion de libéralité est

---

[144] V. Armelle Verjat, « Le mécénat » dans Philippe-Henri Dutheil, dir, *Droit des associations et fondations*, coll Juris corpus, Paris, Dalloz : juris éditions, 2016, 635 au para 28.89.

conforme à la véritable nature du don et si celle-ci n'entretient pas un *impossible*[145] idéal de gratuité.

Néanmoins, cette nature hybride n'est pas la seule spécificité de l'acte philanthropique au profit du musée d'art. Son originalité s'affirme également au gré de sa nature finalisée.

Section II. UNE LIBÉRALITÉ FINALISÉE

137. Annonce de plan. Les actes philanthropiques au profit des musées d'art constituent une variété de libéralités à caractère collectif en ce que la libéralité est réalisée dans le but unique et précis de servir l'œuvre muséale.

La reconnaissance des libéralités à caractère collectif comme catégorie spéciale de libéralité suscite un intérêt modéré en doctrine[146] quand bien même celle-ci attira l'attention d'éminents juristes[147]. Toutefois, c'est au professeur Flour que nous devons une réelle systématisation de la notion, ce dernier arguant que la spécificité de ces libéralités à caractère collectif tient au fait qu'elles sont destinées à profiter à un groupe de personnes indéterminées, à une collectivité[148]. Reprise par Souleau, cette définition subjective fut complétée d'un critère finaliste. En effet pour celui-ci, les libéralités à caractère collectif cherchent exclusivement à satisfaire l'intérêt général, ce qui justifie alors qu'elles bénéficient à des personnes physiques indéterminées et non individualisées[149]. Aussi, voit-on que l'essence des libéralités à caractère collectif réside dans leur nature finalisée.

Comme nous l'avons déjà souligné à plusieurs reprises, la finalité des actes philanthropiques au profit des musées d'art est de servir une œuvre d'intérêt général. Aussi, afin de clarifier et compléter le cadre juridique de ces actes, il importe de préciser les contours de la notion d'intérêt général dans le contexte de la philanthropie et d'exposer en quoi l'activité muséale en constitue un domaine particulier (I). D'ailleurs, il convient de

---

[145] Derrida, *supra* note 42.

[146] En effet, nous notons que l'ensemble des ouvrages et manuels relatifs au droit des libéralités ne font mention de cette variété de libéralités se cantonnant essentiellement aux libéralités intervenant dans un contexte familial. Néanmoins, une thèse récente se concentre intégralement sur les particularités de ces libéralités. V. Boisson, *supra* note 4.

[147] Cette catégorie fut initialement mise en exergue par Planiol et Ripert lesquels distinguaient les libéralités individuelles des libéralités ayant un caractère social ou religieux (Marcel Planiol et Georges Ripert, *Traité pratique de droit civil français*, t 5 : Donations et testaments, Paris, Librairie générale de droit et de jurisprudence, 1933 au para 2). René Cassin, en 1939, consacra son cours de doctorat aux libéralités ayant un caractère d'utilité publique (*Droit civil approfondi et comparé : des libéralités avec charge et fondations en droit français*, coll : Licence 1ère année, Paris, Les Cours de droit, 1938).

[148] Jacques Flour, *Cours de droit civil : licence 4e année*, Paris, Cours de droit, 1966 à la p 268.

[149] Flour et Souleau, *supra* note 21 au para 345.

souligner que la doctrine en droit des successions traitant des libéralités à caractère collectif ne s'intéresse pas à cette question[150].
Par la suite, nous verrons que la nature finalisée des actes philanthropiques au profit des musées d'art emporte des conséquences majeures quant à leur réalisation. En effet, la finalité qui les caractérise détermine les limites dans lesquelles les disposants peuvent gratifier une telle institution (II). Ainsi, voit-on que la finalité d'intérêt général définit non seulement le champ matériel des actes philanthropiques, mais détermine surtout la validité juridique et fiscale de l'opération. Ceci renforce le caractère dérogatoire de l'acte philanthropique au profit des musées d'art par rapport aux libéralités ordinaires.

I. LA NOTION D'INTÉRÊT GÉNÉRAL ET LE CHAMP MATÉRIEL DES ACTES PHILANTHROPIQUES AU PROFIT DES MUSÉES D'ART

138. Annonce de plan. Après avoir précisé les contours de la notion d'intérêt général dans le cas particulier des actes philanthropiques (A), nous verrons comment l'activité muséale en constitue un des domaines particuliers (B). Nous procéderons à quelques développements d'ordre comparé pour révéler quelques particularités du droit français.

A. LA NOTION D'INTÉRÊT GÉNÉRAL DANS LES ACTES PHILANTHROPIQUES

139. Annonce de plan. Bien que communément admis comme « ce qui est pour le bien public, à l'avantage de tous »[151], la définition de l'intérêt général, notamment dans le contexte des actes philanthropiques, constitue une tâche plus délicate qu'il n'y paraît. En effet, la notion d'intérêt général est empreinte de considérations historiques, politiques, culturelles et sociales auxquelles les actes philanthropiques au profit des musées d'art ne sauraient échapper.

---

[150] Notamment, dans sa récente thèse portant œuvre de systématisation du droit des libéralités à caractère collectif, J. Boisson ne consacre pas de développements à la définition de l'intérêt général et de ses enjeux sur la réalisation des libéralités à caractère collectif (Boisson, *supra* note 4). En revanche, les domaines du *charitable trust* sont l'objet d'abondants développements dans tous les ouvrages et manuels de *common law* traitant de la question, notamment parce qu'il s'agit d'une question sujette à interprétation jurisprudentielle.
[151] *Vocabulaire juridique*, *sub verbo* « intérêt général ».

Afin d'examiner les enjeux relatifs à la définition du champ matériel des actes philanthropiques, il convient de traiter la définition de l'intérêt général sous deux angles. Au titre de sa dimension matérielle, nous étudierions le contenu de l'intérêt général et par là les domaines d'activités qu'elle recouvre (a) tandis qu'au titre de sa dimension territoriale, nous nous concentrerons sur le fondement *a priori* national des actes philanthropiques (b).

a. UNE DIMENSION MATÉRIELLE

140. Philanthropie et intérêt général. La définition de la notion d'intérêt général dans le cadre des actes philanthropiques est initialement liée aux œuvres de bienfaisance. Toutefois, celle-ci connut, selon les évolutions mêmes de la philanthropie, différentes étapes à l'issue desquelles émergera son acception juridique.
Aussi, faut-il rappeler que les origines de la philanthropie sont celles de la charité chrétienne dont les domaines d'intervention étaient essentiellement la santé, la pauvreté et l'éducation[152]. De même, l'appropriation progressive des œuvres de bienfaisance par le pouvoir royal dès le XIIIe siècle[153] inaugure un tournant majeur pour la philanthropie. Celle-ci, relevant exclusivement de l'initiative privée, devient peu à peu perçue comme objet de concurrence du pouvoir royal[154]. La Révolution française confirma cette prédominance de l'État comme atteste le contrôle des personnes morales, dont la plupart étaient des institutions charitables[155]. Or, si la prééminence du rôle de l'État dans l'administration de la société conduisit au recul de la générosité privée, celle-ci eut également un impact au plan matériel. En effet, toute générosité à vocation collective, qu'elle soit privée ou publique, s'affranchit des domaines de la charité chrétienne pour devenir une notion séculaire orientée vers la recherche du bien commun[156]. Or, celui-ci se matérialise à travers la notion d'intérêt général[157] dont il appartient

---

[152] *Supra* au para 22.
[153] V. Catherine Lecomte, « Ancien Régime et générosité publique » dans Pascal Mbongo, *La générosité publique : dons, mécènes entre droit et politique*, Paris, LGDJ, 2006, 29.
[154] *Supra* au para 25.
[155] *Supra* au para 23.
[156] Deux conceptions s'affrontent traditionnellement pour définir l'intérêt général, Selon une conception utilitariste, l'intérêt général se comprendrait comme la somme algébrique des intérêts individuels. Cette conception est souvent présentée comme correspondant à l'idéologie anglo-saxonne. Selon une conception volontariste, l'intérêt général transcende les intérêts spécifiques. Telle est la conception dominante en France (Conseil d'État, *Rapport public 1999*, n°50, Paris, La Documentation française, 1998, en ligne : <https://www.conseil-etat.fr/ressources/etudes-publications/rapports-etudes/etudes-annuelles/reflexions-sur-l-interet-general-rapport-public-1999> [consulté le 10 août 2019]).
[157] Les différents textes de loi relatifs aux actes philanthropiques font d'ailleurs mention de l'intérêt général. Pour rappel, l'arrêté du 6 janvier 1989 relatif à la terminologie économique et

à la puissance publique d'assurer la préservation au moyen de la mise en œuvre de services publics[158]. Il en découle alors que la définition de l'intérêt général constitue une prérogative publique[159].

141. Parallèlement, s'il advient que la philanthropie et le service public ont pour finalité commune la réalisation d'activité relevant de l'intérêt général de telle sorte que les œuvres philanthropiques et les activités de service public en viennent à se chevaucher, le domaine du service public outrepasse néanmoins celui de la philanthropie[160]. Ainsi, la notion d'intérêt général, dans le contexte des actes philanthropiques, ne représente qu'un volet de celle permettant de définir les activités de service public[161]. Toutefois, il importe de souligner que ce chevauchement a pour conséquence de placer l'acte philanthropique aux confins du droit privé et du droit public. Si cette oscillation entre les différentes branches du droit semble inévitable compte tenu de l'objet

---

financière (*supra* note 64) définit le mécénat comme un « soutien matériel apporté, sans contrepartie directe de la part du bénéficiaire, à une œuvre *ou* à une personne pour l'exercice d'activités présentant un intérêt général ». De même, la loi n°87-571 du 23 juillet 1987 relative au développement du mécénat, JO, 24 juillet 1987, 8255 dispose, à l'article 18, que la fondation concourt « à la réalisation d'une œuvre d'intérêt général et à but non lucratif ». Telle est également la définition de l'objet de la fondation d'entreprise (*ibid*, art 19).

[158] Cette idée du lien fondamental entre interventionnisme et intérêt général se formalise avec la notion de service public. En effet, la notion de service public, en droit administratif, est porteuse de l'idée de finalité sociale et de la satisfaction des besoins collectifs, justifiant ainsi le pouvoir de l'État. Notamment, Duguit écrivait que « toute activité dont l'accomplissement doit être assuré, réglé et contrôlé par les gouvernants, parce que l'accomplissement de cette activité est indispensable à la réalisation et au développement de l'interdépendance sociale, et qu'elle est d'une telle nature qu'elle ne peut être réalisée complètement que par les gouvernants est un service public » (Léon Duguit, *Traité de droit constitutionnel*, 3e éd, vol 3 : La théorie générale de l'état, Paris, E de Boccard, 1927 à la p 61). Aussi, traditionnellement, « le service public était conçu comme une activité d'intérêt général, prise en charge par une personne publique, à laquelle s'appliquait un droit spécial, différent du droit commun (le droit privé, droit des particuliers) » (Georges Dupuis, Marie-José Guédon et Patrice Chrétien, *Droit administratif*, 12e éd, Paris : Dalloz, Sirey, 2011 au para 691). Pour aborder avec plus de précisions la notion de service public et ses développements, v. Gilles J Guglielmi, *Introduction au droit des services publics*, coll Droit et Société, n°29, Paris, LGDJ : Lextenso éditions, 1994 ; Yves Gaudemet, *Traité de droit administratif. Tome 1, Droit administratif général: l'administration, la juridiction administrative, les actes administratifs, les régimes administratifs*, 16e éd, Paris, LGDJ, 2001 aux para 65 et s. [Gaudemet, *Traité Tome 1*] ; Pierre Laurent Frier et Jacques Petit, *Droit administratif*, 11e éd, coll Domat droit public, Issy-les-Moulineaux, LGDJ, 2017 aux paras 357 et s.

[159] « Dans une conception rousseauiste, il [l'intérêt général] est dès lors révélé, conformément à la volonté générale, par la seule puissance publique en fonction des besoins de la collectivité tout entière et imposé d'en haut à celle-ci. L'intérêt général, au-delà de la tradition chrétienne du bien commun, acquiert une dimension républicaine et démocratique, conforme à l'appréhension française du rôle de la loi et du pouvoir politique ». (Frier et Petit, *supra* au para 363.)

[160] En effet, certains services publics, relevant de l'intérêt général, relèvent de la compétence exclusive de l'État, et ne saurait de ce fait être laissé aux soins de la philanthropie. Tel est le cas des services publics relevant des fonctions régaliennes de l'État (la défense), de l'Éducation nationale ou de la sécurité nationale.

[161] Pour une illustration des domaines admis au rang des œuvres ou organismes ayant un caractère philanthropique, éducatif, scientifique, social, familial, humanitaire, sportif ou culture, v. BOI-IR-RICI-250-10-20-10-20170510

d'intérêt général de l'acte philanthropique, elle accentue la singularité de l'acte philanthropique comparativement aux libéralités ordinaires. Surtout, ce chevauchement permet de maintenir toutes activités d'intérêt général sous l'emprise du pouvoir régalien[162], et de justifier la tutelle publique sur certaines opérations philanthropiques[163].

Aussi, importe-t-il de définir la notion d'intérêt général pour définir le champ matériel des actes philanthropiques en droit français.

142. L'absence de définition légale. D'une manière générale, la notion d'intérêt général n'a pas de définition légale en droit français. Ceci n'est pas étonnant compte tenu des difficultés que soulève la réalisation d'une telle entreprise. En effet, il fut écrit que cette notion, « [...] éminemment idéologique, car permettant de légitimer l'intervention publique, est très délicate, impossible à définir »[164] . Toutefois, « il est communément admis que relève de l'intérêt général tout ce qui est utile à la collectivité des citoyens prise dans son ensemble, à un moment donné. Cette notion est évolutive et englobe des domaines très divers »[165].

---

[162] Il importe d'ailleurs de rappeler que l'intérêt général permet de définir dans quelle mesure une libéralité est éligible au régime fiscal du mécénat. En effet, la reconnaissance de l'activité comme étant d'intérêt général permet à l'organisme récipiendaire de bénéficier d'un régime fiscal préférentiel et notamment de délivrer des reçus fiscaux afin que les particuliers jouissent du droit à réduction fiscal à l'issue de leur don conformément aux articles 200 et 238 bis CGI. Toutefois, l'intérêt général, aussi fondamental soit-il, ne saurait être suffisant. L'éligibilité au régime fiscal de faveur requiert la réunion de trois critères : l'organisme doit être considéré comme à but non lucratif, conduire une gestion désintéressée et ne peut profiter à un cercle restreint de personnes. Pour des précisions sur ces critères, v. BOI-IR-RICI-250-10-10-20170510 et BOI-BIC-RICI-20-30-10-10-20190807.

[163] L'emprise des autorités régaliennes est d'autant plus marquée en ce qu'elle se manifeste à différentes étapes de l'encadrement des actes philanthropiques comme en témoigne le régime juridique des fondations d'utilité publique avec la reconnaissance d'utilité publique ou encore les autorisations nécessaires pour l'aliénation, sans oublier la présence de la personne publique dans les instances directionnelles de la Fondation (Statuts types 2018 modèle 1, art.16 ; modèle 2, art. 15). La tutelle administrative fur toutefois récemment allégée au regard des modifications portées à l'article 910 du Code civil (*infra* au para 169).

[164] Frier et Petit, *supra* note 157 au para 363. Y. Gaudemet, fort de son caractère politique, considère la notion de service public comme contingente et incertaine (Gaudemet, *Traité Tome 1*, *supra* note 158 au para 625).

[165] Armelle Verjat, « Fondation d'utilité publique » dans Philippe-Henri Dutheil, dir, *Droit des associations et fondations*, coll Juris corpus, Paris, Dalloz : juris éditions, 2016, 1367 au para 63.45. Selon les auteurs Frier et Petit, la caractérisation de l'intérêt général permettant de reconnaître à une activité la qualité de service public se fait en deux temps. Selon une première approche subjective, la caractérisation procède du choix de la puissance publique ou du législateur. À cela s'ajoute une approche objective au titre de laquelle est appréciée la nature de l'activité au regard des représentations sociales de l'époque. Le caractère désintéressé de l'activité constitue notamment un critère de reconnaissance (Frier et Petit, *supra* note 158 au para 365).

À défaut d'une définition légale ayant une vocation générale, la notion d'intérêt général, dans le contexte précis des actes philanthropiques[166], se trouve précisée par la loi fiscale. En effet, les articles 200 et 238 bis du Code général des impôts énumèrent plusieurs domaines relevant de l'intérêt général lesquels sont ceux « ayant un caractère philanthropique, éducatif, scientifique, social, humanitaire, sportif, familial, culturel, ou concourant à la mise en valeur du patrimoine artistique, notamment à travers les souscriptions ouvertes pour financer l'achat d'objets ou d'œuvres d'art destinés à rejoindre les collections d'un musée de France accessibles au public, à la défense de l'environnement naturel ou à la diffusion de la culture, de la langue et des connaissances scientifiques françaises ». S'ils apportent un éclairage sur le contenu de la notion d'intérêt général, ces articles présentent, cependant, la difficulté d'abandonner la définition de l'intérêt général à une interprétation au cas par cas. En effet, la notion ne se dessine réellement qu'au gré des exemples et interprétations administratifs rendus à l'issue de la procédure du rescrit fiscal[167]. De plus, aucune jurisprudence n'est venue à ce jour clarifier le champ matériel de la notion d'intérêt général en matière d'acte philanthropique[168]. Ainsi, la définition de l'intérêt général dans le cas précis de la philanthropie demeure une question hors contentieux dont il nous est difficile d'obtenir de plus amples précisions, et ce, même si la réponse de l'administration fiscale a une valeur officielle pouvant faire l'objet d'un recours administratif[169].

---

[166] Sur la définition plus générale de l'intérêt général dans le contexte du service public, v. Conseil d'État, *Réflexions sur l'intérêt général : Rapport public 1999*, *supra* note 156 ; Frier et Petit, *supra* note 158 aux paras 363-366.

[167] Le rescrit est « l'expression doctrinale servant à désigner les consultations données, à la demande des intéressés par des autorités administratives ou juridictionnelles sur des questions de droit (interprétations de leurs règlements ou de la loi), sous des formes et des domaines divers (droit fiscal, contentieux judiciaire et administratif, concurrence) » (*Vocabulaire juridique, sub verbo* « rescrit »). Aussi, l'administration délivre alors des appréciations au cas par cas, plutôt que par le fait d'une définition abstraite et uniforme (V. notamment, BOI-IR-RICI-250-10-20-10-2017051. Souleau écrivait au sujet de la notion d'intérêt général que « *son approche ne pouvait qu'être empirique. Elle s'illustre par des exemples plus qu'elle ne se laisse enfermer dans une définition abstraite* » (Henri Souleau, *L'Acte de fondation en droit français*, Thèse de doctorat, Paris, 1969 à la p 10).

[168] Toutefois, la jurisprudence relative à la qualification du service public culturel offre quelques pistes de réflexions à ce sujet. Certaines activités furent qualifiées comme telles sur la base du critère du « besoin de la population ». À titre illustratif, v. CE, 12 juin 1959, *Syndicat des exploitants cinématographes de l'Oranie*, [1960] D 402 (note J Robert). Le caractère éducatif et social de l'activité a également permis de qualifier certaines activités comme de service public (Jean-Marie Pontier, « Le contentieux culturel devant le juge administratif » [1989] RDP 1607 à la p 1629). Cependant, ces jurisprudences se concentrent sur la notion d'intérêt général dans le domaine du service public. Or, le régime de service public n'a pas de lien évident et automatique avec le régime fiscal du mécénat.

[169] Jean-Pierre Allinne, « Trois idées reçues sur le mécénat » dans Jean-Piette Alline et Renaud Carrier, dir, *La culture au risque du marché : le mécénat face à ses acteurs*, coll Droit du patrimoine culturel et naturel, Paris, L'Harmattan, 2010, 17 aux pp 42-43.

Hormis ces éléments de droit fiscal, la notion d'intérêt général qui fonde les actes philanthropiques n'est pas abordée par le droit des libéralités. C'est pourquoi il apparaît pertinent d'introduire quelques remarques comparées aux fins d'enrichir la définition du champ matériel des actes philanthropiques en droit français.

143. Perspectives comparées. En effet, l'étude comparée de la définition du champ matériel des actes philanthropiques révèle une différence majeure entre le droit français et le droit anglo-américain révélatrice de la place des actes philanthropiques au sein de la tradition juridique comme de la nature de leur encadrement. Le droit français ne dispose pas d'une terminologie juridique spécifique pour qualifier le champ matériel des actes philanthropiques contrairement à la *common law*.

Le droit anglais fut le premier à formaliser juridiquement le domaine de la philanthropie à travers la notion de *charitable purposes*. Initialement, cette notion se confondait avec la charité chrétienne. Toutefois, en ce qu'elle devint le critère de qualification des *charitable trusts*, il advint que la notion acquit progressivement une juridicité[170] de par le développement de l'*Equity* lequel permit la création de l'institution du *charitable trust*[171]. Il en découle alors que la notion de *charitable*

---

[170] Cette notion remonte à la période médiévale où l'acte philanthropique se résumait, et ce de manière commune dans les sociétés européennes sous l'emprise de l'Église catholique, aux legs pieux. Notamment, les legs pieux comme « charité forcée » trouvaient leur fondement dans la tradition judéo-chrétienne au moyen de libéralités avec charges. Durant le Moyen-Age, les pays de droit romain pratiquaient les libéralités *sub modo* tandis que les pays de droit germanique, à défaut de connaître le testament, la personne morale, exécutaient les dernières volontés au moyen d'un exécuteur testamentaire dont l'Église endossait quelque fois le rôle. Quel que soit le système de droit et notamment en France où durant la période médiévale, le pays se trouvait partagé entre les deux systèmes, les libéralités à des fins charitables étaient largement pratiquées et sans aucune pensée ou justification théorique autre que l'obligation de charité chrétienne. V. Martin Boodman, *Les libéralités à des fins charitables au Québec et en France*, Thèse de doctorat, Université de droit, d'économie et de sciences sociales de Paris (Paris 2), 1980 aux pp 11-12. En droit anglais, le mécanisme des *uses*, prémisse du *trust*, reposait sur un mécanisme similaire à la charge personnelle en ce que *l'use* réunissait des éléments relatifs tant à l'usufruit qu'au fidéicommis (Kathryn Chan, « Taxing Charities: Harmonization and Dissonance in Canadian Charity Law » (2007) 55:3 Rev Fisc Can 481 à la p 510 [Chan, « Taxing Charities »]).

[171] Brièvement, les origines du *trust* se situent dans l'ancienne pratique des *uses* du XIIIe siècle en Angleterre développées à la suite de la conquête normande. En effet, par le biais des *uses*, un disposant pouvait transférer un intérêt foncier (*interest in land*) à un particulier voire une ville (*feoffee*) au profit d'un bénéficiaire (*cestui que use*). Or, l'efficacité du transfert reposait intégralement sur la bonne foi du *feoffee*. Avant la reconnaissance de *l'equitable title* à leur profit, les bénéficiaires ne disposaient d'aucun moyen exécutoire devant les cours de *commom law* contre le *feoffee* qui aurait méconnu leur devoir moral d'agir dans l'intérêt du bénéficiaire. Au XVème, la Cour de Chancellerie reconnut un droit (*equitable interest*) des *cestui que uses* quant à la propriété détenue pour leur intérêt. Puis, par la *Statute of Uses* de 1535, ceux-ci furent formellement dotés de *l'equitable title* de sorte que les bénéficiaires jouissaient alors d'un intérêt juridique exécutoires devant les cours d'*Equity*. v. Frederic William Maitland, « Equity: A course of lectures » dans AH

purposes constitue une notion juridique précise et autonome permettant de définir le champ matériel des actes philanthropiques.

Parallèlement, le schisme anglican emporta une dissociation entre la notion de piété et celle de charité ayant pour effet de laïciser la notion de *charitable purposes.* La rupture avec l'Église catholique fit que la conception canonique des actes charitables ne pouvait plus servir de fondement juridique aux actes ayant vocation à produire un avantage d'intérêt général[172]. En d'autres termes, si le développement de *l'Equity* permit l'éclosion du concept juridique, la Réforme anglaise eut pour conséquence l'élargissement du domaine de la philanthropie au-delà des causes pieuses[173].

Chaytor et WJ Whittaker, *The forms of action at common law: a course of lectures*, Cambridge, University Press, 1936 aux pp 25 et s ; Chan, « Taxing Charities », *supra* note 170 aux pp 508-509.

[172] "Because gifts to the Catholic Church were no longer viewed by the English state as gift that were beneficial to society, the canonical concept of pious cause could no longer function as the standard for the legal definition of charity. A new conception of charity would have to be found" (Chan, « Taxing Charities », *supra* note 169 à la p 511). *Adde* James J Fishman, *The Faithless Fiduciary and the Quest for Charitable Accountability 1200-2005*, Durham (NC), Carolina Academic Press, 2007 à la p 69.

[173] V. Gareth H Jones, *History of the Law of Charity, 1532-1827*, coll Cambridge studies in English legal history, Londres, Cambridge UP, 1969 à la p 15. On notera que la reconnaissance des causes *charitable* dans la *common law* anglaise connut toutefois un coup d'arrêt avec la loi de 1736 relative aux biens de mainmorte qui interdit alors les legs des terres à des fins *charitables*, à la suite de la méfiance grandissante envers les dons à des fins *charitables*, qui permettaient de déjouer les contraintes fiscales et juridiques de la dévolution du patrimoine familial. Toutefois, en ce que les juges accordaient une importance primordiale à la protection de la volonté du disposant, ceux-ci optèrent pour une interprétation extensive de la notion *charitable* (V. *ibid* à la p 115 ; Chan, *supra* note 198 à la p 513.) Par ailleurs, l'arrêt *Morice v. Durham* (1804) 9 Ves Jun 399, 32 ER 656; (1805), 10 Ves Jun 522, 32 ER 947) marqua un tournant majeur dans la définition des causes *charitable* puisque les juges érigèrent le préambule de *l'Élizsabeth Statute* de 1601 comme source légale de la définition de la notion *charitable.* Ce dernier acquiert alors une existence juridique précise et certaine dont l'objet se voit expressément circonscrit aux causes prévues par ledit texte, et celles admises par analogie. Les juges écartèrent alors toute synonymie avec les termes de bénévolat ou encore de charité tel qu'admis dans la langue courante. Puis, dans l'affaire, *Income Tax Special Commisioners v. Pemsel*, [1891] All ER Rep 28 à la p 55 ; [1891] AC 531, [1891] UKHL 1), Lord McNaughten résuma, sur la base du préambule de 1601, les activités philanthropiques en quatre catégories que sont la lutte contre la pauvreté, l'avancement de l'éducation, l'avancement de la religion, et tout autre but considéré comme conférant un bénéfice à la communauté. Lord McNaughten formula comme critère commun à l'ensemble de ces catégories celui du *public benefit* de sorte que pour être qualifié comme *charitable,* un *trust* devra, en sus de relever d'une des catégories mentionnées, bénéficier à la communauté. Il découle de ce critère la détermination des bénéficiaires et l'appréciation de ces derniers comme catégories suffisantes. Notamment, aucun *trust* ne serait être admis comme *charitable* s'il visait la satisfaction d'un groupe de personnes déterminées avec lequel le disposant a des affinités personnelles. L'appréciation doit se faire au cas par cas selon l'objet du *trust* et les caractéristiques des bénéficiaires visés. Ainsi, si ce critère a pour fonction de garantir l'objet *charitable* d'un *trust*, il est pertinent de noter que, sous couvert de ce critère, les juges anglais veillaient à ce que l'acte généreux opéré au moyen du *charitable trust* ait bien vocation à conférer un avantage au plus grand nombre. En d'autres termes, le terme *charitable* rompit progressivement avec ses origines canoniques pour devenir un concept juridique autonome permettant de qualifier les actes gratuits ayant une vocation collective. Cette liste fut considérablement élargie en 2006 avec le *Charities Act* (R-U), 2006, qui dresse une liste d'une douzaine d'activités charitables, v. Robert Meakin, *The Law of Charitable Status: Maintenance and Removal*, coll Law practitioner series,

Comme nous l'avons exposé précédemment, les juges américains se sont approprié le droit anglais des *charitable trusts*[174]. Dès lors, à l'instar du droit anglais, la notion de *charitable purposes* en droit américain constitue une notion juridique autonome[175] dont il appartient théoriquement au juge d'en définir, et notamment, d'en élargir le contenu[176]. Celle-ci fut d'ailleurs résumée dans les termes suivants *:* " a charity, in a legal sense, may be more fully defined as a gift to be applied consistently with existing laws, for the benefit of an indefinite number of persons, either by binding their hearts under the influence of education or religion, by relieving their bodies from disease, suffering or constraint by assisting them to establish themselves in life, by erecting or maintaining public buildings or works or otherwise lessening the burden of the Government. It is immaterial whether the purpose is called charitable in the gift itself if it is so described to show that it is charitable in its nature "[177].
Cette définition est pertinente dans la mesure où les juges reconnaissent l'autonomie conceptuelle du terme charitable et lui donnent un contenu substantiel, et non exclusivement fondée sur l'énumération de domaines d'activités.

Par conséquent, la comparaison avec le droit américain permet ici de souligner la particularité française selon laquelle le champ matériel des actes philanthropiques ne fait pas l'objet d'une définition précise, et encore moins l'objet d'une notion juridique propre au contexte de la philanthropie. Il ressort également que le processus de définition de ce champ matériel se veut très différent. Alors que la *common law* réserve au juge le soin d'adapter la notion au gré des besoins[178], cette tâche relève

---

Cambridge, Cambridge University Press, 2008 à la p 20. Pour une comparaison avec le droit américain, v. *ibid* à la p23-24 ; Austin Wakeman Scott, William Franklin Fratcher et Mark L Ascher, *Scott and Ascher on Trusts*, 5e éd, 6, Boston, Aspen Publishers, 2006 au para 38.1.2.

[174] *Supra* aux paras 34-37.

[175] Plusieurs discussions portèrent sur la distinction entre les termes *charitable*, *philanthropy* et *eleemosynary*. S'il est admis que les trois termes sont très proches au regard de leur racine commune qui est celle de la générosité envers la collectivité, il fut admis que seul le terme *charitable* revêtait un sens juridique précis. Pour une présentation des enjeux relatifs aux sens des différents termes, v. Scott, Fratcher et Ascher, *supra* note 173 au para 38.1.2.

[176] Une grande partie des États américains se sont dotés de législations dressant les buts admis comme relevant de la notion d'intérêt général (*ibid*). Il n'en résulte pas que, pour être valide, un *charitable trust* doit expressément faire mention du but précis auquel il se rapporte. La simple mention de sa vocation *charitable* suffit. D'ailleurs, le *Restatement (Third) of Trusts* rappelle qu'il appartient au juge de déterminer le but auquel le *charitable trust* se rattache à la lumière de la volonté du *settlor* (au para 28).

[177] *Jackson v. Philips*, 96 Mass 539 (1867) à la p 556.

[178] Cette affirmation se doit toutefois d'être tempérée. En effet, le droit américain n'échappe pas pour autant à une fiscalisation de la philanthropie comme nous avons déjà pu en faire mention précédemment lors des propos introductifs (v. en ce sens, Olivier Zunz, *Philanthropy in America: a history*, Princeton, Princeton University Press, 2012 à la p 76 et s.). Outre le contrôle des actes et des institutions par le service de l'impôt américain, certaines tentatives furent conduites en vue

de la doctrine fiscale en droit français. Or, nous avons souligné précédemment que l'appréciation des activités, dans ce contexte, se faisait au cas par cas, et selon une procédure non contentieuse. Si ceci laisse présager une moins grande adaptabilité aux besoins de la société ainsi qu'un caractère discrétionnaire de la définition du champ matériel des actes philanthropiques, l'emprise du pouvoir exécutif, à travers le droit fiscal, se fait davantage ressentir. C'est ainsi que certains acteurs français de la philanthropie revendiquent une « dé-publicisation » de la notion d'intérêt général dans le cas des actes philanthropiques afin de répondre de manière plus effective aux besoins de la pratique[179].

Finalement, ces développements nous conduisent à nous demander s'il faut voir dans cette absence de concept autonome et distinct en droit privé français une simple carence du droit français ? Ou au contraire, est-ce là une carence symptomatique des pays de droit civil pour laquelle la dichotomie entre les branches du droit est forte, et pour lesquels l'intérêt général n'a, *a priori*, pas sa place au sein des actes privés ?

144. Le droit québécois nous offre des pistes intéressantes de réflexion compte tenu de sa mixité juridique. De plus, le Code civil du Bas-Canada (art 869) ainsi que le Code civil du Québec (art. 1270) font référence au champ matériel des actes philanthropiques. Le fondement de ces deux dispositions suscita beaucoup d'interrogations que ce soit à l'égard de leurs origines, des raisons de leur existence par comparaison au Code napoléonien ou encore de leur version anglaise qui laissait présumer qu'elles n'étaient qu'un héritage du droit anglais. Dans le contexte québécois, il s'avère fondamental d'établir si ces dispositions relèvent de

---

de rapatrier l'intégralité des questions relatives aux *charitable trusts* auprès du commissaire au revenu de l'État (*state revenue commissionner*) au détriment de la compétence de l'*Attorney General*. Tel fut l'objet d'une loi dans l'État de Géorgie qui souhaitait transférer les compétences de *l'Attorney General* en matière de contrôle de l'administration des *charitable trusts* au commissaire au revenu (*Official Code of Georgia Annotated*, (OCGA §53-12-90). Cependant, même si la loi fut amendée pour réintroduire un certain degré de compétence de *l'Attorney General* en matière de représentation des bénéficiaires du trust, le commissaire au revenu conserve, somme toute, des pouvoirs de supervision (OCGA §53-12-116 : « *The state revenue commissioner shall be authorized to supervise the administration of charitable trusts in the manner set forth in this Code section* »). Le but de ces dispositions était alors de fournir une alternative au contrôle exercé par *l'Attorney General*. Ce type d'initiative fait néanmoins l'objet de vives controverses tant en termes de légitimité (V. Evelyn Brody et John Tyler, « Respecting Foundation and Charity Autonomy: How Public is Private Philanthropy » (2013) 85:2 Chicago-Kent L Rev 571) que d'efficacité (Lloyd Mayer et Brendan Wilson, « Regulating Charities in the Twenty-First Century: An Institutional Choice Analysis » (2013) 85:2 Chicago-Kent L Rev 479).

[179] V. en ce sens, l'étude réalisée par la Junior Consulting de Sciences Po pour l'Institut Pasteur et pilotée par Philippe-Henri Dutheil (membre du HCVA) et Antoine Vaccaro, *Étude sur la rénovation de l'intérêt général* (2013), en ligne : <https://www.centre-francais-fondations.org/ressources-pratiques/bibliographie/etude-sur-la-renovation-de-l2019interet-general-en-france-pour-une-definition-evolutive-et-co-construite-de-linteret-general> (consulté le 31 octobre 2021).

fondements civilistes ou de *common law* pour déterminer la source du droit qui s'applique. D'ailleurs, l'interprétation de l'expression « aux fins de bienfaisance » de l'article 869 du Code civil du Bas-Canada fut l'objet d'une riche jurisprudence sans pour autant que la question relative aux fondements de l'article ne soit véritablement tranchée[180]. Pourtant, il était défendu par une partie de la doctrine que l'article 869 puisait sa source dans l'Ancien droit français[181]. L'avènement du Code civil québécois ne permit pas de mettre fin aux hésitations, la rédaction de l'article 1270 posant tout autant d'interrogations[182]. On notera que sa version anglaise n'emploie plus l'expression de *charitable purposes* ce qui témoigne certainement de la volonté du législateur de maintenir cette notion dans le prisme du droit civil[183]. Toutefois, en s'appuyant sur les origines et le contenu de l'article 1270 du Code civil du Québec, K. Chan note une différence majeure entre les deux traditions canadiennes. Alors que la *common law* s'attache à identifier et définir les buts charitables (*charitable purposes*), le droit civil ne dispose pas d'une notion analogue quand bien même les actes philanthropiques ont toujours existé en droit

---

[180] V. Boodman, *supra* note 170 aux pp 75-92. L'auteur releva trois orientations au sein de la jurisprudence. Une première était d'affirmer que la notion civile de bienfaisance avait été entendue de sorte à couvrir un champ d'activité aussi large que ce que la notion de *charitable* de *common law* permettait (V. *Valoir c Boucherville*, [1929] RCS 234 aux pp 264-266). La seconde direction était alors de réfuter toute référence à la *common law* au profit de l'ancien droit (V. *Ross v. Ross* [1896] 25 RCS 307 ; *Mathison v. Shepard*, [1909] 35 RCS 29 aux pp 52-53 ; *Goyette c Les héritiers de feu H Goyette*, [1920] 26 RL 4 aux pp 12-14 ; *Sabatier c Royal Trust Co et Enault*, [1978] RCS 954 à la p 956). Enfin la troisième tendance était d'appliquer expressément la *common law* pour interpréter l'article 869 CcBC (V. *Fraser c Abott*, [1871] RCS 174 à la p 152), soit en se référant uniquement aux autorités de *common law* (V. *Doré c Brosseau*, [1904] 26 RCS 466 aux pp 478-479 ; *Lyman c Royal Trust Co*, 1916 50 RCS 450 à la p 453). De son côté, la doctrine québécoise affirmait que la notion relevait surtout de l'Ancien Droit français.

[181] V. Marcel Faribault, *Traité théorique et pratique de la fiducie ou trust du droit civil dans la province de Québec*, Montréal, Wilson et Lafleur, 1936, traite de la fiducie aux pp 199-200. V. aussi J-E Bilette, « La fiducie des articles 869 et 964 », (1932) 11 R du D 532. La notion de charité sous l'Ancien Droit était profondément liée au quasi-monopole de l'Église catholique en ce domaine. Dès lors, étaient admis comme actes de charité les œuvres pieuses ainsi que les actes pour l'avancement de la religion.

[182] La notion de bienfaisance fut remplacée par celle d'utilité sociale, laquelle se définit au regard de l'intérêt général. L'article 1270 du Code civil du Québec énumère alors une liste de domaines d'activités au titre desquels une fiducie peut revêtit le caractère d'utilité sociale. Il n'est pas surprenant que le champ matériel des actes philanthropiques soit défini dans les dispositions relatives aux fiducies compte tenu du fait que celles-ci constituent le mode préférentiel de réalisation des actes philanthropiques comme nous avons pu le voir précédemment (*supra* aux paras 50 et s). Il fut avancé que, contrairement à la *common law*, la lettre de l'article 1270 n'entend pas définir ces buts de manière restrictive. V. John EC Brierley, « De certains patrimoines d'affectation : les articles 1256-1298 » dans Barreau du Québec et Chambre des notaires, *La réforme du Code civil*, t 1 : Personnes, successions, biens, Sainte-Foy (Qc), Presses de l'Université de Laval, 1993, 735.

[183] Ceci n'est pas sans poser de difficultés du point de l'éligibilité aux dons au régime fiscal fédéral et provincial des dons de bienfaisance. Sur les différences conceptuelles entre les notions de *charitable purposes* et d'*utilité sociale*, v. Kathryn Chan, « Charitable according to whom ? The clash between Quebec's societal values and the law governing the registration of charities » (2008) 49:2 Les Cahiers de droit 277.

civil compte tenu des origines romaines et chrétiennes de la pratique philanthropique[184]. Si l'auteur en tire des conséquences pratiques majeures[185], elle récuse, par la même occasion, l'idée selon laquelle la définition du champ matériel des actes philanthropiques constitue une particularité de la *common law*. Or, à notre sens, le décalage entre la tradition civiliste et celle de *common law* quant au niveau de développement de la philanthropie s'explique en partie par le fait que la définition du champ matériel des actes philanthropiques ne fait pas encore l'objet d'une acceptation juridique pleinement consacrée dans les pays de tradition civiliste. On ne saurait que trop appeler le législateur à se pencher sur la question, celle-ci étant, selon nous, la prémisse fondamentale pour l'établissement d'un cadre juridique complet pour la philanthropie.

En somme, la définition du champ matériel des actes philanthropiques constitue une tâche complexe compte tenu des considérations historiques, politiques, culturelles et sociales qui l'animent. S'il ressort qu'aucune définition de l'intérêt général précise et propre aux actes philanthropiques n'existe, à ce jour, en droit français, force est de souligner que la notion demeure sous l'emprise de la puissance publique qui en définit les contours au cas par cas.

Afin de compléter la définition de la notion d'internet général dans le contexte de notre étude, il nous faut en souligner sa dimension territoriale compte tenu des limites que la territorialité de l'impôt induit à l'égard des actes philanthropiques au profit des musées d'art.

b. UNE DIMENSION TERRITORIALE

145. Les fondements nationaux de l'intérêt général. Si elle constitue essentiellement un enjeu pour le traitement fiscal des actes philanthropiques, la question de la *territorialité du don* revêt également un intérêt pour notre étude puisqu'elle définit la dimension géographique de l'intérêt général. L'acte philanthropique n'a-t-il qu'une vocation nationale ?

---

[184] Chan, « Taxing Charities », *supra* note 170 aux pp 533-549.

[185] L'auteur estime que cette absence de définition est regrettable, car elle laisse peser un voile d'incertitude sur les contours de l'intérêt général au Québec ainsi que sur les critères grâce auxquels certaines activités peuvent être admises comme telles (Chan, « Taxing Charities », *supra* note 170 aux pp 545-549). Il est d'ailleurs à noter que la jurisprudence n'est pas encore intervenue pour clarifier les contours de l'article 1270 du Code civil du Québec.

La réponse à cette question est certes négative au regard de l'accroissement récent de la philanthropie transfrontalière[186]. Celle-ci vise plusieurs séries d'hypothèses parmi lesquelles celle du don à un organisme établi dans l'État où réside le disposant, mais qui opère ses activités à l'étranger. La philanthropie transfrontalière recouvre également l'hypothèse où le disposant soutient un organisme étranger. Les grands musées français bénéficient notamment du soutien de sociétés d'amis américaines. Par exemple, l'*American Friends of Versailles* est un organisme à but non lucratif établi à Chicago ayant pour fin d'améliorer et de promouvoir les relations franco-américaines au moyen de son soutien du Château de Versailles[187]. L'*American Friends of the Louvre* est également une corporation à but non lucratif établi dans l'État du Delaware ayant pour mission de renforcer les liens entre le Louvre et le public américain et d'institutionnaliser la générosité des mécènes américains [188]. Notons d'ailleurs que le statut d'*American Friends of* permet à l'organisme de bénéficier de la réduction d'impôt prévue par la loi fiscale pour des projets qu'il soutient à l'étranger.

146. La philanthropie des résidents français en faveur d'organismes non établis sur son territoire fit l'objet, dans le contexte européen, de controverses du point de vue fiscal. En effet, la fiscalité des dons transfrontaliers est régie par le principe de territorialité de l'impôt. Domaine régalien par excellence, la définition et le régime de l'impôt sont des compétences étatiques. Il appartient en cela à l'État français de définir les règles de taxation applicables sur son territoire ce qui inclut les réductions accordées au titre de mécénat. Toutefois, compte tenu du coût fiscal que suscitent ces réductions, l'administration fiscale refusait l'octroi du régime de faveur aux dons à destination des organismes non établis en France et conduisant une activité d'intérêt général en dehors

---

[186] V. Gilles Bachelier et Conseil d'État, *Rapport sur les règles de territorialité du régime fiscal du mécénat du conseiller d'État*, 2013, en ligne : <https://www.centre-francais-fondations.org/ressources-pratiques/plaidoyer/Territorialite-du-mecenat-12-2012/rapport-sur-les-regles-de-territorialite-du-regime.pdf/view> (consulté le 31 octobre 2021). L'auteur du rapport établit que : « la générosité publique s'est mondialisée : les méthodes de collecte, les modes opératoires et les thématiques d'intervention des organismes faisant appel à la générosité publique ignorent largement aujourd'hui les frontières nationales » à la p 2. Il fut notamment constaté qu'entre 2008 et 2012, la France bénéficia de dons de fondations américaines à hauteur de 53,35 millions d'euros, et que les organismes à but non lucratif français établis sur le sol américain furent estimés à hauteur de 176 millions d'euros en 2011 pour seulement les douze principales institutions. Les grands musées français bénéficient notamment du soutien de sociétés d'amis américaines. Par exemple, l'*American Friends of Versailles* est un organisme à but non lucratif établi à Chicago ayant pour fin d'améliorer et de promouvoir les relations franco-américaines au moyen de son soutien du Château de Versailles

[187] American Friends of Versailles, « Goals and Mission Statement », en ligne : <http://www.americanfriendsofversailles.org/goals.html> (consulté le 31 octobre 2021).

[188] American Friends of the Louvre, « Mission », en ligne : <https://aflouvre.org/about/> (consulté le 31 octobre 2021).

des frontières françaises. Cette position fut vivement critiquée par la pratique qui y voyait une limite importante au développement de la philanthropie française : privée de son principal levier –l'incitation fiscale-, la générosité collective se trouvait en cela essentiellement contenue au sein desdites frontières[189].

147. Toutefois, cette doctrine devint par la suite contraire à la jurisprudence européenne. Dans l'arrêt Persche de 2007, la Cour de Justice de l'Union européenne admit qu'un donateur allemand pouvait, en principe, bénéficier de l'avantage fiscal prévu par la loi allemande pour le don qu'il effectuait à un organisme de bienfaisance établi au Portugal. Ainsi, la Cour consacre, au nom de la libre circulation des capitaux, le principe d'éligibilité à l'avantage fiscal consenti aux dons versés à des organismes d'intérêt général établis dans un autre État membre de l'Union Européenne[190]. La CJUE cherche ainsi à bâtir « un espace de générosité transfrontalier »[191].

---

[189] Néanmoins, afin de faciliter les dons transfrontaliers et de garantir le bénéfice des avantages fiscaux nationaux, il faut noter l'apport du réseau Transnational Giving Europe, dit TGE. Celui-ci permet aux donateurs (particuliers comme entreprises) fiscalisés dans l'un des pays partenaires, de soutenir des organisations à but non lucratif d'autres pays membres du réseau tout en bénéficiant des avantages fiscaux prévus par la législation de leur pays de résidence. Celui-ci procède d'un partenariat d'associations et de fondations qui offre un cadre fiable aux dons transfrontaliers vers l'Allemagne, la Belgique, la Bulgarie, la France, la Hongrie, l'Irlande, l'Italie, les Pays Bas, la Pologne, la Roumanie, le Royaume Uni, la Slovaquie, le Luxembourg et la Suisse. La procédure est alors la suivante : le donateur prend contact avec la fondation référente de son pays de résidence, laquelle demande à la fondation référente du pays destinataire de procéder à l'expertise de la fondation bénéficiaire. Si l'expertise se révèle positive, le donateur fait son don à la fondation référente de son pays de résidence qui, d'une part, lui établit un reçu fiscal, et d'autre part, reverse le don à la fondation du pays destinataire, au profit de la fondation bénéficiaire. V. en ligne : <http://www.transnationalgiving.eu> (consulté le 31 octobre 2021).

[190] CJUE, 27 janvier 2009, C-318/07, *Persche c Finanzamt Lüdenscheid*. En l'espèce, il s'agissait de savoir si un donateur allemand effectuant un don à un organisme à but non lucratif portugais pouvait bénéficier de l'avantage fiscal prévu par la loi allemande. La Cour de justice de l'Union européenne (CJUE) considère que les États membres ne sauraient restreindre le bénéfice du régime fiscal de faveur accordé aux actes philanthropiques aux seuls dons au profit d'organismes établis sur leur territoire, sans aucune possibilité pour le disposant de démontrer que l'organisme récipiendaire satisfait les conditions imposées par ladite législation. La Cour admit toutefois que seules des situations non objectivement comparables ou l'existence de motifs impérieux d'intérêt général pouvaient justifier une différence de traitement. Toutefois, la Cour précise que les États demeurent libres de déterminer les activités d'intérêt général qu'ils entendent promouvoir par l'octroi d'avantages fiscaux bénéficiant aux actes philanthropiques et aux organismes philanthropiques. Dans une décision de 2011 (*Missionswerk Werner Heukelbach eV c État belge*, C-306/04 [2011]), la CJUE réaffirmait une même égalité de traitement des dons transnationaux dans l'hypothèse d'un legs d'un ressortissant européen au profit d'un organisme établi dans un autre État membre. Il supposait, en l'espèce, que la Cour se prononce quant à l'articulation des droits des successions et du principe de libre circulation des capitaux dans le cas d'un legs universel d'un ressortissant belge au profit d'une association religieuse ayant son siège statutaire en Allemagne. La Cour rappelait alors que les successions constituent des mouvements de capitaux entrant dans le champ de l'article 63 TFUE et ainsi que les transferts à titre gratuit à cause de mort ne sauraient faire l'objet de traitement différencié sur la base de la territorialité. La France fut réticente à changer sa législation en ce sens. Mais, elle y fut finalement contrainte du fait de la procédure d'infraction (TFUE, art 258).

[191] Anne-Lise Sibony, « La Cour de justice favorise l'émergence d'un « espace de générosité » transfrontalier » (2011) 3 RTDE 595.

En dépit des hésitations et réticences que cette jurisprudence a pu susciter[192], l'administration fiscale a finalement, dans une instruction du 10 mai 2017[193], notamment inspirée des conclusions du rapport Bachelier[194], assoupli les conditions d'éligibilité au dispositif fiscal du mécénat des dons dont la vocation est internationale[195]. La philanthropie française dispose depuis d'un cadre juridique et fiscal fiable lui permettant de se développer au-delà des frontières françaises[196]. La création de la fondation européenne devrait intensifier ce phénomène[197]. Ainsi, voit-on que la définition de l'intérêt général dans le contexte des actes philanthropiques a pu revêtir, sur le fondement de la territorialité

---

[192] À la suite de la jurisprudence européenne, le législateur (Loi n°2009-1674 du 30 décembre 2009 de finances rectificatives pour 2009, JO, n°0303, 31 décembre 2009, 22940, texte n° 2, art. 35-IV) a inséré un alinéa 4 bis aux articles 200 et 238 bis du Code général des impôts offrant aux dons effectués auprès d'organismes établis dans l'Union européenne le bénéfice des réductions d'impôt au titre du mécénat. Toutefois, par le projet d'instruction fiscale en date du 30 janvier 2012, l'administration fiscale prévoyait de soumettre le bénéfice des avantages fiscaux au titre du mécénat à la condition que les organismes situés dans des États membres de l'Union européenne exercent une activité prépondérante en France. (v. en ce sens, Frédérique Perrotin, « Don intracommunautaire : un projet d'instruction décevante » (2012) 35 LPA 3) Ce projet étant fortement contesté, le ministre de l'Économie et des Finances et le ministre délégué chargé du Budget ont confié au conseiller d'État, M. Gilles Bachelier, une mission relative aux règles de territorialité du régime fiscal du mécénat. Ce dernier a publié en février 2013 un rapport avançant diverses propositions (Bachelier et Conseil d'État, *supra* note 186).

[193] Instruction fiscale du 10 mai 2017, BOI-BIC-RICI-20-30-10-10-20170510.

[194] Bachelier et Conseil d'État, *supra* note 186.

[195] Les donateurs français pourront consentir des dons à des organismes d'intérêt général situés hors des frontières européennes et bénéficier des réductions d'impôts au titre du mécénat sous trois conditions. Ces derniers doivent, d'une part, ne pas être un simple organisme de relais, mais conduire effectivement une œuvre d'intérêt général. D'autre part, ils doivent avoir accès à l'information concernant l'affectation et l'utilisation des sommes transférées. Enfin, l'organisme doit pouvoir produire, à la demande de l'administration, les documents permettant de prouver les dépenses engagées pour la mise en œuvre de leur mission (instruction fiscale du 10 mai 2017, *supra* note 193).

[196] À cela, nous soulignerons l'apport de la loi n°2014-1655 du 29 décembre 2014 de finances rectificative pour 2014 (JO, 30 décembre 2014, 22898) qui a amendé la législation nationale pour la rendre conforme aux exigences communautaires. Avant cela les organismes installés dans les États membres et bénéficiaires d'un don ou d'un legs ne se voyaient pas appliquer le même traitement fiscal que les organismes installés en France. À présent, les nouvelles dispositions codifiées à l'article 795-0 A du Code général des impôts prévoient, « sous certaines conditions, l'exonération de droits de mutation à titre gratuit des dons et legs effectués au profit de personnes morales ou d'organismes de même nature que ceux mentionnés à l'article 794 du CGI et à l'article 795 du CGI, constitués sur le fondement d'un droit étranger et dont le siège est situé dans un État membre de l'Union européenne (UE) ou partie à l'accord sur l'Espace économique européen (EEE) ayant conclu avec la France une convention d'assistance administrative en vue de lutter contre la fraude et l'évasion fiscales, lorsqu'ils sont agréés dans les conditions prévues à l'article 1649 nonies du CGI et à la condition que les dons et legs ainsi reçus soient affectés à des activités similaires à celles mentionnées à l'article 794 du CGI et à l'article 795 du CGI » (Frédérique Perrotin, « Territorialité des dons et legs » (2015) 209 LPA 4 à la p 5).

[197] V. Frédérique Perrotin, « Vers la fondation européenne » (2012) 224 LPA 3 ; Rachid Rhattat, « L'élaboration d'un cadre juridique européen de l'entrepreneuriat social à l'épreuve des obstacles juridiques, fiscaux et administratifs nationaux » (2014) 2 RDUE 157.

de l'impôt, une dimension fortement nationale limitant *de facto* le champ de la philanthropie française.

À la suite de ces éléments, voyons désormais la qualification de l'activité muséale comme œuvre d'intérêt général.

B. LE MUSÉE D'ART COMME OEUVRE D'INTÉRÊT GÉNÉRAL

148. Domaine d'étude. Il est admis dans chacun des États étudiés que les musées d'art relèvent de l'intérêt général et sont un domaine majeur des actes philanthropiques. Nous avions notamment montré dans la première partie de cette thèse les liens fondamentaux qui existent entre la philanthropie et le musée d'art. L'objet des développements suivants sera alors de montrer en quoi l'activité muséale constitue un des domaines de l'intérêt général.

149. Le service public muséal en droit français. L'activité muséale constitue un des domaines de l'intérêt général puisque le musée relève des activités de service public. Le musée d'art est typiquement l'un des cas de chevauchement entre la notion d'intérêt général du service public et celle relevant de la philanthropie.

Le service public culturel[198], dont les origines sont anciennes[199], constitue une sous-catégorie de services publics[200] si l'on s'en tient à la classification des professeurs Duguit, Guédon et Chrétien[201]. Ces auteurs justifient cette distinction par le fait que la protection et la valeur du

---

[198] Le Conseil d'État reconnaît comme catégorie de service public celui « de caractère culturel et touristique » dans l'arrêt *Dauphin,* 11 mai 1959, [1959] D Jur 315 (concl Mayras), puis emploie l'expression de service public culturel pour la première fois dans l'arrêt *Association de la Maison et de la Culture des Jeunes de Saint-Maur*, 21 janvier 1983, [1983] Rec 37308. Elle sera ensuite reprise dans la législation à diverses reprises. V. Pontier, *supra* note 167 ; Jean-Marie Pontier, « Le service public culturel, point de rencontre du juridique et du politique » dans Jean-Pierre Saez, dir, *Culture & société: un lien à recomposer*, coll Saison une, Toulouse, L'attribut, 2008, 37 ; Elisabeth Mella, « Le prix du service public de la culture » [2010] AJDA 2037 à la p 2037. Plus largement sur la notion de service public culturel, V. Jean-Marie Pontier et Jacques Léger, dir, *Les services publics culturels*, Aix-en-Provence, Presses universitaires d'Aix-Marseille, 2012.

[199] Celle-ci peut notamment être retracée avant la période révolutionnaire avec l'émergence de la notion de patrimoine national. V. Marc Fumaroli, « Les musées au service du public » dans Édouard Bonnefous, Éric Peuchot et Laurent Richer, *Droit au musée, droit des musées*, Paris, Dalloz, 1994, 5 à la p 5 ; Étienne Fatôme, « Les musées et l'idée du service public » dans Édouard Bonnefous, Éric Peuchot et Laurent Richer, *Droit au musée, droit des musées*, Paris, Dalloz, 1994, 15 à la p 16 .

[200] V. Pontier et Léger, *supra* note 198.

[201] Dupuis, Guédon et Chrétien, *supra* note 158 au para 697. Comp. Jean-Marie Pontier, « Réflexions discursives sur une catégorie juridique spéculative : les services publics culturels » dans Jean-Marie Pontier et Jacques Léger, dir, *Les services publics culturels*, Aix-en-Provence, Presses universitaires d'Aix-Marseille, 2012, 9.

patrimoine artistique, architectural et naturel constituent une des missions importantes de l'État français.

Au sein de cette catégorie figurent les activités muséales. Il est admis que le musée d'art emporte par essence les fondements du service public[202] contrairement à d'autres activités culturelles[203]. M. Fumaroli écrivait que le musée, dans son « programme génétique », était naturellement une institution publique[204] . Notamment, la circulaire de 1881 le décrivait comme le « corollaire de l'école »[205] tandis que l'exposé des motifs de l'ordonnance du 13 juillet 1945 insistait sur son caractère d'intérêt public[206]. Dès lors, sa nature de service public justifie que, par essence, le musée d'art constitue comme une activité d'intérêt général.

150. La nature de service public du musée d'art n'est pas tributaire de sa nature publique. En effet, il est admis que les particuliers peuvent mettre en œuvre des activités de services publics, brisant le strict monopole étatique[207]. Certains affirmèrent alors que « l'appartenance des musées au service public fait même partie des principes essentiels non soumis à la discussion »[208]. Son caractère de service public n'est pas tributaire de sa nature institutionnelle, mais découle de sa mission culturelle. Cette position fut, d'une certaine manière, confirmée par la loi n°2002-5 du 4 janvier 2002[209]qui unifie le régime juridique des musées sur le modèle du service public muséal. En effet, peu importe que le musée soit une personne morale de droit public ou de droit privé, l'attribution de l'appellation « Musées de France » assujettit le musée à un certain nombre de normes et usages qui ont pour fin le respect de l'intérêt général. Ces normes sont notamment celles du service public. En

---

202 V. Fatôme, *supra* note 199 à la p 16.

203 Le théâtre connut plus d'aléas dans sa qualification de service public, Jean-Marie Pontier, Jean-Claude Ricci et Jacques Bourdon, *Droit de la culture*, 2e éd, coll Précis, Paris, Dalloz, 1996 au para 64.

204 Marc Fumarolli, *supra* note 199 à la p 11.

205 Circulaire de 1881 citée dans Roland Schaer, *L'invention des musées*, 2e éd, coll Découvertes Gallimard, Paris, Gallimard, 2007 à la p 94.

206 Ordonnance n°45-1546 du 13 juillet 1945 portant organisation provisoire des musées des beaux-arts, JO, 14 juillet 1945, 4342.

207 Une telle hypothèse fut introduite à la suite du célèbre arrêt du Conseil d'Etat du 30 mai 1930, *Chambre syndicale du commerce en détail de Nevers* (n°06781, [1930] Rec CE 583 ; [1930] RDP 530 [concl Josse] ; [1931] S III 73 [concl. Josse, note Alibert]), qui admettait l'intervention privée « *en raison de circonstances particulières dans le temps et le lieu* ». Sur l'analyse des modalités de prise en charge du service public muséal par le secteur privé, v. Marie Cornu et Nathalie Mallet-Poujol, *Droit, œuvres d'art et musées : protection et valorisation des collections*, coll CNRS droit, Paris, CNRS, 2006 aux pp 32-34.

208 Fatôme, *supra* note 199 à la p 18 citant Jacques Salois, *Musées et économie : Actes des Troisièmes rencontres nationales des musées*, Paris, Direction des musées de France, 1992 à la p 20.

209 La loi n°2002-5 du 4 janvier 2002 relative aux musées de France, JO, 5 janvier 2002, 305, texte n°1.

d'autres termes, il ressort en France que le musée a une vocation naturelle à œuvrer dans le champ de l'intérêt général si bien que, quelle que soit sa nature juridique celui-ci demeure soumis à des règles qui en garantissent le respect[210].

En revanche, la nature de service public n'est pas offerte à l'ensemble de l'activité muséale. Ne sont considérées comme activités de service public seules les activités culturelles du musée, soit les activités de conservation du patrimoine, d'exposition mais aussi d'éducation[211] telles que prévues par l'article L441-2 du code du patrimoine[212]. Si cet article maintient comme critère central celui de l'existence d'une collection permanente[213], il consacre un élargissement des missions muséales. Désormais, sont admises comme relevant des missions essentielles du musée de France les activités de diffusion et de recherche scientifique.

151. La qualification des « nouvelles » activités muséales (édition, numérisation...) comme relevant de la mission de service public du musée pose plus de difficultés.

Les activités d'édition et de diffusion furent admises comme le prolongement des missions muséales traditionnelles, notamment au moyen de la Réunion des Musées Nationaux (RMN). De même, l'article L442-7 consacre l'animation culturelle du musée au travers de laquelle celui-ci organise des actions « d'accueil du public, de diffusion, d'animation et de médiation culturelles ».

Les activités d'animation, notamment à l'issue d'une délégation de service public, soulèvent des hésitations. Par exemple, dans un arrêt remarqué de 2003, le tribunal administratif de Versailles écarta la qualification de délégation de service public pour la convention d'occupation temporaire du domaine public entre l'établissement public du musée et du domaine national de Versailles et la société « Académie

---

[210] Sur les obligations relatives aux musées de France, *supra* au para 66.
[211] Notamment, l'exposé des motifs de l'ordonnance n°45-1546 du 13 juillet 1945 portant organisation provisoire des musées des beaux-arts (*supra* note 206) soulignait l'importance des collections provinciales en ce qu'elles sont « appelées à jouer un rôle important de décentralisation artistique et d'éducation des populations de la France libérée ».
[212] « Les musées de France ont pour missions permanentes de : a) conserver, restaurer, étudier et enrichir leurs collections ; b) rendre leurs collections accessibles au public le plus large ; c) concevoir et mettre en œuvre des actions d'éducation et de diffusion visant à assurer l'égal accès de tous à la culture ; d) contribuer au progrès de la connaissance et de la recherche ainsi qu'à leur diffusion ».
[213] Au titre de l'article 2 de l'ordonnance n°45-1546 du 13 juillet 1945 (*supra* note 206) : « est considérée comme musée, au sens de la présente ordonnance toute collection permanente et ouverte au public d'œuvres présentant un intérêt artistique, historique ou archéologique ».

du spectacle équestre ». En effet, bien que l'Académie offrait des spectacles au public et des formations équestres, son activité ne saurait répondre aux critères fonctionnels et organiques d'une activité de service public. Aussi, les juges réfutaient, dans ce cas précis, qu'une activité de formation et de production de spectacles, bien qu'associée aux activités du musée, revête par extension le caractère de service public[214]. Toutefois, les professeures Cornu et Mallet-Poujol notent que l'appréciation au cas par cas par le juge administratif laisse un degré suffisant de marge de manœuvre pour admettre des activités qui se veulent véritablement complémentaires de la mission originelle des musées. Ainsi, une activité d'animation éphémère pourrait être juridiquement admise si elle accomplit de manière accessoire la mission culturelle et éducative du musée[215]. En d'autres termes, l'activité périphérique doit donc demeurer dans le giron des activités muséales originales afin d'être admises comme procédant du service public muséal. C'est ainsi que les activités dites de *marchandising* (comme la vente de catalogues d'expositions, d'objets dérivés)[216], ayant bien souvent une finalité lucrative, ne seront pas admises comme relevant de la mission de service public si le lien entre le produit et la visite du musée n'est pas garanti[217]. Ces activités ne seront dès lors pas exemptées de certains impôts et taxes exclusivement réservées aux activités d'intérêt général [218].

152. Perspectives comparées. Les musées américains sont initialement conçus comme un lieu d'éducation avant d'être un lieu de conservation du patrimoine national comme en France. En effet, les musées et notamment les musées d'art se développèrent tardivement comparativement aux musées européens. Aussi, s'ils s'inspirèrent de ces derniers, l'apport américain dans la conception de l'institution muséale est d'avoir mis en avant le rôle d'éducation avant celui de conservation. Le musée devient un lieu d'apprentissage conformément à la doctrine selon laquelle l'éducation participe au bien-être commun[219]. Dès lors, la

---

[214] TA Versailles, 6 octobre 2003, [2004] AJDA 2274 (concl Comm Gouv Ho Si fat).
[215] V. Cornu et Mallet-Poujol, *supra* note 207 au para 25.
[216] V. *ibid* au para 26.
[217] *Ibid.*
[218] V. notamment JO, Sénat, Débats parlementaires, Questions remises à la Présidence du Sénat et réponses des ministres aux questions écrites, séance du 6 mars 2014, « *Fiscalité discriminatoire entre musées privés et musées publics* », question écrite n°107720 (Bruno Gilles), à la p 581.
[219] Allan Ullberg, Patricia Ullberg et Ann Hostra Grogg, « A short story of the museum » dans Robert C Lind, Robert M Jarvis et Marilyn E Phelan, *Art and museum law: cases and materials*, Durham (NC), Carolina Academic Press, 2002, 425 à la p 429. On citera notamment la divergence de point de vue quant à la vocation éducative. Si pour certains, le musée idéal est celui qui garantit l'accès à la culture au plus grand nombre, pour d'autres le musée participe à l'élitisme intellectuel (V. Karl E Meyer, « The Art Museum: Power, Money, Ethics » dans Patty Gerstenblith, dir, *Art,*

vocation d'éducation des musées constitue le but premier et fondamental de toute institution muséale[220]. D'ailleurs, afin de mettre en avant ce rôle éducatif, certains musées étaient alors dénommés *institute ;* entretenant des liens étroits avec les bibliothèques[221]. Surtout, les musées étaient assimilés aux universités[222] en tant que « quasi-academic institutions »[223]. Si cela tient pour beaucoup à l'histoire de la constitution des collections muséales, la qualification du musée comme institution éducative a une influence directe sur la définition des missions muséales. Notamment sont visées les obligations qu'une institution doit remplir pour se voir reconnue juridiquement et fiscalement comme une institution muséale éligible au régime fiscal de faveur.

153. La mission d'éducation ne se réduisait pas au seul fait de présenter l'art au public. Aussi, un grand nombre de musées développèrent des activités éducatives comme l'enseignement du dessin ou de l'histoire de l'art si bien que ceux-ci se firent les garants d'une instruction artistique. C'est plus tard, vers la fin du XIXe siècle, avec l'émergence des collectionneurs privés et surtout l'idée partagée que la réussite sociale se matérialise dans la constitution de collections, que les musées se tournèrent vers l'art. L'intérêt pour les Beaux-Arts élargit les missions muséales. En effet, en sus de l'éducation artistique, la mission de conservation et d'exposition se formalisa. En d'autres termes, les différentes missions du musée d'art comme la conservation et l'exposition des œuvres reposaient sur la mission supérieure d'éduquer la communauté. Et, pour certains auteurs, cette conception muséale explique l'avant-gardisme des collections et l'absence d'une vision monolithique de l'art et de la culture. En tant qu'institution éducative et

---

cultural heritage, and the law: cases and materials, Durham (NC), Carolina Academic Press, 2008, 222 à la p 38 et s.).

[220] Stephen E Weil, « From Being about Something to Being for Somebody: The Ongoing Transformation of the American Museum » (1999) 128:3 Daedalus 229 à la p 234 ; American Association of Museums, « Excellence and equity: Education and the public dimension of museums », 1992, en ligne: <http://ww2.aam-us.org/docs/default-source/resource-library/excellence-and-equity.pdf> (c consulté le 31 octobre 2021).

[221]Gérard Selbach, « Esquisse d'une histoire des musées américains : naissance, croissance, missions et politique fédérale et locale » (2007) 5:1 Lisa 58 au para 27. L'auteur de cet article donne notamment pour exemple la charte constitutive du Metropolitan Museum of Art de 1870 qui attribuait au musées les buts suivants : créer un musée et une bibliothèque d'art pour la ville de New York, encourager et développer l'étude des Beaux-Arts et l'application de l'art à la vie pratique, faire progresser la connaissance de sujets connexes et enfin fournir une instruction générale. V. également l'histoire du premier musée créé dans les colonies, le Library Society of Charleston en Caroline du Sud dans Ullberg, Ullberg et Hostra Grogg, *supra* note 219 à la p 429.

[222] V. Ullberg, Ullberg et Hostra Grogg, *supra* note 219 à la p 431, citant Germain Bazin, *The Museum Stage*, New York, Universe Books, 1967 à la p 261 qui décrivait le musée comme « an university for the general public, an institution of learning and enjoyment for all *men*».

[223] *Ibid* à la p 451.

culturelle, le musée doit garantir un certain pluralisme des idées, des courants et des procédés culturels et artistiques[224].

154. Parallèlement, il est intéressant de noter que l'histoire des missions muséales peut être retracée au gré des relations entre le musée et ses philanthropes. En effet, certains auteurs ont montré que les philanthropes de la fin du XIXe siècle firent front avec les conservateurs des musées afin de recentrer l'activité muséale sur l'enrichissement et la conservation des collections. Cette tendance dura jusqu'à la fin des années 1920 puisqu'ensuite survint une autre génération de philanthropes pour les musées ; désireuse de restaurer la mission éducative des musées comme priorité muséale et lui soumettre celles de conservation et d'exposition des œuvres[225].

155. Finalement, la conception du musée comme institution éducative fut entérinée par la loi fiscale[226]. En effet, comme nous l'avons précisé, pour qu'une organisation soit reconnue comme une « *tax-exempt organizations* » et bénéficier du régime fiscal de faveur accordé aux *charitable organizations*, celle-ci doit appartenir à l'une des catégories « *charitable* » telles que définies dans la loi fiscale. Parmi celles-ci, figure l'avancement de l'éducation à laquelle les musées furent rattachés[227]. L'administration fiscale retient une définition extensive de la notion d'éducation pour y intégrer toutes activités ayant pour but l'instruction du public sur des sujets utiles aux individus et pour le bénéfice de la communauté[228]. Elle contrôle également la nature des activités muséales afin de veiller à leur éligibilité au régime des « *tax-exempt organizations* ». À ce titre, un musée doit exposer ses œuvres et

---

[224] *Ibid* à la p 431.

[225] Compte tenu de ces différentes tendances quant à l'objet fondamental de la mission muséale, un célèbre rapport y vit les limites de la politique muséale. V. Theodore L Low, *The Museum as a Social Instrument*, New York, Metropolitan Museum of Art, for the American Association of Museums, 1942.

[226] V. sur ce point, Don Fullerton, « Tax Policy Toward Art Museum » dans Martin Feldstein, *Economics of Art Museums*, Chicago, University of Chicago Press, 2009, 199.

[227] Reg §1.501(c)(3)-1(d)(3)(i), Example (2).

[228] "The term educational, as used in section 501(c)(3), relates to:
(a) The instruction or training of the individual for the purpose of improving or developing his capabilities; or
(b) The instruction of the public on subjects useful to the individual and beneficial to the community.
An organization may be educational even though it advocates a particular position or viewpoint so long as it presents a sufficiently full and fair exposition of the pertinent facts as to permit an individual or the public to form an independent opinion or conclusion. On the other hand, an organization is not educational if its principal function is the mere presentation of unsupported opinion" (Reg 1.501(c)(3)-1(d)(3)(i)). Sur les raisons sur l'interprétation extensive du but éducatif, v. Bruce R Hopkins, *The Law of Tax-Exempt Organizations*, 11e éd, Heboken (NJ), Wiley, 2015, 14 aux pp 235-236.

être suffisamment ouvert au public puisqu'il est un lieu d'éducation du public et non celui d'un cercle restreint. Ces conditions sont le gage de la mission éducative du musée permettant ainsi de le distinguer des galeries d'art[229]. Elle contrôle également le développement des activités périphériques. Les activités de merchandising et évènementielles, qui, par nature, sont de nature commerciale, sont exclues des activités admises comme relevant de l'intérêt général sauf si elles procèdent de la mission éducative[230].

156. Les musées québécois n'appellent pas ici de développement particulier autre que la mention qu'à l'instar des musées américains, la mission éducative est prioritaire pour la définition de la mission d'intérêt général du musée[231]. À ce titre, certains muséologues rapprochèrent le musée de l'école, traitant notamment avec intérêt de la pédagogie muséale[232].

157. Pour conclure, il est de l'essence du musée d'art de relever de l'intérêt général selon le droit français. Pour autant, l'ensemble des activités ne saurait être admis comme tel dès lors que les activités périphériques servent un but autre que culturel. Cette vocation naturelle du musée d'art comme œuvre d'intérêt général ne repose toutefois pas sur les mêmes fondements pour les musées nord-américains. L'étude comparée permit de mettre en exergue que le critère pour lequel la mission muséale est une mission d'intérêt général varie. Si la protection du patrimoine culturel justifie que l'activité muséale relève de l'intérêt

---

[229] Voir en ce sens la célèbre affaire relative à la Fondation Barnes. *Commonwealth of Pennsylvania v. Barnes Foundation*, 159 A.2d 500 (Pa Sup Ct 1960). En l'espèce, *l'Attorney General* de l'État de Pennsylvanie assigna à comparaître les *trustees* de la Fondation Barnes au motif que les restrictions d'accès du public aux œuvres composant la collection étaient contraires à l'acte de fondation et à l'accord entre le disposant, Albert. C. Barnes, et le récipiendaire, la fondation. *L'Attorney General* y présumait un manquement des *trustees* envers leurs obligations fiduciaires. Les juges, constatant un tel manquement, accueillirent la demande de *l'Attorney General* de mettre terme aux restrictions relatives à l'accès du public de la collection. Dans cette affaire, il est intéressant de relever la discussion des juges autour des notions de musée et de galerie soulignant que le premier se distingue de l'autre par le fait d'être ouvert et d'offrir une éducation au plus grand nombre (V. Ullberg, Ullberg et Hostra Grogg, *supra* note 219 aux pp 451-455.).

[230] Robert C Lind, Robert M Jarvis et Marilyn E Phelan, *Art and museum law: cases and materials*, Durham (NC), Carolina Academic Press, 2002 aux pp 512 et s. V. également Andras Kosaras, « Federal Income and State Property Tax of Commercialized Non Profits: Should Profit-Seeking Art Museums Be Tax-Exempt? » (2000) 35 New Engl L Rev 115 où l'auteur se pose la question de la légitimité des exemptions fiscales accordées à certaines activités qui n'ont pas de lien direct avec l'activité muséale originelle, et s'interroge alors plus largement sur la finalité muséale.

[231] Raymond Montpetit, « Musée et Muséologie : un champ de recherche dynamique en émergence » dans Denise Lemieux, *Traité de la culture*, Sainte-Foy (Qc), Éditions de l'IQRC, 2002, 82 aux pp 90-91.

[232] Musée et éducation : modèles didactiques d'utilisation des musées, Actes, Montréal, SMQ, 1986.

général et constitue donc une activité de service public, c'est, en revanche sa nature éducative qui justifie son lien avec l'intérêt général.
L'exemple du musée d'art est en cela symptomatique du fait que la notion d'intérêt général, dans le cadre des activités philanthropiques, revêt un sens précis.

Si la définition du champ matériel des actes philanthropiques au profit des musées dépend de la notion d'intérêt général, celle-ci explique également les restrictions imposées aux actes philanthropiques au profit des musées d'art.

II. LA FINALITÉ D'INTÉRÊT GÉNÉRAL, SOURCE DE RESTRICTIONS À LA VALIDITÉ DES ACTES PHILANTHROPIQUES AU PROFIT DES MUSÉES D'ART

158. Annonce de plan. En tant que libéralité à caractère collectif, l'acte philanthropique repose sur la notion d'intérêt général dont l'activité muséale est un volet. L'intérêt général définit ainsi le champ matériel desdits actes. Cette finalité conditionne également la validité juridique des actes. La liberté de disposer au profit d'un musée d'art se trouve en effet sujette à deux séries de limites. Il s'agit d'une part des restrictions relatives à la formation des actes philanthropiques au profit des musées d'art (A), et d'autre part, des restrictions issues de l'ordre public successoral (B). La première série de limites découle de la volonté politique de soumettre les activités d'intérêt général — notamment l'activité muséale — au contrôle de la puissance publique. La seconde série veille en revanche à ce que l'acte philanthropique au profit des musées d'art ne contrevienne pas à des intérêts considérés comme supérieurs aux yeux du droit.

A. LES RESTRICTIONS RELATIVES À LA FORMATION DES ACTES PHILANTHROPIQUES

159. Annonce de plan. Les actes philanthropiques au profit des musées sont soumis au droit commun des libéralités, et donc aux conditions de validité de fond (consentement, capacité du disposant, contenu de la libéralité). Toutefois, il convient de préciser certaines conditions plus particulières au musée d'art. En effet, en ce que le musée est une personne morale de droit public ou de droit privé dont l'objet est la conduite d'une activité d'intérêt général, certaines précisions doivent être faites s'agissant de la capacité du musée d'art à accepter les libéralités qui lui sont adressées. En effet, outre les règles s'appliquant communément aux organismes (publics ou privés) œuvrant dans le domaine de l'intérêt général (a), certaines règles découlent spécifiquement du droit muséal (b). Quelle que soit leur source, ces règles dérogatoires au droit commun des libéralités témoignent de l'emprise de la puissance publique sur la formation des actes philanthropiques au profit des musées d'art. Si cette emprise s'est vue réduite par quelques aspects, il demeure que la puissance publique se réserve, dans des cas précis, le droit de contrôler l'opportunité économique, sociale et culturelle que représente la réalisation de telles libéralités à un musée.

a. LES RESTRICTIONS COMMUNES AUX LIBÉRALITÉS À CARACTÈRE COLLECTIF

160. Domaine d'étude. Trois questions attirent particulièrement notre attention en raison du contexte précis de notre étude : l'existence du musée d'art, sa capacité de jouissance et sa capacité d'accepter les actes philanthropiques[233].

161. L'existence du musée d'art. Comme toute libéralité, l'acte philanthropique emporte le transfert de droits patrimoniaux à une autre personne. Or, il est de principe que seule une personne peut acquérir des droits[234] : il faut donc que le musée d'art dispose de la personnalité juridique et ne soit pas frappé d'une incapacité de recevoir au moment de la donation ou de l'ouverture du testament. Il convient ici de distinguer selon que le musée est de nature publique ou privée.

162. S'agissant des établissements publics, il n'existe pas de textes généraux relatifs aux modalités et conditions de création, seulement des textes particuliers relatifs aux types d'établissements publics. Toutefois, de manière générale, l'établissement public acquiert la personnalité

[233] Compte tenu de la nature de notre travail, il ne nous semble pas pertinent de développer ici les conditions de validité des libéralités à caractère collectif lesquelles sont, somme toute, similaires aux conditions de validité des libéralités ordinaires. C'est pourquoi nous invitons les lecteurs qui souhaiteraient approfondir les conditions de validité des libéralités à caractère collectif à consulter les ouvrages généraux portant sur le droit des libéralités. Par ex., Alain Sériaux, *Les successions, les libéralités*, 2e édition, Paris, Ellipses, 2017 ; Voirin et Goubeaux, *supra* note 41 ; Michel Grimaldi, dir, *Droit patrimonial de la famille 2018-2019*, 6e éd, coll Dalloz Action, Paris, Dallloz, 2017.

[234] « Il ne peut exister de droit sans sujet de droit » (C. civ., art 906).

juridique à compter de la publication au Journal officiel du décret portant création[235].

163. Les conditions d'existence des personnes morales de droit privé sont définies par la loi. Notamment, la fondation existe à compter de la date d'entrée en vigueur du décret lui reconnaissant utilité publique[236], la fondation d'entreprise acquiert la personnalité juridique à compter de la date de publication de l'autorisation administrative lui conférant son statut au Journal officiel [237], le fonds de dotation à compter de la date de publication au Journal officiel de la déclaration faite à la préfecture[238].

L'existence du musée d'art a soulevé des difficultés dès lors que le disposant a pour volonté de créer une fondation testamentaire recueillant ses biens. En effet, le legs adressé à une fondation non encore constituée au jour de l'ouverture de la succession était frappé de nullité sur le fondement de l'article 906 du Code civil[239]. Toutefois, le législateur formula une exception afin d'éviter l'échec de ces fondations. Depuis la loi du 23 juillet 1987, un legs peut être fait à une fondation non encore existante au jour de l'ouverture de la succession sous réserve que celle-ci obtienne, après les formalités de constitution, la reconnaissance d'utilité publique[240]. Aussi, faut-il que la demande de reconnaissance d'utilité publique soit déposée dans l'année qui suit l'ouverture de la succession sous peine de nullité[241]. Une fois la reconnaissance obtenue, la personnalité juridique de la fondation rétroagit à la date de l'ouverture de la succession. La règle fut réitérée s'agissant du fonds de dotation [242].

---

[235] Plus précisément, la création de l'établissement est soumise à la règle constitutionnelle de l'article 34 selon laquelle le législateur est compétent pour la création de catégorie d'établissement public. À défaut, le pouvoir de création est règlementaire.

[236] Loi n°87-571 du 23 juillet 1987 sur le développement du mécénat, *supra* note 157, art. 18-2.

[237] *Ibid.*, art. 19-1.

[238] Loi n°2008-776 du 4 août 2008 dite de modernisation de l'économie, *supra* note 99, art 140 II.

[239] Valérie Guedj, *Essai sur le régime juridique des fondations*, Thèse de doctorat, Université Panthéon-Assas Paris II, 1999 aux paras 269 et s. La question de la validité des fondations testamentaires indirectes sera abordée de nouveau au para 226

[240] Disposition introduite par la loi n 90-559 du 4 juillet 1990 créant les fondations d'entreprise et modifiant les dispositions de la loi n° 87-571 du 23 juillet 1987 sur le développement du mécénat relative aux fondations, JO, 6 juillet 1990, n°155 ajoutant un article 18-2 à la loi n°87-571 du 23 juillet 1987 (*supra* note 157).

[241] Loi n°87-571 du 23 juillet 1987, *supra* note 157, art 18-2 al 2. Il appartient au testateur de désigner les personnes en charge de créer la fondation et de demander la reconnaissance d'utilité publique. La loi leur accorde, à ce titre, la saisine et un pouvoir d'administration des biens meubles et immeubles légués en vue de l'accomplissement des formalités (*ibid*, art. 18-2 al. 5). À défaut d'une désignation par le testateur, le représentant de l'État dans la région désignera au jour de l'ouverture de la succession une fondation reconnue d'utilité publique existante aux fins de réaliser ces fonctions (*ibid,* art. 18-2 al. 4).

[242] Loi n°2008-774 du 4 août 2008, *supra* note 99, art 140 IV. Le legs sera valable dès lors que le fonds acquiert la personnalité morale dans l'année qui suit l'ouverture de la succession, et, la personnalité du fonds rétroagira également à la date de l'ouverture de la succession du testateur.

Une fois le musée institué, il se pose la question de sa capacité de jouissance laquelle dépend de la structure juridique du musée.

164. **La capacité de jouissance du musée d'art**. Si le musée est une personne de droit public, il convient de distinguer si celui-ci est une institution autonome ou non par rapport à la puissance publique. Si le musée est administré en régie, sa capacité de jouissance est celle de l'État, soit une capacité sans restriction compte tenu de la généralité de ses attributions[243]. En revanche, si le musée est un établissement public, qu'il soit communal[244] ou dépendant de l'État[245] , celui-ci ne peut recevoir des libéralités sous réserve de sa spécialité[246].

165. Si le musée est une personne de droit privé, des différences notables existent entre les personnes morales à but non lucratif de droit privé qui ne disposent pas toutes de la même capacité de jouissance[247]. La fondation reconnue d'utilité publique bénéficie de la grande capacité, à compter de la reconnaissance d'utilité publique, et peut recevoir toutes libéralités sans autres restrictions que celles qui découlent du principe de spécialité[248]. De même, le fonds de dotation peut recevoir tout type de biens et détenir tous biens nécessaires l'objet du fonds[249]. Certaines restrictions sont également formulées à l'égard des fondations d'entreprises qui ne peuvent recevoir d'immeubles autres que ceux nécessaires au but qu'elle se propose de mettre en œuvre[250]. De plus, ces fondations ne peuvent recevoir des versements que des entreprises fondatrices ainsi que des dons d'un cercle restreint de mécènes[251].

---

243 CGPPP, art L1121-1.

244 CGCT, art L2242-3.

245 CGPPP, art. L1121-2.

246 Plus largement, l'article 4 de la loi du 4 février 1901 relative à la tutelle administrative en matière de dons et de legs, JO 6 février 1901, 933, dispose que les établissements publics à caractère communal, départemental ou national peuvent recevoir des libéralités.

247 La question de la capacité de jouissance est intrinsèquement — liée à la reconnaissance de la personnalité morale. Aussi, distingue-t-on deux types de personnalités morales : « la grande personnalité morale » qui octroie au groupement la possibilité de participer à tous les actes de la vie civile au même titre que les personnes physiques, et « la petite personne morale » qui limite l'étendue de la capacité de jouissance. *Adde* C. civ., art 1145 al 2. et les enjeux relatifs à la rédaction de la nouvelle version de l'article lors de la réforme du droit des obligations. Terré et al, *supra* note 13 au para 150.

248 Cette règle se déduit du contenu des articles 18 et s. de la loi n°87-571 du 23 juillet 1987, *supra* note 157.

249 Loi n°2008-776 du 4 août 2008 de modernisation de l'économie, *supra* note 99, art. 140 I. Il convient de souligner que les fonds de dotation peuvent également faire appel à la générosité publique après autorisation administrative (*Ibid*, art 140.III al 5).

250 Loi n°87-571 du 23 juillet 1987, *supra* note 157, art. 19-3.

251 V. CGI, art 233 A. Récemment, le cercle de mécènes fut élargi au profit des salariés de l'entreprise fondatrice, au profit des mandataires sociaux, sociétaires, adhérents et aux actionnaires de cette dernière ou du groupe fiscalement intégré auquel elle appartient (Loi n° 2014-

166. L'acceptation des libéralités par les musées d'art. En sus des conditions que nous venons de voir, il convient de s'interroger sur la liberté du musée d'art à accepter la libéralité. Il est de principe que toute donation recueille l'acceptation du bénéficiaire[252]. De même, le legs ne produira ses effets que sous réserve de l'acceptation du légataire[253]. Or, dans le contexte des libéralités adressées à des personnes morales, l'acceptation de dons ou legs modiques est libre « selon une jurisprudence de faveur tant civile qu'administrative »[254].

En dehors de cette hypothèse, la structure juridique du musée d'art est déterminante quant à la capacité du musée d'art à accepter des dons.

167. Quand le musée d'art est une personne de droit public, il convient de distinguer si celui-ci est une institution autonome ou non par rapport à la puissance publique. Si le musée est administré en régie, sa capacité de jouissance est celle de l'État, soit une capacité sans restriction compte tenu de la généralité de ses attributions[255].

En revanche, si le musée est un établissement public, qu'il soit communal[256] ou dépendant de l'État[257] , celui-ci ne peut recevoir des libéralités que sous réserve de sa spécialité[258]. Dans le cas des musées publics, la spécialité du musée sera très souvent précisée dans l'acte originel — bien souvent un décret — portant organisation du musée. Par exemple, la spécialité du Louvre se déduit par l'énumération des sept départements de conservation : les antiquités grecques, étrusques et romaines ; les antiquités égyptiennes ; les antiquités orientales ; les peintures ; les sculptures du Moyen Âge, de la Renaissance et des temps modernes; les objets d'art du Moyen Âge, de la Renaissance et des temps

---

856 du 31 juillet 2014 relative à l'économie sociale et solidaire, JO, n°0176, 1 août 2014, 12666, texte n° 2, art. 19-8, dernière al).

[252] Ainsi, l'acceptation du bénéficiaire de la donation est érigée par le Code civil comme une règle de fond et de forme au regard de l'article 932 et 938 du Code civil. Sans acceptation, la donation ne pourra produire aucun effet de droit. Cette règle trouve son fondement dans la nature contractuelle de la donation.

[253] Nous noterons ici que l'acceptation n'est pas une condition de validité de l'acte, mais plutôt une condition d'efficacité. Le legs ne s'impose pas au bénéficiaire. Son acceptation détermine seulement la réalisation du transfert sans pour autant remettre en cause sa validité. Aussi, la renonciation du légataire a pour effet de rendre le legs caduc (C. civ., art. 1043).

[254] Ibrahim Najjar et Vincent Brémond (actualisation), *Rep Droit civ*, *sub verbo* « Libéralités : détermination et capacité des parties »au para 411.

[255] CGPPP, art L1121-1.

[256] CGCT, art L2242-3.

[257] CGPPP, art. L1121-2.

[258] Plus largement, l'article 4 de la loi du 4 février 1901 relative à la tutelle administrative en matière de dons et de legs, JO 6 février 1901, 933, dispose que les établissements publics à caractère communal, départemental ou national peuvent recevoir des libéralités.

modernes; les arts graphiques[259]. On comprend alors que le Musée du Louvre n'a aucune vocation à recueillir des œuvres d'art contemporain. De manière encore plus explicite, l'article 1er du décret n°92-1351 du 24 décembre 1992 portant statut et organisation du Centre national d'art et de culture Georges-Pompidou[260] précise que le musée a pour mission : « d'inventorier, de conserver, de restaurer, d'enrichir, de présenter au public et de mettre en valeur les collections d'œuvres d'art dont le Centre national d'art et de culture Georges-Pompidou a la garde, dans les domaines des arts plastiques, des arts graphiques, de la photographie, du cinéma expérimental, de la vidéo, des nouveaux médias, de la création industrielle, du design et de l'architecture depuis le début du XXe siècle ; ces collections comprennent également les fonds documentaires et les archives qui les concernent ».

168. À cela, il faut ajouter les règles encadrant l'acceptation de la libéralité par un musée d'art institué sous la forme d'un établissement public. En principe, les établissements publics peuvent librement accepter ou refuser les dons qui leur sont adressés[261]. Toutefois, si la libéralité est grevée de charges, conditions ou d'une affectation immobilière, l'acceptation comme le refus devront être autorisés par arrêté de l'autorité de tutelle de l'établissement public[262]. Le contrôle sera accru s'il advient que les biens contenus dans l'acte font l'objet de réclamations de la part des héritiers légaux[263]. Par ce biais, la puissance publique veille à ce que la libéralité ne soit pas l'expression de volontés déraisonnables ou difficiles (notamment d'un point de vue financier) à mettre œuvre par le musée, sous peine de mettre ce dernier dans une situation litigieuse. Ce contrôle des libéralités constitue ainsi une mesure de bonne administration publique qui permet aux musées d'art (et plus largement aux établissements publics) de se prémunir de certains dangers que peuvent présenter les actes philanthropiques. En effet, le refus apposé à certaines libéralités peut se trouver justifié par la probabilité que présente dans ce contexte une action en révision des charges[264], une action en réduction des libéralités[265] ou encore toute autre action conduite

---

[259] Décret n°92-1338 du 22 décembre 1992 portant création de l'Établissement public du musée du Louvre, JO, 23 décembre 1992, n°0298, 17596.
[260] JO, 26 décembre 1992, n°0300, 17737.
[261] CGPPP, art L1121-1.
[262] CGPPP, art L1121-2.
[263] CGPPP, art L1121-3.
[264] V. *infra* aux paras 285 et s.
[265] V. *infra* au para 174.

afin de dénoncer le musée qui ne se serait pas conformé aux volontés du disposant[266].

169. S'agissant des libéralités adressées à un musée d'art privé, l'encadrement de l'acceptation des libéralités a fait l'objet d'importants allégements. L'ordonnance 28 juillet 2005 avait déjà marqué un changement notable[267]. En effet, le texte consacrait la libre acceptation des dons et legs sous réserve de l'opposition contraire de l'administration motivée s'il apparaissait que l'association ou la fondation reconnue d'utilité publique n'était pas à utiliser la libéralité conformément à son objet statutaire par l'inaptitude de la fondation reconnue à utiliser la libéralité conformément à son objet statutaire. L'article 4 de l'ordonnance du 23 juillet 2015[268], modifiant une nouvelle fois l'article 910 du Code civil, emporte suppression du pouvoir d'opposition du préfet à l'acceptation d'une libéralité par les associations et fondations reconnues d'utilité publique, au regard des contrôles déjà exercés par les pouvoirs publics de ces organismes. Cette solution permet ainsi d'aligner le régime des fondations reconnues d'utilité publique sur celui des fonds de dotation qui, dès leur entrée en vigueur, se trouvaient exclues des dispositions de l'article 910 du Code civil[269]. Elle marque surtout une importante libéralisation du droit des organismes à but non lucratif du fait de la suppression de toute forme de tutelle administrative sur l'acceptation des libéralités par ces derniers.

b. LES RESTRICTIONS PROPRES AU DROIT MUSÉAL

170. La garantie d'une conformité culturelle. Les actes philanthropiques se trouvent, par ailleurs, circonscrits par les enjeux de la politique muséale française. L'article L451-1 du Code du patrimoine pose comme principe à l'égard de l'ensemble des musées de France que « toute acquisition, à titre onéreux ou gratuit, d'un bien destiné à enrichir les collections d'un musée de France est soumise à l'avis d'instances scientifiques dont la composition et les modalités de fonctionnement sont

---

[266] Sont ainsi visées : l'action en révocation de la libéralité pour inexécution des charges (*infra* aux paras 323 et s.), l'action en exécution forcée (*infra* aux paras 329 et s.), et l'action en responsabilité civile du musée d'art (*infra* aux paras 331 et s.).

[267] Ordonnance n°2005-856 du 28 juillet 2005 portant simplification du régime des libéralités consenties aux associations, fondations et congrégations, de certaines déclarations administratives incombant aux associations, et modification des obligations des associations et fondations relatives à leurs comptes annuels, JO, 29 juillet 2005, n°175, 12350.

[268] Ordonnance n°2015-904 du 23 juillet 2015 portant simplification du régime des associations et des fondations, JO, 24 juillet 2015, n°0169, 12632.

[269] Loi n°2008-776 du 4 août 2008 de modernisation de l'économie, *supra* note 99, art. 140 III.

fixées par décret ». Le but de ces consultations est notamment d'assurer que les biens contenus dans la libéralité sont dignes de rejoindre les collections des musées de France. Les modalités de contrôle du contenu des libéralités doivent être distinguées selon la catégorie dont relève le musée de France.

Notamment, toute acquisition de biens culturels par les musées nationaux[270] est décidée par les autorités administratives[271] (ex., le Ministre de la Culture pour les musées érigés en service à compétence nationale) sous réserve de l'avis rendu par les autorités scientifiques telles que le Conseil artistique des musées nationaux[272] ou la commission d'acquisition compétente selon la valeur du bien[273]. Si le musée national est un service à compétence nationale, la décision est prise par arrêté ministériel après avis des instances compétentes. En revanche, si le musée national est un établissement public, la décision appartient au président de l'établissement après consultation des instances précitées[274]. Si la commission d'acquisition de l'établissement récuse le caractère opportun de l'acquisition, le président de l'établissement public pourra toujours saisir le Conseil artistique des musées, et ce, même si c'est en

[270] Les musées nationaux sont une catégorie particulière de musées de France. Il s'agit des musées listés dans le décret n°45-2075 du 31 août 1945 portant application de l'ordonnance relative à l'organisation provisoire des musées des beaux-arts, JO, 12 septembre 1945, 5698. Bien qu'établis sous différents statuts d'établissement publics administratifs ou service à compétence nationale, les musées sont placés sous la tutelle de la Direction des musées de France. Leurs collections appartiennent à l'État.

[271] Peu importe que le mode d'acquisition du bien soit à titre gratuit ou à titre onéreux (C. patr., art. R423-1).

[272] Selon l'article 422-5 du Code du patrimoine, « le Conseil artistique des musées nationaux examine les projets d'acquisitions des musées nationaux, énumérés aux articles D. 421-2 et D. 421-3, dépassant les seuils fixés en application de l'article D. 423-2. Il est, en outre, consulté par le ministre chargé de la culture sur les principes généraux déterminant la politique nationale d'acquisition et examine annuellement le bilan des acquisitions ».

[273] L'arrêté du 23 janvier 2004 fixant les seuils de valeur à partir desquels le conseil artistique des musées nationaux est consulté, JO, 3 février 2004, n°28, 2385. Notamment, celui -ci est compétent pour les tableaux et sculptures d'une valeur de 100 000 euros ; pour les objets archéologiques dessins, aquarelles, gouaches, pastels, objets d'art, objet présentant un intérêt historique, paléontologique, ethnographique et véhicules de transports d'une valeur de 50 000 euros ainsi que pour les photographies, films et négatifs, gravures, estampes, lithographies et leurs matrices respectives, affiches, cartes postales, livres, manuscrits et documents d'archives, instruments de musique d'une valeur de 15 000 euros. En dessous de ces seuils, la commission d'acquisition compétente diffère selon le statut du musée. À cela, il convient d'ajouter que le statut du musée détermine la commission d'acquisition compétence. En effet, si le musée est institué sous la forme d'un service à compétences nationale n'excédant les seuils ci-dessous, la nature de l'objet culturel définira la compétence d'une des cinq commissions distinctes selon le champ de spécificité lesquels sont la préhistoire et archéologie, Renaissance, art du feu , musées-châteaux, le XXe siècle et l'ethnologie (Cornu et Mallet-Poujol, *supra* note 207 au para 276.

[274] Par exemple, l'article 4-1 du décret du 22 décembre 1992 portant modification de l'établissement public du Louvre prévoit que « pour les biens dont la valeur est inférieure aux seuils [prescrits] l'acquisition est décidée par le président de l'établissement après avis de la commission d'acquisition de l'établissement ».

delà des seuils qui fondent sa compétence. Si ce dernier maintient l'avis défavorable, le président pourra, en dernier recours, solliciter l'avis du Ministre de la Culture.

Pour les musées appartenant à l'État, mais qui n'ont pas le statut de musées nationaux, les modalités d'acquisitions, et notamment les instances scientifiques compétentes pour apprécier préalablement la qualité de l'objet doivent être définis dans les décrets portant création des musées[275]. À défaut de dispositions particulières, le Conseil artistique des musées nationaux est compétent[276].

S'agissant des Musées de France gérant des collections qui n'appartiennent pas à l'État, l'article 15 du décret du 25 avril 2002[277] précise que toute acquisition doit faire l'objet d'un avis d'une commission régionale ou interrégionale. Si la commission rend un avis défavorable, le musée de France dont les collections n'appartiennent pas à l'État pourra saisir la commission nationale pour faire appel de la décision.

Les professeures Cornu et Mallet-Poujol notent que les commissions compétences en matière d'acquisition d'une œuvre par un musée de France ont une vocation essentiellement scientifique. En revanche, le contrôle de l'origine licite des biens culturels ne fait pas l'objet de dispositions particulières, et relève en l'état du droit de la déontologie muséale[278].

Ainsi, les actes philanthropiques au profit des musées se trouvent encadrés par diverses dispositions particulières au gré desquelles l'opportunité de l'acte se trouve contrôlée.

Il convient, à présent, de se concentrer, sur la seconde série de limites procédant de l'ordre public successoral.

---

[275]Sont ainsi visés les musées qui appartiennent à l'État, mais qui relèvent d'autres directions que la Direction des musées de France ou d'autres ministères (notamment de l'Éducation ou encore de l'Économie). Par exemple, appartiennent à cette catégorie, le Centre d'art et de culture Georges Pompidou et la Cité des sciences dont la tutelle est assurée par la direction de l'Administration générale. Cornu et Mallet-Poujol, *supra* note 207 au para 273.
[276] Décret n°2002-628 du 25 avril 2002 pris pour l'application de la loi n° 2002-5 du 4 janvier 2002 relative aux musées de France, JO, n°100, 28 avril 2002, 7742, art. 14.
[277] *Ibid*, art 15.
[278] Cornu et Mallet-Poujol, *supra* note 207 aux paras 283-284.

B. LES RESTRICTIONS ISSUES DE L'ORDRE PUBLIC SUCCESSORAL

171. Position du problème. La transmission des biens du disposant à la suite de son décès n'échappe pas, quelle que soit la tradition juridique, à des considérations d'ordre familial. En effet, comme plusieurs auteurs l'ont souligné[279], le droit successoral est tributaire de deux institutions fondamentales du droit privé : la famille et la propriété privée. Même si le disposant dispose de ses biens selon ses prérogatives de propriétaire, le droit lui conteste la pleine liberté de le faire au détriment des intérêts de ses proches parents. À ce titre, les systèmes juridiques admettent des restrictions à la libre disposition à cause de mort au nom de la préservation des intérêts familiaux.

Toutefois, la préservation de ces intérêts n'a pas la même vigueur selon la tradition juridique considérée, et les sociétés. Aussi, « [...], l'état du droit successoral peut être considéré comme le résultat de la recherche d'un certain équilibre entre la famille et le patrimoine. Cet équilibre varierait selon le poids accordé par une société aux enjeux matériels et symboliques qu'elle associe à la famille et au patrimoine »[280]. Le droit français des successions se distingue de la *common law,* mais également du droit civil québécois au regard de la prééminence de la préservation des intérêts familiaux mise en œuvre par la réserve héréditaire. La *common law* et le droit civil québécois retiennent une approche plus

---

[279] Le Doyen Carbonnier établit l'héritage comme le vecteur de la cohésion familiale si bien que la propriété acquiert finalement tout son sens au prisme de son rôle dans le maintien de la famille. Pour ce dernier, « tout notre droit des successions [...] est l'organisation de cet instinct qui pousse la propriété à s'allonger le long de la famille » (Jean Carbonnier, *Flexible droit, pour une sociologie du droit sans rigueur*, 10e éd, Paris, LGDJ, 2001 à la p 384) ; Henri Vialleton, « Famille, patrimoine et vocation héréditaire en France, depuis le Code civil » dans *Mélanges offerts à Jacques Maury*, t 2, Paris, Dalloz, 1960, 577 à la p 580 ; Terré, Lequette et Gaudemet, *supra* note 17 aux paras 701-705 ; Cécile Pérès et Christophe Vernières, *Droit des successions*, 1re éd, coll Thémis Droit, Paris, PUF, 2018 au para 9. De manière similaire au Québec, v. Francis Reginald Scott, « The Law of Successions in the Quebec and in the French Civil Code » dans Barreau de Montréal, dir, *Le droit civil français, Livre-Souvenir des Journées du droit civil français*, Paris, Recueil Sirey, 1936, 177. V. aussi Jacques Beaulne, Christine Morin et Germain Brière, *Droit des successions*, 5e éd, coll bleue, Précis, Montréal, Wilson & Lafleur, 2016 aux para 9-14.

[280] Christine Morin, « La liberté de tester : évolution et révolution dans les représentations de la doctrine québécoise » (2008) 38 Revue de Droit de l'Université de Sherbrooke 340 à la p 343[Morin, « La liberté de tester »]. Dans la lignée de ces considérations. M. Grimaldi note également que le droit des successions « *réfléchit l'évolution respective du droit de la famille et du patrimoine : signe qu'il se trouve sous leur dépendance* » (Michel Grimaldi, *Droit civil: successions*, 6e éd, coll Manuels Juris Classeur, Paris, Litec, 2001 au para 8). V. également sur ce point, Michel Grimaldi, *Droit des successions*, 7e édition, coll Manuels, Paris, LexisNexis, 2017 au para 8 [Grimaldi, *Droit des successions*] ; Pérès et Vernières, *supra* note 279 au para 16. Sur ce point, v. également Alain Sériaux, « La notion juridique de patrimoine : Brèves notations civilistes sur le verbe avoir » dans Alain-François Bisson, Ernest Caparros, dir, *Mélanges Germain Brière*, coll Ouvrages collectifs, Montréal, Wilson & Lafleur, 1993, 311 à la p 322.

libérale du droit des successions en ce que la liberté de tester est dite absolue, car n'étant pas réduite à une portion résiduelle du patrimoine au nom de la préservation des intérêts familiaux. Or, comme nous l'avons préalablement souligné, la liberté de tester justifie en partie le développement de la philanthropie en droit américain et en droit québécois. Ainsi, l'étendue de la liberté de disposer à titre gratuit au profit d'un musée d'art est tributaire de la nature plus ou moins absolue de la liberté de tester.

172. Annonce de plan. Au cours des développements qui vont suivre, il convient de préciser comment l'institution de la réserve héréditaire influe sur la réalisation d'actes philanthropiques au profit des musées d'art (a) en vue d'apprécier, à la lumière du droit comparé (b), dans quelle mesure son maintien en l'état entrave l'essor de ces actes(c).

a. LA RÉSERVE HÉRÉDITAIRE

173. Une limite à la liberté de disposer de ses biens à titre gratuit. Parmi les principes fondamentaux du droit successoral français se trouve la réserve héréditaire. Héritage du droit romain, mais aussi du droit coutumier[281], le Code civil de 1804 limita la quotité dont le *de cujus* peut librement disposer par l'institution de la réserve héréditaire. L'article 912 alinéa 1er du Code civil définit la réserve héréditaire comme « la part des biens et droits successoraux dont la loi assure la dévolution libre de charges à certains héritiers dits réservataires, s'ils sont appelés à la succession et s'ils l'acceptent ». L'alinéa 2 du même article poursuit en précisant que « la quotité disponible est la part des biens et droits successoraux qui n'est pas réservée par la loi et dont le défunt a pu disposer librement par des libéralités ». La réserve héréditaire est l'expression « d'un devoir familial envers ses proches parents »[282] — les héritiers réservataires[283] — auxquels elle assure une part de la succession[284] indépendamment de tout état de besoin ou nécessité. Instrument de protection, la réserve héréditaire est alors d'ordre public[285].

---

[281] Sur l'histoire de la réserve héréditaire, Terré, Lequette et Gaudemet, *supra* note 17 aux paras 701-705 ; Pérès et Vernières, *supra* 279 aux paras 453 et s.

[282] Terré, Lequette et Gaudemet, *supra* note 17 aux para 702, 705. V. aussi Michel Grimaldi, « Brèves réflexions sur l'ordre public et la réserve héréditaire » [2012] Defrénois art. 40563 au para 8 [Grimaldi, « Brèves réflexions »].

[283] L'article 921, al 1er définit la liste des héritiers réservataires que sont seulement les descendants et à défaut le conjoint survivant selon l'article 914-1. Suppression de la réserve héréditaire au profit des ascendants en 2006. Notons que le conjoint ne bénéficiera du jeu de la réserve héréditaire que dans l'hypothèse où le *de cujus* n'a pas de descendance.

[284] Le montant de la réserve est déterminé à l'article 913 du Code civil.

[285] Grimaldi, « Brèves réflexions », *supra* note 282 ; Pérès et Vernières, *supra* 279 au para 452. Notamment, il ne s'agit que d'un ordre public de protection de sorte que seuls les héritiers

« Mais la réserve est aussi une institution du droit des successions, car elle renforce le droit de certains héritiers en faisant d'eux des héritiers réservataires. C'est seulement en leur présence que la liberté de leur auteur sera limitée [...] »[286]. Dans ce cas-ci, la liberté de tester du *de cujus* est sans contrainte[287]. En revanche, en présence d'héritiers réservataires[288], la loi leur reconnaît « un droit intangible sur une portion de l'hérédité »[289] , droit auquel le futur *de cujus* ne saurait porter atteinte par dispositions entre vifs ou testamentaires[290].

Ainsi, force est de reconnaître que la réserve héréditaire restreint, le cas échéant, la liberté pour une personne physique d'opérer des libéralités au profit d'un musée d'art.
De plus, la difficulté systémique que représente l'existence de la réserve héréditaire pour les actes philanthropiques au profit du musée d'art est d'autant plus vive dès lors que l'on se place sous l'angle des effets découlant de l'atteinte à la réserve.

174. La réduction des libéralités. En cas d'atteinte à la réserve héréditaire, les libéralités seront réduites[291], car excessives[292]. Du point de vue du musée d'art, l'action en réduction peut mettre ce dernier dans

---

réservataires ou leurs ayants cause peuvent s'en prévaloir (Pérès et Vernières, *supra* note 279 au para 448). Si son caractère « d'ordre public interne » est régulièrement affirmé (par ex., Civ. 1re, 4 juillet 2018, n°17-16515 et n°17-16522), sa portée en droit international fut l'objet de débats. La Cour de cassation rendit récemment deux arrêts fort attendus. En date 27 septembre 2017 (Civ. 1re, 27 septembre 2017, n°1004, 16-13.151 et n°1005, 16-17.198), elle établit que la réserve héréditaire n'est pas d'ordre international public. V. sur ce point, Civ 1re, 27 sept. 2017, *ibid*, [2017] D 2185 (note J Guillaumé); [2017] AJ fam 595 (obs A Boiché), 510 (obs A Boiché), 598 (obs P Lagarde, A Meier-Bourdeau, B Savouré et G Kessler), [2017] RTD civ 833 (obs L Usunier) ; Marie Goré, « Requiem pour la réserve héréditaire » (2017) 22 Defrénois 23 [Goré, « Requiem »] ; Michel Grimaldi, « La réserve héréditaire ne relève pas de l'ordre public », note ss Civ 1re 27 septembre 2017 [2018] RTD civ 189 [Grimaldi, « La réserve héréditaire ne relève pas de l'ordre public »] ; Bertrand Ancel, « Réserve héréditaire et principes essentiels du droit français » (2018) 1 Rev crit dr int privé 87).

286 Marty et Raynaud, *supra* note 22 au para 382.

287 C. civ, art 916.

288 « Dire que la réserve a un caractère successoral signifie qu'elle est attribuée aux héritiers qui viennent effectivement à la succession suivant les règles applicables à la dévolution de la succession légale et sans autre condition » (Pérès et Vernières, *supra* note 279 au para 448). En d'autres termes, les héritiers réservataires sont les descendants et le conjoint survivant, lesquels ont donc « droit à la réserve en leur seule qualité d'héritier sans avoir à établir leur situation de besoin » (*ibid.*). Sur ce point, v. Terré, Lequette et Gaudemet, *supra* note 17 aux paras 707 et s.

289 Terré, Lequette et Gaudemet, *supra* note 17 au para 1166.

290 C. civ., art. 6. Marty et Raynaud, *supra* note 22 au para 382. *Adde*, Grimaldi, *Droit des successions*, *supra* note 280 aux paras 298-300.

291 La réduction des libéralités se définit comme « l'opération consistant à amputer, à la demande des héritiers réservataires, les libéralités excessives (dons et legs qui entament la réserve héréditaire) de tout ce dont elles excèdent la quotité disponible, ce qui peut entrainer leur diminution ou disparation », *Vocabulaire juridique*, *sub verbo* « réduction ».

292 Sur la mise en œuvre du droit de réserve et la détermination de l'atteinte, v. Terré, Lequette et Gaudemet, *supra* note 17 à la p 1167 et s.

une situation financièrement difficile, notamment quand la libéralité excessive est entre vifs. Au titre de l'article 924, le musée d'art devra indemniser la succession d'une indemnité correspondant à la valeur de l'atteinte. La restitution en nature pourra être préférée par le gratifié quand le bien lui appartient encore, libre de tout droit personnel ou réel, inexistant lors de la libéralité [293]. Nous noterons que la loi écarte, dans un cas précis, l'option de la restitution en nature. L'article 23 de la loi n° 87-571 du 23 juillet 1987 sur le développement du mécénat[294] dispose que « lorsque la valeur d'un legs fait à l'État et portant sur un bien qui présente un intérêt pour le patrimoine historique, artistique ou culturel de la nation excède la quotité disponible, l'État peut, quel que soit cet excédent, réclamer en totalité le bien légué, sauf à récompenser préalablement les héritiers en argent. Le legs doit alors être une œuvre d'art entrant dans les collections nationales ».

Le mécanisme de la réduction des libéralités, qu'elle donne lieu à une restitution en nature ou en valeur, présente des difficultés pratiques réelles pour tout organisme mettant en œuvre une activité d'intérêt général. Le respect de l'affectation des biens à l'œuvre d'intérêt général implique bien souvent que les biens reçus (mobiliers ou immobiliers) aient été employés à la réalisation de ladite mission, sauf dans l'hypothèse où le disposant souhaita leur indisponibilité. De plus, procédant d'un secteur à but non lucratif pour lequel le financement de l'activité constitue un enjeu constant, il n'est pas garanti que la personne morale à but non lucratif dispose de fonds suffisants permettant de couvrir le montant de l'indemnité. S'il s'avérait que le musée d'art était insolvable, les héritiers réservataires pourraient alors poursuivre la réduction des biens en nature à l'encontre du musée à moins qu'ils y aient renoncé tel que le précise l'article 924-4 du Code civil. C'est ainsi que le musée Mathurin Méheut dût se séparer de près de la moitié de sa collection afin de faire face aux réclamations des héritiers réservataires[295].

Véritable « épée de Damoclès »[296], le risque d'une action en réduction conduit les organismes philanthropiques à faire preuve d'une grande vigilance quant aux donations. Bien souvent, ils effectueront une

---

[293] C. civ., art. 924-1. Sur la portée de ce changement, v. Pérès et Vernières, *supra* note 279 au para 449.

[294] Loi n° 87-571 du 23 juillet 1987, *supra* note 69.

[295] V. François Sauvage, « La succession anticipée du collectionneur d'art » dans Vivien Zalewski-Sicard, dir, *Mélanges en l'honneur du professeur Raymond Le Guidec*, Paris, Lexis Nexis, 2014, 489 à la p 501.

[296] Isabelle Combes, « La renonciation anticipée de l'action en réduction : une avancée pour les organismes philanthropiques » [2006] JCP N HS 22.

simulation au jour de la donation afin d'évaluer dans quelle mesure la donation est susceptible d'être réductible.

175. De plus, il faut souligner que le risque de la réduction des libéralités excessives est accentué au regard des difficultés que suscite la mise en œuvre de l'action dans le contexte particulier des libéralités à caractère collectif[297]. Parmi ces difficultés, il y a lieu de relever celles découlant de la détermination de la valeur de la libéralité. Selon l'article 922 du Code civil, la valeur de la donation est déterminée au jour de l'ouverture de la succession. Cette règle se veut particulièrement défavorable dans le contexte des actes philanthropiques au profit des musées d'art puisque la valeur des biens culturels donnés à un musée augmente généralement par le seul fait pour le bien culturel d'être incorporé dans la collection muséale. Sa valeur augmente également par les procédés de conservation et de valorisation du bien donné mis en œuvre par le musée d'art. Le Code civil ne considère donc pas l'évolution de la valeur du bien depuis la donation, et ce quand bien son augmentation découle des efforts du donataire.
Dès lors, l'inéluctable accroissement de valeur du bien culturel donné à un musée d'art augmente les chances que la valeur de la libéralité dépasse le montant de la quotité disponible à l'ouverture de la succession. Les héritiers sont ainsi davantage tentés d'agir contre le musée afin de récupérer une partie des œuvres données par le *de cujus* au musée d'art. Ce dernier est pour cela particulièrement exposé au risque d'une action en réduction.

En somme, en présence d'héritiers réservataires, la réserve héréditaire restreint la liberté du futur *de cujus* de réaliser des actes philanthropiques au profit des musées d'art. Cette institution fondamentale du droit des successions, qui dans le contexte des libéralités ordinaires présente de nombreux avantages, se révèle en l'espèce défavorable aux actes philanthropiques au profit des musées d'art. En cela, la réserve héréditaire s'articule difficilement avec un cadre juridique qui favorise les actes philanthropiques au profit des musées d'art.

Toutefois, les difficultés que présente cette articulation doivent être relativisées au regard de deux éléments.

---

[297] J. Boisson relève en effet trois séries de difficultés pour déterminer les modalités de réduction des donations portant atteinte à la réserve héréditaire : la détermination de la valeur de la libéralité, la date d'imputation de la libéralité et enfin la détermination du débiteur de l'indemnité de réduction (Boisson, *supra* note 4 aux para 348 et s).

176. La renonciation anticipée à l'action en réduction. En premier lieu, selon l'article 929 al. 1er du Code civil, l'héritier présomptif réservataire peut renoncer à son droit avec l'accord du défunt alors même que la succession n'est pas ouverte, et, au profit d'une ou plusieurs personnes déterminées qui peuvent être étrangères à la famille[298]. Fruit de la réforme du 23 juin 2006 du droit des successions, la renonciation anticipée à l'action en réduction[299] peut être générale ou porter seulement sur une quote-part, un bien, une donation ou un legs déterminé[300]. Celle-ci permet à tout héritier réservataire présomptif de renoncer[301], du vivant du disposant, à agir en réduction contre un bénéficiaire déterminé afin de faire respecter son droit de réserve. Au titre du second alinéa de l'article 929 du Code civil, la renonciation peut porter sur la totalité de la réserve ou seulement une fraction, ou encore ne viser qu'une libéralité portant sur un bien déterminé.

Toutefois, la renonciation reste soumise à des conditions strictes. Notamment, afin d'éviter des situations inéquitables au sein de la famille, les abus d'influence et autres pressions, le législateur multiplia les conditions de forme et de fond. Par exemple, en sus de recueillir le consentement du renonçant[302] et du *de cujus*[303] ainsi que de préciser les bénéficiaires de la renonciation, la renonciation doit être faite par acte

---

[298] C. civ., art. 929, al 1er.

[299] Cette forme de renonciation constitue une nouveauté introduite en 2006. La renonciation *post mortem* à l'action en réduction fut toujours admise. En revanche, la renonciation anticipée n'était pas admise au nom de la prohibition des pactes sur succession future, laquelle se trouve indirectement énoncée à l'article 722 du Code civil. Car renoncer par anticipation à une succession non encore ouverte équivaut à disposer de cette succession. Alors que certains y voient une vive atteinte à la prohibition des pactes sur succession future (Terré, Lequette et Gaudemet, *supra* note 17 au para 1229), et plus largement le signe d'une libéralisation du droit des successions (Guillaume Wicker, « Le nouveau droit des libéralités : entre évolution, révolution et contre-révolution » (2007) 157 Droit et Patrimoine 74 aux pp 79-80), M. Grimaldi démontre que l'atteinte au principe n'est en réalité que relative. En effet, la prohibition des pactes sur succession future revêt deux fonctions. D'une part, la prohibition veille à empêcher l'héritier de disposer de ses droits dans une succession non encore ouverte. D'autre part, elle protège la liberté du testateur en lui interdisant de disposer de sa succession de manière irrévocable par contrat. Seule la première fonction de la prohibition du pacte sur succession future se trouve réduite sous l'effet de l'introduction de la renonciation anticipée de l'action en réduction (v. en ce sens, Grimaldi, « Brèves réflexions », *supra* note 282 au para 6. Comp. Terré, Lequette et Gaudemet, *supra* note 17 à la p 1229).

[300] C. civ., 930, al 2.

[301] La renonciation n'est, en effet, ouverte qu'au bénéfice des héritiers présomptifs selon l'article 929, al 1er C civ.

[302] Son consentement ne saurait être entaché de vices comme le mentionne l'article 930, al 2. Les exigences quant à la capacité de l'héritier s'en trouvent renforcées dans la mesure où celui-ci renonce à un droit non encore né. Aussi, sont exclus du bénéfice de la renonciation anticipée le mineur émancipé (art 930-1, al 1er C civ) ainsi que le tuteur au nom du majeur protégé (art 509, 1° C civ).

[303] Selon l'article 929, al 1er, « *la renonciation n'engage le renonçant qu'au jour où elle a été acceptée par celui dont il a vocation à hériter* ». Sur ce point, v. Terré, Lequette et Gaudemet, *supra* note 17 au para 1234.

authentique passé devant deux notaires dont l'un est désigné par le Président de la Chambre des notaires[304]. De même, l'acte doit « mentionner précisément les conséquences juridiques futures pour chaque renonçant »[305]. Si la renonciation ne respecte pas ces conditions de validité fixées par la loi, la renonciation sera déclarée nulle[306]. La renonciation demeure néanmoins révocable dans l'hypothèse où celle-ci aurait pour effet de détourner le *de cujus* de ses obligations alimentaires ou encore si l'héritier réservataire se révèle dans un état de besoin[307].

177. La renonciation à l'action en réduction est particulièrement bienvenue dans le contexte général des libéralités à caractère collectif puisqu'elle permet aux organismes bénéficiaires de sécuriser les libéralités reçues et de se parer des effets préjudiciables de la réserve héréditaire[308].

Elle est d'autant plus opportune pour les libéralités en faveur des musées d'art compte tenu des enjeux particuliers relatifs à la valeur de la libéralité que nous venons d'évoquer[309]. Dès lors, la Direction des musées de France recommande aux musées de France de conclure des *pactes familiaux* établissant la renonciation anticipée à l'action en réduction des héritiers réservataires présomptifs[310]. La Direction des musées de France souligne d'ailleurs que « la signature d'un pacte successoral renforce les garanties de maintien durable dans les collections des biens ayant fait l'objet de donations »[311]. Un tel pacte fut notamment conclu en février 2008 lors de la donation Eva-Maria Fruthtrunk au musée Cambrai[312].

178. En dépit des avantages qu'offre une telle mesure pour les actes philanthropiques au profit des musées d'art, les actes philanthropiques au profit des musées ne sont pas épargnés du *risque* que représente la réserve héréditaire. Outre les hypothèses de révocation de la renonciation, la survenance d'héritiers réservataires méconnus appelés ultérieurement pourrait menacer l'acquisition, ces derniers pouvant intenter une action

---

[304] C. civ., art. 930, al 1er.
[305] *Ibid.*
[306] C. civ., art 930 al. 2.
[307] La révocation de la renonciation est prévue aux articles 930-3 et 930-4. Outre les conditions de fond, celle-ci demeure soumise à des conditions de forme.
[308] La renonciation anticipée de l'action en réduction : une avancée pour les organismes philanthropiques, v. Combes, *supra* note 296.
[309] Goffaux Callebaut, *supra* note 92 aux pp 160-161.
[310] Ministère de la Culture et de la Communication, Circulaire n° 2009/017 du 3 novembre 2009 formulant des recommandations aux responsables des collections des musées de France pour l'acceptation des donations, *Bulletin* n°180, novembre 2009, à la p 43.
[311] *Ibid* à la p 44.
[312] Goffaux Callebaut, *supra* note 92 à la p 161.

en réduction de la donation pour atteinte à la réserve[313]. C'est ainsi que la circulaire du 9 novembre 2009 de la Direction des musées de France appelle à une grande vigilance de la part des musées pour limiter les conflits avec les héritiers. Ce texte souligne également que ce type de pactes ne saurait être systématique sous peine d'alourdir et de renchérir les procédures d'acceptation des dons, déjà lourdement encadrées au nom de la politique culturelle[314]. Aussi, la Direction recommande de ne recourir à ce type de pactes que dans les cas suivants : « des donations importantes en nombre, des donations portant sur une œuvre dont la valeur vénale est déjà exceptionnelle au moment de la donation et des donations qui conduisent le musée ou la collectivité donataire à réaliser un ouvrage neuf ou à aménager une partie de musées dédiés aux œuvres constituant la donation »[315]. Plus récemment, le rapport public de 2020 pour une « philanthropie à la française » cherche à sécuriser davantage les donations au moyen de la renonciation anticipée à l'action en réduction. Dès lors, est-il proposé d'en alléger le formalisme et ainsi, prévoir un seul notaire pour recevoir l'acte authentique. Plus largement, le rapport propose de faire évoluer vers cette renonciation vers une « véritable pacte familial » entre le disposant et ses héritiers réservataires. Notamment, le rapport souligne que, dans les faits, cette renonciation fait souvent l'objet de contreparties, qui jusque-là passées sous silence. Il serait alors bienvenu de faire expressément apparaître dans le pacte familial ces diverses contreparties afin d'inciter davantage les héritiers à conclure ce type de renonciations et d'inscrire les actes philanthropiques de façon plus systématique dans la stratégie patrimoniale familiale[316].

179. L'opportunité des actes philanthropiques par assurances-vie. En parallèle de la renonciation à l'action en réduction, il convient de souligner que la forme de la libéralité peut permettre de contourner l'impérativité de la réserve héréditaire. Tel est le cas des assurances-vie aux fins de placement contractées au profit d'institutions à but non

---

[313] Exemple donné dans la réponse du secrétaire d'État auprès du ministère des Affaires Sociales et de la Santé, chargé des personnes handicapées et de la lutte contre l'exclusion publiées au Sénat, JO, 4 juin 2014, 4415, Questions orales sans débat, « Réglementation des donations faites aux musées », n°0774S à la p 1058 (M. Vincent Eblé).

[314] C. patr., art , L451-1. *Adde*, *supra* au para 170.

[315] Ministère de la Culture et de la Communication, Circulaire n° 2009/017 du 3 novembre 2009, *supra* note 310, à la p 44.

[316] Sarah El Haïry et Naïma Moutchou, La philanthropie à la française : rapport remis au Premier ministre », 10 juin 2020, proposition 11, à la p 44, en ligne : < https://www.vie-publique.fr/rapport/274626-la-philanthropie-la-francaise-rapport-remis-au-premier-ministre>. Cette proposition se retrouve également dans le rapport suivant : Cécile Pérès et Philippe Potentier, dir, *La réserve héréditaire*, Rapport du groupe de travail. Direction des affaires civiles et du Sceau, Ministère de la justice, 13 décembre 2019 au para 606.

lucratif se révèle une source de financement de ces dernières[317]. Sans nous attarder de nouveau sur les enjeux entourant leur qualification[318], nous tacherons seulement d'en souligner le potentiel en l'état du droit actuel. Le disposant peut échapper au jeu de la réserve héréditaire quand il contracte une assurance-vie au profit d'un tiers bénéficiaire tel un organisme à but non lucratif. Le contrat d'assurance-vie joue un rôle majeur dans les stratégies d'ingénierie patrimoniale.
Celui-ci fit l'objet d'un débat en France quant à la détermination du droit qui lui est applicable tel que, dans sa conception moderne, le contrat d'assurance-vie constitue davantage un outil de placement au détriment de sa fonction primaire de prévoyance. Par conséquent, l'acte du souscripteur assuré est-il une libéralité quand celui-ci confiait à un assureur un capital en vue de le faire fructifier et à charge, au décès, du disposant, de le transférer à un tiers bénéficiaire déterminé ?

Après hésitations, la Cour de cassation dans quatre arrêts rendus par la Chambre mixte en date du 23 novembre 2004[319], a affirmé que ce type de contrat, ayant aujourd'hui une vocation de placement, demeurait un contrat d'assurance au regard de l'aléa qui le caractérise. En dépit des critiques qui peuvent être faites quant à cette solution[320], celle-ci emporte d'importantes conséquences au plan successoral puisque les contrats d'assurance-vie se trouvent écartés des règles et principes fondamentaux du droit successoral. Par conséquent, la mise en œuvre des règles posées aux articles L132-12 et L132-13 du Code des assurances selon lesquels le capital ou la rente versée au décès du souscripteur assuré (le disposant) ne fait pas partie de la succession échappe dès lors à l'impérativité de la réserve héréditaire, et donc, au risque de réduction.

Une partie de la doctrine voyait en ses règles une menace pour les droits des héritiers réservataires et ainsi « un moyen légal de détourner l'ordre public de la réserve héréditaire »[321]. Toutefois, la position de la Cour de cassation reçut l'appui d'une réponse ministérielle venant écarter toute

---

[317] Michel Grimaldi, « L'assurance-vie et le droit des successions » [2001] Defrénois art. 37276 au para 10.
[318] V. *supra* au para 13.
[319] Mixte, 23 novembre 2004, n°s 03-13,673, 02-175,07, 01-13,592 et 02-11,352, Bull Mix, n°4; [2005] RDC 297 [obs. A. Bénabent] ; [2005] JCP I 111 [note J. Ghestin] ; [2005] RTD civ. 434 [obs. M. Grimaldi].
[320] Sur ce point, v. *supra* au para 13.
[321] Christophe Vernières, *Les libéralités à trois personnes*, Thèse de doctorat, Université Panthéon-Assas Paris II, 2012 au para 613.

réforme du Code des assurances. Il fut affirmé que les mécanismes actuels assurent une protection suffisante des droits des héritiers[322].

En dépit de ces éléments, la loi reconnaît un tempérament important à cette règle à l'alinéa 2 de l'article 132-13 du Code des assurances. Selon cet article, la mise en œuvre de la réserve est restaurée s'il apparaît que les primes versées sont manifestement exagérées eu égard de la situation patrimoniale et familiale du souscripteur assuré décédé[323].

En outre, la jurisprudence ajouta deux tempéraments. D'une part, les juges requalifieront le contrat d'assurance-vie en donation indirecte s'il s'avère que le contrat est dépourvu de tout caractère aléatoire du fait que les circonstances révèlent l'existence de la volonté certaine du souscripteur de se dépouiller de manière irrévocable en faveur du bénéficiaire désigné[324]. D'autre part, les juges soumettront le capital au jeu de la réserve qui fait partie de la succession s'il s'avère, au regard de la volonté du souscripteur, que celui-ci souhaite intégrer, dans sa succession, le capital pour l'attribuer à titre de legs[325]. Par ce biais, la vigueur de la réserve héréditaire s'en trouve restaurée. Toutefois, il est soulevé dans la réponse ministérielle que « la jurisprudence sur le constat de l'utilité du contrat pour le souscripteur écarte le plus souvent rapport et réduction, sauf dans des situations très particulières de souscription tardive »[326].

180. En dépit des tempéraments que nous venons de voir, il n'en demeure pas moins que l'ordre public successoral en droit français influe, au moyen de l'institution de la réserve héréditaire, à un double niveau sur la réalisation d'actes philanthropiques au profit des musées d'art : d'une part, en réduisant le volume des dons du fait de la limite que la réserve constitue pour la liberté du *de cujus* d'opérer des actes philanthropiques au profit du musée d'art, et d'autre part, en menaçant l'intégrité des

---

[322] V. JO, AN, Questions écrites remises à la Présidence de l'Assemblée nationale et réponses des ministres, 27 mai 2014, n°25996 (Jean-Paul Bacquet) à la p 4357 ; Frédérique Perrotin, « Assurance-vie et réserve héréditaire » (2014) 241 LPA 4.

[323] Sur appréciation souveraine par les juges du fond du caractère exagéré des primes, v. Civ 2e, 4 juillet 2007, [2007] Bull civ II, n°182.

[324] Notamment, v. Mixte, 21 décembre 2007, Bull mixte, n°13, [2008] D 218 (note G Bruguière-Fontenille), [2008] RTD civ 137 (obs M Grimaldi). V. également point sur le contrat d'assurance dans Vernières, *supra* note 320 au para 556. *Adde* Grimaldi, *Droit des successions*, *supra* note 280 au para 740.

[325] Civ 1re civ, 8 juillet 2010, Bull civ I n°170, [2010] AJ Fam 445 (obs F Bicheron), [2011] RTD civ 167 (obs Grimaldi). *Adde* Grimaldi, *Droit des successions*, *supra* note 280 au para 740.

[326] Terré, Lequette et Gaudemet, *supra* note 17 au para 1176.

collections muséales compte tenu du risque que peut représenter l'action en réduction dans ce contexte précis[327].

b. LA LIBERTÉ DE TESTER EN DROIT AMÉRICAIN ET QUÉBÉCOIS ET SON EFFET SUR LES ACTES PHILANTHROPIQUES

181. La dimension familiale atténuée du patrimoine successoral en droit américain et québécois. À la différence du droit français, les droits des successions américain et québécois ignorent le mécanisme de la réserve héréditaire et disposent d'une conception beaucoup plus individualiste de la dévolution successorale. Un testateur peut ainsi, en principe, librement choisir à qui revient le bénéfice de sa succession. En cela, la liberté de tester participe à la création d'un cadre juridique favorable aux actes philanthropiques.

182. En droit américain, la liberté de disposer à cause de mort constitue un élément fondamental de la propriété privée. La Cour Suprême affirmait, en 1987, qu'il s'agit là de "one of the most essential sticks in the bundle of rights that are commonly characterized as property"[328]. Ceci emporte une conséquence majeure : le droit américain des successions repose essentiellement sur une prémisse individualiste à l'instar des fondements de la propriété privée[329]. Contrairement aux pays de tradition civiliste, le patrimoine successoral est bien moins imprégné d'une fonction familiale. En effet, aux États-Unis, la liberté de tester a longtemps été pourvue d'un caractère absolu dans la mesure où le disposant pouvait totalement exhéréder ses descendants ou son conjoint survivant, et disposer librement de ses biens[330]. Toutefois, ce principe ne

---

[327] La réduction peut, selon les cas, être faite en nature ce qui implique pour le musée d'art de restituer l'œuvre faisant l'objet d'une action de réduction de la libéralité pour atteinte à la réserve héréditaire. Sur ce point, v. Cornu et Mallet-Poujol, *supra* note 207 au para 390.

[328] *Hodel v. Irving*, 481 US 704, 716 (1987).

[329] Ray D Madoff, *Immortality and the Law: The Rising Power of the American Dead*, New Haven, Yale University Press, 2010 [Madoff, *Immortality and the Law*].

[330] Ceci constitue une distinction importante avec d'autres pays de *common law*. Notamment, Ray D Madoff note que l'Angleterre, la Nouvelle-Zélande ou encore l'Australie se sont peu à peu détaché de la prémisse de l'absolue liberté de tester par l'introduction de lois en vue de protéger les parents proches au moyen d'obligations alimentaires (*family maintenance statute*) et le droit de réclamer les aliments (*ibid* à la p 59). En revanche, il est intéressant de souligner le cas particulier de la Louisiane. Alors que l'État de tradition civiliste disposait d'une réserve héréditaire, ce dernier connaît depuis plusieurs années un recul des considérations familiales au profit d'une approche plus individualiste du droit des successions, se rapprochant ainsi des législations voisines (*ibid* à la p 62).

jouit plus de la même vigueur au regard des quelques dispositions légales des États limitant la faculté d'exhérédation[331]. Si ces dispositions visent à protéger le conjoint ou encore les descendants[332], celles-ci ne jouissent pas de la même intensité de protection dès lors que l'on compare avec le droit français si bien que la réelle protection des parents proches au moment de la succession demeure garantie par voie testamentaire ou par le pouvoir juridictionnel. Les juges n'hésitent pas, en effet, à user de leur pouvoir d'interprétation pour écarter des dispositions testamentaires ne respectant pas les conditions de validité des actes, et ainsi introduire indirectement le devoir familial du testateur[333].

183. Parallèlement, il faut rappeler que la liberté de disposer à cause de mort connut des restrictions spécifiques dès lors qu'il s'agissait d'actes philanthropiques. Quelques États[334] disposaient de législations (*mortmain statutes*) ayant pour fin de limiter les dons à cause de mort à des fins collectives[335]. Le fondement de ces mesures ne résidait ni dans une sorte de défiance envers la philanthropie ni dans le souhait d'imposer une vocation familiale à l'hérédité. Elles veillaient plutôt à éviter que le disposant ne soit l'objet de pressions des tiers et n'effectua des actes

---

[331] "Intestate succession represents the default plan for distributing property on death. If the person does not write a valid will, or the will or payable on death clauses do not effectively dispose all the estate, then the law will parcel out the person's property in accordance with the appropriate law of intestacy in effect at death" (Robert L Mennell et Sherri Burr, *Wills and Trusts in a nutshell*, 4e éd, coll West nutshell, St Paul (MN), West, 2012 à la p 7). Outre le régime de succession *ab intestat*, le conjoint survivant et, sous condition, les descendants mineurs ou dans un état besoin peuvent bénéficier de l'obligation alimentaire (*family maintenance allowance*) par laquelle une somme périodique leur est allouée. Cette somme sera prioritairement allouée sur les autres dettes et dépenses relatives à la succession (V. *ibid* à la p 39). Nous noterons d'ailleurs la priorité accordée au conjoint survivant. En effet, ce dernier dispose de deux mécanismes, le *dower* et le *curtesy*, permettant de garantir à ce dernier une certaine portion de la succession. Ces mécanismes furent élargis dans certains États aux conjoints non mariés, et leur objet fut également étendu (*Uniform Probate Code*, § 2-202 et 2-203). V. notamment les règles relatives à l'exhérédation du conjoint survivant (*Restatement (Third) of Property : Wills and others donatives transfers*, § 9.2).

[332] Madoff, *Immortality and the Law*, *supra* note 329 aux pp 58-59.

[333] Dans son article, Melanie B Leslie montre comment les juges usent de la notion d'*undue influence* afin d'assurer une répartition « juste » du patrimoine successoral (« The Myth of Testamentary Freedom » (1996) 38 Ariz L Rev 235 aux pp 243 et s). Pour certains, cette notion constitue un équivalent fonctionnel de la réserve héréditaire, mais un équivalent incertain et arbitraire puisque son interprétation est laissée à l'office du juge (Ronald J Scalise, « Undue Influence and the Law of Wills: A Comparative Analysis » (2008) 19:1 Duke J Comp Int Law 41). *Adde* Ray D Madoff, « Unmasking Undue Influence » (1997) 2:1 Minn L Rev 571 ; Marie Goré, « Estate planning-Quelques aspects de l'anticipation successorale en droit américain » dans *Le droit privé français à la fin du XXe siècle. Études offertes à Pierre Catala, coll Mélanges*, 2001, 383 ; Pérès et Vernières, *supra* note 279 au para 460.

[334] Au début des années 1970, dix États dont la Californie, le Massachussetts, la Pennsylvanie et le District de Colombia avaient adopté ce type de loi. Madoff, *Immortality and the Law*, *supra* note 330 aux pp 91.

[335] Ces lois sont communément appelées *Mortmain Statutes* en référence aux lois édictées par Edouard Ier en Angleterre.

généreux déraisonnés peu avant son décès[336]. Les restrictions n'étaient pour cela en rien similaires avec la réserve héréditaire puisque seuls les dons aux montants excessifs ou effectués peu de temps avant le décès du disposant[337] étaient susceptibles d'être remis en cause. Surtout, elles ne s'appliquaient qu'aux transferts à cause de mort, la liberté de disposer à titre gratuit entre vifs demeurait ainsi intacte[338]. À partir des années 1970, nombre d'États abrogèrent ces lois, voire les déclarèrent inconstitutionnelles comme le district de Colombia, les États de la Floride et de la Pennsylvanie[339]. Aujourd'hui, seuls l'Idaho[340], la Géorgie[341] et le Mississippi[342] continuent à limiter la volonté du disposant qui souhaiterait donner une partie de son patrimoine à une *charitable organization*. En dehors de ces États, un disposant peut librement choisir de transférer l'ensemble de son patrimoine à une *non profit organization*[343]. En effet, la section §9.7 du *Restatement (Third) of Property : Wills and others donatives transfers* rappelle l'abrogation des règles déclarant un legs invalide en ce qu'il dépasse une certaine proportion de la succession[344].

---

[336] "Mortmain statutes were thus considered to fulfill two purposes: to protect testators (as well as their rightful heirs) against the testator's improvidence, and to deter clergy and representatives of other charitable organizations from exerting undue influence on the frail and elderly. Religious bigotry was undoubtedly also associated with these statutes. As historian Lawrence Friedman has described it , 'A faint odor of anti-Catholicism also hung over these laws- the fantasy of the veil priest, exhorting ransom for the Church from the dying man as the price of absolution" (Madoff, *Immortality and the Law*, *supra* note 329 à la p 91).

[337] Par exemple, il était imposé que le don ait été réalisé ou prévu au moins 90 jours, voire 180 jours selon les États, avant le décès du disposant sous peine d'être déclaré nul.

[338] Exemple dans l'État du Mississippi, v. *Alden v. Lewis*, 182 So 2nd 600, 254 Miss 704 (Miss Sup Ct 1966). Enfin, l'excès de l'acte philanthropique ne pouvait être contesté qu'en présence du conjoint survivant ou de descendants après le décès du disposant. L'excès de l'acte était sanctionné par la nullité. V. Laurence M Friedman, *Dead hands: A social history of wills, trusts and inheritance Law*, Stanford, Stanford Law Books, 2009 aux pp 70-73.

[339] V. *ibid* à la p 71.

[340] Idaho Code §15-2-615

[341] Georgia Code §53-2-10.

[342] Par exemple, l'article 14 de la section 270 de la Constitution de l'État du Mississippi prévoit : "Any person may, by will, bequeath or devise all or any portion of his estate to any charitable, religious, educational or civil institutions, subject to any statutory rights of surviving spouses and minor children and such other exceptions as may be prescribed by general law; provided that, in all cases, the will containing such bequest or devise must be executed at least one hundred and eighty (180) days before the death of the testator, or such bequest or devise shall be void".

[343] V. Peter Hay, « Inheritance Law and Trusts » dans *Law of the United States: an overview*, 3e éd, Paris, Dalloz, 2010, 230 à la p 244. En dehors de ces règles limitant la volonté du disposant, l'arme régulatrice en matière de succession réside non pas dans l'encadrement de la dévolution successorale, mais dans la définition restrictive du terme « *charitable*» par l'administration fiscale.

[344] "Any rule that a charitable devise is invalid if it exceeds a certain proportion of the testator's estate or if it is contained in a will that was executed within a certain time before the testator's death is abolished ". Toutes les lois de mainmortes furent abolies et même déclarées inconstitutionnelles dans certains États.

Par conséquent, la liberté de tester reste préservée en droit américain sans que les actes philanthropiques ne subissent une réelle concurrence comme en droit français du fait de la dimension familiale que revêt le patrimoine successoral. Les États-Unis se caractérisent par le privilège accordé à la liberté individuelle dans la dévolution patrimoniale tandis que le droit français accorde une forte importance à la fonction familiale de la transmission successorale[345].

Le Québec se trouve alors à mi-chemin de ces deux traditions.

184. En effet, la liberté de tester fut introduite par l'Acte de Québec en 1774[346] et constitue un héritage de la période anglaise comme nous l'avons précédemment exposé. Elle fut conservée par les codificateurs en ce que celle-ci constitue un principe de droit civil québécois[347]. Toutefois, la liberté de tester connut quelques retranchements avec l'introduction de l'institution du patrimoine familial dans le Code civil du Québec[348], de la prestation compensatoire[349] ou encore de la reconnaissance de

---

[345] Sur ce fondement, A. de Tocqueville considérait que les États-Unis se distinguent par cet unique mélange de liberté, d'égalitarisme et des valeurs de laissez-faire. V. Ronald Chester, « The Psychology of Dead Hand Control » (2008) 43:3 Real Propy, Tr & Est LJ 505 à la p 515.

[346] 14 Geo III c 83, reproduit dans CLRC 1985, app II, n°2.

[347] C. Morin note en effet que « ils [les codificateurs] en profitent pour unifier le droit en matière de dispositions à titre gratuit. Pour ce faire, les codificateurs abolissent la majorité des restrictions qui auraient pu encore exister relativement aux donations entre vifs, qu'ils décrivent comme une 'anomalie embarrassante' qui se rapporte à un autre ordre d'idées sociales et légales. Ils proposent 'd'assimiler presque en entier à ces divers égards la matière des donations à celle des testaments, en introduisant dans la première le principe de liberté qui régit la seconde'. Ce faisant, les règles relatives aux donations entre vifs et à cause de mort sont rendues plus cohérentes, plus libérales, mais aussi, plus conformes aux règles qui, selon les codificateurs, doivent régir la transmission des biens » (Morin, « La liberté de tester », *supra* note 280 à la p 370). La liberté de tester a valeur de principe du droit québécois puisque, en dépit des atteintes qui lui ont été portées, elle « semble alors perçue comme une partie d'un tout que représente le Code civil, code que bon nombre de Canadiens-français se sont approprié à titre de symbole identitaire » (*ibid.* à la p 382).

[348] C.c.Q., art 414 à 426. Le patrimoine familial (C.c.Q., art. 415) se définit comme la mise en commun de certains biens acquis pendant l'union sans égard de celui qui en est propriétaire et donne droit au partage en valeur à 50%. « En principe, le patrimoine familial est divisé en valeur, dans un esprit d'égalité matérielle entre les conjoints, sans égard à celui des conjoints qui est propriétaire des biens (art. 416 C.c.Q.). C'est la valeur nette du patrimoine familial qui est divisée, plutôt que les biens qui le constituent (art. 416 à 418 C.c.Q.) », Centre Paul-André Crépeau, *Dictionnaire bilingue de droit privé – Les Familles*, Cowansville (Qc), 2016, Éditions Yvon Blais, *sub verbo* « patrimoine familial ». Le patrimoine familial est un privilège du mariage et de l'union civile. V. Christine Morin, « Exercer sa liberté de tester : pas toujours sur la valeur totale de son patrimoine » dans Sylvio Normand, *Mélanges offerts au professeur François Frénette : études portant sur le droit patrimonial*, Québec, Presses de l'Université Laval, 2006, 33 aux pp 38 et s. [Morin, « Exercer sa liberté de tester »].

[349] C.c.Q., art. 427 à 431, 809 et 2928. La prestation compensatoire a pour objet de compenser l'apport en biens et services d'un conjoint permettant à l'autre conjoint de s'enrichir. Cette mesure fut introduite lors de la réforme du droit de la famille en 1982. La prestation s'applique en cas de séparation de corps, de divorce, de nullité de mariage mais également en cas de décès de l'un des époux. Est exclu aussi ici le conjoint de fait. La prestation compensatoire réduit en valeur la succession. Elle constitue une dette de la succession qu'il appartient au liquidateur d'acquitter

l'obligation alimentaire *post mortem*[350]. Par ces institutions, le *de cujus* ne peut plus complétement exclure ses proches de sa succession. Le droit des successions québécois veille au respect des intérêts des proches du *de cujus* au moment de la transmission successorale. Ainsi, tempère-t-il la dimension individuelle du patrimoine successoral au profit de considérations d'ordre familial.

Toutefois, ces considérations ne font pas de la liberté de tester l'exception comme en droit français. En dépit des atteintes mentionnées, la liberté de tester demeure vive au strict plan des principes puisqu'aucune portion du patrimoine successoral n'est automatiquement attribuée à certaines personnes et que le testateur demeurant libre de déterminer « la manière dont ses biens seront dévolus » [351]. En effet, pour la professeure Morin, si les tempéraments portés à la liberté de tester modifient incontestablement la valeur réelle du patrimoine qui est à la disposition du testateur et dont il peut disposer librement, il ne faudrait y voir une remise en cause de cette dernière. La professeure propose ainsi de distinguer au sein de la liberté de tester deux catégories de restrictions. Les mécanismes de la prestation compensatoire et du patrimoine familial constituent des restrictions « en valeur » tandis que la réserve héréditaire constitue une restriction « en nature »[352]. Notamment, si l'on prend l'exemple du patrimoine familial, le Code civil du Québec énumère limitativement les biens donnant lieu à un partage égal et en valeur réelle entre les conjoints[353]. Le mécanisme cherche ainsi à garantir une égalité matérielle entre les conjoints mariés ou unis civilement en réduisant seulement l'assise sur laquelle le testateur exprime sa libre volonté de tester. Par conséquent, en droit québécois des successions, « le principe théorique de la liberté de tester est sauvegardé, bien que, d'un point de vue pratique — c'est-à-dire pour le testateur lui-même —, sa liberté ne peut s'exercer sur la totalité de la valeur de son patrimoine »[354].

---

comme toute autre dette de la succession. Toutefois, la situation conjugale du *de cujus* doit répondre à plusieurs conditions afin qu'une prestation compensatoire puisse être réclamée à sa succession (Morin, « Exercer sa liberté de tester » *supra* aux pp 42 et s.).

[350] C.c.Q, art. 684 à 695. Notons que le créancier alimentaire doit réclamer la contribution financière comme aliments (C.c.Q, art 684; Morin, « Exercer sa liberté de tester », *supra* note 348 aux pp 47 et s).

[351] Beaulne et Morin, *supra* note 279 au para 655.

[352] Morin, « Exercer sa liberté de tester », *supra* note 348.

[353] C.c.Q., art. 415 et s. Cette liste est le reflet d'une « *politique législative selon laquelle on reconnaît à ces biens un rôle essentiel dans la vie économique du couple* » (Centre Paul-André Crépeau, *Dictionnaire bilingue de droit privé – Les Familles*, *supra* note 347, *sub verbo* « patrimoine familial »).

[354] Beaulne et Morin, *supra* note 279 au para 655.

185. En somme, les actes philanthropiques aux États-Unis et au Québec ne connaissent pas de limite juridique aussi vive que celle connue en droit français des successions par laquelle le disposant ne peut disposer que de manière résiduelle de ses biens en vue de satisfaire une œuvre d'intérêt général. Or, comme nous l'avons mentionné dans des développements antérieurs, la liberté de tester constitue un des facteurs explicatifs de l'essor de la philanthropie dans ces pays. Pour cela, dans l'optique de développer un cadre juridique qui favorise cette dernière, force est de se demander si une réforme du droit des successions français au profit des actes philanthropiques doit être envisagée.

c. LE RECUL DE LA RÉSERVE HÉRÉDITAIRE AU PROFIT DES ACTES PHILANTHROPIQUES EN QUESTION

186. La portée de la réserve héréditaire en droit français. L'acte philanthropique en droit français se heurte à l'institution de la réserve héréditaire qui réduit drastiquement la part du patrimoine successoral qui peut être attribuée à une œuvre d'intérêt général. En ce qu'elle a donc pour effet de brider le volume des actes philanthropiques des particuliers, celle-ci apparaît dès lors comme l'une des raisons pour lesquelles la France ne saurait atteindre un niveau de philanthropie comparable à celui de ses homologues nord-américains. Aussi, il convient de se demander dans quelle mesure la réserve héréditaire est compatible avec le souhait de faire de la philanthropie une pratique prospère.

Si pour certains auteurs, la réserve héréditaire doit être appréhendée comme une condition nécessaire au développement de la famille au regard de l'article 10 du Préambule de la Constitution de 1946 faisant partie du bloc de constitutionnalité[355], rien n'empêche le législateur de réformer celle-ci dans un sens qui soit compatible avec le développement de la philanthropie en accordant notamment un plus grand espace à la liberté de tester. D'ailleurs, en ce que le droit de disposer librement de sa propriété constitue un attribut fondamental du droit de propriété et que ce dernier revêt une valeur constitutionnelle[356], par déduction, la liberté

---

[355] Terré, Lequette et Gaudemet, *supra* note 17 au para 9.

[356] Le fondement de la protection du droit de propriété réside dans l'article 17 de la Déclaration Universelle des Droits de l'Homme et du Citoyen de 1789 et jouit d'une valeur constitutionnelle au regard de la décision du Conseil Constitutionnel, 16 janvier 1982, n°81-132. Ce dernier distingue deux types d'atteintes au droit : celle relative au droit de disposer et celle relative au droit d'usage que la propriété. Seul le droit de disposer connait une protection renforcée selon Jean-François Montgolfier, « Le Conseil constitutionnel et la propriété privée des personnes privées » (2011) 31 Nouveaux Cahiers du Conseil constitutionnel, en ligne :

de tester ou de donner est protégée constitutionnellement. Plus encore, la Cour européenne des Droits de l'Homme refusa de reconnaître tout droit à hériter des descendants, mais plaça la liberté de tester sous la protection directe du droit de propriété reconnu dans l'article 1er du Protocole I de la Convention Européenne des droits de l'Homme[357]. Ainsi, que ce soit au niveau national ou européen, la liberté de disposer à titre gratuit est assurée par le droit de la propriété. Sa valeur constitutionnelle lui donne donc théoriquement une primauté pouvant justifier l'admission d'une plus grande liberté de disposer à titre gratuit en France.

Néanmoins, bien que la réserve héréditaire puise sa source dans des considérations historiques, politiques et sociales, celle-ci au cœur de l'ordre public successoral en droit interne[358] et constitue, en cela, un pilier du droit des successions français[359]. En effet, en dépit des différentes mesures qui ont eu pour effet d'en réduire la portée[360], la réserve héréditaire « porte en elle les valeurs essentielles que sont dans l'ordre familial, la solidarité, l'égalité et la liberté », et « dont on ne voit pas qu'elles soient en déclin »[361]. Ainsi, « elle représente une certaine conception du rôle qui revient à la loi et au juge pour en assurer la défense [de ces valeurs essentielles] ; même assouplie par les réformes récentes, elle continue de protéger efficacement l'héritier contre le pouvoir du de cujus de disposer à titre gratuit de ses biens et, si controversée qu'elle soit, le législateur français vient de confirmer son ancrage dans notre droit » [362]. D'où la nécessité de la préserver d'atteintes trop profondes compte tenu de sa valeur de principe fondamental du droit des successions[363].

<https://www.conseil-constitutionnel.fr/nouveaux-cahiers-du-conseil-constitutionnel/les-nouveaux-cahiers-du-conseil-constitutionnel-n-31-avril-2011> (consulté le 31 octobre 2021).

[357] CEDH, 13 juin 1979, n°6833/74, *Marckx v. Belgique* 31 : « en reconnaissant à chacun le droit au respect de ses biens, l'article 1 garantit en substance le droit de propriété. [...]. Or le droit de disposer de ses biens constitue un élément traditionnel fondamental du droit de propriété ».

[358] En revanche, il fut récemment admis par la Cour de cassation (Civ, 1ère, 27 septembre 2017, n°16-13.151) que la réserve héréditaire ne relève pas de l'ordre public international. V sur ce point, Grimaldi, « La réserve ne relève pas de l'ordre public international », *supra* note 285.

[359] Goré, « Requiem », *supra* note 285.

[360] Pour rappel, la loi du 23 juillet 1987, *supra* note 156, prévoyait notamment que l'action en réduction en matière de legs d'œuvres d'art à l'État se résoudrait par une indemnité en valeur. La vocation de la réserve comme institution de conservation des biens au sein de la sphère familiale s'en voyait dès lors affaiblie. Surtout, la réforme de 2006 du droit des successions atténua d'autant plus l'emprise de cette dernière en introduisant l'action en renonciation de l'article 929 du Code civil. Sur l'évolution de la réserve héréditaire, v. Pérès et Vernières, *supra* 279 au para 466. Selon M. Grimaldi, la réforme 2006 des successions ne porte pas autant atteinte à la réserve héréditaire que certains le laissent entendre. La renonciation anticipée consiste en l'abdication anticipée des droits du réservataire et porte donc davantage atteinte au principe de la prohibition des pactes sur succession future (Grimaldi, « Brèves réflexions », *supra* note 282 au para 9).

[361] *Ibid* au para 8.

[362] *Ibid*.

[363] *Ibid* à la p 7.

187. Les tentatives de conciliation entre la réserve héréditaire et la liberté de disposer à des fins collectives. Toutefois, son maintien en l'état a pour incidence la limitation des actes philanthropiques. C'est pourquoi il fut proposé dans le passé qu'un legs adressé à une fondation reconnue d'utilité publique puisse excéder la quotité disponible à condition de ne pas diminuer la réserve héréditaire au-delà d'un certain seuil[364]. Plus récemment, une proposition de loi datant de juillet 2011 visant à concilier philanthropie et droit des successions suggéra d'amoindrir le jeu de la réserve héréditaire au profit d'une plus grande liberté des disposants désireux de transmettre leur patrimoine en vue d'une fin d'intérêt général[365]. Afin d'apporter un nouveau souffle à la pratique philanthropique, il conviendrait alors « de libérer le disposant du carcan de la réserve héréditaire en lui offrant la possibilité de disposer librement de tous les biens qui n'ont que d'autres origines son talent et son travail, dès lors qu'il souhaite les céder à une institution philanthropique. Les institutions qui pourront bénéficier de ces donations seront déterminées limitativement par décret pris par le garde des Sceaux en Conseil d'État, révisé dans les mêmes formes tous les cinq ans. Ces institutions seront des fondations ou des associations reconnues d'utilité publique, et à ce titre, contrôlées par l'État ».

---

[364] Cette proposition d'amendement fut notamment faite lors de l'examen de la loi relative aux fondations d'entreprise. V. Rapport Sénat 1989-1990, n°213 à la p 34 ; JO, Sénat CR 1990, n°15, à la p 595. Cette proposition fut adoptée en première lecture par le Sénat, mais écartée par l'Assemblée nationale (JO AN CR 1990, n°31, à la p 1695).

[365] Proposition n°748, 11 juillet, 2011, présentée par Mme M-H. Des Esgaulx, en session extraordinaire 2010-2011. V. également, Annabelle Pando, « Pour une dérogation à la réserve héréditaire en faveur de la philanthropie, entretien avec Marie-Hèlène des Esgaulx » (2011) 189 LPA 3. Il était notamment proposé d'introduire trois nouveaux alinéas à l'article 913 :

> Cependant, le disposant peut gratifier, par acte entre vifs ou par testament, une institution philanthropique figurant sur une liste établie par décret pris en Conseil d'État par le garde des Sceaux, laquelle sera révisée tous les cinq ans dans les mêmes formes, sans que les règles de la présente section puissent lui être opposées, dès lors qu'il dispose exclusivement de biens ne provenant pas de ses ascendants ou subrogés à ceux-là, lesquels sont qualifiés de biens réservés. Pour ceux-ci, le disposant reste soumis aux règles de la présente section, sauf qu'il ne peut être disposé de la quotité disponible qu'en faveur d'un descendant [al.3].
> Toutefois, en présence d'un conjoint survivant non divorcé, marié sous un régime de séparation de biens, celui-ci bénéficie d'un usufruit du quart des biens autres que ceux réservés [al.4].
> Toutefois encore, tout descendant qui, à la mort de son auteur, se trouve, du fait des libéralités dérogatoires de celui-ci, à son corps défendant dans l'incapacité de mener une vie décente, peut saisir le Tribunal de grande instance du lieu d'ouverture de la succession, afin qu'il fixe une rente à la charge des institutions bénéficiaires visées au troisième alinéa du présent article, lui permettant de vivre décemment en bon père de famille. Cette rente est révisable en fonction de l'évolution de la situation du bénéficiaire [al.5].

Autrement dit, seuls les biens reçus des ascendants demeureront soumis à la réserve héréditaire[366] ce qui induit un traitement différencié des biens en fonction de leur origine, et ce contrairement au principe de l'unité du patrimoine.

Une proposition de loi de juin 2015 remit au-devant de la scène l'hypothèse d'une atténuation de la réserve héréditaire au profit des actes philanthropiques[367] en proposant l'ajout des cinq alinéas suivants à l'article 913 du Code civil :

> « Cependant le disposant peut gratifier, par acte entre vifs, ou par testament, une fondation ou association reconnue d'utilité publique figurant sur une liste établie par décret pris en Conseil d'État par le Garde des Sceaux. Cette liste est révisée tous les cinq ans dans les mêmes formes, sans que les règles de la présente section puissent lui être opposées, dès lors qu'il a disposé exclusivement de biens ne provenant pas de ses ascendants ou subrogés à ceux-là, lesquels sont qualifiés de biens réservés. [al.3]
>
> Pour ceux-ci, le disposant reste soumis aux règles de la présente section, sauf qu'il ne peut être disposé de la quotité disponible qu'en faveur d'un descendant. [al.4]
>
> Toutefois, en présence d'un conjoint survivant non divorcé, marié sous un régime de séparation de biens, celui-ci bénéficie d'un usufruit du quart des biens autres que ceux réservés. [al.5]
>
> Toutefois encore, tout descendant qui, à la mort de son auteur, se trouve, du fait des libéralités dérogatoires de

---

[366] Aussi attractive que puisse paraître cette proposition, celle-ci se heurte toutefois au principe de l'unité de la succession selon lequel il ne convient pas de distinguer ni selon la nature, ni selon la provenance des biens constituants la succession. Ce principe puise ses racines dans l'égalitarisme que le Code civil souhaitait introduire en vue d'éradiquer les pratiques de dévolution patrimoniale selon les liens du sang qui régnaient sous l'Ancien Droit (sur l'historique du principe, v. Pérès et Vernières, *supra* 279 au para 170). De ce fait, le principe de l'unité de la succession invite à considérer la succession comme une masse globale et non différenciée. Bien que le principe n'apparaisse plus dans le Code civil et que celui-ci connaisse de nombreux tempéraments, il demeure un principe fondamental du droit des successions français (Goré, « Requiem », *supra* note 285, Grimaldi, « Brèves réflexions », *supra* note 285).

[367] Proposition de loi n°294 du 15 juin 2015, présentée par la député Frédéric Lefebvre. Le texte reprend en partie les propositions faites en 2011 bien qu'il réduit le champ des organismes éligibles aux seules fondations et associations reconnues d'utilité publique.

> celui-ci, à son corps défendant dans l'incapacité de mener une vie décente, peut saisir le tribunal de grande instance du lieu d'ouverture de la succession, afin qu'il fixe une rente, à la charge de ou des institutions bénéficiaires visées au troisième alinéa du présent article, lui permettant de vivre décemment en bon père de famille. Cette rente sera révisable en fonction de l'évolution de la situation du bénéficiaire. [al.6]
>
> Si des libéralités au profit des fondations ou associations visées au troisième alinéa du présent article concernent une entreprise que le donateur contrôlait, celui-ci peut alors, par exception, assortir ses libéralités de charges concernant la gestion de cette entreprise, qui ne peuvent cependant excéder une période de dix ans [al.7] ».

188. Aussi bienvenues que puissent paraître ces propositions pour dynamiser la pratique philanthropique, celles-ci induisent des modifications profondes du droit commun des successions et font, pour cela, l'objet de vives critiques.

D'une part, en prévoyant un contournement de la réserve héréditaire sur le fondement d'un traitement différencié des biens au regard de leur origine, ces propositions de loi méconnaissent le principe de l'unité du patrimoine. Bien qu'il n'apparaisse plus dans le Code civil[368] et fasse l'objet de nombreux tempéraments[369], ce principe demeure fondamental pour le droit des successions français[370].

D'autre part, le contenu de la proposition de loi de 2015 induit des difficultés tant pratiques que conceptuelles. En effet, si le disposant peut librement disposer des biens acquis par son travail, tel n'est pas le cas des biens reçus des ascendants et ceux qui leur ont été subrogés. Ces biens, dits « réservés », demeurent soumis à la réserve héréditaire avec la nuance que la quotité disponible ne pourra être disposée qu'en faveur d'un descendant. De plus, il faut bien noter que la proposition prévoit que

---

[368] Le principe était énoncé à l'article 732 du Code civil : « La loi ne considère ni la nature ni l'origine des biens pour en régler la succession ». Toutefois, cet article fut abrogé à la suite de la réforme du droit des successions par la Loi n°2001-1135 du 3 décembre 2001 relative aux droits du conjoint survivant et des enfants adultérins et modernisant diverses dispositions de droit successoral, JO, 4 décembre 2011, 19279, n°281.

[369] V. notamment les hypothèses de successions anomales selon lesquelles la dévolution des biens déroge au régime de droit commun afin de tenir compte de l'origine des biens.

[370] Terré, Lequette et Gaudemet, *supra* note 17 au para 700.

le défunt ne peut librement disposer que des biens issus de son travail au profit d'organismes reconnus d'utilité publique Seuls les héritiers réservataires peuvent donc bénéficier des « biens réservés ». Cette disposition appelle néanmoins plusieurs critiques qu'un auteur résuma en les termes suivants : « outre qu'elle [la proposition de loi de 2015] consacre, incidemment, une indisponibilité légale, que son application poserait des difficultés si le de cujus n'a que partiellement usé de sa liberté, elle porte atteinte au principe de l'irrévocabilité des donations. En léguant l'ensemble des biens issus de son travail à l'un des organismes susvisés, le de cujus pourrait, en effet, remettre en cause la donation d'un bien réservé réalisée de son vivant au profit d'un tiers »[371].

Parallèlement, il convient de souligner les dispositions relatives au conjoint survivant non divorcé, marié sous un régime de séparation des biens[372] prévoyant que, dans l'hypothèse où le *de cujus* a librement disposé des biens issus de son travail au profit d'organismes reconnus d'utilité publique, le conjoint survivant non divorcé, marié sous un régime de séparation de biens bénéficie d'un usufruit du quart des biens autres que ceux réservés. Cette disposition a pour effet de faire du conjoint survivant un héritier réservataire alors que le droit positif ne prévoit cette option qu'en l'absence de descendants[373]. En effet, en l'état actuel du droit, le conjoint survivant peut être expressément exclu de la succession en présence de descendants. À cela, il s'ajoute qu'en présence de descendants, sa vocation en pleine propriété, soit celle du quart des biens, ne saurait porter atteinte à la réserve héréditaire selon l'article 757 du Code civil. Toutefois, si tous les descendants sont issus des deux époux, celui-ci peut opter pour l'usufruit de la totalité des biens existants si bien que « la réserve héréditaire supporte l'usufruit du conjoint survivant » et qu'en « l'absence de quotité disponible, le conjoint survivant a toujours une vocation minimale d'un quart des biens en usufruit »[374]. C'est ainsi que J. Boisson note que si la disposition justifie la volonté de conférer au conjoint marié, non divorcé soumis à un régime de séparation des biens une vocation d'un quart des biens « non réservés » en usufruit, celle-ci modifierait de façon substantielle le droit positif. Aussi, rappelle-t-il que l'actuelle vocation du conjoint repose sur la double condition de l'existence des enfants communs et l'absence

---

[371] Boisson, *supra* note 4 au para 343.

[372] On peut s'interroger sur le choix du législateur d'exclure de cette mesure les conjoints mariés sous le régime de la communauté des biens. Faut-il en déduire que ces derniers sont dans une situation, par définition, moins avantageuse que les conjoints survivants non divorcés, mariés sous un régime de séparation des biens ? Et dans ce cas-ci quels seraient les fondements d'une telle affirmation ?

[373] C. civ., art 914-1.

[374] Boisson, *supra* note 4 au para 343.

d'exhérédation expresse. Dès lors, « si la proposition venait à ne pas reprendre ces conditions, le conjoint survivant serait traité plus favorablement en présence de libéralités à caractère collectif que de libéralités ordinaires. Là où le conjoint peut ne recevoir aucun bien en l'état du droit positif, la proposition lui confère une vocation minimale en usufruit en présence de libéralités à caractère collectif. Une telle différence de traitement constituerait, sans nul doute, une violation du principe d'égalité devant la loi »[375].

189. Un débat d'actualité. Récemment, la modification de la réserve héréditaire au profit de la philanthropie fut abordée dans deux rapports publics, l'un commandité par le ministère de la Justice au sujet de la réserve héréditaire (décembre 2019)[376], l'autre par le Premier ministre pour explorer un potentiel renouveau règlementaire de la philanthropie française (juin 2020)[377]. La succession de ces ceux rapports dans un laps de temps aussi court accentue la *sensibilité* de la conciliation entre le droit de succession et le développement de la philanthropie, mais témoigne également de l'enjeu de cette question en matière d'actes philanthropiques.

Le premier rapport déconstruit l'idée selon laquelle l'atténuation de la réserve héréditaire constitue une avenue nécessaire pour développer la philanthropie en France. Sur la base de données sociologiques, les auteurs du rapport affirment que « ceux qui disposent gratuitement de leurs biens au profit d'œuvres philanthropiques le font soit parce qu'ils n'ont pas de descendants, soit dans des proportions nettement inférieures à la quotité disponible actuelle. En pratique, la philanthropie familiale s'exprime plus volontiers dans le cadre sociétaire en exploitant les ressources du mécénat d'entreprise. Quant aux milieux philanthropiques, ils jugent la réserve héréditaire très utile en présence de dispositions à cause de mort et n'en demandent pas la suppression. Leurs inquiétudes viennent essentiellement des donations entre vifs qui leur ont été consenties et qu'ils souhaiteraient voir sécuriser »[378]. De plus, les auteurs partagent que, quelle que soit la nature des modifications portées à la réserve héréditaire, l'idée même de créer un régime successoral dérogatoire au profit de la philanthropie ne semble pas emporter l'unanimité au niveau doctrinal, certains redoutant qu'un régime différencié au profit de la philanthropie ravive l'accumulation de biens

---

375 *Ibid.*
376 Pérès et Potentier, *supra* note 316.
377 El Haïry et Moutchou, *supra* note 316.
378 Pérès et Potentier, *supra* note 316, à la p 203.

de mainmorte, pourtant combattue par le droit civil[379]. Fort de ces éléments, les auteurs de ce premier rapport concluent que la suppression de la réserve héréditaire ou la mise en place d'un régime dérogatoire au profit de la philanthropie n'est pas nécessaire. Toutefois, ils concèdent que des ajustements pourraient être apportés pour accroitre les actes philanthropiques. C'est ainsi qu'ils proposent d'abaisser le montant de la réserve héréditaire de trois-quarts à deux tiers en présence de trois enfants ou encore de supprimer la réserve héréditaire du conjoint survivant[380]. Plus largement, le rapport préconise des mesures complémentaires comme la sécurisation des donations à travers une rénovation de la renonciation anticipée à l'action en réduction en pacte familial[381]. Ainsi, la modification de la réserve héréditaire est traitée avec pondération, compte tenu de la place majeure du concept dans l'ordonnancement juridique français. Cette pondération n'est pas tant surprenante puisque l'objectif du rapport n'est pas de trouver des moyens pour relancer la philanthropie, mais de faire un état des lieux de la réserve héréditaire en droit français. Le regard posé sur cette question est donc à la fois extérieur et plus large que celui qui se concentrerait exclusivement sur la question du développement de la philanthropie française.

Ce contexte de l'étude est important dès lors que l'on compare la nature des propositions qui y sont faites avec celles du second rapport en date de juin 2020. Exclusivement dédié à la promotion d'une philanthropie à la française, ce rapport revient à des propositions qui sont davantage à l'image des propositions législatives discutées plus haut[382] — mettant en œuvre un régime dérogatoire pour les actes philanthropiques. Notamment, les auteures du rapport suggèrent d'assouplir à deux niveaux la réserve héréditaire au profit de libéralités adressées à une fondation reconnue d'utilité publique, d'une association reconnue d'utilité publique ou d'une association visée à l'article 6 alinéas 5 à 7 de la loi du 1er juillet de 1901. En premier lieu, il est proposé de limiter à deux branches le montant de la réserve héréditaire en prévoyant qu'elle soit de la moitié de la succession en présence d'un enfant et des deux tiers en présence de deux enfants ou plus. Autrement dit, il y aurait toujours au moins un tiers de la succession en quotité disponible quel que soit le nombre d'enfants[383]. En second lieu, pour inciter à la générosité des grandes fortunes, le rapport propose que les legs philanthropiques puissent excéder la quotité disponible dans l'hypothèse où la succession est d'un

---

[379] *Ibid* au para 570 à 575.
[380] *Ibid* à la p 203.
[381] *Ibid* au para 606. V. en sens *supra* au para 175.
[382] *Supra* aux paras 187 et s.
[383] El Haïry et Moutchou, *supra* note 316, proposition 9 à la p 43.

montant supérieur à 10 millions d'euros, et ce en inversant les rapports de la réserve héréditaire. Autrement dit, dans l'éventualité d'un legs répondant aux conditions mentionnées ci-dessus, la quotité disponible serait désormais des deux tiers en présence d'un enfant et de la moitié en présence de deux enfants ou plus, tout en conservant la limitation à deux branches comme prévu dans la première précédente[384].

Alors que les propositions de ce second rapport de juin 2020 offrent de nouvelles modalités de conciliation entre l'encouragement de la philanthropie et le droit des successions, la réserve héréditaire est de nouveau présentée comme un frein au développement de la philanthropie française[385]. Ici, force est toutefois de s'interroger sur le bien-fondé de ces propositions. Outre l'instauration d'un régime dual de la réserve héréditaire selon la destination de la libéralité — et dont on ne saurait sous-estimer les complications que cela risque de générer pour la liquidation et le règlement des successions —, ce rapport de juin 2020 modifierait le droit de successions en considération du niveau de richesse du *de cujus* ce qui porte atteinte aux fondements égalitaristes du droit civil. Plus largement, à l'instar des propositions de 2015, le rapport de juin 2020 prétend à un renforcement de la libre disposition des biens à cause de mort en assouplissant la réserve héréditaire. Ce point de vue est discutable puisque certains ont déjà pu avancer qu'en favorisant certains gratifiés au détriment d'autres, la liberté de tester se trouve malgré tout contrainte dans ses orientations[386].

190. Par conséquent, la conciliation de la réserve héréditaire avec la liberté de disposer à des fins collectives a un prix, celui d'une remise en cause des fondements du droit des successions. Cependant, le développement des actes philanthropiques, notamment au profit des musées d'art, justifie-t-il une telle modification du droit en vigueur ?
Si la réponse à cette question est éminemment politique et non exclusivement juridique, elle dépend du rôle escompté de la philanthropie. Selon nous, ce n'est que dans l'hypothèse où l'interventionnisme public diminuerait au point de faire de la philanthropie une nécessité sociale de première ordre (comme aux États-Unis et au Québec) sans laquelle certains services publics seraient délaissés que cette question devra être véritablement considérée. Dans un tel contexte, le législateur devra en effet donner à la philanthropie les moyens de se substituer à la puissance publique conduisant *de facto* à une remise en cause de la réserve héréditaire. Or, cette hypothèse ne reflète

---

[384] *Ibid,* proposition 10 à la p 44.
[385] *Ibid* à la p 42.
[386] Pérès et Potentier, *supra* note 316 au para 599.

pas la tendance politique actuelle quand bien même les subventions publiques ont diminué ces dernières années[387].
Toutefois, il convient de garder à l'esprit que si l'on peut voir dans l'atténuation de la réserve héréditaire un des leviers du rattrapage de la philanthropie française vers les pratiques nord-américaine, une telle réforme du droit des successions se révèle en réalité une modification des fondements du droit français.

***

CONCLUSION DE LA SECTION

191. L'acte philanthropique au profit des musées d'art relève, en effet, de la catégorie des libéralités à caractère collectif compte tenu de la finalité d'intérêt général, constituant ainsi un cas de libéralité finalisée. Si la finalité d'intérêt général a un pouvoir qualifiant, elle borne également le champ matériel de ces actes.

Aussi, avons-nous pu constater toutes activités d'intérêt général ne sauraient constituer une activité philanthropique. Bien que l'activité muséale constitue par essence un domaine de l'intérêt général, toutes activités conduites par les musées d'art n'est pas pour autant être considérées comme d'intérêt général. Tel est le cas des activités qui ne servent pas directement leur mission de service public culturel (ex., les activités commerciales).

Parallèlement, il importe de souligner combien la notion d'intérêt général est intimement liée, dans le contexte français, à l'interventionnisme public. En effet, il appartient à la puissance publique de définir cette dernière si bien que le champ matériel de la philanthropie, et par conséquent celui des actes philanthropiques au profit des musées d'art, se trouve exclusivement décrété par la puissance publique.

Enfin, la finalité d'intérêt général conditionne également la validité a pour effet de soumettre l'expression de la volonté philanthropique à deux séries de limites. Les premières veillent à ce que l'opération soit conforme à la finalité d'intérêt général tandis que les secondes assujettissent l'acte philanthropique au respect des intérêts familiaux du

---

[387] Notamment, le Ministre Aillagon affirmait, lors des débats parlementaires, qu'avec la loi du 1er août 2003 se substituait à une vision agonistique de la vie publique une vision synergique où tous les acteurs publics comme privés participent au développement du bien général (*JO,* Assemblée nationale, Débats parlementaires, Compte rendu intégral, séance du 1er avril 2003, à la p 2712).

disposant. Dans ce second cas, même s'il peut paraître opportun d'amoindrir la réserve héréditaire afin de libéraliser les actes philanthropiques, une telle réforme du droit des successions serait l'expression d'un bouleversement du droit français. Aussi, cette option doit être considérée avec prudence.

CONCLUSION DU CHAPITRE

192. La finalité d'intérêt général joue un rôle crucial dans la définition de l'acte philanthropique, celle-ci étant la raison même de son caractère spécial. Son emprise sur la définition de l'acte se manifeste à un double niveau.

D'une part, la finalité d'intérêt général — laquelle fonde l'opération — établit la nature hybride de l'acte philanthropique au profit des musées d'art. En effet, c'est au nom de cette même finalité que la philanthropie envers les musées d'art se trouve soutenue par un système de contreparties offertes au disposant. Ces actes constituent donc des libéralités intéressées qui, pour la plupart, reposent sur un équilibre fragile oscillant entre la réalisation d'une opération désintéressée et la satisfaction de l'intérêt personnel du disposant.
Dès lors, une reformulation du critère de gratuité commun à l'ensemble des libéralités s'imposait en l'espèce afin de rendre compte de la nature hybride de ces actes. Au regard des différentes contreparties offertes au disposant, nous avons établi que l'élément matériel émane d'une gratuité partielle tandis que l'élément intentionnel d'une générosité intéressée.
Parallèlement, la nature hybride de l'acte philanthropique au profit des musées d'art explique les difficultés quant à la distinction de l'opération avec certains actes qui ne sont pas des libéralités, notamment compte tenu de leur nature à titre onéreux. La mince frontière qui sépare ces actes — comme attestent les hypothèses de l'apport et du parrainage — de l'acte de philanthropique est une conséquence du système de contreparties dont les actes philanthropiques au profit des musées d'art bénéficient.

D'autre part, puisque la finalité d'intérêt général est au cœur de l'opération, force est de constater que l'acte philanthropique au profit du musée d'art constitue une libéralité finalisée. Il découle de ce second caractère que l'opération se trouve circonscrite à un domaine précis d'activités, encadré par la puissance publique et dont l'activité muséale constitue un volet particulier. De plus, la soumission de l'acte à ladite finalité induit deux séries de limites relatives à la réalisation des actes philanthropiques au profit des musées d'art. Alors qu'une première série de limites veille à garantir la conformité de l'acte philanthropique à la finalité muséale, la seconde révèle sa dimension subsidiaire. En effet, le droit des successions donne la primauté aux intérêts familiaux lors de la dévolution successorale. Par conséquent, l'acte philanthropique au profit du musée d'art n'est admis que dans les limites où il ne porte pas atteinte à la réserve héréditaire. Si cette dernière a pu être dénoncée comme une cause majeure du retard de la philanthropie française par rapport aux États-Unis et au Québec, elle demeure un obstacle quasi-immuable à l'essor de la pratique philanthropique compte tenu de sa valeur juridique et sociale.

Par conséquent, la finalité d'intérêt général de l'acte philanthropique au profit des musées révèle et justifie la nature spéciale ce de type de libéralité. Elle différencie également l'acte du point de vue de la technique juridique. En effet, l'acte philanthropique au profit des musées d'art est une libéralité grevée d'une affectation.

CHAPITRE II. UNE AFFECTATION D'INTÉRÊT GÉNÉRAL

197. Position du problème. La singularité des actes philanthropiques au profit des musées d'art ne se cantonne pas à leur nature de libéralité spéciale. En effet, leur réalisation repose sur une technique particulière de disposition des biens qui est celle de l'affectation. Cette dernière se définit comme un procédé permettant d'assigner une finalité aux biens de sorte que leur régime juridique se trouve dicté par ladite finalité[1]. Ce procédé technique, certes bien connu du droit français, permet d'amener la finalité d'intérêt général au rang de fondement de l'opération.

Or, en focalisant l'analyse de l'acte philanthropique au profit des musées d'art sur l'affectation, il nous est permis de mettre en lumière certaines particularités de l'opération, mais qui, cette fois, s'observent à l'issue du transfert de biens.

De manière plus évidente, l'affectation modifie le statut juridique des biens à l'issue du transfert. Ceci est particulièrement manifeste dans le cas précis de dons d'œuvres d'art ou d'autres objets culturels lesquelles se trouvent dès lors soumis au régime des collections des musées de France. Ce régime a notamment pour particularité d'assurer la protection des objets composant les collections muséales par l'instauration de règles limitant leur circulation dans le commerce juridique.

Toutefois, les effets produits par l'affectation ne se limitent pas au changement du régime juridique des biens. La qualification du procédé d'affectation contenue dans l'acte philanthropique permet également de mettre en exergue que celle-ci modifie également le statut juridique du musée d'art. En effet, à l'issue du transfert, ce dernier se trouve dans une situation particulière, éloignée de celle d'un simple bénéficiaire d'une libéralité : le musée d'art est pourvu de la mission d'affecter les biens à la mission muséale, et ce selon les modalités définies par le disposant. En acceptant l'acte philanthropique, le musée d'art devient, par conséquent, une sorte de propriétaire obligé.

Finalement, de manière sous-jacente à l'ensemble des éléments, l'affectation contenue dans l'acte philanthropique au profit des musées d'art met en lumière l'intensité du pouvoir de la volonté du disposant.

[1] Serge Guinchard, *L'affectation des biens en droit privé français*, coll Bibliothèque de droit privé, n°145, Paris, France, LGDJ, 1976.

Par son acte, celui-ci « s'approprie » un pan de l'intérêt général, et impose que l'ensemble des rapports juridiques nés de l'acte n'ont de sens que s'ils sont appréhendés sous l'angle de l'intérêt général qui fonde l'opération. Ainsi, l'affectation révèle qu'en dépit des apparences, l'acte philanthropique au profit des musées d'art est lourd de conséquences tant juridiques que sociales.

Ainsi, voit-on que l'affectation joue ici un rôle clé dans l'analyse de l'acte philanthropique au profit des musées d'art au même titre que sa qualification de libéralité. Celle-ci gouverne plus largement les modalités d'exécution du don. L'identification de ce rôle clé est notamment corroborée par la comparaison juridique. En droit américain comme en droit québécois, la philanthropie envers les musées d'art a bénéficié du support de technique fiduciaires permettant à la fois d'assigner une finalité aux biens, mais également de garantir que l'exécution des libéralités au profit d'un musée d'art soit conforme à la finalité d'intérêt général qui la fonde. Or, nous verrons que ces techniques constituent des équivalents fonctionnels du procédé d'affectation dont l'étude permet de souligner quelques limites dudit procédé en droit français.

198. Annonce de plan. Dès lors, après avoir approfondi les fondements de la notion d'affectation (section I), nous verrons en quoi l'affectation contenue dans l'acte philanthropique au profit des musées d'art modifie à la fois le statut juridique du musée d'art (section II) et celui des biens contenus dans l'acte (section III). Il importe de souligner dès à présent que la structure des développements qui vont suivre procède des résultats de l'étude comparée. En effet, l'étude de l'affectation sous l'angle du droit comparé nous conduit à distinguer l'influence du procédé sur le statut juridique du musée d'art de celle sur le statut juridique des biens contenus dans la libéralité. Toutefois, l'apport de l'étude comparée se limitera à ce stade dans la mesure où les sections II et III ont vocation de révéler l'anatomie de l'affectation contenue dans l'acte philanthropique au profit des musées d'art en vue d'en souligner l'ensemble de ses aspects en droit français.

Section I. LA NOTION D'AFFECTATION

199. Annonce de plan. La notion d'affectation est commune au droit public et au droit privé français. L'objet de notre étude — les musées d'art — nous invite à approfondir ladite notion dans chacune de ces branches du droit (I). Le recours au droit comparé constitue un complément d'analyse crucial en ce qu'il permet, au travers des institutions du *charitable trust* et de la fiducie québécoise d'utilité sociale, de mettre en lumière quelques spécificités de la notion d'affectation en droit français (II). Notamment, c'est à travers l'étude de ce concept en droit comparé qu'une lecture du droit français des actes philanthropiques au profit des musées d'art est opérée.

I. L'AFFECTATION EN DROIT FRANÇAIS

200. Annonce de plan. Même si l'acte philanthropique est un acte de droit privé, la libéralité consentie à un musée public a pour effet de faire des biens des objets de propriété publique soumise au régime dérogatoire de la domanialité publique. Ainsi, l'affectation des biens relèvera, selon la nature du musée, des règles de droit public (A) ou de droit privé (B). Même si l'affectation repose sur des considérations profondément différentes selon qu'on l'appréhende sous l'angle du droit public ou privé, la notion conserve une essence commune: les biens affectés jouissent d'un régime dérogatoire au nom de la finalité particulière qu'ils servent.

A. L'AFFECTATION EN DROIT PUBLIC

201. La domanialité publique. L'assignation d'une finalité particulière aux biens est au cœur du droit administratif des biens. Avec l'élargissement du champ de l'interventionnisme public, la propriété publique acquiert progressivement une seconde orientation : celle de donner à l'État et à ses collectivités les moyens d'assurer ses fonctions[2]. Aussi, au cours du XIXe siècle, la distinction entre le domaine public et le domaine privé au sein des patrimoines publics apparaît[3]. Il est progressivement admis au regard de l'utilité publique que présentent certains biens que ces derniers doivent être exclusivement affectés à l'usage du public. Leur affectation appelle l'instauration d'un régime dérogatoire permettant ainsi de garantir que les biens demeurent au service de l'utilité publique. Tel est le fondement du domaine public[4]. La domanialité publique, en tant que régime d'affectation, apparaît dès lors

---

[2] Cette approche fonctionnelle de la propriété de l'État est notamment au cœur des travaux de Maurice Hauriou. Ce dernier s'appuya notamment sur cette approche pour formuler sa célèbre théorie de l'institution. V. Maurice Hauriou, « La théorie de l'institution et de la fondation. Essai de vitalisme social » dans *Aux sources du droit : le pouvoir, l'ordre et la liberté*, coll Bibliothèque de philosophie politique et juridique, Université de Caen, Centre de philosophie politique et juridique, 1986, 86.

[3] Yves Gaudemet, *Traité de droit administratif. Tome 2, Droit administratif des biens : la propriété publique, les domaines administratifs, l'expropriation, la réquisition, les travaux publics*, 14e éd, Paris, LGDJ : Lextenso éditions, 2011 aux paras 52 et s. [Gaudemet, *Traité Tome 2*]. *Adde* Philippe Yolka, *La propriété publique : Éléments pour une théorie*, 191, coll Bibliothèque de droit public, Paris, LGDJ, 1997 [Yolka, *La propriété publique]* ; Catherine Logéat, *Les biens privés affectés à l'utilité publique*, coll Logiques juridiques, Paris, L'Harmattan, 2011.

[4] Gaudemet, *Traité Tome 2, supra* au para 23.

comme un système original de règles se superposant au droit de propriété à laquelle elle apporte des « corrections temporaires et variées, affectant tel ou tel de ses attributs (notamment la faculté d'aliéner) en fonction des affectations d'utilité publique que lui donnent les personnes publiques 'maîtres du domaine' »[5]. Ainsi, les biens relevant de la domanialité publique sont frappés d'inaliénabilité, d'insaisissabilité, d'imprescriptibilité pour en assurer leur protection[6].

202. À la suite de la reconnaissance du domaine public, il convenait de déterminer quels étaient les biens qui en relevaient. Un premier courant de définition du domaine public, initié par Proudhon[7], affirmait que seuls les biens hors du commerce, et donc insusceptibles d'appropriation privée, étaient voués au domaine public. Rapidement, le critère de l'usage public se révéla trop étroit pour justifier la domanialité publique, et ce notamment avec l'apparition de nouveaux biens qui, sans être affectés à l'usage de tous, nécessitaient un régime dérogatoire. Aussi, un second courant, appuyé par la jurisprudence du Conseil d'État[8], puis consacré dans la loi, proposa de fonder le domaine public sur le critère

---

[5] *Ibid.*

[6] L'inaliénabilité est un principe ancien, remontant notamment à la protection des biens du royaume de la Couronne et permettant ainsi d'éviter toute dilapidation de ces biens qui font la richesse du royaume. Le principe fut notamment affirmé dans l'Édit de Moulins du 13 mai 1566. C'est en 1667 par Colbert que la règle d'imprescriptibilité fut, quant à elle, affirmée. V. Marie-Aimée Latournerie, « L'inaliénabilité, histoire d'un concept de vue de l'histoire du droit » dans Marie Cornu et Jérôme Fromageau, Jean-François Poli et Anne Christine Taylor, dir, *L'inaliénabilité des collections, performances et limites?*, coll Droit du patrimoine culturel et naturel, Paris, L'Harmattan, 2012, 11 ; Jean-Marie Auby et Pierre Bon, Jean-Bernard Auby et Philippe Terneyre, *Droit administratif des biens : domaine public et privé, travaux et ouvrages publics, expropriation*, 7e éd, coll Précis Droit Public, Paris, Dalloz, 2016 aux paras 230 et s [Auby et al] ; Yves Gaudemet, *Droit administratif*, 22e éd, Paris, LGDJ, 2018 aux paras 1088-1091 [Gaudemet, *Droit administratif*]. *Adde* Hervé Gaudemar, *L'inaliénabilité du domaine public*, Thèse de doctorat, Université Panthéon-Assas Paris II, 2006.

[7] Pierre-Joseph Proudhon, *Traité du domaine public ou, De la distinction des biens considérés principalement par rapport au domaine public*, t 1, Dijon, Victor Lagier, 1833 aux pp 266 et s. Les biens visés étaient notamment les routes, les fleuves, ou encore les rivages maritimes : la domanialité publique était ainsi une domanialité naturelle. Ce courant puisait sa source dans l'article 538 du Code civil lequel liste une série de biens qui est insusceptible d'être « d'une propriété privée [et] sont considérés comme des dépendances du domaine public ».

[8] Le Conseil d'État admit que certains biens non affectés à l'usage public, mais affectés à la mise en œuvre d'un service public compte tenu d'aménagements spéciaux composaient le domaine public. (CE, 19 octobre 1956, *Société le Béton*, Rec 375, [1957] AJDA II 472 [concl. M. Long]). Cette jurisprudence mit terme au débat doctrinal relatif aux fondements de la domanialité publique, s'inspirant notamment des travaux de M. Waline. Celui-ci fondait le domaine public au regard de l'affectation des biens à l'utilité publique, laquelle requiert un aménagement spécial (Marcel Waline, *Les mutations domaniales, étude des rapports des administrations publiques à l'occasion de leurs domaines publics respectifs*, Thèse de doctorat, Université de Paris, 1925 aux pp 45 et s). Sur le critère d'affectation à l'utilité publique pour définir les contours du domaine public, Hélène Saugez, *L'affectation des biens à l'utilité publique : Contribution à la théorie générale du domaine public*, Thèse de doctorat, Université d'Orléans, 2012 aux pp 68 et s.

de l'affectation des biens à un service public[9]. L'affectation n'est plus exclusivement commandée par la nature des biens, mais procède de l'acte volontaire de l'administration de soumettre des biens à une activité d'intérêt général [10]. C'est ainsi que les collections muséales détenues par des personnes publiques relèvent du domaine public mobilier. Leur soumission à ce régime découle autant de la nature des biens que de leur affectation à un service public[11].
Plus largement, la reconnaissance d'une finalité d'intérêt public justifie également l'usage de prérogatives publiques pour la protection de certains biens relevant du domaine privé jouissant d'un intérêt public. Notamment, la loi du 31 décembre 1913 relative aux monuments historiques prévoit que certains biens, compte tenu de leur intérêt culturel, doivent faire l'objet d'une décision de classement[12], privant

---

[9] Notamment, CGPPP, art. L2111-1 : « sous réserve de dispositions législatives spéciales, le domaine public d'une personne publique mentionnée à l'article L. 1 est constitué des biens lui appartenant qui sont soit affectés à l'usage direct du public, soit affectés à un service public pourvu qu'en ce cas ils fassent l'objet d'un aménagement indispensable à l'exécution des missions de ce service public ».

[10] « Sous l'impulsion des auteurs de l'École de Bordeaux, le domaine public s'est enrichi dans la première moitié du XXe siècle des biens affectés au service public [...]. Loin d'être strictement technique, cette évolution a revêtu une portée politique : elle témoignait à la fois de la transformation du rôle de l'État et d'une mutation dans la conception du domaine public, lequel n'était plus pensé seulement comme un espace public, mais aussi comme un instrument de l'action administrative [...]. Par-là se vérifiait une liaison étroite entre la théorie du domaine et la théorie générale de l'État » (Philippe Yolka, *J-Cl Propriétés publiques*, Fasc. 10 « Distinction du domaine public et du domaine privé » au para 69 [Yolka, « Distinction du domaine public et du domaine privé »]).

[11] On distingue le domaine public immobilier et mobilier. L'article L 2111-1 du CGPPP (*supra* note 9) retient deux critères pour définir le domaine public immobilier : l'appartenance du bien à la personne publique, et l'affectation de ce dernier à la réalisation de ses missions de service public. Parallèlement au domaine public immobilier, le Code reconnaît un domaine public mobilier. Selon l'article L2112-1 du CG3P, celui-ci serait composé « des biens présentant un intérêt public du point de vue de l'histoire, de l'art, de l'archéologie, de la science ou de la technique ». Le texte pose ensuite une liste exhaustive de biens entrant dans cette catégorie tels que les archives, les collections muséales. Enfin, certains biens relevant du domaine privé peuvent être rattachés au domaine public par le biais de l'accessoire selon l'article L 2111-2 du CGPPP. Il est à noter que pour la définition du domaine public mobilier le Code cumule une approche matérielle et énumérative de sorte que les critères de définition du domaine public immobilier et mobilier s'en trouvent dissociés. Dans le dernier cas, c'est davantage la nature du bien qui commande son régime que sa destination. La prise en considération de la nature du bien, et son impact sur le critère de l'affectation avait déjà été développée par L. Duguit et M. Waline qui admettaient tous deux les difficultés de l'application du critère de l'affectation aux biens mobiliers. V. Odile de David Beauregard-Berthier, « La définition du domaine public mobilier par le Code général de la propriété des personnes publiques » dans Maryse Deguergue, dir, *L'art et le droit : écrits en hommage à Pierre-Laurent Frier*, coll De Republica, Paris, Publications de la Sorbonne, 2010, 122 . Notons que bien avant l'introduction desdites dispositions, il fut admis que l'ensemble des œuvres d'art et des objets de collections affectés à un musée avaient vocation à relever du domaine public mobilier (Civ 1re, 3 avril 1963, Montagne c/Réunion des Musées de France, [1963] *AJDA* 486 [note J. Dufau]). Le seul critère d'affectation étaient source de complexité et d'incertitudes si bien que les contours du domaine public mobilier en étaient incertains.

[12] La procédure de classement est différente selon que le bien est un bien immeuble ou un bien mobilier. La procédure de classement se trouve codifiée dans le Code du patrimoine (arts L621-1

alors le propriétaire du droit de jouir et de disposer à sa convenance dudit bien[13]. Si le classement du bien se fait, en principe, en accord avec le propriétaire du bien, l'administration peut dans certains cas l'imposer[14], de telle sorte que certains biens privés peuvent être affectés à l'usage public par décision d'une autorité publique[15].

203. En somme, la finalité d'intérêt général de certains biens légitima le développement du domaine public, et par là, la reconnaissance d'un régime dérogatoire des biens protecteur de l'utilité publique. L'affectation constitue le critère central de la domanialité publique[16] et par conséquent une justification de l'interventionnisme public. Transposée en droit privé, la notion repose sur des considérations et des enjeux substantiellement différents ; quand bien même l'essence de la notion, à savoir attribuer une finalité aux biens, est identique.

B. L'AFFECTATION EN DROIT PRIVÉ

204. Définition. Permettant autant de définir un usage exclusif des biens que de réaliser une finalité plus grande (comme atteste la création d'une fondation par exemple), l'affectation recouvre un éventail de situations juridiques[17] au point que certains lui attribuent un caractère fuyant[18]. Les doutes quant à sa définition sont manifestes dans l'abondante doctrine qui traite du sujet[19], et sont d'autant plus exacerbés par le fait qu'aucun texte de loi français ne la définit.

---

et s pour les immeubles et art L622-1 et s. pour les biens mobiliers). Sur la procédure de classement des monuments historiques, v. Marie Cornu et Nathalie Mallet-Poujol, *Droit, œuvres d'art et musées : protection et valorisation des collections*, coll CNRS droit, Paris, CNRS, 2006 aux paras 566 et s.

[13] C. patr., art. L621-9 et L621-27.

[14] La procédure de classement se veut plus lourde puisque la décision doit être prise par décret en Conseil d'État après avis de la Commission nationale des monuments historiques (C. patr., art. L621-25).

[15] Il résulte de la décision de classement que les biens sont grevés d'une servitude d'utilité publique, laquelle constitue une charge imposée au propriétaire privé du bien, ce dernier se trouvant dès lors affecté à une cause d'intérêt général (C. patr., art L611-11).

[16] CGPPP, art. L2111-1. Manuel Gros, « L'affectation, critère central de la domanialité publique » [1992] RDP 749. Sur l'évolution du critère d'affectation, et notamment l'introduction du critère d'aménagements spéciaux, v. Yolka, « Distinction du domaine public et du domaine privé », *supra* note 10 aux paras 71 et s., spéc aux paras 75-76.

[17] Pour une synthèse des hypothèses qu'elle peut recouvrir en droit civil, v. Silvio Normand, « L'affectation en droit des biens au Québec » (2014) 48:2 Rev Jurid Thémis 599 [Normand, « L'affectation en droit des biens au Québec »] ; Frédéric Zénati-Castaing, « L'affectation québécoise, un malentendu porteur d'avenir. Réflexions de synthèse » (2014) 48:2 Rev Jurid Thémis 623.

[18] Cette notion est notamment accablée d'un caractère fuyant. Normand, « L'affectation en droit des biens au Québec », *supra* à la p 600.

[19] À titre d'exemples en France : Pierre Berlioz, « L'affectation au coeur du patrimoine » [2001] RTD Civ 635 ; Anne-Laure Thomat-Raynaud, *L'unité du patrimoine : essai critique*, coll Doctorat & Notariat, n°25, Issy-les-Moulineaux Defrénois, 2007 ; Mustapha Mekki, « Le patrimoine

Dans notre étude, seule nous intéresse l'affectation qui définit l'utilisation des biens en vue de la réalisation d'un but précis. Celle-ci est entendue comme le procédé technique par lequel un propriétaire destine ses biens à une finalité précise[20]. De là, il nous faut formuler deux séries de remarques.

D'une part, il va sans dire que la volonté tient une place essentielle dans l'affectation. Contrairement à d'autres notions gravitant autour de la finalité attachée aux choses, le rapport d'affectation est purement d'ordre subjectif : la volonté se suffisant pour l'établir[21]. Toutefois, bien qu'il appartienne au disposant de définir la finalité des choses dont il est propriétaire, le champ matériel de l'affectation se veut, *a priori*, aussi infini que l'est le champ de la volonté individuelle. Pour éviter l'écueil d'assimiler la finalité des actes à leur cause, et d'en conclure que tout

---

aujourd'hui » [2011] JCP N 1327 ; Jean-Denis Pellier, « La nature juridique du patrimoine affecté de l'entrepreneur individuel à responsabilité limitée » [2013] RTD Com 45 ; Etienne Dubuisson, « "Patrimoines affectés, avez-vous donc une âme?" La propersonnalité au secours de l'entrepreneur individuel » [2013] D 792 ; Jérôme Julien et Muriel Rebourg, dir, *Les patrimoines affectés actes du colloque du 27 avril 2012*, Toulouse, Presses de l'Université Toulouse 1 Capitole, 2013 ; Centre d'études sur la coopération juridique internationale, Marie Cornu et Henri-Jacques Lucas, dir, *Les modèles propriétaires au XXIe siècle : actes du colloque international organisé en hommage au professeur Henri-Jacques Lucas*, 47, coll Collection de la Faculté de droit et des sciences sociales, Actes & colloques, Poitiers, Presses universitaires juridiques, Université de Poitiers , 2012. Au Québec : Yaëll Emerich, « La fiducie civiliste : modalité ou intermède à la propriété? » (2013) 58:4 McGill Law J 827 ; Normand, « L'affectation en droit des biens au Québec », *supra* note 17 ; Alexandra Popovici, *Le patrimoine d'affectation. Nature, culture, rupture.*, Mémoire de maîtrise, Université de Laval, Québec, 2012 [Popovici, *Le patrimoine d'affectation*] ; Lionel D Smith et Alexandra Popovici, dir, « Colloque du Centre Paul-André Crépeau de McGill portant réflexions sur l'affectation » (2014) 48:2 Rev Jurid Thémis 533 et s.

[20] Guinchard, *supra* note 1 ; Frédéric Zénati et Thierry Revet, *Les biens*, 3e éd, coll Droit fondamental, Classiques, Paris, PUF, 1998 à la p 383.

[21] Certains auteurs se sont interrogés sur le fait de savoir si les notions d'affectation et de destination revêtaient une différence d'un point de vue conceptuel. Il fut notamment soutenu que la distinction n'a pas lieu d'être puisque les deux notions ont en commun que le régime juridique des biens ne se voit plus déterminé par leur nature juridique, mais par la finalité qui leur est associée (Guinchard, *supra* note 1 aux paras 39-43). Pour d'autres, la distinction, bien que subtile, est nécessaire au strict plan des concepts : les deux notions se distinguent compte tenu de leur objet. Alors qu'on affecte une chose à une finalité, on destine un droit à une finalité (Robert Garron, « Influence de la destination des choses sur le régime juridique des droits » (1965) 32 D S 191). Pour d'autres, l'affectation se distinguerait par son aspect technique tandis que la destination ne serait que le but visé (Jean-Patrice Storck, *Recherches sur le rôle de la destination des biens en droit positif français*, Thèse de doctorat, Université Robert Schuman, 1979 à la p 37). Finalement, il fut affirmé que « l'affectation renvoie à un choix exercé par la volonté de soumettre une chose à un usage déterminé. La destination se situe à un niveau supérieur, car elle ne désigne pas seulement la réalisation de cette soumission, mais le résultat permanent vers lequel l'usage de la chose doit tendre. Autrement dit, l'affectation est un acte de volonté alors que la destination exprime une durée, et procède d'une sédimentation. L'affectation est ainsi l'acte par lequel un bien est soumis à un usage déterminé ; la destination renvoie à la finalité durable et permanente du bien ». (Romain Boffa, *La destination de la chose*, coll Doctorat & notariat, Paris, Defrénois, 2008 à la p 12). V. également, Blandine Mallet-Bricout, « Propriété, affectation, destination » (2014) 48:2 Rev Jurid Thémis 537.

acte est doté d'une finalité, il n'y a lieu de considérer que les affectations spéciales répondant à la réalisation d'un but précis[22].

D'autre part, si la finalité constitue « le fil directeur autour duquel tous les éléments relatifs à l'affectation se synthétisent naturellement »[23], l'affectation ne se résume pas non plus au seul fait de tendre vers un but précis[24]. Elle découle de la concordance dans « l'ensemble des moyens spécifiques » mis en œuvre pour atteindre ce but. Avec l'affectation, la finalité des actes juridiques devient un principe directeur dont l'expression conduit à la recherche d'une adéquation entre le but et le moyen. C'est de la rencontre de ces éléments — but et moyen — qu'émerge la figure juridique de l'affectation[25]. L'affectation relève donc du *jus abutendi* dans la mesure où elle est un procédé d'exclusion de toute autre finalité quant à l'usage desdits biens. Visant à réduire le champ des utilités de la chose, elle a pour conséquence de circonscrire l'exercice du droit de propriété. D'ailleurs, l'affectation emporte bien souvent une restriction du droit de disposer — comme l'inaliénabilité du bien — afin de garantir l'indissociabilité du lien entre la propriété, l'usage des biens et la finalité qui leur est attribuée[26]. Aussi, apparaît-il que l'affectation est une obligation, ou plus précisément dans le contexte de l'acte philanthropique au profit des musées d'art, une charge grevant la libéralité[27].

Posant le cadre d'un mode de détention des biens finalisé, cette notion interfère directement avec les notions fondamentales de propriété et de patrimoine, et pour cette raison, déroge au droit commun des biens.

205. Détenir des biens dans un but précis. En effet, puisque les biens se voient assignés une finalité, l'affectation transforme la propriété en une propriété finalisée. Telle que traditionnellement conçue, la propriété a pour vocation de satisfaire des intérêts personnels et nul ne saurait voir

---

[22] L'affectation spéciale se distingue de l'affectation générale selon laquelle « tous les biens [de la personne] sont destinés à satisfaire ses créanciers sans que ce droit de gage général altère les pouvoirs de ce propriétaire » (Guinchard, *supra* note 1 au para 27). Or, c'est en traitant des affectations spéciales que l'intérêt de la notion même d'affectation surgit, car « elle consiste à exercer un choix entre plusieurs utilisations possibles d'un bien ; si l'usage est général, comme dans le cas du patrimoine par rapport à son titulaire, "l'affectation" perd tout son intérêt, aucune n'y est exercée » *(ibid* au para 26).

[23] Guinchard, *supra* note 1 au para 15.

[24] *Ibid* au para 22.

[25] *Ibid* à la p 13.

[26] Ces trois éléments fondent d'ailleurs le triptyque fondamental sur lequel repose la notion d'affectation. V. Mallet-Bricout, *supra* note 21 au para 4 et s.

[27] Dès lors, l'affectation est soumise aux dispositions de droit commun relatives aux charges grevant les libéralités. V. Ibrahim Najjar et Vincent Brémond (actualisation), *Rep Droit Civ*, *sub verbo* « Libéralités : conditions et charges ».

son droit limité par une finalité précise autre que les restrictions imposées par la loi. En cela, la propriété privée est par définition absolue, c'est-à-dire libre de toute contrainte. Or, l'affectation porte atteinte à cette conception de la propriété puisque celle-ci contraint l'*accipiens* en lui imposant de détenir exclusivement les biens dans une fin précise.

206. Être et avoir pour satisfaire un but. La notion de patrimoine se trouve également au cœur de l'étude de la notion d'affectation. Selon la doctrine patrimoniale classique de Charles Aubry et Charles Rau[28], le patrimoine juridique de la personne est une émanation de cette dernière : toute personne n'a qu'un patrimoine. Celui-ci, à l'image de la personne, est indivisible. Aussi, de l'unicité de la personne découle l'indivisibilité du patrimoine[29]. Par conséquent, la notion d'affectation s'oppose à cette conception du patrimoine en ce qu'elle permet de constituer des universalités juridiques, et notamment des universalités de droit, au nom d'une fin particulière[30]. L'affectation permet donc de segmenter le patrimoine d'une personne.

Toutefois, cette théorie classique fut rapidement l'objet de critiques, notamment en ce qu'elle se révélait un obstacle à certaines initiatives privées[31], mais également compte tenu de son existence même[32]. Sa

---

[28] Charles Aubry et Charles Rau, *Cours de droit civil français, d'après la méthode de Zachariae*, 4e éd revue et complétée par Ch. Aubry et Ch. Rau, t 6, Paris, Imprimerie et librairie générale de jurisprudence Cosse, Marchal et Billard, Imprimeurs-Editeurs, Libraire de la Cour de cassation, 1873 au para 573 et s. Pour des travaux plus récents sur la notion de patrimoine, David Hiez, *Étude critique de la notion de patrimoine ~~en~~ droit privé actuel*, Issy-les-Moulineaux, LGDJ : Lextenso éditions, 2003 ; Céline Kuhn, *Le patrimoine fiduciaire: contribution à l'étude de l'universalité*, Thèse de doctorat, Université Panthéon-Sorbonne, 2003 ; Essai sur le patrimoine en droit privé, Paris, Librairie de jurisprudence ancienne et moderne, 2004 ; Thomat-Raynaud, *supra* note 19 ; Frédéric Zénati- Castaing, « Mise en perspective et perspectives de la théorie du patrimoine » dans Centre de droit privé fondamental et Institut d'études judiciaires, dir, *Aubry et Rau : leurs œuvres, leurs enseignements*, Strasbourg, Presses Universitaires de Strasbourg, 2006, 63 ; Aude Denizot, « L'étonnant destin de la théorie du patrimoine » [2014] RTD Civ 547.

[29] « [...] Les personnes physiques ou morales peuvent seules avoir un patrimoine; que toute personne a nécessairement un patrimoine, alors même qu'elle ne possèderait aucun bien; que la même personne ne peut avoir qu'un seul patrimoine, dans le sens propre du mot », Aubry et Rau, *supra* note 28 au para 573.

[30] Henri Mazeaud, Jean Mazeaud et Léon Mazeaud, *Leçons de droit civil : la personnalité, les incapacités*, 8e éd, Tome 1, volume 2, Paris, Montchrestien, 1997 au para 297.

[31] Guinchard, *supra* note 1 au para 383.

[32] Les critiques ne se limitaient pas aux seuls enjeux pratiques ; la théorie d'Aubry et Rau faisait également l'objet de critique par son existence même. « Pourquoi n'y aurait-il pas d'universalité juridique possible sans personne qui en soit le support ? La construction logique et abstraite d'Aubry et Rau, à base individualiste, est trop étroite. L'universalité juridique implique un lien entre les éléments qui la composent ; ce lien existe lorsqu'une masse de biens trouve sa cohérence dans une affectation commune à un but déterminé, indépendamment du rattachement à une personne » (François Terré et Philippe Simler, *Droit civil : les biens*, 10e éd, coll Précis Dalloz Droit privé, Paris, Dalloz, 2018 au para 21). Comp. Denizot, *supra* note 28. L'auteur souhaite restaurer la pensée d'Aubry et Rau : la dogmatisation de l'indivisibilité du patrimoine aurait été le fruit d'une interprétation incomplète de la pensée des auteurs.

critique la plus vive fut portée par la doctrine allemande qui réfuta l'idée selon laquelle le patrimoine est l'émanation de la personnalité juridique pour admettre des patrimoines indépendamment de toute personnification juridique[33]. Contrairement au patrimoine de la personne, ce n'est pas la personnalité juridique du titulaire des biens qui fonde l'universalité, mais l'affectation de ces derniers. Selon cette théorie, un sujet de droit peut alors détenir plusieurs patrimoines distincts et autonomes les uns des autres dont l'existence dépend de la finalité[34]. Dès lors, parle-t-on de patrimoine d'affectation.

Bien que reconnaissant les limites de la théorie classique, la doctrine française resta réfractaire au radicalisme de la théorie allemande[35]. La constitution d'une universalité ne saurait à elle seule suffire pour créer un patrimoine d'affectation en droit français. Surtout, la doctrine française répugnait à consacrer l'existence de droits sans sujets estimant que le patrimoine est indissociable de la notion de personne. À ce titre, Gazin met en lumière l'incongruité d'octroyer une capacité juridique à une masse de biens ; le recours à la personnalité juridique étant nécessaire pour surmonter l'inertie des biens[36]. C'est en cela qu'il est admis que des personnes morales, dotées d'un patrimoine propre, soient instituées dans une fin précise, comme la conduite d'une activité philanthropique[37]. Ceci

---

[33] Certains auteurs allemands ont réfuté la thèse pandectiste de la personnalité juridique ce qui les conduisit à s'intéresser, sous l'influence d'Ihering, à l'hypothèse des droits sans sujet au motif que « les droits n'appartiennent qu'à leur destination et en réalité n'ont pas d'autres sujets que leurs buts et affectation » (Raymond Saleilles, *De la personnalité juridique : histoire et théories vingt-cinq leçons d'introduction à un cours de droit civil comparé sur les personnes juridiques*, Réimpression de l'éd de 1910, Paris, Éditions La Mémoire du Droit, 2003 aux pp 479-480). De là était rompu le lien fondamental entre patrimoine et sujet de droit. Parallèlement, l'idée d'un patrimoine autonome de la personne prend forme. À l'appui de ces considérations, Brinz formula sa célèbre théorie du patrimoine d'affectation (*Zwerckvermögen*) laquelle sera ensuite reprise par Becker. Faute de maîtriser la langue allemande, nous nous appuyons sur la présentation de cette doctrine dans les ouvrages suivants : Guinchard, *supra* note 1 aux paras 385 et s. ; Léon Michoud, *La théorie de la personnalité morale et son application au droit français*, Paris, 1998, France, 1998 aux paras 17 et s. ; Fromion-Hebrard, *supra* note 28 aux paras 50 et s. ; Thomat-Raynaud, *supra* note 19 aux paras 908 et s.

[34] La fiducie québécoise est une application de cette théorie. V. *infra* au para 215, spéc. note 87.

[35] Saleilles voyait en cette théorie de nombreux dangers, s'inquiétant notamment que les droits se trouvent dépourvus de titulaires (Saleilles, *supra* note 33 aux pp 476-482).

[36] Henri Gazin, *Essai critique sur la notion de patrimoine dans la doctrine classique*, Paris, Librairie nouvelle de droit et de jurisprudence, 1910 à la p 428. Dans la lignée de ces considérations, Marty et Raynaud ont écrit qu'« un patrimoine qui n'a point de titulaire est une chose morte. Même pour la fondation en vue de la réalisation d'une œuvre, si les moyens matériels, les biens affectés, précèdent dans la conception française la naissance d'une personnalité, il faut bien en venir à une organisation qui s'intègre dans la notion de personnalité juridique », Gabriel Marty et Pierre Raynaud, *Droit civil : introduction générale à l'étude du droit*, 2. éd, Paris, Sirey, 1972 aux paras 290. *Contra* : Roger Percerou, *La personne morale de droit privé: patrimoine d'affectation*, Thèse de doctorat, 1951.

[37] Les fondations-personne morale répondent de l'idée selon laquelle la personnalité morale est une nécessité technique, adaptée aux besoins de la pratique (Michoud, *supra* note 33 au para 21.). *Adde* Jean Dabin, *Le Droit subjectif*, Paris, Dalloz, 1952 à la p 1959.

marque toutefois un certain recul de la théorie classique dont la fondation-personne morale est un exemple[38].

Une autre démarche plus audacieuse consista à remettre en cause le fondement de la nécessité du lien entre l'unité de la personne et celle du patrimoine, faisant éclore un phénomène de « compartimentage du patrimoine »[39]. Une personne pourrait dès lors avoir plusieurs patrimoines. Certains parlent de divisions intra patrimoniales[40] dont les

---

[38] Puisque la personne morale constitue le support nécessaire de l'affectation, certains auteurs usèrent de l'expression de « *patrimoine d'affectation personnalisé* » (François Terré et Dominique Fenouillet, *Droit civil: les personnes, la famille, les incapacités*, 7e éd, coll Précis Dalloz Droit privé, Paris, Dalloz, 2005 au para 246). V. également, Jean Carbonnier, *Droit civil*, 2e éd, coll Quadrige manuels, Paris, PUF, 2017 à la p 748 ; Saleilles, *supra* note 33 aux pp 125-126 ; Terré et Simler, *supra* note 32 à la p 22.

[39] Michel Grimaldi, « Théorie du patrimoine et fiducie » (2010) 77 Rev Lamy Droit Civ 73 [Grimaldi, « Théorie du patrimoine »] ; François Terré, « La personne et ses patrimoines. Des pépins par milliers » [2010] JCP G 2458. Plus largement sur le renouveau de la notion de patrimoine en droit français, Hiez, *supra* note 29 ; Thomat-Raynaud, *supra* note 20. *Adde* Yves Lequette, « Théorie du patrimoine: unité ou affectation? Prolégomènes » (2010) 77 Rev Lamy Dr Civ 63 ; Marie-Anne Frison-Roche, *Sociologie juridique du patrimoine : la réalité de la régle de l'unicité du patrimoine (dans la perspective de la fiducie)*, Paris, France, Laboratoire de sociologie juridique, Université Panthéon-Assas, 1995 ; Mekki, *supra* note 18 ; Berlioz, *supra* note 18 ; Denizot, *supra* note 27.

[40] En effet, il convient de rappeler ici que le droit français emploie l'expression de patrimoine d'affectation pour désigner les hypothèses d'universalités juridiques intrapatrimoniales. Notamment, la division patrimoniale de la fondation *abritante* n'est qu'une hypothèse de sous-universalité au sein du patrimoine d'une personne, tout comme la fiducie des articles 2011 et suivants du Code civil. Sur la confusion terminologique entre division et affectation en droit français, v. Caroline Cassagnabère, « De la division du patrimoine au "démembrement de la personnalité" : étude du concept de patrimoine d'affectation à travers l'exemple québécois » (2012) 92 Rev Lamy Droit Civ 63. La fiducie et l'entreprise individuelle sont également admises comme hypothèses de patrimoine d'affectation bien qu'elles ne constituent pas des patrimoines autonomes. Notamment, dans le cadre de la fiducie française des articles 2011 et suivants du Code civil, le cloisonnement entre le patrimoine fiduciaire et celui du constituant est relatif puisque ce dernier est tenu au passif de la fiducie si le patrimoine fiduciaire s'avère insuffisant selon l'article 2025, al 2 du Code civil. Le professeur Grimaldi résume la situation de la fiducie quant à l'unicité du patrimoine dans les termes suivants : « la fiducie en général, [..], brise ouvertement l'unité du patrimoine du fiduciaire, qu'elle place à la tête d'un patrimoine d'affectation séparé de son patrimoine personnel, ce qui veut dire que le gage de ses créanciers personnels ne saurait inclure les actifs fiduciaires. Mais, si l'on considère le fonds des choses, cette fracture n'est qu'apparente puisque, les actifs fiduciaires restant la richesse du constituant, rien ne justifierait que les créanciers personnels du fiduciaire puissent les saisir. La fiducie en général, [...], brise subrepticement l'unicité du patrimoine du constituant auquel elle permet de soustraire du gage de ses créanciers personnels les actifs fiduciaires, qui restent pourtant sa richesse, et du gage des créanciers de la fiducie, qui sont pourtant les siens, ses actifs personnels. Mais cette fracture n'est pas absolue, notamment dans le cas de la fiducie-sûreté : d'abord, parce que ses créanciers personnels conservent parfois, lorsque s'ouvre une procédure collective, certaines prérogatives sur les actifs fiduciaires ; ensuite, parce que le créancier bénéficiaire de la fiducie est primé par les créanciers de la fiducie ; enfin parce que les créanciers fiduciaires bénéficient, autant que de besoin, d'une extension de leur gage sur ses actifs personnels. Décidemment, donc, le législateur peine à éradiquer l'unité du patrimoine. Non parce que cette unité procéderait invinciblement d'une incontournable unité de la personne, mais parce que la responsabilité indéfinie du débiteur se recommande de considérations morales et économiques particulièrement puissantes » (Grimaldi, « Théorie du patrimoine et fiducie », *supra* note 39 au para 8). À titre de remarque, nous soulignons que l'entreprise individuelle à responsabilité limitée (EIRL) introduite par les

fondations sous égide sont un exemple. Celles-ci constituent des masses de biens, des fonds non personnifiés au sein d'une personne morale existante, la fondation abritante. Seule cette dernière peut passer des actes juridiques au nom et dans l'intérêt de la fondation abritée[41]. Toutefois, si l'affectation peut donner lieu à la création d'une universalité juridique, celle-ci demeure toujours ancrée dans l'hypothèse d'une détention à la fois subjective et finalisée en droit privé français. Ceci constitue d'ailleurs une différence majeure avec le droit civil québécois en ce que la fiducie québécoise est définie comme un patrimoine autonome et distinct de tout sujet de droit [42]. En d'autres termes, il s'agit en tout lieu d'une « propriété grevée d'une affectation »[43]

Ainsi, voit-on que la notion d'affectation est susceptible de degrés en droit privé français auxquels sont associés des mécanismes précis[44]. Si elle est toujours *a minima* une obligation à la charge du propriétaire des biens affectés, elle appelle, dans d'autres cas, la création d'une personne morale dont l'unique dessein est la mise en œuvre de l'affectation des biens.

207. Synthèse de l'affectation en droit français. Cette brève présentation de la notion d'affectation avait pour vocation d'en rappeler les traits caractéristiques et les enjeux théoriques en droit français. Selon que l'on se place du point de vue du droit public ou du droit privé, l'affectation entraine de manière similaire une restriction des pouvoirs de propriétaire si bien que celle-ci n'est autre qu'une modalité de la

---

articles L 526-5 et suivants du Code de commerce en 2010 demeure dans le paradigme subjectif de la personnalité. Le patrimoine personnel et affecté de l'entrepreneur demeure perméable au profit de la sauvegarde des intérêts des créanciers (C. com. Art. L526-12, L526-12, 2°, al.2, et L526-18. Sur ce point, v. Maria-Beatriz Salgado, « L'entrepreneur individuel à responsabilité limitée : illusion des uns, désillusion des autres » [2014] JCP E 1024). En effet, le fondement théorique avancé lors du 105e Congrès des notaires de France de Lille en 2009 et adopté par ce dernier fut celui de la *propersonnalité*. Cette notion repose sur l'idée d'une pluri-personnalité juridique du sujet de droit au profit de la préservation de l'unicité du patrimoine, permettant dès lors les contrats envers soi- même. (V. Dubuisson, *supra* note 19). Somme toute, bien que les solutions françaises et québécoises soient théoriquement très différentes, elles ont cependant en commun de porter atteinte au principe selon lequel le gage des créanciers porte sur l'intégralité du patrimoine du débiteur. L'unicité du patrimoine recule pour laisser place à diverses hypothèses d'affectation patrimoniale et admettre une circonscription de certains droits et obligations à une finalité précise.

[41] *Supra* au para 28, note 42.

[42] C.c.Q., art. 1261.

[43] René Demogue, « La fiducie en droit moderne. Rapport général » dans *Travaux de la Semaine Internationale de Droit*, Tome V, Paris, Librairie du recueil Sirey, 1937, 1 à la p 2.

[44] « Affecter c'est à la fois choisir un but et le réaliser par des techniques appropriées » (Guinchard, *supra* note 1 au para 15).

propriété[45]. En effet, l'étude de la domanialité publique révèle que l'affectation des biens à l'utilité publique commande l'application d'un régime exorbitant du droit commun au rang duquel les biens deviennent inaliénables, imprescriptibles et insaisissables. En droit privé, l'affectation est synonyme de restrictions si bien que le propriétaire du bien affecté devient un propriétaire obligé[46]. L'éloignant de sa configuration originelle[47], la propriété des biens — sous l'effet de l'affectation — voit ses attributs modifiés afin d'intégrer la finalité à laquelle les biens se trouvent dorénavant destinés. Surtout, que ce soit en droit public ou en droit privé, elle fait office de procédé dérogatoire du droit des biens.

II. L'AFFECTATION AU PRISME DE LA COMPARAISON JURIDIQUE

208. Annonce de plan. L'étude de la notion d'affectation ne saurait être complète sans une perspective comparée. En effet, lors de la première partie, nous avons établi que l'un des facteurs explicatifs du développement de la philanthropie aux États-Unis et plus largement, dans les pays de *common law*, tenait pour beaucoup à l'existence du *charitable trust*[48]. Or, sur la base d'une comparaison fonctionnelle[49] — à savoir destiner les biens à la réalisation d'une finalité précise d'intérêt général —, le *charitable trust* peut être rapproché de l'affectation d'intérêt général[50] au motif que la détention des biens acquiert une vocation d'intérêt général. De même, l'introduction dans l'étude de la fiducie québécoise d'utilité sociale semble tout aussi pertinente. Consacrant en droit civil la notion de patrimoine d'affectation, celle-ci tire une partie de ses origines dans le *trust* de *common law*. Son étude permettra de créer un dialogue entre la tradition civiliste et la *common law* sur le fondement même de la notion d'affectation. Ainsi, après avoir introduit le *charitable*

---

[45] Le doyen Carbonnier qualifiait la notion de modalité de la propriété « de manière d'être de la propriété qui se traduisent toujours, en définitive par des restrictions aux pouvoirs du propriétaire, sans que la propriété, pour autant, ne soit démembrée » (Carbonnier, *supra* note 38 au para 740).
[46] « [...] Le droit de propriété, dont la plasticité est presque infinie, se prête à des modalités qui constituent en même temps des restrictions » (Louis Josserand, *Cours de droit civil positif français*, 2e éd, Paris, Librairie du Recueil Sirey, 1932 à la p 919 [Josserand, *Cours de droit civil*]).
[47] C. civ., art. 544.
[48] *Supra* aux paras 33 et s.
[49] Sur la méthodologie fonctionnelle en droit comparé, v. Béatrice Jaluzot, « Méthodologie du droit comparé : bilan et prospective » (2005) 57:1 RIDC 29 aux pp 39-41.
[50] Lepaulle avait déjà expliqué la notion de *trust* au travers de la notion d'affectation, et ce bien avant que cette dernière ne soit systématisée en droit français. V. Pierre Lepaulle, « An outsider's View Point of the Nature of Trusts » (1928) 14 Cornell Law Quaterly 52 [Lepaulle, « An outsider's View Point»].

trust (a) et la fiducie québécoise d'utilité sociale (b), nous établirons au cours d'une synthèse comparative que chacune de ces deux institutions, bien que de traditions juridiques distinctes, présentent des attributs communs qui ne se retrouvent dans la figure de l'affectation d'intérêt général en droit français(c).

A. LE CHARITABLE TRUST

209. Position du problème. Par son objet, le *charitable trust* est une forme particulière de *trust*[51]. En effet, comme nous avons pu le voir, le *charitable trust* repose sur le schéma suivant : une personne (le *settlor*) transfère des droits patrimoniaux ou des obligations (*assets or debts*), à une autre personne (le *trustee*) en charge pour cette dernière de les gérer conformément à la mission que le *settlor* lui a confiée, et en faveur d'un but d'intérêt général (*charitable purpose*). Derrière cette finalité se dissimulent, en principe, des bénéficiaires indéterminés[52]. Dès lors, le *charitable trust*, à l'instar du *trust*, instaure une forme spéciale de propriété où le *trustee* est un propriétaire de *common law* tandis que les bénéficiaires sont des propriétaires en *Equity*[53]. Ainsi, le *charitable trust* permet que des biens soient *affectés* à un but d'intérêt général. C'est d'ailleurs pour cette raison qu'il fut la source d'inspiration du régime des fondations introduit par la loi n°87-571 du 23 juillet 1987[54], lesquelles constituent un mode d'affectation d'intérêt général.

---

[51] Les *trusts* sont en principe de trois sortes : *express trust, resulting trust* et *constructive trust.* Les *express trusts* se divisent en deux sous-catégories que sont les *private trusts* et les *charitable trusts*. Contrairement aux *private trusts*, les *charitable trusts* sont constitués non au profit de bénéficiaires déterminés, mais d'une finalité relevant de la catégorie des buts charitables (*charitable purposes*).

[52] E principal élément distinctif entre le *private trust* et le *charitable trust* repose sur la présence de bénéficiaires déterminées ou déterminables. " [...] In case of a charitable trust, however, the beneficial interest is not vested in beneficiaries. Instead the trust property is devoted to the accomplishment of purposes that are or are supposed to be beneficial to the community, and the persons who are to receive these benefits need not to be designed. A charitable trust is enforceable by the Attorney General, and not ordinarily by an individual beneficiary. The fact that the beneficiaries of a charitable trust are indefinite does not invalidate it; on the contrary, a trust is not charitable if all of its beneficiaries are definitely ascertainable"(Austin Wakeman Scott, William Franklin Fratcher et Mark L Ascher, *Scott and Ascher on Trusts*, 5ᵉ éd, Boston, Aspen Publishers, 2006 au para 38.8 [Scott, Fratcher et Ascher]).

[53] Le rôle tenu par l'*Equity* dans la création et le développement du *use* et du *trust* justifie cette forme originale de propriété qui caractérise l'institution, En effet, l'originalité du *trust* réside en partie dans la dualité de titularité sur les biens mis en trust. Le *trustee* et le(s) bénéficiaire(s) sont tous deux titulaires de deux droits distincts à l'égard des biens : l'un en *common law*, l'autre en *Equity*. Autrement dit, « la propriété légale et la propriété équitable peuvent être analysées comme deux propriétés concurrentes sur le même *asset*. Elles ne peuvent, par contre, pas être qualifiées de démembrement de la propriété, laquelle n'est qu'une division d'un droit de propriété » (François Barrière, *La réception du trust au travers de la fiducie*, Litec, 2004 au para 132).

[54] Avis n°237 présenté par M. Michel Miroudot au nom de la commission des Affaires culturelles sur le projet de loi sur le développement du mécénat, 1986-1987 à la p 26. Plusieurs similitudes

210. Le *charitable trust* et l'équivalence fonctionnelle avec la notion d'affectation. Faisant l'objet d'une grande curiosité[55], de nombreuses études ont eu pour fin de définir les modalités de la réception du *trust en* droit civil[56]. Parmi toutes les études conduites, celle de Lepaulle[57] attire notre attention en ce qu'elle établit le lien entre cette institution majeure de la *common law* et l'idée même d'affectation. En effet, compte tenu du rôle tenu par la finalité assignée aux choses, Lepaulle assimilait le *trust* au patrimoine d'affectation du droit civil[58]. Pour l'auteur, le *trust*

---

existent d'ailleurs entre les deux institutions comme le fait que l'affectation des biens à une cause d'intérêt général justifie que le *charitable trust* tout comme la fondation aient une vocation perpétuelle. Notons que le *charitable trust* échappe à la règle dite *Rule Against Perpetuity* laquelle prohibe que les *trusts* ne soient constitués pour une durée indéterminée (v. *Restatement (Third)of Trusts* aux para 28, cmt d et para 29, cmts g(2), h(2). V. Scott, Fratcher et Ascher, *supra* note 52 au para 37.4.1).

[55] Lepaulle qualifiait notamment le *trust* d'ange-gardien de la *common law* (Pierre Lepaulle, *Traité théorique et pratique des trusts en droit interne, en droit fiscal et en droit international*, Paris, France, Rousseau & Cie, 1932 à la p 114 [Lepaulle, *Traité*]).

[56] S'interrogeant sur l'enjeu de la réception du *trust* en droit civil, v. en ce sens : Lepaulle, *Traité, supra* note 55 ; Claude Witz, *La fiducie en droit privé français*, Paris, Économica, 1981 ; Michel Grimaldi, « La fiducie : réflexions sur l'institution et sur l'avant-projet de la loi qui la consacre » [1991] Defrénois art. 35085 et 35094 [Grimaldi, « La fiducie : réflexions »] ; Grimaldi, « Théorie du patrimoine », *supra* note 39 ; Barrière, *supra* note 53 ; Jean-Paul Béraudo et Jean-Marc Tirard, *Les trusts anglo-saxons et les pays de droit civil : approche juridique et fiscale*, Genève, Academy & Finance, 2006. *Adde* Madeleine Cantin Cumyn, « Pourquoi définir la fiducie comme patrimoine d'affectation ? » dans Centre de recherche en droit privé et comparé du Québec, dir, *Regards croisés sur le droit privé . Cross-examining private law. Colloque du trentenaire*, Cowansville (Qc), Éditions Yvon Blais, 2008, 131[Cantin Cumyn, « La fiducie comme patrimoine d'affectation ? »] ; Madeleine Cantin Cumyn, « Réflexions autour de la diversité des modes de réception ou d'adaptation du trust dans les pays de droit civil » (2013) 58:4 McGill Law J 811 [Cantin Cumyn, « Diversité des modes de réception»] ; Emerich, *supra* note 19 ; Alexandra Popovici, « La fiducie québécoise, re-belle infidèle » dans Alexandra Popovici, Lionel D Smith et Régine Tremblay, dir, *Les intraduisibles en droit civil*, Éditions Thémis, Montréal, 2014, 129 [Popovici, « La fiducie québécoise »]. V. également Ben McFarlane, « The trust and its civilian analogues » dans Lionel D Smith, dir, *The Worlds of the Trust*, Cambridge University Press, 2013, 512.

[57] Lepaulle, « An outsider's View Point», *supra* note 50 ; Lepaulle, *Traité, supra* note 55.

[58] Lepaulle, « An outsider's View Point » *supra* note 50 ; Lepaulle, *Traité, supra* note 55. On retrouve une telle affirmation dans la thèse de droit comparé relative aux fondations de droit anglais d'Escarra de 1907. L'auteur écrivait alors : « il faut se rappeler que derrière le *body of trusts*, qui n'est pas *incorporated*, il y a un patrimoine, le *charitable estate*, qui est doué d'une certaine personnalité par le fait de son affectation. Quand nous avons étudié la notion de *charity*, notion presque exclusivement idéale, basée sur un acte de volonté du fondateur, nous étions tout près de penser à ce *Zweckmögen* du droit allemand, qui lui aussi, trouve ses droits à l'existence juridique dans le fait de son affectation. Les deux législations qu'on prend d'ordinaire, comme les deux pôles d'opposition dans le domaine des idées juridiques, se trouveraient donc ainsi rapprochées parce qu'elles paraissent contenir de plus divergent. Et cependant, c'est bien l'impression que nous donne l'étude simultanée de la S*itfung* allemande et la *Charity* anglaise. Les conséquences, dans les deux institutions, partent de principes diamétralement opposés : elles aboutissent à une similitude réelle. Le *trust estate*, le *Zwerckvermögen* ce sont là deux patrimoines qu'il faut considérer indépendamment des personnes qui peuvent être appelées à leur gestion. C'est la personnalité des droits indépendamment de leurs sujets, c'est une idéalisation complétée des droits réels en dehors de tout support juridique, qui constitue le terrain d'entente, sur lequel le *trust* et la corporation apparaissent, plus près l'un de l'autre qu'on ne pourrait le croire », *in* Jean Escarra, *Les Fondations en Angleterre (étude de droit comparé)*, Thèse de doctorat, Université de Paris, 1907 à la p 372. *Adde* commentant l'analyse de Lepaulle, Alexandra Popovici et Lionel D

constitue « une institution juridique qui consiste en un patrimoine indépendant de tout sujet de droit et dont l'unité est constituée par une affectation qui est libre dans les limites des lois en vigueur et de l'ordre public »[59]. Cette affirmation découlait du constat que les biens mis en *trust* sont indépendants du patrimoine personnel du *settlor* (constituant), du *trustee* (fiduciaire), mais aussi du bénéficiaire. Aussi voyait-il dans le *trust* un patrimoine autonome et indépendant de tout sujet de droit constitué pour servir une finalité déterminée.
Par la suite, plusieurs travaux ont poursuivi cette analyse en rappelant que le *trust* consiste en une allocation de certains biens à une fin particulière et, qu'en dépit de l'inexistence de la notion de patrimoine dans les systèmes de *common law*, le *trust* n'est autre qu'une universalité juridique[60].

211. Or, l'analyse par Lepaulle présente plusieurs séries de limites. D'une part, l'assimilation du *trust* à un patrimoine autonome et indépendant ne fonctionne en réalité que si elle porte sur les *charitable trusts*. En effet, il n'est pas dans l'essence du *trust fund* de constituer une universalité juridique indépendante et autonome de tout sujet de droit[61]

Smith, « Lepaulle Appropriated » dans Remus Valsan, dir, *Trust and Patrimonies*, 12, coll Edinburgh studies in Law, Édimbourg, Edinburgh University Press, 2015, 3.

[59] Lepaulle, *Traité*, *supra* note 55 à la p 31, en italique dans le texte.

[60] Barrière, *supra* note 53 au para 474 et s. ; Marie-France Papandréou-Deterville, *Le droit anglais des biens*, 418, coll Bibliothèque de droit privé, Paris, LGDJ : Lextenso éditions, 2004 au para 38 ; Rafael Ibarra Garza, *La protection du patrimoine fiduciaire-trust fund : étude comparée (droit français-droit anglais)*, coll Thèses, Bibliothèque de droit privé, n °553, Issy-les-Moulineaux, LGDJ : Lextenso éditions, 2014 aux paras 578-618. "Despite the fact that the notion of patrimony does not exist in English law, from a civilian perspective legal universalities do however appear ; this is the case of the trust fund. The constitution of a trust has an effect that certain assets and liabilities will be segregated and assigned for a specific purpose; a legal universality will be created because those elements will be inseparably linked trust's assets", *in* Rafael Ibarra Garza, « Protecting the trust fund in the French and English Law » (2014) 20:5 Trust & Trustees 2014 à la p 3.

[61] « Mais pourquoi invoquer la notion de patrimoine ou encore celle obscure d'affectation alors qu'il parle du droit anglais ? En fait, selon Lepaulle, les deux autres théories ne fonctionnent tout simplement pas pour décrire le *trust* anglais comme il le comprend : 'Toute définition du *trust* comme une répartition des droits entre *trustee* et *cestui* ou comme une relation juridique *trustee – cestui – settlor* est certainement fausse, car on ne peut pas définir l'essence d'une institution comme une série de rapports entre trois personnes, alors qu'aucune des trois n'est essentielle à son existence. C'est que Lepaulle établit sa compréhension du trust à partir d'exemples bien particuliers comme le *constructive trust* où « le *trustee* peut n'avoir point été désigné sans que cette omission ne nuise ni à l'existence, ni à la validité du trust » ou encore l'exemple d'un *trust* établi pour dire des messes ou soigner un chien, où alors que les bénéficiaires n'existent simplement pas. Ces *trusts* sans bénéficiaire, qui s'apparentent plutôt à des *purpose trusts*, sont habituellement compris comme des exceptions en droit anglo-saxon, l'*express trust* établissant le paradigme dominant. Mais Lepaulle voit dans ces types de *trusts* toute la souplesse de l'institution. Aussi les définitions traditionnelles anglo-saxonnes ne lui semblent pas adéquates et le mènent à une impasse qui le pousse à donner sa propre définition de la notion basée sur les deux seules choses qui lui sont essentielles : un patrimoine et une affectation » (Alexandra Popovici, *Êtres et avoirs : les droits sans sujet en droit privé actuel*, coll Minerve, Cowansville (Qc), Éditions Yvon Blais, 2019 à la p 45 [Popovici, *Êtres et avoirs*]). V. également sur ce point, Lionel D Smith,

si bien que les *private trusts* requiert l'existence de bénéficiaires, lesquelles sont les seules à pouvoir exiger son exécution[62]. Ce n'est qu'à titre exceptionnel, notamment en vue de soutenir les œuvres philanthropiques, que l'hypothèse d'un *purpose trust*[63] est traditionnellement admise[64].
D'autre part, dressant une critique de l'analyse de Lepaulle, le professeur Smith rappelle que l'origine du *trust* ne se situe pas en droit des biens, mais en droit des obligations[65]. Il ajoute également que le *trust* ne constitue pas une entité juridique similaire à la personne morale[66]. Le *trust* consiste plutôt en une constellation de relations juridiques articulées autour de la détention de certains biens[67] qui, dans le cas des *charitable trusts*, vise la réalisation d'un but *charitable*. Dès lors, en réduisant le *trust* à l'hypothèse d'un patrimoine d'affectation, l'essence et les moyens de son efficacité — soit l'existence et le respect des obligations fiduciaires — en sont ignorés[68]. En effet, il convient de rappeler que « le

---

« Trust and Patrimony » (2008) 38:2 Rev Générale Droit 379 au para 7. Le professeur Smith démontre notamment l'erreur commise par Lepaulle selon laquelle un *trust* peut exister sans *trustee*. "Ultimately, a common law trust is a way in which a person holds property; both the property and the person holding it in trust are absolutely essential to the common law trust. The principle that a trust will not fail for the want of a trustee is the obverse of the idea that trusteeship is usually not personal but official, which is one of the essential differences between trust and contract. The official character of trusteeship means that once a trust is established *inter vivos*, the death or incapacity of the trustee does not end the trust. A new trustee will be found, either pursuant to machinery in the terms of the trust, or by a court order; and the trust will continue. [...] There cannot be a trust without trust property, and in the common law, for reasons that will be explored more fully below, property is only trust property if it is held in trust by a trustee. Having made this mistake, however, Lepaulle thought that he had shown that none of the settlor, the trustee or the beneficiary was essential to the common law trust" (*ibid* aux paras 7-8). *Adde* Scott, Fratcher et Ascher, *supra* note 52 au para 37.1.

[62] Scott, Fratcher et Ascher, *supra* note 52 aux paras 12.1 et 24.4.

[63] L'expression *purpose trust* désigne les *trusts* établis sans bénéficiaires. Puisque le *trust* constitue un rapport d'obligations, ce type de *trust* n'est en principe pas admis en *common law* sauf exception des *charitables trusts*. Toutefois, du fait de l'essor grandissant des *non-charitable purpose trusts* dans les lois particulières, la doctrine s'interroge sur le rôle tenu par la finalité. J. Penner soutient que la finalité veille à définir, en principe, quelle est la part des biens mis en *trust* (*trust fund*) un bénéficiaire est appelé à recevoir. En ce sens, la finalité ne constitue pas le fondement de la détention, mais seulement un élément structurel qui vient déterminer la manière dont le *trustee* peut disposer des biens, sauf dans l'hypothèse particulière des *charitable trust* (James Penner, « Purposes and rights in the common law » (2014) 48:2 Rev Jurid Thémis 579). *Adde Restatment (Third) of Trusts* au para 47.

[64] La catégorie des *purpose trust* s'est élargie avec le temps. Au titre des *purpose trusts*, il est admis de constituer un *trust* en vue de garantir l'entretien de sépultures et autres monuments ou encore pour garantir les soins d'un animal. Aujourd'hui, la plupart des pays de *common law* ont adopté des lois permettant la création de *purpose trusts* dans des domaines divers et variés. (v. notamment Paul Matthews, « The New Trust: Obligations Without Rights? » dans A J Oakley, dir, *Trends in contemporary trust law*, Oxford, Clarendon Press, 1996, 1).

[65] Smith, *supra* note 61 au para 15.

[66] *Ibid* au para 18.

[67] *Ibid* au para 17.Le *Restatement (Third), Trusts* (§2) définit de manière constante le *trust* comme "a fiduciary relationship with respect to property". Sur ce point, v. Scott, Fratcher et Ascher, *supra* note 52 aux paras 2.1.5, 37.1.

[68] Smith, *supra* note 61 au para 24.

trust engendre à la charge du *trustee*, une obligation équitable, c'est-à-dire reconnue et exécutée en *Equity*, de détenir des biens et de les gérer dans l'intérêt des bénéficiaires ou dans un but charitable ou non. À cela, il convient d'ajouter, d'une part, que les biens détenus par le trustee forment une universalité distincte de son patrimoine propre, d'autre part, que les bénéficiaires jouissent non seulement des droits personnels, mais aussi de droits réels. En vertu de premiers, ils peuvent contraindre le *trustee* à agir conformément à l'acte constitutif. Les seconds leur permettent, à certaines conditions, de suivre les biens mis en *trust* »[69].

212. Le *trustee* exerce une mission fiduciaire dont découlent des obligations légales (dites fiduciaires) garantissant que celui-ci s'astreigne au respect de ladite mission. L'*Equity* précisa la nature et le contenu de ces obligations, élaborant ainsi un cadre général[70] de devoirs[71] auxquels le *trustee* est soumis, et ce indépendamment de la volonté des parties au *trust*. Ces devoirs constituent un cadre minimal de référence auquel le constituant du *trust* peut déroger en imposant au *trustee* des obligations d'une intensité accrue. Font partie de ce cadre : le devoir de loyauté lui imposant de respecter les droits des bénéficiaires ainsi que les termes dans lesquels le *trust* fut institué[72], le devoir de diligence quant à la gestion des actifs du *trust* ainsi que le devoir de bonne foi selon lequel le *trustee* agit exclusivement dans l'intérêt des bénéficiaires et évite toute survenance de conflits d'intérêts avec ses propres intérêts personnels[73]. Les obligations fiduciaires ont pour fin de garantir que le *trustee* se

---

[69] Papandréou-Deterville, *supra* note 60 au para 599. Sur ce fondement, F. Barrière affirma alors que « la substance du trust est une répartition, entre différentes personnes, du contrôle de droits à l'un et du profit des droits à un autre » (Barrière, *supra* note 53 au para 336).Il ajoute également que « la relation qui se noue entre le constituant-s*ettlor* et le fiduciaire-*trustee* est l'élément essentiel du *trust* et la fiducie. La constitution d'un *trust* ou d'une fiducie implique, habituellement, le transfert de droits au profit du fiduciaire-*trustee* qui va les gérer non dans son intérêt personnel, mais pour le compte d'autrui ou pour parvenir à une fin particulière. La particularité de cette relation implique de mettre à la charge du fiduciaire-*trustee* des obligations afin de s'assurer de la bonne réalisation de l'affectation » (*Ibid* au para 555). Sur la notion d'obligations fiduciaires et ses fondements conceptuels, v. Paul B Miller, « Justifying Fiduciary Duties » (2012) 58:4 McGill Law J 969.

[70] Sur les pouvoirs et devoirs des *trustees*, *Restatement (Third) of Trusts* aux para 70 et s; Scott, Fratcher et Ascher, *supra* note 52 au para 37.3.1.

[71] Le terme devoir est entendu ici comme synonyme d'obligation légale.

[72] Le devoir de loyauté est souvent présenté comme le devoir le plus essentiel, voire cardinal des obligations fiduciaires. V. *Restatement (Third) of Trusts* au para 78.

[73] V. Patty Gerstenblith, « The Fiduciary Duties of Museum Trustees » (1983) 8 Columbia J Arts Law 175 [Gerstenblith, « The Fiduciary Duties »]. Le contenu et les contours des obligations fiduciaires en matière de *trust* ne connaissent pas de définitions unitaires. Ils importent de considérer le contexte dans lequel elles s'appliquent. Le *Restatement (Third) of Trusts* retient une approche plus exhaustive en énumérant les uns à la suite des autres les différents devoirs auxquels les trustees sont soumis au nom de leur mission fiduciaire (aux paras 76 et s.). Sur les difficultés quant aux contours et au contenu des obligations fiduciaires dans le domaines des organismes à but non lucratif, James J Fishman, *Nonprofit organizations: cases and materials*, 4e éd, coll University casebook series, New York, Foundation Press/Thomson, 2010 aux pp 134-136.

conforme aux obligations qu'il doit à l'égard des biens, mais surtout celles auxquelles il est tenu à l'égard des bénéficiaires. Plus encore, elles définissent le comportement attendu de la part d'un *trustee* : non seulement le *trustee* doit agir dans la légalité, mais il doit également agir avec prudence et dans l'intérêt exclusif des bénéficiaires. Dans le cas contraire, le *trustee* engagera sa responsabilité personnelle sur le fondement d'un *breach of trust*[74] lequel sera apprécié au regard de standards juridiques et des termes du *trust*[75].

Dans le cas des *charitable trusts*, puisque les bénéficiaires constituent un groupe indéterminé de personnes et que cette indétermination risquerait de mettre à mal le contrôle nécessaire du fiduciaire, il fut admis que c'est à la puissance publique (initialement la Couronne anglaise) par l'intermédiaire de l'*Attorney General* (procureur général) d'imposer au *trustee* le respect de ses obligations[76]. Détenteur du *parens patriae*, l'*Attorney General* a la qualité naturelle pour représenter les intérêts des bénéficiaires des *charitables trusts*, et plus largement pour contrôler l'exécution de ces derniers[77]. En d'autres termes, la finalité d'intérêt général jouit d'une protection certaine malgré l'absence de bénéficiaires déterminés. D'ailleurs, dans le contexte muséal américain, la littérature se concentre pour beaucoup autour des questions relatives à la nature et à l'étendue du contrôle de l'*Attorney General*[78] comme au contenu des obligations fiduciaires. Ceci témoigne du rôle clé des obligations fiduciaires et de l'importance des modalités de contrôle[79] en l'espèce.

---

[74] "A breach of trust is a failure by the trustee to comply with any duty that the trustee owes, as trustee, to the beneficiaries, or to further the charitable purpose, of the trust" (*Restatement (Third) of the Trusts* au para 93). Sur la responsabilité personnelle des *trustees* en cas de *breach of trust*, *ibid* aux *paras* 95-98.

[75] "Charitable trusts are governed by trustees who have the legal authorities to do all things necessary to administer the trust. The specific powers of a charitable trustee are determined by the terms of the trust instrument and the governing statute. They consist of such powers are as necessary or appropriate for the carrying out of the purposes of the trust and which are not forbidden by the terms of the trust or the law" (Fishman, *supra* note 73 à la p 123).

[76] *Restatement (Third) of Trusts* au para 94.

[77] V. *infra* aux paras 340-342.

[78] À titre illustratif, v. Craig Kaufman, « Sympathy for the Devil's Advocate: Assisting the Attorney General When Charitable Matters Reach the Courtroom » (2005) 40:4 Real Prop Prob Tr J 705.

[79] V. Gerstenblith, « The Fiduciary Duties », *supra* note 73 ; Patty Gerstenblith, « Acquisition and Deacquisition of Museum Collections and the Fiduciary Obligations of Museums to the Public » (2003) 11:2 Cardozo J Int Comp Law 409 [Gerstenblith, « Acquisition »]. Nous noterons d'ailleurs que même si nombre de musées d'art aux États-Unis sont institués sous la forme corporative plutôt que sous celle du *trust*, les directeurs des musées n'en n'échappent pas moins au respect des obligations fiduciaires à l'instar des *trustees*. Toutefois, le fondement de ces obligations fiduciaires n'est pas le même selon qu'on est en situation d'un *trust* ou d'une société (*corporation*). La distinction est importante, car il n'en découle pas le même niveau d'intensité et de rigueur quant à l'interprétation du contenu des obligations fiduciaires : "trustees generally are held to stricter fiduciary norms of oversight than directors of nonprofit corporations. Although there are differing legal standards for trustees of charitable trusts and directors of nonprofit corporations,

213. Ainsi, voit-on que le *trust* constitue un mode original de détention des biens non seulement par la dualité de la propriété des biens mis en *trust*, mais également au regard des obligations fiduciaires qui permettent d'articuler cette dualité. En d'autres termes, le *trust*, et par conséquent le *charitable trust*, tire son originalité de son caractère protéiforme lequel se manifeste à deux égards. En effet, « à mi-chemin entre l'obligation et le droit de propriété, le *trust* a aussi été défini comme une manière de détenir des biens qui fait en sorte que le détenteur est sujet à des obligations quant aux bénéfices de ces biens »[80]. Ce fondement *obligationnel* explique l'efficacité du *charitable trust.* Qu'il permette la réalisation d'un simple charitable ou la mise en œuvre d'une activité d'intérêt général, le *charitable trust* offre la garantie que les biens soient continuellement administrés en vue de servir l'œuvre d'intérêt général à laquelle ils se trouvent destinés.

Voilà un aspect de l'affectation qui ne se retrouve pas en droit français, et ce contrairement au droit québécois.

B. LA FIDUCIE QUÉBÉCOISE

214. La consécration de l'affectation d'intérêt général. L'affectation revêt un sens précis en droit québécois. Le Code civil du Québec ne définit pas la notion d'affectation, mais réserve son usage au

---

the terms 'trustees' and 'director' often are used interchangeably. One should be aware that the degree of legal accountability will depend upon the choice of form rather than the name by which those responsible are called." (Fishman, *supra* note 73 à la p 123). V. Scott, Fratcher et Ascher, *supra* note 52 au para 37.1.1. ; Sue Chen, « Art Deaccessions and the Limits of Fiduciary Duty » (2009) 14 Art Antiq Law 103 à la p 125). Initialement, les juges appliquaient aux musées institués sous forme corporative le cadre normatif des obligations fiduciaires du *charitable trust* dit *trust standard* (Denise Ping Lee, « The Business Judgment Rule: Should it Protect Nonprofit Directors? » (2003) 103 Columbia Law Rev 925 à la p 126.). Toutefois, compte tenu du succès croissant de la forme corporative pour la mise en œuvre d'activités à but non lucratif, nombre d'États décidèrent de s'aligner plutôt sur le droit des corporations. Ainsi, les dirigeants des organismes à but non lucratif établis sous la forme corporative bénéficiaient ainsi de la *business judgment rule*, leur imposant d'agir à l'image d'une personne prudente et raisonnable qui aurait été dans une situation similaire. Or, en matière de *trust*, les juges retiennent des standards juridiques d'une intensité accrue: "an obligation which has not to be measured by fairness or merit, but by a standard of strict prohibition against the acts of a trustee which could disserve the future interest of some of his beneficiairies. [...]. The duty of a trustee is easily defined because it is absolute" (Renz v. Beeman, 589 F. 2d. 735, 748 [1978]). Ce niveau d'exigence s'explique par la particularité de la relation née du *trust*. Toutefois, le degré d'appréciation du respect des obligations fiduciaires ne fait pas l'objet d'une uniformité au niveau national. Dès lors, plusieurs auteurs défendent une uniformisation des règles d'appréciation des obligations fiduciaires sur la base de celui des *charitable trusts*. Cette question revêt une résonance particulière dans le contexte muséal en ce qu'il en dépend la liberté d'aliéner une œuvre composant les collections par un musée. V. en ce sens, Jennifer L White, « When It's OK to Sell the Monet: A Trustee-Fiduciary-Duty Framework for Analyzing the Deaccessioning of Art to Meet Museum Operating Expenses » (1996) 94:4 Mich Law Rev 1041 à la p 1054 ; Ping Lee, *supra* à la p 944 ; Chen, *supra* .

[80] Popovici, « La fiducie québécoise » *supra* note 56 à la p 136.

cas bien particulier où l'affectation donne lieu à la création d'un patrimoine autonome et distinct (la fiducie) ou d'une personne morale dont le patrimoine est affecté à une fin d'utilité sociale ayant un caractère durable[81].

Déjà dans sa version antérieure du Code civil du Bas-Canada[82], la fiducie avait été qualifiée par un auteur comme le « mécanisme idéal pour la mise en exécution des projets charitables »[83]. Complétant le cadre juridique des fiducies, le Code civil du Québec souligne sa pertinence dans le contexte de la philanthropie. Notamment, si la fiducie d'utilité sociale se trouve expressément consacrée à l'article 1270 du Code civil du Québec, elle est également au cœur des dispositions particulières relatives aux mécanismes par « lequel une personne affecte, d'une façon irrévocable, tout ou partie de ses biens à une fin d'utilité sociale ayant un caractère durable »[84]. Contrairement au droit français qui prohibe toutes fiducies nées d'une intention libérale[85], le Code civil du Québec consacre expressément l'affectation d'intérêt général à travers la fiducie d'utilité sociale[86]. Surtout, sa qualification expresse de patrimoine d'affectation ravive son caractère approprié pour la mise en œuvre de projets philanthropiques.

---

[81] V. C.c.Q., art. 1268 et 1271. Parmi l'abondante littérature, son histoire et sa portée pourront être appréciés parmi les textes suivants : John EC Brierley, « The New Quebec Law Trusts: The Adaptation of Common Law Thought Civil Law Concepts » dans Patrick H Glenn, dir, *Droit québécois et droit français: communauté, autonomie, concordance*, Cowansville (Qc), Éditions Yvon Blais, 1993, 383; John EC Brierley, « De certains patrimoines d'affectation: les articles 1256-1298 » dans par Barreau du Québec et Chambre des notaires, *La réforme du Code civil*, t 1: Personnes, successions, biens, Sainte-Foy (Qc), Presses de l'Université de Laval, 1993, 735; Madeleine Cantin Cumyn, « L'origine de la fiducie au Québec » dans *Mélanges offerts par ses collègues de McGill à Paul-André Crépeau* ., Cowansville (Qc), Éditions Yvon Blais, 1997, 199; Cantin Cumyn, « La fiducie comme patrimoine d'affectation ? », *supra* note 56; Cantin Cumyn, « Diversité des modes de réception», *supra* note 56 ; Popovici, *Le patrimoine d'affectation, supra* note 19. Celle-ci continue d'alimenter la doctrine compte tenu de ses zones d'ombre : Popovici, *Êtres et avoirs*, *supra* note 60.

[82] Le Code civil du Bas-Canada offrait déjà une fiducie laquelle était réduite à des hypothèses très limitées (articles 869 et 981(a) du C.c.B-C.). V. *supra* au 50.

[83] Martin Boodman, *Les libéralités à des fins charitables au Québec et en France*, Thèse de doctorat, Université de droit, d'économie et de sciences sociales de Paris (Paris 2), 1980 à la p 146. *Adde*. Jean-Guy Cardinal, « Les hommes meurent, les fondations demeurent » (1961) 63 Rev Notar 431.

[84] C.c.Q., art 1256. On notera que le Code civil du Québec ouvre le titre sixième *De certains patrimoines d'affectation* du livre des biens par un chapitre relatif aux fondations. Celles-ci regroupent la fondation-personne morale et la fiducie d'utilité sociale. L'étude de la fondation-personne morale ne présente ici pas d'intérêt, cette dernière étant similaire à ce que le droit français connaît.

[85] C civ, art 2013. Il fut toutefois démontré que le droit français connaît *des fiducies-libéralités innomées* (v. *supra* aux paras 12 et 13). Sur une systématisation des fiducies innommées à des fins libérales, v. Christophe Vernières, *Les libéralités à trois personnes*, Thèse de doctorat, Université Panthéon-Assas Paris II, 2012 au para 6 aux paras 583 et s.).

[86] C.c.Q, art. 1260 et 1266.

215. La nature de la fiducie d'utilité sociale. En tant que patrimoine d'affectation, la fiducie constitue un patrimoine distinct et autonome de tout sujet de droit[87] de telle sorte que les biens servent exclusivement l'objet de la fiducie et n'appartiennent à aucun acteur de la fiducie. L'introduction de la fiducie en ces termes a pour effet une remise en cause de la théorie classique du patrimoine, et par extension une remise en cause de la notion de sujet de droit[88]. Une fois les biens mis en fiducie, le fiduciaire doit exclusivement administrer les biens pour le compte des

---

[87] C.c.Q., art. 1257. La consécration de la fiducie comme patrimoine d'affectation est une solution inhérente au contexte juridique québécois. Sur l'histoire de la fiducie québécoise et ses enjeux, v. *supra* aux paras 50 et s. Avec le nouveau Code, le Québec souhaitait se doter d'un outil aussi flexible et polyvalent que le *trust* de la *common law*. Or, l'enjeu était de taille puisqu'il fallait trouver un outil qui demeure dans la tradition civiliste. Le régime de la propriété fiduciaire tel qu'il existait sous le Code civil du Bas-Canada souffrait d'incertitudes. Dans la célèbre l'affaire *Royal Trust Co. c. Tucker* ([1982] 1 R C S 250), le Cour suprême a notamment défini la propriété fiduciaire comme une propriété *sui generis*. En effet, le droit de propriété du fiduciaire dérogeait au droit de propriété ordinaire compte tenu de sa vocation temporaire et de son exercice limité : le fiduciaire n'était propriétaire que pour la durée de la fiducie et seulement pour les fins de la fiducie. Une partie de la doctrine réagit vivement face à cette solution ; y voyant une grave atteinte au fondement de la propriété privée, et par là aux principes civilistes. Il fut affirmé que la propriété s'oppose à toute agrégation d'une finalité précise sous peine de se vider de son essence (Madeleine Cantin Cumyn, « La propriété fiduciaire : mythe ou réalité ? » [1984] 15 1 RDUS 7 [Cantin Cumyn, « La propriété fiduciaire »] ; Madeleine Cantin Cumyn, « Le pouvoir juridique » (2007) 52 :2 McGill Law J 215 [Cantin Cumyn, « Le pouvoir juridique »]). Surtout, il était défendu que la situation d'un fiduciaire ne saurait être dans son essence celle d'un propriétaire. Certainement faut-il voir dans ses arguments un moyen pour conserver et affermir la tradition civiliste contre les intempestives influences de la *common law* à l'égard du pilier majeur qu'est la propriété pour le droit privé (Cantin Cumyn, « La propriété fiduciaire », *supra*). Dès lors, les codificateurs du Code civil du Québec travaillèrent sur une généralisation de la fiducie en cherchant à concilier l'inspiration de la *common law* avec la préservation de la tradition civiliste. Ils s'inspirèrent également des travaux de Pierre Lepaulle (Lepaulle, *Traité, supra* note 55) qui entreprit de trouver une alternative civiliste à l'institution du *trust* de *common law* à travers celle de patrimoine d'affectation. Selon celui-ci, seule l'introduction d'un patrimoine autonome peut œuvrer en cette fin dans la mesure où l'essence du *trust* réside dans l'affectation de certains biens à un but déterminé et dans le fait qu'aucun des acteurs ne conditionne son existence (Lepaulle, *Traité, supra* note 54 aux pp 25-26). Or, l'auteur sait bien que la formalisation d'un patrimoine autonome est contraire aux principes fondamentaux du droit civil. Aussi, il prend soin de justifier son propos en reconsidérant la place de la notion de droit subjectif dans l'ordonnancement juridique par une distinction entre volonté et intérêt. Selon lui, l'intérêt précède la volonté en ce que cette dernière n'intervient que pour la réalisation du droit. De cette affirmation, il déduit alors: « les droits ont deux manières d'être : ou bien ils appartiennent à un sujet de droit, ou bien ils sont affectés de sorte que sujet de droit et affectation sont comme deux foyers de l'ellipse qui enferme tout plan juridique » (*ibid* à la p 50). En admettant que les droits puissent découler des intérêts à protéger et non seulement de la puissance juridique du sujet de droit, le patrimoine d'affectation fait son entrée dans la pensée civiliste québécoise. Dès lors, les articles 2 et 915 du C.c.Q. accueillent cette nouvelle formalisation des droits. *Adde* Cantin Cumyn, « La fiducie comme patrimoine d'affectation ? », *supra* note 56.

[88] Sur la remise en cause de la notion de patrimoine, v. Popovici, *Êtres et avoirs*, *supra* note 61 aux pp 145 et s.). Le droit français a opté pour une solution plus « traditionnelle » en définissant la fiducie comme un contrat (C civ, art 2012). Fort de cette situation originale pour le droit civil, la doctrine dominante a affirmé que la fiducie devait être entendue comme un nouveau sujet de droit, distinct de la notion de personne (Madeleine Cantin Cumyn, « La fiducie, un nouveau sujet de droit ? » dans Jacques Beaulne, dir, *Mélanges Ernest Caparros*, coll Collection bleue. Série Ouvrages collectifs, Montréal, Wilson & Lafleur, 2002, 129 [Cantin Cumyn, « La fiducie, nouveau sujet de droit »]).

bénéficiaires, et dans le cas d'une fiducie d'utilité sociale[89], dans le but d'intérêt général qui lui sert de fondement. La fiducie accomplit ainsi l'idée même d'affectation puisqu'elle constitue un *pur* patrimoine d'affectation[90] fondé sur la réalisation d'un objectif particulier, comme soutenir une œuvre d'intérêt général[91]. Toutefois, l'introduction du patrimoine d'affectation en droit québécois eut pour contrepartie celle d'un nouveau mode de détention des biens[92]. Parallèlement au mode traditionnel de détention fondé sur le droit de propriété, la fiducie-patrimoine d'affectation repose sur le couple pouvoir-devoir[93] au gré duquel sont définis la nature et l'étendue des prérogatives du fiduciaire sur les biens[94]. En effet, le fiduciaire « exerce une fonction qui lui accorde des pouvoirs et des devoirs. Selon cette fonction, il agit à titre d'administrateur et ainsi doit s'assurer que la finalité à laquelle le patrimoine est affecté est respectée »[95]. L'étendue des prérogatives du fiduciaire se trouve précisée dans le régime de l'administration du bien d'autrui[96]. S'appliquant à « toute personne qui est chargée d'administrer

---

[89] C.c.Q., art 1270. On notera que l'admission de fiducie d'utilité sociale constitue une autre différence majeure avec la fiducie française. En effet, au titre de l'article 2013 du Code civil, les fiducies instituées sur le fondement d'une intention libérale sont nulles.

[90] Le patrimoine d'affectation est poussé à son paroxysme puisque, selon l'article 1261 du Code civil, nul n'a de droit réel à l'égard des biens mis en fiducie (v. Popovici, « La fiducie québécoise », *supra* note 56 à la p 150). Il convient de souligner qu'en étant un patrimoine d'affectation, la fiducie québécoise se révèle d'une nature très différente de la fiducie française laquelle constitue un contrat ou résulte de la loi (C.civ art 2011, 2012). Le patrimoine d'affectation équivaut ici au patrimoine fiduciaire sans constituer un patrimoine autonome de tout sujet de droit puisque ce dernier n'est jamais pleinement séparé du patrimoine du constituant ni du fiduciaire comme en atteste l'article 2025 al 2 du Code. Aussi, le patrimoine du fiduciaire répond davantage à l'hypothèse d'une division patrimoniale (Emerich, *supra* note 19 aux paras 12 et s). Sur ce point, v. *supra* note 40.

[91] Le Code civil du Québec a donc fait de l'exception des *purpose trust* de *common law* le principe. V. Popovici, *Êtres et avoirs*, *supra* note 60 à la p 45.

[92] L'article 915 du Code civil du Québec dispose que : « les biens appartiennent aux personnes ou à l'État, ou font, en certains cas, l'objet d'une affectation ». Pour une comparaison de la nature des prérogatives du fiduciaire entre la fiducie québécoise et la fiducie française, v. Emerich, *supra* note 19. Il importe de souligner qu'en droit français, le fiduciaire est un propriétaire. Toutefois, la propriété fiduciaire est une propriété finalisée en ce qu'elle ne naît que dans le but précis de gestion ou de garantie (Cyril Grimaldi, *Droit des biens*, 2e éd, coll Manuel, Issy-les-Moulineaux, LGDJ : Lextenso éditions, 2019 au para 393 [C. Grimaldi, *Droit des biens*].

[93] Popovici, *Êtres et avoirs*, *supra* note 61 à la p 71 et s.

[94] « Le pouvoir juridique est une prérogative juridique conférée à une personne dans l'intérêt d'autrui pour la réalisation d'un but. L'intérêt d'autrui ou le but à réaliser, auxquels l'exercice du pouvoir est toujours subordonné, le distingue essentiellement du droit subjectif. Le droit subjectif est toujours une prérogative juridique qui confère à son titulaire un avantage dans son intérêt propre. En principe, le titulaire d'un droit l'exerce librement. À l'opposé, l'attributaire d'un pouvoir doit tenir compte dans son exercice de l'objectif en vue duquel la prérogative lui a été accordée. Aussi, pour un auteur, le pouvoir est une prérogative juridique finalisée, et le droit une prérogative laissée au libre arbitre. Pour un autre, le pouvoir est une prérogative altruiste et le droit, une prérogative égoïste. » (Madeleine Cantin Cumyn et Michelle Cumyn, *L'administration du bien d'autrui*, 2e éd, coll Traité de droit civil, Cowansville, (Qc), Éditions Yvon Blais, 2014 au para 91).

[95] Popovici, *Êtres et avoirs*, *supra* note 61 à la p 72.

[96] C.c.Q., arts 1299 et s. Cantin Cumyn et Cumyn, *supra* note 94 au para 4.

un bien ou un patrimoine qui n'est pas le sien » [97], l'administration du bien d'autrui offre un mode de détention permettant de répondre aux enjeux et exigences soulevés par la situation originale dans laquelle se trouve un fiduciaire[98]. Sur ce fondement, le fiduciaire est soumis à une série de devoirs[99] dont l'objet est de garantir que l'exercice des pouvoirs qu'il tient de la fiducie répond aux exigences de sa fonction[100]. En sus d'agir avec prudence et diligence, le fiduciaire doit faire preuve d'honnêteté et de loyauté[101]. À l'instar de ce qu'on retrouve en *common law* avec le *trust*, le fiduciaire se voit imposer des normes de comportement sur la base desquelles les bénéficiaires, le disposant, mais également tout intéressé, peuvent agir au cas où le fiduciaire manquerait aux devoirs inhérents à sa fonction[102]. De même, l'opportunité d'un contrôle externe de la fiducie est avancée au regard de l'article 1287 alinéa 2 du Code civil du Québec[103].

---

[97] C.c.Q., art. 1299. M. Cantin Cumyn note que le législateur s'est gardé de définir les conditions donnant ouverture du régime (Cantin Cumyn et Cumyn, *supra* 94 aux paras 61 et s). Toutefois, nul doute ne pèse sur l'application de ce régime en matière de fiducie puisque le Code dispose que le fiduciaire constitue une catégorie d'administrateurs de bien pour autrui chargés de la pleine administration (art. 1278 C.c.Q.). V. également, Popovici, *Êtres et avoirs*, *supra* note 61 aux pp 72-73.

[98] Selon l'article 1278 alinéa 1er du C.c.Q. : « le fiduciaire a la maitrise et l'administration exclusive du patrimoine fiduciaire et les titres relatifs aux biens qui le composent sont établis à son nom ; il exerce tous les droits afférents au patrimoine et peut prendre toute mesure propre à en assurer l'affectation ». Aux termes de cet article, le fiduciaire n'a donc que la maitrise des biens. Il n'en est point le propriétaire. Toutefois, « [...] contrairement à ce qui se passe dans une autre situation d'administration du bien d'autrui, ici le fiduciaire ne représente personne, il ne représente les droits de personne. Son rôle ne doit pas se comprendre en termes de prestation d'une obligation, contrairement à ce que semble dire le Code. Le fiduciaire n'est le débiteur personnel de personne. Il exerce une fonction qui lui accorde des pouvoirs et des devoirs. Selon cette fonction, il agit à titre d'administrateur et ainsi doit s'assurer que la finalité à laquelle le patrimoine a été affectée soit respectée. Nous sommes en mode mission et fonction, et non en mode obligation et prestation. Il n'y a ni débiteur, ni créancier. Aucun vinculum jurid. Duguit résonne » (Popovici, *Êtres et avoirs*, *supra* note 61 aux pp 72-73). Dès lors, le fiduciaire agit ès qualité et « [...] exerce, par les pouvoirs qui lui sont attribués, tous les droits afférents au patrimoine. Ces pouvoirs sont soumis à une surveillance par des personnes intéressées qui peuvent être les titulaires du patrimoine. Ce patrimoine peut être divisé ou affecté, ce qui engendrera que ses créanciers auront accès soit à l'ensemble de son patrimoine soit à des biens désignés, voir articles 2644 et 2645 C.c.Q. » (Popovici, *Êtres et avoirs*, *supra* note 61 à la p 75). Comp. Cantin Cumyn et Cumyn, *supra* note 94 au para 271.

[99] C.c.Q., arts 1308 et s.

[100] « Le schéma suivant lequel le droit civil organise l'administration pour autrui repose sur une distinction prééminente entre deux prérogatives également aptes à fonder la légitimité de l'activité juridique d'une personne : le droit subjectif et le pouvoir subjectif. L'administrateur n'exerce pas un droit, mais un pouvoir sur le bien d'autrui ».Cantin Cumyn et Cumyn, *supra* note 94 au para 4.

[101] C.c.Q., arts 1308 et 1309. Cantin Cumyn et Cumyn, *supra* note 94 aux paras 4, 271 et s.

[102] C.c.Q., arts 1287 à 1292.

[103] L'article 1287 C.c.Q. dispose que « l'administration de la fiducie est soumise à la surveillance du constituant ou de ses héritiers, s'il est décédé, et du bénéficiaire, même éventuel. En outre, dans les cas prévus par la loi, l'administration des fiducies d'utilité privée ou sociale est soumise, suivant leur objet et leur fin, à la surveillance des personnes et organismes désignés par la loi ». La création d'un tel organisme de contrôle est néanmoins demeurée lettre morte (*infra* au para 347).

Ainsi, la fiducie québécoise semble confirmer que l'affectation des biens à un but requiert un mode dérogatoire de détention des biens au titre duquel le détenteur des biens est soumis au respect d'obligations légales ayant pour fin le respect de ladite finalité[104].

C. SYNTHÈSE COMPARATIVE

216. La dualité de l'affectation. À l'issue des précédents développements, il convient de souligner que, tant en *common law* qu'en droit civil québécois, les mécanismes permettant d'assigner à certains biens une finalité d'intérêt général revêtent un double volet : un volet patrimonial (soit le caractère spécial de la propriété dans le cadre du *charitable trust* ou la création d'un patrimoine d'affectation avec la fiducie québécoise offrant des pouvoirs au fiduciaire), et un volet obligations encadrant les modalités dans lesquelles les fiduciaires sont tenus d'administrer les biens pourvus de la finalité d'intérêt général. Les *trustees*, comme le fiduciaire en droit québécois, sont tenus à des obligations légales garantissant le respect de la finalité. Le non-respect de ces obligations entraîne la mise en œuvre de leur responsabilité personnelle[105]. À ce titre, la présence d'obligations légales, tout comme la reconnaissance du droit des bénéficiaires à exiger le respect de la finalité, ou encore la soumission de ces mécanismes à un contrôle externe, sont essentielles. L'existence de telles obligations ainsi que la reconnaissance du droit des bénéficiaires au respect de la finalité d'intérêt général accomplissent l'idée d'affectation des biens à une finalité précise[106] puisque celle-ci se voit effectivement garantie.

---

[104] En droit français, le fiduciaire est également soumis à des obligations qui garantissent le respect de la mission fiduciaire. En plus d'obligations imposées par le contrat de fiducie, le fiduciaire est tenu aux obligations déontologiques de sa profession. En effet, en France, la qualité de fiduciaire n'est réservée qu'à certains professionnels (C. civ., art. 2015) soumis à des obligations déontologiques (C. Grimaldi, *Droit des biens*, *supra* note 92 au para 406). Ceci découle des craintes qui entourent son introduction en droit français et qui ont justifié son admission de manière restrictive (*ibid* au para 386). Le fondement des obligations imposées au fiduciaire semble alors, comparativement au droit québécois, très différent. Tandis qu'elles sont le moyen grâce auquel l'affectation est dûment respectée par l'affectataire, elles se révèlent plutôt en droit français le moyen de maintenir les fiducies dans le respect de la légalité. Surtout, de nature déontologique, ces obligations sont exclusivement garanties par un contrôle administratif ou ordinal (*ibid* au para 397).

[105] S'agissant de l'action intentée contre le fiduciaire personnellement pour avoir manqué à ses obligations de prudence, de loyauté ou de diligence, v. Cantin Cumyn et Cumyn, *supra* note 94 au para 333. Sur la responsabilité du *trustee*, v. Scott, Fratcher et Ascher, *supra* note 52 au para 24.1 et s.

[106] Cette affirmation se trouve consolidée par l'étude du droit romain. Parmi les limites pointées quant au fonctionnement des *fiducia*, il fut noté celles relatives à l'absence de devoirs juridiques à la charge du fiduciaire. Ce dernier n'étant tenu que par des obligations morales, il advenait que l'efficacité de ces obligations étaient relatives. V. Charles Edwin Rickett, « Charitable Giving in

Ainsi, l'étude comparée permet de montrer que l'affectation en droit français repose exclusivement sur un volet patrimonial. L'affectation est une modalité de la propriété en ce que l'exercice du droit de propriété se trouve modifié, contraint. En effet, les développements antérieurs ont rappelé que l'affectation des biens en droit français relève du droit des biens public et privé. Si le propriétaire des biens affectés est un propriétaire obligé, il n'est obligé qu'au titre des restrictions portées à l'exercice de son droit, et non au titre de sa qualité de propriétaire pourvu d'une mission d'affectation des biens.

217. L'étude du *charitable trust*, comme de la fiducie d'utilité sociale, met en exergue que les institutions en charge de soutenir ou de réaliser une œuvre d'intérêt général en France, soit les musées d'art, ne sont pas soumises à des obligations de type fiduciaires ayant pour fin de garantir le respect de l'affectation. Cela ne signifie pas pour autant que les musées d'art sont libres de tout contrôle de la puissance publique. Les contrôles établis au nom de l'appellation « Musées de France » ou encore par l'administration fiscale vont certes permettre de garantir que les biens sont dûment affectés à l'intérêt général. Toutefois, ces derniers ne sont pas fondés sur la seule affectation des biens, mais plutôt sur la politique culturelle ou le contrôle des activités philanthropiques. En somme, l'affectation des biens en droit français n'induit pas de modalités de contrôle qui lui sont propres. Elle ne soumet pas non plus le musée d'art au respect d'obligations particulières découlant de sa mission d'affecter les biens.

Or, en ayant affirmé que l'efficacité du *charitable trust* procède, en partie, de l'existence de telles obligations — une affirmation qui semble d'ailleurs se confirmer avec la fiducie québécoise —, il ressort que les hypothèses d'affectations d'intérêt général en droit français ne bénéficient pas du même degré de maturité que leurs homologues américains et québécois. Dès lors, au cours des développements qui vont suivre, nous nous interrogerons sur la nécessité d'un cadre normatif garantissant l'efficacité de l'affectation à l'instar de ce que l'on retrouve en droit américain et québécois[107].

***

English and Roman Law - A Comparison of Method » (1979) 38 Camb Law J 118. *Adde* Witz, *supra* note 56 au para 22.
[107] Titre II, Chapitre III.

CONCLUSION DE LA SECTION

218. L'une des particularités de l'acte philanthropique au profit des musées d'art consiste en ce qu'il procède d'une affectation. C'est pourquoi, au cours de cette section, nous nous sommes attachés à rappeler les traits caractéristiques et enjeux de ladite notion en droit français. Celle-ci constitue également le socle de la comparaison avec le droit américain et québécois du point de vue la technique juridique. À la lumière des mécanismes étrangers réputés adaptés aux enjeux de la philanthropie, nous avons pu porter un regard critique sur l'affectation en droit français. Notamment, les mécanismes fiduciaires américains et québécois reposent sur un double volet : patrimonial et *obligationnel*. Or, selon nous, ce second volet est bien moins marqué en droit français puisque l'*accipiens* (en l'espèce, le musée d'art) demeure un propriétaire. Il ne se trouve pas non plus soumis à une série d'obligations de sources légales veillant exclusivement à ce que la détention des biens n'ait que pour unique mot d'ordre le respect de la finalité pour laquelle les biens ont été transférés. Ainsi, en étudiant successivement l'affectation en droit interne et en droit comparé, ceci nous permit non seulement de rappeler ce qu'elle est, mais également de souligner ce qu'elle n'est pas.

Au-delà de ce constat critique, ces développements nous invitent à structurer l'étude du procédé d'affectation dans le contexte français des actes philanthropiques au profit des musées autour de deux axes, et ce, pour souligner l'intégralité de ses aspects. Aussi, verrons-nous que l'affectation des biens contenue dans l'acte philanthropique au profit des musées d'art influence, d'une part, le statut juridique du musée d'art, et d'autre part, celui des biens. L'étude de l'influence de l'affectation nous permettra ainsi de montrer comment, et par quels moyens, le but de l'affectation pénètre le plan juridique et produit des effets de droit.

Section II. L'INFLUENCE DE L'AFFECTATION D'INTÉRÊT GÉNÉRAL SUR LE STATUT JURIDIQUE DU MUSÉE D'ART À L'ISSUE DU TRANSFERT DES BIENS

219. Annonce de plan. L'étude de l'affectation en droit français nous permit de rappeler que l'affectation modifie la configuration originelle du droit de propriété. En effet, l'assignation d'une finalité aux biens vient restreindre l'exercice du droit de propriété. En tant que modalité de la propriété, l'affectation repose alors sur une combinaison d'obligations relatives aux biens et imposées aux musées d'art[108]. Notons que ces obligations sont d'une nature très différente des obligations fiduciaires. Ces obligations contraignent le musée d'art sur le fondement de la volonté du disposant. Elles procèdent uniquement de l'acte philanthropique et ne sont pas bien loin de tout standard juridique auquel le musée d'art serait soumis du fait de l'affectation des biens dont il a la charge (I). Toutefois, elles ont pour effet de faire du musée d'art un propriétaire obligé, ou plus exactement un affectataire (II).

220. La suspension de la comparaison juridique. Comme nous l'annoncions plus tôt, la comparaison juridique nous permit d'établir la structure de notre analyse de l'affectation. La comparaison juridique n'a pas d'autre vocation dans ce chapitre, ce qui explique que les développements qui vont suivre se concentreront exclusivement sur le droit français. Cette position se trouve confortée par la nature de l'affectation — c'est-à-dire une modalité de la propriété —, alors qu'en droit américain et québécois, l'affectation met en place une alternative au modèle propriétaire ordinaire[109].

I. LA NATURE DES OBLIGATIONS À LA CHARGE DU MUSÉE D'ART

221. Annonce de plan. Par son acte philanthropique, le disposant imprègne une finalité d'intérêt général aux biens, et par conséquent, contraint l'*accipiens* à respecter ladite finalité[110]. Ainsi, le musée d'art qui accepte l'acte philanthropique se trouve dès lors tenu d'une prestation particulière. L'affectation des biens à un musée d'art relève du procédé de la charge grevant la libéralité constitutive de l'acte philanthropique[111] (A). Si l'affectation revêt la nature d'une obligation, celle-ci se divise en deux sous-catégories. Aux côtés de la charge d'affectation qui confère la finalité d'intérêt général aux biens[112], il faut souligner l'existence de

[108] « Le but de l'affectation n'a en soit aucune force juridique ; il ne peut l'acquérir qu'au moyen d'une technique. Comme l'écrivait un auteur, 'la volonté d'atteindre le but économique envisagé n'est efficace qu'autant qu'elle s'épanouit dans un cadre technique. C'est à ce prix qu'elle pénètre le plan juridique et produit des effets de droit » in Guinchard, *supra* note 1 à la p 14.

[109] Sur le *charitable trust*, *supra* au para 208 ; sur la fiducie, *supra* au para 213.

[110] Guinchard, *supra* note 1 aux paras 368 et s.

[111] La libéralité avec charge se définit en les termes suivants : « Libéralité dont le bénéfice est subordonné, comme une condition, par le disposant, à l'exécution par le gratifié d'une certaine prestation (créer une œuvre, nourrir une personne, entretenir un bien) » (*Vocabulaire juridique*, *sub verbo* « Charge »).

[112] Cette charge connaît différentes qualifications en doctrine comme celle de charge d'intérêt public (René Cassin, *Droit civil approfondi et comparé. Des libéralités avec charge et fondations en droit français*, coll : Licence 1ère année, Paris, Les Cours de droit, 1938 à la p 83), de charge d'intérêt général (Vernières, *supra* note 112 au para 63), ou encore celle de charge d'intérêt

charges dites accessoires dont l'objet est seulement de préciser les contours de la volonté philanthropique du disposant. Contrairement à la charge d'affectation, ces charges ne sont pas automatiques et servent les intérêts privés du disposant (B). Bien que ces charges procèdent de la volonté du disposant et établissent communément l'affectation des biens contenus dans l'acte, celles-ci revêtent des enjeux distinct.

collectif (Julien Boisson, *Les libéralités à caractère collectif*, coll Doctorat & Notariat, n°61, Issy-les-Moulineaux, Defrénois, 2019 aux pp 180-181).

A. LA CHARGE D'AFFECTATION

222. Domaine d'étude. La charge d'affectation contenue dans l'acte philanthropique au profit des musées d'art revêt trois caractéristiques que sont : la nature personnelle de la charge, son caractère implicite et son fondement collectif.

223. Une charge personnelle. Dans la mesure où la charge d'affectation a pour conséquence d'assigner une finalité particulière aux biens, force est de s'interroger sur la nature de la charge d'affectation. Celle-ci est une obligation personnelle ayant pour objet une prestation relative à l'utilisation des biens[113]. En tant que modalité de la propriété, elle définit seulement l'utilisation des biens contenus dans l'acte, et n'est pas inhérente au droit réel transmis par l'acte[114]. Il découle de cette qualification les conséquences suivantes.
D'une part, l'affectation, comme toute charge personnelle, est dépourvue d'une existence autonome puisqu'elle est arrimée à l'acte de disposition. Ceci implique donc que la défaillance de l'acte entraine sa disparition. Le débiteur de l'affectation est, dans ce cas, libéré de l'obligation, mais doit restituer les biens au disposant ou à ses héritiers[115].

D'autre part, en tant que charge personnelle, l'affectation ne se transmet pas aux acquéreurs successifs[116]. Elle n'impose pas non plus au musée

---

[113] « Pour déterminer la nature juridique de l'affectation des biens, on a pu songer à l'obligation 'propter rem'. En effet, il y a entre les hypothèses d'affectation et les obligations 'propter rem' de nombreuses similitudes. Ainsi, dans les deux cas, l'obligation est imposée relativement à un bien. De plus, de très nombreuses hypothèses d'obligation réelle sont aussi des cas d'affectation : la mitoyenneté, les indivisions forcées des murs, des clôtures, etc. En réalité, les deux institutions ne coïncident pas : un exemple nous le montrera, celui des libéralités et notamment des donations avec charges. Il s'agit à n'en point douter d'hypothèse d'affectation ; or, ce n'est pas une obligation réelle car elle ne présente pas les deux traits caractéristiques de toute obligation réelle, à savoir sa transmission aux titulaires successifs du droit et la possibilité reconnue au débiteur de s'affranchir de cette charge en faisant abandon de son droit » (Guinchard, *supra* note 1 au para 398).

[114] La charge réelle est inhérente au droit réel puisqu'elle en est l'accessoire. Elle lie des personnes en considération du bien dont elles ont la maitrise et qu'elle suit donc à travers ses mutations de propriété. (V. Terré et Simler, *supra* note 32 au para 773. Ceci explique alors que le débiteur de la charge ne peut s'en libérer que par l'abandon du bien. « Le but de de l'obligation réelle est d'assurer une meilleure exploitation de la chose dont les utilités sont partagées en créant en leur titulaire des obligations de le faire » (William Dross, *Droit des biens*, 3e éd, coll Domat droit privé, Issy-les-Moulineaux, LGDJ : Lextenso, 2017 au para 131).

[115] La charge d'affectation ne peut survivre à la nullité, la résolution ou la caducité de l'acte dont elle est l'accessoire ; l'*accipiens* devant le cas échéant alors restituer les biens reçus à ce titre. Req, 7 novembre 1859, [1860] S I 350; Civ, 1re, 9 novembre 1959, [1959] D I 613 (note R Savatier).

[116] En effet, dans l'hypothèse où le grevé de la charge viendrait à céder les biens, aucun recours n'existe pour contraindre le sous-acquéreur à exécuter la charge. S. Guinchard note notamment que « s'il [le sous-acquéreur] peut préférer exécuter la charge plutôt que de subir les conséquences de la résolution du droit de son auteur, [...] il n'est tenu qu'indirectement et par l'effet de sa volonté » (Guinchard, *supra* note 1 au para 368.). Notons toutefois que cette affirmation doit être

d'opter entre l'exécution de la charge et la restitution de la charge s'il souhaite s'en affranchir[117].

Enfin, la charge personnelle présente l'inconvénient d'une fragilité intrinsèque[118]. En ce qu'elle est tributaire du rapport d'obligation entre le disposant et le grevé, l'affectation risque en tout temps d'être anéantie par la défaillance de l'acte. De même, elle ne peut être transférée au sous-acquéreur des biens. Ainsi, la qualification de l'affectation des biens comme charge personnelle porte intrinsèquement le risque de l'échec de la réalisation du projet philanthropique tel que voulu par le disposant. Il advient, dans ce cas, que les biens retournent au disposant.

224. L'opportunité de la qualification de l'affectation en obligation réelle. Ceci explique que la qualification de l'affectation comme charge réelle[119] a pu paraître opportune afin de garantir la survie de l'affectation

---

tempérée si le bien est frappé d'inaliénabilité conventionnelle. Le but d'une telle clause est en effet d'interdire toute aliénation, totale, partielle, directe ou indirecte. Dès lors, la personne au profit de qui la clause d'inaliénabilité – conforme aux dispositions de l'article 900-1 du Code civil – a été stipulée pourra demander la révocation de la libéralité pour inexécution des charges, ou de manière plus fréquente, la nullité de l'aliénation opérée en violation des dispositions de l'acte de volonté privée (Alain Sériaux, *J-Cl Civil code*, art 900-1, fasc. unique « Libéralités – Dispositions générales – Clauses d'inaliénabilité » aux paras 26-27 ; Terré et Simler, *supra* note 32 au para 137). En effet, la nullité est une solution favorisée par la jurisprudence en ce qu'elle permet d'obtenir plus simplement le retour des biens dans le patrimoine du gratifié, contrairement à la révocation de la libéralité pour inexécution des charges ou conditions (*ibid* au para 26). Sur la clause d'inaliénabilité, v. Carbonnier, *supra* note 38 au para 747 ; Sériaux, *J-Cl Civil code*, *supra* aux paras 7 et s.

[117] Contrairement à la charge réelle, le débiteur de l'obligation personnelle n'est pas contraint à l'abandon du bien pour s'affranchir de l'obligation. En l'espèce, le disposant ne transfert les biens au musée d'art qu'au seul motif que ce dernier opère l'affectation d'intérêt général souhaitée (Marguerite Bouyssou, *Les libéralités avec charges en droit civil français*, Recueil Sirey, 1947 au para 157).

[118] Cassin, *supra* note 112 à la p 115 ; Bouyssou, *supra* note 117 au para 83.

[119] La charge réelle : « l'obligation liée à une chose qui pèse, non sur un débiteur, mais sur le propriétaire de cette chose en tant que tel, de sorte que celui-ci peut s'en affranchir en aliénant la chose (l'obligation passe à l'acquéreur même à titre particulier) ou en délaissant sa propriété (abandon, déguerpissement) » (*Vocabulaire juridique*, *sub verbo* « Obligation réelle »). La notion de charge réelle peut sembler à première vue antinomique. En effet, alors que la notion de charge renvoie au lien de droit existant entre deux personnes, l'adjectif « réel » a pour fin de mettre en exergue le droit d'une personne sur une chose. Aussi, on comprend que la qualification de la charge réelle ait pu faire l'objet de controverses en étant tantôt admise comme un droit réel, tantôt comme un droit personnel. Aussi, un auteur a-t-il démontré que la spécificité de la charge réelle tenait à sa nature hybride et qu'elle devait être comprise comme un intermédiaire entre le droit réel et personnel (Michel Juglart, *Obligation réelle et servitudes en droit privé français*, Thèse de doctorat, Université de Bordeaux, 1937 à la p 283), et dont la « spécificité tient à la fonction qu'elle occupe : sa nature personnelle exprime la possibilité que le débiteur soit tenu d'une prestation, seulement « elle doit tendre exclusivement à satisfaire le droit réel qu'elle extériorise. La charge réelle n'est donc pas un droit réel, mais une obligation accessoire à un droit réel principal et affecté d'un intuitu rei qui y reflète l'influence du droit réel » (Vernières, *supra* note 112 au para 70). Sur l'obligation réelle, v. Hassen Aberkane, *Essai d'une théorie générale de l'obligation propter rem en droit positif français : contribution à l'étude de la distinction des droits de créance et des droits réels.*, Paris, LGDJ, 1957 ; Shalev Ré, *Droit réel, propriété et créance : élaboration d'un système rationnel des droits patrimoniaux*, Paris, Librairie générale

en dépit de la défaillance de l'acte, et donc de « sauver » des projets philanthropiques. En effet, la charge réelle lie l'affectation à la propriété de la chose[120] puisqu'elle est l'accessoire du droit réel. En pareil cas, l'affectation est autonome du rapport d'obligations entre le disposant et l'*accipiens*. Cette qualification lui permet de survivre à la défaillance de l'acte puisqu'elle n'est pas l'accessoire de l'acte de disposition, mais bien du droit réel[121]. Elle suit alors le même régime juridique que le droit réel[122].

225. La qualification de l'affectation comme charge réelle a notamment permis de contourner l'échec des legs directs à une fondation non encore créée. Avant que la loi n'admette la validité des libéralités à des fondations non encore existantes[123], ce type de legs était frappé de nullité compte tenu de la prohibition de principe des legs à une personne future découlant de l'article 906 du Code civil[124]. Or, l'application de cette règle aux actes philanthropiques fut critiquée en ce que nombre de projets philanthropiques reposant sur la réalisation de ces fondations testamentaires directes échouaient[125]. Les critiques étaient d'autant plus vives que la position du Conseil d'État s'opposait à celle de la Haute juridiction judiciaire. Celui-ci retenait que le décret de reconnaissance d'utilité publique conférait de manière rétroactive la personnalité morale

---

française, 1960 ; Julien Scapel, *La notion d'obligation réelle*, Aix-en-Marseille, Presses Universitaires d'Aix-Marseille, 2002.

120 L'obligation réelle se définit comme l'« obligation liée à une chose (et dite *propter rem*) qui pèse, non sur un débiteur personnellement, mais sur le propriétaire de cette chose en tant que telle, de telle sorte que celui-ci peut s'en affranchir en aliénant la chose (l'obligation passe à l'acquéreur même à titre particulier) ou en délaissant sa propriété (abandon, déguerpissement) », (*Vocabulaire juridique*, *sub verbo* v° « obligation – réelle»).

121 Vernières, *supra* note 85 au para 70.

122 « Ce caractère accessoire justifie ainsi que la charge réelle suive le même régime que le droit réel qu'elle grève. De ce point de vue, le bénéficiaire d'une charge réelle est dans une situation nettement plus confortable que celle du bénéficiaire d'une charge personnelle. Pour bien le comprendre, comparons une libéralité avec charge personnelle au profit d'un tiers bénéficiaire et une double libéralité en usufruit et en nue-propriété. Le bénéficiaire de la charge personnelle ne peut réclamer les biens donnés ou légués si la disposition principale devient inefficace, alors que le bénéficiaire en nue-propriété peut toujours entrer en jouissance. De même, le bénéficiaire de la charge personnelle ne dispose d'aucun droit de suite si l'intermédiaire a disposé des biens (sauf si une clause d'inaliénabilité a été stipulée) tandis que le bénéficiaire en nue-propriété conserve toujours sa vocation » (*ibid* au para 72).

123 Au titre de la loi n°90-559 du 4 juillet 1990 (JO, 6 juillet 1990, n°155, 7914) portant modification de l'article 18-2 alinéa 2 de la loi n°87-571 du 23 juillet 1987, « un legs peut être fait au profit d'une fondation qui n'existe pas au jour de l'ouverture de la succession sous condition qu'elle obtienne, après les formalités de constitution, la reconnaissance d'utilité publique ».

124 En effet, la Cour de cassation retenait que ce type de legs engendrait une vacance de la propriété des biens, objets du legs. V. par exemple, Civ 1re, 15 février 1983, [1983] Rev Crit Droit Int Privé 545 (note B Ancel) ; [1983] RTD 350 (obs. J Patarin) ; 22 juillet 1987, n°85-13. 907, Bull civ, I, n° 187 ; [1988] Gaz Pal I 137 (note E S de la Marnière).

125 V. Michel Grimaldi, *Droit civil: libéralités, partages d'ascendants*, Paris, Litec, 2000 au para 1712 [M. Grimaldi, *Partages d'ascendants*]; François Terré, Yves Lequette et Sophie Gaudemet, *Droit civil : les successions, les libéralités*, 4e éd, coll Précis Dalloz, Droit privé, Paris, Dalloz, 2014 aux paras 676-679..

à la fondation. Aussi, admettait-il indirectement la validité des legs adressés aux personnes futures[126].

Sensible aux limites de la solution judiciaire et au désaccord jurisprudentiel, le juge judiciaire requalifia le legs consenti à une fondation à créer un legs avec charge dans le but de contourner l'incapacité des personnes morales futures[127]. De plus, il retînt la qualification de charge réelle au détriment de celle de charge personnelle, en reportant la charge de fonder sur celui ou ceux qui recueillent les biens de sorte que la charge d'affectation ne tombe pas malgré la défaillance du legs[128]. Cette qualification offrait plusieurs avantages en l'espèce. Outre le fait de rendre autonome l'affectation de l'acte de disposition, elle permettait de ne pas conditionner la réussite de cette solution à la bienveillance du légataire qui acceptait le legs avec charge[129]. Plus encore, elle se présentait comme la solution la plus proche de la volonté *de cujus* en évitant qu'en cas de défaillance du legs avec charge, les biens ne reviennent aux héritiers *ab intestat.*

Par la suite, il fut même admis que la charge de fonder puisse peser sur l'hérédité indépendamment de tout legs[130] aux motifs qu'« il appartient toujours aux tribunaux d'interpréter les testaments, d'en dégager le sens et la portée véritable et de rechercher notamment si, sous l'apparence

---

[126] V. Valérie Guedj, *Essai sur le régime juridique des fondations*, Thèse de doctorat, Université Panthéon-Assas Paris II, 1999 aux paras 269-273.

[127] Pour ce faire, les juges ont interprété la volonté du disposant comme celle de gratifier les héritiers *ab instestat* ou un tiers de confiance à charge pour ces derniers de créer une fondation puis de transmettre l'émolument une fois celle-ci instituée. Le recours à la charge permettait ainsi d'éviter que les biens ne restent sans titulaire le temps que la fondation soit créée. Les biens transitaient par le patrimoine du grevé pour la durée nécessaire à la constitution de la personne morale. Par ce biais, « on passait ainsi de la fondation directe, nulle, à la fondation indirecte, valable » (Terré, Lequette et Gaudemet, *supra* note 125 au para 678).

[128] V. T. civ. de la Seine, 1er février 1927, [1928] D II 12, 2e espèce (note R. Savatier) ; [1928] JCP 332 (note H. M). En l'espèce, la veuve Mallet imposait à ses trois légataires universels la charge de constituer entre eux une société civile devant durer au moins cinquante ans et d'employer l'intégralité des revenus du legs à des œuvres charitables pour les victimes de la guerre (aveugles, orphelins pauvres) et à l'entretien de sa propre chapelle funéraire. Les trois légataires renoncèrent au legs. Les héritiers saisirent le juge en vue d'obtenir la nullité du testament au motif que l'impossible création de la société à la suite de la renonciation des légataires. Le tribunal repoussa leur demande en considérant que la charge apposée aux legs survit à la disparition du legs, et se reportent sur ceux-ci qui recueillent les biens grevés, autrement dit les héritiers *ab intestat.* En effet, en dépit de la disparition des legs, le tribunal affirme que « le testament n'en reste pas moins parfaitement exécutable, avec cette seule différence que les héritiers se trouveront substitués aux légataires universels défaillants dans l'obligation aux charges imposées par la testatrice » *(*T. civ. de la Seine, 1er février 1927*).*

[129] « Ainsi les projets philanthropiques du *de cujus* pouvaient-ils être anéantis par un légataire peu scrupuleux dont la renonciation au legs lui permettait de se soustraire à l'exécution de la charge » (Vernières, *supra* note 85 au para 74).

[130] Telle est la solution retenue par la Cour d'appel de Paris en 1926 ([1928] D II 121, 1re espèce [note R. Savatier] confirmée par la Cour de cassation en 1987 (Civ 1re, 22 juillet 1987, *supra* note 124).

d'une libéralité à l'adresse d'une fondation qui comporte la création d'un établissement nouveau, le testateur n'a pas voulu gratifier certaines catégories de personnes déjà existantes et imposer à sa succession la charge d'y pourvoir par la réalisation d'une fondation »[131]. En l'espèce, la testatrice avait légué l'intégralité de ses biens en vue de construire et entretenir une fondation, à Arcachon, destinées aux veuves et orphelins pauvres des employés de la Banque de France. Aussi, les juges écartent-ils le recours au procédé de la libéralité avec charge pour faire peser la charge de fonder directement sur la succession[132].

Ainsi, la qualification réelle de la charge d'affectation permet de rendre l'affectation indépendante des volontés individuelles, et par là, d'en assurer son efficacité[498]. Cette solution témoigne du degré d'opportunité, et plus largement de l'importance que peut revêtir la qualification de la charge d'affectation, et en quoi celle-ci constitue un levier sur lequel les juges peuvent s'appuyer. Le cas échéant, pour assurer la réalisation des volontés philanthropiques.

226. Le caractère implicite de la charge d'affectation. La charge d'affectation d'intérêt général jouit d'un caractère implicite[133]. En effet, le seul fait de gratifier une personne morale dont la spécialité est une mission d'intérêt général emporte l'affectation des biens à l'œuvre d'intérêt général qu'elle assure[134]. En cela, le disposant n'a pas besoin d'exprimer sa volonté d'affecter les biens à une œuvre d'intérêt général. L'affectation d'intérêt général naît du seul fait de gratifier un organisme d'intérêt général tel qu'un musée d'art. Elle est inhérente à l'acte philanthropique.

Ceci n'empêche pas que, dans certains cas, la charge d'affectation jouisse d'un caractère exprès. Par exemple, le caractère solennel des libéralités rend expresse la charge d'affectation tout comme les statuts de la fondation reconnue d'utilité publique ou du fonds de dotation[135].

---

[131] René Savatier, [1928] D II 121, 2e espèce, *supra* note 128.

[132] Les juges admettent alors que la charge de fonder existe sans le support d'un legs. Sur cette question, v. Vernières, *supra* note 85 aux paras 73-74.

[133] « La libéralité à une personne morale se rapproche toujours dans une certaine mesure d'une libéralité avec charges, car elle contient implicitement la charge d'affecter les biens qui en proviennent à l'objet poursuivi par la personne morale » (Michoud, *supra* note 33 au para 376). Sur ce point v. également, M. Grimaldi, *Partages d'ascendants, supra* note 125 au para 1671 ; Vernières, *supra* note 85 au para 63. En revanche, pour R. Boffa, la clause de destination ne saurait être tacite (Boffa, *supra* note 21 au para 114).

[134] M. Grimaldi, *Partages d'ascendants*, *supra* note 125 au para 1671.

[135] Dans le cas de la création d'une personne morale à but non lucratif, la création d'une fondation (art. 18 de la loi n°87-571 du 23 juillet 1987 relative au développement du mécénat, JO, 24 juillet 1987, 8255*)* et du fonds de dotation (art. 140 de la loi n°2008-776 du 4 août 2008 dite de

Cependant, il est un cas dans lequel la charge d'affectation doit nécessairement être de nature expresse. Il s'agit de l'hypothèse dans laquelle la réalisation de l'acte philanthropique au profit du musée d'art requiert l'entremise d'un tiers. Sont ainsi visés les actes philanthropiques opérés par voie d'assurance-vie, ou encore les fondations testamentaires indirectes, sans oublier les actes destinés à une fondation ayant une vocation redistributrice comme la Fondation de la France. Il importe ici que la charge d'affectation soit expressément définie afin de garantir que l'intermédiaire de transmission (par ex., l'assureur, la personne en charge de créer une fondation testamentaire, ou encore la fondation redistributrice) ne soit pas considéré comme un gratifié, mais bien comme le grevé de la charge de transmettre au musée d'art.

Finalement, en ce qu'elle est inhérente à l'acte philanthropique, la charge d'affectation se révèle la cause impulsive et déterminante de la libéralité. Elle constitue la raison pour laquelle le disposant concède ses biens à titre gratuit au musée d'art. C'est ainsi qu'il fut admis que la disparition de l'objet de l'affectation (comme celle du musée d'art), après la formation de l'acte, rendait ce dernier caduc[136].

227. Le fondement collectif de la charge d'affectation. Le second élément distinctif de la charge d'affectation d'intérêt général relève de son fondement collectif. D'une part, la charge d'affectation ne sert pas l'intérêt particulier du musée d'art, mais un intérêt collectif, celui des bénéficiaires de l'œuvre d'intérêt général. Aussi, la charge d'affectation est soumise à la validité de la mission d'intérêt général[137] tel qu'il ne saurait y avoir d'acte philanthropique en dehors des activités admises comme relevant de l'intérêt général[138]. D'autre part, la charge d'affectation d'intérêt général est stipulée non dans l'intérêt du musée d'art, mais dans celui de l'ensemble des personnes jouissant de l'activité muséale. En effet, les biens affectés à la réalisation de la mission muséale ont pour vocation de soutenir une œuvre d'intérêt général derrière

---

modernisation de l'économie, JO, n°0181, 5 août 2008, 12471) requiert la définition d'un but d'intérêt général.

[136] Cette solution fut rendue lors de la célèbre affaire dite du « Chien Costaud » (T. civ. de Saint Étienne, 8 juillet 1957, [1958] D 2 142 [note R. Nerson] ; [1958] RTD civ 1958 71 [obs. H et L. Mazeaud] ; CA Lyon, 20 octobre 1958, [1959] D 2 111 [note R. Nerson]. Dans sa note sous l'arrêt de Cour d'appel, l'auteur en conclut qu'il convient de distinguer les affectations spéciales qui sont caduques des simples charges qui ne le sont pas. En l'espèce, une collecte de dons avait été organisée afin de couvrir les frais vétérinaires pour un chien blessé en évitant à un enfant de se faire renverser. Le chien avait bénéficié de soins gratuitement faisant que les fonds récoltés devenaient alors inutiles. Le propriétaire du chien saisit les juges afin d'obtenir l'autorisation d'affecter les fonds à une autre fin, ce que les juges refusèrent, ce dernier se voyant condamner à les rembourser.

[137] Elle-même conditionnant l'existence de la personne morale récipiendaire de l'acte.

[138] *Supra* aux paras 140 et s.

laquelle se dessine un groupe déterminé de personnes indéterminées. Seules ces personnes sont les véritables bénéficiaires de la charge d'affectation[139]. Ce fondement collectif de la charge d'affectation permet ainsi de mettre en exergue le droit des bénéficiaires au respect de la charge d'affectation lequel fera l'objet d'un traitement particulier[140].

228. Toutefois, bien qu'inhérente à la volonté philanthropique, la charge d'affectation ne permet pas de délimiter avec précision le périmètre de cette dernière. Le disposant peut, en effet, avoir une idée bien plus précise de la destination de ses biens. Aussi, le disposant aura recours, en sus de la charge d'affectation, à des charges accessoires précisant les modalités de la détention des biens reçus aux fins d'intérêt général.

B. LES CHARGES ACCESSOIRES

229. Définition. Au titre des charges accessoires sont visées les charges qui ne fondent pas l'affectation, mais en définissent seulement les contours. Celles-ci complètent alors la charge d'affectation. Le disposant exprime par leur biais les modalités dans lesquelles ils souhaitent que sa volonté philanthropique se réalise.

Dès lors, ces charges ne jouissent pas d'un caractère implicite. Contrairement à la charge d'affectation, elles ne sont pas inhérentes à la seule volonté de gratifier une œuvre d'intérêt général, et par voie de conséquence, ne sont pas communes à l'ensemble des actes philanthropiques. En effet, un disposant peut très bien se contenter d'affecter ses biens à l'intérêt général sans d'autres dispositions particulières. Pour ces raisons, il advient que les charges sont nécessairement de nature expresse. Elles trouvent notamment terre d'élection dans les pactes adjoints[141]. Elles pourront aussi être intégrées

---

[139] C. Vernières souligne que la traditionnelle distinction des charges selon qu'elles profitent au disposant, à l'*accipiens* ou à des tiers présente ses limites ici. En l'espèce, la charge d'affectation semble autant profiter au musée d'art lequel reçoit les biens qu'aux usagers de l'offre muséale. L'auteur suggère alors que la distinction intègre plutôt l'intérêt en jeu dans l'opération. Ceci conduirait à distinguer les charges selon qu'elles sont stipulées dans un intérêt particulier (hypothèses où les bénéficiaires sont connus et déterminés) de celles stipulées au profit de l'intérêt général particulier ou général (hypothèses où les bénéficiaires sont connus, mais indéterminés). V. Vernières, *supra* note 85 à la p 69.

[140] Sur le droit des bénéficiaires de l'acte philanthropique au respect de l'affectation, *infra* aux paras 334 et s. De même, en affirmant que la charge d'affectation est stipulée dans l'intérêt des tiers, il convient de rattacher les actes philanthropiques au profit des musées d'art aux hypothèses des « libéralités à trois personnes » conformément à l'expression de C. Vernières (*supra* note 85).

[141] En l'espèce, les pactes adjoints sont des conventions entre le donateur et le donataire ayant pour fin de préciser les conditions et modalités d'un don manuel. En cela, le pacte adjoint est subséquent

dans les statuts de la personne morale à but non lucratif ayant pour fin de réaliser l'affectation d'intérêt général. Il est notamment courant d'adjoindre aux statuts de la fondation une clause d'inaliénabilité pour certains biens.

230. Toutefois, le fondement de ces charges est complexe. Contrairement à la charge d'affectation qui revêt un fondement exclusivement collectif, les charges accessoires peuvent servir plus ou moins directement l'intérêt particulier du disposant, tout en renforçant le fondement collectif de l'opération. Dans le contexte muséal, on peut notamment citer les clauses d'inaliénabilité portant sur les objets culturels, les charges relatives aux modalités de conservation ou d'exposition des biens, ou encore les charges relatives aux pratiques d'attribution du nom du disposant à une salle du musée[142] (*nommage*) pour ne citer que les plus courantes[143].

D'une part, force est de noter que ces charges sont la manifestation même de l'ampleur du pouvoir de la volonté du disposant, car par leur biais, ce dernier s'empare de l'œuvre d'intérêt général en privant le musée d'art d'une marge de manœuvre dans l'affectation des biens. D'ailleurs, il importe de souligner que les clauses d'inaliénabilité contenues dans des libéralités faites à des personnes morales jouissent d'un régime dérogatoire eu égard à la finalité d'intérêt général que revêt l'opération[144]. En effet, celles-ci ne sont pas tenues d'être limitées dans le temps[145], ni d'être justifiées par un intérêt supérieur et légitime. Si ces

---

au don manuel, et ne saurait constituer ni le titre de la possession des biens, ni celui de leur destination. Leur admission repose sur des considérations d'ordre pratique : le pacte adjoint offre seulement l'avantage de faciliter la preuve de l'existence voire du contenu du don manuel. Les pactes adjoints constituent des actes sous seing privé pour lesquels aucun formalisme n'est requis. Toutefois, les parties au pacte peuvent opter pour une forme notariée. V. Nathalie Peterka, *Les dons manuels*, coll Thèses, Bibliothèque de droit privé, n°355, Paris, LGDJ : Lextenso éditions, 2001 aux para 141 et s).

[142] Cour des comptes, *Les musées nationaux après une décennie de transformations : 2000-2010 : rapport public thématique*, Paris, Documentation française, 2011 à la p 69. V. également à titre d'exemple, l'affaire relative au Musée Trémois où le disposant souhaitait qu'en plus de son nom, il ait le droit de choisir l'architecte en charge du projet de création du bâtiment (CAA Marseille, 28 juin 2004, *Ville de Nice et Trémois*, [2005] RFDA 393 ; Jean-Jacques Louis, « Offre de concours ou donation : à propos de la création d'un musée d'objet d'art japonais » (2005) 2 RFDA 393). Comp. Au Canada, l'affaire *McMichael v. Ontario* relative à la création et l'administration de McMichael Canadian Art Collection. Les disposants avaient défini restrictivement les conditions dans lesquelles la collection pouvait évoluer (notamment en limitant l'acquisition d'œuvres par le musée qui n'auraient pas de lien direct avec le groupe des sept) et en se réservant d'importants pouvoirs d'administration (Albert J McLean, « One Man's Obsession » (1998) 7 :2 Int J Cult Prop 496).

[143] Ces charges révèlent comment l'acte philanthropique est empreint d'une *générosité intéressée* (supra aux paras 122 et s.) appelant une relecture du critère de gratuité.

[144] C civ., art 900-1. V. Sériaux, *J-Cl Civil code*, *supra* note 116 au para 9.

[145] Cette exception procède de la jurisprudence de la Cour de cassation au motif que la clause d'inaliénabilité perpétuelle est inhérente à la notion même de fondation. Dès lors, l'affectation des biens donnés ou légués ayant pour but l'établissement d'une fondation présentant un caractère

dérogations sont admises afin de répondre aux enjeux et aux attentes des actes philanthropiques, celles-ci jouissent d'un fort caractère contraignant pour les musées d'art. Aussi, le monde muséal redoute ce type de charges. D'ailleurs, les libéralités grevées de charges font l'objet d'un examen particulier dont il dépend leurs acceptations[146].

D'autre part, dans l'hypothèse où ces charges accessoires servent essentiellement l'intérêt du disposant, elles constituent des contreparties à l'acte. Or, comme nous l'avons vu précédemment, si l'exécution de la charge accessoire absorbe la totalité de l'émolument, l'acte philanthropique au profit du musée d'art ne saurait plus répondre à la qualification de libéralité[147]. Ainsi, les charges accessoires, tout en menaçant la validité de l'opération, constituent également un fort levier d'incitation aux dons.

231. En somme, l'affectation contraint le musée d'art à une série d'obligations qui, dans le cas précis des charges accessoires, s'éloignent du fondement collectif de l'opération pour servir les intérêts du disposant. Ces charges sont la manifestation de l'étendue du pouvoir de la volonté du disposant dans la mesure où elles font peser la satisfaction de ses intérêts personnels sur le musée d'art, et donc, sur la conduite de l'activité muséale.

II. LA QUALITÉ D'AFFECTATAIRE DU MUSÉE D'ART

232. Position du problème. L'affectation procède du pouvoir du propriétaire des biens contenus dans l'acte d'imposer une finalité exclusive aux biens, et ainsi de contraindre leurs détenteurs successifs — les musées d'art — à une utilisation précise et limitée. Ainsi, l'affectation est un « procédé d'utilisation des biens »[148], pourvu d'un caractère obligatoire, ayant pour effet de restreindre l'usage des biens à un but

---

d'utilité publique ne pouvait être qualifiée d'illicite au regard de l'article 900 du Code civil (Civ, 1re, 19 octobre 1965; [1966] D jurispr 245 [note J. Defrénois] ; [1966] RTD civ 328 [obs. R. Savatier]. Et sur renvoi, CA Rennes, 28 juin 1966; [1967] D jurispr 18 ; [1967] RTD civ 1967 422 [obs. R. Savatier]). En revanche, il ne semble pas que les clauses d'inaliénabilité contenues dans une libéralité adressée à une personne morale soient affranchies de la condition d'être motivées par un intérêt sérieux et légitime. « On ne voit en effet aucune raison de maintenir une fondation qui ne répondrait pas à un tel intérêt : la nullité soit pour insuffisance, soit pour illicéité de la cause doit être prononcée par application du principe plus général formulé par l'article 1131 du Code civil. La jurisprudence n'a cependant pas eu, à notre connaissance, à statuer sur ce point » (Sériaux, *J-Cl Civil code*, *supra* note 115, n°12).

[146] *Supra* aux paras 166-169.

[147] *Supra* aux paras 109 à 111.

[148] Guinchard, *supra* note 1.

exclusif. La particularité de l'affectation ne se limite pas au procédé technique qu'elle institue. Le musée d'art se retrouve, sous l'effet de l'affectation contenue dans l'acte philanthropique, dans une situation juridique particulière. Compte tenu des obligations auxquelles il se trouve assujetti à l'issue du transfert, celui-ci est un propriétaire obligé. Cela n'est pas tout. Dans la mesure où le musée d'art est tenu d'affecter les biens à la finalité d'intérêt général, son droit de propriété sur les biens contenus dans l'acte est tributaire d'une mission particulière, et donc, sujette à restrictions. Aussi, le musée d'art, à l'issue du transfert de biens se trouve-t-il dans une situation d'un propriétaire à la fois obligé et pourvu d'une mission. À cela s'ajoute qu'il n'est détenteur des biens qu'au titre de leur affectation. S'éloignant fortement de l'hypothèse du gratifié ordinaire recevant la propriété des biens sans restriction ni finalité précise, le musée d'art répond davantage à la qualité d'affectataire. Celle-ci constitue en effet une forme hybride de propriétaire : à mi-chemin entre un gratifié et un fiduciaire[149].

233. Un gratifié apparent. À l'instar d'un gratifié, l'affectataire reçoit les biens contenus dans la libéralité à titre de propriétaire. Toutefois, plusieurs éléments ne permettent pas de considérer ce dernier comme un gratifié ordinaire.

En effet, l'affectataire ne reçoit les biens que dans le but de les destiner à la réalisation de sa mission d'intérêt général. Cependant, par son acte, le disposant souhaite soutenir une cause d'intérêt général plutôt que d'enrichir l'*accipiens*. La charge d'affectation est ce pour quoi les biens furent transférés à la personne morale. C'est donc la cause d'intérêt général, et indirectement le groupe de personnes auquel cette dernière profite, que le disposant a entendu gratifier. Les actes philanthropiques servent alors à octroyer à l'affectataire, et donc au musée d'art, « une puissance d'action »[150] nécessaire à l'accomplissement de sa mission d'intérêt général.

---

[149] Sur ce point, Aurore Chaigneau, « Des droits individuels sur des d'intérêt collectif à la recherche du commun » (2014) 3 RIDE 335 à la p 345. « Partie prenante à la finalité de l'affectation, il [l'affectataire] se voit assigné une mission. Celle-ci consiste en la protection ou la valorisation des biens. L'affectataire se voit tenu, selon les cas, soit à des obligations positives d'entretien et de fructification, soit le plus souvent à des obligations négatives de ne pas porter atteinte aux biens protégés et de ne pas priver l'accès aux tiers aux fins de garantir l'objectif visé » (ibid). Ce choix terminologique est en lice avec le droit civil québécois. En effet, l'expression fut utilisée pour décrire la situation particulière du fiduciaire en les termes suivants : « puisque le rôle particulier de l'attributaire de pouvoir, sujet du droit, découle d'une affectation, nommons-le affectataire. Le rôle de l'affectataire est particulier. Il détient les droits, il gère les dettes, mais n'est jamais personnellement bénéficiaire ou responsable. Il est titulaire, au grand dam de Madeleine Cantin Cumyn, de droits patrimoniaux sans bénéfices. En effet, l'affectataire a récemment été utilisé pour requalifier l'administrateur du bien d'autrui » (Popovici, *Êtres et avoirs*, *supra* note 61 à la p 146).

[150] Expression empruntée à Planiol, Note sous Nîmes, 22 janv. 1890, [1891] DP II 113. La charge d'affectation est en effet stipulée dans l'intérêt de la personne morale, et ne saurait remettre en

En revanche, derrière l'intérêt général se dissimulent des tiers indéterminés qui sont les véritables bénéficiaires de l'acte philanthropique au profit des musées d'art[151]. Le musée d'art institutionnalise l'œuvre d'intérêt général[152] dont il a la charge. Par conséquent, l'acte philanthropique place le musée d'art dans la situation particulière où celui qui perçoit les biens n'est pas celui à qui le bénéfice du don est ultimement destiné. Pour cela, le musée d'art constitue un gratifié apparent[153].

De même, le choix de l'affectataire dépendra de l'autonomie de *l'idée d'œuvre*[154] voulue par le disposant. Selon que le disposant estime celle-ci comme singulière, il instituera un nouveau musée exclusivement voué

---

cause le caractère gratuit de l'opération à moins qu'elle impose au grevé de s'éloigner de son objet social.

[151] En l'espèce, les bénéficiaires de l'acte n'ont d'ailleurs aucunement vocation à être déterminés ultérieurement contrairement à d'autres types d'actes philanthropiques (par ex., les dons relatifs à l'attribution de bourses à des étudiants méritants). Participant à la protection et à la sauvegarde du patrimoine, le disposant fait bien un don à l'intérêt général sans que les bénéficiaires réels du don (les usagers de l'offre muséale) n'aient vocation à être identifiés. Ceci marque une distinction de l'acte philanthropiques au profit des musée d'art avec d'autres types d'actes philanthropiques comme ceux relatifs à l'attribution de bourses à des étudiants méritants. Nous reviendrons ultérieurement sur ce point, compte tenu de ses implications dans le respect de la vigueur du rapport d'affectation (*infra* au paras 334 et s).

[152] L'affectation d'intérêt général est traditionnellement faite, en droit civil, au profit d'une personne morale qui incarne, par son objet social, l'œuvre soutenue par le disposant. Notons toutefois que la personne morale n'est pas une projection de l'homme, mais de l'œuvre. La personne morale constitue un outil de réalisation et d'administration de l'affectation : la personnification de l'intérêt général est nécessaire en ce qu'il ne peut exister de droits sans sujet. Aussi, la gratification de la personne morale est incontournable pour soutenir une cause d'intérêt général. Il est possible de voir en cette hypothèse une résurgence de la théorie de l'institution du Doyen Hauriou. Selon cette théorie, il est possible d'admettre la réalisation d'œuvre d'intérêt général sous couvert des mécanismes de droit privé. En ce que l'institution n'est autre que « l'idée d'œuvre ou d'entreprise qui se réalise et dure juridiquement dans un milieu social ; Pour la réalisation de cette idée, un pouvoir s'organise qui lui procure des organes ; d'autre part, entre les membres du groupe social intéressé à la réalisation de l'idée, il se produit des manifestations de communions dirigées par les organes de pouvoir et règles par des procédures » (Hauriou, *supra* note 2 à la p 96.). En d'autres termes, l'œuvre devient un corps social capable d'être gratifié par la volonté isolée, et donc, d'être titulaire des droits réels transférés (À propos de la fondation, v. Carbonnier, *supra* note 38 au para 366; sur la théorie de la fondation et la propriété personnifiée, v. Salleiles, *supra* note 33 aux pp 122 et s.). À cela, notons que « l'idée d'œuvre possède une existence objective et c'est cette réalité-là qui lui permet de passer d'un esprit à un autre et de se rétracter différemment dans chacun sans cependant se dissoudre et s'évanouir » (Hauriou, *supra* note 2 à la p 101). Par conséquent, l'affectation d'intérêt général est conceptualisée comme « perpétuelle » et par là irrévocable, comme atteste la définition légale de la fondation (Carbonnier, *supra* note 38 aux paras 359, 748). De même, parce que son objet est celui de l'intérêt général, l'affectation doit disposer de techniques qui garantissent sa continuité. Notamment, la dissolution d'une institution d'intérêt général induit que les biens constituant le patrimoine de cette dernière seront transmis à une œuvre similaire. Ils ne peuvent en aucun cas revenir dans le patrimoine d'un sujet de droit pour lui en rapporter un bénéfice personnel. Une telle règle se retrouve en *common law*, v. *infra* note 208.

[153] Il y a donc une déconnexion entre celui qui devient détenteur des biens et ceux qui doivent en retirer le bénéfice.

[154] Hauriou, *supra* note 2 à la p 96.

à cette dernière[155]. Dans le cas contraire, il transférera ses biens à une institution existante, incarnant déjà sa volonté philanthropique.

234. Un quasi-fiduciaire. Ensuite, le musée d'art ne reçoit les biens qu'en raison de leur affectation. Celle-ci constitue le fondement de sa détention. À l'issue du transfert du bien, la propriété des biens revêt alors un caractère finalisé au gré duquel force est de reconnaître que le musée d'art tend vers la qualité de fiduciaire[156].
Il importe de préciser le contenu de la charge d'affectation afin de définir l'objet de la mission fiduciaire confiée au musée d'art. Selon que le disposant souhaite soutenir le fonctionnement du musée d'art ou participer à la réalisation de sa mission[157], le musée d'art doit détenir les biens dans le respect de la volonté philanthropique du disposant. Par exemple, un musée ne saurait user des sommes reçues au titre de l'organisation d'une nouvelle exposition au profit de la rénovation du bâtiment sous peine de voir son don révoqué[158]. De même, le don d'œuvre d'art en vue d'enrichir la collection ne peut servir une fin autre que celle relative à la mission culturelle du musée, à moins d'obtenir une autorisation judiciaire à l'issue d'une procédure en révision des

---

155 Sont particulièrement visés ici les musées qui seraient dédiés à un artiste particulier (par ex., le musée Picasso ou le musée Rodin) ou encore ceux constitué pour accueillir une collection particulière.

156 Il importe de préciser ici que même si l'on admet que le musée d'art réalise une mission fiduciaire, ce dernier ne saurait être pleinement assimilé à un fiduciaire au sens de la loi française au regard de deux éléments. D'une part, le droit positif entend restrictivement la qualité de fiduciaire, sans oublier que les fiducies libéralités sont expressément prohibées (art. 2013 C. civ.). D'autre part, et plus encore, la propriété fiduciaire est, par essence, une propriété temporaire. Le fiduciaire détient les biens à charge de les transmettre aux bénéficiaires de l'opération. Or, dans notre espèce, le musée d'art bénéficiant de l'acte philanthropique ne reçoit pas les biens à charge de les transmettre, mais au contraire, à vocation de les conserver quand il s'agit de dons d'œuvres d'art. Sa détention ne se trouve donc pas limitée dans le temps. Pour ces raisons, le musée d'art, qu'il soit de droit privé comme de droit public, ne peut être pleinement assimilé à un fiduciaire au sens de la loi et nous lui préférons le terme d'affectataire.

157 En d'autres termes, en soutenant directement la réalisation d'une des quatre missions fondamentales d'un musée alors prévues à l'article L402-2 du Code du patrimoine.

158 Cette distinction peut sembler fragile à quelques égards. Affecter des biens au profit du fonctionnement de l'institution muséale permet en fin de compte à celle-ci de réaliser sa mission d'intérêt général. De même, la conduite des missions muséales entraine nécessairement des frais de fonctionnement en plus des frais fixes (salaires, loyers, etc.). Par exemple, les dons d'œuvre d'art entrainent des dépenses relatives à la conservation tels que des frais d'entreposage, de restauration ou encore d'assurance. D'ailleurs, la survenance de tels frais a fait dire à certains musées que, s'ils étaient riches en œuvres d'art, ils étaient en réalité pauvres faute de financement suffisant. De même, la dotation d'une fondation-personne morale est autant affectée à son fonctionnement qu'à la réalisation de son œuvre. Aussi, il apparaît que lorsque l'acte philanthropique donne lieu à la création d'une personne morale en charge d'une œuvre d'intérêt général nouvelle, l'affectation sera tant au profit du fonctionnement de l'institution qu'au profit de la réalisation de l'œuvre pour laquelle la personne morale fut créée. J. Boisson parle en ce cas de libéralités doublement affectées. Il intègre dans cette hypothèse le cas des fondations personnifiées, qu'elles soient perpétuelles ou temporaires, ainsi que les fondations de flux (Boisson, *supra* note 112 à la p 172 et s.)

charges[159]. Plus largement, la charge d'affectation est duale : elle sous-tend une obligation positive d'utilisation et de conservation des biens, ainsi qu'une obligation négative de ne pas détourner ces derniers de leur finalité, et de ne pas en priver les usagers d'en bénéficier.

Parallèlement, l'idée selon laquelle le musée d'art est pourvu d'une mission fiduciaire se trouve indirectement confortée par les règles relatives aux dotations des groupements de biens, lesquels peuvent être le support de musées privés. S'agissant des fondations reconnues d'utilité publique, il est admis que le montant de la dotation initiale doit être cohérent avec les ambitions philanthropiques du disposant tout en garantissant, outre la réalisation de l'œuvre, la viabilité financière de la fondation sur le long terme grâce aux revenus produits par cette dernière. Ainsi, est-il admis que la création d'une telle fondation requiert traditionnellement une dotation intangible d'un montant minimum d'un million et demi d'euros[160]. L'exigence d'une dotation pérenne, donc intangible pour les fondations reconnues d'utilité publique, découlait du fait que la perpétuité de la fondation-personne morale constituait un élément central de sa définition. Or, cette affirmation a perdu de sa vigueur depuis qu'il fut admis, dans le contexte des fondations reconnues d'utilité publique, les fondations temporaires — dont la dotation est entièrement consomptible — et les fondations sans dotation initiale[161]. Selon le Conseil d'État, l'admission des dotations entièrement consomptibles « correspond à la volonté du ou des fondateurs et si la

[159] Un tel changement d'affectation aurait peu de chance d'aboutir dans l'hypothèse d'un don destiné à rejoindre la collection publique d'un musée au regard des règles de l'article L451-8 du Code du patrimoine.

[160] Ce montant est établi au motif que la fondation, « affectation irrévocable de biens, droits ou ressources » selon l'article 18-1 de la loi du 23 juillet 1987 (*supra* note 135), ne saurait être instituée que pour des projets significatifs ayant une vocation pérenne selon la doctrine du Conseil d'État (Statuts types 2018 modèle 1, note 29 ss art. 11 ; modèle 2, note 32 ss art. 10).

[161] Puisque la fondation-personne morale repose sur une affectation patrimoniale, il ne saurait *a priori* y avoir de fondation-personne morale sans dotation initiale. Les notions d'affectation et de dotation s'avéraient donc indissociables en l'espèce. (Henri Souleau, *L'Acte de fondation en droit français*, Thèse de doctorat, Paris, 1969 aux paras 139 et s.; Guedj, *supra* note 126 aux paras 229 et s). Il s'agit d'une affirmation dont le législateur avait bien conscience puisque, lors des travaux parlementaires relatifs aux fondations d'entreprise, le rapporteur de la Commission des affaires culturelles au Sénat soulignait « l'exigence d'une dotation patrimoniale sans laquelle il ne saurait y avoir de fondation » (JO Sénat CR 1990, p.598). Le doyen Carbonnier écrivait d'ailleurs que l'essence de la fondation réside dans cette masse de biens affectée à un but d'intérêt général (Jean Carbonnier, *Droit civil*,2e éd, Paris, Presses universitaires de France, 2017 au para 377). L'article 18 la loi n°87-571 du 23 juillet 1987 (*supra* note 135) confirme cette affirmation en définissant la fondation comme « l'acte par lequel une ou plusieurs personnes physiques ou morales décident l'affectation irrévocable de biens, droits ou ressources à la réalisation d'une œuvre d'intérêt général ». Dès lors, il fut longtemps admis que la réalisation d'une œuvre d'intérêt général devait être assumée par une institution à vocation pérenne ce qui supposait une dotation d'un important montant, et qui plus est, intangible. Toutefois, cette doctrine classique connut quelques inflexions en réponse aux difficultés économiques que rencontraient les fondations, et des difficultés pratiques qu'impliquait la constitution d'une telle dotation initiale.

fondation se donne un objet bien circonscrit et réalisable dans un laps de temps déterminé »[162] . Toutefois, une telle option ne fut pas reprise dans les statuts types postérieurs à 2003 sans pour autant être interdite[163]. S'agissant des fondations sans dotation initiale[164], cette option est réservée aux fondations d'entreprises pour lesquelles la constitution d'une dotation pouvait être un frein à la réalisation du projet philanthropique. Aussi, l'exigence d'une dotation initiale céda au profit du programme d'action pluriannuel[165]. Le fonds de dotation s'inscrit notamment dans cette tendance récente de la recherche d'une adéquation entre la nature de la dotation et celle du but que le groupement se propose de réaliser[166]. Dans l'ensemble de ces hypothèses, il advient que le Conseil d'État comme le législateur sont soucieux que le groupement de biens (en l'espèce, le musée privé) dispose des moyens pour réaliser la mission pour laquelle il est institué.
Le souci de veiller à ce que le musée d'art dispose des ressources nécessaires pour conduire à bien sa mission peut également se déduire de l'article L442-1 alinéa 2 du Code du patrimoine. La demande d'attribution de l'appellation « Musées de France » par une personne morale de droit privé est « subordonnée à la présentation d'un inventaire des biens composant les collections, à la justification de l'absence de sûretés réelles grevant ces biens »[167].

***

---

[162] Statuts types 2003, notes 31 et 32 ss. art. 10.
[163] Verjat, *supra* note 165 au para 63.67. *Adde* Statuts types 2018, modèle 1 art 11 ; modèle 2, art 10.
[164] Cette hypothèse marquait notamment la nouveauté des fonds de dotation (art 140 III, loi n°2008-776 du 4 août 2008 *supra* note 135).
[165] Loi du 23 juillet 1987 (*supra* note 135), art. 19-7. La suppression de l'obligation de dotation initiale fut consacrée par la loi n°2002-5 du 4 janvier 2002 sur les musées de France (JO, 5 janvier 2002, 305 texte n°1, art. 29), consacrant alors le statut de fondations de flux aux fondations d'entreprise. Dès lors, le programme d'action annuel permet un financement par fractions sur une période maximale de cinq ans. Le montant minimum est de 150 0000 euros. Les montants sont librement répartis entre les différents fondateurs selon un calendrier de versement, et garantis par une caution bancaire. V. Dan Roskis, *Rep Dr sociétés*, *sub verbo* « Fondation d'entreprise » aux paras 27 et s.
[166] Puisque le fonds de dotation devait constituer un outil philanthropique doté d'une grande flexibilité, l'exigence de la dotation initiale ne fut pas reprise. Pourtant, sous l'essor de fonds de dotation se révélant de véritables « coquilles vides », ce système libéral fut écarté. Notamment, la loi n°2014-856 du 31 juillet 2014 relative à l'économie sociale et solidaire (JO 1er août 2014, n°176, 12666 modifiant l'article L140-II) en imposant une dotation initiale ne pouvant excéder 30 000 euros, et au moins égale à un montant minimum. Par décret n°2015-49 du 22 janvier 2015 (JO, n°0020, 24 janvier 2015, 1073, texte n° 24), le montant minimal de 15 000 euros fut ainsi fixé.
[167] C. patr., art. L442-1 al. 2.

CONCLUSION DE LA SECTION

235. En soulignant que l'acte philanthropique au profit du musée d'art repose sur une affectation d'intérêt général, nous avons mis en exergue comment la finalité justifie le transfert à titre gratuit, mais surtout conditionne la détention des biens.
En effet, l'affectation des biens à un musée d'art repose sur le procédé de la charge grevant les libéralités. Distinguant la charge d'affectation des charges accessoires, il apparaît plutôt que celle-ci prend corps à travers une combinaison de diverses obligations qui, toutes, définissent l'usage des biens par le musée d'art.
Surtout, il fut constaté qu'à l'issue du transfert des biens, l'affectation fait du musée d'art non pas un propriétaire ordinaire, mais un affectataire. À la fois gratifié apparent et quasi-fiduciaire, celui-ci ne reçoit et ne détient les biens qu'en vue de les affecter à la mission muséale, et ce, conformément à la volonté du disposant.

Or, il advient que l'affectation n'influence pas seulement le statut juridique du musée d'art. Elle influence également celui des biens.

Section III. L'INFLUENCE DE L'AFFECTATION D'INTÉRÊT GÉNÉRAL SUR LE STATUT JURIDIQUE DES BIENS À L'ISSUE DE LEUR TRANSFERT AU MUSÉE D'ART

236. Annonce de plan. L'acte philanthropique au profit des musées d'art implique d'importants changements au regard du droit de propriété des biens contenus dans la libéralité quand ces derniers jouissent de l'appellation « Musées de France ». En effet, l'affectation des biens, et plus précisément des œuvres d'art, à un musée d'art induit une transformation des régimes de propriété des biens (I). Ce changement révèle *in fine* un modèle propriétaire commun à l'ensemble des musées d'art transcendant la dichotomie traditionnelle entre la propriété des personnes publiques et des personnes privées (II). En cela, le transfert des biens au musée d'art modifie le statut juridique des biens : leur régime juridique dévoile un modèle propriétaire foncièrement distinct par rapport à celui auquel les biens étaient soumis avant leur affectation au musée d'art. Il importe de souligner que la nature de ces changements a une résonance particulière en droit français, laquelle s'explique par la forte dichotomie entre la domanialité publique et la propriété privée, mais également par l'existence d'un régime propre aux collections des musées de France.

I. LA TRANSFORMATION DU RÉGIME JURIDIQUE DES BIENS

237. Position du problème. Par l'octroi d'une finalité d'intérêt général, les biens contenus dans l'acte philanthropique au profit du musée d'art deviennent voués au service de cette même finalité d'intérêt général. L'affectation a donc pour effet de modifier le régime juridique des biens puisque la finalité d'intérêt général se trouve, dès lors, inscrite au cœur de ce dernier[168]. Alors que les biens étaient détenus à des fins individuelles, ceux-ci se retrouvent exclusivement destinés à une fin collective du fait de l'affectation. Aussi, il se produit un phénomène juridique majeur à l'issue du transfert : l'affectation entraîne une transformation du régime de propriété des biens contenus dans l'acte. Or, ce n'est pas tant la survenance d'un tel phénomène qui surprend, mais plus le contenu et la portée du changement induit par l'affectation quant au régime des biens qui attirent notre attention.

238. Annonce de plan. En effet, dans l'hypothèse d'un acte au profit d'un musée public, il s'opère une substitution de la propriété privée au profit du régime de la domanialité publique (A). En revanche, dans l'hypothèse d'un acte au profit d'un musée privé, il se produit une altération de la propriété privée afin que celle-ci soit compatible avec la conduite de l'activité générale du musée d'art (B).

239. Le caractère limité de la comparaison. La forte dichotomie entre les régimes de la domanialité publique et de la propriété privée est une particularité des pays de droit civil[169] et ne se retrouve pas en droit américain[170]. Le Québec dispose en effet d'un régime de domanialité publique[171] relatif aux biens de l'État et des personnes morales de droit public. Ceci concerne donc les trois musées nationaux du Québec. Toutefois, au titre de la loi qui les régit, nous verrons que le régime juridique de la domanialité publique, et plus précisément la règle de

---

[168] Guinchard, *supra* note 1 à la p 1.

[169] V. en sens, Giorgio Resta, « Systems of public ownership » dans Michele Graziadei et Lionel D Smith, dir, *Comparative property law: global perspectives*, coll Research Handbooks in Comparative Law, Cheltenham, UK, Edward Elgar Publishing, 2017, 216.

[170] En effet, même si un musée résulte d'une initiative publique, il demeure institué selon les formes admises pour les organismes à but non lucratif, et ce, indépendamment de toute considération relative à la dichotomie entre le droit public et le droit privé. Sur les formes muséales aux États-Unis, *supra* aux paras79 et s.

[171] Sylvio Normand, *Introduction au droit des biens*, 2e éd, coll Le manuel de l'étudiant, Montréal, Québec, Wilson & Lafleur, 2014 à la p 410 et s [Normand, *Introduction*].

l'inaliénabilité, ne présente pas la même fermeté qu'en droit français. Pour cette raison, la comparaison avec le droit québécois ne présente ici qu'un intérêt modéré.

A. LA SUBSTITUTION DES RÉGIMES DES PROPRIÉTÉS

240. Des régimes juridiques aux antipodes. L'affectation des biens au musée d'art-personne publique entraîne l'incorporation desdits biens au domaine public. Cette incorporation a pour conséquence de soumettre ces biens à un régime juridique et de contentieux de droit public[172]. En effet, les biens immobiliers relèvent du domaine public dès lors qu'ils appartiennent à une personne publique[173], et qu'ils sont affectés au service public culturel[174]. Pour les biens mobiliers, leur incorporation au domaine public se voit confirmée par le législateur [175] puisque la loi du 4

---

[172] Sur la distinction du domaine public et du domaine privé, v. Gaudemet, *Traité Tome 2*, *supra* note 3 au para 60 ; Auby et al, *supra* note 6 au para 25 et s. Notamment, « [...] la distinction du domaine public et du domaine privé s'est imposée, au XIXe siècle, à partir de l'idée selon laquelle certains biens publics, en raison de leur affectation à l'usage de tous ou plus largement de l'utilité publique, devraient bénéficier d'une protection juridique particulière. Sur la base de ce clivage, a été progressivement élaborée la théorie de la domanialité publique, qui organise, pour les classés dans le domaine public, un régime original aussi bien en ce qui concerne leur gestion que les rapports avec les tiers, la délimitation, etc. La distinction du domaine public et du domaine privé est, dans le même mouvement, devenue le moyen de tracer, au sein du régime des biens publics, la distinction du droit public et du droit privé » (*ibid.*au para 25).

[173] Sur les établissements publics pouvant posséder des biens relevant du domaine public, Gaudemet, *Droit administratif*, *supra* note 6 aux paras 1088-1091.

[174] Selon l'article L2111-1 du Code général de la propriété des personnes publiques : « Sous réserve de dispositions législatives spéciales, le domaine public d'une personne publique mentionnée à l'article L. 1 est constitué des biens lui appartenant qui sont soit affectés à l'usage direct du public, soit affecté à un service public pourvu qu'en ce cas ils fassent l'objet d'un aménagement indispensable à l'exécution des missions de ce service public ». Les critères de la domanialité publique ont fait l'objet d'intenses débats doctrinaux. Parmi ceux-ci, nous soulignons l'apport de la doctrine des grands publicistes du XXe siècle critiquant le fondement naturaliste du domaine public. Pour ces auteurs, la qualité domaniale ne découle pas de la nature des biens, mais de la volonté de la puissance publique. Or, cette volonté ne saurait être arbitraire et ne peut que se justifier par l'affectation à l'utilité publique. La notion d'utilité publique s'entend alors largement pour englober autant l'affectation au service public que celle à l'usage du public. Pour un exposé de l'ensemble des positions doctrinales en l'espèce, Auby et al, *supra* note 6 aux paras 25 et s.

[175] La définition du domaine public mobilier était plus hésitante que celle du domaine public immobilier. En effet, jusqu'à l'introduction du Code général de la propriété des personnes publiques en 2006, l'existence même de ce domaine et de ses contours faisait l'objet d'hésitations, sauf s'agissant de certains biens culturels. La Cour de cassation admit très tôt que les biens culturels devaient échapper à la prescription de l'article 2276 du Code civil (ancien article 2279). Un tableau du musée du Louvre s'est ainsi vu accorder la domanialité publique (Civ, 10 août 1841, cité par M. Waline, note ss CA Nîmes, 4 décembre 1944, [1946] D jurispr 28), de même qu'un tableau de Delacroix donné à l'État par une église (CA Lyon, 19 décembre 1873, [1873]. DP II 89). Pour d'autres exemples, v. Philippe Yolka et Fanny Tarlet (actualisation), *J-Cl Propriétés publiques*, Fasc. n°45 « Domaine public mobilier », au para 6. Toutefois, la domanialité publique ne s'appliquait qu'aux objets des collections publiques présentant un intérêt artistique, historique ou scientifique, ces critères étant inspirés de ceux applicables aux monuments historiques. Tel fut le critère retenu par l'article L68 du Code du domaine public à l'égard des « biens placés dans les

janvier 2002 relative aux Musées de France déclare que « les biens constituant les collections des Musées de France appartenant à une personne publique font partie de leur domaine public [...] »[176].

Or, la particularité de ce régime de droit public est d'être dérogatoire par rapport au régime de droit privé. En effet, comme nous avons déjà pu l'énoncer[177], « la domanialité publique est constituée de règles qui organisent tout à la fois la protection et l'utilisation des biens, conformément à leur affectation à l'utilité publique »[178]. Ce régime repose donc sur l'affirmation que certains biens, compte tenu de leur affectation à l'utilité publique, se doivent de bénéficier d'une protection juridique particulière. Celle-ci s'articule autour de trois principes que sont l'inaliénabilité, l'imprescriptibilité et l'insaisissabilité des biens[179]. Par l'affirmation de ces trois principes, le régime de la domanialité publique se révèle aux antipodes de celui de la propriété privée puisque le propriétaire n'est plus, le cas échéant, le maitre absolu[180] des biens dont il est le détenteur. L'affectataire ne peut ni user ni disposer

---

musées nationaux en vue d'y être classés ». Par la suite, la Cour de cassation établit comme critère de la domanialité publique celui de l'affectation au service public culturel ce qui permettait ainsi d'élargir le champ du domaine public mobilier (Civ 1re, 3 avril 1963, Montagne c/Réunion des Musées de France, [1963] *AJDA* 486 [note J. Dufau]). Le Conseil d'État faisait preuve de réserve en l'espèce. Finalement, le Code général de la propriété des personnes publiques consacre le domaine public mobilier dans son article L2112-1 lequel établit une liste de onze catégories de biens ayant en commun de présenter un « intérêt public du point de vue de l'histoire, de l'art, de l'archéologie, de la science ou de la technique ». Font notamment partie de cette liste les collections muséales détenues par la personne publique. Il fut noté que, contrairement aux autres biens, cet article ne fait pas de l'affectation le critère de l'incorporation. C'est l'intérêt que présente le bien mobilier et non sa destination qui justifie sa protection par la domanialité publique, ceci permettant de confirmer que tout objet détenu par le musée, fut-il exposé ou non, jouit de ladite protection (Jacqueline Morand-Deviller, Pierre Bourdon et Florian Poulet, *Droit administratif des biens*, 10e éd, coll Cours, Paris, LGDJ, 2018 à la p 79 et s.).

[176] Cet article (art. 11 (Ab)) fut codifié à l'article L451-5 du Code du patrimoine. Il convient de rappeler le contenu de l'article L68 du Code du domaine de l'État, qui bien avant la loi de 2002, précisait déjà que l'entrée d'objets à caractère historique, artistique ou scientifique dans les musées nationaux emportait l'application du régime de la domanialité publique.

[177] *Supra* au para 201.

[178] Patrice Chrétien, Nicolas Chifflot et Maxime Tourbe, *Droit administratif*, 16e éd, Paris, Sirey : Dalloz, 2018 au para 530. Les auteurs citent notamment l'article L 2121-1 du CGPPP.

[179] Ces trois principes, se trouvant consacrés dans divers textes, ont aujourd'hui valeur législative. L'article L52 du Code du domaine de l'État dispose que « les biens du domaine public sont inaliénables et imprescriptibles ». De même, l'article L1311-1 du Code général des collectivités territoriales étend ce principe aux biens du domaine public des collectivités territoriales et de leurs établissements publics. Le Code général de la propriété des personnes publiques en donne une formulation généraliste à l'article L3111-1. Sur les origines historiques de ces trois principes, *supra* note 6. V. Gaudemet, *Droit administratif*, *supra* note 171 au para 1126.

[180] Pour rappel, l'article 544 du Code civil définit la propriété privée en les termes suivants : « la propriété est le droit de jouir et disposer des choses de la manière la plus absolue, pourvu qu'on n'en fasse pas un usage prohibé par les lois ou par les règlements ».

librement de la chose affectée, ces pouvoirs sur le bien se trouvant limités par ces trois principes.

L'inaliénabilité des biens relevant du domaine public[181] implique la nullité de toute aliénation des biens du domaine public. Les biens relevant du domaine public sont hors-commerce[182]. Ce principe a d'ailleurs été récemment rappelé par le Conseil Constitutionnel, qui statuant au sujet de la restitution à l'État d'un fragment du jubé de la Cathédrale de Chartres, rappelait « qu'aucun droit de propriété sur un bien appartenant au domaine public ne peut être valablement constitué au profit de tiers »[183].

Parallèlement, il convient de souligner que l'inaliénabilité constitue la pierre angulaire du régime de la domanialité publique puisqu'elle est à la fois la conséquence, et la garantie de l'affectation des biens au domaine public. Il est vrai que le bien soumis à la propriété privée peut faire l'objet d'une clause d'inaliénabilité. Compte tenu du contexte de la libéralité, celle-ci n'est pas tenue d'être limitée dans le temps[184]. Or, la lettre de l'article 900-1 présente l'inaliénabilité comme une exception[185], situation fort différente de celle rencontrée dans le contexte de la domanialité publique. En effet, dans ce cas-ci, l'inaliénabilité est non seulement érigée comme principe, mais elle a également pour vocation

---

[181] *Supra* au para 201.

[182] Il fut noté qu'en ce que les biens sont frappés d'inaliénabilité et d'imprescriptibilité, ces derniers constituent des biens « hors commerce ». Cette particularité est à l'origine même de la notion de domanialité publique. (Morand-Deviller, Bourdon et Poulet, *supra* note 175 à la p 12). Les biens sont en ce sens exclus du commerce juridique, v. Marie Cornu, « La mise hors commerce des biens culturels comme mode de protection » (2006) 36 Légicom 75 [Cornu, « La mise hors commerce »]).

[183] Cons.const., QPC, 26 octobre 2018, n° 2018-743, *Société Brimo de Laroussilhe*. Dans la suite de cette affaire portée devant la Conseil constitutionnel, la Cour de cassation a statué que l'inaliénabilité du domaine public était conforme à l'article 1er du premier protocole additionnel à la Convention de sauvegarde des droits de l'homme et des libertés fondamentales (Civ 1re, 13 février 2019, n°18-13.748), Sur l'affaire du jubé de la Cathédrale de Chartres, v. Pierre Noual, « Le jubé de la discorde ou la délicate ingérence de l'État culturel dans la propriété privée » [2019] JCP G 336 ; Mathieu Touzeil-Divina, « Inaliénabilité conforme à la CEDH d'une pierre domaniale et publique ; note ss Civ 1re, 13 février 2019, pourvoi numéro 18-13.748 » [2019] JCP N 303.

[184] C civ, art 900-1.

[185] Au regard des attributs du droit de propriété, il semble inconcevable que l'inaliénabilité soit absolue sous peine de quoi cela reviendrait à concevoir une propriété sans le pouvoir d'en abuser. Seules des paralysies relatives de l'*abusus* au titre desquelles le propriétaire détient toujours du *jus abutendi*, mais est privé de la faculté de jouir de la prérogative sont admissibles. Une fois que la prohibition cesse, celui-ci pourra toujours disposer librement des biens. Carbonnier, *supra* note 38 au para 746.

de durer aussi longtemps que l'affectation des biens à l'utilité publique[186].

Le principe d'inaliénabilité se trouve renforcé par celui de l'imprescriptibilité[187] au titre duquel nul ne peut acquérir de droits sur les biens du domaine public, et notamment par voie de prescription. Le principal effet de l'imprescriptibilité est de paralyser le jeu de l'article 2276 du Code civil établissant le mécanisme d'acquisition immédiate de la propriété mobilière par le possesseur de bonne foi. En d'autres termes, le musée public ne peut se faire opposer le jeu de la prescription acquisitive et peut ainsi obtenir sans limites de temps la restitution du bien relevant du domaine public qui lui aurait échappé.

Enfin, bien que n'étant pas affirmée dans la loi, l'insaisissabilité découle des deux précédents principes[188]. Les biens du domaine public devenant hors commerce[189], ces derniers ne peuvent plus être saisis. Ce principe entraîne la paralysie des mécanismes prévus aux articles 2284 et 2285 du Code civil relatifs au droit de gage général des créanciers.

241. Un régime renforcé dans le contexte muséal. L'un des apports majeurs de la loi relative aux Musées de France est notamment d'avoir renforcé le régime des collections publiques. Si l'inaliénabilité se trouve rappelée à titre de principe[190], celle-ci se voit renforcée quand les œuvres sont acquises par dons ou par legs. En effet, l'article L451-7 du Code du patrimoine octroie à ces objets un statut de biens « indéclassables » tel que « les biens incorporés dans les collections publiques par dons et legs ou, pour les collections ne relevant pas de l'État, ceux qui ont été acquis

---

[186] « Lorsqu'un bien n'est plus affecté, il doit être déclassé, et il entre dans le domaine privé. La cessation de l'affectation ne suffit pas à entraîner la fin de la domanialité publique. Par souci de protection, la jurisprudence exige à la fois une désaffectation de fait qui constate que les biens ne sont plus utiles à l'usage direct du public ou à un service public et un acte formel de déclassement » (Morand-Deviller, Bourdon et Poulet, *supra* note 175 à la p 140).Ces deux conditions sont reprises dans l'article L2141-1 du CGPPP. Il est d'ailleurs souligné que les conditions de sortie du domaine public sont plus rigoureuses que celles régissant l'entrée (*Ibid).*

[187] C. dom. Ét., art. L52; CGCT, art. L 1311-1. V. Latournerie, *supra* note 6 à la p 17. Au sujet de l'affaire du jubé de la Cathédrale de Chartes, le Conseil constitutionnel rappelait « qu'un tel bien ne peut faire l'objet d'une prescription acquisitive en application de l'article 2276 du Code civil au profit de ses possesseurs successifs, même de bonne foi » (Cons. Const., *Société Brimo de Laroussilhe, supra* note 183).

[188] Cornu et Mallet-Poujol, *supra* note 12 au para 501.

[189] Lors de la réforme des obligations de 2016, le législateur retira l'article 1128 référant à la catégorie des choses hors commerce, sans la remplacer par une disposition nouvelle. Toutefois, est-il affirmé que « ce silence ne vaut pas abandon », la notion de chose hors commerce demeurant d'actualité en droit positif (François Terré, Philippe Simler, Yves Lequette et François Chénedé, *Droit civil, les obligations*, 12e éd, coll Précis Dalloz Droit privé, Paris, Dalloz, 2018 au para 504).

[190] C. patr., art L 451-5.

avec l'aide de l'État ne peuvent être déclassés ». Seule l'intervention du législateur permet une désaffectation de ces dernières[191]. Les œuvres pourront toutefois circuler à titre gratuit au sein du réseau public « Musées de France » sous réserve de l'avis du Haut Conseil des musées de France[192]. En d'autres termes, les œuvres qui rejoignent les collections publiques au moyen d'un acte philanthropique deviennent irrémédiablement affectées aux musées publics relevant du réseau « Musées de France ».

242. Par conséquent, quand l'acte philanthropique est au profit d'un musée public, il se produit un phénomène de substitution. Cette substitution constitue un phénomène majeur : les biens contenus dans l'acte philanthropique deviennent soumis à un régime juridique aux antipodes de celui auxquels ils étaient initialement assujettis. La portée de ce changement apparaît d'autant plus considérable si l'on observe le droit québécois. Lorsque le musée d'art est un mandataire de l'État — ce qui est exclusivement le cas des trois musées nationaux[193] — les biens contenus dans la libéralité tombent, du fait de leur affectation, dans le domaine public et sont dès lors soumis au régime exorbitant de la domanialité publique[194]. En principe, les biens du domaine public sont imprescriptibles[195], insaisissables et inaliénables, et jouissent d'une immunité fiscale[196]. L'appartenance des biens des musées nationaux au domaine public se trouve d'ailleurs expressément mentionnée dans la loi sur les musées nationaux[197]. En d'autres termes, le don au musée d'art

---

[191] Cette affirmation découle de la question des restitutions de biens culturels (*infra* au para 314). En revanche, s'agissant de l'aliénation des biens culturels donnés ou légués, le Code du patrimoine atténue la rigueur des dispositions de l'Article L451-7 du Code du patrimoine en permettant une circulation des œuvres au sein du réseau musée de France (C. patr., L451-8). Sur ce point, v. *infra* au para 309.

[192] C. patr., art L451-8. Cet article fut récemment modifié par *l'ordonnance n 2017-1134 du 5 juillet 2017* afin d'augmenter la circulation des œuvres au sein du réseau public des musées de France et ainsi permettre une meilleure répartition territoriale des collections. Dans son ancienne version, l'article L451-8 disposait qu'« une personne publique peut transférer, à titre gratuit, la propriété de tout ou partie de ses collections à une autre personne publique si cette dernière s'engage à en maintenir l'affectation à un musée de France. Le transfert de propriété est approuvé par décision de l'autorité administrative, après avis du Haut Conseil des musées de France. Les dispositions du présent article ne sont pas applicables aux biens remis à l'État en application des articles 1131 et 1716 bis du Code général des impôts ».

[193] « S'agissant des sociétés d'État, lorsqu'elles sont décrites dans leur loi constitutive comme des mandataires de l'État, leurs biens ont le même statut que ceux de l'État. Pour les autres personnes morales de droit public, la dualité domaniale prévaut. Il en découle que seuls leurs biens qui "sont affectés à l'utilité publique" se rattachent au domaine public, le reste de leurs biens tombe dans le domaine privé (916 al. 2 C.c.Q.). La dualité domaniale ne vaut pas pour les biens de l'État et de ses mandataires » (Normand, *Introduction*, *supra* note 171 à la p 421).

[194] *Ibid* aux pp 409 et s.

[195] C.c.Q., art. 916 al 2.

[196] Normand, *Introduction*, *supra* note 171 à la p 423.

[197] Au titre de l'article 5 de la Loi sur les musées nationaux, RLRQ, c M-44, « un musée [national] est un mandataire de l'État. Les biens d'un musée font partie du domaine de l'État, mais

provoque la substitution du régime juridique de droit commun de la propriété au profit de celui de la domanialité publique, et ce par l'effet de l'affectation des biens à un musée d'art voulu par le disposant. Toutefois, cette inaliénabilité n'est que de principe puisque la loi sur les musées nationaux permet aux musées d'aliéner les œuvres[198]. La substitution des régimes de propriété constitue alors un phénomène bien moins marquant en droit québécois qu'en droit français.

S'agissant des actes philanthropiques au profit des musées privés, il se produit un phénomène tout aussi important. Il s'agit de l'altération du régime de la propriété privée au nom de la finalité d'intérêt général, à laquelle les biens contenus dans l'acte se trouvent dès lors destinés.

B. L'ALTÉRATION DU RÉGIME DE LA PROPRIÉTÉ PRIVÉE

243. Position du problème. Si le musée d'art est une institution de droit privé, les biens demeurent soumis au régime de droit privé puisque le musée est une personne morale de droit privé. Toutefois, l'affectation des biens à un musée privé de France emporte d'importantes modifications des prérogatives juridiques à l'égard des biens[199].

244. Une propriété devenue *imparfaite*. Selon l'article 544 du Code civil, la propriété est le droit qui confère les avantages les plus étendus

l'exécution de ses obligations peut être poursuivie sur ces biens autres que les biens qui sont des œuvres d'une personne ou des produits de la nature et qui font partie de ses collections ».

[198] L'inaliénabilité des œuvres est relative en droit québécois puisque l'article 22.7 de la loi sur les musées nationaux (*supra*) précise que le conseil d'administration du musée peut aliéner les œuvres conformément aux conditions prévues par le règlement intérieur de l'institution. En France, l'inaliénabilité des collections publiques est un principe quasi absolu (C. patr., art L451-7), mais susceptible d'être remis en cause avec les conclusions du rapport Farr-Savoy sur la restitution du patrimoine culturel africain de l'automne 2018 (Felwine Sarr et Bénédicte Savoy, *Restituer le patrimoine africain*, Seuil, Paris, 2019). La solution française a été regardée avec beaucoup d'intérêt à la suite du scandale public suscité par la vente d'une œuvre de Chagall par le Musée des Beaux-Arts du Canada. Sur le commentaires de l'affaire, v. « Le retrait de la vente du Chagall assumé par un donateur | Le Devoir », en ligne : <https://www.ledevoir.com/culture/527436/faut-il-modifier-la-loi-sur-les-musees> (consulté le 31 octobre 2021).

[199] Sur la réduction des utilités de la chose par l'affectation, *supra* au para 204. Sur le plan comparé, on constate également que les biens transmis à un musée deviennent l'objet d'un mode de détention dérogatoire. Si le musée constitue un *charitable trust*, le *trustee* détient les biens dans l'intérêt exclusif des bénéficiaires, et voit l'exercice de sa fonction contraint par les obligations fiduciaires (renvoi supra charitable trust). Si le musée est une fiducie du droit québécois, les biens sont alors soumis au régime des biens affectés dans lequel la propriété classique disparait au profit de la notion de pouvoir. En effet, le fiduciaire dispose alors de pouvoirs sur les biens mis en fiducie et se trouve, par voie de conséquence, soumis à des devoirs (*supra* au para 215). Le *charitable trust* comme la fiducie d'utilité sociale ont en commun de reposer sur des modes de détention portés par la finalité pour laquelle les biens ont été transmis (*supra* au para 217).

sur les biens auxquels une personne peut prétendre. Le propriétaire est le maitre absolu de la chose. Ces différents avantages recouvrent des prérogatives regroupées en trois catégories que sont le droit d'user, le droit de jouir et le droit de disposer. En sus de ces trois attributs, la doctrine lui associe trois caractères propres que sont l'absolutisme, l'exclusivisme et la perpétuité faisant que le propriétaire est maitre absolu sur la chose[200]. Lorsque l'ensemble des attributs de la propriété se trouvent détenus par une seule et même personne, et que tous les caractères inhérents à ce droit se trouvent également réunis, la propriété constitue alors la prérogative la plus étendue qu'une personne peut exercer sur un bien[201]. C'est dans ce cas de figure qu'il faut comprendre l'expression de « droit commun de la propriété[202] ». Si sa conception traditionnelle l'érige au rang de droit réel le plus complet, il est admis toutefois que la propriété présente des « imperfections [203]», et s'éloigne ainsi de ce « gabarit[204] » traditionnel. Dans ce cas, le propriétaire se voit privé d'une partie des droits qu'offre la propriété, éloignant alors celle-ci de sa description classique. Telle est l'hypothèse dans laquelle se retrouve le musée d'art à l'issue du transfert en ce que les attributs de sa propriété deviennent l'objet de restrictions. Il convient néanmoins de distinguer deux séries de restrictions.

245. Les restrictions issues du droit des fondations. Une première série de restrictions découle des règles encadrant l'affectation des biens

---

[200] L'absolutisme de la propriété consacre la maitrise illimitée du propriétaire sur les biens telle que le droit de propriété ne connaît aucune limite inhérente sous réserve, toutefois, des usages prohibés par les lois et règlements (C civ, art 544). L'exclusivisme constitue une prolongation de l'absolutisme telle que le propriétaire est le seul maitre de son bien. Il peut l'exploiter comme bon lui semble et s'opposer à ce qu'un tiers n'empiète sur son droit. Enfin, le caractère perpétuel de la propriété privée signifie qu'il n'y a pas de prescription extinctive du droit. Toutefois, la propriété peut faire l'objet d'une prescription acquisitive si le propriétaire s'est abstenu durant une certaine période d'exercer son droit. Sur les caractères du droit de propriété, V. Élodie Oosterlynck, *J-Cl Civil code*, art 544, fasc 10 « Propriété ».

[201] Cette plénitude des prérogatives reconnues au propriétaire a conduit Roubier à écrire que « la notion de droit de propriété sur les choses corporelles, mobilières ou immobilières, peut être considérée comme la forme la plus complète du droit subjectif » (Paul Roubier, *Droits subjectifs et situations juridiques*, n°8, coll Collection « Philosophie du droit », Paris, Dalloz, 1963 à la p 29).

[202] Josserand, *Cours de droit civil*, *supra* note 46 à la p 919. Le Doyen Carbonnier qualifiera cette situation de « propriété pure et simple » (Carbonnier, *supra* note 38 à la p 1640).

[203] Pothier distinguait la propriété parfaite pour laquelle la propriété est perpétuelle et libre de droits réels envers d'autres personnes que le propriétaire de la propriété imparfaite. Dans ce cas-ci, le droit de propriété présente des imperfections (Robert-Joseph Pothier, *Traités sur différentes matières de droit civil*, tome 4, Paris/Orléans, Jean Debure/Veuve Rouzeau-Montaut, 1774, p. 346 cité dans Sylvio Normand, « La notion de modalité de la propriété » dans *Mélanges offerts au professeur François Frénette: études portant sur le droit patrimonial*, Québec, Presses de l'Université Laval, 2006, 255 à la p 260 [Normand, « La notion de modalité de la propriété »]).

[204] *Ibid* à la p 259.

à une finalité d'intérêt général[205]. En effet, les fondations et autres organismes à but non lucratif connaissent diverses restrictions au principe de libre disposition des biens portant alors atteinte au caractère absolu de la propriété[206].

Notamment, la fondation reconnue d'utilité publique ne peut librement disposer des biens composant sa dotation. Par exemple, soumise à une tutelle administrative, la fondation doit, dans quelques hypothèses, obtenir une autorisation administrative pour disposer de ses biens. Par ce biais, l'administration cherche à garantir que l'opération demeure conforme à la volonté de son fondateur, mais également à sa mission d'intérêt général[207]. Tel est notamment le cas de la fondation dont la dotation est non consomptible. Il en découle que toute aliénation des biens composant cette dernière est soumise à la condition du remploi du prix à la dotation de sorte que les biens ne soient vendus que dans l'intérêt de la finalité d'intérêt général[208]. L'autorisation administrative n'est requise qu'en dehors des opérations dites de gestion courante. Elle veille à confirmer que l'opération ne remet pas en cause le caractère irrévocable de la dotation tel son caractère pérenne[209]. Si tel n'est pas le cas, la fondation devra obtenir une autorisation administrative. En l'espèce, l'administration dispose d'un pouvoir discrétionnaire, et peut apposer son refus[210] à l'opération si elle estime qu'elle n'est ni indispensable ni conforme aux attentions et aux volontés du ou des fondateur(s). Aussi,

---

[205] Nous rappelons que l'article 544 du Code civil prévoit que l'usage de la propriété soit limité par des intérêts supérieurs.

[206] « Le droit de disposer est consubstantiel au droit de propriété », Alain Sériaux, *Rep Droit Civ*, *sub verbo* « Propriété » au para 84.

[207] Statuts types 2018 modèle 1, art 11; modèle 2, art 10. *Adde*. Sur la distinction entre la consomptibilité partielle ou totale, v. Armelle Verjat, « Fondation d'utilité publique » dans Philippe-Henri Dutheil, dir, *Droit des associations et fondations*, coll Juris corpus, Paris, Dalloz : juris éditions, 2016, 1367 aux paras 63-65 à 63-68.

[208] Conseil d'État, *Rendre plus attractif le droit des fondations*, Rapport public, Paris, La Documentation française, 1997 à la p 103. En *common law*, il est également de principe qu'une fois que les biens sont transférés à un *charitable trust*, ceux-ci ne sauraient être affectés à une fin privée. "Thus, cy près may apply even if a general charitable intention is lacking. [...] The Attorney-General must succeed [...] because as the charity existed at the testator's death, this legacy became the property of that charity, and on its ceasing to exist its property falls to administrated by the Crown, who will apply it, according to custom, for some analogous purpose of charity" (*A-G v. Ironmongers' Co* [1834] 2 My & K 576; *Wilson v. Barnes* [1886] 38 Ch D 507; *Tyssen on Charitable Bequests* (at p.440)" in Graham Virgo, *Maudsley and Burn's Trusts and trustees: cases and materials*, London, Butterworths, 2002 aux pp 543-544.

[209] En effet, aucune autorisation administrative ne sera requise si l'aliénation des biens composant ladite dotation est effectuée dans le cadre de la gestion normale du portefeuille, qu'elle ne porte que sur certains titres dont le prix sera aussitôt remployé à d'autres valeurs tel que les statuts le prévoient, et que la quotité de la dotation ne s'en trouve pas modifiée (CE, Avis, 28 juin 1949, req. n 248022).

[210] L'autorisation administrative sera réputée accordée si le préfet n'y fait pas opposition dans un délai de deux mois suivants la notification de la décision patrimoniale par la fondation (Décret n°2007-807 du 11 mai 2007, JO, n°110, 12 mai 2007, 8689, texte n° 35, art. 8).

les prérogatives de la fondation sur les biens composant sa dotation se trouvent donc bien altérées puisque, celle-ci exerce son droit de propriété sous tutelle[211].

De même, l'irrévocabilité de l'affectation des biens composant la fondation ou autre organisme à but non lucratif découle des règles relatives à la dévolution du patrimoine par suite de la dissolution de l'organisme à but non lucratif. Il est de principe que l'actif net soit ainsi attribué à un ou plusieurs organismes poursuivant une finalité analogue[212] privant la personne morale à but non lucratif de librement disposer des biens lors de sa dissolution.

Enfin, comme nous avons pu le voir précédemment, l'affectation pérenne des biens se veut le gage de toute œuvre d'intérêt général. Ceci justifiait que les restrictions portées à la consomptibilité des dotations et à la libre disposition des biens composant ces dernières[213]. À cela, il convient d'ajouter le régime dérogatoire des clauses d'inaliénabilité s'appliquant aux libéralités à caractère collectif. L'alinéa 2 de l'article 900-1 du Code civil permet que les libéralités à caractère collectif puissent faire l'objet de stipulations d'inaliénabilité perpétuelle[214]. Cette disposition déroge ainsi au principe de l'alinéa 1er selon lequel toute clause d'inaliénabilité a nécessairement un caractère temporaire[215]. Même si l'inaliénabilité

---

211 Cette solution doit être associée à l'emprise que la puissance publique maintient sur les libéralités collectives compte tenu de leur intervention dans le champ de l'intérêt général (*supra* au para 141).
212 Statuts types 2018 modèle 1, art. 14 ; modèle 2, art. 13 ; Fondation d'entreprise, v. loi n°87-571 du 23 juillet 1987, *supra* note 135, art. 19.12 ; Fonds de dotation, loi n°2008-776 du 4 août 2008, *supra* note 135 art. 140. VIII.
213 *Supra* au para 234.
214 Avant que la loi n 71-526 du 3 juillet 1971 relative aux clauses d'inaliénabilité contenues dans une donation ou un testament (JO, 6 juillet 1971, 6572) n'introduise cet article, la jurisprudence avait déjà admis que la clause d'inaliénabilité perpétuelle, inhérente à la notion de fondation, ne pouvait revêtir un caractère illicite dès lors que l'affectation des biens donnés ou légués avait pour but l'établissement d'une fondation présentant un caractère d'utilité publique (Civ 1re, 19 octobre 1965, [1966] D 24; [1966] RTD civ 328 [note R. Savatier]). En l'espèce, un disposant avait fait don de divers biens meubles et immeubles à une commune sous condition que celle-ci crée et aménage dans les immeubles donnés un hôpital-hospice ouvert à toute personne. La donation comprenait notamment des fermes dont le revenu devait servir à l'entretien de l'hôpital-hospice. Après le décès du donateur, la commune décida de vendre les fermes pour employer le prix au paiement des frais de construction de l'hôpital et fit assigner les ayants droit du disposant afin de faire juger que les fermes étaient aliénables. Les juges du fond cassèrent et annulèrent l'arrêt de la Cour d'appel d'Angers qui réputa non écrite la clause d'inaliénabilité concernant les fermes au motif que cette inaliénabilité se déduisant de l'affectation de leurs revenus, se heurtait aux dispositions de l'article 900 du Code civil, et violait lesdites dispositions en refusant ainsi de reconnaître la validité de la clause par laquelle le disposant affecte tout ou partie de ses biens à l'établissement d'une fondation présentant un caractère d'utilité générale. V. également, Carbonnier, *supra* note 38 au para 747.
215 Le caractère temporaire de la clause d'inaliénabilité s'imposait au motif qu'« une prohibition illimitée d'aliéner aboutissait en effet à entraver la libre circulation des biens et paraissait contraire à l'ordre public dans la mesure où elle revenait à frapper de mainmorte les biens donnés ou légué »

perpétuelle des biens se révèle inhérente à la notion de fondation[216], Savatier précisa que cette restriction de disposer ne saurait être interprétée comme absolue. Celle-ci doit être tempérée au regard du type de biens. En effet, pour l'auteur, seuls les biens en nature se révélant « inséparables de la fondation même[217] » justifient la prohibition illimitée d'aliéner[218].

Ainsi, au regard de ces éléments, le régime de la propriété privée des biens affectés à une œuvre d'intérêt général se trouve altéré à l'issue du transfert. Le musée d'art n'est pas dans la situation d'un propriétaire ordinaire, soit le maitre absolu des biens dont il est le détenteur. L'exercice de ses prérogatives de propriétaires fait l'objet de restrictions au nom de la finalité d'intérêt général au point d'en altérer les caractères mêmes du droit de propriété.
L'altération du régime de propriété privée est ainsi avérée lorsque les biens contenus dans l'acte philanthropique sont affectés à un musée privé. Le droit muséal impose une seconde série de restrictions au droit de propriété du musée d'art qui est justifiée, cette fois, par le contexte muséal.

246. Les restrictions issues du droit des musées d'art. Au titre de l'article L451-10 du Code du patrimoine, « les biens des collections des musées de France appartenant aux personnes morales de droit privé à but non lucratif acquis par dons et legs ou avec le concours de l'État ou d'une collectivité territoriale ne peuvent être cédés, à titre gratuit ou onéreux, qu'aux personnes publiques ou aux personnes morales de droit privé à

(Alain Sériaux, *J-Cl Civil code*, *supra* note 116 au para 8). V. également, Carbonnier, *supra* note 38 au para 746.

[216] Cette affirmation doit toutefois être tempérée avec les récentes évolutions du droit des fondations. En effet, le Conseil d'État admit dans le modèle des statuts types de 2003 la possibilité que la dotation des fondations soit intégralement consomptible, et donc que l'intégralité de la dotation soit aliénable. La *consomptibilité* de la dotation ne saurait dépasser un certain seuil en dessous duquel la fondation devrait être sinon dissoute, et est réservée aux seules fondations se consacrant à un objet limité dans le temps (Conseil d'État, *supra* note 207 à la p 66). Toutefois, les statuts types de 2012 comme de 2018 n'ont pas cette possibilité sans pour autant l'interdire. Selon un auteur, « l'on peut supposer que dans des circonstances particulières, répondant aux conditions définies en 2003, la consomptibilité de la dotation puisse être admise par le Conseil d'État » (Verjat, *supra* note 161 au para 63.68).

[217] René Savatier, obs. ss Civ 1re, 19 octobre 1965, [1966] RTD civ 328.

[218] *Ibid.* S'agissant des biens en valeur constituant la dotation, l'auteur estime que leur nature n'appelle pas une inaliénabilité perpétuelle. Il n'empêche que ceux-ci ne sont pas pour autant librement aliénables au regard de la tutelle administrative pesant sur les décisions patrimoniales d'une fondation que nous venons de voir. Plus largement, il fut admis que la dotation d'une fondation pouvait être partiellement consomptible s'il advenait que la dotation initiale était suffisante, et si pour des raisons liées à l'accomplissement de l'objet de la fondation, certains éléments devaient être cédés. La pratique invite les fondateurs à distinguer, dans les statuts, au sein de la dotation les biens qui sont susceptibles d'être aliénés de ceux qui ne le sont pas (Verjat, *supra* note 161 au para 63.61.). *Adde* Statuts types 2018 modèle 1, art 11 ; modèle 2, art 10.

but non lucratif qui se sont engagées, au préalable, à maintenir l'affectation de ces biens à un musée de France. La cession ne peut intervenir qu'après approbation de l'autorité administrative après avis du Haut Conseil des musées de France ». À cela, il convient d'ajouter que l'octroi de l'appellation « Musées de France » à un musée privé est soumis à la condition que celui-ci intègre, dans ses statuts, une clause prévoyant l'affectation perpétuelle à la présentation du public des œuvres données ou léguées ou acquises avec le concours de l'État[219]. Ainsi, le musée privé jouissant de l'appellation « Musées de France » ne peut que restrictivement disposer des biens puisque, au regard de ces dispositions, les biens ne peuvent circuler qu'au sein du réseau « Musées de France ». Sans pour autant être inaliénables, les biens des collections privées des musées de France ne peuvent être cédés que sous conditions. Il convient néanmoins de souligner que les œuvres acquises par lesdits musées, en dehors de toute hypothèse d'acte philanthropique, ne jouissent pas du même degré de protection comparativement à celles acquises par dons ou legs. Celles-ci demeurent librement aliénables.

De plus, le Code du patrimoine étend le principe d'imprescriptibilité et d'insaisissabilité régissant la domanialité publique à l'ensemble des collections muséales détenues par un musée de France, quand bien même celui-ci est une personne de droit privé. C'est ainsi que l'article L451-3du Code du patrimoine dispose que « les collections des musées de France sont imprescriptibles ». L'insaisissabilité des collections d'un musée privé sous l'appellation « Musées de France » est quant à elle affirmée à l'alinéa 2 de l'article L451-10 du Code du patrimoine. Elle ne s'applique qu'à compter de l'accomplissement de certaines formalités de publicité, dont la justification de l'absence de sûretés réelles grevant les biens composant la collection de ce dernier[220].
Par ailleurs, il convient d'ajouter, au titre des restrictions introduites par le Code du patrimoine, que le musée privé sous l'appellation « Musées de France » se voit tenu à des obligations relatives à la conservation et restauration des œuvres[221]. Le musée d'art n'est plus, ici, maitre absolu de la chose. Son usage des œuvres ne saurait compromettre l'intégrité des œuvres.

247. L'affectation des biens à un musée privé emporte donc une altération du régime de la propriété privée. Le musée privé, pourvu de la

---

[219] C. patr., art. L442-1.
[220] C. patr., art. L442-1. Toutefois, si les biens sont grevés de garanties avant l'obtention de l'appellation « Musées de France », la règle de l'insaisissabilité ne saurait faire échec à l'action du créancier bénéficiaire de la sûreté.
[221] C. patr., art. L452-1 à L452-4.

mission d'affecter les biens à une œuvre muséale, voit son droit de propriété *compressé* par différentes restrictions. Ces restrictions sont admises en ce qu'elles sont le pendant de la finalité à laquelle les biens se trouvent destinés. Le régime de la propriété privée se trouve ainsi adapté aux enjeux et nécessité de la finalité muséale comme attestent les dispositions du Code du patrimoine[222]. Celui-ci revêt d'ailleurs quelques traits du régime de la domanialité publique, s'éloignant alors de son *gabarit originel*. Ce régime dérogatoire permet, par ailleurs, de faire obstacle tant au jeu de la prescription acquisitive[223] qu'au mécanisme du droit de gage général des créanciers[224], et ce, de la même manière que nous l'avons vu précédemment dans le cas où le musée d'art est une personne de droit public[225].

248. Finalement, derrière l'altération du régime de la propriété privée, se dissimule *in fine* un rapprochement des modèles propriétaires auxquels les musées d'art, selon leur nature publique ou privée, sont soumis. Ce rapprochement des régimes juridiques nous invite alors à considérer l'existence d'un modèle commun de propriété pour les biens transmis au musée d'art par acte philanthropique.

II. LA PROPRIÉTÉ-FONCTION SOCIALE DU MUSÉE D'ART

249. Position du problème. Au regard de la nature des changements induits par l'affectation sur le régime juridique des biens contenus dans l'acte philanthropique, il y a tout lieu de se demander si l'essence de la propriété des biens contenus dans l'acte philanthropique ne se trouve pas en elle-même modifiée à l'issue du transfert. L'inaliénabilité, l'imprescriptibilité ou encore l'insaisissabilité ne sont notamment plus tenues au rang d'exceptions contrairement au droit commun de la propriété. Plus qu'une mutation des régimes propriétaires, l'affectation des biens emporte un véritable changement du modèle propriétaire. Les régimes de propriété du musée d'art vers un modèle commun de propriété — celui d'une propriété-fonction sociale —, et dont il ressort que la propriété des biens se trouve assujettie à la mission muséale à laquelle les biens sont affectés.

---

[222] Cornu et Mallet-Poujol, *supra* note 12 au para 536.
[223] C. civ., art. 2276.
[224] C. civ., art. 2284 et 2285.
[225] *Supra* au para 240.

250. Annonce de plan. La définition de cette propriété-fonction sociale du musée d'art revêt un double intérêt. Si elle nous permet d'en souligner l'ensemble des éléments qui en font un modèle exorbitant du droit commun (A), elle nous conduit également à considérer une série d'impératifs auxquels cette forme particulière de propriété doit se soumettre (B). La comparaison juridique ne sera pas sollicitée ici dans la mesure où nos propos sont profondément enracinés dans le contexte particulier français établissant une forte dualité des régimes de propriété.

A. LE CARACTÈRE EXORBITANT DU DROIT DE PROPRIÉTÉ DU MUSÉE D'ART

251. Annonce de plan. En ce que les biens se voient assortis d'une finalité d'intérêt général du fait de leur affectation au musée d'art, la propriété de tout musée d'art se révèle pourvue d'une fonction particulière (a) laquelle modifie en profondeur le paradigme de détention des biens à l'issue du transfert (b).

a. LA RECONNAISSANCE D'UNE FONCTION-SOCIALE

252. La convergence des modèles propriétaires. S'il apparaît que l'acte philanthropique au profit des musées d'art a pour effet d'entrainer une transformation du régime de propriété à l'issue du transfert, en réalité, c'est un véritable phénomène de convergence qui se produit. Propriété publique et propriété privée se trouvent dotées d'une même finalité : celle, dans ce cas précis, de servir l'intérêt général. Le partage de cette finalité commune entraine corrélativement le partage par les deux régimes de traits communs, ainsi que nous avons pu le relever pour les différentes restrictions apportées à l'exercice du droit de propriété d'un musée privé[226].

Ce phénomène de convergence n'est ni nouveau ni unique. En effet, on ne saurait trop rappeler les propos de Savatier relatant comment, d'une manière générale, il se produisait en droit civil français, une régression des principes individualistes et subjectivistes du Code civil, plus

---

[226] Les professeures Cornu et Mallet-Poujol notent un socle commun de règles s'appliquant aux collections publiques comme privées labélisées. « Les règles communes concernent la circulation matérielle et juridique des collections, les servitudes tenant à leur conservation et restauration, et plus générale la mise sous contrôle scientifique et technique par l'administration compétente » (Cornu et Mallet-Poujol, *supra* note 12 au para 357).

particulièrement s'agissant du droit de propriété. Pour l'auteur, cette régression n'était autre que le fruit de la publicisation du droit privé ainsi que des nouvelles contraintes auxquelles il se trouvait assujetti[227].

253. La nature de la prérogative du musée d'art en question. La description des régimes juridiques a permis de montrer que les biens contenus dans l'acte philanthropique — qu'ils soient détenus par un musée public ou privé — sont, à l'issue du transfert, mis hors-commerce[228]. Certes, leur soumission à ces règles ne revêt pas la même intensité selon que le musée est une personne de droit public ou de droit privé. Mais, dans le contexte d'un musée privé, force est de reconnaître que ce régime dérogatoire des biens porte directement atteinte aux composantes du droit de propriété des biens contenus dans l'acte. En effet, affectés à l'intérêt général, les biens contenus dans l'acte philanthropique se trouvent placés au bénéfice de l'usage de tous et protégés contre toutes revendications éventuelles d'autrui. Aussi, à l'issue du transfert, est-il encore possible d'affirmer que le musée d'art dispose du droit d'user, de jouir et d'abuser de la chose ? En d'autres termes, est-il encore possible de parler de propriété une fois l'acte philanthropique au profit des musées d'art réalisé ?

254. La nature de la prérogative dans le contexte de la domanialité publique fut l'objet d'interrogations doctrinales. La *thèse propriétariste*[229] fut niée pendant un temps par la doctrine du XIXe siècle. Celle-ci considérait que l'État ne détenait sur le domaine public ni l'*usus* (celui-ci appartenant au public), ni le *fructus* (les biens composant le domaine public étant improductifs), ni l'*abusus* (étant donné leur inaliénabilité). Aussi, toute reconnaissance d'un droit de propriété s'avérait contestable[230]. Toutefois, sous l'influence de M. Hauriou, il fut défendu que la personne publique détenait un droit de propriété sur les biens relevant du domaine public; ce dernier se prévalant cependant d'une nature particulière au regard des prérogatives qu'il confère[231].

---

[227] René Savatier, *Du droit civil au droit public : à travers les personnes, les biens, et la responsabilité civile*, 2e éd, Paris, LGDJ, 1950 aux pp 145-147.

[228] Cornu, « La mise hors commerce », *supra* note 182.

[229] Formule empruntée à J. Morand-Deviller (Jacqueline Morand-Deviller, *Droit administratif des bien : cours, thèmes de réflexion, commentaires d'arrêts avec corrigés*, 6e éd, Paris, Montchrestien, 2010 à la p 29).

[230] *Ibid* a le p 28.

[231] Pour M. Hauriou, il ne paraissait pas correct d'affirmer que l'affectation des biens puisse entraîner la disparition du droit de propriété, notamment en ce que si les biens relèvent du domaine privé, le droit de propriété est incontestable. De plus, l'auteur insistait sur le fait que l'affectation, comme la non-affectation, résultait d'une décision du propriétaire lequel n'entendait pas abandonner son droit. Aussi, affirma-t-il que « si le droit du domaine public est un droit de propriété, ce n'est pas la propriété ordinaire, c'est une propriété qui mérite le nom de publique » notamment, « ce droit de propriété confère aux personnes publiques des prérogatives sur leurs

La nature particulière de la propriété de la personne publique par rapport au droit commun de la propriété tient au fait que le régime de la domanialité publique met en œuvre une *propriété-fonction*, soit une propriété pourvue d'une finalité précise et exclusive. En effet, l'ensemble des règles de la domanialité publique restreignent l'exercice du droit de propriété de sorte que les biens sont dûment affectés à la réalisation de la mission de service public et garantissent ainsi la satisfaction de l'intérêt général.

255. Il semble également que, pour le droit privé, la thèse d'une propriété de nature particulière l'emporte[232]. En effet, à l'issue de l'acte philanthropique, la propriété privée des biens se trouve véritablement modifiée dans son essence, compte tenu de la nature des restrictions qui lui sont imposées par la loi. Il n'est d'ailleurs pas possible de déceler un démembrement[233] ou une modalité[234] de la propriété justifiant la nature et

---

biens qui sont à la fois identiques à la propriété civile ou quiritaire : cf. droit d'obtenir réparation des dommages causés aux biens, droit de bénéficier des voies de droit tel que l'action possessoire et l'action en revendication, droits de percevoir les fruits naturels et la possibilité d'acquérir par accession... mais auxquelles s'ajoutent des prérogatives particulières. Certaines règles sont communes à l'ensemble des propriétés publiques, ainsi de l'impossibilité d'aliéner à titre gratuit et du privilège d'insaisissabilité des biens publics qui s'appliquent aussi au domaine privé. D'autres sont propres au domaine public : délimitation unilatérale par alignement et non par bornage, droit d'imposer des servitudes administratives aux propriétés riveraines, imprescriptibilité et inaliénabilité, régime répressif spécifique » (Morand-Deviller, *supra* note 229 aux pp 28-29). Par la suite, le Conseil constitutionnel affirma que l'État dispose d'une véritable propriété sur les biens relevant du domaine public ce qui a pour effet d'octroyer la même protection constitutionnelle que celles dont jouissent les biens privés (Conseil constitutionnel, 18 septembre 1986, DC n°86-217, *Privatisations*). Le CGPPP a également marqué son adhésion à la *thèse propriétariste* au seul regard de son intitulé.

232 En effet, quand bien même, le droit civil demeure très attaché au modèle traditionnel de la propriété privée, il fut admis que celui-ci pouvait faire l'objet de variations. À ce titre, L. Josserand lui reconnaissait *une plasticité quasi infinie* (Josserand, *Cours de droit civil*, *supra* note 46 à la p 919). Afin de qualifier certaines situations juridiques qui s'éloignent de l'archétype traditionnel de la propriété, plusieurs auteurs, dès le milieu du XIXe siècle, se sont donc attachés à identifier les multiples formes particulières que ce droit pouvait recouvrir (V. Normand, « La notion de modalité de la propriété », *supra* note 203 aux pp 260-262). Par exemple, certains auteurs ont résumé ces formes originales sous l'intitulé « propriétés spéciales » (*Ibid* à la p 261).

233 Les démembrements de la propriété reposent sur une répartition des attributs du droit de propriété. Il y a donc un éclatement du faisceau des prérogatives entre divers sujets de droit. Alors que le droit de propriété se caractérise par sa perpétuité en ce qu'elle « constitue la seule règle de temps compatible avec la notion de propriété » (Madeleine Cantin Cumyn, « Essai sur la durée des droits patrimoniaux » (1986) 48 Rev Barreau 3 à la p 15), les démembrements sont susceptibles d'être soumis à des règles de durée diverses. Or, en l'espèce, même si l'affectation des biens au musée d'art suppose que ces derniers soient destinés à l'usage de tous, aucun transfert de droit réel n'est opéré au profit des bénéficiaires de l'acte philanthropique. Ces derniers ne bénéficient que d'une créance leur permettant théoriquement de réclamer l'exécution de la charge d'affectation à l'égard du musée.

234 Contrairement aux démembrements, la notion de modalité de la propriété renvoie aux situations dans lesquelles le droit de propriété revêt une forme singulière sans que cela soit dû à une répartition de ses attributs. « La notion de modalité a été introduite pour qualifier des situations où la propriété connaît une modification sans pour autant être atteinte dans son essence » (Normand, « La notion de modalité de la propriété », *supra* note 203 à la p 261*)*. La propriété

la portée de ces restrictions. Par conséquent, cette altération du régime de la propriété privée est symptomatique des hypothèses de rénovation de la propriété privée mettant en exergue une rupture avec l'image traditionnelle du propriétaire isolé. Seul maître tout-puissant de son bien[235], l'essence de la propriété privée se veut, en principe, individualiste tel que celle-ci se voit strictement orientée vers la satisfaction d'intérêts personnels[236].

256. Toutefois, il fut très tôt admis que les prérogatives pouvaient se scinder selon la finalité dans laquelle elles étaient exercées. Aux côtés des prérogatives empreintes d'« esprit égoïste » [237] — soit orientées vers la satisfaction des intérêts personnels de son titulaire — , se dressent des prérogatives empreintes d'« esprit altruiste » [238], alors orientées vers la satisfaction d'intérêts désintéressées et/ou collectifs. Ainsi, de cette finalité assignée à la prérogative, la notion de pouvoir s'érige contre celle du droit subjectif puisqu'elle est « la prérogative conférée à son titulaire dans un intérêt au moins partiellement distinct du sien » [239]. De plus, l'investiture d'un pouvoir place son détenteur dans une situation juridique sensiblement différente. Assigné à la réalisation d'une mission, le détenteur de pouvoirs est, en principe, tenu de devoirs, et n'exerce ses prérogatives que dans le but d'exécuter ladite mission[240]. Sur la base de ces considérations, certains auteurs[241] admirent ainsi le recul de l'absoluité de la propriété pour laisser place à l'émergence de *propriétés finalisées* qui, non seulement assorties d'un but spécifique, se caractérisent par le recul de la dimension individualiste au profit d'une

---

inaliénable est souvent présentée comme une modalité de la propriété. Ceci est juste dans les cas où l'inaliénabilité est temporaire sous peine de quoi elle porterait atteinte au caractère perpétuel de la propriété. Or, dans le cas des actes philanthropiques au profit des musées d'art, les biens deviennent inaliénables, et parfois même de manière perpétuelle. Dans ce contexte, force est de reconnaître une atteinte au caractère absolu et perpétuel de la propriété.

[235] En ce que la propriété était conçue comme le reflet de la liberté individuelle, il semblait évident que celle-ci ne puisse subir aucune atteinte. Toute composante sociale s'en trouvait alors écartée. En effet, « [...] la propriété se transfère *solo consensu* : tout-puissant sur son bien, le propriétaire en dispose par son seul consentement, sans que la société puisse prétendre à une quelconque information ou intervention (sous la nuance de la publicité foncière, introduite, non sans débats, en 1855) » (Judith Rochfeld, *Les grandes notions du droit privé*, Paris, PUF, 2013 au para 5.20 [Rochfeld, *Les grandes notions*]).

[236] Xavier Martin, « De l'incapacité des rédacteurs du Code civil à concevoir le désintéressement » dans Laurent Richer, dir, *L'Activité désintéressée, réalité ou fiction juridique ? Université d'Angers, Faculté de droit, d'économie et des sciences sociales, colloque de Fontevraud, 15-16 octobre 1981*, coll Travaux et recherches. Série Faculté de droit, d'économie et des sciences sociales d'Angers, Paris, Economica, 1983, 35. *Adde*. Léon Duguit, *Les transformations générales du droit privé depuis le Code Napoléon*, Paris, Alcan, 1912 aux pp 15 et s.

[237] Louis Josserand, *De l'esprit des droits et de leur relativité : théorie dite de l'abus des droits*, Paris, Dalloz, 2006 au para 308 [Josserand, *De l'esprit des droits*].

[238] *Ibid.*

[239] Emmanuel Gaillard, *Le pouvoir en droit privé*, Paris, Economica, 1985 au para 214.

[240] Vernières, *supra* note 85 au para 161 et s.

[241] V. *Ibid* à la p 161 et s. ; Josserand, *De l'esprit des droits*, *supra* note 237 au para 308 ; Roubier, *supra* note 201 à la p 204.

dimension plus sociale de la propriété, mise au service de la satisfaction d'intérêts non plus exclusivement personnels[242]. C'est ainsi qu'aux côtés de la *propriété-droit subjectif* ne servant que les intérêts exclusifs de son détenteur, s'élève une *propriété-pouvoir* au service d'une finalité précise.

257. Il importe de souligner que le droit français et le droit québécois empruntent ici des voies différentes pour asseoir la notion de pouvoir et la combiner avec le droit de propriété dans l'ordonnancement juridique. Alors que le droit québécois prit parti de dissocier absolument le pouvoir de la propriété, le droit français, au contraire, les associe. Pour ce faire, le droit français confère au droit de propriété une certaine relativité. La propriété peut alors être finalisée, soit assortie d'un but spécifique, et dont il découle une séparation entre le titre et le bénéfice retiré de la prérogative. Dès lors que la propriété est empreinte d'une finalité particulière comme celle de l'intérêt général, il y a lieu à considérer celle-ci comme un pouvoir et non plus un droit subjectif comme nous venons de le voir. En d'autres termes, il existe deux types de propriétés, en droit français, selon la finalité égoïste ou altruiste dans laquelle est exercée la prérogative. En revanche, pour la doctrine québécoise, propriété et pouvoir sont des notions antinomiques. Cette distinction fut mise de l'avant à l'issue des débats relatifs à la propriété fiduciaire[243].

---

[242] À ce titre, il fut écrit « tout droit a une double face : la face individuelle et la face sociale; la propriété ne saurait échapper à cette loi de structure : sociale par sa consécration comme par son organisation puisqu'elle est reconnue et aménagée par l'État, elle s'affirme plus ou moins individuelle dans sa réalisation, dans son fonctionnement, puisqu'elle a normalement pour titulaire des personnes humaines, des particuliers, qui prétendent naturellement la mettre au service de leurs besoins, de leur utilité, de leur commodité ou de leur agrément. Or, il est aisément perceptible qu'entre ces deux aspects de la propriété, le social et l'individuel, il sera bien malaisé d'obtenir un équilibre parfait : selon les tendances et l'esprit de l'époque ; suivant aussi la nature du bien sur lequel porte le droit, la note sociale dominera la note individuelle ou inversement. Pendant des millénaires, ce fut celle-ci qui l'emporta dans l'harmonie juridique, le propriétaire exerçant la *plena potestas*, étant investi d'un pouvoir, sinon sans limites, du moins sans restrictions graves et gênantes, sur sa chose ; mais voilà que, depuis un demi-siècle environ, surtout de la Grande Guerre, la note sociale gagne en sonorité et que le diapason a changé ; de plus en plus l'intérêt général conquiert et consolide des positions nouvelles, faisant reculer devant lui l'intérêt individuel, jadis triomphant », Louis Josserand, « Configuration du droit de propriété dans l'ordre juridique nouveau » dans Association japonaise des juristes de langue française, dir, *Mélanges juridiques dédiés à M. le Professeur Sugiyama*, Tokyo, Association Japonaise des Juristes de Langue Française, 1940, 95 à la p 104.

[243] Vernières, *supra* note 85 au para 174.

Sans entrer davantage dans le détail de ces considérations, il convient ici de retenir que le droit français n'a pas établi de rupture entre les notions de propriété et pouvoir, mais que surtout la propriété privée est duale[244]. Aux côtés de la propriété privée ordinaire s'érigent des formes de propriétés qui, marquées d'une finalité, en viennent à remplir une fonction particulière[245]. La propriété du musée d'art-personne privée

---

[244] Dans une vive critique de la solution de la Cour suprême du Canada (Royal Trust Co. c. Tucker, *supra* note 88) selon laquelle la propriété fiduciaire constitue une propriété *sui generis,* la professeure Cantin Cumyn démontre en quoi la notion de propriété fiduciaire constitue « l'antithèse de la propriété » au regard de la nature des prérogatives du fiduciaire (Cantin Cumyn, « la propriété fiduciaire » *supra* note 88). Comp. François Frénette, « La propriété fiduciaire » (1985) 26 Cah Droit 725). En effet, pour l'auteur, les caractères de la propriété s'opposent à toute agrégation d'une finalité précise sous peine de vider la propriété de son essence. Seul le pouvoir peut se doter d'une finalité (Cantin Cumyn, « Le pouvoir juridique » *supra* note 88). Cette division des prérogatives fut retenue par le Code civil du Québec au regard de l'article 915, tel que la préservation de la propriété absolue se fit au prix de l'introduction d'un mode de détention parallèle, le pouvoir, auquel est associé le régime dérogatoire de détention des biens libellé sous l'expression d'administration du bien d'autrui (art 1299 et s. C.c.Q.). Par conséquent, contrairement au droit français qui admet deux types de propriétés, le droit québécois introduit une nouvelle manière de détenir les biens, autonome de la notion même de propriété. Plus largement, il ressort de ces éléments la difficulté pour ces deux pays de traditions civilistes d'intégrer l'idée d'une détention qui satisfasse les intérêts d'autrui.

[245] La reconnaissance d'une propriété-fonction en droit français a fait l'objet de deux approches théoriques distinctes ayant en commun de réfuter le fondement individualiste et absolutiste de la propriété privée pour en promouvoir, avec plus ou moins d'intensité, un exercice subordonné à la satisfaction d'impératifs sociaux, et notamment d'intérêt général. Selon une première approche développée par L. Josserand, la propriété doit être conçue comme un droit octroyé dans le but de servir une fonction sociale particulière (Josserand, *De l'esprit des droits*, supra note 237 à la p 15 et s.). Cette conception de la propriété permit de justifier alors que la propriété soit l'objet de contraintes et de restrictions au nom de l'intérêt général ou de toute autre considération sociale. Selon cette approche, le droit de propriété demeure bien un droit subjectif dont le règne de l'exclusivisme et l'individualisme ne fait que l'objet de tempéraments. Il en découla notamment la théorisation de l'abus de droit (*ibid.*). Selon une seconde approche développée par L. Duguit (Duguit, *supra* note 236 ; Anne-Marie Patault, « Regard historique sur l'évolution du droit des biens. Histoire de l'immeuble corporel » dans *L'évolution contemporaine du droit des biens : Actes troisièmes Journées René Savatier,* coll Publications de la Faculté de droit et des sciences sociales de Poitiers, t. 19, Paris, PUF, 1991, 4 à la p 12 ; Fabrice Melleray, « Léon Duguit. L'État détrôné » dans Nader Hakim et Fabrice Melleray, dir, *Le renouveau de la doctrine française : les grands auteurs de la pensée juridique au tournant du XXe siècle*, coll Méthodes du droit, Paris, Dalloz, 2009, 214 aux pp 236-238. la propriété ne serait pas un droit subjectif, mais une fonction sociale subie par le propriétaire. Autrement dit, « la propriété n'est plus l'expression d'une liberté en tant que propriété, pouvoir exclusif sur une matière, mais un élément de solidarité, au sens d'une propriété, jouissance des utilités, à articuler avec celles des autres et avec des contraintes » (Rochfeld, *Les grandes notions* , *supra* note 235 au para 5.13). Résultante de l'interdépendance sociale, celle-ci n'est autre, par conséquent, que l'expression de la solidarité sociale (Duguit, *supra* note 236 à la p 19 et s.). Le pouvoir du propriétaire sur la chose est donc au service du devoir qu'il a envers la société laquelle peut lui imposer une direction à suivre quant à l'utilisation de son bien, ainsi que le contraindre à remplir sa fonction sociale (*Ibid* à la p 21.). Le droit français n'a pas repris cette conception, penchant davantage pour la première. En effet, le droit positif français admet certaines contraintes au nom de la considération de l'intérêt d'autrui ou de l'intérêt général. Le paradigme de la propriété reste celui du droit subjectif tel que les caractères individualistes et exclusifs de la propriété, bien qu'atténués, persistent encore. En revanche, dans une étude récente, les professeures Popovici et Gidrol-Mistral ont montré comment, le droit québécois, se fait un « héritier de l'ombre » de la théorie de Duguit à travers la dichotomie établie entre l'appartenance et l'affectation des biens de l'article 915 du C.c.Q. (Gaële Gidrol-Mistral et Alexandra Popovici, « Duguit Appropriated: Trusts and Collective Ownership in Québec » dans

s'inscrit dans ce modèle[246].

Dès lors, la propriété privée du musée réunit des intérêts individuels et collectifs. Elle n'est plus antinomique de la domanialité publique du fait de la fonction particulière dont elle se voit dotée. En d'autres termes, le constat de convergence entre les modèles propriétaires public et privé dans le contexte des actes philanthropiques au profit des musées d'art a pour effet de révéler l'émergence d'un modèle propriétaire à la fois singulier et commun à l'ensemble des musées d'art. Bien que le régime juridique de ce modèle ne soit pas monolithique, il advient que la propriété publique ou privée du musée d'art se caractérise par un jeu de règles exorbitantes du droit commun ayant pour but de garantir l'affectation des biens à l'intérêt général, et une détention conforme aux enjeux de l'activité muséale. La détention des biens emprunte une fonction particulière qui, en raison du contexte d'intérêt général, revêt une nature sociale[247]. En cela, sous l'effet de leur affectation au musée d'art, il advient que les biens contenus dans l'acte philanthropique tombent sous le joug d'un nouveau paradigme de détention.

258. La qualification de la fonction sociale du musée d'art. Puisque la fonction sociale constitue le critère de convergence de ces deux modèles propriétaires auxquels les musées d'art sont soumis, il importe de définir cette fonction. Dans le contexte muséal, la fonction sociale que

---

Paul Babie et Jessica Viven-Wilksch, dir, *Léon Duguit and the Social Obligation Norm of Property A Translation and Global Exploration*, Singapore, Springer, 2019, 311). Il semble que la situation décrite dans le contexte des actes philanthropiques au profit des musées d'art tend malgré tout à se rapprocher de la conception de Duguit. Bien que le musée jouisse d'un droit de propriété sur les biens, le poids de la fonction sociale à l'égard du musée d'art se fait sentir à divers égards. Celui-ci est notamment tenu à des obligations positives de conservation des biens et sa négligence se révèlerait certainement socialement néfaste.

[246] Dans la lignée de ces réflexions, certains développements se sont attachés à démontrer comment l'exercice de la propriété privée, dans le cas de biens culturels, témoignait de l'existence d'une propriété-fonction (Arnaud Perrier, *Le Patrimoine culturel en droit privé : l'empreinte de la patrimonialité culturelle*, Thèse de doctorat, Université de Clermont I, 2010). En effet, compte tenu de leur valeur symbolique et sociale (culturelle et/ou historique), les biens culturels détenus par des personnes privées ne sauraient faire l'objet d'une appropriation exclusivement privée (*ibid* aux pp 111-112). Ces biens font l'objet d'une superposition d'intérêts contradictoires qui sont l'intérêt privé du propriétaire d'une part, et d'autre part, l'intérêt collectif du public, et pour lesquels un régime dérogatoire permettant une conciliation desdits intérêts en jeu s'impose. En effet, « au-delà de son intérêt privé, enfermé dans les liens de la propriété classique, il [le propriétaire] est appelé à remplir une fonction sociale qui sert l'intérêt général attaché au bien. Cette charge s'exprime en termes de devoirs qui s'imposent au propriétaire privé d'un bien culturel et se conjuguent avec les prérogatives du droit de propriété » (*ibid à la* p 126). Du fait de la fonction culturelle qu'elle remplit alors, la propriété privée adopte une dimension sociale en sus de sa nature individualiste. Or, la dualité qui caractérise la propriété de biens culturels ne saurait être perçue comme une limitation du droit de propriété, mais comme la garantie de la gestion privée du patrimoine culture. L'auteur parle notamment d'une « propriété-projet, qui sans répit, doit lutter contre toutes les menaces de destruction du patrimoine culturel » (*v. ibid*)

[247] Le terme « social » est ici entendu sans aucune connotation politique, se présentant davantage comme l'antonyme de l'individualisme.

remplit le musée d'art prend corps au gré de la définition des missions muséales. En effet, l'article L441-2 du Code du patrimoine dispose que les Musées de France, institution de droit public comme de droit privé, « ont pour missions permanentes de : conserver, restaurer, étudier et enrichir leurs collections; rendre leurs collections accessibles au public le plus large; concevoir et mettre en œuvre des actions d'éducation et de diffusion visant à assurer l'égal accès de tous à la culture; contribuer aux progrès de la connaissance et de la recherche ainsi qu'à leur diffusion ». Plus largement, le contenu de la fonction sociale relève de la nature de service public reconnue à l'ensemble des musées de France, publics comme privés[248]. Notamment, à titre de rappel, tout service public est soumis à un ensemble de principes fondamentaux ayant pour but de garantir que la détention des biens pourvus à la réalisation de la mission de service public satisfasse l'intérêt général[249].

259. En somme, l'acte philanthropique au profit des musées d'art donne naissance à un modèle dérogatoire de propriété qui, empreint d'une fonction sociale, transcende la dichotomie traditionnelle entre la propriété publique et la propriété privée des biens. Notamment, ce modèle dérogatoire se trouve pourvu de caractères spécifiques, confirmant ainsi la nature exorbitante du droit de propriété du musée sur les biens reçus par acte philanthropique. Tel est l'objet des développements suivants.

b. LE NOUVEAU PARADIGME DE DÉTENTION DES BIENS CONTENUS DANS L'ACTE

260. Définition. Puisque la propriété du musée d'art se trouve à l'issue du transfert pourvue d'une fonction sociale, il advient que l'affectation des biens introduit un nouveau paradigme de détention des biens, lequel se manifeste à deux égards. En effet, si la propriété-fonction sociale du

---

[248] *Supra* au para 66.

[249] Louis Rolland systématisa ces principes fondamentaux autour de trois « lois » – égalité, continuité et mutabilité (V. Pierre Laurent Frier et Jacques Petit, *Droit administratif*, 12e éd, coll Précis Domat Droit Public, Issy-les-Moulineaux, LGDJ, 2018 au para 447 et s.). Depuis, ces lois furent reprises par la doctrine et la législation, et même complétées par une série de nouvelles règles de fonctionnement du service public (Fabrice Melleray, « Retour sur les lois de Rolland » dans *Le droit administratif : permanences et convergences : mélanges en l'honneur de Jean-François Lachaume.*, Paris, Dalloz, 2007, 709).

musée d'art revêt un caractère réglementé, elle revêt également un caractère altruiste[250].

261. Le caractère réglementé de la propriété-fonction sociale du musée d'art. Le terme réglementé revêt ici un double sens en ce qu'il sous-tend le fait que la propriété du musée d'art soit non seulement l'objet d'une réglementation spéciale, mais également l'objet d'une réglementation dérogatoire par son contenu.
L'encadrement de la propriété des musées d'art procède de multiples sources : le droit commun, le Code du patrimoine, la réglementation relative aux organismes à but non lucratif ainsi que les différents codes encadrant la propriété des personnes publiques. De ce point de vue, la propriété-fonction sociale du musée d'art rompt avec le modèle propriétaire de droit commun.

La propriété des musées d'art se trouve astreinte à un cadre précis. Les biens sont dès lors affectés de manière exclusive, et quasi irrévocable, à la finalité d'intérêt général. Plusieurs mécanismes veillent ainsi au respect de cette exclusivité. Nous citerons, par exemple, le contrôle de la Cour des comptes du produit des libéralités[251], la tutelle administrative pesant sur les fondations reconnues d'utilité publique relatives aux opérations portant sur les droits réels immobiliers, les emprunts, l'aliénation ou le remploi des biens mobiliers dépendant de la dotation ou du fonds de réserve[252], ou encore le contrôle effectué par l'administration fiscale au titre du mécénat[253].

262. En particulier, en consacrant l'inaliénabilité, l'imprescriptibilité et l'insaisissabilité des biens, la loi définit les modalités dans lesquelles le musée d'art peut user de ses prérogatives de propriétaire, et ce

---

[250] Le terme altruiste est ici entendu comme le fait de servir les intérêts d'autrui à défaut de servir ceux ayant une vocation personnelle.

[251] C. jur. fin., art L 111-10. Selon cet article, « la Cour des comptes peut contrôler, dans des conditions fixées par un décret en Conseil d'État, la conformité entre les objectifs des organismes bénéficiant de dons ouvrant droit à un avantage fiscal et les dépenses financées par ces dons, lorsque le montant annuel de ceux-ci excède un seuil fixé par un décret en Conseil d'État ». S'il advenait qu'à l'issue du contrôle, la Cour des comptes constatait une non-conformité, le ministre chargé du Budget pourrait suspendre tout avantage fiscal associé aux dons, legs et versements tel que le prévoit l'article 1378 octies du Code général des impôts. Néanmoins, ce type de contrôle ne saurait être déclenché pour des sommes inférieures à un montant de 153 000 euros (Décret n°2017-671 du 28 avril 2017, JO, n°0102, 30 avril 2017, texte n° 1, art. 66 codifié à l'article R143-27 du Code des juridictions financières).

[252] Décret n°2007-807 du 11 mai 2007, *supra* note 209, art. 8.

[253] LPF, art. L14. Depuis janvier 2018, l'administration fiscale peut contrôler sur place les reçus fiscaux délivrés par les organismes « organismes bénéficiaires de dons et versements et destinés à permettre à un contribuable d'obtenir les réductions d'impôts prévues aux articles 200, 238 bis et 978 du même code » (*ibid.*).

contrairement, au régime de droit commun[254]. Ces restrictions au droit de propriété impliquent que les biens contenus dans l'acte philanthropique ne peuvent, à l'issue du transfert, être librement cédés ni saisis[255]. Certes, l'intensité de la réduction de la libre circulation ne se révèle pas de la même intensité selon que les biens sont détenus par un musée-personne publique ou par un musée-personne privée[256]. Alors que les biens rejoignant une collection publique d'un musée de France acquis par dons, legs ou avec le concours de l'État deviennent *indéclassable*[257], ceux rejoignant les collections privées d'un musée de France sont perpétuellement affectés au réseau « Musées de France »[258]. Ainsi, le régime juridique des collections des musées de France réduit partiellement voire intégralement la transmissibilité des biens contenus dans l'acte à l'issue du transfert. En effet, dans le contexte des musées publics, ces biens sont exclus du commerce juridique Cette réduction de la patrimonialité[259] de biens confirme qu'à l'issue du transfert de biens au musée d'art par acte philanthropique, il se produit un changement de paradigme quant à la détention des biens.

263. Certains associent, à ce changement de paradigme, le constat d'une nouvelle catégorie de biens. Les biens contenus dans l'acte philanthropique répondraient à la définition de « biens spéciaux », soit des biens dont le régime juridique se trouve intensément marqué par des restrictions plus ou moins intenses de la libre circulation au nom de la finalité d'intérêt général qu'ils servent[260] .

---

[254] C. civ., art. 537. Cet article édicte le principe de libre disposition des biens dont découlent les principes de libre cessibilité et saisissabilité.

[255] À ce titre, il convient de rappeler que, selon les principes d'éthique muséale, les œuvres d'art ou plus largement les objets culturels, ne sauraient être considérés comme des actifs financiers. Dès lors, une fois entrés dans les collections muséales, ces objets ne sauraient être cédés sur le marché de l'art afin de récolter des sommes pour le financement de l'activité muséale. Par exemple, C. de déontologie, ICOM, 2.16. En droit américain, l'affirmation de la valeur non financière des œuvres d'art est au cœur des questions relatives aux pratiques de *deaccessioning* (*infra* au para 309). Le droit des collections muséales en établissant un régime de protection des objets composant les collections évite un tel usage de ces dernières (C. patr., art. L451-2 et s.).

[256] On ne saurait oublier que, même s'il est de l'essence des biens d'être librement cédés ou saisis, ce principe est l'objet d'exceptions telles que « la patrimonialité d'un bien est susceptible de degrés » (C. Grimaldi, *Droit des biens*, *supra* note 92 au para 23.).

[257] C. patr., art L451-7.

[258] C. patr., L451-10.

[259] La notion de patrimonialité repose sur deux éléments : la valeur pécuniaire et la valeur d'échange. Or dans ce contexte, la valeur d'échanges des biens contenus dans la libéralité se trouve réduite puisque les biens ne se trouvent plus librement cessibles ni librement transmissibles. V. *Vocabulaire juridique*, *sub verbo* « patrimonialité ». V. en ce sens, les développements relatifs aux hypothèses de désaffectation des biens culturels donnés ou légués à un musée de France, *infra* aux paras 305 et s .

[260] Rochfeld, *Les grandes notions*, *supra* note 235 à la p 236. L'auteur note une multiplication des « biens spéciaux » en droit positif. Ces biens spéciaux relèvent de la catégorie des biens destinés lesquelles peuvent se définir comme « des biens soumis à une norme d'usage. La destination présente une dimension normative, dans la mesure où elle ne correspond pas à l'usage effectif

Un rapprochement doit être ici opéré avec les biens publics[261], quand bien même il s'agit de biens détenus par des musées privés. En effet, puisqu'affectés à l'usage de tous, les biens publics se distinguent par le fait qu'ils servent une utilité publique, et que tous les membres de la communauté sont supposés bénéficier d'un accès aux biens. Or, les biens contenus dans l'acte philanthropique s'apparentent à des biens publics puisque leur destination d'intérêt général les transcende[262]; en les assignant au service d'une mission muséale, l'affectataire n'est que détenteur pour le compte des usagers[263].
Plus que la notion de bien public, c'est plus largement vers la notion de bien commun[264] qu'il convient d'opérer un rapprochement; les biens publics tout comme les biens culturels n'étant qu'une sous-catégorie de biens communs[265]. En effet, les biens communs se caractérisent par l'usage commun qu'ils sont supposés satisfaire et conduisent à nuancer le schéma propriétaire pour adapter leur mode de détention à leur finalité collective[266].

Que l'on retienne la qualification de « biens spéciaux », « biens publics » ou « biens communs », il faut reconnaître que le statut juridique des biens

---

d'un bien, mais à celui qui doit être réalisé » (Marie Cornu, Fabienne Orsi et Judith Rochfeld, *Dictionnaire des biens communs*, 1re édition., coll Quadrige, Paris, PUF, 2017, *sub verbo* « biens destinés »). *Adde* Chaigneau, *supra* note 149.

[261] Rochfeld, *Les grandes notions*, *supra* note 235 au para 5.20 et s. Comp. Caroline Chamard, *La distinction des biens publics et des biens privés : contribution à la définition de la notion de biens publics*, Dalloz, 2004. Pour cet auteur, si la catégorie de biens publics est au cœur de préoccupations relatives à l'usage commun, mais également à celles de juste répartition des ressources ou encore d'accès égal pour tous, sa singularité procède également du fait que ceux-ci sont propriétés de la personne publique. Aussi, l'auteur offre une définition plus précise de la notion de biens publics en les termes suivants : « les biens publics peuvent être alors définis comme les biens qui appartiennent aux personnes morales de droit public et qui constituent, entre leurs mains, un instrument de réalisation de leurs missions, lesquelles relèvent toujours plus ou moins directement de l'intérêt général. Leur régime juridique emprunte à trois sources : au droit de propriété, à la personne publique et à la personne morale » (*ibid* à la p 699). En complément sur la notion de biens publics et de ses attributs, v. Odile de David Beauregard-Berthier, *La justification actuelle de la distinction entre le domaine public et le domaine privé*, Thèse de doctorat, Université Paul Cézanne, 1994 ; Yolka, *La propriété publique*, *supra* note 3

[262] Rochfeld, *Les grandes notions*, *supra* note 235 aux paras 4.24 et s. ; Jean Clam, « Qu'est-ce qu'un bien public ? » [1997] 41 Arch Philosophie Droit 215. *Adde* Cornu, Orsi et Rochfeld, *supra* note 260, *sub verbo* « Bien destiné ».

[263] Cornu, Orsi et Rochfeld, *supra* note 260, *sub verbo* « Bien destiné ». Comp. Les œuvres d'art du fait de vocation à être affectée au public, ont été rapprochées de la notion des *res sacrae* (Gilles Lhullier, « Les oeuvres d'art, res sacrae? » (1998) 2 RRJ 513). Cette analyse, aussi pertinente soit-elle, est trop restrictive par son objet. Le contenu des actes philanthropiques n'étant pas restreint aux œuvres d'art.

[264] Cornu, Orsi et Rochfeld, *supra* note 260 *sub verbo* « Bien commun ».

[265] *Ibid sub verbis* « Bien commun », spéc. à la p 704 , « Bien culturel». Marie Cornu, « La notion de bien culturel : un double héritage privatiste et publiciste » (2018) 165 supp. Rev Lamy Droit Civ 49 à la p 54.

[266] Judith Rochfeld, « Penser autrement la propriété : la propriété s'oppose-t-elle aux "communs" ? » (2014) 3 RIDE 351 [Rochfeld, « Penser autrement »] ; Cornu, Orsi et Rochfeld, *supra* note 260, *sub verbo* « Domaine public culturel ».

contenus dans la libéralité change à l'issue du transfert, et sous l'effet de l'affectation.

Ainsi, la propriété-fonction sociale du musée est soumise à un cadre règlementaire particulier qui marque le changement de modèle propriétaire et altère le statut juridique des biens. Cette forme dérogatoire de propriété se distingue également par son caractère altruiste[267].

264. Le caractère altruiste de la propriété-fonction sociale du musée d'art. Pourvu d'une fonction sociale, la propriété de l'affectataire (en l'espèce le musée d'art, personne morale de droit public ou de droit privé) s'inscrit indéniablement dans un contexte altruiste. En effet, l'un des principaux effets de l'affectation d'intérêt général tient au fait que l'affectataire ne retire pas un avantage personnel des biens qu'il administre. Sa qualité hybride en atteste. D'une part, il n'est qu'un *gratifié apparent* puisqu'il ne détient les biens contenus dans l'acte philanthropique qu'en vue de satisfaire l'intérêt général, ou des bénéficiaires. D'autre part, il emprunte les traits d'un fiduciaire en ce que sa détention se veut contrainte par son obligation d'affecter lesdits biens à l'œuvre d'intérêt général[268].

Toutefois, il n'est pas suffisant d'affirmer que le musée d'art en tant qu'affectataire détient les biens de manière altruiste. Encore faut-il s'assurer de la réalité juridique de ce modèle de propriété qui sert les intérêts d'autrui (la communauté de bénéficiaires dans notre cas). Dès lors, si la détention des biens par l'affectataire consiste en la réalisation d'une fonction particulière, cela suppose que l'affectataire soit soumis à des obligations spéciales découlant de sa qualité et encadrant les modalités de la détention pour autrui à laquelle il est tenu. En effet, en se voyant confier la mission particulière d'affecter les biens à l'œuvre muséale, la propriété du musée d'art revêt une fonction particulière appelant certaines obligations. Dès lors, cette détention présente naturellement le besoin d'une certaine surveillance. La présentation et les enjeux relatifs à cette surveillance seront plus largement exposés dans des développements subséquents[269].

265. Néanmoins, il convient de souligner dès à présent que la reconnaissance de telles obligations fait l'objet de carences en droit français. Alors que la *common law* américaine et le droit québécois disposent de régimes d'administration du bien d'autrui grâce auxquels les missions du *trustee* et du fiduciaire se trouvent encadrées par des

---

[267] *Supra* note 246.
[268] *Supra* au para 234.
[269] Titre II, chapitre III, section II.

obligations fiduciaires[270], le droit français ne dispose pas de régimes équivalents. En effet, la mission de l'affectataire se trouve définie par la charge d'affectation, ce dernier n'étant alors tenu qu'aux obligations particulières qui en découlent. En aucun cas, sa qualité d'affectataire ne fait naître d'obligation légale particulière définissant les contours et les modalités d'exercice de sa détention[271].
Si le Code civil prévoit ce type d'obligations pour les fiduciaires[272] ou encore les mandataires[273], l'originalité de la qualité d'affectataire — un propriétaire pourvu d'une mission — le place dans une situation encore étrangère au droit positif. Il n'est pas un propriétaire ordinaire au sens de l'article 544 du Code civil. Surtout, sa situation est d'autant plus originale que l'affectataire peut, en l'espèce, être autant une personne de droit privé que de droit public. Les codes éthiques et autres règles déontologiques offrent des perspectives intéressantes dans la mesure où elles édictent divers standards à l'égard des dirigeants et administrateurs du secteur muséal. Toutefois, l'efficacité de ces règles est relative[274].

266. Par ailleurs, si l'existence de telles obligations fait défaut en droit français, leur éventuelle mise en œuvre est une question d'autant plus délicate. Il semble primordial que l'affectataire soit soumis à un certain degré de contrôle dans l'exercice de ses prérogatives de propriétaire, lequel est le pendant de la fonction sociale à laquelle la propriété se voit soumise. Il faut alors se demander quelles sont les voies de recours quand le musée d'art ne remplit pas, ou remplit mal, sa fonction d'affectataire, et dans quelle mesure les bénéficiaires de l'acte philanthropique peuvent agir au respect de l'affectation des biens à l'œuvre d'intérêt général. Ces questions feront l'objet de développements particuliers ultérieurement. Toutefois, à ce stade de l'analyse, il faut souligner qu'on ne saurait se méprendre sur la nature du droit des bénéficiaires. Le musée d'art ne partage pas son droit de propriété sur les biens contenus dans l'acte philanthropique avec les bénéficiaires de l'acte, soit la collectivité. Les bénéficiaires ne sauraient avoir des droits équivalents à ceux du propriétaire puisqu'ils ne sont que les créanciers de la charge

---

[270] *Supra* au para 216.
[271] L'affectataire se trouve soumis au régime du service public lui imposant le respect de certains principes dans l'exercice de sa mission. Toutefois, la nature des obligations nées du régime du service public ne saurait être confondue avec les obligations nées de la mission de l'affectataire dont il est fait mention ici. En effet, celles-ci découlent de la particularité de la mission de service public, et non de la particularité de la qualité d'affectataire. Si ces obligations se trouvent liées par leur objet, elles sont de source et de nature très différentes.
[272] Ne peuvent avoir la qualité de fiduciaire que certains professionnels (C civ, art 2015) alors soumis à des obligations déontologiques dont le respect est garanti par un contrôle ordinal. V. C. Grimaldi, *Droit des biens*, *supra* note 92 au para 406. De plus, le fiduciaire est tenu, à l'instar du mandataire, à un devoir de loyauté particulièrement prégnant.
[273] C. civ., arts 1991 et s. ; 1596.
[274] *Supra* au para 98.

d'affectation. En d'autres termes, bien que la jouissance des biens revête une dimension plurale, la propriété-fonction sociale du musée d'art conserve son unité. On ne saurait voir dans le fait de détenir pour autrui une forme de propriété collective.

267. En somme, le droit de propriété du musée d'art, qu'il soit une personne de droit public ou de droit privé, revêt une fonction sociale dictant une manière particulière dont les biens doivent être détenus à l'issue du transfert. De cette fonction découlent certains impératifs auxquels tout musée d'art est contraint de se soumettre.

B. LES IMPÉRATIFS DE LA PROPRIÉTÉ-FONCTION SOCIALE DES MUSÉES D'ART

268. Annonce de plan. Si l'on peut admettre un modèle de détention dérogatoire dont l'essence réside dans la fonction sociale qu'il sert, ceci implique alors que la propriété du musée d'art soit soumise à certaines conditions d'efficacité. La propriété du musée d'art est sujette à certains impératifs, ces derniers n'étant que la contrepartie de la fonction sociale qui l'irrigue.
Dans un contexte autre que celui des musées d'art, la professeure G. Gidrol-Mistral identifia quatre impératifs auxquels doit répondre tout modèle de détention dont la finalité est la conservation des biens à des fins d'intérêt général[275]. Il s'agit de la durée pérenne de la détention, l'accès collectif aux biens, les pouvoirs du détenteur et la responsabilité de ce dernier s'il advenait à méconnaître la finalité pour laquelle les biens lui sont confiés. En s'inspirant de ces éléments, nous affirmons que la propriété du musée d'art ne satisfait le respect de l'affectation d'intérêt général que si celle-ci se soumet au respect des impératifs suivants : la pérennité de l'affectation des biens (a), l'accès du public aux biens (b), et le contrôle du respect de la finalité (c).

a. LA PÉRENNITÉ DE L'AFFECTATION DES BIENS

[275] Gaële Gidrol-Mistral, *Le droit des biens à l'épreuve de l'environnement*, UQÀM, Montréal, 17 mars 2016.

269. Une exigence fondamentale. En ce que les biens sont mis au service d'une cause d'intérêt général, la détention doit garantir la conservation et la préservation des biens dans le temps, et pour les générations futures. Aussi, il découle de l'affectation des biens à une œuvre d'intérêt général l'exigence d'une détention des biens qui se veut pérenne[276].
Notamment, dans le cas des groupements de biens, elle justifie les règles relatives à la composition et l'intangibilité des dotations[277]. Elle est également au cœur du régime de la domanialité publique, l'inaliénabilité des biens étant admise comme l'instrument de la pérennité de l'affectation des biens à l'utilité publique.

Cette exigence est affirmée avec d'autant plus de vigueur dans le contexte muséal. En effet, la pérennité de l'affectation des biens est une exigence centrale de l'appellation « Musées de France ».

D'une part, l'octroi de l'appellation à une institution privée requiert que l'institution ne fasse l'objet d'aucune procédure de redressement ou de liquidation, et qu'aucun des biens constituant la collection ne garantisse une dette[278], ce qui contreviendrait à l'exigence de pérennité. Surtout, les statuts de l'institution doivent intégrer une clause d'affectation irrévocable des biens formant la collection à la présentation du public[279].

D'autre part, comme nous l'avons déjà mentionné, l'exigence de pérennité se situe au cœur du régime des collections muséales relevant de l'appellation « Musées de France ». Elle justifie notamment que les œuvres intégrant les collections publiques ou privées des musées de France jouissent d'un régime dérogatoire tel que nous venons de le voir. Les règles d'imprescriptibilité[280] et d'insaisissabilité[281] des collections sont ainsi étendues à l'ensemble des collections des musées de France. L'exigence de pérennité ressort également du contenu des articles

---

[276] Elle n'a pas besoin d'être perpétuelle.
[277] Loi n°87-571 du 23 juillet 1987, *supra* note 135, art. 18, présentant les fondations reconnues d'utilité publique comme des affectations irrévocables. V. en ce sens, Carbonnier, *supra* note 38 à la p 1663.
[278] C. patr., art. L442-1.
[279] *Ibid*
[280] C. patr., L451-3.
[281] C. patr., L451-10 al 2.

L451-7[282] et L451-10[283] du Code du patrimoine. Ici, la pérennité n'est pas seulement le gage d'une affectation d'intérêt général, elle est également un levier d'incitation aux dons[284].

270. Plus largement, la pérennité de l'affectation des biens se manifeste dans les règles relatives à la conservation des œuvres. Aussi, l'ensemble des musées de France sont soumis à des règles garantissant la préservation de la qualité scientifique et artistique de la collection par le musée. Notamment, l'article L442-8 du Code du patrimoine impose que les activités scientifiques du musée soient exercées sous la responsabilité de professionnels présentant des qualifications définies par décret en Conseil d'État. Les musées sont tenus à des inventaires réguliers en vue d'éviter des dysfonctionnements dans la gestion de leur collection et dont les normes techniques furent précisées par un arrêté du 25 mai 2004[285]. Enfin, le Code du patrimoine encadre la conservation et la restauration des œuvres aux titres des articles L452-1 à L452-4.

271. Ainsi, la propriété du musée d'art est soumise à une exigence de pérennité de l'affectation des biens reçus, laquelle constitue un impératif symptomatique de la propriété-fonction sociale du musée d'art.

Un second impératif caractéristique de la propriété-fonction sociale des musées d'art est l'exigence d'accessibilité aux biens par les bénéficiaires de l'acte philanthropique.

b. L'ACCESSIBILITÉ AUX BIENS PAR LES BÉNÉFICIAIRES

272. Une exigence fondamentale. Les biens, détenus à des fins d'intérêt général, doivent corrélativement être accessibles au public. Dans le cas des musées d'art, cela suppose que chacun puisse jouir du bien culturel. La détention de tels biens par un musée s'oppose donc à l'exclusion, dans la mesure où les biens contenus dans la libéralité sont

---

[282] À titre de rappel, l'article L451-7 du Code du patrimoine érige au rang d'*indéclassables* les œuvres données, léguées ou acquises avec le concours de l'État rejoignant les collections publiques (V. Cornu, « La mise hors commerce », *supra* note 182 à la p 80).

[283] L'article L451-10 pose, quant à lui, le principe d'une affectation perpétuelle au réseau « musée de France » les œuvres données, léguées ou acquises avec le concours de l'État rejoignant les collections privées.

[284] *Infra* au para 308.

[285] Arrêté du 25 mai 2004 fixant les normes techniques relatives à la tenue de l'inventaire, du registre des biens déposés dans un musée de France et au récolement, JO, n°134, 12 juin 2004, 10483, texte n°22.

transférés au profit des usagers du musée d'art[286], mettant ainsi à mal l'un des principes fondateurs de la propriété de droit privé, son caractère exclusif.

L'exigence d'accessibilité[287] des biens culturels dans les musées d'art est inhérente au régime du service public[288] auxquels l'ensemble des musées sont soumis par l'octroi de l'appellation « Musées de France »[289]. Ceci implique donc qu'à l'issue du transfert, la propriété des biens, même privée, soit soumise à ce régime qui impose l'accessibilité faisant échec à l'exclusivité caractérisant traditionnellement la propriété privée. L'accessibilité au service public, bien qu'affirmée par différents textes administratifs, découle des principes d'égalité et de continuité[290].

L'enjeu de l'accessibilité repose sur des considérations aussi pragmatiques que pratiques. En effet, elle requiert des horaires d'ouverture adaptés au service. Il est notamment de principe que les services publics doivent « fonctionner sans heurts et sans arrêt[291] ».

L'accessibilité se pose également au regard de la politique tarifaire du musée. Au nom du principe d'égalité, tout usager, placé dans une

---

[286] Cette exigence se retrouve de manière similaire dans le régime des *charitables trusts*. L'accessibilité du public aux objets composant les collections découlent de l'obligation fiduciaire de respecter le but charitable (*loyalty to the trust purpose*). Notamment, en ne permettant qu'un accès très limité aux objets de la collection Barnes par le public, les *trustees* de la Fondation ont manqué à leur devoir fiduciaire selon *Commonwealth v. The Barnes Foundation*, 159 A.2d 500, 506 (Pa. 1960).

[287] On parle également d'accessibilité intellectuelle pour traiter des questions d'accès à l'information ou encore de transparence du service public. Cette question ne nous intéresse pas ici, car seul l'accès des usagers au musée d'art est pertinent pour les fins de notre étude.

[288] Dans cette optique, nous soulignerons le décret n°59-212 du 3 février 1959 relatif aux attributions du ministre d'État (JO, 4 février 1959, 1556) affirmant que la mission du ministre de la Culture (A. Malraux en l'espèce) consiste à « rendre accessibles les œuvres capitales de l'humanité, et d'abord de la France, au plus grand nombre de Français » et à « assurer la plus vaste audience à notre patrimoine ». L'accès à la culture qui sera réaffirmé par la suite. Par exemple, dans le décret n° 2007-994 du 25 mai 2007 relatif aux attributions du ministre de la Culture et de la Communication, porte-parole du gouvernement (JO, n°121, 26 mai 2007, 9881 texte n° 22) mentionne que : « le ministre de la Culture et de la Communication, porte-parole du gouvernement, a pour mission de rendre accessibles au plus grand nombre les œuvres capitales de l'humanité, et d'abord de la France » (art. 2).

[289] Selon l'article L441-2 du Code du patrimoine, les Musées de France ont pour mission permanente de « rendre leurs collections accessibles au public le plus large ».

[290] La Charte des services publics du 18 mars 1992 mentionne comme nouveaux principes d'action du service aux côtés des principes fondamentaux, l'accessibilité. Celui-ci se retrouve rappelé avec vigueur dans la circulaire du 26 juillet 1995 (JO, 28 juill. 1995, 11217) celle du 2 mars 2004 (JO, 3 mars 2004, 4271). V. plus largement Virginie Donier, « Les lois du service public : entre tradition et modernité » [2006] RFDA 1219.

[291] Sur le principe de continuité, v. Jean Waline, *Droit administratif*, 26e éd, coll Précis, Droit public: science politique, Paris, Dalloz, 2016 au para 402 et s.; Frier et Petit, *supra* note 249 au para 456 et s [J Waline, *Droit administratif*].

situation identique, bénéficie d'un traitement identique[292]. Il découle de celui-ci les considérations relatives à la politique tarifaire du musée, et notamment de la gratuité de l'accès au service public culturel. La gratuité d'accès au musée est une question récurrente[293], loin de faire l'unanimité[294]. Aussi, la loi n°2002-5 du 4 janvier 2002 énonçait dans son article 7 que « les droits d'entrée des musées de France sont fixés de manière à favoriser leur accès au public le plus large. S'agissant des Musées de France relevant de l'État, les mineurs de dix-huit ans sont exonérés du droit d'entrée donnant accès aux espaces de présentation des collections permanentes ». Cette mesure fut, en 2009, élargie aux jeunes de moins de 26 ans[295], tout en demeurant limitée aux collections permanentes[296].

Enfin, l'accessibilité est une exigence de la loi fiscale en matière de mécénat d'entreprise pour l'achat d'œuvres originales d'artistes vivants. En effet, elle soumet le bénéfice de la déduction d'impôts à l'engagement de l'entreprise d'exposer lesdites œuvres dans un lieu accessible au public ou aux salariés, à l'exception de leurs bureaux[297].

Ainsi, les œuvres contenues dans un acte philanthropique se trouvent soumises à une exigence d'accessibilité au profit des bénéficiaires de l'acte. Il reste à étudier le troisième et dernier impératif caractérisant la propriété-fonction sociale des musées d'art à l'issue du transfert de biens, celui de la garantie du respect de l'affectation des biens.

---

[292] J Waline, *Droit administratif, supra* note 291 au para 404.

[293] Notamment, la gratuité des musées fut introduite dès 1793. Toutefois, compte tenu des coûts de fonctionnement auxquels les musées devaient faire face, ce principe se substitua à celui du libre accès au musée tel que la gratuité devint circonstancié et limité à certaines catégories de personnes (Loi de finances du 31 décembre 1921). Étienne Fatôme, « Les musées et l'idée du service public » dans Édouard Bonnefous, Eric Peuchot et Laurent Richer, dir, *Droit au musée, droit des musées*, Paris, Dalloz, 1994, 15 à la p 23.

[294] Élisabeth Mella, « Le prix du service public de la culture » [2010] 36 AJDA 2037. *Adde*, Jean-Marie Pontier, Jean-Claude Ricci et Jacques Bourdon, *Droit de la culture*, 2e éd, coll Précis, Paris, Dalloz, 1996 à la p 42.

[295] Toutefois, il convient de noter que le Conseil d'État a refusé l'extension de cette catégorie aux jeunes en situation irrégulière et aux touristes non européens dans un arrêt récent de Section (CE, sect, 18 janvier 2013, n° 328230, n° 332624, *SOS Racisme*, [2013] AJDA 1010 (note H. Pauliat) ; Pauliat, Hélène. « Gratuité d'accès aux musées et résidents irréguliers : pas d'exclusion de principe » [2013] JCP A 2091).

[296] La Cour des comptes retient un avis mitigé sur l'opportunité des modalités de la gratuité telle que mise en œuvre depuis 2009 (Cour des comptes, *supra* note 142 à la p 174 et s). Pour une analyse économique des enjeux relatifs à la gratuité dans les musées, v. Françoise Benhamou, « Généraliser la gratuité des musées nationaux ? » (2008) 6 Esprit 83.

[297] CGI, art 238 bis AB, al. 3

c. LE CONTRÔLE DU RESPECT DE L'AFFECTATION DES BIENS

273. Position du problème. Puisque, sous l'effet des actes philanthropiques, les biens ont pour fin d'être détenus en vue de servir une cause d'intérêt général, il est de l'essence du droit de propriété du musée d'art d'être soumis à des mécanismes de contrôle garantissant le respect de l'affectation des biens à la finalité d'intérêt général. Ces mécanismes placent l'exercice du droit de propriété des musées d'art sous surveillance en raison de sa fonction-sociale. Trois types de mécanismes ont pu être identifiés. Aux mécanismes issus du droit des libéralités, s'ajoutent des mécanismes spéciaux découlant du droit des fondations et du droit muséal.

274. Les mécanismes issus du droit des libéralités. Le régime juridique des actes philanthropiques bénéficie des mécanismes de droit commun de la révocation pour inexécution des charges d'exécution, de l'action en exécution forcée, ou encore celle en responsabilité permettant au disposant ou à ses héritiers d'agir en cas de défaillance du musée d'art. L'étude de ces mécanismes est réservée au chapitre suivant dont l'objet est d'analyser dans quelle mesure le régime juridique des actes philanthropiques au profit des musées reflète le rôle tenu par la finalité d'intérêt général dans l'opération. En effet, si ces voies de recours garantissent que le musée d'art agisse conformément à l'affectation souhaitée par le disposant, nous verrons qu'ils présentent la limite de préserver, dans quelques cas, la volonté du disposant au détriment de la finalité d'intérêt général. Parallèlement, se pose la question du droit d'agir au profit des bénéficiaires finaux de l'acte en respect de l'affectation d'intérêt général, la charge d'affectation étant une charge au profit des bénéficiaires de l'activité muséale[298]. Là aussi, nous souhaitons conserver l'étude de cette question pour le chapitre suivant en ce que la reconnaissance d'un tel droit soulève des difficultés tant conceptuelles que techniques. Ce constat est d'autant plus regrettable pour le droit français dans la mesure où le respect du droit des bénéficiaires est une question fondamentale dans le régime des *charitable trusts*[299].

Aux côtés des mécanismes issus du droit des libéralités, divers mécanismes — relevant du régime général des organismes à but non

---

[298] *Supra* au para 227.

[299] Le respect du droit des bénéficiaires est une condition de l'efficacité du *charitable trust*, et plus largement de l'admission du procédé (*supra* au para 212). Sur la défense du droit des bénéficiaires, *infra* aux paras 334 et s.

lucratif et du droit muséal — contraignent également le musée d'art à agir dans le respect de l'intérêt général.

275. Les mécanismes issus du droit des organismes à but non lucratif. Dans l'hypothèse d'un musée privé, l'affectataire est alors une personne morale à but non lucratif soumis au régime juridique de ces dernières. Par exemple, les fondations reconnues d'utilité publique sont soumises à différents mécanismes de contrôle dont l'objet est de veiller à ce que la fondation demeure conforme à son objet social. Si ces mesures ont pour fondement l'encadrement des activités d'intérêt général par la puissance publique, elles servent, par la même occasion, de moyen de contrôle du respect de l'affectation des biens à l'intérêt général. Dans ce contexte, l'affectataire est soumis à un triple contrôle : financier d'une part, administratif d'autre part, et enfin, de nature scientifique et technique s'il dispose de l'appellation « Musées de France »[300]. Ceux-ci seront présentés successivement.

276. Le contrôle financier est assuré par un commissaire aux comptes[301] dont la mission principale est de certifier « en justifiant de leurs appréciations, que les comptes annuels sont réguliers et sincères et donnent une image fidèle du résultat des opérations de l'exercice écoulé ainsi que de la situation financière et du patrimoine de la personne ou de l'entité à la fin de cet exercice »[302]. Le commissaire aux comptes dispose d'un pouvoir d'alerte essentiel. En effet, s'il constate des irrégularités persistantes menaçant la continuité de l'activité d'intérêt général de l'organisme, celui-ci peut en aviser le préfet, qui, le cas échéant et sur la base des informations communiquées par le commissaire aux comptes, pourra engager une procédure de dissolution dudit organisme[303].

---

[300] Les musées publics sont soumis aussi à un certain contrôle. La tutelle administrative varie dépendamment du mode de gestion de l'institution publique (*supra* aux paras 75-77 et s.).

[301] Pour les FRUP, art. 5 de la loi n°87-571 du 23 juillet 1987, *supra* note 135, les fondations d'entreprise, art. 19-9 de la même loi (*ibid*) ; et pour les fonds de dotation, art. 140 VI, al 1er de la loi n°2008-776 du 4 août 2008, *supra* note 135.

[302] C. com., art. L829-9.

[303] Par exemple, en matière de fonds de dotation, le commissaire aux comptes joue un rôle prépondérant comparativement aux autres organismes à but non lucratif. En effet, en sus de vérifier les comptes annuels et rapports d'activité, le commissaire aux comptes contrôle tous faits de nature à compromettre la continuité de l'activité du fonds de dotation. En effet, si le commissaire aux comptes constate, dans l'exercice de sa mission, des faits de nature à compromettre la continuité de l'activité d'intérêt général du fonds, celui-ci peut demander au président du conseil d'administration des explications sans délai, et en informe parallèlement le préfet compétent (loi n°2008-776 du 4 août 2008, *supra* note 135, art. 140 VI, al 4 ; décret n°2009-158 du 11 février 2009, JO, n°37, 13 février 2009, 2591, texte n° 8, art. 5). S'il advient qu'en dépit de ses observations, les faits menaçant la continuité de l'activité d'intérêt général persistent, il établit un rapport spécial et invite, par écrit, le président à faire délibérer le conseil d'administration sur les faits constatés. Une copie de ce rapport est envoyée à l'autorité administrative. Si à l'issue de la réunion du conseil d'administration, le commissaire aux comptes constate que la menace perdure,

Avec la loi confortant des principes de la République de 2021[304], le contrôle financier de tout organisme à but non lucratif se trouve renforcé pour résorber le manque de suivi par de l'État du mécénat, et ce tel que dénoncé par un rapport de la Cour des comptes de 2018 relatif au mécénat des entreprises[305].
L'article 18 de ladite loi octroie le droit à l'administration de contrôler sur place la régularité des reçus, attestations ou tout autre document par lesquelles ces organismes indiquent à un contribuable qu'il est en droit de bénéficier des réductions conformément aux articles 200, 238 bis et 978 du Code général des impôts. Ce contrôle ne peut toutefois être déclenché sans avis préalable de l'organisme. Il ne saurait non plus durer plus de six mois. En cas de sanction de l'organisme à but non lucratif, une procédure contradictoire sera mise en œuvre.
De même, l'article 19 instaure l'obligation pour ces organismes de déclarer, chaque année, à l'administration fiscale, dans les trois mois suivant la clôture de l'exercice, le montant global des dons et versements au titre des articles 200, 238 bis et 978 du Code général des impôts. Ce contrôle est également renforcé de manière indirecte, par le truchement des donateurs, puisque ces derniers sont également tenus d'être en mesure de fournir, à la demande de l'administration fiscale, les pièces justificatives attestant de la réalité de leurs dons et versements.

277. Parallèlement, le contrôle administratif est assuré par le préfet du département dans lequel l'organisme a son siège social. Notamment, selon l'article 19-10 de la loi n°87-573 du 23 juillet 1987, « l'autorité administrative s'assure de la régularité du fonctionnement de la fondation d'entreprise ; à cette fin, elle peut se faire communiquer tous documents et procéder à toutes investigations utiles »[306]. De la même manière, l'article 140 VII de la loi n°2008-776 du 4 août 2008 dispose que « l'autorité administrative s'assure de la régularité du fonctionnement du fonds de dotation. À cette fin, elle peut se faire communiquer tous documents et procéder à toutes investigations utiles »[307]. En revanche, aucun texte de loi ne prévoit la surveillance exercée par l'autorité sur les fondations reconnues d'utilité publique. Celle-ci résulte d'une pratique

---

il transmet le dossier au préfet. Sur la base des informations reçues, le préfet pourra alors sanctionner le fonds de dotation s'il constate la présence de graves dysfonctionnements (loi n°2008-776 du 4 août 2008, *supra* note 135, art 140 VII, al 3 ; décret n°2009-158 du 11 février 2009, *supra*, art. 5). Comp. loi n°87-571 du 23 juillet 1987, *supra*, art. 5 et 19-2.

[304] Loi n°2021-1109 du 24 août 2021 confortant des principes de la République, JO n°0197 du 25 août 2021.

[305] Cour des comptes, *Le soutien public au mécénat des entreprises*, 2018, en ligne : <https://www.ccomptes.fr/fr/publications/le-soutien-public-au-mecenat-dentreprises> (consulté le 31 octobre 2021) [Cour des comptes, *Mécénat des entreprises*].

[306] *Supra* note 135.

[307] *Supra* note 135.

administrative instaurée par le Conseil d'État. En effet, la Haute Juridiction administrative affirmait, dans un célèbre avis de 1949, qu' « en vertu des principes traditionnels du droit français le Gouvernement a la haute surveillance des fondations [...] et doit veiller à ce que leurs conseils d'administration se conforment aux lois [...] ainsi qu'à leur charte propre, à ce qu'ils accomplissent les volontés des fondateurs et bienfaiteurs, et administrent régulièrement le patrimoine qu'ils représentent; en conséquence [...] la puissance publique est [...] en droit d'exiger de ces établissements, afin de vérifier la régularité de leur fonctionnement, la communication sans déplacement de tous renseignements, pièces ou documents de nature à lui permettre de connaître exactement leur situation et d'apprécier leur activité, de telle sorte que puisse, en cas de nécessité, être prononcé, par décret en Conseil d'État, le retrait de la reconnaissance d'utilité publique, et par voie de conséquence, la dissolution de l'établissement »[308]. En d'autres termes, le Conseil d'État admit que si l'autorité administrative constate une grave irrégularité dans le fonctionnement de la fondation reconnue d'utilité publique ou de la fondation d'entreprise, celle-ci peut, à titre de sanction, prononcer le retrait de la reconnaissance d'utilité publique ou de l'autorisation administrative entrainant *de facto* la dissolution de l'organisme[309].

Toutefois, la nature et les modalités du contrôle administratif des fondations reconnues d'utilité publique font l'objet de critiques et interrogations récurrentes. En effet, dans son rapport de 1997, le Conseil d'État regrettait déjà qu'aucun texte ne soit venu fixer l'étendue et les modalités dudit contrôle. Aussi, invitait-il le gouvernement à préciser la nature du contrôle (légalité ou opportunité) afin de consolider l'esprit dans lequel ce dernier devait être effectué[310].

À l'occasion de ce rapport, le Conseil d'État avait également souligné les carences du contrôle *a posteriori* des fondations reconnues d'utilité publique et formulé des recommandations précises en ce sens afin de veiller davantage à la bonne utilisation des fonds collectés[311]. Si le contrôle administratif des fondations s'en est trouvé depuis élargi, en sus

---

[308] CE, avis, 28 juin 1949, req. n°248022.

[309] En effet, la reconnaissance d'utilité publique constitue la condition *sine qua non* de la personnalité juridique pour la fondation reconnue d'utilité publique (loi n°87-571 du 23 juillet 1987, *supra* note 135, art 18 al 2). De même, la fondation d'entreprise ne peut être constituée sans autorisation administrative (*ibid*, art 19-1).

[310] Conseil d'État, *supra* note 207 aux pp 64-65..

[311] *Ibid* aux pp 61 et s.

du préfet, au ministre de l'Intérieur et au(x) ministre(s) de tutelle[312], certains regrettent que le contrôle *a posteriori* des fondations ne se révèle, dans les faits, qu'occasionnel[313].

278. Il convient de souligner la particularité des règles encadrant les fonds de dotation. D'une part, il est établi, par décret, les critères par lesquels un fonds de dotation fait l'objet de dysfonctionnements graves[314]. D'autre part, la loi prévoit que toute dissolution forcée du fonds de dotation ne peut être prononcée que par le juge[315], ce qui constitue pour certains « une évolution notable sur le plan des libertés publiques et de la pratique administrative »[316]. Au-delà de ces dispositions, le contrôle

---

312 Statuts types (2012) des fondations avec conseil d'administration ou avec conseil de surveillance et directoire, art.16. Les dispositions ont été reprises dans la version de 2018 respectivement aux articles 16 et 15.

313 Verjat, *supra* note 161 au para 63.191. Le rapport public de 2020 pour « une philanthropie à la française » adresse ces questions également et suggère de renforcer le contrôle des fondations. Au titre de la proposition 3, les auteures suggère la publication d'un texte unificateur, clarifiant les obligations de transparence pour tous les organismes faisant appel à la générosité publique, quel que soit leur statut. La proposition 4 soumet l'idée de renforcer le rôle des commissaires de gouvernement en ce que des derniers permettrait d'assurer un suivi plus régulier de la fondation. Toutefois, la présence des commissaires est tributaire du type de statut type retenu par la fondation (Sarah El Haïry et Naïma Moutchou, La philanthropie à la française : rapport remis au Premier ministre », 10 juin 2020, proposition 11, à la p 44, en ligne : < https://www.vie-publique.fr/rapport/274626-la-philanthropie-la-francaise-rapport-remis-au-premier-ministre>).

314 Au titre de l'article 9 du décret n°2009-158 du 11 février 2009 relatif aux fonds de dotation, *supra* note 304 : « Constituent des dysfonctionnements graves, dès lors qu'ils affectent la réalisation de l'objet du fonds de dotation : a) La violation des règles de gestion financière prévues au titre Ier ; b) La violation des dispositions du VI de l'article 140 de la loi du 4 août 2008 susvisée et du titre II du présent décret relatifs à l'établissement et à la publicité des comptes annuels, et à la mission du commissaire aux comptes ; c) Le fait, pour le fonds de dotation, de disposer ou de consommer tout ou partie de la dotation en capital dont il bénéficie dans le cas où les statuts n'autorisent pas à consommer cette dotation, et, dans le cas où les statuts prévoient cette possibilité, le fait de disposer ou de consommer tout ou partie de la dotation en violation des conditions fixées par les clauses statutaires ou pour une cause étrangère à la réalisation des œuvres ou des missions d'intérêt général prévues au premier alinéa du I de l'article 140 de la loi du 4 août 2008 susvisée ; d) La consommation par un fonds de dotation à durée déterminée de sa dotation au-delà du terme statutaire d'activité du fonds, en violation des dispositions de l'article 15 du présent décret ; e) Le fait, pour le fonds de dotation, de ne pas avoir adressé les rapports d'activité à l'autorité administrative ou d'avoir adressé des rapports d'activité incomplets, durant deux exercices consécutifs, malgré la mise en demeure qui lui a été faite en application de l'article 8 du présent décret ; f) Le fait, pour le fonds de dotation, de n'avoir pas respecté l'obligation de disposer de la dotation initiale prévue au III de l'article 140 de la loi du 4 août 2008 susvisée ». Comp. Au sujet des fondations reconnues d'utilité publique, v. Conseil d'État, *supra* note 207 à la p 112.

315 Loi n°2008-776 du 4 août 2008, *supra* note 135, art 140-VIII ; Décret n°2009-158 du 11 février 2009, *supra* note 304, art. 14, Circulaire du 19 mai 2009 relative à l'organisation, au fonctionnement et au contrôle des fonds de dotation, JO n°140, 19 juin 2009, 9992, texte n° 23 au para 2.3.

316 Wilfried Meynet, « Fonds de dotation » dans Philippe-Henri Dutheil, dir, *Droit des associations et fondations*, coll Juris corpus, Paris, Dalloz : juris éditions, 2016, 1473 au para 69.109. Par comparaison, le retrait de la reconnaissance d'utilité publique procédait de la seule initiative de l'administration et était pris par décret en Conseil d'État (loi n°87-571 du 23 juillet 1987, *supra* note 135, art. 18), sous réserve que la fondation ait pu faire valoir sa défense (ex. au sujet du retrait de l'agrément d'une association, CE, ass, 31 octobre 1952, Ligue pour la protection des mères abandonnées, [1952] Rec CE 480). Bien que la décision soit susceptible d'un recours, le juge administratif ne se prononcera que sur la légalité et non l'opportunité de la décision (Verjat, *supra*

administratif des fonds de dotation fut renforcé au regard de l'article 17 de loi confortant des principes de la République de 2021[317]. Le texte soumet en effet les fonds de dotation au respect de l'obligation de transmettre eux-mêmes le rapport d'activité, les comptes annuels et le rapport de commissaire aux comptes à l'autorité administrative dans un délai de six mois à compter de chaque clôture de l'exercice en cours. En cas de carence, l'autorité administrative pourra, après mise en demeure, et après expiration d'un délai de deux mois, suspendre, par décision motivée, l'activité du fonds. En cas de non-réponse au bout de six mois du fonds de dotation, l'autorité administrative pourra saisir l'autorité judiciaire aux fins de sa dissolution. Plus encore, le pouvoir de l'autorité administrative de saisir le juge pour demander la dissolution est également étendu au-delà du constat de dysfonctionnements graves. Notamment, le fait de constater que l'objet du fonds de dotation méconnait la définition légale du fonds, que l'une de ses activités ne relève pas d'une mission d'intérêt général ou encore qu'il méconnaisse les obligations de transmissions des documents administratifs et comptables telles que décrites plus haut. Autrement dit, le législateur rompt avec la flexibilité des fonds de dotation qui découlait, entre autres, d'un contrôle administratif allégé comparativement aux fondations.

279. Les mécanismes issus du droit muséal. Enfin, il convient de mentionner un troisième type de contrôle découlant de l'appellation « Musées de France ». Au titre de l'article L442-11 du Code du patrimoine, les Musées de France sont soumis au contrôle scientifique et technique de l'État permettant à ce dernier de vérifier les conditions dans lesquelles le musée exécute les missions qui lui sont confiées par la loi[318]. Advenant que la conservation ou la présentation au public cessent de revêtir un intérêt public, le musée pourrait se voir retirer l'appellation « Musées de France »[319]. Le retrait est opéré par décision du ou des ministres concernés, après avis conforme du Haut Conseil des musées de France[320]. Par ailleurs, les dispositions de l'article L442-4 prévoient le retrait de l'appellation si une convention entre l'État et le musée de France précisant les conditions de réalisations muséales[321] n'a pas été

---

note 161 au para 63.202). Le retrait de l'autorisation administrative par le Préfet en matière de fondation d'entreprise constitue également une décision administrative (loi n°87-571 du 23 juillet 1987, *supra* note 135, art 19-11, al 1er). À titre de comparaison, il est pertinent de souligner que cette évolution marque un rapprochement notable vers le droit québécois mais surtout la *common law* où le juge constitue, en principe, l'autorité principale et même unique de contrôle tant dans le contexte des actes philanthropiques que celui des organismes philanthropiques.

317 Loi n°2021-1109 du 24 août 2021, *supra* note 304.

318 Sont visées ici les missions muséales énoncées à l'article L441-2 du Code du patrimoine.

319 C. patr., art. L442-3, al 1er.

320 *Ibid.*

321 Ces conventions sont prévues à l'article L442-10 du Code du patrimoine.

signée dans un délai de quatre ans. Le retrait est soumis à l'avis conforme du Haut Conseil des musées de France[322]. Toutefois, la portée de ces dispositions semble relative dans la mesure où ces conventions sont elles-mêmes facultatives[323].

Ainsi, voit-on que plusieurs mécanismes assurent le respect de l'affectation des biens en soumettant le musée d'art à différents types de contrôle (institutionnel, financier, scientifique) lesquels assoient la fonction sociale de la propriété du musée d'art.

***

CONCLUSION DE LA SECTION

280. Sous l'effet de l'affectation des biens au musée d'art jouissant de l'appellation « Musées de France », le statut juridique des biens contenus dans l'acte philanthropique se trouve modifié. Ce changement se manifeste au regard de la transformation des régimes de propriétés à l'issue du transfert au musée d'art. La propriété privée du disposant se trouve soit substituée au régime de la domanialité publique, soit altérée au point d'emporter des caractéristiques communes avec le régime de la domanialité publique. Dans chacune de ces hypothèses, il apparaît que la propriété des biens contenus dans l'acte philanthropique ne se réalise plus que dans le cadre précis et limité de la finalité d'intérêt général (ici, muséale) à laquelle les biens sont destinés. La propriété du musée d'art emporte les traits d'une propriété-fonction, qu'elle soit de droit privé ou de droit public. De plus, la nature de ces transformations a pour corollaire que les biens contenus dans l'acte deviennent des *biens spéciaux* en raison de l'étendue des restrictions auxquelles ils sont dès lors soumis.

Empreinte d'une fonction sociale, la propriété des biens contenus dans le musée d'art transcende la dichotomie traditionnelle entre la propriété publique et la propriété privée, et impose une nouvelle manière de détenir les biens contenus dans l'acte au nom de l'affectation des biens à la mission muséale. Cette forme dérogatoire de propriété s'apprécie au

---

[322] C. patr., art. L442-4.

[323] Certains dénoncent l'ambiguïté de ces dispositions. Si ces mesures doivent être considérées comme une sorte de levier incitatif à la contractualisation des rapports entre l'État et les musées, la méthode n'en est pas moins critiquée. « Ne fallait-il pas imposer ce cadre, soit viser directement la défaillance dans l'accomplissement des missions prévues et le non-respect des règles qui s'imposent aux musées de France, quelle qu'en soit la formalisation ? » (Cornu et Mallet-Poujol, *supra* note 12 au para 535).

regard de deux éléments. D'une part, la propriété des biens revêt un caractère réglementé au titre duquel les conditions d'exercice du droit se trouvent rigoureusement encadrées. D'autre part, elle recouvre un caractère altruiste en ce que la propriété à l'issue du transfert n'a plus que pour vocation la satisfaction de l'intérêt général. La fonction sociale de la propriété du musée d'art dans l'hypothèse de l'acte philanthropique a pour contrepartie trois impératifs — à savoir, la pérennité de l'affectation, l'accessibilité aux biens par les bénéficiaires et le contrôle du respect de l'affectation des biens à l'intérêt général —, dont le non-respect met en péril la fonction sociale de la propriété des biens, et par-là, son fondement même. Le respect de ces exigences est garanti par le droit muséal et le droit administratif.

Toutefois, au regard des éléments étudiés, force est de s'interroger sur ce qu'il en est pour les musées d'art qui ne jouissent pas de l'appellation « Musées de France ». À l'issue du transfert, aucun changement du régime de propriété ne s'opère quand le musée est une institution privée; ce dernier n'étant pas soumis aux dispositions relatives aux collections des musées de France du Code du patrimoine. Pourtant, les biens contenus dans l'acte philanthropique au profit d'un musée d'art non labélisé sont, de manière similaire, affectés à une finalité d'intérêt général. La propriété du musée non labélisé a donc théoriquement une fonction sociale identique à celle des musées de France. Dès lors, comment justifier que les musées ou institutions culturelles non soumis au droit muséal échappent aux impératifs de pérennité et d'accessibilité ? Puisque la finalité d'intérêt général constitue *le fil directeur* de tout acte philanthropique, le régime juridique des biens ne devrait-il pas être harmonisé au sein de monde muséal de sorte que l'ensemble des enjeux relatifs à la propriété des biens contenus dans l'acte philanthropique s'agrègent autour de la finalité d'intérêt général ? Une telle question se pose avec acuité dans la mesure où certaines fondations d'art rivalisent aujourd'hui les musées[324], et que de nombreux musées privés préfèrent rester en dehors du réseau « Musées de France » compte tenu de ses obligations[325]. De telles considérations sont intrinsèquement liées à la question de la vocation de l'appellation « Musées de France ». Cette dernière échappe toutefois à notre étude, car pour y apporter une réponse satisfaisante, il conviendrait d'opérer une étude sur le terrain. Cette question est également tributaire des orientations de la politique

---

[324] Martine Robert, « Ces fondations d'art qui n'ont rien à envier aux musées », *Les Echos Executives* (12 août 2013), en ligne : Les Echos Executives <http://business.lesechos.fr/directions-generales/0202939462002-ces-fondations-d-art-qui-n-ont-rien-a-envier-aux-musees-8551.php#Xtor=AD-6000>.

[325] François Goliard, « Musées privés et label Musée de France : un champ d'application très réduit » (2017) 52 Juris Art 33.

culturelle au gré desquels l'État influence la pratique philanthropique au profit des musées d'art.

Ceci nous conduit donc à souligner que l'affectation n'a pas la même portée selon le musée d'art auquel les biens sont destinés. Le droit muséal, au travers de l'appellation « Musées de France », maximise les effets de droits induits par l'affectation, créant un clivage entre les actes philanthropiques au profit des musées de France et ceux qui ne le sont pas.

CONCLUSION DU CHAPITRE

281. L'affectation d'intérêt général contenue dans les actes philanthropiques au profit d'un musée d'art constitue la clé de voûte de l'opération. Elle est le procédé grâce auquel l'ensemble de l'opération s'agrège autour de la finalité d'intérêt général.
Il en résulte alors deux conséquences majeures : l'affectation modifie à la fois le statut juridique du musée d'art et celui des biens contenus dans l'acte. L'affirmation de la dualité des effets de l'affectation s'est révélée évidente à l'issue de l'étude comparée. En effet, que ce soit au regard du charitable trust ou de la fiducie québécoise, l'affectation des biens ne fait pas que modifier le régime juridique des biens, mais elle fait du musée un fiduciaire tenu de détenir les biens dans le respect exclusif de la finalité pour laquelle il en est devenu titulaire. La dimension obligationnelle attachée à la qualité de fiduciaire explique pour partie l'efficacité du charitable trust. Cette dimension est également à l'origine d'une rupture conceptuelle en droit québécois entre la notion de propriété et celle de pouvoir.

L'étude comparée nous a donc incité à structurer la suite de notre propos en distinguant chacun des effets induits par l'affectation. Néanmoins, le recours à la comparaison juridique fut limité par la suite compte tenu de notre volonté de nous concentrer sur l'anatomie de l'affectation contenue dans l'acte philanthropique au profit des musées d'art et ce, pour en souligner l'ensemble de ses aspects en droit français.

Dès lors, dans un premier temps, nous nous sommes attachés à étudier l'influence de l'affectation sur le statut juridique du musée d'art à l'issue du transfert de biens. Aussi, avons-nous étudié les multiples obligations à la charge du musée d'art lesquelles constituent le support du procédé d'affectation. Au regard du contenu de ces dernières, force est de reconnaître que le musée d'art répond davantage à la définition d'affectataire — sorte de propriétaire obligé atypique — puisque ce dernier est, dans le contexte des actes philanthropiques, un gratifié apparent et un quasi-fiduciaire.

Dans un second temps, nous nous sommes concentrés sur l'influence de l'affectation sur le statut juridique des biens contenus dans l'acte philanthropique à l'issue de leur transfert au musée d'art pourvu de l'appellation « Musées de France ». D'une détention à vocation individuelle, les biens se trouvent, à l'issue du transfert, détenus en vue de satisfaire un but d'intérêt général. Le droit de propriété sur les biens contenus dans l'acte présente dès lors plusieurs spécificités en vue de garantir que les biens soient effectivement détenus dans le but exclusif de satisfaire la mission d'intérêt général à laquelle ceux-ci sont affectés. Il devient notamment l'objet de restrictions.

Plus largement, derrière le procédé d'affectation transparaît le pouvoir de la volonté du disposant qui, dans le cas des actes philanthropiques au profit d'un musée, se révèle d'une forte intensité. Le disposant appose sa volonté sur la conduite de l'activité muséale par le biais des différentes charges qu'il impose au musée d'art. Plus encore, de son initiative, notamment en choisissant d'affecter les biens à un musée de France, le sort des biens contenus dans l'acte se trouve profondément voire définitivement modifié en vue de se conformer à la finalité d'intérêt général auxquels ils sont assujettis. Si l'affectation n'a pas la même portée selon le type de musée (labélisées ou non), force est de constater que le pouvoir de la volonté du disposant est affermi par le droit muséal.

Ainsi, l'étude de l'affectation permet de souligner l'ensemble des effets de droits induits par l'acte philanthropique au profit des musées d'art tout comme ses conséquences dans l'ordre social.

Puisque sous l'effet de l'affectation, la finalité d'intérêt général devient le fil directeur de l'opération, il importe à présent d'étudier comment le régime juridique de l'acte philanthropique au profit des musées d'art garantit la préservation de la finalité d'intérêt général.

CHAPITRE III. LA PRÉSERVATION DE LA FINALITÉ D'INTÉRÊT GÉNÉRAL ET LE RÉGIME JURIDIQUE DES ACTES PHILANTHROPIQUES AU PROFIT DES MUSÉES D'ART

282. Annonce de plan. Puisque la finalité d'intérêt général constitue le *fil directeur* de l'opération, la préservation de ladite finalité doit constituer un principe directeur du régime juridique des actes philanthropiques au profit des musées d'art au même titre que le respect de la volonté philanthropique du disposant. À défaut, l'opération serait dépourvue de tout fondement, car devenant contraire à l'affectation des biens voulue par ce dernier.

Si le respect de la volonté du disposant se trouve établi par les règles de droit commun des libéralités, tel est moins le cas s'agissant de la préservation de la finalité d'intérêt général. En effet, les règles encadrant la révision des charges, la désaffectation des biens contenus dans la libéralité (restitution ou aliénation) ainsi que celles permettant de sanctionner la défaillance du musée d'art sont les mêmes qui s'appliquent aux libéralités ordinaires, et pour lesquelles seul le respect de la volonté du disposant constitue un principe directeur. Or, un tel constat menace la légitimité juridique, politique et sociale de l'acte philanthropique. En préservant la volonté du disposant au détriment de la finalité d'intérêt général de l'opération, l'acte philanthropique au profit des musées d'art établirait le règne des volontés individuelles dans un domaine d'intérêt général. Ainsi, la nature particulière de l'acte philanthropique au profit des musées d'art requiert d'étudier comment ces différents mécanismes de droit commun peuvent être adaptés afin que la libéralité demeure conforme à l'affectation d'intérêt général qui la façonne.

Dans un premier temps, une telle affirmation implique d'étudier dans quelle mesure le régime juridique des actes philanthropiques au profit des musées d'art permet de tempérer la volonté philanthropique du disposant quand le respect de cette dernière se retourne contre la finalité d'intérêt général (section I). Dans un second temps, la conciliation du régime juridique de l'acte avec sa finalité nécessite d'examiner quels sont les moyens permettant de sanctionner le musée d'art qui manquerait à ses obligations nées de l'acte tout en assurant la préservation de la finalité de l'opération (section II). Ces divers éléments seront confortés, lorsqu'il y a lieu, par des développements d'ordre comparé.

Section I. LES TEMPÉRAMENTS PORTÉS À LA VOLONTÉ PHILANTHROPIQUE AU NOM DU RESPECT DE LA FINALITÉ D'INTÉRÊT GENERAL

283. Position du problème. La reconnaissance accordée à la générosité du disposant a pour contrepartie le respect de sa volonté philanthropique. S'il s'agit d'un principe du droit des libéralités et successions[1], la préservation de la volonté du disposant revêt un enjeu majeur en matière de philanthropie, car elle a une incidence sur l'incitation aux dons. En effet, le respect à long terme de la volonté généreuse du disposant est une considération qui n'échappe pas à ce dernier, surtout quand, par son don, il recherche la postérité. Toutefois, le respect de la volonté philanthropique du disposant ne saurait justifier pour autant que l'intérêt du disposant prime en toutes circonstances, notamment au détriment de la réalisation de l'intérêt général. Si tel était le cas, cela signifierait que l'acte s'éloigne de sa finalité d'intérêt général au profit de l'intérêt particulier du disposant. Ainsi privé de son fondement, sa légitimité pourrait être remise en question. Par conséquent, le régime juridique de l'acte philanthropique doit assurer un équilibre entre les divers intérêts en présence - ceux du disposant versus ceux du musée d'art - en tempérant, le cas échéant, la volonté philanthropique du disposant afin de garantir le respect de la finalité de l'opération.

284. Annonce de plan. Dans cette optique, seront examinés les mécanismes relatifs à la révision des charges (A) ainsi que ceux tenant à la désaffectation des œuvres (B).

I. LA RÉVISION DES CHARGES

285. Domaine d'étude. La révision des charges consiste en la modification de la libéralité, c'est-à-dire de l'acte philanthropique, en

---

[1] Sur la préservation de la volonté dans les actes juridiques, v. François Terré, Philippe Simler, Yves Lequette et François Chénedé, *Droit civil, les obligations*, 12e éd, coll Précis Dalloz, Droit privé, Paris, Dalloz, 2018 aux paras 601 et s. [Terré et al, *Les obligations*] ; François Terré, Yves Lequette et Sophie Gaudemet, *Droit civil: les successions, les libéralités*, 4e éd, coll Précis Dalloz, Droit privé, Paris, Dalloz, 2014 au para 466 ; Charles Bahurel, *Les volontés des morts : vouloir pour le temps où l'on ne sera plus*, tome 557, coll Bibliothèque de droit privé, Issy-les-Moulineaux, LGDJ : Lextenso éditions, 2014 aux paras 762 et s. S'agissant des testaments, il fut avancé que ceux-ci constituent des actes de commandement, une loi pour les survivants (Bahurel, *supra* aux paras 307 et s.).

vue de son adaptation au changement de circonstances[2]. Dans le contexte des actes philanthropiques au profit des musées d'art, et plus largement des libéralités à caractère collectif, l'épreuve du temps revêt un enjeu particulier en ce que les œuvres d'intérêt général ont une vocation perpétuelle. Ainsi, la révision des charges permet d'éviter l'échec de la mise en œuvre de l'affectation des biens, du fait d'un changement de circonstances. En ce sens, la révision des charges constitue un mécanisme clé dans la mesure où il garantit la réalisation de l'affectation des biens au musée d'art sur le long terme.
Toutefois, en droit français, plusieurs régimes de révision des charges cohabitent, ce qui fragilise le mécanisme à un double niveau. En premier lieu, la révision des charges fait l'objet d'incertitudes « conceptuelles » compte tenu des interrogations relatives à l'articulation et à l'opportunité du maintien de ces différents régimes avec celui de droit commun. En second lieu, chacun des régimes de révision des charges présente d'importantes limites du point de vue de leur mise en œuvre. Ce double constat révèle alors un paradoxe du droit positif: aussi nécessaire que soit le mécanisme de la révision des charges, celui-ci est l'objet d'une importante complexité qui en altère l'efficacité. C'est exclusivement sous cet angle que nous traiterons de la révision des charges dans la mesure où il nous semble regrettable qu'un mécanisme aussi majeur pour les actes philanthropiques au profit des musées d'art soit l'objet de telles failles.

286. Annonce de plan. Cet angle d'étude justifie que nous présenterons brièvement la révision judiciaire des charges prévue aux articles 900-2 à 900-8 du Code civil (A), la révision juridictionnelle en dehors du cadre de la loi du 4 juillet 1984 (B) ainsi que les révisions amiables (C). Seule nous intéresse ici la capacité des différents régimes de révision à établir un équilibre entre le respect de la volonté philanthropique du disposant et la préservation de la finalité de l'opération. C'est dans cette perspective que nous formulerons quelques recommandations (D).

A. LA RÉVISION DE DROIT COMMUN

287. La recherche d'un équilibre entre les intérêts en présence. Le contexte dans lequel le disposant a formulé sa stipulation n'est pas immuable. Le musée d'art peut se retrouver, du seul fait des changements de circonstances, dans l'impossibilité de mettre en œuvre l'affectation qui lui a été confiée. Cette impossibilité émerge, d'ailleurs,

---

[2] *Vocabulaire juridique, sub verbo* « Révision des charges ».

classiquement dans deux séries d'hypothèses : soit il apparaît que « les biens donnés ou les revenus sont insuffisants pour financer la charge », soit « la charge ne correspond plus aux besoins actuels »[3]. L'exécution des actes philanthropiques peut s'avérer une tâche complexe en ce que, bien souvent, l'acte cumule différentes charges plus ou moins indépendantes les unes des autres[4]. Aussi, est-il crucial que le musée d'art puisse se libérer des volontés du disposant qui seraient devenues obsolètes avec le temps et/ou la mutation des conditions économiques, sociales, politiques ou autres. Tel est le sens de la révision des charges qui permet que la volonté du disposant ne donne naissance à « un empire illimité »[5] et ne scelle l'échec de l'affectation des biens par le musée d'art. Toutefois, la révision des charges a pour prix l'altération des stipulations du disposant, ce qui justifie qu'elle ne peut être admise que sous condition.

288. Cette nécessité que représente la révision des charges dans le contexte des actes philanthropiques au profit des musées d'art se trouve corroborée au regard de la *common law*. En effet, le droit des *charitable trusts* prête une attention particulière au devenir des volontés philanthropiques et des enjeux que leur respect impose dans le temps[6].

---

[3] Jacques Grosclaude, « L'adaptation par les personnes publiques des charges attachées aux libéralités » [1980] JCP G I 2990 au para 4. Depuis la réforme du droit des obligations par l'ordonnance n°2016-131 du 10 février 2016, JO, n°35, texte n° 26, l'admission d'une révision des charges pour imprévision se pose au regard du nouvel article 1195 du Code civil. En effet, celui-ci consacre la révision judiciaire des conventions pour imprévision dans l'hypothèse où le changement de circonstances rendrait l'exécution des obligations excessivement onéreuses. Dès lors, certains se sont interrogés sur la conciliation de cette nouvelle disposition avec la révision de droit commun des articles 900-2 et s. du Code civil. Pour la doctrine dominante, les dispositions des articles 900-2 et s. du Code civil excluent la révision sur le fondement de l'article 1195 au motif de la spécialité desdites dispositions et donc conformément à l'adage *specialia generalibus derogant* repris à l'alinéa 3 de l'article 1105 du Code civil. En effet, les dispositions des articles 900-2 et s. soumettent la révision des charges à de strictes conditions de fond comme de forme ce qui n'est pas compatible avec la révision introduite à l'article 1195 du Code civil laquelle est admise plus largement. V. sur ce point, Julien Boisson, *Les libéralités à caractère collectif*, coll Doctorat & Notariat, n°61, Issy-les-Moulineaux, Defrénois, 2019 aux paras 416-417 ; Terré et al, *Les obligations*, *supra* note 1 au para 645.

[4] Sur les charges contenues dans l'acte philanthropique au profit des musées d'art, v. *supra* aux paras 221 et s.

[5] Bahurel, *supra* note 1 au para 729.

[6] "Charitable gifts are exempt from the common law Rule Against Perpetuities. This means that the restrictions placed on charitable gifts by the donor may last for a very long period of time. Over time, the usefulness or the feasibility of the gift or the manner in which the gift is carried out may change, but the recipient of the gift runs the risk of suffering forfeiture if the terms are violated. Courts are therefore faced with the question of whether to continue to enforce the terms of the original gift, allow the gift to fail, or permit changes in the way the gift is carried out. In applying these principles to public, charitable trusts, courts are reluctant to permit a forfeiture or reversion and over the centuries have developed equitable doctrines that, under the right circumstances, permit the trust to be saved and the purpose or the methods by the gift is carried out altered so that the public can continue to benefit from the charitable gift" (Patty Gerstenblith, *Art, Cultural Heritage, and the Law: Cases and Materials*, 3e éd, Durham, NC, Carolina Academic Press, 2012 à la p 261, [Gerstenblith, *Art and the Law*]).

Aussi, dispose-t-il de mécanismes équivalents à la révision judiciaire des charges. Toutefois, notons que ces mécanismes découlent de la nature particulière du *charitable trust.* Admettre l'échec du *charitable trust* (au sens de *failure*[7]) du fait d'un changement de circonstances est contradictoire avec la finalité même de l'institution[8]. C'est pourquoi les juges accueillent favorablement les demandes de révision judiciaire des dons établis à des fins charitables compte tenu de l'importance sociale que revêt le succès de leur exécution[9].

[7] Sur ce point, v. Austin Wakeman Scott, William Franklin Fratcher et Mark L Ascher, *Scott and Ascher on Trusts*, 5e éd, Boston, Aspen Publishers, 2006 au para 39.1.

[8] "A trust for a particular charitable purpose ordinarily does not fail, even it becomes impossible to carry out the particular purpose. Instead, the court ordinarily directs the trustee to apply the property to a similar charitable purpose. The theory is that the settlor would have wanted the property to be devoted to an alternate charitable purpose if the settlor had realized that it would be impossible to carry out the stated purpose. Presumably, the settlor would have preferred that the property be applied to a different purpose as near as may be to the stated purpose than the trust to be allowed to fail"(*Ibid* au para 39.5).

[9] "There is obviously a strong public interest in allowing the trust to continue and in preventing the assets from returning to private ownership" (Gerstenblith, *Art and the Law, supra* note 6 à la p 261).

289. Notamment, la doctrine de *cy pres* permet au juge de modifier l'allocation de la libéralité quand les conditions de mise en œuvre du don se révèlent impossibles[10]. Toutefois, les juges limitent l'application de cette théorie par une appréciation stricte du critère d'impossibilité de mettre en œuvre les volontés testamentaires. Veillant à ne pas réécrire les

---

[10] "The phrase 'cy pres' is Anglo-French in origin and literally means "as near as possible." In re Catholic Child Care Soc'y of Diocese of Brooklyn, No. 3522/1968, 2009 WL1194970, at *1 (N.Y. Sur. Ct.Apr. 30, 2009). "The doctrine proceeds upon the principle that it is the duty of the court to give effect to the general charitable intention of the testator as nearly as possible, when the subsidiary intent that a gift takes effect in a particular manner is impossible to implement." Id. The cy pres doctrine, and thus the ability of the court to allow a donee to deviate from the conditions attached to a charitable gift, is neither novel nor new. The doctrine was first codified in New York law by the enactment of the Tilden Act in 1893. [...] The cy pres doctrine, as presently codified, states in pertinent part, whenever it appears to such court that circumstances have so changed since the execution of an instrument making a disposition for religious, charitable, educational or benevolent purposes as to render impracticable or impossible a literal compliance with the terms of such disposition, the court may, on application of the trustee or of the person having custody of the property subject to the disposition and on such notice as the court may direct, make an order or decree directing that such disposition be administered and applied in such manner as in the judgment of the court will most effectively accomplish its general purposes, free from any specific restriction, limitation or direction contained therein. N.Y. Est. Powers & Trusts Law § 8-1.1(c)", (*Georgia O'Keefe Foundation (Museum) v. Fisk University*, cité dans Gerstenblith, *Art and the Law, supra* note 6 à la p 274). Le donataire pourra traditionnellement obtenir l'application de la doctrine de *cy pres* s'il s'avère que le don litigieux est bien de nature « charitable », que le donateur a exprimé une intention « charitable » générale et non spécifique (comme soutenir un musée et non un musée en particulier) que les circonstances de faits ont changé au point de rendre l'exécution du don impossible (*ibid.*). Notons que le *Uniform Trust Code* (§413) a supprimé le critère de l'intention du donateur au profit d'un critère d'utilité. En effet, le donataire doit démontrer le gaspillage que provoque l'inertie des biens. Sous réserve de la réunion de ces critères, les juges pourront accueillir la demande en *cy pres* et prendre des mesures au plus près de la volonté du *settlor*. Aux côtés de la doctrine de *cy pres*, il faut en effet souligner celle dite de *(administrative) deviation*. "Cy pres and deviation are equitable doctrines by which a court may modify the original terms of a trust when the trust purpose would otherwise fail because of changed circumstances which the trust settlor did not anticipate" (Patty Gerstenblith, « The Fiduciary Duties of Museum Trustees » (1983) 8 Columbia J Arts Law 175, n 24, [Gerstenblith, « The Fiduciary Duties »]). *Deviation* permet cette fois au juge de modifier l'allocation du contenu des dons quand celle-ci a fait l'objet de restrictions particulières dans l'acte juridique. Le juge peut dès lors autoriser le *trustee* d'un *charitable trust* à s'éloigner des termes du *trust* s'il lui apparaît que le respect des volontés relatives à l'allocation des biens contenus dans la libéralité est impossible à réaliser ou illégale, et qu'en raison des circonstances inconnues et/ou non anticipées par le *settlor* le respect de l'acte originel risquerait de contrevenir à la réalisation de la finalité du *trust*. La distinction entre les deux notions s'apprécie au regard des dispositions litigieuses. En effet, il est admis que la doctrine de *deviation* est réservée aux dispositions administratives du *trust*. Sont ainsi visés "the details of administration which the settlor has prescribed in order to secure the more important result of obtaining for the beneficiairies the advantages the settlor stated he wished them to have" (*In re The Barnes Foundation*, 453 Pa.Super. 436 (1996) à la p 452). Afin que cette doctrine soit mise en œuvre, cela suppose traditionnellement la réunion de deux conditions : un changement imprévu et imprévisible des circonstances, et la non-atteinte des objectifs principaux du *settlor* par ce changement. Ce second critère ne sera rempli que s'il s'avère que le *settlor* a exprimé son souhait que le *trustee* se conforme rigoureusement à ses volontés (*ibid.* à la p 452). Sur le fondement de cette doctrine, la Fondation Barnes a pu vendre une quinzaine de ses tableaux en 1991 pour faire face à de grandes difficultés financières alors que l'acte fondateur interdisait expressément leur vente, Gerstenblith, *Art and the Law, supra* note 6 à la p 279 et s. Sur l'opportunité d'appliquer la doctrine de *deviation* plutôt celle de *cy pres*, v. *Cleveland Museum of Art v. O'Neil*, 129 N.E. 2d 669 (1955). *Adde.*

volontés du disposant[11], les juges appliquent la doctrine de *cy pres* avec le souci de préserver un équilibre entre le respect des volontés philanthropiques et le désir de ne pas décourager les dons par une révision trop permissive de ces mêmes volontés. C'est ainsi que le respect des volontés testamentaires doit se révéler impossible afin d'obtenir l'application de la théorie. Notamment, dans l'affaire Museum of Fine Arts v. Beland, un collectionneur fit don de dix-sept tableaux à une fondation avec l'obligation d'exposer ceux-ci dans la ville de Lawrence dans le but d'y développer un intérêt culturel chez ses habitants. Cependant, aucun bâtiment ne fut construit par la ville à cette fin, si bien que la fondation récipiendaire du don décida d'exposer la collection au Fine Arts Museum de Boston avec qui elle passa un accord à titre onéreux. Or, le Fine Arts Museum de Boston n'exposa que de manière partielle les œuvres en question. Les trustees de la fondation saisirent le juge, sur le fondement de la doctrine *cy pres*, afin d'obtenir la vente des tableaux dont ils n'étaient plus en mesure d'assurer la conservation pour des raisons financières. La Cour refusa la demande des trustees au motif que l'exposition n'était pas absolument impossible et que la fondation aurait dû chercher un autre musée pour exposer le reste de la collection si le Musée de Boston s'y opposait[12].

290. Une mesure exceptionnelle. Depuis la loi n°84-562 du 4 juillet 1984[13], la France s'est dotée d'un mécanisme de droit commun de

[11] V. par ex., Supreme Court of New York, Appellate Division, 1st Department, 1936, 288 N.Y.S 382

[12] *Museum of Fine Arts v. Beland*, 432 Mass. 540, 735 N.E 2d 1248 (2000).

[13] Loi n°84-562 du 4 juillet 1984 permettant la révision des conditions et charges apposées à certaines libéralités, JO, 6 juillet 1984, 2127. Jusqu'en 1984, la révision des charges et conditions ne bénéficiait pas d'un cadre légal défini, ni favorable, en droit français. Les gratifiés, qui du fait d'un changement de circonstances, souhaitaient aménager les charges et conditions auxquelles ils étaient tenus, s'exposaient au risque de la révocation de la libéralité pour inexécution des charges. Quelques assouplissements furent concédés. La loi permettait tout au plus aux personnes morales de droit privé d'obtenir un aménagement des modalités d'exécution des charges et conditions. Parallèlement, la jurisprudence et la doctrine accueillaient avec bienveillance la révision amiable procédant de l'accord des héritiers de la modification ou de la suppression de la charge (Terré, Lequette et Gaudemet, *supra* note 1 au para 373). Toutefois, afin qu'une telle révision aboutisse, encore fallait-il que les héritiers soient enclins à privilégier l'intérêt de l'*accipiens* à leur intérêt personnel de récupérer les biens qui leur échappaient du fait de la volonté philanthropique du disposant. En dehors de ces hypothèses, la révision des charges et conditions n'était pas offerte. La France connaissait comparativement un certain retard en ce point. Ce retard se comprenait avec l'attitude retenue plus généralement face à l'imprévision et à la préservation de la force de l'engagement individuel. Certaines lois spéciales permettaient néanmoins, dans des cas particuliers, d'aménager l'exécution des libéralités comme dans le contexte hospitalier (*ibid.* au para 374). Aussi, la loi n°84-562 du 4 juillet 1984 constitue une avancée majeure en ce point comblant ainsi une carence du droit français. Sur cette loi, v. notamment, Claude Witz, « La révision des charges et conditions en matière de libéralités après la loi du 4 juillet 1984 » [1985] D Chron 101 [Witz, « La révision des charges et conditions »] ; François Boulanger, « La loi du 4 juillet 1984 sur la révision des charges et des libéralités » [1985] JCP G I 3177. *Adde* Bertrand

révision des charges. Celui-ci est animé par des considérations similaires, notamment éviter que des biens affectés à une œuvre d'intérêt général ne « fassent retour dans le patrimoine d'héritiers peu scrupuleux »[14]. Il revêt quatre caractéristiques.

Tout d'abord, la révision prévue par la loi est de nature judiciaire, et est demandée par le grevé (le musée d'art en l'espèce) contre le disposant ou ses héritiers[15].
Puis, l'article 900-2 du Code civil dispose que « tout gratifié peut demander que soient révisées en justice les conditions et charges grevant les donations ou legs qu'il a reçus, lorsque, par suite d'un changement de circonstances, l'exécution en est devenue pour lui soit extrêmement difficile, soit sérieusement dommageable ». Ainsi, la mise en œuvre de ce régime requiert un changement de circonstances d'une part, et d'autre part, une exécution devenue soit extrêmement difficile, soit sérieusement dommageable. Les circonstances envisagées sont autant d'ordre patrimonial qu'extrapatrimonial de sorte que seule compte l'analyse du rapport objectif entre les circonstances et l'exécution de la prestation[16]. Le changement doit intervenir postérieurement à l'acceptation de la libéralité. Rien n'exige qu'il eût été imprévisible[17].

Ensuite, il appartient au musée d'art de rapporter la preuve de la légitimité de sa demande. Afin d'éviter l'écueil de révisions de convenance ou en chaîne, l'article 900-5 du Code civil restreint les demandes de révision.

Ancel et Aurélie Harmand-Luque, *J-Cl Civil code*, art. 900-2 à 900-8, Fasc. unique « Donations et testaments – révision des conditions et charges imposées à certaines libéralités ».

[14] Boisson, *supra* note 3 au para 414.

[15] C civ, art. 900-3 al. 2. Il est également précisé que l'action est également formée contre le Ministère public si l'existence ou l'identité de certains héritiers font l'objet de doutes. En l'absence de ces derniers, elle est seulement formée contre le Ministère public. Afin de réduire le champ de cette hypothèse, le législateur pose de lourdes conditions de publicité ayant pour fin d'avertir les ayants cause intéressés de l'action en révision (Décret n°84-943 du 19 octobre 1984, v. Ancel et Harmand-Luque, *supra* note 12 au para 73). Toutefois, la Cour de cassation a précisé, dans le cadre d'un litige relatif à une donation à une université, que le respect des mesures de publicité ne saurait être requis lorsque la demande en révision était formée par voie reconventionnelle en réponse à l'action en révocation ou exécution (Civ 1re, 28 janvier 2015, n°13-27.125, Michel Grimaldi, « La demande en révision des charges apposées à une libéralité n'est pas soumise à publicité lorsqu'elle est formée par voie reconventionnelle »; note ss Civ 1re, 28 janvier 2015, [2015] RTD Civ 450 [Grimaldi, Demande en révision des charges] ; Yves-Marie Serinet, « Pot-pourri procédural à propos d'un litige relatif à une donation avec charge au profit d'une université » [2015] JCP G 660 ; Mélanie Jaoul, « Conditions de l'action en révision des donations avec charges » (2015) 125 Rev Lamy Dr Civ 57).

[16] Michel Grimaldi, *Droit civil : libéralités, partages d'ascendants*, Paris, Litec, 2000 au para 1411, p.315 [Grimaldi, *Partages d'ascendants*].

[17] *Ibid.*

D'une part, cet article impose au grevé de justifier des diligences qu'il a prises, dans un intervalle de dix ans, pour exécuter ses obligations. Ainsi, le musée d'art devra « se garder de toute attitude purement passive, qui consisterait à suspendre, par paresse, fatalisme ou intérêt, l'exécution de la charge et à escompter une révision dans le cas où la révocation de la libéralité viendrait à être demandée »[18].
D'autre part, la demande de révision ne peut être effectuée que dix ans après le décès du disposant. Ce délai constitue un obstacle majeur à la révision[19], puisque l'affectation des biens par le musée d'art est, de fait, suspendue.

Enfin, le juge dispose d'un large pouvoir afin d'apprécier dans quelle mesure les nouvelles circonstances rendent l'exécution extrêmement difficile, voire sérieusement dommageable pour le musée d'art. Le juge procède pour cela à une appréciation *in concreto*, disposant ainsi d'un « véritable pouvoir de réfaction de la libéralité »[20] en raison de l'étendue des mesures qu'il peut prononcer selon l'article 900-4 du Code civil[21]. Néanmoins, on ne saurait voir dans le pouvoir du juge une liberté totale de réfaction de la libéralité. En effet, le régime de droit commun s'articule autour de la recherche d'un juste équilibre entre le respect de la volonté philanthropique et sa préservation dans le temps. Lors de la présentation de la proposition de loi, il fut, à ce titre, affirmé que « le texte n'est nullement destiné à contredire la volonté du disposant, mais au contraire à en permettre le respect dans toute la mesure du possible, car si une charge ne peut plus s'exécuter, les héritiers du disposant peuvent intenter une action en révocation de la libéralité pour inexécution des conditions, révocation que la révision des charges [...] permettra de tenir en échec »[22] . Aussi, les mesures prises par le juge demeureront ancrées dans « l'esprit de la libéralité » [23] conformément aux dispositions de l'article 900-4 alinéa 1er du Code civil.

---

[18] *Ibid.* La révision de la libéralité peut en effet procéder d'une demande reconventionnelle, répliquant alors à la demande des héritiers de la révocation de la libéralité pour inexécution des charges (C civ, art. 900-3, al.1er).
[19] V. en ce point, Ancel et Harmand-Luque, *supra* note 12, au para°64.
[20] Grimaldi, *Partages d'ascendants, supra* note 15 au para 1412.
[21] C. civ., art. 900-4 : « Le juge saisi de la demande en révision peut, selon les cas et même d'office, soit réduire en quantité ou périodicité les prestations grevant la libéralité, soit en modifier l'objet en s'inspirant de l'intention du disposant, soit même les regrouper, avec des prestations analogues résultant d'autres libéralités. Il peut autoriser l'aliénation de tout ou partie des biens faisant l'objet de la libéralité en ordonnant que le prix soit employé à des fins en rapport avec la volonté du disposant. Il prescrit les mesures propres à maintenir, autant qu'il est possible, l'appellation que le disposant avait entendu donner à sa libéralité ».
[22] JO AN CR 1980, n°57, p.2613 cité dans Boisson, *supra* note 3 au para 414.
[23] Expression empruntée au professeur Grimaldi (Grimaldi, *Partages d'ascendants, supra* note 16 au para 1412).

291. À la lecture de ces éléments, la révision des charges, telle que prévue dans le Code civil, permet donc d'adapter la volonté philanthropique au gré des nécessités de sa mise en œuvre dans le temps. Toutefois, le Code civil restreint ce type de demande en imposant plusieurs conditions. Si nous comprenons la nécessité d'encadrer la révision des charges, force est de s'interroger sur la sévérité de ces conditions. Notamment, les dispositions contenues dans l'article 900-5 du Code civil présentent l'inconvénient que, durant le délai de dix ans, l'affectation des biens ne puisse être mise en œuvre. Un tel délai peut se révéler d'une grande sévérité pour le milieu muséal, notamment au regard de ses ressources financières souvent limitées. Aussi, craignons-nous que l'inertie qu'impose l'article 900-5 ne crée d'autres difficultés pour le musée. Plus largement, n'est-elle pas contraire à l'intention du disposant?

292. Une interrogation se pose dès lors que l'on compare la révision des charges en droit français avec celle du droit québécois. L'article 1834 du Code civil du Québec relatif aux donations et l'article 771 relatif aux legs permettent au grevé de demander la modification judiciaire de la charge dont l'exécution est « devenue impossible ou trop onéreuse ». Défendue comme un mécanisme porteur d'équité[24], la révision des charges grevant les libéralités est soumise au respect de deux conditions seulement. D'une part, elle suppose que les circonstances imprévisibles soient survenues après l'acceptation de la libéralité, et, d'autre part, que la survenance de ces circonstances ait rendu l'exécution de la charge impossible ou trop onéreuse. On notera donc une plus grande tolérance du législateur québécois envers la révision des charges si l'on compare le contenu des articles du Code civil du Québec avec celui des articles 900-2 et 900-5 du Code civil. Le droit français semble faire de la révision judiciaire des charges une solution de dernier ressort, contrairement au droit québécois. Selon nous, la solution québécoise se prête davantage au contexte des actes philanthropiques au profit des musées d'art, et constitue un des éléments explicatifs du contexte juridique favorable aux actes philanthropiques au Québec. Certainement, cette plus grande tolérance envers la révision des charges s'explique par le fait que le droit québécois n'a pas hérité avec la même intensité des suspicions envers les libéralités, justifiant dès lors de protéger par divers moyens la volonté du disposant.

Compte tenu de leur caractère exceptionnel en droit français, les autres modes de révision des charges présentent un intérêt particulier dans le contexte de l'étude.

---

[24] Germain Brière, *Les successions*, 2e éd, Cowansville (Qc), Éditions Yvon Blais, 1994 au para 555.

B. LA RÉVISION JURIDICTIONNELLE EN DEHORS DU CADRE DE LA LOI DU 4 JUILLET 1984

293. L'admission de la révision des charges *ab initio*. En dépit des dispositions de la révision des charges de droit commun, il s'est posé la question de savoir si le juge pouvait réviser les charges grevant la libéralité si les circonstances rendant l'exécution de la charge extrêmement difficile ou sérieusement dommageable existent *ab initio*, ce qui constitue une hypothèse, en principe, exclusivement réservée aux libéralités adressées aux personnes physiques selon l'article 900-1 alinéa 1er du Code civil.
L'hypothèse d'une telle révision a été révélée à l'issue d'un legs avec charge adressé à la Fondation de France, et pour lequel le Conseil d'État dut trancher[25]. En l'espèce, la Fondation de France s'était vue désignée légataire universelle à charge de créer et gérer un refuge pour animaux abandonnés. Le legs était toutefois grevé d'une clause d'inaliénabilité. Se trouvant dans l'impossibilité de respecter dûment les volontés de la testatrice, la Fondation de France subordonna l'acceptation du legs à la levée, par le juge judiciaire, de la clause d'inaliénabilité. Aussi, l'autorité administrative, au titre de la tutelle imposée aux fondations reconnues d'utilité publique jusqu'à récemment, autorise l'acceptation de la libéralité, tout en consignant dans le décret d'autorisation de la libéralité, la volonté de la Fondation de France de saisir le juge judiciaire pour obtenir l'annulation de la clause d'inaliénabilité litigieuse. Les héritiers de la testatrice ont saisi le Conseil d'État qui valida le procédé, reconnaissant dès lors implicitement au juge judiciaire, un pouvoir de réviser, en dehors de toute imprévision, la clause d'inaliénabilité.

294. L'incertitude de la validité du procédé. L'admission d'une révision des charges en dehors du cadre commun a reçu la faveur des juges du fond. Notamment, dans un jugement du Tribunal de grande instance de Paris du 12 février 2004, la révision judiciaire d'une charge dont l'exécution se révélait impossible dès l'origine fut admise[26]. En l'espèce, la Fondation de France était désignée légataire universelle à

---

[25] CE, 8 décembre 2000, n°205000, [2001] JCP G II 10616 (concl. C. Maügué). Sur ce point, Boisson, *supra* note 3 au 406.
[26] TGI Paris, 12 février 2004, (RG n°02/03932). *Adde* CA Aix-en-Provence, 9 avril 1993, *Juris-Data*, n°1993-04531. En l'espèce, la Société protectrice des animaux avait été désignée légataire universelle à charge de créer un refuge pour animaux sur un terrain dépendant de la succession. La société saisit le juge afin d'obtenir la levée de la clause d'inaliénabilité au motif que le projet ne pouvait se concrétiser en raison du classement du terrain.

charge de créer une fondation dédiée aux personnes âgées, et dont le siège était un immeuble contenu dans la succession. Diverses raisons de nature technique, matérielle, juridique et financière ne permettaient pas à la Fondation de France de mettre en œuvre la volonté du testateur. Celle-ci assigna donc les héritiers en vue d'obtenir, d'une part, la vente de l'immeuble au motif de l'existence d'un intérêt supérieur justifiant l'application de l'article 900-1 du Code civil, et d'autre part, l'affectation du produit de la vente à une fondation abritée qui se chargerait de reverser les fonds aux œuvres apportant leur soutien aux personnes âgées. C'est ainsi que le juge, en faisant droit à la demande de la Fondation, admit non seulement la révision de la clause d'inaliénabilité, mais celle de l'affectation des biens. Par cette décision, le juge du fond s'octroie donc un pouvoir de révision des charges *ab initio*, et par là en dehors des conditions de la révision légale.
Toutefois, si la Cour de cassation ne s'est pas encore positionnée sur cette question, cette solution fait l'objet de critiques sur le fond. Comme le souligne J. Boisson au sujet du jugement rendu par le Tribunal de grande instance, « même à retenir, avec un auteur, que la Cour de cassation devrait admettre la mainlevée d'une clause d'inaliénabilité grevant une libéralité adressée à une personne morale sur le fondement du premier alinéa de l'article 900-1, ce dernier texte ne saurait autoriser une révision de l'affectation des biens. La décision des juges du fond paraît donc *contra legem* au moins sur ce second point »[27]. Certains auteurs ont parallèlement affirmé, à la suite d'une décision du Conseil d'État[28], que le juge administratif disposerait d'un même pouvoir de révision des

---

[27] Boisson, *supra* note 3 au para 406.

[28] CE, 11 mai 1994, n°119635, *Fondation du Bocage c/ Préfet de Savoie* [1994] AJDA 1994 912 (obs. X Prétot) ; [1995] JCP N II 281 (note M-C Rouault). En l'espèce, la fondation Bocage avait été autorisée par arrêté préfectoral à procéder à l'aliénation de certains biens immobiliers reçus en legs et à utiliser le produit de la vente pour rembourser les sommes dues au titre d'emprunts contractés par la Fondation. Le Conseil d'État retenait alors que si les articles 900-1 et suivants du Code civil attribuaient une compétence exclusive au juge judiciaire pour la révision des conditions et charges grevant les libéralités, ces dispositions n'avaient pas pour objet d'abroger l'article 5 du décret 13 juin 1966 selon lequel « lorsque les statuts des associations ou des fondations reconnues d'utilité publique soumettent à autorisation administrative les opérations portant sur les droits réels immobiliers, les emprunts, l'aliénation ou le remploi des biens mobiliers dépendant de la dotation ou du fonds de réserve, cette autorisation est donnée par arrêté du préfet du département où est le siège de l'association ou de la fondation ». Aussi, convenait-il de par la combinaison de cet article avec les statuts de la Fondation prévoyant que toute aliénation des biens supposait une approbation administrative, que le tribunal administratif de Grenoble avait annulé à tort l'arrêté préfectoral. Notons que cette disposition fut reprise en les mêmes termes dans l'article 8 du décret n°2007-807 du 11 mai 2007 relatif aux associations, fondations, congrégations et établissements publics du culte et portant application de l'article 910 du Code civil (JO, n°110, 12 mai 2007, 8689, texte n°35) ainsi qu'à l'article 11 des statuts types de 2018 des fondations reconnues d'utilité publique établis par la section de l'Intérieur du Conseil d'État (anc. art.9 des statuts-types de 2012).

charges en dehors du cadre de la loi du 4 juillet 1984[29]. Toutefois, l'interprétation de cette décision laisse planer plusieurs doutes[30].

295. L'opportunité d'une telle révision en question. La révision *ab initio* permet une révision des charges en dehors de tout changement de circonstances, rendant l'exécution de la charge extrêmement difficile ou sérieusement dommageable. Évitant dès lors un échec quasi-immédiat de l'affectation d'intérêt général, la révision *ab initio* constitue un mode de révision qui considère la préservation de la finalité d'intérêt général sans délai ni preuve de diligence de la part du musée d'art. La reconnaissance d'une telle révision s'inscrit dans la volonté des juges de préserver la volonté philanthropique, quand bien même cela appellerait à faire œuvre d'une *interprétation divinatoire*[31]. En cela, ce type de révision doit être encouragé, participant à la constitution d'un cadre juridique favorable aux actes philanthropiques au profit des musées d'art.

Toutefois, si la Cour de cassation venait à se prononcer favorablement sur cette question, on devrait se demander si une telle solution n'affaiblirait pas le régime de droit commun — ce dernier étant soumis à des conditions bien strictes —, voire à le priver de tout intérêt.

Néanmoins, la révision judiciaire *ab initio* présente un risque majeur; celui de freiner les initiatives philanthropiques, puisque les volontés du disposant peuvent être immédiatement révisées. Comme nous l'avons souligné, la préservation de la volonté du disposant joue sur l'incitation aux dons. Par conséquent, une trop grande admission de la révision des charges pourrait se révéler contre-efficiente. Ainsi, conservons-nous

---

[29] Xavier Prétot, obs. ss CE, 11 mai 1994, [1994] AJDA 1994 912 ; Marie-Christine Rouault, note ss CE, 11 mai 1994, [1995] JCP N II 281 ; Alain Sériaux, *J-Cl Civil code*, art. 900-1, Fasc. unique « Libéralités – Dispositions générales – Clauses d'inaliénabilité » au para °25.

[30] D'une part, il fut soulevé que les biens immobiliers dont il était question en l'espèce ne faisaient pas l'objet d'une clause d'inaliénabilité. D'autre part, le régime introduit par la loi n°84-562 du 4 juillet 1984 (*supra* note 12) et l'article 8 du décret n°2007-807 du 11 mai 2007 (*supra* note 28) ont des fins différentes, tel que l'on ne saurait y voir une quelconque concurrence entre ces dispositions. En effet, la procédure de tutelle a pour unique fin de veiller à ce que les organismes à but non lucratif demeurent pérennes et disposent de ressources suffisantes pour conduire à bien leur mission d'intérêt général (Ancel et Harmand-Luque, *supra* note 12 aux paras 85-86).

[31] Il est possible de faire un parallèle ici avec les solutions jurisprudentielles relatives au gré desquelles les juges admettent « plus largement qu'ailleurs l'adaptation par voie d'interprétation » (Grimaldi, *Partages d'ascendants*, *supra* note 16 au para 1410) en vue de sauver les aspirations philanthropiques qui se révèlent défectueuses. Pour J. Boisson, cette solution s'inscrit, en effet, « dans un mouvement plus large qui consiste à substituer aux volontés défectueuses, des volontés possibles » (Boisson, *supra* note 3 au para 407). À titre d'exemple, v. CA Poitiers, 24 mars 1976, *Ville de Poitiers c/Société des antiquaires de l'Ouest et autres*, [1976] JCP G II 18379 (note R. Savatier) ; Civ 1re 24 janvier 1979 *Musée de Chièvres*, Bull civ, I, n°36 (maintient l'arrêt de Cour d'appel).

quelques réserves sur l'opportunité de la révision judiciaire *ab initio*, contrairement aux révisions amiables, et ne considérons pas ce mode de révision comme optimal.

Dès lors, voyons ce qu'il en est des révisions amiables.

C. LES RÉVISIONS AMIABLES

296. Domaine d'étude. Il convient de distinguer deux types de révisions amiables : la révision administrative et la révision amiable de droit commun.

297. La révision administrative. L'un des apports les plus significatifs de la loi du 4 juillet 1984[32] résidait dans l'unification des procédures de révision. En effet, tout gratifié, qu'il soit une personne morale de droit privé ou de droit public, bénéficie des règles contenues aux articles 900-2 à 900-8 du Code civil. Aussi, cette loi « contraste [...] avec l'état du droit antérieur, où l'existence de réglementations spéciales en faveur de certains gratifiés témoignait de la confiance variable que l'ordre juridique plaçait dans la capacité, la loyauté ou la docilité des diverses catégories de sujets distinguées »[33]. Toutefois, aux côtés du régime de droit commun, la loi du 4 juillet 1984 a prévu un régime spécial au profit de certaines personnes publiques; ce régime étant celui d'une révision amiable préalable. Ce mode de révision est d'autant plus pertinent pour notre étude puisque le paysage muséal est largement constitué d'institutions publiques.

Au titre des articles L2222-12 à L2222-18 du Code général de la propriété des personnes publiques en faveur de l'État et de ses établissements publics[34], ces derniers peuvent solliciter le disposant, ou ses ayants cause, afin de s'entendre sur une révision des charges, et échapper à la révision judiciaire. Cette forme de révision amiable requiert toutefois qu'une autorisation administrative préalable de l'autorité de tutelle consolide la

---

[32] Loi n°84-562 du 4 juillet 1984, *supra* note 12.

[33] Ancel et Harmand-Luque, *supra* note 12 au para 85.

[34] Sont exclus de ce régime les collectivités territoriales et leurs établissements publics conformément à l'article L1311-17 du Code général des collectivités territoriales. En effet, la décentralisation a détaché les collectivités territoriales, leurs groupements et leurs établissements de la personne de l'État et les a ainsi libérés de la tutelle administrative. Ce détachement entraîne donc la perte du bénéfice de cette procédure spéciale de révision des charges (CE, 19 février 1990, n° 73923, *Commune d'Éguilles*, [1990] JCP G II 21535 [note F. Boulanger] ; [1992] D somm 231 [obs. M. Grimaldi]). En revanche, les établissements publics de santé bénéficient de ce régime conformément à l'article L6145-10 du Code de la santé publique.

modification des obligations à la charge du gratifié[35]. Elle est également prévue dans des conditions identiques à celles posées à l'article 900-2 du Code civil. Toutefois, cette procédure de révision offre un avantage majeur pour ces personnes publiques puisque la demande de révision peut intervenir à tout moment, et notamment indépendamment du délai de dix ans à l'issue du décès du disposant qui restreint le régime de droit commun[36].

298. En sus du respect du principe de la correspondance des formes[37], la conservation de ce mécanisme en droit positif repose tant sur des « raisons tenant à une certaine tradition politique » [38] que sur « des considérations d'ordre économique ou par la signification particulière d'une intervention de l'autorité administrative »[39]. Notamment, « la mise en place de ce régime particulier de la révision administrative témoigne, en ce qui concerne l'État et ses établissements satellites, du souci d'éviter autant que possible une confrontation judiciaire avec les autres intéressés, personnes privées »[40]. Celle-ci se prévaut d'un caractère spécial[41]: à défaut d'un accord entre l'État et le disposant, ou ses ayants droit, la révision judiciaire prévue aux articles 900-2 et suivants pourra être sollicitée.

---

[35] Le refus d'autorisation de la décision pourra être contesté sur la base d'un recours en excès de pouvoir devant le juge administratif (Ancel et Harmand-Luque, *supra* note 12 au para 96).
[36] C. civ., art. 900-5.
[37] C. civ., art. 910; CG3P, arts L1121-1 et L1221-2.
[38] Terré, Lequette et Gaudemet, *supra* note 1 au para 372.
[39] *Ibid.* Il fut soutenu que cette révision spéciale aurait vocation à bénéficier aux fondations, congrégations et associations ayant la capacité à recevoir à titre gratuit. En effet, à la suite à l'ordonnance n°2005-856 du 28 juillet 2005 portant simplification du régime des libéralités consenties aux associations, fondations et congrégations, de certaines déclarations administratives incombant aux associations, et modification des obligations des associations et fondations relatives à leurs comptes annuels (JO, 29 juillet 2005, n°175, 12350) consacrant la liberté d'accepter ou de refuser des libéralités avec charges des fondations et autres organismes à but non lucratif, il y a tout lieu de considérer que sous réserve du principe de correspondance des formes, ces institutions se trouvent affranchies de la nécessité d'obtenir une autorisation administrative pour consentir une révision amiable ou engager l'action en révision judiciaire. Notamment, l'article 910 alinéa 3 du Code civil ne prévoit de contrôle administratif *a posteriori* que « si le représentant de l'État dans le département constate que l'organisme légataire ou donataire ne satisfait pas aux conditions légales exigées pour avoir la capacité juridique de recevoir des libéralités ou qu'il n'est pas apte à utiliser la libéralité conformément à son objet statutaire ». Toutefois, certains ont alors affirmé que « les mêmes raisonnements devraient conduire, en dépit du silence du législateur, à admettre que l'autorisation du préfet continue d'être exigée pour la révision amiable des charges et conditions grevant les libéralités dont il a autorisé l'acceptation par un établissement d'utilité publique » (Ancel et Harmand-Luque, *supra* note 12 au para 86). Néanmoins, la récente suppression du pouvoir d'opposition de l'administration pour les fondations reconnues d'utilité publique par l'ordonnance n°2015-904 du 23 juillet 2015 portant simplification du régime des associations et des fondations, JO, 24 juillet 2015, n°169, 12632 (art. 4) anéantit cette proposition.
[40] Ancel et Harmand-Luque, *supra* note 12 au para 86.
[41] *Ibid*, au para 85.

299. Toutefois, la révision administrative requiert un accord unanime des héritiers, ce qui risque, à terme, de réduire considérablement les chances que cette procédure aboutisse[42]. Parallèlement, la procédure est dépourvue d'efficacité en l'absence d'héritiers; la personne morale de droit public devant ainsi se tourner vers le juge judiciaire *de facto*[43]. Par conséquent, la révision administrative risque de n'être, dans ces hypothèses, qu'une « coquille vide »[44] alors qu'elle se veut un régime de faveur accordé à certaines personnes publiques en vue de leur donner une plus grande flexibilité dans la mise en œuvre des libéralités qui leur sont octroyées.

En d'autres termes, bien que la révision administrative se veut extrêmement pertinente dans le contexte des actes philanthropiques au profit des musées d'art, elle se voit soumise à des conditions qui, dans les faits, limitent ses chances d'aboutir.

En dehors de ce régime de faveur, demeure un autre régime de révision amiable.

300. La révision amiable de droit commun. La révision amiable, procédant de l'accord entre le gratifié et les héritiers pour modifier la charge stipulée par le disposant, fut toujours admise avec faveur de la part de la jurisprudence[45], et de la doctrine[46]. Cette possibilité découle naturellement du droit commun des obligations au titre duquel les parties peuvent toujours modifier ou révoquer ensemble ce qu'elles ont convenu par un nouvel accord de volonté[47]. Toutefois, la loi du 4 juillet 1984[48] reste silencieuse sur le maintien de cette procédure dérogatoire. Faut-il en déduire que la révision amiable du droit commun ait été remise en cause par ladite loi?

Nul doute ne pèse réellement sur son maintien quand le disposant est vivant conformément au droit commun des obligations[49]. D'ailleurs, aucune disposition de cette loi « ne confère, [...], un caractère

---

[42] *Ibid*, au para 86.
[43] *Ibid.*
[44] Expression empruntée à Julien Boisson *in* Boisson, *supra* note 3 au para 125.
[45] V. T civ, Toulouse, 25 mai 1905, [1905] D.1905.5 p.34; Civ 1re, 5 janvier 1978, [1978] D 468 (obs. D Martin). *Adde* Michel Grimaldi, « obs ss CE 19 février 1990, *Commune d'Éguilles* » [1992] D somm 231 au para 2 [Grimaldi, « obs ss CE 19 février 1990 »] ; Terré, Lequette et Gaudemet, *supra* note 1au para 373.
[46] Witz, « La révision des charges et conditions », *supra* note 13, au para 20.
[47] V. C civ, art. 1193 (anciennement art. 1334 al.2). V. Grimaldi, *Partages d'ascendants, supra* note 15, au para 1413 ; Terré, Lequette et Gaudemet, *supra* note 1 au para 373 ; Jean Carbonnier, *Droit civil*, 2e éd, coll Quadrige manuels, Paris, PUF, 2017 au para 931.
[48] Loi n°84-562 du 4 juillet 1984, *supra* note 13.
[49] C. civ., art. 1172 et 1193.

d'exclusivité à la révision qu'elle organise »[50] de telle sorte que la loi confère aux juges la mission d'arbitrer un conflit relatif à l'exécution des charges grevant une libéralité, sans exclure la possibilité de résoudre ce conflit par la modification des charges par un nouvel accord entre le disposant et le gratifié (ou l'affectataire ici)[51].

Toutefois, pour les demandes de révision survenant après le décès du disposant, la réponse ne jouit pas de la même certitude au regard de la décision du 19 février 1990 du Conseil d'État[52]. La Haute juridiction administrative exclut l'admission de la révision de droit commun au motif qu'aucune modification des charges ne pouvait avoir lieu en dehors des conditions et de la procédure définies aux articles 900-2 à 900-8 du Code civil[53]. En l'espèce, la demande de révision ne remplissait pas les conditions de l'article 900-5 du Code civil. Le délai d'épreuve de dix ans ne s'étant pas écoulé, le grevé n'avait comme recours que la révision amiable.

301. Cette décision, outre l'incertitude qu'elle a pu introduire, suscita une opposition dans la doctrine[54]. Pour le professeur Grimaldi, « il serait illogique que la révision amiable, d'abord possible, cessât de l'être alors que l'écoulement du temps ne peut qu'en accroître l'opportunité ». L'auteur ajoute que « la loi n'a [...] de sens que si l'on comprend la révision judiciaire comme un moyen de remédier à l'impossibilité d'aboutir à une révision conventionnelle. Elle confie au juge la mission

[50] Terré, Lequette et Gaudemet, *supra* note 1 au para 373.
[51] *Ibid.* V. également, Witz, « La révision des charges et conditions », *supra* note 13 au para 20 ; Grimaldi, « obs ss CE 19 février 1990 » *supra* note 45 au para 2.
[52] Boisson, *supra* note 3 au para 410.
[53] CE, 19 février 1990, *Commune d'Éguilles*, *supra* note 45. La commune d'Éguilles avait reçu par legs un terrain dans le but de construire une maison de retraite pour ses habitants. Faute de moyens suffisants pour conduire le projet, le conseil municipal décida de vendre le terrain et d'utiliser le produit de la vente à la construction d'un foyer pour personnes du troisième âge dans la commune. Le préfet déféra cette délibération au juge administratif au motif qu'elle ne respectait pas les dispositions de la loi du 4 juillet 1984 relative à la révision des charges grevant les libéralités. Le tribunal administratif annula la décision du conseil municipal, et la commune d'Éguilles saisit alors le Conseil d'État. Celui-ci rejeta le recours au motif que, même si la commune avait obtenu l'accord de la personne instituée comme légataire universel du disposant, le conseil municipal ne pouvait légalement, sans respecter la procédure prévue par les articles 900-2 à 900-8 du Code civil, vendre le terrain et employer différemment le produit de la vente.
[54] Si cette solution fut saluée par F. Boulanger (note ss CE 19 février 1990, *Commune d'Éguilles*, [1990] JCP G II 21535), elle fut vivement critiquée par Michel Grimaldi (« obs ss CE 19 février 1990, *Commune d'Éguilles* » *supra* note 45). Pour une discussion de cette décision, v. Boisson, *supra* note 3 aux paras 411-415.

d'arbitrer un conflit entre particuliers, et non de substituer sa décision à celle des parties »[55].

Dès lors, selon l'esprit de la loi de 1984, la révision de droit commun a pour fin d'éviter l'échec de l'affectation des biens, et par là, que les biens ne fassent retour dans le patrimoine. De ce point de vue, la révision amiable sert une même fin. Si elle évite le risque relatif au retour de biens dans le patrimoine des héritiers, elle prive d'intérêt le recours au juge. Aussi, selon la doctrine dominante, la révision amiable du droit commun défend son maintien en marge des dispositions des articles 900-2 à 900-8 du Code civil[56]. Une telle solution doit être saluée dans la mesure où la révision amiable octroie une plus grande flexibilité au respect de la volonté philanthropique. En effet, elle permet d'atténuer la rigueur du délai d'épreuve de dix ans[57] lequel peut mettre le musée d'art dans une situation regrettable, voire périlleuse, faute de pouvoir exécuter la charge conformément à la volonté du disposant[58].

La révision amiable constitue donc, si un accord est conclu, un moyen efficace de réduire les délais d'inaction — dans notre cas, éviter par exemple une dégradation des biens contenus dans l'acte — ainsi que d'éviter des coûts judiciaires alors que le financement des activités ordinaires du musée d'art fait déjà l'objet de tensions.

Toutefois, comme il le fut récemment souligné, la reconnaissance de la révision amiable de droit commun en parallèle du régime introduit aux articles 900-2 à 900-8 du Code civil menace l'intérêt de la révision administrative. Cette dernière en perdrait son caractère de faveur, sauf à admettre que l'accord amiable entre le musée d'art et les héritiers connus (alors consolidé par une décision administrative) n'empêche pas les héritiers à agir ultérieurement en révocation de la libéralité pour inexécution des charges[59].

302. *A priori*, la Cour de cassation ne semble pas se rallier à la position du Conseil d'État. En effet, dans une décision du 1er juillet 2003, la Cour eut à se prononcer sur la révision d'une charge ayant préalablement fait l'objet d'une révision amiable, et ce, avant l'entrée en vigueur de loi de

---

[55] Grimaldi, « obs ss CE 19 février 1990 » *supra* note 45 au para 5 ; Grimaldi, *Partages d'ascendants*, *supra* note 16 au para 1413.

[56] Witz, « La révision des charges et conditions », *supra* note 13 au para 20 ; Henri Mazeaud, Jean Mazeaud, Léon Mazeaud et François Chabas, *Leçons de droit civil. Successions Libéralités Tome 4*, 5e ed par Laurent Leveneur et Sabine Mazeaud-Leveneur, Paris, Montchrestien, 1999 au para 1412-3 [Mazeaud et al] ; Grimaldi, *Partages d'ascendants*, *supra* note 16 au para 1413 ; Terré, Lequette et Gaudemet, *supra* note 1au para 373.

[57] Grimaldi, *Partages d'ascendants*, *supra* note 16 au para 1413.

[58] *Ibid.*

[59] Boisson, *supra* note 3 au para 415.

1984[60]. S'il semble difficile d'affirmer que la Cour de cassation consacre la révision amiable en droit positif compte tenu du contexte particulier de l'affaire, force est de noter qu'elle reste silencieuse sur l'éventuelle exclusivité du régime du droit commun. Aussi, il fut défendu qu'implicitement, la Haute juridiction reconnaissait la validité de la révision amiable[61].

303. Synthèse. En somme, en dépit des différents doutes qui les entourent, les révisions amiables présentent l'avantage d'offrir une plus grande souplesse à la révision des charges dans un sens qui sert, selon nous, l'affectation des biens au musée d'art. Elles permettent un mode consensuel, et à moindres coûts, de la révision des charges de sorte que le disposant, ou ses héritiers, et le musée d'art œuvrent conjointement à la préservation de l'affectation des biens, et donc, à celle de la finalité d'intérêt général de l'opération. Pour cette raison, le maintien des révisions amiables participe à l'élaboration d'un cadre juridique favorable aux actes philanthropiques au profit des musées d'art.

D. RECOMMANDATIONS POUR LE DROIT FRANÇAIS

304. Une clarification nécessaire. Aussi bienvenu que soit le régime de révision des charges introduit par la loi du 4 juillet 1984, la révision de droit commun est soumise à de strictes conditions qui, dans le cas des

[60] Civ 1re, 1er juillet 2003, n°00-13.474, Inédit. Dans cette affaire, la Fondation de France était désignée comme légataire universelle à charge de mettre à disposition les biens contenus dans le legs à une association « Les amis d'Antoine Pevsner ». La testatrice avait pris des dispositions particulières relatives à l'immeuble contenu dans la succession lequel se divisait en un appartement et un atelier. À ce titre, la Fondation de France était tenue de conserver l'appartement et de le louer pour pourvoir aux frais d'entretien de l'atelier. Ce dernier devait, en revanche, être mis à disposition de l'association et des artistes. Compte tenu de l'impossibilité d'exécuter la charge dès son origine, la Fondation de France avait obtenu l'accord du bénéficiaire final de celle-ci (l'association) et des exécuteurs testamentaires de diviser l'atelier, de procéder à sa vente et de mettre l'appartement à disposition du premier. Il fut également convenu que le produit des ventes devait être affecté à l'entretien de l'appartement et à l'attribution d'un prix du nom de l'artiste. Les nouvelles charges avaient été reprises dans le décret autorisant la légataire à accepter la libéralité. Plusieurs années après cette accord, l'association souhaitait procéder à la vente de l'appartement. Aussi, demanda-t-elle une nouvelle révision de la charge ce que les exécuteurs testamentaires refusèrent. La Fondation de France introduit alors une demande en révision des charges sur le fondement des articles 900-2 et suivants du Code civil. L'article 7 de la loi n° 84-562 du 4 juillet 1984 (*supra* note 13) prévoyait la rétroactivité des dispositions de la loi aux libéralités avec charges consenties avant l'entrée en vigueur de ladite loi. Les juges ont accueilli sa demande. De même, la Cour de cassation rejeta le pourvoi formé par les exécuteurs testamentaires aux motifs que le changement de circonstances rendait l'exécution de la charge sérieusement dommageable, mais également, que la modification était conforme à la volonté de la testatrice.

[61] J. Boisson note que « c'est uniquement à ce prix que la procédure administrative apparaît comme une faveur faite à certaines personnes morales de droit public » (Boisson, *supra* note 3 au para 413).

actes philanthropiques au profit des musée d'art, peuvent le mettre dans une situation difficile, voire périlleuse. Cette rigueur est motivée par la volonté d'éviter les révisions en chaîne, et corrélativement, par celle de préserver la volonté généreuse du disposant. Toutefois, le droit québécois nous a montré qu'il était possible de considérer un tel mécanisme avec plus de faveur en admettant des conditions moins strictes pour la révision des charges.
Certes, cette rigidité de la révision de droit commun en droit français se trouve atténuée par l'existence de régimes de révision des charges parallèles. Toutefois, le maintien de ces derniers a pu faire l'objet de doutes (dans le cas de la révision amiable du droit commun des obligations) de même que leur articulation avec la révision des charges des articles 900-2 et s. du Code civil (dans le cas de la révision judiciaire *ab initio*). Compte tenu de l'importance de la révision des charges dans le contexte des actes philanthropiques au profit des musées d'art, nous regrettons ce désordre. Aussi, on ne peut qu'appeler le législateur à faire œuvre de clarification en ce point, notamment dans la perspective d'offrir à la philanthropie un cadre juridique adapté à ses problématiques, mais avec moins d'incertitudes.

305. Encourager les procédures amiables. Nous pensons que les procédures de révisions amiables doivent notamment être encouragées en ce qu'elles complètent le régime de droit commun. Pouvant être enclenchées à tout moment, et à moindres frais, elles évitent que l'affectation des biens contenus dans la libéralité ne soit figée (malgré la diligence du musée d'art) et ce, pendant le temps qu'il faudra avant que la demande de révision judiciaire soit recevable devant le juge judiciaire.

306. Anticiper les difficultés. De même, on ne saurait que trop recommander aux professionnels du droit qui accompagnent les disposants dans la réalisation de leur projet philanthropique au profit du musée d'art, de sensibiliser ces derniers à l'intérêt d'une révision des charges grevant la libéralité si les circonstances venaient à rendre l'exécution de la charge extrêmement difficile, ou sérieusement dommageable. Les conventions de mécénat pourraient systématiquement intégrer une clause par laquelle le disposant et ses héritiers s'engagent, dans de telles circonstances, à entamer des discussions pour la conclusion d'un accord de révision amiable. Simple obligation de moyen, ces clauses conforteraient le rôle significatif que la révision des charges joue dans la constitution d'un régime juridique des actes philanthropiques au profit des musées d'art, assurant ainsi la préservation de la finalité d'intérêt général de l'opération.

307. À cela, il faut également souligner le rôle de l'éthique. Dans sa charte relative aux donateurs individuels, le Louvre prend soin d'avertir les donateurs individuels de sa politique à l'égard des libéralités grevées de charges[62]. Aussi, le musée indique que certaines charges, du fait de leur nature, se doivent d'être limitées dans le temps compte tenu des enjeux que soulève leur exécution par le musée. Le Louvre cite notamment l'exemple sur des charges ayant pour vocation l'attribution du nom du donateur à une salle du musée[63]. La Charte indique également que le musée se réserve le droit, après en avoir informé le disposant, d'une réaffectation des sommes collectées dans le cadre d'un projet particulier à un nouveau projet si le besoin de financement du projet initial a été couvert, ou s'il a changé de nature. Elle ajoute qu'« en tout état de cause, le donateur ne sera pas en droit de demander la restitution de toute ou partie de son don »[64]. Non seulement ces dispositions éthiques sensibilisent les disposants aux difficultés que peuvent induire l'exécution de certaines charges, mais dans l'hypothèse où elles sont intégrées dans une convention de mécénat, ces dispositions permettent une adaptation de l'affectation des biens de manière simple, immédiate et conforme aux besoins de l'institution muséale. En acquérant une force exécutoire, elles rendent obligatoires la réaffectation des biens au disposant, et/ou à ses héritiers, et paralysent les prétentions contraires de ces derniers. Ainsi, on ne saurait trop recommander aux musées d'art de généraliser l'adoption de chartes éthiques contenant une politique d'acceptation des libéralités avec charges.

Il convient à présent d'étudier la question de la désaffectation des œuvres transmises au musée d'art, pour laquelle le maintien d'un équilibre entre le respect de la volonté du disposant et celui de la finalité d'intérêt général soulève des difficultés particulières.

II. LA DÉSAFFECTATION DES BIENS CULTURELS DONNÉS OU LÉGUÉS

308. Position du problème. Comme nous l'avons mentionné précédemment, le droit muséal octroie aux biens acquis par dons, ou legs intégrant les collections d'un musée de France, un régime dérogatoire[65]. Or, ce régime a pour effet de rendre quasi-immuable l'affectation de ces derniers aux musées de France au regard des dispositions des articles

---

[62] Charte éthique du musée du Louvre pour ses relations avec les donateurs individuels, en ligne :< https://www.louvre.fr/sites/default/files/medias/medias_fichiers/fichiers/pdf/louvre-charte-ethique-individuels.pdf> (consulté le 31 octobre 2021).
[63] *Ibid* au para 3.2 (b).
[64] *Ibid* au para 3.2 (c).
[65] C. patr., art. L451-2 et s. V. *supra* aux paras 237 et s.

L451-7[66] et L451-10[67] du Code du patrimoine. Ceci signifie qu'une fois entrés dans les collections muséales, ces biens ne sauraient, en principe, faire l'objet d'une désaffectation; c'est-à-dire être affectés ni à une finalité autre que muséale, ni même à un musée qui ne relève pas du réseau « musées de France ». Si ces dispositions participent à la protection du patrimoine culturel français, elles traduisent également la volonté du législateur de rassurer les philanthropes sur le sort des œuvres dont ils se séparent gracieusement. Ces dispositions participent donc à l'établissement d'un environnement incitatif aux dons et legs d'objets culturels aux musées.
Toutefois, force est de se demander dans quelle mesure la préservation du geste philanthropique justifie l'intangibilité, et donc l'immobilisme, des collections muséales. Cette question se pose avec beaucoup d'intérêt dans le contexte des collections publiques puisque l'article L451-7 du Code du patrimoine rend l'affectation des biens contenus dans l'acte philanthropique quasi-définitive.
Dès lors, la désaffectation des biens composant les collections muséales est au cœur des questions relatives à la recherche d'un équilibre entre le respect de la volonté philanthropique et celui de la finalité d'intérêt général. La recherche d'un tel équilibre doit ainsi être considérée dans les deux hypothèses de désaffectation que sont l'aliénation (A) et la restitution (B).

A. L'ALIÉNATION DES BIENS CULTURELS

309. Position du problème. Le droit muséal réduit la libre circulation des biens donnés et légués au profit des collections de musées privés[68] en affirmant une affectation perpétuelle desdits objets au réseau « musées de France » de sorte que ces objets ne circulent qu'au sein de ce dernier[69].

---

[66] Pour rappel, cet article dispose que « les biens incorporés dans les collections publiques par dons et legs ou, pour les collections ne relevant pas de l'État, ceux qui ont été acquis avec l'aide de l'État ne peuvent être déclassés ».
[67] « Les biens des collections des musées de France appartenant aux personnes morales de droit privé à but non lucratif acquis par dons et legs ou avec le concours de l'État ou d'une collectivité territoriale ne peuvent être cédés, à titre gratuit ou onéreux, qu'aux personnes publiques ou aux personnes morales de droit privé à but non lucratif qui se sont engagées, au préalable, à maintenir l'affectation de ces biens à un musée de France. La cession ne peut intervenir qu'après approbation de l'autorité administrative après avis du Haut Conseil des musées de France. Les collections mentionnées à l'alinéa précédent sont insaisissables à compter de l'accomplissement des mesures de publicité prévues à l'article L. 442-1 ».
[68] C. patr., art. L451-10.
[69] À titre complémentaire, il convient de noter l'apport de la loi n°2016-925 du 7 juillet 2016 relative à la liberté de création, à l'architecture et au patrimoine (JO, 8 juillet 2016, n°158, texte n°1) laquelle étendit la règle d'affectation perpétuelle des œuvres acquises par dons, legs ou avec

Cette affectation perpétuelle implique que les œuvres ne peuvent être cédées à titre gratuit ou onéreux qu'aux musées de France (privés ou publics) et sous réserve d'avoir obtenu « l'approbation de l'autorité administrative après avis du Haut Conseil des musées de France »[70]. S'agissant des objets qui rejoignent les collections publiques d'un musée de France, celles-ci se voient pourvues du statut de biens *indéclassables*[71]. Définitivement affectées aux collections publiques, leur indisponibilité en est ici absolue. De la même manière que précédemment, il convient de se demander dans quelle mesure l'inaliénabilité « renforcée » des biens donnés ou légués — laquelle, nous le rappelons, veille à rassurer les disposants — est-elle compatible avec les intérêts des musées d'art.

310. Le débat autour de l'inaliénabilité des biens composant les collections publiques. Or, l'(in)aliénabilité des collections publiques, quand bien même elle constitue la « pièce maitresse » de la protection du patrimoine culturel français[72], est une question tumultueuse[73]. Il faut rappeler comment les conclusions du rapport Lévy-Jouyet de 2006 ont ébranlé le monde muséal et ravivé un mouvement de remise en cause du principe[74]. En effet, les auteurs du rapport établissaient dans l'optique

---

le concours de l'État aux Fonds régionaux d'art contemporain. Cette loi témoigne également d'une position législative plus consensuelle entre la préservation des actes philanthropiques d'une part, et la gestion des collections des institutions culturelles. En effet, les Fonds régionaux d'art contemporain (FRAC) n'ont cessé de voir leur patrimoine mobilier comme immobilier s'accroître. Aussi, certains conseils régionaux soumirent l'idée d'aliéner certaines de leurs œuvres pour en acquérir d'autres. Or, en ce que les FRAC sont constitués sous la forme associative, et relèvent du domaine privé des régions, les œuvres n'étaient pas protégées par le principe d'inaliénabilité. Les clauses de statuts des FRAC intégraient pour la plupart une clause d'inaliénabilité des œuvres acquises par dons ou legs. Aussi, les pouvoirs publics y virent là un risque certain pour les œuvres. À l'instar de ce qui fut opéré avec les Musées de France, la loi instaure un label pour les FRAC dont l'obtention est soumise à l'inscription dans les statuts d'une clause prévoyant l'affectation irrévocable des biens acquis par dons, legs ou avec le concours de l'État à la présentation du public. L'inaliénabilité des œuvres détenues par les FRAC est cependant relative puisque les biens pourront être cédés à titre gratuit ou onéreux, qu'aux personnes morales de droit public ou de droit privé à but non lucratif s'étant préalablement engagés à maintenir l'affectation de ces biens à la présentation du public. V. Jean-Marie Pontier, « Les enjeux de la loi LCAP en matière de patrimoine » (2017) 44 Juris Art 18.

[70] *Ibid.*

[71] C. patr., art. L451-7. Marie Cornu, « La mise hors commerce des biens culturels comme mode de protection » (2006) 36 Légicom 75 à la p 80 [Cornu, « La mise hors commerce »].

[72] *Ibid.* à la p 77.

[73] François Mairesse, « L'aliénation entre raison et passion » dans Marie Cornu, Jérôme Fromageau, Jean-François Poli et Anne Christine Taylor, dir, *L'inaliénabilité des collections, performances et limites ?* coll Droit du patrimoine culturel et naturel, Paris, L'Harmattan, 2012, 281.

[74] Notamment, on citera la proposition de loi du député J-F. Mancel préconisant de séparer les œuvres en deux catégories : d'un côté, les œuvres constituant des trésors nationaux, inaliénables ; de l'autre, les œuvres dites « libres d'utilisation » susceptibles d'être vendues ou louées par le musée sous réserve de l'avis préalable d'une commission du patrimoine culturel instituée à cet effet par décret. Cette liberté de gestion était, selon le député, la solution aux problèmes de financement auxquels les musées font actuellement face. J-F. Mancel, Proposition de loi n°233

d'une meilleure gestion des actifs muséaux, que les musées puissent vendre et louer, dans des conditions encadrées, les biens composant les collections muséales afin de financer des opérations d'investissements, telles que de nouvelles acquisitions ou des opérations de rénovation ou développement[75].

Dès lors, Jacques Rigaud[76] fut chargé de mener une réflexion sur « la possibilité pour les opérateurs publics d'aliéner des œuvres de leurs collections, sans compromettre naturellement le patrimoine de la Nation, mais au contraire dans le souci de la valoriser au mieux »[77]. Rigaud conclut que le principe d'inaliénabilité des objets culturels, qui gouverne les collections publiques, est avant tout une conséquence de la nature de service public des musées, ou plus particulièrement, de sa mission première de conservation du patrimoine culturel[78]. Selon lui, ni la « respiration des collections publiques » ni même les besoins de fonds supplémentaires ne sauraient trouver une issue dans la remise en cause du principe d'inaliénabilité des objets culturels[79]. C'est ainsi qu'il conclut, dans le cadre de son rapport, que :

> « l'engagement des musées de France dans une politique ouvertement fondée sur l'aliénation des œuvres pour permettre un enrichissement des collections risquerait de compromettre dans la durée la poursuite d'un effort de diversification de leurs ressources pour les acquisitions et maintenant [...] pour de grandes opérations d'investissement.

---

tendant à établir une réelle liberté de gestion des établissements culturels, 16 octobre 2007. Sur les réactions autour de cette proposition, v. Mairesse, *supra* aux pp 281-282.

[75] La recommandation dix est formulée de la manière suivante : « Renforcer le rayonnement des musées français en leur donnant la possibilité de céder le droit d'utilisation de leur nom dans des conditions très strictes ; de louer et de vendre certaines de leurs œuvres selon des modalités également très encadrées ; d'avoir accès à un statut de fonds de dotation pour favoriser la collecte de fonds privés, sur le modèle des Endowment Funds américains » (Maurice Lévy et Jean-Pierre Jouyet, *L'économie de l'immatériel : la croissance de demain*, Paris, La Documentation française, 2006 à la p 107).

[76] Jacques Rigaud (1932-2012) était un haut fonctionnaire et administrateur français du secteur culturel.

[77] Lettre de mission, adressée par le Président de la République Nicolas Sarkozy et la ministre de la Culture Christine Albanel du 1er août 2007, en ligne : <https://www.lemonde.fr/sarkozy-un-an-a-l-elysee/article/2008/04/29/lettre-de-mission-de-nicolas-sarkozy-adressee-a-christine-albanel_1039208_1036775.html> (consulté le 31 octobre 2021). Jacques Rigaud, *Réflexion sur la possibilité pour les opérateurs publics d'aliéner des oeuvres de leurs collections*, Ministère de la Culture et de la Communication, 2008.

[78] C. patr., art. L441-2. Jean-François Poli, « Les fondements de la règle de l'inaliénabilité dans le patrimoine culturel » dans Marie Cornu, Jérôme Fromageau, Jean-François Poli et Anne Christine Taylor, dir, *L'inaliénabilité des collections, performances et limites ?* coll Droit du patrimoine culturel et naturel, Paris, L'Harmattan, 2012, 41 à la p 48.

[79] Expression empruntée à Jacques Rigaud (*supra* note 77 à la p 27).

Indépendamment des avantages fiscaux incontestables qui profitent à ceux qui y recourent, ce système original et multiple de cofinancement a créé un esprit de partenariat durable entre le monde des musées et celui des entreprises, précisément parce que leurs logiques respectives sont différentes, non concurrentes, mais complémentaires. Il serait dommage qu'un musée apparaisse à l'avenir comme une entreprise en difficulté qui doit vendre ses stocks pour survivre. Le milieu des entreprises mécènes ne le comprendrait pas et risquerait, je le répète, de se démobiliser »[80].

311. Il importe de souligner que la position de Rigaud intervenait également dans un contexte où les pratiques américaines d'aliénation des objets muséaux — bien connue sous l'expresssion de *deaccessioning*[81] suscitaient tant l'intérêt que la critique des

---

[80] *Ibid* à la p 32.

[81] Par *deaccessioning*, est entendu l'aliénation, le plus souvent à titre onéreux, d'un ou plusieurs objets des collections muséales. Le terme, comme la pratique, sont entrés dans la conscience collective à la suite d'un article du *New York Times* paru en 1972 révélant que le Metropolitan Museum de la ville de New York s'était séparé secrètement de plusieurs toiles de maîtres – notamment reçues par le legs d'Adelaïde de Groot – pour notamment couvrir des frais de fonctionnement. Cette affaire fit beaucoup de bruit. Outre les vives critiques adressées au directeur du musée, le musée fit l'objet d'une enquête de la part de l'*Attorney General*. Il en découla l'obligation pour le musée d'aviser l'*Attorney General* de toute aliénation d'une valeur supérieure à 5000 dollars. Sur le détail de cette affaire, v. Sue Chen, « Art Deaccessions and the Limits of Fiduciary Duty » (2009) 14 Art Antiq Law 103 à la p 104. Depuis, la pratique ne cesse de faire l'objet de nombreuses controverses (v. en ce sens Kirstie Howard, « Deaccessioning – Rules and Practises at United States Art Museum » dans Marie Cornu, Jérôme Fromageau, Jean-François Poli et Anne-Christine Taylor, dir, *L'inaliénabilité des collections, performances et limites?*, coll Droit du patrimoine culturel et naturel, Paris, L'Harmattan, 2012, 205) et donne lieu à une abondante doctrine juridique et professionnelle. Sur la question de l'(in)aliénabilité des œuvres, la France et les États-Unis constituent des modèles drastiquement contraires comme nous allons le voir. Pour cette raison, les développements comparés ne se concentreront essentiellement que sur ces deux pays. Le Québec, et plus largement le Canada, s'apparentent *a priori* davantage au modèle américain. L'aliénation des biens composant les collections est permise dans la loi de sorte que la pratique se trouve essentiellement encadrée par l'éthique muséale. En réalité, le Québec et les autres provinces sont dans une position plus proche du droit anglais. En effet, les biens de la Couronne sont par principe inaliénables. Toutefois, les lois relatives aux musées nationaux permettent, sous certaines conditions, l'aliénation des biens composant les collections. Hormis la situation des musées nationaux, les musées peuvent librement aliéner leurs biens à moins que leurs statuts n'en disposent autrement (Marie Cornu et Marc-André Renold, « New Developments in the Restitution of Cultural Property: Alternative Means of Dispute Resolution » (2010) 1 Int J Cult Prop 1 au para 26.). La situation est similaire s'agissant des musées nationaux québécois (Loi sur les musées nationaux, RLRQ, c M-44, art.25) et canadiens (Loi sur les musées, L.C. 1990, ch. 3, art. 6(1)(c) relatif au Musée des Beaux-Arts du Canada).

professionnels français dans la mesure où elles répondent d'une gestion plus *dynamique* des collections[82].

En effet, les musées américains peuvent librement céder les biens composant leurs collections si aucune restriction contraire n'a été imposée par le disposant dans l'acte philanthropique (le *gift agreement* ou le *trust instrument*). L'inaliénabilité des œuvres acquises par dons ou legs n'est ni systématique ni de source légale comme en droit français. Par conséquent, de nombreuses cessions de biens à titre onéreux ont pu être réalisées par les musées américains afin de réduire des coûts d'entretien dus à l'encombrement des réserves muséales[83], de financer l'achat d'une œuvre plus attractive ou encore de recentrer leur collection à des fins de cohérence et/ou de spécialisation des contenus[84]. Dans certains cas, l'aliénation de certains objets permit de sauver des institutions de la fermeture. Tel fut, par exemple, le cas du musée du Delaware en 2014 qui, pour survivre, décida de vendre sur le marché de l'art certains de ses plus beaux chefs d'œuvres dans le but de récolter la somme de 30 millions de dollars[85]. D'ailleurs, le respect de l'obligation de diligence incombant aux *trustees* leur impose une gestion efficace et active du patrimoine muséal conforme au but muséal (*charitable*

---

[82] Sara Tam, « In Museums We Trust: Analyzing the Mission of Museums, Deaccessioning Policies, and the Public Trust » (2012) 39:3 Fordham Urban Law J 849.

[83] Robin Pogrebin, « Clean House to Survive? Museums Confront Their Crowded Basements », *The New York Times*, sect Arts (10 mars 2019), en ligne : The New York Times <https://www.nytimes.com/interactive/2019/03/10/arts/museum-art-quiz.html, https://www.nytimes.com/interactive/2019/03/10/arts/museum-art-quiz.html> (consulté le 31 octobre 2021).

[84] Nous verrons que l'emploi des sommes collectées à l'issue de la vente est au cœur d'un ardent débat. La doctrine dominante (juridique comme muséale) s'accorde à dire que les sommes ainsi perçues ne devraient être destinées à couvrir des frais institutionnels (Tam, *supra* note 82 à la p 851.). Telle est la position également retenue par les codes éthiques américains (par exemple, art. 2.9, Code of Ethics for Museums de l'American Alliance of Museums) ainsi que par le Code de déontologie des musées de l'ICOM (art. 2.16). Cette pratique est également pratiquée par de nombreux musées canadiens. Récemment, le Musée des Beaux-Arts de l'Ontario s'est séparé de dix-sept œuvres du peintre montréalais A. Y. Jackson, « L'aliénation des œuvres d'art, un exercice important | Le Devoir », en ligne : <https://www.ledevoir.com/opinion/libre-opinion/553758/l-alienation-des-oeuvres-un-exercice-important> (consulté le 31 octobre 2021).

[85] Allison Anna Tait, « Publicity Rules for Public Trusts » (2015) 33:2 Cardozo Arts Entertain Law J 421 à la p 446. Avant cela, la Fisk University, en 2005, et la National Academy of Design de la ville New-York en 2008 avaient également dû céder sur le marché de l'art une large partie de leur collection afin d'éviter leur fermeture, et ce en dépit des critiques déontologiques et sociales. Le cas de la Fisk University est particulièrement intéressant en ce que pour céder les œuvres, le musée avait dû obtenir l'autorisation du juge sur le fondement de la doctrine de *cy pres* (*ibid* aux p 447-449). De même, l'exemple de la National Academy of Design est à l'origine de la règlementation de 2011 de l'État de New York listant de manière exhaustive les hypothèses dans lesquelles un musée peut aliéner des objets composant sa collection (*Rules Board of Regents*, 8 CRR-NY 3.27).

purpose). Il en découle que les *trustees* doivent administrer de manière dynamique la collection muséale[86].
Dès lors, l'aliénation (c'est-à-dire la désaffectation) des objets composant les collections, bien qu'admise à titre exceptionnelle[87], est conçue comme inhérente tant à la formation qu'à la gestion des collections muséales[88].
Au regard de ces considérations, force est de s'interroger sur le bien-fondé des dispositions de l'article L451-7 du Code du patrimoine et de leur impact sur la gestion des collections.

312. L'article L451-7 du Code du patrimoine et les impératifs de la gestion muséale. Il fut avancé que, plus qu'une intangibilité des collections publiques, cet article établit « un processus de sanctuarisation de certaines œuvres à l'intérieur des collections publiques » pour des raisons étrangères au droit commun du domaine public[89]. En effet, lorsque les objets culturels rejoignant les collections publiques sont acquis par dons ou legs, « l'intérêt public du point de vue de l'histoire, de l'art, de l'archéologie, de la science ou de la technique » — lequel justifie en principe le classement des œuvres et fonde leur inaliénabilité[90] — « s'efface devant le don »[91]. Or, l'inaliénabilité des collections publiques entretient l'encombrement des réserves muséales, lequel est constitutif de coûts importants pour les musées[92]. Les sommes réservées aux lieux de stockage dédiés à la

---

[86] L'adaptation au temps et aux évolutions de l'art est primordiale si le musée veut dûment remplir sa mission éducative efficacement. Il fut, à ce titre, affirmé dans la jurisprudence: "an art museum, if it is to serve the cultural and educational needs of the community, cannot remain static" (Witlach estate, 1 Pa D. & C.2d 197, 207, 1954). *Adde*. Gerstenblith, « The Fiduciary Duties », *supra* note 10 ; Chen *supra* note 81 ; Tam, *supra* note 82.

[87] Tam, *supra* note 82 aux pp 882-885. Comp. Société des musées québécois, *Normes en gestion des collections*, Montréal, Société des musées du Québec, 2014 à la p 8, en ligne : <http://www.musees.qc.ca/fr/professionnel/publications/smq/normes-en-gestion-des-collections> (consulté le 31 octobre 2021) : « L'institution muséale aliène, de façon exceptionnelle, des objets/spécimens en visant prioritairement leur préservation. Elle agit en ce domaine afin d'améliorer la cohérence et la protection de ses collections ».

[88] Selon l'*Association of Art Museum Directors* (dite AAMD*)*: « deaccessioning is a legitimate part of the formation and care of collections and, if practised, should be done in order to refine and improve the quality and appropriateness of the collections, the better to serve the museum's mission *» (AAMD, "Policy on Deaccessioning",* art I. A, juin 2010, actualisé en octobre 2015), en ligne :
<https://aamd.org/sites/default/files/document/AAMD%20Policy%20on%20Deaccessioning%20 website_0.pdf≥ (consulté le 31 octobre 2021).

[89] Christine Ferrari-Breeur, « L'(in)aliénabilité : quand le politique prime sur le juridique » (2013) 3 Juris Art 43 à la p 44.

[90] CGPPP, art. L2112-1.

[91] Ferrari-Breeur, *supra* note 89 à la p 44.

[92] Notamment, le Musée du Louvre fut contraint d'initier la construction d'un Centre de conservation à Liévin afin d'accueillir les 25 000 œuvres qui composent ses réserves, lesquelles sont menacées par la crue centennale de la Seine et sont depuis plusieurs années conservées dans des espaces provisoires. Le site, qui devrait ouvrir ses portes prochainement, aura couté la somme

conservation des réserves muséales sont autant de sommes qui pourraient être destinées à d'autres fins[93].
Dès lors, l'incitation aux actes philanthropiques doit-elle justifier une surprotection des biens donnés ou légués sans prendre en considération les contraintes et impératifs de la gestion des collections muséales?

La « respiration des collections publiques[94] », et plus largement toute gestion dynamique permettant une plus grande cohérence, voire une meilleure répartition sur le territoire des collections, sont des considérations qui vont dans le sens de l'intérêt général, et par là, devrait guider la conduite des missions muséales. Il ne devrait pas y avoir de conflits avec la volonté philanthropique, cette dernière étant fondée sur le souhait de soutenir l'activité muséale.

Néanmoins, force est de reconnaître que l'enjeu de la désaffectation des œuvres dépasse la question de l'incitation aux actes philanthropiques. Les mesures relatives à la protection des œuvres rejoignant les collections muséales sont empreintes de considérations liées à la politique culturelle, mais aussi de considérations éthiques. Notamment, une des critiques les plus vives adressées aux pratiques américaines de *deaccessioning* est de réduire l'objet culturel à un actif financier grâce auquel un musée pourrait se libérer de ses dettes[95].

---

totale de 60 millions d'euros répartis de la sorte : 33,1 millions provenant du Musée du Louvre, 18 millions d'euros de l'Union européenne, 5 millions des fonds de la région Hauts-de-France, 2,5 millions du Ministère de la Culture et 1,4 millions de la philanthropie. Le Centre de conservation du Louvre sera toutefois non seulement un lieu de conservation et de recherche, mais offrira un accès au public à une réserve et aux ateliers de traitement des collections. Le Louvre, en ligne : < https://www.louvre.fr/centre-de-conservation-du-louvre/les-origines#tabs> (consulté le 31 octobre 2021). Or, l'encombrement, et donc l'externalisation des réserves muséales constituent un phénomène non exclusif des grands musées parisiens. Par exemple, à Reims, un nouveau bâtiment de 5000 m² accueillera prochainement les réserves de tous les musées de la ville.

[93] Sur les missions muséales, v. C. patr., art. L441-2.

[94] Rigaud, *supra* note 77 à la p 27.

[95] En effet, l'aliénation des œuvres pose un problème éthique majeur : dans quelle mesure peut-on ou doit-on considérer les œuvres comme des actifs permettant de répondre aux divers besoins de l'activité muséale ? Si la pratique américaine est regardée avec intérêt, on ne saurait ignorer les vives critiques auxquelles elle fait face. Notamment, à la suite des divers abus de musées qui ébranlèrent le monde muséal américain (Chris Burgess et Rachel Shane, « Deaccessioning: A Policy Perspective: The Journal of Arts Management, Law, and Society: Vol 41, No 3 » (2011) 41:3 J Arts Manag Law Soc 170.). Plus récemment, le Musée de la ville de Détroit fut l'objet d'une actualité brûlante et à rebondissements sur ce point (Marie Picard, « Deaccessioning- Menace sur la collection du musée de Détroit » (2015) 22 Juris Art 49), les opérations de *decceassioning* sont regardées avec suspicion, voire décrites comme un acte de subversion (Tam, *supra* note 82). D'ailleurs, ces pratiques sont souvent dénoncées en ce qu'elles constituent une atteinte directe à la doctrine dite du *public trust* à laquelle les *trustees* doivent se conformer. Dans le domaine muséal, cette doctrine revêt un double sens. Selon une acceptation juridique, il en découle qu'une fois que des œuvres intègrent une collection muséale, elles ne sauraient retrouver une destination à des fins privées (Gerstenblith, « The Fiduciary Duties » *supra* note 10 à la p 184 ; Derek Finchman, « Deaccession of Art from the Public Trust » (2011) 16 Art Antiq Law 93; Tam, *supra* note 82 aux pp 860-861.). Dans le cas contraire, les *trustees* contreviendraient à leur

313. Un consensus trouvé dans la mobilité des œuvres au sein du réseau « musées de France ». Il semble, cependant, que le pouvoir exécutif ne soit pas insensible aux enjeux que suscitent la conciliation de la reconnaissance de la volonté philanthropique avec les impératifs muséaux. L'ordonnance du 5 juillet 2017[96] modifiant l'article L451-8 du Code du patrimoine permet « le transfert à titre gratuit par une personne publique à une autre personne publique de la propriété de tout ou partie de collections affectées à un musée de France ». Ce texte marque une avancée vers la recherche d'un certain équilibre des intérêts en présence. Dans sa version antérieure[97], les biens acquis par dons rejoignant les collections publiques ne pouvaient, contrairement aux autres biens, être transférés à titre gratuit à une autre personne publique même si elle s'engageait à maintenir leur affectation au public[98]. En d'autres termes, la loi permet, à défaut de la désaffectation des objets donnés ou légués au bénéfice des collections publiques, leur réaffectation au sein des musées publics relevant du réseau « musées de France », veillant par ce biais à une meilleure répartition territoriale des collections. Une telle mesure va dans le sens d'une gestion plus dynamique des collections tout en maintenant l'affectation d'intérêt général voulue par le disposant. La mobilité des biens au sein du réseau « musées de France » assure *in fine* une pondération des intérêts en présence : tout en servant la réalisation de la mission muséale de conservation, cette solution ne compromet que

---

obligation de loyauté (Gerstenblith, « The Fiduciary Duties », *supra* note 10 aux pp 181-182.). En revanche, selon une acceptation plus large, alors prônée par les professionnels du monde muséal, cette doctrine insiste sur la confiance que le public, et notamment les philanthropes, concèdent aux musées pour la collection, la conservation, l'accessibilité des objets culturels (Tam, *supra* note 82 à la p 186 et s.). C'est notamment autour de cette doctrine que fut échafaudé, avec plus de précisions, le contenu des missions muséales ainsi que des obligations fiduciaires qui incombent aux *trustees* (V. notamment, Finchman, *supra ;* Jennifer Kreder, « The "Public Trust" » (2016) 18 Univ Pa J Const Law 1425 aux pp 1460-1476).

[96] Ordonnance n° 2017-1134 du 5 juillet 2017 portant diverses dispositions communes à l'ensemble du patrimoine culturel, JO, 7 juillet 2017, n°157, texte n°13, art. 4

[97] « Une personne publique peut transférer, à titre gratuit, la propriété de tout ou partie de ses collections à une autre personne publique si cette dernière s'engage à en maintenir l'affectation à un musée de France. Le transfert de propriété est approuvé par décision de l'autorité administrative, après avis du Haut Conseil des musées de France. Les dispositions du présent article ne sont pas applicables aux biens remis à l'État en application des articles 1131 et 1716 bis du Code général des impôts ».

[98] Au sujet de sa version initiale, M. Cornu soulignait qu'« il faut donc comprendre l'article L 451-8 comme une exception à la règle d'inaliénabilité cependant que les biens demeurent affectés au domaine public. La loi crée un domaine public aliénable. Les cessions sont admises à l'intérieur de ce seul cercle » (Cornu, « La mise hors commerce des biens culturels », *supra* note 71). À cela, ajoutons que l'ancienne version dudit article excluait toute cession des biens acquis par dation en paiement ou par donation. Pour l'auteur, une telle restriction a pu s'expliquer par le fait que « dans ces modes d'enrichissement du patrimoine artistique, l'affectation du bien à une collection déterminée participe de la décision d'acceptation. Le bien est admis en dation non seulement au regard de sa valeur propre, mais aussi, exigence supplémentaire, parce que son intégration est une nécessité au regard de la consistance des collections publiques, parce qu'il vient en combler une lacune » (*ibid.*).

partiellement les actes philanthropiques puisque les biens contenus dans l'acte demeurent protégés d'une désaffectation au profit de leur réaffectation à un autre musée.
Toutefois, il demeure qu'un tel transfert requiert l'avis du Haut Conseil des musées de France[99]. Surtout, celui-ci ne peut être opéré si le disposant a prohibé dans l'acte philanthropique toute substitution de gratifié[100]. Dès lors, la volonté du disposant retrouve son plein pouvoir. On comprend que certains musées se trouvent frileux à l'égard des dons grevés d'une clause d'inaliénabilité.

Bien plus sensible, voyons à présent, la question des restitutions des biens acquis par dons ou par legs et qui rejoignent les collections publiques des musées de France.

B. LA RESTITUTION DES BIENS CULTURELS

314. Les « indéclassables »[101]. La désaffectation des biens intégrés dans les collections muséales par dons ou legs revêt actuellement un enjeu particulier quand elle repose sur l'hypothèse d'une restitution d'objets volés ou sortis illicitement d'un territoire et réclamés par leur pays d'origine[102].

---

[99] C. patr., art. L451-8

[100] C. patr., art. L125-1 al 2. Cela suppose donc que le disposant n'ait pas prévu dans l'acte philanthropique une clause d'inaliénabilité des œuvres faisant obstacle au transfert à titre gratuit des œuvres contenues dans la libéralité, ni même une clause qui imposerait que l'œuvre reste dûment affectée au musée gratifié.

[101] Cornu, « La mise hors commerce des biens culturels », *supra* note 71 à la p 80.

[102] « La restitution des biens culturels constitue un enjeu juridique et éthique majeur des relations internationales » (Corinne Hershkovitch, « La restitution des biens culturels : fondements juridiques, enjeux politiques et tendances actuelles » (2017) 39 :1 Ethnologies 103 aux pp 106). Parallèlement, la question de la restitution des biens spoliés aux juifs pendant la Seconde Guerre mondiale doit faire l'objet d'un traitement différencié, celle-ci étant prévue par l'ordonnance du 21 avril 1945 portant deuxième application de l'ordonnance du 12-11-1943 sur la nullité des actes de spoliation accomplis par l'ennemi, JO, 22 avril 1945, 2283. Les œuvres identifiées par les musées comme relevant de cette catégorie ont été inscrites sur un inventaire particulier et déposées dans les musées nationaux sous l'appellation « MNR » (Musées nationaux récupération) afin de rester à la disposition des propriétaires qui les réclameraient. En effet, les musées sont des détenteurs précaires de ces œuvres « MNR » et non leurs propriétaires. Toutefois, l'affaire Federico Gentili di Giuseppe concernant la restitution de cinq œuvres déposées au Louvre sous l'appellation MNR a révélé une certaine réticence française à opérer de telles restitutions. Toutefois, la Cour d'appel de Paris a prononcé la nullité de la vente forcée en 1941 et a ordonné la restitution des œuvres par le musée. (CA Paris, 2 juin 1999 cité dans *ibid* aux pp 114-115). L'ordonnance du 21 avril 1945 concerne « les actes de dispositions accomplis, mêmes avec le concours matériel des propriétaires, en conséquence de mesure de séquestre, d'administration provisoire, de gestion, de liquidation, de confiscation ou de toutes autres mesures exorbitantes du droit commun en vigueur au 16 juin 1940 et accomplis, soit en vertus des prétendus lois, décrets et arrêtés, règlements ou décisions de l'autorité de fait se disant gouvernement de l'État français,

Les musées français ont reçu par dons de nombreux biens culturels de particuliers acquis dans le contexte de la colonisation, et qui se rattachent à l'identité culturelle et/ou religieuse d'un peuple. Certains de ces biens font aujourd'hui l'objet de demandes en restitution de la part des États dont le bien est originaire[103]. Toutefois, ces restitutions se heurtent au principe d'inaliénabilité, et notamment au statut de bien *indéclassable* de l'article L451-7 du Code du patrimoine.

L'exemple de la restitution par le musée de Rouen d'une tête tatouée et momifiée d'un guerrier maori reçue à titre de don dans ses collections à la fin du XIXe siècle est ici symptomatique[104]. Cette tête fut donnée au musée en 1875 par M. Drouet. À la suite de la demande de la Nouvelle-Zélande, alors engagée dans une campagne internationale de restitutions de restes humains emportés outre-mer par les colons européens, le conseil municipal de la ville de Rouen autorisa le retour au pays d'origine de la tête. Ainsi, pourrait-elle être inhumée conformément aux rites ancestraux. Le conseil municipal validait également la conclusion d'un accord formalisant les conditions de restitution entre la ville de Rouen et le musée Te Papa de Wellington.

Or, la délibération du conseil municipal de la ville de Rouen fut annulée, l'avis de la Commission scientifique nationale compétente en matière de

---

soit par l'ennemi, sur son ordre ou son inspiration » (Marie Cornu et Nathalie Mallet-Poujol, *Droit, oeuvres d'art et musées : protection et valorisation des collections*, coll CNRS droit, Paris, CNRS, 2006 au para 512). Les œuvres acquises répondant de cette catégorie, par la suite données ou léguées, pourraient bénéficier de ce texte de sorte que les personnes évincées pourraient demander la nullité des actes dans le but d'en obtenir la restitution. Sur les conditions de mise en œuvre de ce texte, v. *ibid* ; Pierre Noual, « Spoliation et restitution d'œuvres d'art : le retour aux fondamentaux juridiques de l'ordonnance du 21 avril 1945 » (2018) 277 LPA 8.

103 Par exemple, le Bénin a récemment entamé des démarches en ce sens. V. *« Rendez au Bénin les trésors pillés pendant la colonisation »*, Le Monde, 23/03/2017, <http://www.lemonde.fr/afrique/article/2017/03/23/rendez-au-benin-les-tresors-pilles-pendant-la-colonisation_5099660_3212.html> (consulté le 31 octobre 2021). *Adde* Richard Sédillot, « Il est temps de modifier les conditions de restitution des biens culturels » (2017) 48 Juris Art 14 ; Felwine Sarr et Bénédicte Savoy, *Restituer le patrimoine africain*, Seuil, Paris, 2019.

104 J M. Pontier insiste notamment sur les éléments suivants : « La restitution dont il est question ci-après, et dont les têtes maories sont une illustration, ne concerne pas des biens dont les propriétaires pourraient être individualisés, comme dans les deux situations qui viennent d'être citées, mais des biens qui sont l'expression de la culture d'un peuple, des biens qui peuvent être rattachés à une identité, qu'elle soit religieuse, ethnique ou nationale. Cette restitution n'est pas la conséquence d'une spoliation, sauf à étendre inconsidérément ce terme, mais d'un vol ou plus précisément d'un pillage lors d'une expédition coloniale, voire d'un achat en bonne et due forme. Le cadre de la prise de ces biens, donc de la restitution, ne se pose donc pas dans les mêmes termes, quand bien même, moralement, dans tous les cas, cela serait condamnable » (Jean-Marie Pontier, « Une restitution, d'autres suivront » [2010] AJDA 1419 aux pp 1419-1420 [Pontier, « Une restitution »].)

déclassement d'un bien[105] relevant d'une collection publique[106] n'ayant pas été préalablement consultée. Outre le constat d'un tel manquement, il y a lieu de supposer que, si la Commission avait été consultée, elle n'aurait pu ignorer le statut d'œuvre *indéclassable* de la tête maorie. Ce fondement aurait donc contraint la Commission à refuser la désaffectation de l'œuvre afin d'assurer la restitution du bien à son pays d'origine.

Force est de noter que le maintien de l'affectation des biens contenue dans l'acte philanthropique s'oppose à des considérations morales et politiques, et enferme le musée dans une position contestable d'un point de vue éthique. Pour ces raisons, la désaffectation du bien donné ou légué est souhaitable puisque le maintien de l'œuvre dans la collection publique ternit l'activité muséale. La désaffectation pour restitution des biens contenus dans l'acte philanthropique se justifie ici en ce qu'elle garantit que l'acte philanthropique ne se révèle pas contraire à sa finalité, laquelle est de servir l'œuvre muséale (ou du moins, en l'espèce, de ne pas desservir).

Le seul moyen de contourner l'application de l'article L451-7 du Code du patrimoine résidait dans l'intervention du législateur. C'est ainsi qu'au regard de considérations politiques et éthiques, la loi n° 2010-501 du 18 mai 2010[107] autorisa plus largement la restitution de quinze têtes maories détenues par différents musées français à la Nouvelle-Zélande. Pour un auteur, l'intervention du législateur « n'est [...] rendue nécessaire que pour pallier l'incompétence de l'autorité administrative, qui d'une part ne peut déclasser des biens ayant fait l'objet de dons ou de legs, et qui d'autre part et surtout, ne peut déclasser que sur le fondement de critères scientifiques, et non pas éthiques et politiques »[108]. Si l'affaire des têtes Maories a donné lieu à des restitutions, celles-ci restent exceptionnelles[109]. Le principe de l'inaliénabilité des collections

---

[105] C. patr., art. L115-1.

[106] TA Rouen, 29 déc. 2007, n° 0702736., CAA Douai, 24 juillet 2008, n° 08DA00405, *Commune de Rouen c/ Préfet de la région Haute-Normandie, Préfet de la Seine-Maritime* [2008] AJDA 1896 (concl. J. Lepers) ; Colette Saujot, « Inaliénabilité reconnue aux collections muséales : le recours à la procédure de déclassement doit être respecté » [2008] JCP G II 1018; [2008] JCP A 2245.

[107] Loi n° 2010-501 du 18 mai 2010 visant à autoriser la restitution par la France des têtes maories à la Nouvelle-Zélande et relative à la gestion des collections, JO, 19 mai 2010, n°114, 9210. On notera qu'à cette occasion, le législateur entreprit d'améliorer le cadre juridique relatif à la restitution des œuvres d'art. V. Pontier, *supra* note 104.

[108] Stéphane Duroy, « Le déclassement des biens meubles culturels et cultuels. Réflexions sur la cause et les limites de leur inaliénabilité » (2011) 1 RDP 55 *à la p 12 de la version numérique du document*.

[109] Certainement, ce caractère exceptionnel se trouve renforcé par le développement de modes alternatifs de résolutions de conflits liées à la restitution de biens culturels. V. en ce sens Cornu et Renold *supra* note 81.

publiques a, en effet, servi à plusieurs de fondement pour rejeter des demandes en restitution de biens culturels se trouvant dans les collections publiques par des pays étrangers[110]. Ainsi, voit-on que toute restitution d'un bien acquis par dons ou legs et intégrant les collections publiques d'un musée de France nécessitera, en principe, l'intervention du législateur, laquelle constitue une procédure tributaire du contexte politique[111].

315. Un statut remis en cause. De manière sous-jacente aux enjeux relatifs aux demandes de restitution, c'est la question de l'origine des collections publiques qui se trouve indirectement attaquée. « La constitution d'une collection s'inscrit souvent, en effet, dans un contexte politique voire idéologique particulier (colonisation, domination militaire, hégémonie intellectuelle et culturelle, etc.) »[112]. Certaines collections ont ainsi été bâties au gré de pratiques aujourd'hui considérées comme moralement critiquables. Conscients de leur passé, les musées publics se montrent ouverts aux restitutions des œuvres. Cette démarche s'inscrit d'ailleurs dans la lignée de textes de droit national[113] et international[114] relatifs aux œuvres spoliées ou acquises illégalement.

---

[110] Pour des exemples, v. Corinne Hershkovitch et Didier Rykner, *La restitution des œuvres d'art : solutions et impasses*, coll L'art en travers, Paris, Hazan, 2011.

[111] Pierre Cabrol, Joseane Silva et Marina Brige, « La restitution de la tête maorie du musée de Rouen à la Nouvelle-Zélande : une question politique, juridique et scientifique » (2009) 15 Politeia 15. V. également l'exemple de la restitution de la dépouille de Saartjie Baartman dont la demande de restitution a été faite en 1994, mais autorisée par une loi spéciale qu'en 2002 (Hershkovitch, *supra* note 102 aux pp 116-117). *Adde* Cornu et Renold, *supra* note 81 au para 29.

[112] Xavier Perrot, « L'inaliénabilité des collections publiques et la restitution des œuvres d'art » (2017) 3 RDP 599 *à la p 3 de la version numérique du document*.

[113] V. Ordonnance du 21 avril 1945 portant deuxième application de l'ordonnance du 12-11-1943 sur la nullité des actes de spoliation accomplis par l'ennemi, JO, 22 avril 1945, 2283. V. Noual, *supra* note 102.

[114] V. Convention de la Haye de 1954 sur la protection des biens culturels en cas de conflit armé, adoptée à l'issue de la Seconde guerre mondiale. Cette convention a été ratifiée en 1957 par la France. La Convention de l'UNESCO de 1970 concernant les mesures à prendre pour interdire et empêcher l'importation, l'exportation et le transfert de propriété illicite de biens culturels a été ratifiée en 1997 par la France. Les États-Unis ont également ratifié cette convention en 1983 avec le Convention on Cultural Property Act (19 U.S. C. C-14, 2600 et seq.) Le Canada a intégré l'essentiel du contenu de cette convention dans la loi sur les importations et les exportations de biens culturels (LRC [1985] c-51). Notons que la convention de 1970 constitue le premier texte de droit international assurant la protection des biens culturels en dehors du droit de la guerre. Elle constitue un instrument de coopération entre les États ayant ratifié la convention, incitant à l'adoption de législation assurant la protection du patrimoine culturel et la mise en œuvre d'un système de contrôle des importations et des exportations de biens culturels dans le but de lutter contre le trafic et les fouilles illicites. La convention met également en place une coopération judiciaire afin de faciliter les demandes de restitution de biens culturels de biens illicitement exportés. Enfin, la Convention UNIDROIT sur les biens culturels volés ou illicitement exportés veille à lutter contre le commerce illégal de biens culturels par l'établissement d'un corps commun de règles juridiques minimales aux États parties de la convention. Cependant, peu d'États signataires ont ratifié cette convention la privant alors de son application directe. Ni la France, les États-Unis et le Canada n'ont à ce jour ratifié cette convention. Au niveau européen, v. Convention européenne sur les infractions visant les biens culturels mobiliers (1985) visant à renforcer

D'ailleurs, convient-il de souligner qu'un devoir moral de restitution des objets culturels s'est progressivement constitué dans le monde muséal, et au-delà[115], mais qu'en dépit de cela, la restitution constitue « une question souvent douloureuse et toujours identitaire »[116].

316. Un rapport datant de novembre 2018 sur les trésors africains détenus dans les collections françaises, commandé par le Président Macron, a ébranlé le milieu muséal sur cette question[117]. Avec l'ambition d'instaurer « une nouvelle éthique relationnelle »[118], le rapport Sarr-Savoy —du nom de ses auteurs — préconisent de rompre avec le principe d'inaliénabilité qui empêche de restituer aux États d'Afrique subsaharienne les biens spoliés durant la période coloniale, et d'entamer une vaste campagne de restitution. Le rapport recense 88 000 objets pouvant faire l'objet de restitutions.

Compte tenu de la quantité d'objets *a priori* concernés, certains s'inquiètent que les restitutions de ces trésors africains risquent d'ouvrir la porte à d'autres formes de revendications comparables, menaçant le devenir de certains musées français. Notamment, l'ancien ministre J-J. Aillagon a partagé, à l'issue de la remise du rapport, sa crainte de voir certains musées vidés de tout ou partie de leur collection d'art africains, défendant alors la vocation universelle des musées parisiens concernés par l'affaire tandis que d'autres avancent les doutes quant aux conditions de conservation des biens culturels[119].

---

l'encadrement pénal des restitutions ; Directive numéro 93/7/CEE du Parlement européen et du Conseil, du 15 mars 1993, relative à la restitution de biens culturels ayant quitté illicitement le territoire d'un État membre ; Directive numéro 2014/60/UE du Parlement européen et du Conseil, du 15 mai 2014, relative à la restitution de biens culturels ayant quitté illicitement le territoire d'un État membre et modifiant le règlement (UE) numéro 1024/2012, v. Hershkovitch, *supra* note 102 aux pp 111-114.

[115] Cornu et Renold, *supra* note 81 au para 6. D'ailleurs, a-t-on pu lire que « la demande de restitution est une des formes de l'émotion patrimoniale » (Françoise Benhamou, *Économie du patrimoine culturel*, coll Repères, Paris, La Découverte, 2019 à la p 104).

[116]Benhamou, *supra* à la p 105. Pour un auteur, le principe d'inaliénabilité des œuvres se trouve conforté par des considérations psycho-sociales et esthétiques permettant d'expliquer un attachement social fort pour certaines œuvres étrangères (Perrot, *supra* note 110). V. en ce sens, Nejla Hlioui Barradia, « La restitution, au cœur du droit des peuples à leur patrimoine culturel » (2012) 79 Rev Lamy Droit Imm 99.

[117] Felwine Sarr et Géraldine Savoy, *Rapport sur la restitution du patrimoine culturel africain. Vers une nouvelle éthique relationnelle*, novembre 2018, en ligne : < http://restitutionreport2018.com/sarr_savoy_fr.pdf> (consulté le 31 octobre 2021).

[118] *Ibid.*

[119] Jean-Jacques Aillagon, « Les musées français ont vocation à conserver leurs œuvres d'art africaines », *Le Figaro*, en ligne : Le Figaro <http://www.lefigaro.fr/vox/culture/2018/11/23/31006-20181123ARTFIG00242-jean-jacques-aillagon-les-musees-francais-ont-vocation-a-conserver-leurs-oeuvres-d-art-africaines.php> (consulté le 31 octobre 2021).

En dépit de ces craintes, le Président de la République s'est montré favorable aux conclusions du rapport Sarr-Savoy. Ce dernier aussitôt la mise en œuvre, dans un délai de cinq ans, de restitutions temporaires ou définitives de ces objets à leurs pays d'origine, ajoutant que les vingt-six œuvres provenant d'Abomey et réclamées par le Bénin — alors prises de guerre du général Dodds après de sanglants combats de 1892 et entrées par don dans les collections publiques — seraient remises sans tarder[120]. La volonté politique ne resta pas tant lettre morte puisque la loi n°2020-1673 du 24 décembre 2020[121] autorisa, par dérogation à l'article L 451-5 du Code du patrimoine, la restitution des vingt-six œuvres provenant d'Abomey conservées dans les collections nationales placées sous la garde du musée du quai Branly-Jacques Chirac à la République du Bénin ainsi que le sabre avec fourreau dit d'El Hadj Omar Tall conservé dans les collections nationales placées sous la garde du musée de l'Armée à la République du Sénégal. Depuis le rapport Sarr-Savoy et les déclarations du Président de la République, plusieurs pays du continent africain auraient formulé des demandes de restitution à la France dont le Tchad qui réclament 10 000 pièces.

317. Atténuer la portée de l'article L451-7. L'épineuse question de la restitution des biens culturels africains repose sur des considérations qui dépassent largement l'enjeu du développement de la philanthropie au profit des musées d'art. Notamment, cette question s'inscrit dans les réflexions relatives au passé colonial de la France ainsi que dans celles relatives à la nature de la mission.

Le traitement de restitutions des biens culturels fait présentement l'objet d'un débat politique au sein du Parlement. Dénonçant l'adoption de lois spéciales de restitution, votées en guise de cadeaux diplomatiques ou encore l'absence d'une réflexion nationale et démocratique sur les restitutions des biens culturels, plusieurs se montrent aujourd'hui critiques quant à la manière dont les demandes de restitutions d'objets culturels sont adressées par le Gouvernement français.

Il est vrai que l'adoption successive de lois spéciales est un palliatif qui ne saurait être une solution pérenne. Outre la fragilisation de l'inaliénabilité des collections, et plus largement du droit du patrimoine, les demandes de restitution concernent des pans importants de collections

---

[120] V. la déclaration officielle des services de l'Élysée, en ligne <https://www.elysee.fr/emmanuel-macron/2018/11/23/remise-du-rapport-savoy-sarr-sur-la-restitution-du-patrimoine-africain> (consulté le 31 octobre 2021).

[121] Loi n°2020-1673 du 24 décembre 2020 relative à la restitution de biens culturels à la République du Bénin et à la République du Sénégal, JO n°0312 du 26 décembre 2020, texte n°5.

publiques. Une approche plus globale de la question s'impose. Dans la suite des travaux conduits par la mission d'information sur les restitutions des biens culturels appartenant aux collections publiques du Sénat, une proposition de loi fut récemment déposée visant la création d'un Conseil national de réflexion sur la circulation et le retour des biens extra-européens[122]. Cette instance aurait pour mission de mener une réflexion scientifique et pérenne sur les restitutions de biens culturels tout en soutenant la conception universaliste des musées français et maintenant les engagements de la France dans la lutte contre le trafic illicite de biens culturels[123]. Aussi bienvenue que soit cette proposition[124], il importe de noter que cette proposition répond à la question de la restitution des biens culturels avec précaution vis-à-vis de la préservation des collections muséales en refusant que l'origine du bien soit le seul critère pour consentir à sa restitution.

318. Forts des enjeux que suscitent le patrimoine colonial et du contexte muséal actuel, l règle posée à l'article L451-7 du Code du patrimoine est au cœur d'un dilemme entre, d'une part, l'établissement d'un contexte favorable aux dons aux musées d'art, et d'autres part, les critiques sociales, politiques et éthiques autour de l'inaliénabilité des collections publiques. Dès lors, on doit se demander si l'acquisition d'œuvres par dons et legs mérite encore d'octroyer un statut d'*indéclassable* quand ces derniers sont destinés à des collections publiques, et ce d'autant plus que nombre de biens réclamés relèvent de l'article L 451-7 du Code du patrimoine.

---

[122] Proposition n°41 de loi relative à la circulation et au retour des biens culturels appartenant aux collections publiques présentée par la sénatrice Catherine Morin-Dessailly (et autres), session ordinaire 2020-2021. La création d'une telle instance avait déjà été faite lors du projet de loi relatif à la restitution des biens culturels à la République du Bénin et à la République du Sénégal, mais échoua en commission mixte paritaire à la suite de la découverte des conditions de restitution d'une couronne appartenant à la Reine Ranavalona III à Madagascar. V. en ce sens, Simon Barbarit, « Restitution de biens culturels : le Senat veut mettre fin 'aux cadeaux diplomatiques' », Public Sénat, 16 décembre 20202, en ligne : < https://www.publicsenat.fr/article/parlementaire/restitution-de-biens-culturels-le-senat-veut-mettre-fin-aux-cadeaux>.

[123] Cette instance est le fruit des 15 propositions formulées par la mission d'information sur les restitutions des biens culturels appartenant aux collections publiques : Rapport d'information n°239 (2020-2021) de MM Max Brisson et Pierre Ouzoulias, fait au nom de la commission de la culture, de l'éducation et de communication, 16 décembre 2020, en ligne : < http://www.senat.fr/rap/r20-239/r20-239.html>.

[124] Plusieurs européens ont également entamé une réflexion quant aux statuts des biens réclamés. Par exemple, la Belgique a récemment dévoilé un vaste plan de restitution. Jean-Pierre Stroobants, « La Belgique fait un pas vers la restitution de biens culturels au Congo », Le Monde, 11 août 2021, en ligne : <https://www.lemonde.fr/culture/article/2021/08/11/la-belgique-fait-un-pas-vers-la-restitution-de-biens-culturels-au-congo_6091145_3246.html>. *Adde,* le rapport du groupe d'experts belges qui a conduit à une telle initiative politique, Vincent Boele et al, *Principes éthiques pour la gestion et la restitution des coloniales en Belgique*, juin 2021, en ligne : < https://restitutionbelgium.be>.

A minima, et au titre d'une approche consensuelle, ne pourrait-on pas envisager qu'à l'issue d'une certaine période (50 ans, par exemple), les biens acquis par dons ou legs et rejoignant les collections publiques d'un musée de France perdent leur statut d'*indéclassable* et puissent éventuellement faire l'objet d'un déclassement selon les conditions prévues par le Code du patrimoine[125]? Autrement dit, à l'issue d'un délai, les œuvres perdraient leur caractère *indéclassable* et deviendraient des œuvres seulement inaliénables sous réserve de déclassement. Peut-être l'affirmation d'une obligation de prêt du bien au pays d'origine qui ferait la demande en restitution constituerait un tempérament suffisant, et ce d'autant plus que les trésors nationaux peuvent être exportés à titre temporaire[126]. Toutefois, il n'est pas évident que cette mesure soit davantage satisfaisante. Par exemple :

> « Lorsque, en 2010, Nicolas Sarkozy annonce le 'prêt' à la Corée, pour cinq années renouvelables, de manuscrits saisis par la flotte française en 1866, le monde de la conservation s'émeut du fait du prince et de l'entorse au principe de l'inaliénabilité des collections publiques. D'un côté, des textes qui sont la mémoire et l'histoire d'une nation souveraine ne sauraient être conservés ailleurs que dans leur pays d'origine, mais d'un autre côté s'expriment le sentiment d'une légitimité ancrée elle aussi dans l'histoire — celle de la constitution des collections nationales — et la crainte de dépecer des collections incessibles. Entre les deux, on se heurte à un mur d'incompréhension qui se nourrit de siècles de colonialisme et de domination, quand le monde est devenu multipolaire et que les arguments d'hier, tel celui de la meilleure qualité de la conservation, se vident d'une large part de leur signification »[127].

Au regard de ces différents éléments, nous convenons que le devenir de l'article L451-7 est en suspens. Compte tenu des enjeux sous-jacents, le maintien en l'état de cette règle requiert une réflexion collective et consensuelles les arguments juridiques, (géo)politiques, historiques et déontologiques mis de l'avant. Dans l'attente d'une réflexion, il nous

---

[125] C. patr., art. L451-5.
[126] C. patr., art. L111-7. Sur les modalités de la sortie temporaire des trésors nationaux, v. Cornu et Mallet-Poujol, *supra* note 102 aux paras 468-469.
[127] Benhamou, *supra* note 115 à la p 105.

importe en revanche de souligner comment la loi récompense, par l'inaliénabilité, la volonté généreuse du disposant au détriment d'intérêts supérieurs à la philanthropie et d'interroger l'acceptabilité sociale de la règle édictée à l'article L451-7 du Code du patrimoine. Quand bien même cette disposition vise à soutenir les dons, il semble discutable d'affirmer que cette règle demeure alignée avec l'essence altruiste de la philanthropie puisqu'en bout de ligne, la philanthropie s'érige comme un rempart aux demandes de restitutions. Surtout, nous redoutons que le maintien d'une telle disposition alimente, sous un jour nouveau, la crise de légitimité qui ébranle déjà la philanthrope française, et ce d'autant plus à l'heure de la montée en puissance des revendications postcoloniales.

***

CONCLUSION DE LA SECTION

319. Aussi, nous avons mis en exergue que, pour éviter que l'acte philanthropique ne se révèle contraire à la conduite de l'activité muséale, la recherche d'un équilibre entre le respect de la volonté du disposant et la préservation de la finalité d'intérêt général s'avère nécessaire. Cet équilibre requiert, le cas échéant, de tempérer la volonté philanthropique du disposant en modifiant les modalités d'affectation des biens contenus dans l'acte philanthropique. C'est en ce sens que les mécanismes de révision des charges doivent alors être admis plus largement, mais surtout faire l'objet de moins d'incertitudes. Une telle démarche participerait à la rénovation du cadre juridique de la philanthropie au profit des musées d'art dans un sens qui permettrait une plus grande convergence des intérêts en présence. La réalisation d'une telle convergence s'est révélée moins évidente dans le contexte de la désaffectation des biens culturels donnés ou légués à un musée d'art. Le régime juridique des musées de France use de la règle de l'inaliénabilité pour constituer un environnement juridique favorable aux dons. Toutefois, la règle de l'article L451-7 du Code du patrimoine présente des limites en pratique si bien que sa légitimité s'en trouve questionnée. Si la résolution de ce débat outrepasse l'expertise juridique, son étude permet de souligner les hypothèses dans lesquelles la volonté philanthropique prime sur les enjeux liés à la gouvernance muséale.

Voyons dès lors dans quelle mesure les mécanismes sanctionnant les défaillances du musée d'art assurent la préservation de la finalité d'intérêt général.

Section II. LA DÉFAILLANCE DU MUSÉE D'ART

320. Annonce de plan. L'objet de cette section sera de s'interroger sur les mécanismes permettant de sanctionner la défaillance du musée d'art dans un sens qui allie le respect de la volonté du disposant et la préservation de la finalité d'intérêt général de l'opération. Or, la présentation des sanctions de l'inexécution en cas de défaillance du musée d'art (A) révélera quelques limites. Dès lors, nous tâcherons de formuler quelques recommandations pour le droit français, et ce notamment à la lumière d'éléments de droit comparé (B).

I. LES SANCTIONS DE L'INEXÉCUTION

321. Annonce de plan. L'étude des sanctions de l'inexécution doit être appréhendée selon qu'elles veillent, d'une part, à assurer le respect de la volonté du disposant (a), et d'autre part, à garantir plus précisément le droit des bénéficiaires au respect de l'affectation d'intérêt général (b).

A. LE RESPECT DE LA VOLONTÉ DU DISPOSANT

322. Domaine d'étude. Le droit commun offre au disposant et à ses représentants différentes voies de recours dans l'hypothèse où le musée d'art en tant qu'affectataire ne se serait pas conformé à sa mission telle que stipulée dans l'acte philanthropique. Le disposant peut dès lors saisir le juge en vue de demander la révocation de la libéralité pour inexécution des charges (a), l'exécution forcée (b) ou encore engager la responsabilité civile de l'affectataire du fait de sa défaillance (c).

a. LA RÉVOCATION DES LIBÉRALITÉS POUR INEXÉCUTION DES CHARGES

323. Définition. La révocation des donations avec charges est une sanction de l'inexécution prévue à l'article 954 du Code civil[128]. C'est sur ce même article que l'article 1046 du Code civil se fonde pour admettre la révocation des legs.
La révocation est présentée comme une exception à l'irrévocabilité des donations. En réalité, elle ne serait qu'une fausse exception dans la mesure où les causes de révocation prévues à l'article 954 du Code civil ne sont que des évènements qui échappent à la volonté du donateur. Aussi, la révocation des donations est un cas de résolution pour inexécution[129].

324. L'action appartient au disposant ou à ses ayants cause auxquels la restitution des biens profiterait. Aussi, les héritiers comme les légataires peuvent-ils agir sur ce fondement, de la même manière que les créanciers du disposant par voie oblique ou encore l'exécuteur testamentaire pour lequel il s'agirait d'un devoir[130].

En revanche, les bénéficiaires de l'opération ne peuvent agir. La restriction des titulaires de l'action découle des effets de la sanction. La révocation anéantit de façon rétroactive la libéralité[131]. Elle conduit donc à une restitution des biens en nature entre « les mains du disposant », « libres de toutes charges et hypothèques du chef du bénéficiaire »[132]. Dans l'hypothèse où le bien aurait disparu par la faute du grevé, la restitution se ferait, dès lors, en valeur[133].

---

[128] Si cette disposition vise exclusivement les conditions, il fut toujours admis qu'elles s'appliquaient de la même manière aux charges grevant les donations. Marguerite Bouyssou, *Les libéralités avec charges en droit civil français*, Recueil Sirey, 1947 au para 168.

[129] Jacques Flour et Henri Souleau, *Les libéralités*, coll U, Série Droit privé, Paris, A Colin, 1982 au para 160. L'article 954 est souvent rapproché de l'ancien article 1184 prévoyant la résolution judiciaire du contrat synallagmatique pour inexécution. V. Bouyssou, *supra* note 128 au para 117 ; Mazeaud et al, *supra* note 56 au para 1523 ; Grimaldi, *Partages d'ascendants*, *supra* note 16 au para 1418 ; Terré, Lequette et Gaudemet, *supra* note 1 au para 589. Sur le rattachement de la révocation des legs à la résolution judiciaire des contrats synallagmatiques,v.Gabriel Marty et Pierre Raynaud, *Droit civil. Les Successions et les libéralités*, Tome 4 vol 2, Paris, Sirey, 1983 au para 613.

[130] Grimaldi, *Partages d'ascendants*, *supra* note 16 au para 1509. En effet, l'exécuteur testamentaire a pour mission de veiller à l'exécution des dernières volontés du *de cujus*. Telle est la mission confiée par le *de cujus* (Cécile Pérès et Christophe Vernières, *Droit des successions*, 1re éd, coll Thémis Droit, Paris, PUF, 2018 au para 552).

[131] C. civ. ; art. 954. Sur l'établissement d'un règlement relatif aux fruits et des impenses à l'issue de la révocation, Terré, Lequette et Gaudemet, *supra* note 1 à la p 592.

[132] Grimaldi, *Partages d'ascendants*, *supra* note 16 au para 1509.

[133] Terré, Lequette et Gaudemet, *supra* note 1 au para 592.

325. Par ailleurs, dans un arrêt du 19 janvier 2019 (dite affaire Hantaï)[134], la Cour de cassation a précisé la capacité d'agir des héritiers pour inexécution des charges grevant une donation après le décès de l'artiste donateur (Simon Hantaï) à une association. En l'espèce, un artiste avait fait donation en 1987 de 14 de ses œuvres au profit d'une association, précisant que « ces œuvres ne pourront en aucun cas être revendues et qu'elles ne pourront être utilisées que pour des accrochages ou des expositions à caractère non commercial et non publicitaire ». À son décès en 2008, l'artiste laisse son épouse attributaire intégrale, en toute propriété, des biens meubles et immeubles, puisque le couple était marié sous le régime de la communauté universelle. Il lui laisse l'usufruit des droits patrimoniaux. Leurs cinq enfants, pour leur part, deviennent nus-propriétaires des droits patrimoniaux et titulaires exclusifs du droit moral.
Après avoir découvert en 2012 que l'une des œuvres données à l'association allait faire l'objet d'une vente aux enchères, la veuve de l'artiste a fait procéder à une saisie-revendication et a assigné l'association en révocation de la donation pour inexécution fautive des charges. N'obtenant pas gain de cause en première instance, la veuve de l'artiste a interjeté appel auprès de la Cour de Versailles. Cette dernière déclare irrecevable l'action en révocation de la donation avec charge au motif que la demanderesse n'est pas investie du droit moral. À la suite de cette décision, celle-ci se pourvoit en cassation. En l'espèce, il était donc question de savoir si la capacité d'agir de la veuve pour inexécution des charges après le décès de l'artiste donateur relevait exclusivement du droit moral de l'artiste ou si elle pouvait également être fondée sur le droit commun des libéralités.
Dans l'arrêt rendu en Cour d'appel, les juges du fond avaient retenu que les charges invoquées par la demanderesse ne relevaient pas, par leur nature, de la propriété matérielle des supports des œuvres, mais du droit moral de l'artiste protégeant l'œuvre elle-même. Au motif que les droits moraux de l'artiste avaient été conférés à ses enfants et non à sa veuve, la Cour d'appel déclarait l'action en révocation irrecevable. Or, la Cour de cassation casse partiellement la décision des juges du fonds, estimant que l'action de la veuve concernait autant le respect de l'œuvre que le respect de la propriété de son support. Comme la donation à l'association portait sur les supports de l'œuvre, la demande en révocation de la libéralité pour inexécution des charges était recevable et qu'en réservant l'action aux titulaires du droit moral, la Cour d'appel confondait la propriété matérielle et intellectuelle de l'œuvre, rajoutant une condition

---

[134] Civ, 1e civ, 16 janvier 2019, n°18-10-603, affaire Hantaï.

aux articles 953 et 954 du Code civil. Autrement dit, l'espèce offrait deux voies de recours pour dénoncer la défaillance de l'association : une sur le fondement de la propriété littéraire et artistique, l'autre sur le fondement du droit commun des libéralités.
La Cour de cassation réaffirme par ce biais le caractère impératif des charges grevant les libéralités et la complémentarité du droit d'auteur et du droit des libéralités quand il est question de révocation d'une donation d'œuvres d'art pour inexécution des charges. L'œuvre donnée fait l'objet d'une double protection puisque le titulaire du droit moral jouit de la capacité d'agir sur le fondement du droit spécial de la propriété littéraire et artistique au même titre que l'héritier de la propriété des biens meubles sur le fondement du droit commun des libéralités.

326. Les limites de l'action. La sanction de la restitution des biens est sujette à débat, notamment quand l'action est conduite par les héritiers, légataires ou créanciers du disposant. Il fut écrit qu'animés « des mobiles suspects »[135] , les héritiers ont « le souci déclaré de veiller au respect de la volonté du disposant masque mal le désir de récupérer les biens jadis détournés de leur destination familiale; pour des héritiers souvent lointains, l'inexécution de la charge n'est pas un scandale à faire cesser, mais une aubaine à saisir »[136]. Dès lors, l'action en révocation peut donner lieu à l'émergence d'une situation paradoxale dans laquelle le respect de la volonté du disposant se trouve invoqué au détriment du respect de l'affectation des biens à l'intérêt général afin de servir des intérêts particuliers exogènes à ceux guidant l'opération. Finalement, seule l'action conduite par l'exécuteur testamentaire, chargé de veiller à l'exécution des volontés du testateur, évite l'écueil d'un chevauchement des intérêts en présence. Elle évite surtout de voir des actions conduites dans l'unique but d'obtenir la restitution des biens. Toutefois, sa mission est temporaire, prenant en principe terme au bout d'un délai de deux ans, à compter de l'ouverture de la succession[137]. Or, bien souvent, l'exécution de la charge d'affectation s'étale dans le temps. Le rôle de l'exécuteur testamentaire revêt par conséquent, dans ce cas précis, un intérêt moindre. Ainsi, voit-on que, du point de vue des titulaires, la révocation de la libéralité peut se révéler une sanction contraire à la préservation de la finalité d'intérêt général.

---

[135] Grimaldi, *Partages d'ascendants*, *supra* note 16 au para 1410.
[136] *Ibid. Adde* Raymond Saleilles, *De la personnalité juridique : histoire et théories vingt-cinq leçons d'introduction à un cours de droit civil comparé sur les personnes juridiques*, Réimpression de l'éd de 1910, Paris, Éditions La Mémoire du Droit, 2003 à la p 132.
[137] C. civ., art. 1031.

327. De plus, il importe de souligner que la révocation de la libéralité peut s'avérer une sanction particulièrement lourde pour le musée d'art quand elle est prononcée des années après que la libéralité lui a été consentie[138]. La sanction est également opposable à l'égard des tiers [139]. Cette rigueur est, toutefois, théoriquement compensée par les conditions de recevabilité de l'action.

D'une part, la révocation n'est admise que dans l'hypothèse où l'inexécution revêt un certain degré de gravité, de sorte que seule l'inexécution de la charge constituant la cause impulsive et déterminante de la libéralité sera susceptible d'être sanctionnée[140]. La sanction de l'inexécution est, d'ailleurs, indifférente au caractère fautif ou non de l'inexécution[141]. Néanmoins, comme nous l'avons vu précédemment, les actes philanthropiques reposent parfois, même souvent, sur une constellation de charges[142]. D'ailleurs, les juges éprouveront, dans certains cas, des difficultés à déterminer quelle charge constitue la cause impulsive et déterminante pour laquelle le disposant s'est dépouillé[143].

D'autre part, la rigueur de la révocation se trouve compensée à certains égards par l'office du juge. La révocation requiert, en principe, une décision judiciaire[144] à moins que ne soit stipulée dans l'acte une clause résolutoire[145]. Il appartient dès lors au juge judiciaire d'apprécier l'opportunité de la révocation, celui-ci disposant d'un pouvoir souverain d'appréciation des circonstances de faits entourant l'inexécution, de l'importance de la charge ainsi que de la gravité de l'inexécution. Aussi, le juge peut-il opter pour une résolution partielle plutôt que totale de la

---

[138] Sur la prescription trentenaire de l'action en révocation pour inexécution des charges, Civ 1re, 13 octobre 1993, Bull Civ I n°277.

[139] En revanche, celle-ci est inopposable à l'administration fiscale conformément à l'article 1961 alinéa 1er du Code général des impôts au titre duquel « les droits d'enregistrement ou la taxe de publicité foncière lorsqu'elle tient lieu de ces droits et la contribution prévue à l'article 879, ne sont pas sujets à restitution dès l'instant qu'ils ont été régulièrement perçus sur les actes ou contrats ultérieurement révoqués ou résolus par application des articles 954 à 958,1224 à 1230,1304 et 1304-7,1654 et 1659 du code civil. ». L'administration fiscale précisa que le retour desdits biens dans le patrimoine du disposant ou de ses ayants cause ne saurait donner lieu à une nouvelle taxation (BOI-ENR-DG-20-20-50-20120912, n°180 et s).

[140] Afin d'apprécier la gravité du manquement, il fut proposé, avant de recourir à la notion de cause de distinguer selon que la charge grevant la libéralité soit principale ou accessoire (Bouyssou, *supra* note 128 au para 172).

[141] Bouyssou, *supra* note 128 au para 173 ; Terré, Lequette et Gaudemet, *supra* note 1au para 489.

[142] *Supra* aux paras 221 et s.

[143] Bouyssou, *supra* note 128 au para 172.

[144] C civ, art. 956.

[145] Bouyssou, *supra* note 128 au para 176 ; Mazeaud et al, *supra* note 56 au para 1524, Terré, Lequette et Gaudemet, *supra* note 1 au para 489. Sur l'hypothèse de la résolution unilatérale, v. Boisson, *supra* note 3 au para 429.

libéralité[146], ou encore accorder un délai de grâce au grevé afin que celui-ci s'exécute[147]. Il fut même admis, dans le contexte des fondations, que l'exécution de la charge par le légataire soit confiée à autrui[148]. Afin de préserver la volonté généreuse du disposant, les juges, saisis d'une demande reconventionnelle, pourront même préférer réviser la charge litigieuse plutôt que de révoquer la libéralité conformément à ce que permet l'article 900-3 du Code civil.

L'office du juge s'avère particulièrement bienvenue dans le contexte des actes philanthropiques où le risque de l'inexécution des charges augmente avec le temps. Aussi, fut-il admis que, dans certaines circonstances, il convenait davantage de « s'attacher à l'esprit plutôt qu'à la lettre » de la libéralité afin d'assurer l'exécution de la volonté philanthropique du disposant. C'est ainsi que, dans une affaire, les juges écartèrent la demande en révocation des héritiers au motif que l'exécution de la charge avait été remplie sous « une forme différente imposée par la conjoncture »[149]. Commentant la décision, Savatier écrivait alors que « si la Cour de Poitiers n'avait [...] pas infirmé le jugement du tribunal, [...], le profit de la fondation de Chièvres fut revenu, du fait d'une révocation judiciaire, en toute liberté aux héritiers et généalogistes. Le musée eût ainsi disparu, et cela paradoxalement sous l'étiquette du respect de la volonté du testateur »[150]. Toutefois, si l'on peut souhaiter que les actes philanthropiques soient davantage appréciés au regard de l'esprit de l'acte, ceci n'est pas sans générer quelques risques. En effet, les juges ne sauraient faire preuve d'une trop grande souplesse sous peine d'encourager une certaine légèreté de la part des

---

[146] « Lorsque l'anéantissement total de la libéralité paraît être une mesure trop radicale, les tribunaux n'hésitent pas à considérer la donation ou le legs comme contenant en réalité plusieurs libéralités distinctes, et seule est révoquée celle qui est censée correspondre aux charges inexécutées » (Bouyssou, *supra* note 128 au para 170).

[147] Bouyssou, *supra* note 128 au para 111. À titre illustratif, v. Civ 1ère, 19 décembre 1984, Bull civ I n°343 ; [1985] RTD civ 762 (obs. Patarin).

[148] Req, 15 juillet 1931 ; [1932] DP I 33 (note R. Savatier).

[149] Dans cette affaire, M. Rupert de Chièvres avait légué à la Société des antiquaires de l'Ouest un immeuble contenant une importante collection à charge que les objets composants celle-ci demeurent dans cet immeuble. L'exécution de la charge étant devenue trop lourde pour la Société des Antiquaires de l'Ouest, cette dernière conclut un accord avec la ville de Poitiers en vertu duquel la ville se rendait propriétaire de l'immeuble de la collection s'y trouvant. Or, du fait d'un plan de réorganisation des musées municipaux, la ville déplaça certains objets, dont des œuvres majeures, dans d'autres musées en vue d'en offrir une meilleure conservation et mise en valeur. Parallèlement, la ville avait largement investi dans l'entretien de l'immeuble et la restauration de certaines œuvres faisant que celle-ci ne pouvait se voir reprocher une négligence à l'égard de l'objet de la donation. Or pour les héritiers, les mesures prises par la ville de Poitiers méconnaissaient les intentions du testateur, et saisirent le juge pour demander la révocation de la libéralité. CA Poitiers, 24 mars 1976, *Ville de Poitiers c/Société des antiquaires de l'Ouest et autres*, *supra* note 30. V. Cornu et Mallet-Poujol, *supra* note 102 aux paras 375-377.

[150] René Savatier, note ss CA Poitiers, 24 mars 1976, *Ville de Poitiers c/Société des antiquaires de l'Ouest et autres* [1976] JCP G II 18379.

musées d'art. Il importe en effet que celui qui accepte l'acte philanthropique le fasse en considération de l'étendue de la charge, et de sa capacité à la satisfaire[151]. De plus, cette souplesse pourrait jouer en défaveur des actes philanthropiques, les disposants craignant que leurs volontés ne deviennent substituables avec le temps. Ce risque fut assez palpable dans l'affaire relative à la donation avec charges des œuvres de Simon Hantaï à une association pour laquelle la Cour d'appel de Versailles fit preuve de grande d'indulgence envers la défaillance de ladite association. En l'espèce, l'association n'avait pas respecté l'inaliénabilité des œuvres, avait clairement manqué à son obligation d'exposer les œuvres au public tel que stipulé dans la donation et qu'elle avait fait preuve de désinvolture quant aux œuvres données sans pour autant que la Cour d'appel de Versailles ne voit une réelle gravité dans ces manquements[152].

328. À la lecture de ces éléments, il advient que la révocation de la libéralité pour inexécution des charges présente plusieurs critiques dans ce contexte. Celle-ci constitue en effet un moyen permettant de garantir le respect de la volonté du disposant. Pourtant, il arrive que la révocation de l'acte philanthropique pour inexécution des charges desserve la préservation de la finalité d'intérêt général de l'opération initiale si les circonstances ne permettent pas au juge de faire preuve de souplesse quant à l'accomplissement de la charge.

Aussi, convient-il de nous concentrer à présent sur l'exécution forcée de la charge qui, en considération de ces enjeux, peut s'avérer une solution plus adéquate.

b. L'EXÉCUTION FORCÉE

329. Définition. L'exécution forcée[153] présente l'avantage de préserver la volonté philanthropique du disposant puisqu'elle aboutit à l'exécution des charges par l'affectataire. Peu importe que la charge soit

---

[151] M. Grimaldi écrivait à ce titre que le gratifié « ne peut prendre la libéralité et laisser la charge : c'est la libéralité et les charges qui sont à prendre ou à laisser » (note ss TGI Paris, 23 mars 1994, [1995] D 1995 49 au para 2).

[152] Frédéric Pollaud-Dulian, « Donation d'œuvres d'art avec charges à une association : des pratiques bien étranges et une curieuse indulgence » [2018] RTD com 334. Voir *supra* au para 325.

[153] C. civ., art. 1221. Depuis la réforme des obligations de 2006 (*supra* note 3), l'exécution forcée fait l'objet d'une consécration légale et est admise sans distinction de la nature des prestations. Il fut noté que, conformément à la jurisprudence antérieure, le créancier n'a pas à rapporter la preuve de la gravité de l'inexécution ni du préjudice subi pour agir sur ce fondement (Terré et al, *Les obligations*, *supra* note 1 au para 776).

la cause impulsive et déterminante du dépouillement du disposant, l'exécution forcée est une sanction qui s'applique à tout type d'inexécution. Elle se présente comme un droit de tout créancier[154]. Aussi, le créancier insatisfait peut saisir le juge afin d'obtenir l'exécution en nature de ce qui, dans le cas d'obligation pécuniaire ou de délivrance, conduira à la mise en œuvre des voies d'exécution. Quand bien même la question des titulaires de l'action en exécution forcée n'ait suscité que peu d'intérêt en doctrine, il est admis que l'action peut être conduite par le disposant, ses ayants cause ainsi que l'exécuteur testamentaire[155].

330. Les limites de l'action dans le contexte de l'étude. Toutefois, l'action connaît deux limites majeures atténuant, dans les faits, l'attractivité d'une telle solution.
D'une part, l'action a peu de chance d'être introduite après le décès du disposant; les héritiers ayant davantage intérêt à agir en révocation de la libéralité pour inexécution des charges afin de récupérer les biens. D'autre part, l'action ne peut être conduite que contre des personnes morales de droit privé. En effet, la loi écarte l'exécution forcée à l'encontre des personnes bénéficiant d'une immunité[156]. Or, les personnes morales de droit public bénéficient d'une telle immunité. L'action en exécution forcée est donc exclue dans le contexte des musées publics, lesquels composent la majorité du monde muséal français.
Ces limites sont majeures pour notre étude, et réduisent drastiquement l'opportunité d'une telle action. Reste alors la sanction indemnitaire à l'encontre de la défaillance du musée d'art.

c. LA RESPONSABILITÉ CIVILE DU MUSÉE D'ART

331. Définition. Certains auteurs mirent en exergue qu'aux côtés de l'action en révocation et en exécution forcée, il est possible de condamner le grevé de la charge au paiement de dommages et intérêts quand il se révèle responsable de l'inexécution et que cette dernière fut source de préjudice aux demandeurs de l'action[157]. Toutefois, la sanction indemnitaire était prononcée de manière complémentaire aux sanctions

---

[154] C civ, art. 1341; CPCE art. L111-1.
[155] René Cassin, *Droit civil approfondi et comparé : des libéralités avec charge et fondations en droit français*, coll : Licence 1ère année, Paris, Les Cours de droit, 1939 aux pp 384-385 ; Boisson, supra note 3 au para 438.
[156] CPCE, art. L111-1.
[157] Bouyssou, *supra* note 128 au para 175 ; Flour et Souleau, *supra* note 129 au para 163.

traditionnelles de l'inexécution des charges sans qu'elle ne soit le fruit d'une action autonome[158].
Il fut récemment avancé que rien n'empêche théoriquement qu'une action en responsabilité civile soit conduite de façon autonome par le disposant ou ses ayants cause à la suite de la défaillance de l'affectataire[159]. Cette solution présente un fort intérêt dans la mesure où le champ de l'action en responsabilité se veut plus large. En effet, contrairement aux moyens étudiés précédemment, sa mise en œuvre n'est pas soumise à des conditions restrictives relatives à la gravité de l'inexécution ou à la personne du gratifié. De plus, l'opportunité de l'action en responsabilité s'apprécie du point de vue de la sanction. La nature indemnitaire de la sanction écarte le risque que l'action ne soit conduite par des héritiers qui voudraient se prévaloir de la défaillance du musée d'art pour obtenir la restitution des biens qu'ils auraient souhaité recueillir au moment de la succession[160].

332. Les difficultés de l'action. Toutefois, l'action en responsabilité n'est pas sans poser de difficultés. Il convient pour celui qui agit de rapporter la preuve d'un préjudice consécutif à l'inexécution fautive de l'affectataire. Or, le disposant ou ses ayants cause, dans le cas des actes philanthropiques, risque de ne souffrir que d'un préjudice moral[161] dont la preuve de l'existence peut s'avérer délicate en l'espèce. En effet, le préjudice dû au non-respect de l'affectation n'ouvrira droit à réparation que s'il présente le triple caractère d'être direct, certain et légitime[162].

L'insertion d'une clause pénale dans l'acte philanthropique pourrait être considérée. En effet, la clause pénale permet de définir de manière anticipée le montant des dommages-intérêts qui seront dus en cas de défaillance du débiteur d'une obligation[163]. La clause pénale sert une double fonction[164]. D'une part, elle permet de réparer les conséquences relatives à la défaillance du musée d'art, tout en évitant de rapporter la preuve d'un dommage, et le cas échéant, les discussions quant à l'évaluation du préjudice. D'autre part, elle constitue une véritable peine

---

[158] Sur l'action en révocation, v. Mazeaud et al, *supra* note 56 au para 1524. Sur l'exécution forcée, *ibid* à la p 1410.
[159] Boisson, *supra* note 3 aux paras 441 et s.
[160] *Supra* au para 326.
[161] Terré et al, *Les obligations, supra* note 1 au para 936.
[162] V. en ce sens Alain Bénabent, *Droit des obligations*, 15e éd, coll Domat droit privé, Issy-les-Moulineaux, LGDJ : Lextenso éditions, 2016 au para 653 et s.; Terré et al, *Les obligations, supra* note 1 aux paras 923 et s.
[163] C. civ., art. 1231-5. Sur le caractère forfaitaire de la clause pénale, Terré et al, *Les obligations, supra* note 1 au para 891.
[164] Com. 29 janvier 1991, Bull civ IV n°43.

privée dotée d'un caractère dissuasif[165] pour le musée d'art, surtout quand le montant prévu est élevé[166]. Ainsi, la clause pénale, dans le contexte des libéralités, permet d'assurer que le grevé de la charge exécute les volontés du disposant. La validité de ce type de clause a récemment fait l'objet d'une actualité jurisprudentielle au titre de laquelle la Cour de cassation a privé d'effet des clauses pénales au motif qu'elles portaient une atteinte excessive aux droits ou libertés du gratifié[167]. Cette limite s'ajoute à la limite antérieure selon laquelle sont réputées non écrites les causes pénales ayant pour but d'assurer l'exécution de dispositions contraires à des règles impératives[168].

333. Synthèse. Face à la défaillance du musée d'art, le disposant et ses héritiers disposent donc de trois voies de recours pour garantir le respect de l'affectation d'intérêt général. Toutefois, chacune de ces voies présente des limites réduisant leur efficacité à garantir le respect de l'affectation d'intérêt général par le musée. Notamment, dans le cas de la révocation de la libéralité, l'action tend à préserver la volonté du disposant, mais parfois, dans un sens qui se révèle finalement contraire au respect de l'affectation d'intérêt général. Quand l'action se trouve conduite par les héritiers, les intérêts de ces derniers peuvent également se trouver privilégiés au détriment de l'affectation des biens d'intérêt général au nom du respect de la volonté du disposant. Il apparaît alors que, sous couvert du respect de la volonté philanthropique, se chevauchent différents intérêts concurrents, et que seule l'action intentée par le disposant ou l'exécuteur testamentaire permettra d'aligner le respect de la volonté philanthropique sur la préservation de l'affectation d'intérêt général. En somme, si les voies de recours assurant le respect

---

[165] Bénabent, *supra* note 162 au para 435 ; Terré et al, *Les obligations, supra* note 1 au para 888.

[166] Toutefois, l'article 1235-1 du Code civil octroie aux juges le pouvoir de réviser, même d'office, le montant manifestement excessif ou dérisoire de la clause pénale présente dans l'acte litigieux.

[167] Cette solution fut, dans un premier temps, retenue au sujet d'une donation-partage (Civ 1re, 16 décembre 2015, n° 14-29.285, Bull civ, I, n° 322 ; [2016] D 578 [note T. Le Bars]; *ibid.* 566 [obs. M. Mekki] ; [2016] RTD civ 424 [obs. M. Grimaldi]). En l'espèce, la Cour de cassation casse la solution des juges du fond au motif qu'en appliquant la clause pénale à deux copartagés qui avaient succombé dans leur action en nullité – fondée sur un dol dont ils estimaient le *de cujus* coupable du fait que celui-ci avait dissimulé l'existence d'une assurance-vie souscrite au bénéfice d'un troisième copartagé et d'une donation faite au fils de ce dernier –, ces derniers n'avaient pas recherché « si l'application de cette clause n'avait pas pour effet de porter une atteinte excessive au droit d'agir en justice » tel que le commande l'article 6 § 1 de la Convention européenne des droits de l'homme. La solution fut ensuite étendue à un testament au motif que la clause litigieuse portait atteinte au droit individuel de tout indivisaire de demander le partage (Civ. 1re, 31 mars 2016, n° 15-13.312, [2016] RTD civ 424 [obs. M. Grimaldi]). Cette solution réduit le champ des clauses pénales apposées à des libéralités par le biais du principe de proportionnalité. Toutefois, le recours à ce principe est critiqué compte tenu de l'incertitude qu'il véhicule (*ibid* à la p 582). Sur l'appréciation du caractère excessif de l'atteinte portée aux droits ou libertés des héritiers ou légataires, v. Michel Grimaldi, *Droit patrimonial de la famille 2018-2019*, 6e éd, coll Dalloz Action, Paris, Dalloz, 2017 au para 323.101.

[168] *Ibid.*

de la volonté philanthropique sanctionnent la défaillance du musée d'art, rien ne garantit que le résultat de l'action préserve la finalité d'intérêt général de l'opération.
Par conséquent, ces voies de recours ne sont pas pleinement insatisfaisantes puisque le respect de la volonté du disposant peut servir indirectement des intérêts particuliers, et ce, au détriment du respect de la finalité d'intérêt général de l'opération. Avant de formuler des recommandations dans le but d'atténuer les lacunes de ces mécanismes de droit de commun, nous souhaitons étudier dans quelle mesure les bénéficiaires peuvent agir en cas de défaillance du musée d'art, ces derniers n'ayant, par définition, pas d'autre intérêt que le respect de l'affectation d'intérêt général.

B. LE DROIT DES BÉNÉFICIAIRES AU RESPECT DE L'AFFECTATION D'INTÉRÊT GÉNÉRAL

334. Le fondement du droit des bénéficiaires. En faisant don de ses biens à un musée, le disposant entend gratifier une cause d'intérêt général, et faire ainsi bénéficier l'ensemble des personnes jouissant de l'activité muséale de ses biens. Souleau écrivait à ce titre : « Comment l'observation d'une charge pourrait-elle être assurée si son bénéficiaire était démuni de tout droit ? Certes, les héritiers pourraient contraindre le légataire à exécuter la charge. Mais, n'ayant aucun profit pécuniaire à retirer, il faut prévoir leur inertie ou leur mauvaise volonté. Il est à craindre, par ailleurs, qu'ils ne préfèrent intenter l'action en révocation du legs pour inexécution des charges [...]. Les chances de voir accomplir l'obligation voulue par le testateur sont donc fort minces si le soin d'en poursuivre l'exécution est laissé aux seuls héritiers »[169]. Aussi, semble-t-il essentiel de garantir l'exécution de l'affectation des biens à l'intérêt général en attribuant aux bénéficiaires de l'acte un droit distinct de celui des représentants du défunt[170]. Or, la reconnaissance d'un tel droit, comme son exercice, pose des difficultés théoriques et conceptuelles. Après avoir défini la nature du droit des bénéficiaires, nous verrons que son exercice répond davantage du domaine du contentieux objectif (b).

---

[169] Henri Souleau, *L'Acte de fondation en droit français*, Thèse de doctorat, Paris, 1969 au para 90. V. également Grimaldi, *Partages d'ascendants*, *supra* note 16 au para 1410.
[170] Souleau, *supra* au para 90 ; Christophe Vernières, *Les libéralités à trois personnes*, Thèse de doctorat, Université Panthéon-Assas Paris II, 2012 aux paras 631 et s.

a. LA NATURE DU DROIT DES BÉNÉFICIAIRES

335. La charge d'affectation, source du droit des bénéficiaires. Puisque la charge d'affectation est une charge stipulée dans l'intérêt des tiers[171], il résulte de l'acte philanthropique que le musée d'art s'engage, à l'issue de la libéralité, à exécuter une prestation au profit des bénéficiaires. Autrement dit, les bénéficiaires de l'acte philanthropique sont les créanciers de la charge d'affectation imposée au musée d'art, et ce conformément à la stipulation pour autrui contenue dans l'acte philanthropique[172]. Plus précisément, l'affectation des biens leur octroie un droit de jouissance collective à l'égard des biens affectés. À ce titre, les bénéficiaires détiennent le droit de demander l'exécution de la charge d'affectation[173]. En revanche, ils sont exclus du bénéfice de l'action en révocation. S'ils peuvent avoir un intérêt à l'exécution de la charge d'affectation, ils n'en ont point à la révocation.

Toutefois, il est un principe fondamental que nul droit ne peut naître dans le patrimoine d'une personne si celle-ci n'est pas déterminée. Ce principe revêt un enjeu particulier dans ce contexte. En effet, le disposant n'entend pas gratifier des personnes nommément désignées, mais plutôt un groupe identifiable de personnes indéterminées. Or, la stipulation pour autrui

---

[171] *Supra* au para 227.

[172] Prévue à l'article 1205 et s. du Code civil, la stipulation pour autrui est le mécanisme par lequel un disposant fait promettre au promettant l'accomplissement d'une prestation au profit d'un tiers. L'opération fait naître un droit direct de créance au profit des bénéficiaires et contre le promettant (l'*accipiens* en l'espèce) en vue d'obtenir l'accomplissement de ladite prestation (C civ, art. 1206). Ce droit naît du seul accord de volontés entre le disposant et le promettant. Toutefois, pour que le mécanisme acquiert sa pleine efficacité, encore faut-il que le ou le(s) bénéficiaire(s) soi(en)t déterminé(s) ou déterminable(s) au moment de l'exécution de la promesse (C. civ., art. 1205 al. 2). La stipulation pour autrui suppose un contrat entre le promettant et le stipulant. L'application de la stipulation pour autrui dans le cas des legs ne fut pas sans poser de difficultés théoriques. Plusieurs auteurs se sont attachés à démontrer qu'il était possible de dresser un parallélisme entre la situation du donataire et du légataire dans le cas de libéralité grevée d'une charge au profit d'un tiers. En effet, que la charge soit insérée dans une donation ou dans un legs, elle consiste toujours en une obligation à laquelle est tenu l'*accipiens*. Aussi, Bouyssou vit entre les héritiers et les légataires un « quasi-contrat » ayant la même force obligatoire que le contrat de donation. Aussi déduit-elle qu'il y a tout lieu de voir une stipulation pour autrui donnant au tiers le droit d'agir contre le légataire en exécution de la charge stipulée dans son intérêt (Bouyssou, *supra* note 128 au para 164). La jurisprudence reconnaît de son côté le droit des tiers (*Ibid* ; Souleau, *supra* note 169 au para 91). Il en va de même quand l'acte philanthropique repose sur une fiducie innommée à des fins de libéralités (Claude Witz, *La fiducie en droit privé français*, Paris, Économica, 1981 au para 284). Sur le régime de la stipulation pour autrui, Terré et al, *Les obligations, supra* note 1 aux paras 699 et s.

[173] La reconnaissance d'un tel droit aux bénéficiaires n'est pas dénuée de toutes critiques. Pour certains, cette interprétation ne serait pas conforme à la volonté réelle du disposant qui est plutôt de s'appauvrir au profit d'une œuvre d'intérêt général que de gratifier les bénéficiaires de l'œuvre. V. Terré, Lequette et Gaudemet, *supra* note 1 au para 673.

n'est valable qu'à condition que les tiers bénéficiaires puissent être déterminés au moment où elle doit produire son effet[174]. À défaut, les tiers ne constituent que des bénéficiaires éventuels, et ne peuvent donc réclamer l'exécution de la charge d'affectation.

336. L'indétermination des bénéficiaires en l'espèce. Or, contrairement à d'autres actes philanthropiques pour lesquels la détermination des bénéficiaires conditionne l'exécution de la charge d'affectation[175], tel n'est pas le cas ici. Les bénéficiaires de l'acte philanthropique au musée d'art ont vocation à demeurer indéterminés sans pour autant que l'exécution de la charge d'affectation ne soit remise en cause. Il n'est d'ailleurs pas souhaitable que les bénéficiaires soient déterminés. Autrement, toutes les fois qu'un tiers répondrait aux critères d'individualisation des bénéficiaires[176], celui-ci pourrait se déclarer unilatéralement créancier de la charge d'affectation et en réclamer l'exécution forcée[177]. Le droit des bénéficiaires quant à l'exécution de la charge d'affectation deviendrait une véritable épée de Damoclès pour tout musée. De plus, il fut noté que la situation n'est pas plus souhaitable pour les bénéficiaires. Ces derniers, du fait de la stipulation pour autrui, tirent leur droit du disposant, et devraient subir alors les conséquences attachées au jeu de l'action en réduction[178]. Notamment, les bénéficiaires de la charge deviendraient les débiteurs de l'indemnité de réduction; ce qui n'a pas de sens dans le contexte des actes philanthropiques au profit des musées d'art[179].

---

[174] C. civ., art 1205. La question de la détermination du bénéficiaire précède celle de l'acceptation par ce dernier de la stipulation pour autrui laquelle constitue une condition non de validité, mais d'efficacité. L'acceptation permet de consolider le droit de ce dernier, et de lui conférer ainsi une action directe et immédiate contre le promettant défaillant. La forme de l'acceptation est libre et peut intervenir à tout moment (v. Bénabent, *supra* note 162 au para 261; Terré et al, *Les obligations, supra* note 1 au para 719).

[175] Il s'agirait, par exemple, des actes philanthropiques établis pour l'attribution de bourses d'étude.

[176] Cette hypothèse répondrait à ce que la doctrine considère – s'agissant des fondations reconnues d'utilité publique – comme la détermination objective des tiers, car exclusivement opérée grâce aux conditions fixées par le disposant dans l'acte et n'offrant aucune liberté de choix à l'*accipiens*. Par exemple, tout usager de l'activité muséale devrait pouvoir agir contre le musée si celui-ci n'expose pas les œuvres reçues par acte philanthropique.

[177] Sur l'hypothèse des actes philanthropiques impliquant que l'affectataire transmette les biens (par ex. l'allocation d'une bourse ou la remise d'un prix). Dans ce cas précis, le bénéficiaire ne saurait réclamer l'exécution de la charge, il pourrait seulement forcer l'affectataire à désigner le bénéficiaire final (Souleau, *supra* note 169 aux paras 97 et s.; Flour et Souleau, *supra* note 129 au para 370 ; Grimaldi, *Partages d'ascendants*, *supra* note 16 au para 1696).

[178] « La charge stipulée dans l'intérêt d'un tiers emporte de lourdes conséquences en matière d'action en réduction : diminution du montant de la charge de la libéralité pour le calcul du montant de l'émolument de la libéralité au profit du groupement ; désignation du bénéficiaire final comme débiteur de l'indemnité de réduction » Boisson, *supra* note 3 au para 439.

[179] Sur le musée d'art comme gratifié apparent, *supra* au para 233.

Par conséquent, s'il est possible de reconnaître l'existence d'un droit des bénéficiaires à l'exécution de la charge d'affectation, sa protection dans le contexte des actes philanthropiques au profit de musées d'art n'appartient-elle pas plutôt au domaine de la défense des intérêts collectifs[180]?

b. LE DROIT DES BÉNÉFCIAIRES ET LE CONTENTIEUX OBJECTIF

337. La nature de l'intérêt à agir des bénéficiaires. Les bénéficiaires du musée d'art partagent en effet un intérêt commun; celui de l'intérêt collectif des bénéficiaires au respect de l'affectation des biens à l 'intérêt général. Or, cet intérêt est de nature *méta-individuelle* et *diffuse*[181] puisqu'il est à la fois supérieur et détaché des intérêts individuels des bénéficiaires. Il naît de la finalité d'intérêt général à laquelle les biens sont affectés, et est, en cela, de nature objective.

La défense de ce type d'intérêts se heurte, en droit positif, au fondement individualiste de notre système processuel. En effet, en l'absence d'une attribution légale d'action[182], seule la personne qui justifie d'un intérêt personnel a qualité pour agir, les autres ne peuvent agir à sa place sauf à justifier d'un mandat[183]. Le système processuel français considère irrecevables les actions conduites pour des considérations non personnelles (donc altruistes), réfutant ainsi le contentieux objectif. Nonobstant les droits et intérêts de celui qui agit, ce type de contentieux vise uniquement à la protection de l'intérêt général ou d'un intérêt catégoriel[184].

338. L'action populaire en droit romain. La prise en compte de l'intérêt collectif comme sorte d'entre-deux entre l'intérêt privé et l'intérêt public, n'est pas étrangère à la tradition civiliste. En effet, tel était l'objet des actions populaires du droit romain permettant à tout citoyen, indépendamment de tout intérêt personnel direct, d'agir au nom du respect de l'ordre public ou encore de la police[185]. C'est notamment

---

[180] Cassin, *supra* note 155 à la p 390.

[181] Ces qualificatifs sont empruntés à M.Capeletti dans « La protection d'intérêts collectifs et de groupe dans le procès civil (Métamorphoses de la procédure civile) » (1975) 27:3 RIDC 571 à la p 576.

[182] CPC, art. 31 al.2.

[183] Sur la maxime « nul ne plaide par procureur », Serge Guinchard, dir, *Droit et pratique de la procédure civile 2017-2018*, 9e éd, coll Dalloz Action, Dalloz, 2017 au para 161.321.

[184] Jacques Normand, [1985] RTD civ 764.

[185] En effet, le demandeur agissait en vue de l'intérêt général, mais contrairement aux actions publiques, les délits visés n'étaient pas aussi graves que les délits relevant de la justice criminelle. Les actions populaires pouvaient revêtir un caractère pénal bien que relevant du domaine de la

par ce biais que l'édit du Préteur garantissait la protection de biens pourvus d'un caractère public, sacré ou religieux[186]. Par exemple, la profanation des tombes ou monuments funéraires pouvait être dénoncée et punie au titre de l'*actio de sepulto violato*[187] tandis que l'*actio de tabulis aspertis* sanctionnait l'ouverture irrégulière d'un testament[188]. Quel que soit son objet, toute action populaire reposait sur l'idée d'une convergence entre l'intérêt public et l'intérêt individuel. Si le but de l'action était bien celui de la défense de l'intérêt général, le citoyen se prémunissait ainsi de conduites répréhensibles susceptibles de porter un jour atteinte à son propre intérêt personnel. D'ailleurs, pour intenter une telle action, le demandeur populaire devait seulement rapporter la preuve de sa qualité de citoyen, et n'avait pas à prouver un intérêt particulier à agir contrairement aux actions privées[189].
La préservation de l'intérêt collectif se manifestait également dans le remède, la condamnation étant prononcée au profit du trésor public, et non au profit du demandeur populaire[190]. Ce n'était que, dans de rares hypothèses, que le demandeur populaire recevait une compensation financière en guise de récompense pour avoir contribué à surveiller l'ordre social.

Enfin, les conditions d'exercice de l'action témoignaient également de la finalité de l'action populaire. Aucune action populaire ne pouvait servir la défense d'un intérêt particulier, la défense d'intérêts privés et collectifs étant assurée de manière distincte. Ainsi, s'il advenait que, dans une espèce, l'intérêt collectif défendu entrait en concurrence avec l'intérêt particulier du demandeur de l'action populaire, l'édit du Préteur précisait que seul l'intérêt le plus directement intéressé devait être retenu[191].

Néanmoins, l'affirmation des institutions impériales suivie de celle de l'État comme entité distincte de la communauté de citoyens entraina

---

procédure civile. Ceci constituait une de leurs particularités du point de vue processuel. En effet, si par nature elles constituaient des actions publiques, elles se rattachaient par leur forme à des actions civiles privées. Henri Robert, *Des actions populaires : droit romain ; Du droit des particuliers dans l'exercice de l'action publique : droit français*, Paris, Larose, 1895 à la p 8 ; François Voeffray, *L'actio popularis, ou la défense de l'intérêt collectif devant les juridictions internationales*, Paris, PUF, 2004 aux pp 17 et s.

186 Voeffray, *supra* à la p 11.

187 Robert, *supra* note 185 à la p 18 ; Voeffray, *supra* note 185 à la p 11.

188 L'action était prévue dans le contexte particulier ou le *de cujus* mourrait d'une mort violente. L'ouverture du testament supposait que les esclaves eurent été préalablement mis à la question, et les coupables punis. Si ceux-ci demeuraient inconnus, il fallait attendre l'expiration d'un délai de cinq ans avant que toute personne ne puisse faire addition d'hérédité ou que le testament du défunt ne soit copié ou ouvert. (Robert, *supra* note 185 à la p 20 ; Voeffray, *supra* note 185 à la p 11).

189 Voeffray, *supra* note 185 à la p 16.

190 *Ibid.*

191 *Ibid.*

progressivement le déclin des actions populaires jusqu'à finalement disparaître avec l'avènement de la République. Surtout, le développement d'institution telle que le ministère public sonna définitivement le glas de l'action populaire, ce dernier héritant du monopole de la protection de l'intérêt public[192].

339. La défense des intérêts collectifs en droit français. Ceci explique donc que le droit français ne connaisse pas en droit positif d'actions collectives équivalentes à l'action populaire du droit romain[193]. Aucun bénéficiaire ne saurait agir individuellement pour la défense des droits des bénéficiaires au respect de l'affectation d'intérêt général[194]. Le ministère public a qualité naturelle pour agir d'office pour la défense de tout fait qui porterait atteinte à la société. Celui-ci est compétent soit dans les cas prévus par la loi[195], soit au titre de l'ordre public[196]. Toutefois, la défense des intérêts des bénéficiaires au respect de l'affectation des biens à un musée d'art particulier revêt certainement un intérêt trop particulier pour que celle-ci soit garantie par le ministère public. Tel serait

---

[192] *Ibid* à la p 23.

[193] Certains pays de tradition civiliste disposent d'actions populaires équivalentes à la forme romaine. Il est noté que ce sont notamment des États ayant connu des régimes autoritaires si bien que l'action populaire incarne une revendication démocratique. Tel est le cas de l'Espagne qui fit de l'action populaire un droit fondamental en l'introduisant dans la Constitution de 1978 (art.125), à l'instar de ce que son voisin portugais fit en 1976 (article 20 de la Constitution portugaise). En effet, l'action populaire espagnole prend la forme d'une initiative individuelle pénale permettant à tout citoyen de dénoncer des infractions portant atteinte à des « intérêts sociaux généraux ». Sont admises les infractions commises contre l'environnement ou le patrimoine culturel, ainsi que pour dénoncer le comportement de fonctionnaires dans l'exercice de leur fonction. Tel est également le champ de l'action populaire en droit italien, toutefois, celle-ci n'a que simple valeur législative (Voeffray, *supra* note 185 aux pp 29 et s.). La France s'interroge depuis quelques années sur la nécessité d'une telle action, relevant alors du droit administratif. V. Patricia Kipiani, « De la nécessité d'une action collective en droit administratif français. Éléments de droit comparé » [2013] JCP G 190.

[194] « L'intérêt personnel s'oppose à l'intérêt général et, en principe, aucun particulier ne peut exercer une action uniquement pour obtenir le respect de la loi, sans y avoir aucun intérêt personnel. C'est pourquoi il n'existe pas, en principe, d'action populaire en droit français, au sens où toute personne aurait la possibilité de faire sanctionner la violation d'une norme, sans aucun intérêt direct et personnel. Le contentieux objectif pur, poussé au point limite d'évanouissement de l'intérêt personnel n'existe pas; 'sous le caractère personnel de l'intérêt on lira un principe individualiste : chacun pour soi et le désir de contenir les débordements processifs' » (Cécile Chainais, Frédérique Ferrand, Lucie Mayer et Serge Guinchard, *Procédure civile : droit interne et droit de l'Union européenne*, 34e éd, coll Précis Droit Privé, Paris, Dalloz, 2018 au para 198, [Chainais et al]).

[195] CPC, art. 422. Le Ministère public peut, au titre de l'article 7 de la loi du 1er juillet 1901 relative au contrat d'association (JO, 2 juillet 1901, 4025) demander la dissolution d'une association irrégulièrement constituée. Dans ce cas, il agit d'office, comme partie principale dans un procès civil.

[196] CPC, art. 423. Dans ce cas, il est à noter que la qualité de magistrat du parquet est nécessaire, mais pas suffisante pour la recevabilité d'une action intentée par le Ministère public. La justification d'une atteinte à l'ordre public sera, en effet, indispensable : il ne peut pas s'agir évidemment d'un intérêt personnel, mais d'un intérêt général qui a été lésé. V. à titre illustratif, Civ 1re, 17 novembre 1981 ; [1982] JCP G II 19842 (note M Gobert) ; [1983] RTD civ 198 (obs. R Perrot).

davantage le rôle des associations qui, sous certaines conditions, peuvent agir pour la défense d'un intérêt général catégoriel[197]. Cette solution n'offre pas plus de garantie. Afin qu'une telle action soit admise, encore faut-il que l'objet de l'association soit similaire à l'intérêt collectif objectif en cause[198]. Dès lors, la probabilité qu'une association constituée pour la défense des usagers d'une activité muséale intente une action afin d'obtenir l'exécution d'une charge d'affectation contenue dans un acte

---

[197] Dans certains cas, la loi admet, au titre de l'article 31 du Code de procédure civile, que certaines personnes, bien que dépourvues d'un intérêt direct et personnel à agir, et sans être les destinataires directs et personnels des règles litigieuses, se voient reconnaître la qualité pour agir pour défendre un intérêt qui ne leur est pas personnel. « Dans certains groupements, ce que l'on appelle l'intérêt collectif n'est rien d'autre que des causes humaines supérieures, des idéaux ou des objectifs communs, de nature politique, sociale ou économique prônés et promus par eux, en lieu et place de la puissance publique qui leur en délègue la défense ou la protection. (...) ces causes, que nous qualifierons de sociétales, servent souvent de fondements à la théorie de la collectivisation d'intérêts individuels propres à des personnes physiques ou morales. C'est en cela que l'intérêt collectif et le préjudice collectif y afférant constituent, pour ces groupements, des notions fonctionnelles leur permettant de répondre à l'exigence d'un intérêt à agir posée par l'article 31 du NCPC », Guy-Auguste Likillimba, « Le préjudice individuel et/ou collectif en droit des groupements » [2009] RTD com 1 au para 44.

[198] Les juridictions administratives ont admis les demandes des associations pour la défense d'un intérêt collectif objectif (Conseil d'État, *Les associations et la loi de 1901*, Rapport public, Paris, La Documentation française, 2001 à la p 289). Notamment, le Conseil d'État posa le principe de recevabilité des recours en annulation des associations sous réserve qu'il existe un rapport direct entre la décision attaquée, l'objet social de l'association, le territoire sur lequel elle exerce son activité ou encore qu'elle soit partie au contrat dont elle demande l'annulation (CE, 28 décembre 1906, *Syndicat des propriétaires et contribuables du quartier Croix-Seguey-Tivoli*, Lebon 962). En revanche, l'admission de la qualité à agir des associations pour la défense d'un intérêt collectif objectif ne fut pas accueillie avec la même bienveillance devant les juridictions civiles. En effet, « le législateur et le juge ont toujours eu une attitude circonspecte à l'égard des associations. C'est qu'à la différence des syndicats, les associations à but désintéressé restent des groupements purement privés. Dès lors, il paraît moins opportun, sauf lorsque la loi les place dans une situation privilégiée, de leur permettre de se substituer à l'action de l'État dans la défense des intérêts généraux de la société. De fait, la loi dispose qu'une association peut agir en justice (L. 1er juillet 1901 : 'toute association régulièrement déclarée peut, sans autorisation spéciale, ester en justice'). Mais elle ne précise pas ce que peut être pour défendre autre que son intérêt individuel en tant que personne morale. [...]. Dès lors, historiquement, les tribunaux n'ont pas montré, à l'égard des associations privées, la même faveur que pour celles des syndicats, malgré la noblesse des objectifs poursuivis par des groupements » (Chainais et al, *supra* note 191 au para 209). Toutefois, dans un revirement de 2004, la Cour de cassation admit qu'en dehors de toute hypothèse d'infraction pénale, une association pouvait agir devant le juge judiciaire pour la défense d'un intérêt collectif objectif sous réserve que l'objet social défini par les statuts de l'association recouvre l'intérêt collectif en cause (Civ 2e, 27 mai 2004, [2004] D 2931 [obs. E Lamazerolles], [2004] RTD com 555 [obs L Grosclaude]; Civ 3e, 26 septembre 2007, n°04-20.636, [2008] JCP G II 10020 [note B Parance] ; [2007] D 2535 [obs. A Vincent], [2007] D 2757 [chron. A-C Monge et F Nési] ; [2008] RTD civ 305 [obs P Jourdain] ; Civ 1re, 18 septembre 2008, n° 06-22038, (2009) 37 LPA 7 [note G Chabot] ; Civ 3e, 1er juillet 2009, [2009] JCP G 454 [note N Dupont]). Cette habilitation prétorienne générale marque un changement de droit important. Auparavant, la Cour de cassation s'opposait fermement, en dépit de nombreuses décisions contraires des juges du fond, à admettre la qualité des associations pour la défense d'un intérêt général en dehors des cas prévus par la loi. En effet, selon une jurisprudence ancienne, reprise ensuite par l'article 31 du Code de procédure civile, il était admis que seules des habilitations législatives pouvaient faire exception à l'interdiction d'agir en défense d'un intérêt collectif. Pour une étude approfondie, v. Louis Boré, *La défense des intérêts collectifs par les associations devant les juridictions administratives et judiciaires*, coll Bibliothèque de droit privé, t 278, Paris, LGDJ, 1997.

philanthropique au profit d'un musée d'art semble quasi-nulle dans les faits.

Aussi, la défense des droits des bénéficiaires, dans le cadre d'actes philanthropiques au profit de musées d'art, présente des faiblesses tant conceptuelles que pratiques en droit français[199]. Or, tel n'est pas le cas en droit américain.

340. L'*Attorney General* en droit américain. La protection du droit des bénéficiaires d'un *charitable trust* en *common law* américaine mérite une attention particulière. En effet, les droits des bénéficiaires d'un *charitable trust*, et plus largement de tout organisme à but philanthropique, tombent sous le joug de la mission du procureur général (*Attorney General*) de l'État où est institué le groupement. Au nom du principe dit de *parens patriae*, celui-ci a la qualité naturelle pour représenter les intérêts des bénéficiaires des *charitables trusts*, et plus largement pour contrôler l'exécution de ces derniers[200]. Son contrôle justifie d'ailleurs que l'admission des *charitable trusts* et l'exclusion des *non-charitable purpose trusts*. En effet, l'absence de bénéficiaires

---

[199] Un même constat peut être fait en droit québécois, mais non pour les mêmes raisons. En effet, la fiducie d'utilité sociale est une fiducie pour une fin particulière. Cette dernière n'appelle donc pas la présence de bénéficiaires, et d'ailleurs, le Code civil du Québec admet même que la fiducie peut exister indépendamment de l'existence de bénéficiaires (art. 1261 C.c.Q.). Ceci a pour effet de placer le fiduciaire dans une situation dépourvue de contrôle puisque nul bénéficiaire ne peut réclamer le respect de ses devoirs. Afin de pallier cette absence de bénéficiaires, le Code civil du Québec prévoit deux mécanismes. D'une part, il est fait mention à l'article 1290 que tout intéressé peut agir contre le fiduciaire en vue de le contraindre à exercer ses obligations. Or, nul texte ni aucune jurisprudence n'ont à ce jour précisé cette notion de « tout intéressé ». Peut-on alors envisager, dans le cadre d'une fiducie d'utilité sociale, l'admissibilité de recours de nature objective?

[200] Le principe de *parens patriae* est initialement fondé sur le rôle reconnu de la Couronne quant à la protection de l'intérêt général. K. Chan résumait ainsi le passage de cette compétence royale aux mains de l'*Attorney General* : "the long-standing role of the English Attorney General as a participant in proceedings relating to charities is best understood as a surviving product of the historic, feudal relationship of ligeance between the English people and the Crown. Just as the law of nature required that every subject obey and serve the King, so it also required that the King maintain and defend his subjects, particularly those who could not defend themselves. Charities, and the object of charity, fell into this latter category, along with children and the infirm. As the King, could not appear in his own courts, it fell to his law officers to carry out the advocacy aspects of the parens patriae prerogative. Thus it came to be accepted, 'by long and immemorial custom', that it was the right and duty of the Attorney General, as the chief law officer of the Crown, to enforce rights of a charitable nature in the courts for the benefice of the persons interested therein" (Kathryn Chan, « The Role of the Attorney General in Charity in Canada and in England and in Wales » (2011) 89:2 Can Bar Rev 373 à la p 375 [Chan, «The Role of the Attorney General»]). Les États américains reprirent ce principe pour justifier la compétence de l'*Attorney General*, et affirmer plus largement, que l'État, au moyen de ce dernier, constitue le gardien de l'intérêt général et plus précisément de l'intérêt public relatif aux organismes à but charitable. S'il tire son pouvoir de la *common law*, certains États codifièrent l'étendue des compétences de l'*Attorney General* en matière de *charitable trust* (Craig Kaufman, « Sympathy for the Devil's Advocate: Assisting the *Attorney General* When Charitable Matters Reach the Courtroom » (2005) 40:4 Real Prop Prob Tr J 705 à la p 725).).

permettant de garantir au respect de l'affectation des biens est ici compensée par la compétence de l'*Attorney General*[201].

341. De plus, sa compétence est exclusive[202]. En effet, ni le donateur, ni le fondateur du groupement, leurs représentants ou toute autre personne ayant un intérêt quant à l'exécution du *charitable trust* ne peuvent, en principe, agir en vue de faire respecter les droits des bénéficiaires[203]. Si la compétence de l'*Attorney General* en matière de *charitable trust* est commune aux pays de *common law*, son exclusivité est une particularité qui se retrouve en droit américain[204]. En effet, dans d'autres pays de *common law*, il est admis qu'un individu, au moyen d'une *relator action*, puisse agir, sous réserve de certaines conditions, pour la défense d'un intérêt collectif[205]. Ce type d'action constituerait un « sous-produit de la structure juridique assurant l'exclusivité des recours d'intérêt public au procureur général »[206]. En effet, par sa demande, le *relator* ne ferait qu'exercer *ex relatione* la compétence du procureur général[207]. Certains auteurs virent alors dans le *relator* une sorte de *private attorney general*, et par là, une sorte d'« avatar moderne » de l'action populaire du droit romain[208].

---

[201] *Supra* au para 212.

[202] *Trustees of Dartmouth College v. Woodward*, 17 U S 518 (1819).

[203] Ceci tient à la nature particulière du *charitable trust*. En ce que dernier se caractérise par l'absence de bénéficiaires déterminés (*cestui que trust*) nul ne peut agir à titre individuel (sur ce point, v. Scott, Fratcher et Ascher, supra note 7 au para 37.3.10). En effet, une fois que le disposant transfert ses biens au *trust*, il perd tout droit d'agir, à titre individuel, en exécution du *trust*. *Adde* Nicholas O'Donnell, « Public trust or Private Business? Deaccessioning Law and Ethics in the United States » dans Géraldine Goffaux-Callebaut, dir, *Éthique et patrimoine culturel : regards croisés*, coll Droit du patrimoine culturel et naturel, Paris, L'Harmattan, 2016, 315). Il fut toutefois admis que des particuliers puissent agir individuellement s'il advient que ceux-ci jouissent d'un droit au sens d'« an identifiable ownership interest » à l'égard du patrimoine fiduciaire (Kathryn Chan, *The public-private nature of charity law*, Oxford: Hart Publishing, 2016 aux pp 91 et s. [Chan, *The public-private nature*]).

[204] V. Kenneth L Karst, « The Efficiency of the Charitable Dollar: An Unfulfilled State Responsibility » (1960) 73:3 Harv Law Rev 433 à la p 449. Comp. Peter P. Mercer, *A Study and Evaluation of the Relator Action as a vehicle of Public Interest Litigation*, University of Western Ontario, (non publié), 1985; Chan, « The Role of the Attorney General », *supra* note 200 aux pp 379 et s.

[205] La *relator action* est l'action par laquelle un individu, au nom et avec l'accord de l'*Attorney General*, agit pour la préservation de l'intérêt public. On distingue traditionnellement deux types d'actions. Soit l'action est conduite contre une autorité publique au nom de la légalité de certains actes comme des actes relatifs à des projets immobiliers ou d'urbanisme entrepris par des autorités locales. Soit, en revanche, certaines actions sont conduites envers des entités privées. Tel est le cas des actions conduites envers des organismes à but charitable.

[206] Fabien Gélinas, « Le locus standi dans les actions d'intérêt public et la relator action : l'empire de la common law en droit québécois » (1988) 29:3 Cah Droit 657 à la p 667.

[207] *Ibid.*

[208] Voeffray, *supra* note 185 à la p 23. La *relator action* consiste en une action individuelle conduite pour la défense d'un intérêt public. D'ailleurs, si le *relator* agissait à titre personnel, celui-ci n'aurait d'intérêt suffisant pour agir. Le fondement de l'action, à savoir la défense de l'intérêt public, justifie que l'action soit soumise au pouvoir discrétionnaire du procureur général, lequel ne saurait être remis en cause par les juges sauf hypothèse d'abus. Toutefois, puisqu'elle

342. La compétence exclusive de l'*Attorney Genera*l en matière de défense des droits des bénéficiaires d'un *charitable trust* s'explique par diverses raisons.
D'une part, il fut à plusieurs reprises avancé que c'est la nature de l'intérêt collectif caractérisant les *charitable trust*s qui impose que ce dernier soit exclusivement protégé par le procureur général[209]. D'autre part, des raisons de bonne administration de la justice commandent une telle solution. En effet, dans la mesure où les *charitable trusts* sont au profit d'un groupe indéterminé de personnes, reconnaître à tout bénéficiaire le droit d'agir en cas de manquement du *trustee* risquerait de donner lieu à une affluence démesurée de recours en justice[210]. La compétence exclusive de l'*Attorney General* se trouve contrebalancée par le fait que les pouvoirs qui lui sont reconnus, comme sa qualité pour agir, sont entendus largement de sorte que les juges accueillent favorablement les actions portées par ce dernier. Toutefois, entre l'abondance des dossiers, les faibles moyens financiers et les effectifs réduits, celui-ci n'entame des actions contre les *trustees* que dans les cas de manquements dotés d'un certain degré de gravité, ce qui lui vaut d'être critiqué [211]. Il n'empêche que, même si ce système révèle quelques limites, il a pour mérite de garantir, de manière autonome et adaptée, le droit des bénéficiaires au respect de l'affectation des biens à une cause d'intérêt général, notamment muséale.

343. Ces éléments, tant en droit interne qu'en droit comparé, mettent en exergue d'importantes carences du droit français quant à la protection des droits des bénéficiaires d'un acte philanthropique au profit des

---

est de nature privée, l'action s'avère risquée pour le *relator* qui sera alors redevable des frais d'instance en cas d'échec. Si cette action est matériellement proche de l'action populaire romaine, elle s'en distingue à divers égards. D'une part, le demandeur de l'action populaire romaine n'était soumis à aucune autorisation préalable pour agir dans le cadre de l'action populaire. Et c'est au seul gré de cette autorisation que le *relator* surmonte l'obstacle de l'intérêt suffisant à agir, et rend son action recevable devant le juge. D'autre part, le demandeur de l'action populaire romaine agissait en son nom propre contrairement au *relator* qui agit au nom et pour le compte de l'*Attorney General*. Enfin, c'est également au regard du fondement de l'action que le *relator action* s'éloigne de l'action populaire romaine. Alors l'action populaire est attachée à la seule citoyenneté du demandeur, le *relator action,* contrairement à l'hypothèse de l'action populaire romaine, se voit déléguer la défense d'un intérêt public.

[209] Kaufman, *supra* note 200 à la p 720.

[210] "The purpose of vesting in some public official like the Attorney General the exclusive power to begin proceedings to enforce charitable trust is obvious. The beneficiaries of such trusts are usually some or all of the members of a large shifting class of the public. If any member of this class who deemed himself qualified might begin suit, the trustee would frequently be subjected to unreasonable and vexatious litigation" Longcor v. City of Red Wing and Other, 289 N. W., 206 Minn. 627(1940) au para 274 cité dans Kaufman, *supra* note 200 à la p 723. Aussi, tout particulier même agissant à titre de représentant, ou encore invoquant leur qualité de contribuable, fut débouté de son action relative à l'exécution d'un *charitable trust* (*ibid.*).

[211] Kaufman, *supra* note 200 à la p 725.

musées d'art. Un tel constat nous invite à formuler diverses recommandations pour le droit français.

II. RECOMMANDATIONS POUR LE DROIT FRANÇAIS

344. Annonce de plan. Comme nous venons de le voir, les sanctions contre les défaillances du musée d'art présentent de nombreuses limites du point de vue de la préservation de la finalité d'intérêt général de l'opération. Dans cette perspective, quatre séries de recommandations peuvent être formulées. Elles sont relatives à la question des titulaires de l'action (A), à l'objet du contrôle (B), à la nature des sanctions (C), ainsi qu'aux mesures de prévention des défaillances de l'affectataire (D).

A. LES TITULAIRES DES ACTIONS

345. La nomination d'un tiers protecteur. Tout d'abord, en raison des limites des actions conduites par les héritiers du disposant, il pourrait être pertinent pour le disposant de nommer un tiers de confiance chargé de surveiller le respect des ses dernières volontés. Le droit commun des fiducies prévoit la possibilité pour le constituant de nommer un tiers protecteur[212]. Véritable « surveillant »[213], celui-ci veille à la bonne exécution par le fiduciaire de sa mission. À l'image d'un exécuteur testamentaire, il a pour mission de « s'assurer de la préservation de ses [du constituant] intérêts dans le cadre de l'exécution du contrat et [...] peut disposer des pouvoirs que la loi accorde au constituant » selon l'article 2017. Aussi, à l'instar d'un exécuteur testamentaire, il a en charge la défense des intérêts du constituant[214] avec la différence que son mandat ne semble pas limité dans le temps par la loi[215]. L'article 2027 du Code civil lui permet notamment de demander en justice la nomination d'un fiduciaire provisoire ou son remplacement, dès lors que le fiduciaire manque à ses obligations ou met en péril les intérêts confiés. L'admission

---

[212] C civ, art. 2017. Il fut d'ailleurs soulevé que ce tiers protecteur n'avait véritablement de sens que dans le cas où la fiducie tendait à l'accomplissement d'une libéralité. Ces dernières n'étant pas reconnues par le droit positif, l'institution du tiers protecteur voit finalement son intérêt limité (Frédéric Zénati et Thierry Revet, *Les biens*, 3e éd, coll Droit fondamental, Classiques, Paris, PUF, 1998 au para 273).

[213] François Barrière, *Rep Droit Civ*, *sub verbo* « Fiducie » au para 93.

[214] « Un mandat légal et judiciaire se voit ainsi conféré au 'tiers protecteur', nouvelle exception à la maxime 'nul ne plaide par procureur' », *Ibid.*

[215] C. civ., art. 1031. Il fut noté que la présence d'un tiers protecteur revêt un fort intérêt quand la durée de la fiducie est longue (Barrière, *supra* note 213 au para 93).

d'un tiers protecteur est d'une utilité certaine pour notre cas[216], mais avec la réserve que la nature et les conditions de son mandat devront être adaptées. Alors que, selon le droit commun des fiducies, le tiers protecteur protège les intérêts du constituant, il serait plus pertinent ici que le tiers protecteur veille au respect de l'affectation des biens, et ce, conformément aux volontés du disposant.

346. La création d'un organisme de contrôle. L'étude du droit des bénéficiaires a montré que l'exercice de ce droit relevait davantage du contentieux objectif dans la mesure où les bénéficiaires n'ont pas vocation à être déterminés et qu'ils partagent, à l'égard de l'exécution de l'affectation des biens, un intérêt collectif de nature objective. Compte tenu des principes qui gouvernent notre système processuel, nous recommandons que le contrôle de l'affectation soit institutionnalisé. Saleilles affirmait déjà, au sujet des fondations, que « du moment qu'il y a des fonds affectés aux intérêts de cette collectivité, il est impossible qu'il n'existe pas un organe de contrôle, chargé de représenter la collectivité intéressée, chargé de veiller tout au moins à ce que les fonds soient employés à leur destination »[217]. La préservation des droits des bénéficiaires trouverait certainement plus d'assurance et d'efficacité si un organe de contrôle avait pour fin de veiller au respect par le musée d'art de l'affectation des biens à l'intérêt général.

Pendant longtemps, la loi reconnaissait à l'administration un pouvoir de révoquer les libéralités collectives qu'elle avait autorisées tel que le prévoyait le dernier alinéa de l'article 6 de la loi du 1er juillet 1901[218]. Bien que cette possibilité eût été insérée dans la loi relative aux associations[219], le Conseil d'État opta pour une lecture extensive du texte soumettant ainsi les fondations reconnues d'utilité publique au jeu dudit article[220]. Toutefois, cette révocation fut abrogée par l'ordonnance du 28 juillet 2005 afin d'alléger la tutelle sur les organismes à but non lucratif[221]. Ce texte ne s'appliquait pas aux libéralités adressées à des établissements de droit public.

---

[216] Boisson, *supra* note 3 au para 447.
[217] Saleilles, *supra* note 136 à la p 276.
[218] « Lorsqu'une association donnera au produit d'une libéralité une affectation différente de celle en vue de laquelle elle aura été autorisée à l'accepter, l'acte d'autorisation pourra être rapporté par décret en Conseil d'État » (Loi du 1er juillet 1901, *supra* note 192, art. 6). Cet alinéa avait été ajouté par l'article 16 de la loi n°87-571 du 23 juillet 1987 relative au développement du mécénat (JO, 24 juillet 1987, 8255), reprenant alors l'ancien article 38 de la loi du 14 janvier 1933 relative à la surveillance des établissements de bienfaisance privés.
[219] Le champ d'application matériel de la révocation administrative ne fut pas l'objet d'interrogations. En effet, l'article fut inséré à la suite de la loi n°87-571 du 23 juillet 1987, *supra*.
[220] CE, 11 mai 1994, n°119635, *Fondation du Bocage c/ Préfet de Savoie* Inédit, *supra* note 28.
[221] Ordonnance n°2005-856 du 28 juillet 2005 portant simplification du régime des libéralités consenties aux associations, fondations et congrégations, de certaines déclarations administratives

Dès lors, l'autorité administrative n'aurait pas compétence pour conduire un tel contrôle. Elle conserve néanmoins un contrôle financier, ce qui participe indirectement à la préservation de la finalité d'intérêt général de l'opération. En effet, le produit des libéralités demeure soumis au contrôle de la Cour des comptes prévu à l'article L111-10 du Code des juridictions financières[222]. Selon cet article, « la Cour des comptes peut contrôler, dans des conditions fixées par un décret en Conseil d'État, la conformité entre les objectifs des organismes bénéficiant de dons ouvrant droit à un avantage fiscal et les dépenses financées par ces dons, lorsque le montant annuel de ceux-ci excède un seuil fixé par un décret en Conseil d'État ». S'il advient qu'à l'issue du contrôle, la Cour des comptes constate une non-conformité, le ministre chargé du budget peut alors suspendre tout avantage fiscal associé aux dons, legs et versements tel que le prévoit l'article 1378 octies du Code général des impôts. Ce contrôle financier ne peut être déclenché pour des sommes inférieures à un montant de 153 000 euros[223].

347. Aussi, afin d'optimiser le contrôle des actes philanthropiques dans un contexte comme celui des musées d'art, et de mutualiser les coûts qui en découlent, la création d'une autorité administrative indépendante serait une solution à considérer en l'espèce. Une telle solution permettrait de contrôler les organismes bénéficiaires de dons, non seulement sur la base de critères financiers, mais également être l'instance pour les révisions amiables lorsque l'organisme récipiendaire n'est plus en mesure de se conformer à la volonté du disposant. Un tel organe de contrôle permettrait de répondre aux critiques formulées dans les rapports récents de la Commission sénatoriale de la culture, de l'éducation et de la communication[224] et de la Cour des comptes[225] lesquels dénoncent le manque de contrôle à l'égard de la dépense fiscale associée à la philanthropie des entreprises. Plus largement, une autorité administrative

---

incombant aux associations, et modification des obligations des associations et fondations relatives à leurs comptes annuels, JO, 29 juillet 2005, n°175, 12350, art. 2.

[222] L'article L111-9 du Code des juridictions financières prévoit des dispositions similaires s'agissant de la conformité des dépenses engagées par un organisme faisant appel à la générosité publique aux objectifs pour lesquels poursuivis par l'appel à la générosité publique a été organisé.

[223] Décret n°2017-671 du 28 avril 2017 modifiant la partie réglementaire du code des juridictions financières, JO, 30 avril 2017, texte 1, art. 66, codifié à l'article R143-27 du Code des juridictions financières.

[224] Alain Schmitz, *Le mécénat culturel : outil indispensable de la vitalité culturelle*, Rapport d'information, 691, 2018, en ligne : <https://www.senat.fr/notice-rapport/2017/r17-691-notice.html> (consulté le 31 octobre 2021).

[225]Cour des comptes, *Le soutien public au mécénat des entreprises*, 2018, en ligne : <https://www.ccomptes.fr/fr/publications/le-soutien-public-au-mecenat-dentreprises> (consulté le 31 octobre 2021).

participerait à restaurer la défiance liée aux récentes dérives de la philanthropie[226].
Cette solution est notamment celle privilégiée par d'autres pays. Les articles 1287 et 1288 du Code civil du Québec suggèrent que la surveillance et le contrôle des fiducies doivent être confiés à des personnes ou organismes désignés par la loi. Le modèle anglais, le *Charity commission*[227], est un modèle pertinent dont la France pourrait s'inspirer à quelques égards. En effet, véritable particularité du droit anglais, elle consiste en un organe administratif indépendant ayant pour compétence exclusive la supervision des *charities* durant toutes les phases de leur vie juridique, et principalement concernant le fonctionnement de ces derniers. Si elle a pour mission de contrôler et de surveiller les activités philanthropiques, et dispose d'ailleurs pour cela de compétences juridictionnelles[228], elle apporte également aide et assistance aux *trustees* dans la conduite de leur mission fiduciaire[229]. Ainsi, la *Charity Commission* travaille, de manière constante, à l'élaboration d'un environnement de confiance pour le secteur philanthropique. Notamment, selon le *Charities Act* de 2011, un tel environnement ne saurait être institué sans un contrôle effectif des *trustees*, incluant notamment le respect des obligations imposées par la loi pour la conduite de leur mission muséale[230].
Or, il n'est pas tout de souhaiter la création d'une telle institution, encore faut-il justifier le fondement du contrôle, et notamment les critères permettant d'apprécier la mise en œuvre de l'affectation des biens par l'affectataire.

B. L'OBJET DU CONTRÔLE

348. Définir les obligations de l'affectataire. Nous avons préalablement mentionné que le droit des *charitable trusts* impose une série de devoirs légaux (des obligations fiduciaires) au *trustee* afin de garantir que celui-ci agisse dans la légalité, mais également dans l'intérêt

---

[226] *Supra* au para 6.
[227] Hubert Picarda, *The law and practice relating to charities*, 4th ed., Haywards Heath, West Sussex, Bloomsbury Professional, 2010 à la p 763 et s.
[228] Depuis le *Charities Act* de 1993, la *Charity Commission* constitue une autorité judiciaire, disposant, dans certains cas limitativement énumérés par la loi, de pouvoirs similaires à ceux de la *High Court* (*Charities Act* de 2011, s.69). V.Chan, *The public-private nature*, *supra* note 203 à la p 93 et s. ; Picarda, *supra* note 227 aux pp 780-784.
[229] La *Charity Commision* édite notamment des lignes directrices au profit des *trustees*, en ligne :<https://www.gov.uk/government/publications?keywords=&publication_filter_option=guidance&topics%5B%5D=all&departments%5B%5D=charity-commission> (consulté le 31 octobre 2021). Plus largement, elle exerce une activité de conseil au profit de ces derniers.
[230] *Charities Act*, 2011, C 25, s.14.

exclusif des bénéficiaires du *charitable trust*. À défaut, le *trustee* risque de voir engagée sa responsabilité personnelle sur le fondement d'un *breach of trust*[231]. De la même manière, le fiduciaire en droit québécois, est soumis, en contrepartie de ses pouvoirs, à des devoirs de diligence et de loyauté[232]. Ces devoirs sont inhérents à toute mission fiduciaire en ce qu'ils garantissent que le *trustee*, comme le fiduciaire, agissent dans l'intérêt des bénéficiaires et ce, conformément à la mission qui leur est confiée.
De manière similaire, notons que le droit français soumet également l'exercice de la mission fiduciaire au respect de certaines obligations. Le fiduciaire, de la même manière qu'un mandataire, est soumis à un devoir de loyauté[233]. Surtout, la fonction de fiduciaire est restreinte à certains professionnels alors soumis à « des obligations particulières, notamment déontologiques, garanties par un contrôle administratif ou ordinal »[234].
Dans la mesure où nous avons établi que le musée d'art conduit une mission fiduciaire en affectant les biens contenus dans la libéralité[235], on doit dès lors se demander dans quelle mesure celui-ci ne devrait-il pas être astreint à des obligations de types fiduciaires[236] en contrepartie du don qu'il reçoit. Or, ce type d'obligations trouvent déjà une terre d'élection dans le domaine des normes éthiques.

349. Les normes éthiques, et plus précisément les codes de déontologie, veillent à établir un cadre de « valeurs de transparence, loyauté, intégrité et de bonne gouvernance[237] ». Nous avons vu auparavant que nombre de ces normes jouaient un rôle important dans le cadre des actes philanthropiques au profit des musées d'art[238].

---

[231] *Supra* au para 212.
[232] Madeleine Cantin Cumyn et Michelle Cumyn, *L'administration du bien d'autrui*, 2e éd, coll Traité de droit civil, Cowansville (Qc), Éditions Yvon Blais, 2014 aux paras 274 et s.
[233] Le devoir de loyauté du mandataire consiste essentiellement à ne pas se porter acquéreur du bien qu'il est supposé vendre conformément à l'article 1596 du Code civil. Il avait été proposé lors des débats relatifs à l'introduction de la fiducie en droit français l'article suivant : « le fiduciaire exerce ses prérogatives avec diligence et loyauté » (prop. Article 2070 C. civ.). Celui-ci ne fut pas retenu. V. Cyril Grimaldi, *Droit des biens*, 2e éd, coll Manuel, Issy-les-Moulineaux, LGDJ : Lextenso éditions, 2019 au para 422.
[234] *Ibid* au para 406.
[235] La mission fiduciaire qui incombe au musée d'art procède de sa qualité d'affectataire, v. *supra* aux paras 232 et s.
[236] Cette question est le résultat de l'étude comparative conduite sur la notion d'affectation (v. *supra* aux paras 216-217).
[237] Géraldine Goffaux-Callebaut, « Éthique et mécénat culturel » [2015] 28 Juris Art 34 [Goffaux-Callebaut, « Éthique et mécénat culturel »] ; Géraldine Goffaux-Callebaut, « Les outils juridiques de l'éthique du mécénat » dans Géraldine Goffaux-Callebaut, dir, *Éthique et patrimoine culturel : regards croisés*, coll Droit du patrimoine culturel et naturel, Paris, L'Harmattan, 2016, 161 à la p 165 [Goffaux- Callebaut, « Les outils juridiques »].
[238] *Supra* aux paras 93 et s.

Bien que leur contenu se concentre le plus souvent sur les relations entre le disposant et l'*accipiens*[239], deux sources attirent particulièrement notre attention.

D'une part, le Code de l'ICOM se démarque par son contenu, car il prend en considération ce que le public peut raisonnablement attendre de la profession muséale. En effet, au rang de principe, le Code édicte que « [les membres de la profession muséale] doivent protéger le public contre toute conduite professionnelle illégale ou contraire à la déontologie. Ils mettront chaque occasion à profit pour informer et éduquer le public sur les objectifs, les buts et les aspirations de la profession afin de le sensibiliser à l'enrichissement que représentent les musées pour la société »[240].

D'autre part, la Charte du mécénat culturel du Ministère de la Culture du 1er décembre 2014[241] constitue un document de référence pour l'ensemble des musées[242], que ceux-ci soient privés ou publics[243]. En effet, la Charte veille à établir une éthique générale du mécénat culturel au-delà des seuls enjeux relatifs à la relation entre le disposant et l'affectataire[244]. La préservation des droits des bénéficiaires se retrouve indirectement à travers deux dispositions. L'article 4 affirme le devoir de transparence des organismes récipiendaires. Surtout, l'article 6 dispose que « l'organisme bénéficiaire du mécénat s'engage à utiliser l'intégralité de la contribution apportée par son partenaire dans le respect des clauses de la convention signée avec ce dernier. La convention [de mécénat] doit ainsi également préciser que, si le don n'est pas intégralement utilisé dans le cadre de l'opération objet de la convention, le reliquat doit être affecté à d'autres actions culturelles menées par l'organisme bénéficiaire et

---

239 Goffaux-Callebaut, « Les outils juridiques », *supra* note 237.

240 Code ICOM, art. 8. Il convient de relever que dans la version anglaise du Code, celui-ci emploie le terme *public trust*. Ainsi, la doctrine du *public trust*, qui comme nous l'avons vu plus tôt, irrigue le droit muséal américain, pénètre aussi le droit français par le biais de l'éthique.

241 La Charte fut mise à jour en novembre 2017 pour notamment intégrer les enjeux relatifs au financement participatif : en ligne : <http://www.culturecommunication.gouVoir fr/Thematiques/Mecenat/Documentation-et-textes-juridiques/Textes-juridiques/Charte-du-mecenat-culturel> (consulté le 31 octobre 2021).

242 Nous noterons que cette charte constitue un document qui s'applique à l'ensemble des acteurs du secteur culturel, et non strictement aux musées quand bien même le document s'inspira à divers égards de la Charte du Musée du Louvre.

243 Ce document comble en cela une carence du secteur muséal. Dans un rapport de 2012 relatif aux musées nationaux, la Cour des comptes recommandait que l'ensemble des musées nationaux se dotent d'une charte éthique à l'instar de celle du Louvre. Cour des comptes, *Les musées nationaux après une décennie de transformations : 2000-2010 : rapport public thématique*, Paris, Documentation française, 2011 à la p 74.

244 Le préambule de la Charte (*supra* note 241) précise ainsi que la charte a pour fin « une application de la législation conforme à ses principes fondamentaux, dans le respect tout à la fois du bien commun, des spécificités des organismes culturels et des prérogatives des mécènes ».

éligibles au dispositif fiscal du mécénat ». Cet article garantit le respect de la charge d'affectation et évite que les biens contenus dans l'acte philanthropique ne soient affectés à des fins étrangères.

350. Toutefois, ces textes éthiques n'ont pas force exécutoire[245]. La principale sanction du non-respect du Code de l'ICOM est essentiellement celle de réputation. Elle n'en demeure pas moins redoutée puisqu'elle remet directement en cause la qualité du service muséal et entraine, par voie de conséquence, une marginalisation professionnelle du musée sanctionné. S'agissant de la Charte du mécénat culturel, seule une intégration dans les statuts des musées[246], dans les conventions entre l'État et les Musées de France[247], ou son insertion dans les contrats de travail des professions muséales pourraient lui donner force exécutoire. L'article 21 de la Charte prévoit toutefois que le secrétariat général du Ministère de la Culture, en liaison avec les directions régionales des affaires culturelles, veille au respect de celle-ci[248]. Face à un musée défaillant, celui-ci pourra tout au plus adresser des observations.

Plus largement, s'agissant des chartes éthiques édictées par des musées, il serait tout à fait possible de leur octroyer une force obligatoire en les intégrant dans les conventions de mécénat, pour lesquelles le droit commun des obligations s'applique. En effet, l'article 1104 du Code civil érige au rang de principe général, l'obligation de bonne foi. Or, sur la base de cette dernière, la doctrine comme la jurisprudence firent œuvre créatrice en découvrant de nouveaux devoirs à la charge des cocontractants[249]. Certains y virent alors l'émergence d'une « éthique

---

[245] *Supra* au para 98.

[246] Cette solution est notamment celle retenue par l'État de New York qui impose à toute nouvelle institution muséale l'intégration dans ses statuts des normes éthiques édictées par le *New York State Education Departement, Board of Regents* (le *Regents*). Cette institution est en charge de l'enregistrement des musées agrées par l'État de New York. S'il advient qu'il ne respecte pas dans ses statuts les normes éthiques établies par le *Regents,* celui-ci dispose du pouvoir de retirer l'agrément muséal, faute de quoi celui-ci ne pourra plus exercer son activité (New York Education Law §216 cité dans O'Donnell, *supra* note 200 à la p 319).

[247] C. patr., art. L442-10.

[248] « L'ensemble des organismes culturels sous tutelle du MCC (Ministère de la Culture et des Communications), ainsi que les organismes territoriaux et les structures de droit privé bénéficiant du soutien du MCC et les organismes de droit privé à la gouvernance desquels le MCC est associé appliquent la présente charte dont le respect est suivi par le Secrétariat général du MCC (sous-direction des affaires juridiques et mission mécénat), en liaison avec les directions régionales des affaires culturelles. Tout acteur du développement du mécénat culturel peut par ailleurs décider d'adhérer à la présente charte » (art. 21, Charte du mécénat culturel, *supra* note 241).

[249] Muriel Fabre-Magnan, *Droit des obligations*, 4e éd, coll Thémis Droit privé, Paris, PUF, 2016 à la p 109.

contractuelle »[250]. C'est ainsi que, sous couvert de la bonne foi, l'obligation de loyauté fit son entrée en droit positif[251]. Par conséquent, les conventions de mécénat pourraient devenir l'instrument d'une éthique philanthropique[252] intégrant ainsi les exigences relatives à l'exécution d'une affectation des biens à l'intérêt général.

C. LES SANCTIONS

351. L'opportunité de la substitution vulgaire en question. En sus des sanctions traditionnelles de la révocation ou de l'inexécution, J. Boisson, dans le cadre de sa thèse sur les libéralités à caractère collectif, propose de considérer plus largement la substitution vulgaire[253] comme alternative à la révocation des libéralités. La révocation de la libéralité a pour effet la restitution des biens au disposant ou à ses héritiers, ce qui se révèle *in fine* contraire à la volonté philanthropique du disposant. Aussi, la désignation d'un bénéficiaire de second rang pourrait s'avérer une solution pertinente pour contrer la défaillance de l'affectataire.
Une telle substitution, dite vulgaire[254], est admise dans le cas où l'*accipiens* serait dans l'impossibilité de recevoir la libéralité conformément à l'article 898 du Code civil. Toutefois, il fut défendu que la rédaction en des termes laconiques de l'article 898 du Code civil invitait à une interprétation extensive dudit article. En cela, le disposant pourrait désigner un bénéficiaire de second rang en cas de révocation de la libéralité pour inexécution des charges sans que cette clause ne soit considérée comme une substitution prohibée[255]. Toutefois, il n'est pas

---

[250] V. Thierry Revet, « L'éthique des contrats en droit interne » dans Jean-Yves Naudet, dir, *Éthique et droit des affaires : de l'éthique des entrepreneurs au droit des affaires*, Librairie de l'Université, coll Éthique et déontologie, Aix-en-Provence, Librairie de l'Université, 1997.
[251] Sur ce point précis, v. Yves Picod, *Le devoir de loyauté dans l'exécution du contrat*, coll Bibliothèque de droit privé, t 208, Paris, LGDJ, 1989. L'auteur établit que le contenu du devoir de loyauté varie en fonction du contrat auquel il s'applique.
[252] L'ADMICAL propose notamment à ses adhérents que la Charte de mécénat soit annexée aux conventions de mécénat. V. en ce sens, Goffaux- Callebaut, « Les outils juridiques », *supra* note 237 à lap 169.
[253] Sur cette proposition, v. Boisson, *supra* note 3 aux paras 448 et s.
[254] « La substitution vulgaire est la clause d'une libéralité en vertu de laquelle, "le disposant désigne subsidiairement une seconde personne qui recueillera le don ou le legs, mais seulement pour le cas où le donataire ou le légataire appelé en première ligne ne le recueillerait pas" » (Vocabulaire juridique, sub verbo « substitution »). V. Sara Godechot-Patris, *J-Cl Civil code*, art. 896 à 899, Fasc. unique « Libéralités - Dispositions générales - Substitutions prohibées » au para 63. En ce cas, l'opération se caractérise par le fait qu'il n'y a pas deux libéralités successives (hypothèse des substitutions fidéicommissaires), mais une seule libéralité qui bénéficiera à l'une ou l'autre personne désignée dans l'acte.
[255] Godechot-Patris, *supra* au para 68. L'auteur souligne que la rédaction de l'article 898 du Code civil permet une interprétation extensive du champ de la substitution vulgaire en dehors des seules hypothèses de renonciation ou de prédécès du gratifié de premier rang.

toujours évident que le disposant fasse preuve d'autant de prudence dans la rédaction de l'acte.

352. J. Boisson suggère que les juges puissent désigner, en dépit du silence du disposant, un bénéficiaire de second rang afin d'éviter que la révocation de la libéralité ne conduise à la restitution des biens[256]. Telle est déjà la technique retenue quand le bénéficiaire originaire d'une libéralité collective désigné dans un testament se révèle incapable, inapte, inexistant ou renonçant[257]. En effet, la Cour de cassation, sous couvert d'interprétation des legs, octroya aux juges du fond la possibilité de désigner un bénéficiaire de second rang. Pour qu'une telle hypothèse soit mise en œuvre, cela suppose que la détermination des bénéficiaires initiaux soit impossible en l'espèce, et ce, quand bien même les dispositions testamentaires s'avèrent claires et précises[258]. Aussi, rien ne s'oppose à ce que cette technique soit étendue au cas de la révocation des libéralités collectives pour inexécution des charges. L'auteur souligne d'ailleurs que la loi prévoit déjà un mécanisme similaire, dans le cas précis de la dévolution du boni de liquidation des organismes à but non lucratif. Celui-ci doit être dévolu à un organisme poursuivant des objectifs d'intérêt général similaires. Surtout, cette possibilité s'apparente au remplacement du fiduciaire qui manquerait à ses devoirs, une option prévue par le droit commun des fiducies[259]. Il convient de conserver une limite au pouvoir des juges en l'espèce : ces derniers ne sauraient désigner un bénéficiaire de second rang s'il apparaît que la considération de la personne de l'affectataire fut déterminante à sa désignation pour le disposant[260].

D. LA PRÉVENTION

353. Une sensibilisation des professionnels du droit. Au regard de ces éléments, plusieurs mesures se prêtent à la prévention des défaillances du musée d'art. Toutefois, ces mesures n'auront de chance de jouer leur rôle préventif que si elles bénéficient de l'attention des professionnels du droit. En effet, l'intégration des normes éthiques dans

---

[256] Boisson, *supra* note 3 au para 448.
[257] Pour un exposé de ces différentes hypothèses, v. *ibid* aux paras 376 et s.
[258] Bahurel, *supra* note 1 au para 123.Cette interprétation divinatoire du testament fut critiquée par quelques auteurs (Flour et Souleau, *supra* note 129 au para 212 ; Grimaldi, *Partages d'ascendants*, *supra* note 16 au para 1487). Toutefois, il est à noter que cette interprétation n'est qu'une manifestation de la faveur des juges envers les testaments, et de la volonté de donner effet aux volontés du défunt (Bahurel, *supra* note 1 au para 113).
[259] C. civ., art. 2027.
[260] Boisson, *supra* note 3 au para 448.

les conventions de mécénat, la désignation d'un tiers protecteur ou encore la désignation d'un bénéficiaire de second rang au sein de l'acte philanthropique sont des outils que les professionnels du droit (notaires et avocats) devraient systématiquement encourager quand ils assistent la réalisation de projets philanthropiques. Il importe de rappeler que ceux-ci ont véritablement le pouvoir d'ancrer les actes philanthropiques dans des rapports de confiance, et de désamorcer quelques lacunes du droit positif quant aux remèdes de la défaillance du musée d'art.

***

CONCLUSION DE LA SECTION

354. Le disposant et ses ayants cause, le musée ou encore les bénéficiaires jouissent d'intérêts distincts du point de vue du respect de l'affectation des biens, et qui, avec le temps, peuvent diverger et s'éloigner de la finalité d'intérêt général. Dès lors, afin d'aligner le régime juridique des actes philanthropiques au profit des musées d'art sur la finalité d'intérêt général qui fonde l'opération, la recherche d'un équilibre entre les différents intérêts en présence s'est révélée nécessaire. Aussi, avons-nous fait plusieurs séries de recommandations afin de garantir que la sanction de la défaillance du musée d'art se fasse dans un sens plus conforme à la finalité d'intérêt général. Ces recommandations étaient de trois ordres : définir des personnes en charge de contrôler la mission d'affectation du musée d'art, clarifier les obligations qui lui incombent au nom de ladite mission, adapter les sanctions en cas de défaillance. Il a également été souligné le rôle de la pratique juridique, celle-ci ayant le pouvoir de prévenir l'inexécution de l'affectation des biens.

Plus particulièrement, la question de la préservation de la finalité l'intérêt général nous a conduit à s'interroger sur la protection du droit des bénéficiaires de l'acte au respect de l'affectation d'intérêt général des biens. La protection de ce droit se veut fondamentale puisqu'il est apparu que seule l'action conduite par les bénéficiaires offrait réellement la garantie de la préservation de la finalité d'intérêt général (contrairement aux disposants et aux héritiers). Pourtant, les mécanismes de droit français en vigueur ne garantissent pas le respect du droit des bénéficiaires d'une manière satisfaisante. Même si le droit des bénéficiaires jouit d'une assise théorique, sa mise en œuvre fait face à d'importants obstacles rendant sa défense hypothétique. L'étude comparée nous permet ainsi de constater la carence du droit français en ce point, le droit des *charitable trusts* accordant une place majeure à la protection des bénéficiaires. Aussi, avons-nous recommandé la création d'un organisme en charge de contrôler la mission d'affectataire des musées d'art.

Si l'augmentation des mécanismes de contrôle est pertinente au regard du droit comparé et de notre démarche de convergence vers la philanthropie nord-américaine, elle est récemment devenue une priorité au regard des critiques actuelles qui irriguent la philanthropie française[261].

[261] *Supra* au para 6.

CONCLUSION DU CHAPITRE

355. Dans la mesure où la finalité d'intérêt général constitue le *fil directeur* de l'opération, sa préservation devrait être garantie au même titre que le respect de la volonté philanthropique du disposant. À défaut, l'opération se trouve dépourvue de son fondement, servant une finalité qui n'est plus celle pour laquelle l'acte philanthropique au profit du musée d'art fut réalisé. Or, le régime juridique des actes philanthropiques — procédant du droit commun des libéralités et donc établi sur le modèle des libéralités ordinaires — ne rend pas compte de la spécificité de l'opération de ce point de vue.

Dès lors, avons-nous suggéré de tempérer la volonté du disposant dans le but que le régime juridique des actes philanthropiques au profit des musées d'art assure un équilibre constant entre le respect de la volonté du disposant et la finalité d'intérêt général. Nous avons également suggéré d'intensifier les moyens permettant de sanctionner les défaillances du musée d'art.

Néanmoins, l'instauration d'un tel équilibre entre les intérêts en présence est une question sensible. Si cela impose de modifier le droit des libéralités et le droit muséal, cette démarche doit s'assurer de ne pas freiner les initiatives philanthropiques. En effet, la recherche d'un tel équilibre doit scrupuleusement veiller à établir un cadre juridique qui soit favorable aux dons et qui assure sa légitimité du point de vue de l'ordre juridique et social, mais également du point de vue des professionnels des musées d'art.

CONCLUSION DU SECOND TITRE

356. L'objectif de ce second titre était de clarifier la nature et le régime juridique de l'acte philanthropique au profit des musées d'art dans le but d'identifier les leviers juridiques sur lesquels insister pour l'établissement d'un cadre juridique qui lui soit favorable et adapté aux enjeux nés de la philanthropie dans ce contexte. Une telle démarche revêt une résonance particulière dans le contexte actuel où le régime fiscal des actes philanthropiques fait l'objet d'une remise en cause, et que la pratique philanthropique se voit prise dans une crise de légitimité[262].

C'est au travers du prisme de sa finalité d'intérêt général que la nature dérogatoire de l'acte philanthropique au profit des musées d'art se révèle. La finalité joue à un double niveau.

357. La nature juridique de l'acte. D'une part, au nom de sa finalité d'intérêt général, l'acte philanthropique au profit des musées d'art constitue une libéralité spéciale compte tenu de son caractère à la fois intéressé et finalisé. En effet, contrairement aux libéralités ordinaires, l'acte philanthropique au profit des musées d'art repose sur un système de contreparties, invitant dès lors à une relecture du critère de gratuité. De même, l'acte ne peut intervenir que dans un périmètre déterminé, celui de l'intérêt général. Ainsi, a-t-on pu voir que la volonté philanthropique se trouve bridée au regard de la primauté accordée aux intérêts familiaux lors de la dévolution successorale. Si la réserve héréditaire constitue pour certains une cause majeure du retard de la philanthropie française par rapport aux États-Unis et au Québec, elle demeure un obstacle quasi immuable au développement de la pratique philanthropique compte tenu de sa valeur juridique et sociale.

D'autre part, la finalité d'intérêt général permet de souligner la particularité de l'acte du point de vue de la technique juridique. En effet, l'acte philanthropique au profit des musées d'art est une libéralité grevée d'une affectation. Celle-ci constitue le procédé grâce auquel le disposant assigne une finalité particulière aux biens contenus dans l'acte de telle sorte que l'ensemble de l'opération s'agrège autour de ladite finalité. Par son biais, la finalité d'intérêt général produit divers effets de droit. En premier lieu, l'affectation a pour conséquence de modifier le statut juridique du musée d'art. À l'issue du transfert, ce dernier devient un affectataire au regard des obligations qui lui incombent et qui

[262] *Supra* au para 6.

contraignent l'exercice de son droit de propriété sur les biens contenus dans l'acte. En second lieu, l'affectation modifie le statut juridique des biens puisqu'à l'issue du transfert, les biens se trouvent détenus en vue de satisfaire un but d'intérêt général. Ce changement de paradigme est particulièrement marqué dans l'hypothèse des dons d'objets culturels au regard du régime des collections des musées de France : la propriété privée du disposant se trouve dès lors, soit substituée au régime de la domanialité publique, soit altérée au point d'emporter des caractéristiques communes avec le régime de la domanialité publique. L'affectation a donc pour conséquence de greffer une finalité à la propriété des biens contenus dans l'acte philanthropique si bien que celle-ci devient une forme de propriété-fonction transcendant la dichotomie traditionnelle entre la propriété publique et la propriété privée, et imposant une nouvelle manière de détenir les biens. Corrélativement, les biens contenus dans l'acte deviennent des *biens spéciaux* en raison de l'étendue des restrictions auxquelles ils sont dès lors soumis.

358. Le régime juridique de l'acte. Dès lors, est-il apparu nécessaire que le régime juridique des actes philanthropiques au profit des musées d'art intègre le respect de sa finalité d'intérêt général. À défaut, l'opération se trouve dépourvue de son fondement, servant une finalité qui n'est plus celle pour laquelle elle fut réalisée. Sa légitimité du point de vue de l'ordre politique et social s'en trouve également menacée : l'acte philanthropique au profit des musées d'art ne saurait dissimuler une dictature de la volonté individuelle dans le domaine de l'intérêt général. Aussi, avons-nous étudié comment le droit commun des libéralités et le droit muséal pouvaient être adaptés afin que l'acte philanthropique au profit des musées d'art demeure, au fil du temps, conforme à l'affectation d'intérêt général qui le structure.

359. L'apport de la comparaison juridique. Si la comparaison juridique fut moins exhaustive que dans le titre précédent, elle n'en fut pas moins riche. Elle influença beaucoup la nature et le contenu de nos propos au cours de ce titre, notamment en mettant en lumière tant le rôle fondamental de l'affectation que sa dimension à la fois patrimoniale et *obligationnelle*. Sous ce dernier aspect, est alors apparue la nécessité de renforcer les mécanismes de contrôle des actes philanthropiques servant exclusivement la défense de l'intérêt général (c'est-à-dire la préservation de l'intérêt muséal, mais également la défense du droit des bénéficiaires de l'acte au respect de l'affectation des biens au musée d'art).

360. Le rayonnement de l'acte. Finalement, l'anatomie de l'acte philanthropique au profit des musées d'art dévoile son rayonnement juridique, mais également politique, social et éthique. En effet, derrière le procédé d'affectation émerge le pouvoir de la volonté du disposant qui, au regard des éléments que nous venons de mentionner, se révèle d'une forte intensité. Au moyen des différentes charges grevant la libéralité, le disposant adjoint sa volonté sur la conduite de l'activité muséale. Plus encore, le sort des biens contenus dans l'acte se trouve profondément, voire définitivement modifié par leurs affectations à un musée de France. En d'autres termes, l'affectation permet aux individus et aux entreprises de s'ingérer, de manière plus ou moins consciente, dans la conduite d'une activité d'intérêt général.

Aussi, ce second titre permit plus largement de mesurer les conséquences attachées au renforcement du levier juridique. En effet, le souhait de développer la philanthropie au profit des musées d'art à un niveau comparable à la philanthropie nord-américaine a pour prix de bouleverser l'équilibre entre la place de l'État et celle des volontés privées dans la conduite des activités d'intérêt général.

CONCLUSION GÉNÉRALE

361. De la nécessité d'une qualification juridique. La philanthropie est inhérente à l'histoire muséale tant pour la constitution de musées — privés comme publics — que pour la conduite, le maintien et le renouvellement de leurs activités. Cette étroite relation explique pourquoi les États ont déployé divers dispositifs fiscaux afin d'inciter aux dons. Toutefois, en mettant l'accent sur le levier fiscal, la qualification juridique de la philanthropie en fut éclipsée, et par voie de conséquence, l'établissement d'un cadre juridique à la fois attractif et adapté aux enjeux de la pratique sous-explorée. Dès lors, nous nous sommes fixés comme but, en commençant ce travail, d'approfondir la qualification juridique de la philanthropie au profit des musées d'art en vue de déterminer quels pourraient être les leviers juridiques à mettre en place pour en garantir tant son développement que sa stabilité en droit français.

Une telle entreprise nous a conduits à diviser notre propos en deux temps.

362. Perspectives systémiques. Tout d'abord, nous nous sommes attachés à préciser le contexte de l'étude afin d'apprécier la place et le rôle tenu par la philanthropie en France, et particulièrement dans le contexte muséal[1].
L'histoire française de la philanthropie fut ancrée pendant de nombreuses années dans un climat de défiance et de suspicion. Si le législateur et la jurisprudence font aujourd'hui preuve de bienveillance, il n'empêche que la place de la philanthropie au sein de l'ordonnancement juridique français demeure fragile. D'une part, aucun texte de loi ne définit juridiquement la philanthropie. D'autre part, la diversité des sources qui réglementent son exercice rend son appréhension difficile. Enfin, en admettant que la philanthropie soit une forme de don, force est de noter qu'elle se place en marge du droit commun des libéralités compte tenu de son contexte particulier, mais également en raison de l'interventionnisme public qui irrigue le régime juridique de l'acte. Cette fragilité est apparue comme d'autant plus frappante à l'épreuve de la comparaison juridique.

363. La philanthropie américaine revêt une dimension bien plus importante qu'en France. Elle ne constitue pas une pratique isolée ou exceptionnelle. Portée par une culture du don, elle bénéficie d'un cadre

[1] Titre I, chapitre I.

juridique favorable, mais surtout d'un outil juridique adapté aux enjeux de la philanthropie : le *charitable trust*. Le recours au droit québécois a permis de montrer que la définition d'un tel cadre n'était pas une exclusivité de la *common law* et n'était donc pas étrangère à la tradition civiliste, tout en confirmant le rôle tenu par les mécanismes fiduciaires dans le développement de la philanthropie. L'étude comparée permit ainsi de confirmer l'importance du levier juridique et ses aspects pour encourager la philanthropie au profit des musées d'art.

364. L'étude du musée d'art a quant à elle permis de mettre en exergue les liens étroits qui existent entre cette institution et la philanthropie[2]. Surtout, elle révéla les problématiques particulières que soulèvent les actes philanthropiques au profit des musées d'art. En effet, s'ils sont une aubaine pour le secteur muséal, ces actes induisent l'obligation pour les musées d'art de se conformer au respect de la volonté généreuse du disposant et comportent le risque d'une immixtion du disposant dans la conduite des missions muséales. Ainsi, la réalisation des actes philanthropiques au profit des musées d'art peut se révéler sous tension. Elle peut également être une source de craintes pour les musées d'art qui doivent arbitrer entre céder aux volontés « princières » des disposants et perdre l'opportunité du soutien privé. Face à ces enjeux, les règles éthiques se sont développées dans le but de concilier les intérêts divergents du disposant et de l'activité muséale. Cependant, dépourvues de caractère exécutoire, ces normes n'ont qu'une efficacité limitée.

365. La fonction agrégative de la finalité de l'opération. Une fois le domaine de l'étude précisé, nous pouvions dès lors entamer la phase analytique de l'étude de l'acte philanthropique au profit des musées d'art en droit privé français afin d'identifier les leviers juridiques susceptibles de soutenir l'essor de la philanthropie au profit des musées d'art.[3]

Les actes philanthropiques au profit des musées d'art soulèvent une pluralité de questions quant à leur forme, leur nature et leur régime juridique. Cette pluralité fut toutefois surmontée en mettant en avant le rôle tenu par la finalité de l'opération, à savoir servir la cause d'intérêt général. En effet, cette finalité constitue la trame autour de laquelle l'ensemble des éléments caractéristiques de l'acte philanthropique au profit des musées d'art s'agrègent.

---

[2] Titre I, chapitre II.
[3] Titre II.

366. Une libéralité spéciale[4]. Notamment, c'est au regard de cette finalité que l'acte philanthropique au profit des musées d'art prend les traits d'une libéralité spéciale à deux égards.
D'une part, il constitue une libéralité intéressée. En effet, l'acte philanthropique dans les musées d'art repose sur un système de contreparties accordées au disposant. Celles-ci, bien que contraires à l'essence de la libéralité, sont admises compte tenu de la finalité d'intérêt général de l'opération. En réalité, elles sont même nécessaires en ce qu'elles jouent un rôle incitatif à la réalisation des actes philanthropiques au profit des musées d'art. Aussi est-il apparu que, fort de sa nature hybride, l'acte philanthropique au profit des musées d'art provoque une relecture de la notion de libéralité : l'élément objectif se meut en une *gratuité partielle,* et l'élément subjectif, en une *générosité intéressée.*

D'autre part, l'acte philanthropique au profit des musées d'art, à l'instar des libéralités à caractère collectif, est une libéralité finalisée. En effet, l'acte intervient dans le contexte précis de l'intérêt général — dont l'activité muséale est un des domaines — ce qui conduit deux séries de remarques. En premier lieu, la définition du champ matériel de l'acte est strictement encadrée par la puissance publique. En second lieu, la finalité de l'opération révèle les limites imposées à la volonté philanthropique. Que ce soit sur le fondement du principe de spécialité ou sur la nature de la mission muséale, ces limites veillent à garantir que la libéralité soit effectivement destinée au soutien de l'œuvre muséale. En revanche, en raison de sa finalité, l'étendue de la liberté philanthropique du disposant se veut limitée au nom de l'ordre public successoral. En effet, la validité de l'acte philanthropique au profit du musée d'art est soumise au respect de la réserve héréditaire.

367. Une affectation[5]. Par ailleurs, la finalité ne teinte pas seulement l'acte philanthropique d'un caractère spécial. Elle le distingue du point de vue de la technique juridique. Celui-ci est en effet une libéralité spéciale grevée d'une affectation.
L'affectation se définit comme un procédé technique d'utilisation des biens faisant que le régime juridique de ces derniers se trouve dès lors déterminé par la finalité à laquelle les biens sont assignés. En l'espèce, l'affectation est une modalité de la propriété puisqu'elle contraint son exercice au respect d'un certain usage des biens au gré des différentes charges grevant la libéralité du disposant.
L'étude comparée de la notion nous a permis de montrer que l'affectation ne saurait être exclusivement appréhendée d'un point de vue patrimonial

---

[4] Titre II, chapitre I.
[5] Titre II, chapitre II.

compte tenu du rôle clé que jouent les obligations particulières à la charge de l'*accipiens* (en l'espèce le musée d'art) qui en découlent. Les obligations fiduciaires sont primordiales pour comprendre les mécanismes d'affectation en droit américain et en droit québécois. En effet, ces obligations fiduciaires sont le gage de l'efficacité de l'affectation des biens, et participent ainsi à l'établissement d'un cadre juridique des actes philanthropiques garantissant le respect de la finalité d'intérêt général de manière autonome. Ces considérations nous ont conduits à aborder l'étude de l'affectation contenue dans l'acte philanthropique au profit des musées d'art sous deux angles afin d'en révéler tous les aspects, et de déceler, au regard de l'étude comparée, ses carences.

368. D'une part, nous nous sommes attachés à voir comment l'affectation contenue dans l'acte philanthropique au profit du musée d'art influence le statut juridique du musée d'art à l'issue du transfert des biens. Or, il est apparu que ce procédé fait du musée d'art une sorte de propriétaire obligé, un affectataire. Au titre de sa qualité, celui-ci ne reçoit et ne détient les biens que dans le but de les affecter à la mission muséale. En effet, le musée d'art n'est pas le bénéficiaire de l'acte contrairement aux personnes bénéficiant de l'offre muséale. Il n'est qu'un gratifié apparent. De même, pourvu de la mission d'affecter les biens selon les modalités grevant la libéralité, le musée d'art se révèle un quasi-fiduciaire.

369. D'autre part, nous nous sommes concentrés sur l'influence de l'affectation sur le régime juridique des biens contenus dans l'acte. En effet, à l'issue du transfert des biens contenus dans la libéralité au musée d'art, le régime juridique desdits biens est modifié. Déjà, il avait été noté que l'affectation des biens faisait que le musée d'art n'était pas un propriétaire ordinaire, mais un propriétaire obligé compte tenu des charges grevant la libéralité. Surtout, le contexte particulier des musées d'art change drastiquement le paradigme de la détention des biens au point de déceler une rupture entre le modèle propriétaire du disposant et celui du musée d'art. En effet, d'une détention à vocation privée, les biens se trouvent, à l'issue du transfert, détenus en vue de satisfaire un but d'intérêt général. La propriété des biens contenus dans l'acte est ainsi mise au service de la mission muséale à laquelle les biens sont affectés. Aussi, que le musée soit une personne morale de droit privé ou public, la propriété des biens contenus dans l'acte se voit-elle communément pourvue d'une fonction sociale à l'issue du transfert. Compte tenu de cette fonction, la propriété des biens est soumise à trois impératifs — la pérennité de l'affectation, l'accessibilité des biens et la garantie du respect de l'affectation — lesquels garantissent que le modèle de détention muséal respecte la finalité d'intérêt général alors assignée aux biens.

370. **Le régime juridique des actes**[6]. Parallèlement, en admettant que l'ensemble des éléments relatifs à l'acte philanthropique s'agrègent autour de la finalité d'intérêt général, le régime juridique de l'acte philanthropique au profit des musées d'art doit ériger le respect de la finalité au rang de priorité. À défaut, l'opération se trouve dépourvue de son fondement, ne servant une finalité qui n'est plus celle pour laquelle elle fut réalisée, mais celle des intérêts particuliers du disposant et de ses héritiers. Une telle situation porte atteinte à la légitimité juridique, politique et sociale de l'acte.
Or, c'est à ce point de vue que sont apparues les carences de son cadre juridique.

Notamment, si la reconnaissance accordée à la générosité du disposant a pour contrepartie le respect de sa volonté philanthropique, celle-ci ne saurait justifier, en raison de la finalité de l'opération, que l'intérêt du disposant prime en toutes circonstances, et à plus fortes raisons, au détriment de la réalisation de la mission muséale. La finalité de l'opération commande donc de tempérer la volonté philanthropique au nom du respect de l'affectation d'intérêt général des biens. C'est en ce sens que les mécanismes de révision des charges doivent alors être plus largement admis et que les hypothèses de désaffectation des objets culturels reconsidérées.

De la même manière, il convenait de s'interroger sur les moyens garantissant le respect de l'affectation des biens à l'intérêt général par le musée d'art.
Bien que le disposant et ses héritiers disposent de trois voies de recours (révocation de la libéralité pour inexécution des charges, exécution forcée ou sanction indemnitaire) pour garantir le respect de l'affectation d'intérêt général, celles-ci ne garantissent pas en tout temps la primauté de l'intérêt général sur les intérêts particuliers du disposant ou de ses héritiers. Il fut à ce titre relevé que, dans l'hypothèse d'une action en révocation pour inexécution des charges, seule l'action intentée par le disposant ou l'exécuteur testamentaire permettra d'aligner le respect de la volonté philanthropique sur la préservation de l'affectation d'intérêt général[7]. Plus largement, il est apparu qu'au regard de ces limites, c'est véritablement l'action intentée par les bénéficiaires réels de l'opération — soit les personnes jouissant de l'offre muséale — qui aurait la vertu

---

[6] Titre II, chapitre III.
[7] *Supra* au para 326.

de n'être motivée que par le respect de l'affectation des biens à l'intérêt général par le musée d'art. Créanciers de la charge d'affectation, ces derniers devraient pouvoir en réclamer le respect. Toutefois, la mise en œuvre d'une telle action se trouve limitée pour des raisons pratiques[8].

371. Nature des recommandations. Au regard des limites du régime juridique des actes philanthropiques au profit des musées d'art, nous avons formulé plusieurs types de recommandations. Celles-ci ont pour fin de donner sa pleine efficacité au procédé d'affectation des biens à un musée d'art, et par là, de compléter le régime juridique des actes pour consolider leur assise au sein de l'ordonnancement juridique, et les purger d'une certaine inefficience. Ainsi, en vue de tempérer la volonté du disposant, nous appelons à une clarification du système actuel de la révision des charges grevant les libéralités, à l'encouragement des procédures de révision amiable et à une plus grande anticipation des conflits dans les conventions de mécénat[9]. De même, afin de sanctionner la défaillance du musée d'art, nous recommandons, à la lumière du droit comparé, la création d'un organisme de contrôle ou encore la formulation de standards juridiques auxquels les musées d'art devront se compromettre. Enfin, nous soulignons l'intérêt d'intensifier le recours aux conventions de mécénat et à l'assistance des professionnels du droit pour anticiper la survenance de conflits lors de l'exécution des actes philanthropiques au profit des musées d'art[10].

Ces recommandations vont dans le sens d'une plus grande « maturité » du cadre juridique des actes philanthropiques au profit des musées d'art à l'instar de ce que l'on retrouve dans la *common law* américaine et en droit civil québécois. L'exemple québécois a permis de montrer la faisabilité d'une convergence vers le modèle américain. Notamment, la fiducie d'utilité sociale, et son régime de l'administration du bien autrui, offre un modèle civiliste répondant aux enjeux d'une détention à une fin d'intérêt général[11].

372. Le maintien de limites structurelles. Toutefois, les limites relatives à la liberté testamentaire au nom de la protection du patrimoine familial que connaît le droit français seront toujours un obstacle majeur à la pleine convergence vers ces modèles[12]. Le souhait de convergence aurait donc pour prix celui de réviser les fondements du droit des

---

[8] *Supra* aux paras 335 et s.
[9] *Supra* aux paras 304 et s.
[10] *Supra* aux paras 345 et s.
[11] *Supra* aux paras 214-215.
[12] *Supra* aux paras 186 et s.

successions. Un tel chantier n'est pas admissible en droit positif. Il importe également de souligner que la convergence ne saura jamais être parfaite entre la France et les États-Unis. Le modèle étatique français ne laisse, par tradition, qu'une place résiduelle à la philanthropie des musées d'art. Cette dernière étant admise comme un instrument de politique culturelle, la puissance publique en décrète d'ailleurs l'ensemble des contours. Ainsi, en dehors des limites juridiques et culturelles que nous avons pu identifier au cours de cette étude, force est d'affirmer que l'essor de la philanthropie au profit des musées d'art sera toujours limité, sauf à reconsidérer le rôle et la place de l'État dans le domaine muséal.

373. La finalité du droit privé. Finalement, il se cache derrière l'étude de la philanthropie au profit des musées d'art une démarche plus générale qui est celle des limites du droit privé.
La philanthropie au profit des musées d'art opère, en France, un glissement du soutien à la culture et de la protection du patrimoine culturel du droit public vers le droit privé. L'interpénétration des règles de droit privé et de droit public qui caractérisent les actes philanthropiques au profit des musées d'art témoigne également d'un abaissement de la frontière entre le droit privé et le droit public. La propriété-fonction sociale du musée en est au demeurant une belle illustration. Enfin, l'interventionnisme public qui se propage de manière diffuse dans le cadre juridique des actes philanthropiques au profit des musées d'art n'est que le reflet de l'intrusion du droit privé sur le domaine de l'intérêt général.
Bien que la notion d'intérêt général constitue traditionnellement la clef de voûte du droit public français[13], cette dernière semble, au travers de la philanthropie, semble pénétrer le droit privé et s'y faire une place complémentaire. D'ailleurs, le monopole de l'État français quant à la définition de l'intérêt général fut dénoncé par certains experts du secteur philanthropique. L'implication de la société civile dans sa définition par le biais de la philanthropie constituerait « une nouvelle étape décisive dans l'approfondissement de la démocratie[14] ». Dès lors, au regard de l'étude des actes philanthropiques au profit des musées d'art, on ne saurait douter que le droit privé a tout autant vocation à investir le champ

[13] V. Conseil d'État, *Rapport public. 1999 : Jurisprudence et avis de 1998 : L'intérêt général*, coll Études et documents, n° 50, Paris, La Documentation française, 1999.
[14] Philippe-Henri Dutheil et Antoine Vaccaro, dir, *Étude sur la rénovation de l'intérêt général en France : pour une définition évolutive et co-construite de l'intérêt général*, Paris, Assises de la Philanthropie, avril 2013, 78 à la p 64, en ligne : <http://www.centre-francais-fondations.org/ressources-pratiques/bibliographie/etude-sur-la-renovation-de-l2019interet-general-en-france-pour-une-definition-evolutive-et-co-construite-de-linteret-general> (consulté le 31 octobre 2021).

de l'intérêt général. Encore faut-il se demander s'il en a la capacité. Les recommandations faites dans la présente étude vont en ce sens.
Plus largement, si la philanthropie établit le pouvoir de la volonté privée dans les domaines relevant de l'intérêt général, il semble qu'elle participe, de manière sous-jacente, au renouvellement de la finalité du droit privé en déplaçant les frontières qui le séparent du droit public.

Bibliographie

I. TRAITÉS, COURS, MANUELS ET OUVRAGES GENERAUX

Alland, Denis et Stéphane Rials. *Dictionnaire de la culture juridique*, coll Quadrige, Dicos poche, Paris, PUF, 2003.

Aubry, Charles et Charles Rau. *Cours de droit civil français, d'après la méthode de Zachariae*, 4ème éd revue et complétée par Ch. Aubry et Ch. Rau, t 6, Paris, Imprimerie et librairie générale de jurisprudence Cosse, Marchal et Billard, Imprimeurs-Editeurs, Libraire de la Cour de cassation, 1873.

Auby, Jean-Marie, Pierre Bon, Jean-Bernard Auby et Philippe Terneyre. *Droit administratif des biens : domaine public et privé, travaux et ouvrages publics, expropriation*, 7e éd, coll Précis Droit Public, Paris, Dalloz, 2016.

Baudouin, Louis. *Le droit civil de la province de Québec : modèle vivant de droit comparé*, Montréal, Wilson et Lafleur, 1953.

Beaulne, Jacques et André J. Barette. *Droit des fiducies*, 3e éd, coll Bleue, Montréal, Wilson et Lafleur, 2015.

Beaulne, Jacques, Christine Morin et Germain Brière. *Droit des successions*, 5e éd, coll bleue, Précis, Montréal, Wilson & Lafleur, 2016.

Bénabent, Alain. *Droit des obligations*, 15e éd, coll Domat droit privé, Issy-les-Moulineaux, LGDJ : Lextenso éditions, 2016.

Brière, Germain. *Les successions*, 2e éd, Cowansville (Qc), Éditions Yvon Blais, 1994.

Cantin Cumyn, Madeleine et Michelle Cumyn. *L'administration du bien d'autrui*, 2e éd, coll Traité de droit civil, Cowansville, (Qc), Éditions Yvon Blais, 2014.

Capitant, Henri, Yves Lequette et François Terré. *Les grands arrêts de la jurisprudence civile. Tome 1 Introduction, personnes, famille, biens, régimes matrimoniaux, successions*, 13e éd, coll Grands arrêts, Paris, Dalloz, 2015.

Capitant, Henri. *Introduction à l'étude du droit civil: notions générales*, 5. éd, Paris, A Pedone, 1929.

Carbonnier, Jean. *Droit civil,* 2e éd, coll Quadrige manuels, Paris, PUF, 2017.

Cassin, René. *Droit civil approfondi et comparé : des libéralités avec charge et fondations en droit français*, coll : Licence 1ère année, Paris, Les Cours de droit, 1939.

Chainais, Cécile, Frédérique Ferrand, Lucie Mayer et Serge Guinchard. *Procédure civile : droit interne et droit de l'Union européenne*, 34e éd, coll Précis Droit Privé, Paris, Dalloz, 2018.

Chamard-Heim, Caroline, Fabrice Melleray, Rozen Noguellou et Philippe Yolka. *Les grandes décisions du droit administratif des biens*, 3e éd, coll Grands arrêts, 1272-0135, Paris, Dalloz, 2018.

Chrétien, Patrice, Nicolas Chifflot et Maxime Tourbe. *Droit administratif*, 16e éd, Paris, Sirey : Dalloz, 2018.

Clark, Elias et al. *Cases and materials on gratuitous transfers: Wills, intestate succession, trusts, gifts, and future interests*, 5th ed., coll American casebook series, St Paul, Thomson West, 2007.

Constantinesco, Léontin-Jean.

Traité de droit comparé. Tome 1, Introduction au droit comparé, Paris, Librairie générale de droit et de jurisprudence, Economica, 1972.

Traité de droit comparé. Tome 2, La méthode comparative, Paris, Librairie générale de droit et de jurisprudence, Economica, 1974.

Traité de droit comparé. Tome 3, La science des droits comparés Paris, Librairie générale de droit et de jurisprudence, Economica, 1983.

Cornu, Gérard et Association Henri Capitant. *Vocabulaire juridique*, 12e éd, coll Quadrige, Paris, PUF, 2017.

Cornu, Marie, Fabienne Orsi et Judith Rochfeld. *Dictionnaire des biens communs*, 1re édition., coll Quadrige, Paris, PUF, 2017.

Cornu, Marie, Jérôme Fromageau et Catherine Wallaert, dir. *Dictionnaire comparé du droit du patrimoine culturel*, Paris, CNRS Éditions, 2012.

Cozian, Maurice Alain Viandier et Florence Deboissy. *Droit des sociétés*, 29e éd, coll Manuel, Paris, Lexis Nexis, 2016.

David, René, Camille Jauffret-Spinosi et Marie Goré. *Les grands systèmes de droit contemporains*, 12e édition., coll Précis Dalloz, Paris, Dalloz, 2016.

Demogue René. *Les notions fondamentales du droit privé : essai critique*, Paris : Librairie Nouvelle de Droit et Jurisprudence, 1911, rééd., Paris : la Mémoire du droit coll. « Références », 2000.

Deumier, Pascale. *Introduction générale au droit*, coll Manuel, n°8, Paris, LGDJ, 2011.

Dross, William.
Droit civil: les choses, Paris, LGDJ : Lextenso, 2012.
Droit des biens, 3e éd, coll Domat droit privé, Issy-les-Moulineaux, LGDJ : Lextenso, 2017.

Duguit, Léon.
Les transformations générales du droit privé depuis le Code Napoléon, Paris, Alcan, 1912.
Traité de droit constitutionnel, 2 : La théorie générale de l'État, 3e éd, Paris, E de Boccard, 1927.

Dupuis, Georges, Marie-José Guédon et Patrice Chrétien. *Droit administratif*, 12e éd, Paris, Sirey : Dalloz, 2011.

Fabre-Magnan, Muriel. *Droit des obligations*, 4e éd, coll Thémis Droit privé, Paris, PUF, 2016.

Flour, Jacques et Henri Souleau. *Les libéralités*, coll Collection U Série Droit privé, Paris, A Colin, 1982.

Flour, Jacques. *Cours de droit civil: licence 4e année*, Paris, Cours de droit, 1966.

Friedman, Laurence M. *Dead hands: A social history of wills, trusts and inheritance Law*, Stanford, Stanford Law Books, 2009.

Frier, Pierre Laurent et Jacques Petit.
Droit administratif, 11e éd, coll Domat droit public, Issy-les-Moulineaux, LGDJ, 2017.
Droit administratif, 12e éd, coll Précis Domat Droit Public, Issy-les-Moulineaux, LGDJ, 2018.

Gaudemet, Jean. *Droit privé romain*, 2e éd, coll Domat droit privé, Paris, Montchrestien, 2000.

Gaudemet, Yves.
Traité de droit administratif. Tome 1, Droit administratif général: l'administration, la juridiction administrative, les actes administratifs, les régimes administratifs, 16e éd, Paris, LGDJ, 2001.
Traité de droit administratif. Tome 2, Droit administratif des biens : la propriété publique, les domaines administratifs, l'expropriation, la réquisition, les travaux publics, 14e éd, Paris, LGDJ, 2011.

Gény François. *Méthodes d'interprétation et sources en droit privé positif : essai critique*, t. 2, Paris : LGDJ, 1954.

Gerstenblith, Patty. *Art, Cultural Heritage, and the Law: Cases and Materials*, 3e éd, Durham, NC, Carolina Academic Press, 2012.

Grimaldi, Cyril. *Droit des biens*, 2e éd, coll Manuel, Issy-les-Moulineaux, LGDJ : Lextenso éditions, 2019.

Grimaldi, Michel.

Droit civil : libéralités, partages d'ascendants, Paris, Litec, 2000.

Droit civil : successions, 6e éd, coll Manuels Juris Classeur, Paris, Litec, 2001.

Droit des successions, 7e édition, coll Manuels, Paris, LexisNexis, 2017.

Grimaldi, Michel, dir. *Droit patrimonial de la famille 2018-2019*, 6e éd, coll Dalloz Action, Paris, Dallloz, 2017.

Guével, Didier. *Droit des successions et des libéralités*, 3e éd, coll Systèmes: cours, Issy-les-Moulineaux, LGDJ : Lextenso, 2014.

Guinchard, Serge. *Droit et pratique de la procédure civile 2017-2018*, 9e éd, coll Dalloz Action, Dalloz, 2017.

Hopkins, Bruce R.

The Tax Law of Charitable Giving, 5e éd, coll Wiley Nonprofit Authority, Heboken (NJ), John Wiley and sons, 2014.

The Law of Tax-Exempt Organizations, 11th edition., Hoboken, NJ, Wiley, 2015.

Labourdette, Marie-Christine. *Les musées de France*, Paris, PUF, 2015.

Lalande, André. *Vocabulaire technique et critique de la philosophie*, Paris :, PUF, 2010.

Lévy, Jean-Philippe et André Castaldo. *Histoire du droit civil*, 2e éd, coll Précis Droit privé, Paris, Dalloz, 2010.

Lind, Robert C, Robert M Jarvis et Marilyn E Phelan. *Art and museum law: cases and materials*, Durham (NC), Carolina Academic Press, 2002.

Long, Marceau, Prosper Weil, Guy Braibant, Pierre Delvolvé et Bruno Genevois. *Les grands arrêts de la jurisprudence administrative*, 21e édition., coll Grands arrêts, Paris, Dalloz, 2017.

Malaurie, Philippe et Claude Brenner. *Droit des successions et des libéralités*, 7e édition., coll Droit civil, Issy-les-Moulineaux, LGDJ: Lextenso éditions, 2016.

Malaurie, Philippe et Laurent Aynès. *Droit des biens*, 7e éd, coll Droit civil, Issy-les-Moulineaux, LGDJ : Lextenso éditions, 2017.

Martel, Paul. *La corporation sans but lucratif au Québec : aspects théoriques et pratiques*, Montréal, Wilson & Lafleur, 2014.

Marty, Gabriel et Pierre Raynaud. *Droit civil. Les Successions et les libéralités*, Tome 4 vol 2, Paris, Sirey, 1983.

Mazeaud, Henri, Jean Mazeaud et Léon Mazeaud. *Leçons de droit civil : la personnalité, les incapacités*, 8e éd, Tome 1, volume 2, Paris, Montchrestien, 1997.

Mazeaud, Henri, Jean Mazeaud, Léon Mazeaud et François Chabas, *Leçons de droit civil. Successions Libéralités* Tome 4, 5e éd, par Laurent Leveneur et Sabine Mazeaud-Leveneur, Paris, Montchrestien, 1999.

Mestre, Jacques, Marie-Ève Pancrazi, Arnaud Arnaud-Grossi, Laure Merland et Nancy Tagliarino-Vignal. *Droit commercial: droit interne et aspects de droit international*, 29e éd, coll Manuel, Paris, LGDJ : Lextenso éditions, 2012.

Morand-Deviller, Jacqueline, Pierre Bourdon et Florian Poulet. *Droit administratif des biens*, 10e éd, coll Cours, Paris, LGDJ, 2018.

Morand-Deviller, Jacqueline. *Droit administratif des biens : cours, thèmes de réflexion, commentaires d'arrêts avec corrigés*, 6e éd, coll Cours, Paris, Montchrestien Lextenso, 2010.

Normand, Sylvio. *Introduction au droit des biens*, 2e éd, coll Le manuel de l'étudiant, Montréal, Québec, Wilson & Lafleur, 2014.

Oleck, Howard Leoner et Martha E Stewart. *Nonprofit Corporations, Organizations & Associations*, Englewood Cliffs, NJ, Prentice Hall, 1994.

Papandréou-Deterville, Marie-France. *Le droit anglais des biens*, coll Thèses, Bibliothèque de droit privé, 418 Paris, LGDJ : Lextenso éditions, 2004.

Patault, Anne Marie. *Introduction historique au droit des biens*, coll Droit fondamental Droit civil, Paris, PUF, 1989.

Pérès, Cécile et Christophe Vernières, *Droit des successions*, 1re éd, coll Thémis Droit, Paris, PUF, 2018.

Perreault, Michel. *Le droit des sociétés par actions et des personnes morales au Québec*, 3e éd, coll Bleue : Répertoire de droit, Montréal, Chambre des notaires du Québec, 2011.

Picarda, Hubert. *The law and practice relating to charities*, 4th ed., Haywards Heath, West Sussex, Bloomsbury Professional, 2010.

Planiol, Marcel.

Traité élémentaire de droit civil, t. 2, Les Preuves ; théorie générale des obligations ; les contrats ; privilèges et hypothèques, Paris : F. Pichon et Durand-Auzias, 1905.

Traité élémentaire de droit civil, t. 3, Régimes matrimoniaux ; successions ; donations et testaments, 2e éd., Paris : F. Pichon et Durand-Auzias, 1905.

Traité élémentaire de droit civil, t. 3, Régimes matrimoniaux ; successions ; donations et testaments, 6e éd., Paris : F. Pichon et Durand-Auzias, 1913.

Planiol, Marcel et Georges Ripert.

Traité pratique de droit civil français, t 6, Obligations, 1re partie, avec le concours de P. ESMEIN, Paris : LGDJ, 1930.

Traité pratique de droit civil français, t. 10, Contrats civils, *1re parti* concours de J. HAMEL et B. PERREAU, Paris : LGDJ, 1932.

Traité pratique de droit civil français, t. 5, Donations et testaments, avec le concours de A. TRASBOT, Paris : LGDJ, 1933.

Traité élémentaire de droit civil, t. 3, Régimes matrimoniaux, successions, libéralités, avec le concours de J. BOULANGER, Paris : LGDJ, 1947.

Traité pratique de droit civil français, t. 6, Obligations, 1re partie, 2e éd., par P. ESMEIN, Paris : LGDJ, 1952.

Traité pratique de droit civil français, t. 5, Donations et testaments, *2e éd.,* par A. TRASBOT et Y. LOUSSOUARN, Paris : LGDJ, 1957.

Pothier, Robert-Joseph.

Œuvres complètes de Pothier, Des donations entre-vifs, des personnes et des choses, t. 23, Paris, Thomine et Fortic, 1821.

Traité des obligations, coll Bibliothèque Dalloz, Paris, Dalloz, 2011.

Rambaud, Thierry. *Introduction au droit comparé. Les grandes traditions juridiques dans le monde*, coll Quadrige Manuels, Paris, PUF, 2017.

Rochfeld, Judith. *Les grandes notions du droit privé*, Paris, PUF, 2013.

Sacco, Rodolfo. *La comparaison juridique au service de la connaissance du droit*, coll Études juridiques comparatives, Paris, Économica, 1991.

Scott, Austin Wakeman, William Franklin Fratcher et Mark L. Ascher. *Scott and Ascher on Trusts*, 5e éd, Boston, Aspen Publishers, 2006.

Sériaux, Alain.

Les successions, les libéralités, 2e éd, Paris, PUF, 1993.

Les successions, les libéralités, 2e éd, Paris, Ellipses, 2017.

Souleau, Henri, Jean Luc Aubert et Jacques Flour. *Les libéralités*, coll U, Série Droit privé, Paris, A Colin, 1982.

Terré, François et Dominique Fenouillet, *Droit civil: les personnes, la famille, les incapacités*, 7e éd, coll Précis Dalloz Droit privé, Paris, Dalloz, 2005.

Terré, François et Philippe Simler. *Droit civil : les biens*, 10e éd, coll Précis Dalloz Droit privé, Paris, Dalloz, 2018.

Terré, François, Philippe Simler, Yves Lequette et François Chenédé. *Droit civil, les obligations*, 12e éd, coll Précis Dalloz, Droit privé, Paris, Dalloz, 2018.
Terré, François, Yves Lequette et Sophie Gaudemet. *Droit civil : les successions, les libéralités*, 4e éd, coll Précis Dalloz, Droit privé, Paris, Dalloz, 2014.

Voeffray, François. *L'actio popularis, ou la défense de l'intérêt collectif devant les juridictions internationales*, Paris, PUF, 2004.

Voirin, Pierre et Gilles Goubeaux.
Droit civil. Tome 2. Régimes matrimoniaux, successions, libéralités, 29e éd, coll Manuel, Issy-les-Moulineaux, LGDJ : Lextenso éditions, 2016.
Droit civil. Tome 2. Régimes matrimoniaux, successions, libéralités, 30e éd, coll Manuel, Issy-les-Moulineaux, LGDJ : Lextenso éditions, 2018.

Waline, Jean. *Droit administratif*, 26e éd, coll Précis, Droit public: science politique, Paris, Dalloz, 2016.

Zénati, Frédéric et Thierry Revet. *Les biens*, 3e éd, coll Droit fondamental, Classiques, Paris, PUF, 1998.

Zoller, Élisabeth. *Introduction au droit public,* 2 éd, coll Précis Dalloz, Série Droit public, science politique, Paris, Dalloz, 2013.

II. OUVRAGES SPECIAUX, MONOGRAPHIES, THESES ET MEMOIRES

Aberkane, Hassen. *Essai d'une théorie générale de l'obligation propter rem en droit positif français : contribution à l'étude de la distinction des droits de créance et des droits réels.*, Paris, LGDJ, 1957.
Allinne, Jean-Pierre et Renaud Carrier, dir. *La culture au risque du marché: le mécénat face à ses acteurs*, coll Droit du patrimoine culturel et naturel, Paris, L'Harmattan, 2010.
American Law Institute.
Restatement of the Law (Third) of Trusts.
Restatement of the Law (Third) of Property - Wills and Other Donative Transfers.
Arbour, Marie-Ève. *Fragments de droit québécois et canadien. Histoire, mixité, mutations*, Cowansville (Qc), Éditions Yvon Blais, 2013.
Bahurel, Charles. *Les volontés des morts : vouloir pour le temps où l'on ne sera plus*, tome 557, coll Bibliothèque de droit privé, Issy-les-Moulineaux, LGDJ : Lextenso éditions, 2014.

Barrière, François. *La réception du trust au travers de la fiducie*, Litec, 2004.
Benhamou, Françoise. *Économie du patrimoine culturel*, coll Repères, Paris, La Découverte, 2019.
Béraudo, Jean-Paul et Jean-Marc. Tirard. *Les trusts anglo-saxons et les pays de droit civil : approche juridique et fiscale*, Genève, Academy & Finance, 2006.

Bernholz, Lucy, Chiara Cordeli et Rob Reich. *Philanthropy in Democratic Societies*, University of Chicago Press, 2016.

Bicheron, Frédéric. *La dation du paiement*, Thèse de doctorat, Université Panthéon-Assas Paris II, 2006.

Binder, Olivier. *Guide juridique et fiscal du mécénat et des fondations : à l'usage des entreprises et des entrepreneurs*, Paris, Admical, 2007.

Boffa, Romain. *La destination de la chose*, coll Doctorat & notariat, n°32, Issy-les-Moulineaux, Defrénois, 2008.

Boisson, Julien. *Les libéralités à caractère collectif*, coll Doctorat & Notariat, tome 61, Issy-les-Moulineaux, Defrénois, 2019.

Bonnefous, Édouard, Laurent Richer, Eric Peuchot, dir. *Droit au musée, droit des musées*, Paris, Dalloz, 1994.

Boodman, Martin. *Les libéralités à des fins charitables au Québec et en France*, Université de droit, d'économie et de sciences sociales de Paris (Paris 2), 1980.
Boré, Louis. *La défense des intérêts collectifs par les associations devant les juridictions administratives et judiciaires*, coll Bibliothèque de droit privé, t 278, Paris, LGDJ, 1997.
Bouyssou, Marguerite. *Les libéralités avec charges en droit civil français*, Recueil Sirey, 1947.
Braconier, Stéphane. « Marchés publics de travaux : notion. Dossier 410 » dans Philippe Malinvaud, dir, *Droit de la construction 2018-2019*, 7e éd, coll Dalloz Action, Paris, Dallloz, 2017.
Carbonnier, Jean. *Flexible droit, pour une sociologie du droit sans rigueur*, 10e éd, Paris, LGDJ, 2001.
Chamard, Caroline. *La distinction des biens publics et des biens privés: contribution à la définition de la notion de biens publics*, Dalloz, 2004.
Champeaux, Jean. *Étude sur la notion juridique de l'acte à titre gratuit en droit civil français*, Thèse de doctorat, Université de Strasbourg, 1931.
Chan, Kathryn. *The public-private nature of charity law*, Oxford : Hart Publishing, 2016.

Chantepie, Gaël et Mathias Latina. *La réforme du droit des obligations : commentaire théorique et pratique dans l'ordre du Code civil*, Paris, Dalloz, 2016.

Charhon, Francis. *La philanthropie : des entrepreneurs de solidarité*, Paris, Fondapol, Fondation pour l'innovation politique, 2012.

Chatelain, Jean. *Droit et administration des musées*, Paris, La Documentation française: École du Louvre, 1993.

Cornu, Marie et Henri-Jacques Lucas, dir. *Les modèles propriétaires au XXIe siècle : actes du colloque international organisé en hommage au professeur Henri-Jacques Lucas*, 47, coll Collection de la Faculté de droit et des sciences sociales, Actes & colloques, Poitiers, Presses universitaires juridiques Université de Poitiers, 2012.

Cornu, Marie et Nathalie Mallet-Poujol, *Droit, œuvres d'art et musées : protection et valorisation des collections*, coll CNRS droit, Paris, CNRS, 2006.

Dabin, Jean. *Le Droit subjectif*, Paris, Dalloz, 1952.

Daubas, Perrine, Sébastien de La Touanne et France Générosités. Paris. *Collecte de fonds et philanthropie : droit et fiscalité*, coll Le Juri'guide, n°5, Lyon et Paris, Juris et Dalloz, 2009.

David Beauregard-Berthier, Odile de. *La justification actuelle de la distinction entre le domaine public et le domaine privé*, Thèse de doctorat, Université Paul Cézanne, 1994.

Dawson, John Philip. *Gifts and promises: continental and American law compared*, coll Storrs lectures on jurisprudence, n°1978, New Haven, Yale University Press, 1980.

Debbasch Charles. (dir.), *Les fondations, un mécénat pour notre temps ?*, Paris, Economica : Aix-Marseille, Presses universitaires, coll. « Science et droit administratif », 1987.

Delsol Xavier. *Mécénat et parrainage : guide juridique et fiscal*, 3e éd., Lyon, Juris éd. ; Paris, 2003.

Demolombe, Charles. *Cours de Code Napoléon : Traité des contrats ou des obligations conventionnelles en général*, 2e éd, 1, Paris, A Durand, 1870.

Derrida, Jacques. *Donner le temps*, 1: La fausse monnaie, Paris, Galilée, 1991.

Devic Lionel. *Fonds de dotation : création, gestion, évolution*, 2e éd., 2014, Lyon : Juris éd., 2014, coll. « Le Juri'guide ».

Duguit, Léon. *Les transformations générales du droit privé depuis le Code Napoléon*, Paris, Alcan, 1912.

Dupeyroux, Jean-Jacques. *Contribution à la théorie générale de l'acte à titre gratuit*, Paris, Librairie générale de jurisprudence, 1955.

Escarra, Jean. *Les Fondations en Angleterre (étude de droit comparé)*, Thèse de doctorat, Université de Paris, 1907.

Faribault, Marcel. *Traité théorique et pratique de la fiducie ou trust du droit civil dans la province de Québec*, Montréal, Wilson et Lafleur, 1936.

Fishman, James J.

The Faithless Fiduciary and the Quest for Charitable Accountability 1200-2005, Durham (NC), Carolina Academic Press, 2007.

Nonprofit organizations: cases and materials, 4e éd, coll University casebook series, New York, Foundation Press: Thomson, 2010.

Forgeard, Marie-Cécile, Richard Crône et Bertrand Gelot. *Le nouveau droit des successions et des libéralités: Loi du 23 juin 2006, commentaire & formules*, Paris, Defrénois, 2007.

Frier, Pierre Laurent. *Droit du patrimoine culturel*, Paris, PUF, 1997.

Frison-Roche, Marie-Anne. *Sociologie juridique du patrimoine : la réalité de la régle de l'unicité du patrimoine (dans la perspective de la fiducie)*, Paris, France, Laboratoire de sociologie juridique Université Panthéon-Assas, 1995.

Fromion-Hebrard, Benoît. *Essai sur le patrimoine en droit privé*, Paris, Librairie de jurisprudence ancienne et moderne, 2004.

Gaillard, Emmanuel. *Le pouvoir en droit privé*, Paris, Economica, 1985.

Garcin, Félix. *La mainmorte, le pouvoir, l'opinion de 1749 a 1901*, Paris, Librairie de la Société de Recueil Général des Lois et des Arrets, 1903.

Gaudemar, Hervé. *L'inaliénabilité du domaine public* Thèse de doctorat, Université Panthéon-Assas Paris II, 2006.

Gaudemet, Yves. *Droit administratif*, 22e éd, Paris, LGDJ, 2018.

Gazin, Henri. *Essai critique sur la notion de patrimoine dans la doctrine classique*, Paris, Librairie nouvelle de droit et de jurisprudence, 1910.

Ginossar, Shalev. *Droit réel, propriété et créance : élaboration d'un système rationnel des droits patrimoniaux*, Paris, Librairie générale française, 1960.

Glenn, Hugo Patrick. *Droit québécois et droit français: communauté, autonomie, concordance*, Cowansville (Qc), Éditions Yvon Blais, 1993.

Godbout, Jacques.

L'esprit du don, Paris, La Découverte, 2000.

Le don, la dette et l'identité : homo donator versus homo oeconomicus, Montréal, Éditions du Boréal, 2000.

Goffaux-Callebaut, Géraldine, dir. *Éthique et patrimoine culturel: regards croisés,* coll Droit du patrimoine culturel et naturel, Paris, L'Harmattan, 2016.

Guedj, Valérie. *Essai sur le régime juridique des fondations*, Thèse de doctorat, Université Panthéon- Assas Paris II, 1999.

Guglielmi, Gille J. *Introduction au droit des services publics*, coll Droit et Société, n°29, Paris, LGDJ : Lextenso éditions, 1994.

Guinchard, Serge. *L'affectation des biens en droit privé français*, coll Bibliothèque de droit privé, n°145, Paris, France, LGDJ, 1976.

Hamel, Joseph. *La notion de cause dans les libéralités : étude de la jurisprudence française et recherche d'une définition*, Paris, Sirey, 1920.

Hershkovitch, Corinne et Didier Rykner. *La restitution des œuvres d'art : solutions et impasses*, coll L'art en travers, Paris, Hazan, 2011.

Hiez, David. *Étude critique de la notion de patrimoine en droit privé actuel,* Issy-les-Moulineaux, LGDJ : Lextenso éditions, 2003.

Howe, Winifred E. *A History of the Metropolitan Museum of Art, with a chapter on the early institutions of art in New York, New York*, Arno, 1974.

Hyland, Richard. *Gifts: A Study in Comparative Law*, Oxford, Oxford University Press, 2009.

Ibarra Garza, Rafael. *La protection du patrimoine fiduciaire-trust fund : étude comparée (droit français-droit anglais)*, coll Thèses, Bibliothèque de droit privé, n°553, Issy-les-Moulineaux, LGDJ : Lextenso éditions, 2014.

Izorche Marie-Laure. *L'avènement de l'engagement unilatéral en droit privé contemporain*, préf. J. MESTRE, Aix-en-Provence : PUAM, coll. « Institut de droit des affaires », 1995.

Jeulin Isabelle. *Les techniques fiduciaires à l'aune du principe de spécialité des personnes morales*, préf. C. JUBAULT, Paris : LGDJ, 2007, coll. « Bibliothèque de droit privé », t. 487.

Jones, Gareth H. *History of the Law of Charity*, 1532-1827, coll Cambridge studies in English legal history, Londres, Cambridge UP, 1969.

Josserand, Louis.

Les mobiles dans les actes juridiques du droit privé, Paris, Dalloz, 1928.

Cours de droit civil positif français, 2e éd, Paris, Librairie du Recueil Sirey, 1932.

De l'esprit des droits et de leur relativité : théorie dite de l'abus des droits, coll réédition, Paris, Dalloz, 2006.

Juglart, Michel. *Obligation réelle et servitudes en droit privé français*, Thèse de doctorat, Université de Bordeaux, 1937.

Julien, Jérôme et Muriel Rebourg, dir. *Les patrimoines affectés actes du colloque du 27 avril 2012*, Toulouse, Presses de l'Université Toulouse 1 Capitole, 2013.

Kearns, Paul. *The Legal Concept of Art,* Oxford, Hart, 1998.

Kuhn, Céline. Le patrimoine fiduciaire : contribution à l'étude de l'universalité, Thèse de doctorat, Université Panthéon-Sorbonne, 2003.

Lambert, Sophie. *L'intention libérale dans les donations*, coll Collection du Centre Pierre Kayser, Aix-en-Provence, Presses universitaires d'Aix-Marseille, 2006.

Laurent, Jeanne. *Arts & pouvoirs en France de 1793 à 1981: Histoire d'une démission artistique*, coll Travaux / Université de Saint-Etienne, Centre interdisciplinaire d'études et de recherches sur l'expression contemporaine, Saint-Etienne, 1982.

Lefebvre Francis. *La fiducie, mode d'emploi : régime juridique, fiscal et comptable, aspects internationaux*, avec la collaboration de B. GOUTHIÈRE, 2e éd., Levallois : F. Lefebvre, coll. « Dossiers pratiques », 2009.

Lepaulle, Pierre. *Traité théorique et pratique des trusts en droit interne, en droit fiscal et en droit international*, Paris, France, Rousseau & Cie, 1932.

Logéat, Catherine. *Les biens privés affectés à l'utilité publique*, coll Logiques juridiques, Paris, L'Harmattan, 2011.

Low, Theodore L. *The Museum as a Social Instrument*, New York, Metropolitan Museum of Art, for the American Association of Museums, 1942.

Madoff, Ray D. *Immortality and the Law: The Rising Power of the American Dead*, New Haven, Yale University Press, 2010.

Mairesse, François et Bernard Deloche. *Le musée hybride*, coll Musées-mondes, Paris, La Documentation française, 2010.

Marais Jean-Luc. *L'Histoire du don en France de 1800 à 1939 : dons et legs charitables, pieux et philanthropiques*, Rennes : Presses Universitaires de Rennes, coll. « Histoire », 1999.

Martel, Frédéric. *De la culture en Amérique*, coll Champs Essais, Paris, Flammarion, 2011.

Marty, Gabriel et Pierre Raynaud. *Droit civil : introduction générale à l'étude du droit*, 2. éd, Paris, Sirey, 1972.

Mauss, Marcel. *Essai sur le don : forme et raison de l'échange dans les sociétés archaïques*, 2e éd, coll Préface Florence Weber, n°6, Paris, France, PUF, 2012.

Meakin, Robert. *The Law of Charitable Status: Maintenance and Removal*, coll Law practitioner series, Cambridge, Cambridge University Press, 2008.

Mennell, Robert L et Sherri Burr. *Wills and Trusts in a nutshell*, 4e éd, coll West nutshell, St Paul (MN), West, 2012.

Mercer, Peter P. *A Study and Evaluation of the Relator Action as a vehicle of Public Interest Litigation,* University of Western Ontario, (non publié), 1985.

Michoud, Léon. *La théorie de la personnalité morale et son application au droit français*, Paris, 1998, France, 1998.

Miller, Howard Smith. *The Legal Foundations of American Philanthropy, 1776-1844*, Madison (WI), The State Historical Society of Wisconsin, 1961.

Mongeau, Serge. *Évolution de l'assistance au Québec : une étude historique des diverses modalités d'assistance au Québec, des origines de la colonie à nos jours*, coll Les idées du jour, n°D-32, Montréal, Éditions du Jour, 1967.

Moulinier, Pierre.

Les politiques publiques de la culture en France, coll Que sais-je ?, Paris, PUF, 2010.

Les politiques publiques de la culture en France, coll Que sais-je ?, Paris, PUF, 2016.

Pellas, Jean-Raphaël. *La fiscalité du patrimoine culturel*, coll Systèmes, Paris, LGDJ, 2003.

Percerou, Roger. *La personne morale de droit privé: patrimoine d'affectation*, Thèse de doctorat, 1951.

Perrier, Arnaud. *Le Patrimoine culturel en droit privé : l'empreinte de la patrimonialité culturelle*, Thèse de doctorat, Université de Clermont I, 2010.

Peterka, Nathalie. *Les dons manuels*, coll Thèses, Bibliothèque de droit privé,n 355, Paris, LGDJ : Lextenso éditions, 2001.

Picod, Yves. *Le devoir de loyauté dans l'exécution du contrat*, coll Bibliothèque de droit privé, t 208, Paris, LGDJ, 1989.

Pierroux, Emmanuèle. *La propriété des œuvres corporelles. Éléments pour une propriété spéciale.* Tome 1 et 2, Aix-en-Provence, Presses Universitaires d'Aix-Marseille, 2003.

Pomey, Michel. *Traité des fondations d'utilité publique*, Paris, PUF, 1980.

Pontier, Jean-Marie et Jacques Léger, dir. *Les services publics culturels*, Aix-en-Provence, Presses universitaires d'Aix-Marseille, 2012.

Pontier, Jean-Marie, Jean-Claude Ricci et Jacques Bourdon. *Droit de la culture*, 2e éd, coll Précis, Paris, Dalloz, 1996.

Popovici, Alexandra.

Le patrimoine d'affectation. Nature, culture, rupture., Mémoire de maîtrise, Université de Laval, Québec, 2012.

Êtres et avoirs : les droits sans sujet en droit privé actuel, coll Minerve, Cowansville (Qc), Éditions Yvon Blais, 2019.

Proudhon, Pierre-Joseph. *Traité du domaine public ou, De la distinction des biens considérés principalement par rapport au domaine public*, t 1, Dijon, Victor Lagier, 1833.

Rigaud, Jacques. *Les deniers du rêve : essai sur l'avenir des politiques culturelles*, Paris, B Grasset, 2001.

Robert, Henri. *Des actions populaires : droit romain ; Du droit des particuliers dans l'exercice de l'action publique : droit français*, Paris, Larose, 1895.

Roubier, Paul. *Droits subjectifs et situations juridiques*, coll « Philosophie du droit », n 8, Paris, Dalloz, 1963.

Saleilles, Raymond. De *la personnalité juridique : histoire et théories vingt-cinq leçons d'introduction à un cours de droit civil comparé sur les personnes juridiques*, Réimpression de l'éd de 1910, Paris, Éditions La Mémoire du Droit, 2003.

Sarr, Felwine et Bénédicte Savoy. *Restituer le patrimoine africain*, Seuil, Paris, 2019.

Saugez, Hélène. *L'affectation des biens à l'utilité publique : Contribution à la théorie générale du domaine public*, Thèse de doctorat, Université d'Orléans, 2012.

Savatier, René. *Du droit civil au droit public: à travers les personnes, les biens, et la responsabilité civile*, 2e éd, Paris, LGDJ, 1950.

Scapel, Julien. *La notion d'obligation réelle*, Aix-en-Marseille, Presses Universitaires d'Aix-Marseille, 2002.

Schaer, Roland. *L'invention des musées*, 2e éd, coll Découvertes Gallimard, Paris, Gallimard, 2007.
Selbach, Gérard. *Les musées d'art américains : une industrie culturelle*, coll Esthétiques, Paris, L'Harmattan, 2000.
Souleau, Henri. *L'Acte de fondation en droit français*, Thèse de doctorat, Paris, 1969.
Storck, Jean-Patrice. *Recherches sur le rôle de la destination des biens en droit positif français*, Thèse de doctorat, Université Robert Schuman, 1979.
Teyssié, Bernard. *L'intérêt de l'entreprise, aspects du droit du travail*, Paris, Dalloz, 2004.
Thomat-Raynaud, Anne-Laure. *L'unité du patrimoine : essai critique*, coll Doctorat & Notariat, n°25, Issy-les-Moulineaux, Defrénois, 2007.

Valloir, Jean. *Essai sur la notion d'acte à titre gratuit: étude de technique juridique*, Thèse de doctorat, Université de Rennes, 1919.

Vernières, Christophe. *Les libéralités à trois personnes*, Thèse de doctorat, Université Panthéon-Assas Paris II, 2012.

Veyne, Paul. *Le pain et le cirque : sociologie historique d'un pluralisme politique*, Paris, Seuil, 1995.
Virgo, Graham. *Maudsley and Burn's Trusts and trustees: cases and materials*, London, Butterworths, 2002.
Waline, Marcel. *Les mutations domaniales, étude des rapports des administrations publiques à l'occasion de leurs domaines publics respectifs*, Thèse de doctorat, Université de Paris, 1925.
Weber, Max. *L'éthique protestante et l'esprit du capitalisme ; suivi d'autres essais*, traduit par Jean-Pierre Grossein, coll Tel, Paris, Gallimard, 2004.
Witz, Claude. *La fiducie en droit privé français*, Paris, Économica, 1981.

Yolka, Philippe. *La propriété publique : Éléments pour une théorie*, 191, coll Bibliothèque de droit public, Paris, LGDJ, 1997.

Zunz, Olivier. *Philanthropy in America: a History*, Paris, Princeton, Princeton University Press, 2012.

III. ARTICLES, CHRONIQUES, NOTES, OBSERVATIONS, FASCICULES ET REPERTOIRES

Agostini, Éric. « Devenir d'un testament en faveur d'une fondation non encore créée au moment du décès », note ss Cass civ 1ere, 14 mai 1991 [1992] D I 142.

Alfandari, Éli et Michel Jéantin.

Obs ss Civ 1re, 4 novembre 1982 [1983] RTD com 572.

Obs ss Civ 1re 1er mars 1988, [1988] RTD com 464.

Alibert, Raphaël. Note ss CE, 30 mai 1930, *Chambre syndicale du commerce en détail de Nevers* [1931] S III 73.

Allinne, Jean-Pierre. « Trois idées reçues sur le mécénat » dans Jean-Pierre Allinne et Renaud Carrier, dir, *La culture au risque du marché : le mécénat face à ses acteurs*, coll Droit du patrimoine culturel et naturel, Paris, L'Harmattan, 2010, 17.

Amblard, Colas. « Fonds de dotation - Retour sur 10 ans de succès » (2018) 590 Juris Assoc 33.

Ancel, Bertrand et Aurélie Harmand-Luque, *J-Cl Civil code*, art 900-2 à 900-8, Fasc. unique « Donations et testaments – révision des conditions et charges imposées à certaines libéralités ».

Ancel, Bertrand.

« Réserve héréditaire et principes essentiels du droit français » (2018) 1 Rev crit dr int privé 87.

Note ss Cass, 1ere civ, 15 février 1983 [1983] Rev Crit Droit Int Privé 545.

Andreoni, James. « Impure Altruism and Donations to Public Goods: A Theory of Warm-Glow Giving » (1990) 100:401 Economic J 464.

Auby, Jean-Bernard et Rozen Noguello. *J-Cl A*, Fasc. n°684 « Offre de concours ».

Aulagnier, Jean. « La réserve héréditaire peut-elle survivre à l'assurance-vie ? » (2011) 28 Gaz Palais 23.

Aynès, Laurent. « La cession de créance à titre gratuit : quel avenir ? » [2007] D 961.

Barette, André J. « La fiducie d'utilité sociale : réflexions sur un thème méconnu » dans par Service de la formation permanente du Barreau du Québec, *Fiducies personnelles et successions*, 269, Cowansville (Qc), Éditions Yvon Blais, 2007, 81.

Baron, Jane B. « Gifts, bargains and forms » (1989) 2:64 Ind LJ 155.

Barrière, François.

« Charitable Trusts anglo-américains et fondations françaises : des moyens analogues de protection du patrimoine naturel et culturel » dans *Fondation et trust dans la protection du patrimoine en droit français et droit comparé*, coll Droit du patrimoine culturel et naturel, ISSN 1298-2857, Paris, France, 1999.

Rep Droit Civ, *sub verbo* « Fiducie ».

Bars (Le), Thierry. « Revirement de jurisprudence sur les clauses dites pénales en droit des libéralités », note ss Civ 1re 16 décembre 2015 [2016] D 578.

Becquart, Alexis et Xavier Delsol. « Volonté des philanthropes : le choix stratégique de la structure juridique » (2018) 282 Dr et patr 42.

Béhar-Touchais, Martine. Obs ss Civ 1re, 1er mars 1988, [1988] JCP G II 21373.

Beignier, Bernard. « Établissement de la filiation postérieure à la liquidation de la succession », comm. ss Civ, 1re, 23 janvier 2008 [2008] Dr. famille comm. 44.

Benhamou, Françoise. « Généraliser la gratuité des musées nationaux ? » (2008) 6 Esprit 83.

Bérando, Jean-Paul. « La loi du 19 février 2007 créant une fiducie française » dans Jean-Marc Tirard, dir, *Trust & fiducie : concurrents ou compléments*, préf. David Hayton, Actes du colloque tenu à Paris les 13 et 14 juin 2007, Genève, Academy & Finance, 2008.

Bergeron, Yves et Lisa Baillargeron. « Être ou ne pas être « sans but lucratif » dans le contexte des musées canadiens » dans François Mairesse, dir, *Définir le musée du XXIe siècle*, Paris, ICOFOM, 2017, 138.

Berlioz, Pierre. « L'affectation au cœur du patrimoine » [2001] RTD Civ 635.

Bernard de Saint Afrique, Jean. « Fondations et libéralités : problèmes actuels » [1997] Defrénois art.36646.

Bertrel, Jean-Pierre. « Liberté contractuelle et sociétés : essai d'une théorie du "juste milieu" en droit des sociétés » [1996] RTD com 595.

Biagini-Girard, Sandrine. « Le devoir de mémoire d'un "passé qui ne passe pas" comme service public », note ss arrêt, (2014) JCP G 40 995.

Bicheron, Frédéric. Obs ss Civ 1re, 8 juillet 2010, [2010] AJ Fam 445.

Blanck-Dap, Martine. « Le fonds de dotation : nouvel outil de financement privé pour des opérations d'intérêt général » (2010) 212 Gaz Pal 16.

Boiché, Alexandre. « La loi étrangère qui ignore la réserve n'est pas contraire à l'ordre public international français », obs. ss Civ. 1ere, 27 sept. 2017 [2017] AJ fam. 510.

Boulanger, François.

« La loi du 4 juillet 1984 sur la révision des charges et des libéralités » [1985] JCP G I 3177.

Note ss CE, 19 février 1990, *Commune d'Éguilles* [1990] JCP G II 21535.

Bouloc, Bernard. Note ss Cass Crim, 4 février 1985 [1985] Rev Sociétés 648.

Brierley, John E.C.

« Quebec's Civil Law Codification » (1968) 14:4 McGill LJ 521.

« The New Quebec Law Trusts: The Adaptation of Common Law Thought Civil Law Concepts » dans Patrick H Glenn, dir, *Droit québécois et droit français: communauté, autonomie, concordance*, Cowansville (Qc), Éditions Yvon Blais, 1993, 383.

« De certains patrimoines d'affectation: les articles 1256-1298 » dans Barreau du Québec et Chambre des notaires, *La réforme du Code civil*, t 1: Personnes, successions, biens, Sainte-Foy (Qc), Presses de l'Université de Laval, 1993, 735.

« The Gratuitous Trust: A New Liberality in Quebec Law » dans *Mélanges offerts par ses collègues de McGill à Paul-André Crépeau*, Cowansville (Qc), Éditions Yvon Blais, 1997, 119.

Brimo, Albert. Note ss CA Nancy, 26 avril 1976 [1979] JCP G I 19123.

Brody, Evelyn et John Tyler. « Respecting Foundation and Charity Autonomy: How Public is Private Philanthropy » (2013) 85:2 Chicago-Kent L Rev 571.

Brown Karen et François Mairesse. « The definition of the museum through its social role » (2018) 61:4 Curator Mus J 525.

Bruguière-Fontenille, Géraldine. « Requalification d'un contrat d'assurance vie en donation », note ss Mixte, 21 décembre 2007 [2008] D 218.

Bruneau, Daniel. « Une révolution tranquille : la suppression de la tutelle administrative sur les libéralités » [2005] JCP N HS 11.

Buors, Franck. « Les "risques" de la gestion associative » (2006) 11 Rev Lamy Collectiv Territ 15.

Burch, Micah J. « National funding for the Arts and Internal Revenue Code §501(c)(3) » (2010) 37:2 Fla St UL Rev 303.

Burgess, Chris et Rachel Shane. « Deaccessioning: A Policy Perspective: The Journal of Arts Management, Law, and Society: Vol 41, No 3 » (2011) 41:3 J Arts Manag Law Soc 170.

Cabrol, Pierre, Joseane Silva et Marina Brige. « La restitution de la tête maorie du musée de Rouen à la Nouvelle-Zélande : une question politique, juridique et scientifique » (2009) 15 Politeia 15.
Cadieu, Pascal. « La gouvernance des associations "revisitée" » (2009) 42 Rev Lamy Collectiv Territ 75.
Cantin Cumyn, Madeleine.

« La propriété fiduciaire: mythe ou réalité? » [1984] 15 1 RDUS 7.

« Essai sur la durée des droits patrimoniaux » (1986) 48 Rev Barreau 3.

« L'origine de la fiducie au Québec » dans *Mélanges offerts par ses collègues de McGill à Paul-André Crépeau*, Cowansville (Qc), Éditions Yvon Blais, 1997, 199.

« La fiducie, un nouveau sujet de droit ? » dans Jacques Beaulne, dir, *Mélanges Ernest Caparros*, coll Collection bleue. Série Ouvrages collectifs, Montréal, Wilson & Lafleur, 2002, 129.

« Le pouvoir juridique » (2007) 52:2 McGill Law J 215.

« Pourquoi définir la fiducie comme patrimoine d'affectation? » dans Centre de recherche en droit privé et comparé du Québec, dir, *Regards croisés sur le droit privé . Cross-examining private law*. Colloque du trentenaire, Cowansville, (Qc), Éditions Yvon Blais, 2008, 131.

« Réflexions autour de la diversité des modes de réception ou d'adaptation du trust dans les pays de droit civil » (2013) 58:4 McGill Law J 811.

Capeletti, Mauro. « La protection d'intérêts collectifs et de groupe dans le procès civil (Métamorphoses de la procédure civile) » (1975) 27:3 RIDC 571.
Carbonnier, Jean. Communauté, communisme, propriété (1944) dans Jean Carbonnier, *Écrits* (textes rassemblés par Raymond Verdier), Paris, PUF, 2008, 381.
Cardinal, Jean-Guy. « Les hommes meurent, les fondations demeurent » (1961) 63 Rev Notar 431.

Carnegie, Andrew. « Wealth » (1889) 148 North Am Rev 653.

Caron, Yves. « The trust in Québec » (1980) 25:4 McGill Law J 421.

Cassagnabère, Caroline. « De la division du patrimoine au "démembrement de la personnalité" : étude du concept de patrimoine d'affectation à travers l'exemple québécois » (2012) 92 Rev Lamy Droit Civ 63.

Chabot, Gérard. « De l'action en justice des associations au nom d'un intérêt collectif », note ss Civ 1re, 18 septembre 2008 (2009) 37 LPA 7.

Chaigneau, Aurore. « Des droits individuels sur des d'intérêt collectif à la recherche du commun » (2014) 3 RIDE 335.

Champenois, Gérard. Obs ss Civ 1re, 1er juin 1977 [1977] Defrénois art. 31582.

Chan, Kathryn.

« Taxing Charities: Harmonization and Dissonance in Canadian Charity Law » (2007) 55:3 Rev Fisc Can 481.

« Charitable according to whom ? The clash between Quebec's societal values and the law governing the registration of charities » (2008) 49:2 Les Cahiers de droit 277.

« The Role of the Attorney General in Charity in Canada and in England and in Wales » (2011) 89:2 Can Bar Rev 373.

Chassagne-Belmin, Paul. « Les apports aux associations », [1958] Journ not art. 45646.

Chastanier, Claire. « Refonte de la directive sur la restitution des biens culturels » (2015) 27 Juris Art 32.

Chavrier, Maurice. Note ss CA Lyon, 8 juin 1971 [1971] D 555.

Chen, Sue. « Art Deaccessions and the Limits of Fiduciary Duty » (2009) 14 Art Antiq Law 103.

Chénedé, François. « La mutation du patrimoine » (2011) 138 Gaz Pal 19.

Chester, Ronald. « The Psychology of Dead Hand Control » (2008) 43:3 Real Propy, Tr & Est LJ 505.

Clam, Jean. « Qu'est-ce qu'un bien public? » [1997] 41 Arch Philodophie Droit 215.

Clavagnier, Brigitte.

« Dons ISF : record en 2017... avant la chute en 2018 » (2018) 579 Juris Assoc 3.

« Menace d'un nouveau coup de rabot sur le mécénat » (2018) 585 Juris Assoc 3.

Combes, Isabelle.

« La renonciation anticipée de l'action en réduction : une avancée pour les organismes philanthropiques » [2006] JCP N HS 22.

« La donation temporaire d'usufruit » (2006) 905 Option finance 38.

Conley, Sean. « Paint A New Picture: The Artist-Museum Partnership Act and the Opening of New Markets for Charitable Giving » (2009) 20:1 DePaul J Art Technol Intellect Prop L 89.

Cornu, Marie.

« L'Europe des biens culturels et le marché » (2002) 3 J Droit Int 677.

« La mise hors commerce des biens culturels comme mode de protection » (2006) 36 Légicom 75.

« Le musée comme catégorie du droit, l'évolution des textes dans le droit français » dans François Mairesse, dir, *Définir le musée du XXIe siècle*, Paris, ICOFOM, 2017, 178.

« La notion de bien culturel : un double héritage privatiste et publiciste » (2018) 165 supp. Rev Lamy Droit Civ 49.

Cornu, Marie et Marc-André Renold.

« Le renouveau des restitutions de biens culturels : les modes alternatifs de règlement des litiges » (2009) 2 J Dr Intl 493.

« New Developments in the Restitution of Cultural Property: Alternative Means of Dispute Resolution » (2010) 1 Int J Cult Prop 1.

Costa, Delphine. « L'inaliénabilité et l'imprescriptibilité du domaine public » dans Bien public, bien commun : mélanges en l'honneur d'Étienne Fatôme, Paris, Dalloz, 2011, 89.

Courtois, Anne. « Mécène or not Mécène? » [2004] Defrénois art 37898.

Crépeau, Paul-André. « Une certaine conception de la recodification » dans Centre de recherche en droit privé et comparé du Québec, dir, *Du Code civil du Québec : contribution à l'histoire immédiate d'une recodification réussie*, Montréal, Éditions Thémis, 2005, 23.

Crône, Richard.

« Régime des apports faits à une association » [2000] BMIS 980.

Note ss Civ 1re, 27 juin 2000 [2000] Defrénois art, 37250.

David Athanase. « La vie des fondations », RTD civ. 1959, p. 665 et s.

David Beauregard-Berthier, Odile de. « La définition du domaine public mobilier par le Code général de la propriété des personnes publiques » dans Maryse Deguergue, dir, *L'art et le droit : écrits en hommage à Pierre-Laurent Frier,* coll De Republica, Paris, Publications de la Sorbonne, 2010, 122.

Debbasch, Charles. « Le nouveau statut des fondations : fondations d'entreprise et fondations classiques » [1990] D 269.

Defrénois Jacques. Note ss Cass, 1re civ. 19 oct. 1965 [1966] D jurispr 245.

Delsol, Xavier. « Les fonds de dotation » [2009] D 92.

Demogue, René. « La fiducie en droit moderne. Rapport général » dans *Travaux de la Semaine Internationale de Droit*, Tome V, Paris, Librairie du recueil Sirey, 1937, 1.
Denizot, Aude. « L'étonnant destin de la théorie du patrimoine » [2014] RTD Civ 547.
Donier, Virginie. « Les lois du service public : entre tradition et modernité » [2006] RFDA 1219.
Douet, Frédéric. « Aspects civils et fiscaux des donations d'usufruit temporaire » [2013] JCP N 1077.
Dubuisson, Étienne. « "Patrimoines affectés, avez-vous donc une âme ?" La propersonnalité au secours de l'entrepreneur individuel » [2013] D 792.
Dufau, Jean. Note ss Cass, 1ere civ, 3 avril 1963, *Montagne c/Réunion des Musées de France* [1963] *AJDA* 486.
Dufaux, Jacques. « Les opérations fiduciaires à des fins de libéralités » dans Claude Witz, dir, *Les Opérations fiduciaires: (pratiques, validité, régime juridique dans plusieurs pays européens et dans le commerce international) : colloque de Luxembourg des 20 et 21 septembre 1984*, Paris, FEDUCI/LGDJ, 1985, 113.
Dupont, Nicholas. « De la clémence des juges à l'égard des associations non habilitées à agir par la loi », note ss Civ 3e, 1er juill. 2009 [2009] JCP G 454.
Dutheil, Philippe-Henri. « Face au mécénat d'entreprise, le parrainage a-t-il encore de l'avenir ? » (2006) 682 Revue Banque HS 19.
Dutheil, Philippe-Henri et Xavier Caroff. « Mécénat et philanthropie : quelques repères dans un environnement en mutation » (2008) 176 Dr et patr 61.
Duroy, Stéphane. « Le déclassement des biens meubles culturels et cultuels. Réflexions sur la cause et les limites de leur inaliénabilité » (2011) 1 RDP 55.

Emerich, Yaëll. « La fiducie civiliste : modalité de la propriété ou intermède à la propriété? » (2013) 58:4 McGill Law J 827-846.

Fatôme, Étienne.

« Les musées et l'idée du service public » dans Édouard Bonnefous, Éric Peuchot et Laurent Richer, *Droit au musée, droit des musées*, Paris, Dalloz, 1994, 15.

« La détermination des caractères des établissements publics » [2001] AJDA 222.

Fellows, Mary Louise. « His to Give: His to Receive; Hers to Trust: A Response to Carol M. Rose » (1992) 44 Fla L Rev 329.

Ferrari-Breeur, Christine. « L'(in)aliénabilité : quand le politique prime sur le juridique » (2013) 3 Juris Art 43.

Finchman, Derek. « Deaccession of Art from the Public Trust » (2011) 16 Art Antiq Law 93.

Fink, Norman S. « Taxation and Philanthropy: A 1976 Perspective » dans Bruce R Hopkins, The Law of Tax-Exempt Organizations, 11e éd, Heboken (NJ), Wiley, 2015, 14.

Fishman, James J. « The Development of Nonprofit Corporation Law and an Agenda for Reform » [1985] Emory Law J 617.

Fongaro, Éric. « Distinction entre ordre public interne et ordre public international au sujet de la réserve héréditaire », note ss Civ. 1ere, 27 sept. 2017 [2017] JCP N 1305.

Frénette, François. « La propriété fiduciaire » (1985) 26 Cah Droit 725.

Frigo, Manlio. « Le rôle des règles de déontologie entre le droit de l'art et la régulation du marché » (2003) 3 JD Intl 883.

Fronton, Pierre. « La gestion d'un musée de France » (2017) 52 Juris Art 20.

Fullerton, Don. « Tax Policy Toward Art Museum » dans Martin Feldstein, Economics of Art Museums, Chicago, University of Chicago Press, 2009, 199.

Fumarolli, Marc. « Les musées au service du public » dans Édouard Bonnefous, Éric Peuchot et Laurent Richer, *Droit au musée, droit des musées*, Paris, Dalloz, 1994, 5.

Galan, Pierre. « Les musées de France » (2003) 55 Droit Ville 251.

Gamache, Christiane. « "Placements Culture": une mesure publique de soutien au mécénat culturel au Québec en alliance avec le secteur privé » dans Jean-Pierre Alline et Renaud Carrier, dir. *La culture au risque du marché, le mécénat face à ses acteurs*, coll Droit du patrimoine culturel et naturel, Paris, L'Harmattan, 2010, 161.

Garron, Robert. « Influence de la destination des choses sur le régime juridique des droits » (1965) 32 D S 191.

Gary, Susan. « The Problems with Donor Intent: Interpretation, Enforcement, and Doing the Right Thing » (2010) 85:3 Chic-Kent Law Rev 977.

Gélinas, Fabien. « Le locus standi dans les actions d'intérêt public et la relator action : l'empire de la common law en droit québécois » (1988) 29:3 Cah Droit 657-687.

Gény, François. « Les apports en immeubles dans les associations déclarées et reconnues d'utilité publique » [1930] RTD civ 653.

Gerstenblith, Patty.

« The Fiduciary Duties of Museum Trustees » (1983) 8 Columbia J Arts Law 175.

« Acquisition and Deacquisition of Museum Collections and the Fiduciary Obligations of Museums to the Public » (2003) 11:2 Cardozo J Int Comp Law 409.

Ghestin, Jacques et Marc Billiau. « Contre la requalification des contrats d'assurance vie en contrats de capitalisation » [2001] JCP E 1194.

Giannesini, Emmanuel. « La gestion des fonds du mécénat culturel par les associations d'amis : prévénir des situations à risque » [2007] AJDA 122.

Gidrol-Mistral, Gaële et Alexandra Popovici. « Duguit Appropriated: Trusts and Collective Ownership in Québec » dans Paul Babie et Jessica Viven-Wilksch, dir, *Léon Duguit and the Social Obligation Norm of Property A Translation and Global Exploration*, Singapore, Springer, 2019, 311.

Girard, Augustin. « Les politiques culturelles d'André Malraux à Jack Lang : ruptures et continuités, histoire d'une modernisation » (1996) 20:2 Hermès 26.

Glaser, Jane R. « Museum Studies in the United States: Coming a Long Way for a Long Time » (1987) 39:4 Mus Int 268.

Gobert, Michelle. Note ss Civ 1re , 17 novembre 1981 [1982] JCP G II 19842.

Godechot-Patris, Sara. *J-Cl Civil code*, art 896 à 899, Fasc. unique « Libéralités - Dispositions générales -Substitutions prohibées ».

Goffaux-Callebaut, Géraldine.

« Marché de l'art, successions et libéralités » dans Giulio Cesare Giorgini et Sophie Perez, dir, *Droit et marché de l'art en Europe: régulation et normalisation du risque : entre champs culturels et économie réelle : quelles régulations ?*, Bruxelles, Bruylant, 2015, 146.

« Éthique et mécénat culturel » (2015) 28 Juris Art 34.

« Les enjeux éthiques du mécénat » (2015) 28 Juris Art 34.

« Les outils juridiques de l'éthique du mécénat » dans Géraldine Goffaux-Callebaut, dir, *Éthique et patrimoine culturel : regards croisés*, coll Droit du patrimoine culturel et naturel, Paris, L'Harmattan, 2016, 161.

Goliard, François.

« Financement et fiscalité des musées bénéficiant du label Musée de France » (2017) 52 Juris Art 25.

« Les musées privés : une fiscalité inadaptée » (2017) 42 Juris Art 41.

« Musées privés et label Musée de France : un champ d'application très réduit » (2017) 52 Juris Art 33.

Goré, Marie.

« Estate planning-Quelques aspects de l'anticipation successorale en droit américain » dans *Le droit privé français à la fin du XXe siècle. Études offertes à Pierre Catala*, coll Mélanges, 2001, 383.

« Requiem pour la réserve héréditaire » (2017) 22 Defrénois 23.

Grimaldi, Michel.

« La fiducie : réflexions sur l'institution et sur l'avant-projet de la loi qui la consacre » [1991] Defrénois art. 35085 et 35094.

Obs. note ss CE, 19 février 1990, *Commune d'Éguilles* [1992] D somm 231.

« Réflexions sur l'assurance-vie et le droit patrimonial de la famille » [1994] Defrénois art. 35841.

Note ss TGI Paris, 23 mars 1994 [1995] D 49.

« Synthèse » (1995) 55 Les Petites Affiches 21.

« L'assurance-vie et le droit des successions » [2001] Defrénois art. 37276.

Obs ss Mixte, 21 décembre 2007, [2008] RTD civ 137.

« Théorie du patrimoine et fiducie » (2010) 77 Rev Lamy Droit Civ 73.

« La propriété fiduciaire » dans *La fiducie dans tous ses états, Journées nationales, Association Henri Capitant des amis de la culture juridique*, coll. « Thèmes et commentaires, t, 15, Paris, Dalloz, 2011, 5.

Obs ss Civ 1re, 8 juillet 2010, [2011] RTD civ 167.

« Brèves réflexions sur l'ordre public et la réserve héréditaire » [2012] Defrénois art. 40563.

« Il est possible, au regard du droit français, de créer une fondation post mortem hors de France » [2015] RTD civ 448.

« La demande en révision des charges apposées à une libéralité n'est pas soumise à publicité lorsqu'elle est formée par voie reconventionnelle », note ss Civ 1re, 28 janvier 2015 » [2015] RTD Civ 450.

« La clause pénale qui porte une atteinte excessive au droit d'agir en justice ou au droit de demander le partage est réputée non écrite », obs, ss Civ. 1re, 16 décembre 2015 [2016] RTD civ 424.

« La réserve héréditaire ne relève pas de l'ordre public », note ss Civ 1re 27 septembre 2017 [2018] RTD civ 189.

Gros, Manuel. « L'affectation, critère central de la domanialité publique » [1992] RDP 749.

Grosclaude, Jacques.

« L'adaptation par les personnes publiques des charges attachées aux libéralités » [1980] JCP G I 2990.

Obs. ss Civ 2e, 27 mai 2004 [2004] RTD com 555.

Guelfucci-Thibierge, Catherine. *La force normative : naissance d'un concept*, Paris, LGDJ, 2009.

Guével, Didier. « La gratuité intéressée: oxymore d'avenir ? » dans Olivier Cachard et Xavier Henry, dir, *Mélanges en l'honneur du professeur Gilles Goubeaux: liber amicorum*, Paris, Dalloz, 2009, 229.

Guillaumé, Johanna. « La loi étrangère qui ne connaît pas la réserve héréditaire n'est pas en soi contraire à l'ordre public international », note ss Civ 1re, 27 sept. 2017 [2017] D 2185.

Gulliver, Ashbel G et Catherine J Tilson. « Classification of gratuitous transfer » (1941) 51:1 Yale Law J 1.

Gutman, Daniel, Emmanuelle Féna-Lagueny et Christophe Vernières. « L'IFI en 10 questions » (2019) 10 Defrénois 13.

Hall, Dobkin. « A Historical Overview of the Private Nonprofit Sector » dans par Walter W Powell et Richard Steinberg, *The nonprofit sector : a research handbook*, 2e éd, New Haven, Yale University Press, 2006.

Harvey, Fernand. « La politique culturelle d'Athanase David, 1919-1936 » (2003) 57 Cah Dix 31.

Hauriou, Maurice. « La théorie de l'institution et de la fondation. Essai de vitalisme social » dans *Aux sources du droit : le pouvoir, l'ordre et la liberté*, coll Bibliothèque de philosophie politique et juridique, Université de Caen, Centre de philosophie politique et juridique, 1986, 86.

Hay, Peter. « Inheritance Law and Trusts » dans *Law of the United States: an overview*, 3e éd, Paris, Dalloz, 2010, 230.

Héritier, Anne. « De mécène à mécénat, des idées reçues à une réalité politique et sociale : une approche historique. » dans *La culture au risque du marché, le mécénat face à ses acteurs*, coll Droit du patrimoine culturel et naturel, Paris, L'Harmattan, 2010, 85.

Hershkovitch, Corinne. « La restitution des biens culturels : fondements juridiques, enjeux politiques et tendances actuelles » (2017) 39 :1 Ethnologies 103.

Hlioui Barradia, Nejla. « La restitution, au cœur du droit des peuples à leur patrimoine culturel » (2012) 79 Rev Lamy Droit Imm 99.

Ho Si Fat, Franck. « Comment distinguer la délégation de service public et la convention d'occupation domaniale ? », concl. TA Versailles, 6 octobre 2003 [2004] AJDA 2274.

Howard, Kirstie. « Deaccessioning – Rules and Practises at United States Art Museum » dans Marie Cornu, Jérôme Fromageau, Jean-François Poli et Anne Christine Taylor, dir, *L'inaliénabilité des collections, performances et limites ?* coll Droit du patrimoine culturel et naturel, Paris, L'Harmattan, 2012, 205.

Howes, David. « From Polyjurality to Monojurality: The Transformation of Quebec Law, 1875-1929 » (1987) 32 McGill Law J.

Ibarra Garza, Rafael. « Protecting the Trust Fund in the French and English Law » (2014) 20:5 Trust & Trustees 2014.

Idoux, Pascale. « Les dons et subventions des personnes publiques aux personnes privées » dans Nathalie Jacquinot, dir, *Le don en droit public*, coll Actes de colloques de l'IFR, Toulouse, Presses de l'Université Toulouse 1 Capitole, 2018, 157.

Jacquinot, Nathalie. « Le don en droit public » dans par Nathalie Jacquinot, *Le don en droit public*, coll Colloques de l'IFR, Toulouse, Presses de l'Université Toulouse, 2013, 65.

Jaluzot, Béatrice. « Méthodologie du droit comparé : bilan et prospective » (2005) 57:1 RIDC 29.

Jaoul, Mélanie. « Conditions de l'action en révision des donations avec charges » (2015) 125 Rev Lamy Droit Civ 57.

Jèze, Gaston. « L'opération administrative d'offre de concours » [1925] RDP 603.

Josse, Pierre. Concl. ss CE, 30 mai 1930, Chambre syndicale du commerce en détail de Nevers [1930] RDP 530. ; [1931] S III 73 (concl. Josse, note Alibert).

Josserand, Louis.

« Le déclin du titre gratuit et sa transformation », dans *Évolutions et Actualités : Conférences de droit civil*, 7, Paris, Recueil Sirey, 1936.

« Configuration du droit de propriété dans l'ordre juridique nouveau » dans Association japonaise des juristes de langue française, dir, *Mélanges juridiques dédiés à M. le Professeur Sugiyama*, Tokyo, Association Japonaise des Juristes de Langue Française, 1940.

Jourdain, Patrice. « Le préjudice personnel d'une association de protection de l'environnement défendant des intérêts collectifs », obs. ss Civ 3e, 26 septembre 2007 [2008] RTD civ 305.
Karst, Kenneth L. « The Efficiency of the Charitable Dollar: An Unfulfilled State Responsibility » (1960) 73:3 Harv Law Rev 433.
Kaufman, Craig. « Sympathy for the Devil's Advocate: Assisting the Attorney General When Charitable Matters Reach the Courtroom » (2005) 40:4 Real Prop Prob Tr J 705.

Kipiani, Patricia. « De la nécessité d'une action collective en droit administratif français. Éléments de droit comparé » [2013] JCP G 323.

Koebel, Bruno. « Mécénat d'entreprise et marchés publics : éviter le mélange des genres » [2013] JCP A 2304.

Kosaras, Andras. « Federal Income and State Property Tax of Commercialized Non Profits: Should Profit-Seeking Art Museums Be Tax-Exempt? » (2000) 35 New Engl L Rev 115.
Kreder, Jennifer. « The "Public Trust" » (2016) 18 Univ Pa J Const Law 1425.
Labarthe, Françoise. « Dire l'authenticité d'une œuvre d'art » [2014] D 1047.
Labourdette, Marie-Christine. « Les principes fondamentaux d'organisation des musées de France » dans Les musées de France, coll Que sais-je?, 2015, 40.

Lacoudre, Anthony. « La France, un « paradis fiscal » pour les Américains » (2019) 15 Rev Droit Fisc 28.

Lagarde, Paul, Alice Meier-Bourdeau, Bertrand Savouré et Guillaume Kessler. « La réserve héréditaire n'est pas d'ordre public international : autres regards », obs. ss Civ. 1ere, 27 sept. 2017 [2017] AJ fam 598.

Lamazerolles, Eddy. « Droit d'agir en justice d'une association », obs. ss Civ 2e, 27 mai 2004 [2004] D 2931.

Larroumet, Christian. « La fiducie inspirée du trust » [1990] D 119.

Lasserre Capdeville, Jérome. *Rep Dr pén. et proc. pén., sub verbo* « Favoritisme : Marchés publics ».
Latournerie, Marie-Aimée.

« L'inaliénabilité, histoire d'un concept de vue de l'histoire du droit » dans Marie Cornu, Jérôme Fromageau, Jean-François Poli et Anne Christine Taylor, dir, *L'inaliénabilité des collections, performances et limites?* coll Droit du patrimoine culturel et naturel, Paris, L'Harmattan, 2012, 11.

« Du droit de donner et de léguer au droit de fonder, réflexions sur le régime français des fondations » dans *La conscience des droits : mélanges en l'honneur de Jean-Paul Costa*, Paris, Dalloz, 2011, 391.

Lecomte, Catherine. « Ancien Régime et générosité publique » dans Pascal Mbongo (dir), *La générosité publique : dons, mécènes entre droit et politique*, Paris, LGDJ, 2006, 29.

Lemée, Pierre. « La donation temporaire d'usufruit au profit d'une association ou d'une fondation, aspects juridiques » [2013] Guide Assoc 21.

Lenica, Frédéric et Julien Boucher. « Relations entre collectivités publiques et personnes privées exerçant une mission de service public : mode d'emploi », [2007] AJDA 1020.

Lepaulle, Pierre. « An outsider's Viewpoint of the Nature of Trusts » (1928) 14 Cornell Law Quaterly 52.

Lepers, Jacques. « Un reste humain peut-il appartenir au domaine public ? », concl. ss CAA Douai, 24 juillet 2008, *Commune de Rouen c/ Préfet de la région Haute-Normandie, Préfet de la Seine-Maritime* [2008] AJDA 1896.

Lequette-de Kervenoaël, Stéphanie. L'authenticité des œuvres d'art, Paris, LGDJ, 2006.

Lequette, Yves. « Théorie du patrimoine: unité ou affectation? Prolégomènes» (2010) 77 Rev Lamy Dr Civ 63.

Leslie, Melanie B. « The Myth of Testamentary Freedom » (1996) 38 Ariz L Rev 235.

Lhullier, Gilles. « Les oeuvres d'art, res sacrae? » (1998) 2 RRJ 513.

Libchaber, Rémy.

« Le temps, les biens, la prescription: à propos de la restitution des biens spoliés » [2000] RTD Civ 206.

« Pour une redéfinition de la donation indirecte » [2000] Defrénois art. 37273.

« Les aspects civils de la fiducie dans la loi du 19 février 2007 » [2007] Defrénois art. 38631 et 38639.

« Une fiducie française, inutile, incertaine… » dans *Mélanges en l'honneur de Philippe Malaurie*, Paris, Defrénois, 2005, 303.

Likillimba, Guy-Auguste. « Le préjudice individuel et/ou collectif en droit des groupements » [2009] RTD Com 1.

Long, Marceau. Concl. Ss CE, 19 octobre 1956, *Société le Béton* [1956] AJDA II 472.

Louis-Caporal, Delphine. « La fiducie-libéralité-Réflexion sur une opération prohibée » [2016] RTD Civ 49.

Louis, Jean-Jacques. « Offre de concours ou donation : à propos de la création d'un musée d'objet d'art japonais » (2005) 2 RFDA 393.

Loyrette, Henri. « Entretien », (2010) 129 Entreprises et Mécénat 23.

Macqueron, Patrice. « Mécénat et abus des biens sociaux : une liaison dangereuse ? » (2009) 38 Lettre Omnidroit 2.

Madoff, Ray D. « Unmasking Undue Influence » (1997) 2:1 Minn L Rev 571.

Mahinga, Jean-Grégoire. « Portée de la clause d'inaliénabilité grevant une libéralité consentie à charge de constituer une personne morale », note ss Civ 1re, 23 janvier 2008 [2008] JCP G II 10107.

Mairesse, François. « L'aliénation entre raison et passion » dans Marie Cornu, Jérôme Fromageau, Jean-François Poli et Anne Christine Taylor, dir, *L'inaliénabilité des collections, performances et limites?* coll Droit du patrimoine culturel et naturel, Paris, L'Harmattan, 2012, 281.

Maitland, Frederic William. « Equity: A course of lectures » dans AH Chaytor et WJ Whittaker, *The forms of action at common law: a course of lectures*, Cambridge, University Press, 1936.

Malaurie, Philippe. Note ss CA Lyon,8 juin 1971 [1972] Defrénois art. 30054.

Mallet-Bricout, Blandine. « Propriété, affectation, destination » (2014) 48:2 Rev Jurid Thémis 537.

Marnière, Edmond (Sallé de la). Note ss Cass, 1ere civ, 22 juillet 1987 [1988] Gaz Pal I 137.

Marozeau, Maureen. « Le mécénat populaire » (2013) 384 J Arts 21.

Martin, Delphine. « La transmission des œuvres d'art à titre gratuit » (2018) 165 supp. Rev Lamy Droit Civ 17.

Martin, Didier.

Obs. ss Civ 1re, 5 janvier 1978 [1978] D 468.

Obs. ss Civ 1ère, 10 juillet 1979 [1980] D IR 427.

« L'intérêt des actionnaires se confond-il avec l'intérêt social? » dans *Mélanges en l'honneur de Dominique Schmidt : liber amicorum*, coll Mélanges, Paris, Joly, 2005, 359.

Martin, Xavier.

« L'insensibilité des rédacteurs du Code civil à l'altruisme » (1982) 60:4 RHD 589.

« De l'incapacité des rédacteurs du Code civil à concevoir le désintéressement » dans Laurent Richer, dir, *L'Activité désintéressée, réalité ou fiction juridique ? Université d'Angers, Faculté de droit, d'économie et des sciences sociales, colloque de Fontevraud, 15-16 octobre 1981*, coll Travaux et recherches. Série Faculté de droit, d'économie et des sciences sociales d'Angers, Paris, Economica, 1983, 35.

Martins Da-Silva, Maria-Luisa. « Les modalités de gestion d'un musée » [2011] AJCT 162.

Matthews, Paul. « The New Trust: Obligations Without Rights? » dans A J Oakley, dir, *Trends in Contemporary Trust Law*, Oxford, Clarendon Press, 1996, 1.

Maügué, Christine. « Légalité du décret autorisant la Fondation de France à accepter un legs - acceptation subordonnée à la condition de la levée par le juge judiciaire d'une clause d'inaliénabilité », concl. ss CE, 8 décembre 2000 [2001] JCP G II 10616.

Mayer, Lloyd et Brendan Wilson. « Regulating Charities in the Twenty-First Century: An Institutional Choice Analysis » (2013) 85:2 Chicago-Kent L Rev 479.

Mazeyrie, Laurent. « Les donations d'usufruit temporaire : un outil attractif pour le mécénat » [2005] JCP N HS 26.

Mayras, Henri. Concl. ss CE, 11 mai 1959, *Dauphin* [1959] D Jur 315.

Mazzoni, Cosimo Marco. « Le don, c'est le drame. Le don anonyme et le don despotique » [2004] RTD civ 704.

McLean, Albert J. « One Man's Obsession » (1998) 7 :2 Int J Cult Prop 496.

McFarlane, Ben. « The trust and its civilian analogues » dans Lionel D Smith, dir, *The Worlds of the Trust,* Cambridge University Press, 2013, 512

Meiller, Axelle et Henri Leyrat. « Pour un assujettissement de l'assurance-vie au droit des libéralités » (2018) 14 Defrénois 17.

Mekki, Mustapha.

« Le patrimoine aujourd'hui » [2011] JCP N 1327.

Obs ss Civ. 1re, 16 décembre 2015 [2016] D 566.

Mella, Elisabeth. « Le prix du service public de la culture » [2010] AJDA 2037.

Melleray, Fabrice.

« Retour sur les lois de Rolland » dans *Le droit administratif: permanences et convergences : mélanges en l'honneur de Jean-François Lachaume*, Paris, Dalloz, 2007, 709.

« Léon Duguit. L'État détrôné » dans Nader Hakim et Fabrice Melleray, dir, *Le renouveau de la doctrine française: les grands auteurs de la pensée juridique au tournant du XXe siècle*, coll Méthodes du droit, Paris, Dalloz, 2009, 214.

Meyer, Karl E. « The Art Museum: Power, Money, Ethics » dans Patty Gerstenblith, *Art, cultural heritage, and the law: cases and materials*, Durham (NC), Carolina Academic Press, 2008, 222.

Meynet, Wilfried. « Fonds de dotation » dans Philippe-Henri Dutheil, dir, *Droit des associations et fondations*, coll Juris corpus, Paris, Dalloz : juris éditions, 2016, 1473.

Miller, Paul B. « Justifying Fiduciary Duties » (2012) 58:4 McGill Law J 969.

Mirieu de Labarre, Éric.

« Naissance d'un statut général des musées : l'apport du livre IV du Code du patrimoine » [2004] AJDA 1344.

« Le statut fiscal de l'objet d'art » (2006) 20 R Fisc 973.

« La notion de trésor national : entre identités et diversités culturelles » (2007) 2 Droit administratif 15.

Monge, Anne-Catherine et Nési Françoise. Chron. ss Civ 3e, 26 septembre 2007 [2007] D 2757.

Montgolfier, Jean-François. « Le Conseil constitutionnel et la propriété privée des personnes privées » (2011) 31 Nouveaux Cahiers du Conseil constitutionnel, en ligne : Nouveaux Cahiers du Conseil constitutionnel <https://www.conseil-constitutionnel.fr/nouveaux-cahiers-du-conseil-constitutionnel/les-nouveaux-cahiers-du-conseil-constitutionnel-n-31-avril-2011>.

Montpetit, Raymond. « Musée et Muséologie: un champ de recherche dynamique en émergence » dans par Denise Lemieux, *Traité de la culture*, Sainte-Foy (Qc), Éditions de l'IQRC, 2002, 82.

Morand-Deviller, Jacqueline. « La crise du domaine public » dans *Le droit administratif, permanences et convergences : mélanges en l'honneur de Jean-François Lachaume*, Paris, Dalloz, 2007, 737.

Morin, Christine.

« Exercer sa liberté de tester : pas toujours sur la valeur totale de son patrimoine » dans Sylvio Normand, *Mélanges offerts au professeur François Frénette : études portant sur le droit patrimonial*, Québec, Presses de l'Université Laval, 2006, 33.

« La liberté de tester : évolution et révolution dans les représentations de la doctrine québécoise » (2008) 38 Revue de Droit de l'Université de Sherbrooke 340.

Morin, Michel. « Les clauses d'inaliénabilité dans les donations et testaments » (1971) Defrénois art. 29982.

Najjar, Ibrahim. *Rep Dr civ, sub verbo «Donations».*

Najjar, Ibrahim et Vincent Brémond (actualisation).
Rep Droit Civ, sub verbo « Libéralités : conditions et charges ».

Rep Droit civ, sub verbo « Libéralités: consentement et cause».

Rep Droit civ, sub verbo « Libéralités : détermination et capacité des parties ».

Normand, Silvio.
« La notion de modalité de la propriété » dans *Mélanges offerts au professeur François Frénette: études portant sur le droit patrimonial*, Québec, Presses de l'Université Laval, 2006, 255.
« L'affectation en droit des biens au Québec » (2014) 48:2 Rev Jur Thémis 599.

Normand, Silvio et Jacques Gosselin. « La fiducie du Code civil : un sujet d'affrontement dans la communauté juridique québécoise » (1990) 31:3 C D 681.

Noual, Pierre.
« Spoliation et restitution d'œuvres d'art : le retour aux fondamentaux juridiques de l'ordonnance du 21 avril 1945 » (2018) 277 LPA 8.

« Le jubé de la discorde ou la délicate ingérence de l'État culturel dans la propriété privée » [2019] JCP G 336.

Nourrisa, Cyril et Mariel Revillard. « La réserve héréditaire à l'épreuve de l'exception d'ordre public international », note ss Civ. 1ere, 27 sept. 2017 [2017] JCP G 1236.

Pollaud-Dulian, Frédéric. « Donation d'œuvres d'art avec charges à une association : des pratiques bien étranges et une curieuse indulgence » [2018] RTD com 334.

O'Donnell, Nicholas. « Public trust or Private Business? Deaccessioning Law and Ethics in the United States » dans Géraldine Goffaux-Callebaut, dir, *Éthique et patrimoine culturel : regards croisés.*, coll Droit du patrimoine culturel et naturel, Paris, L'Harmattan, 2016, 315.

Ohl, Daniel. Note ss Crim, 4 février 1985 [1985] D 478.

Orsoni, Gilbert. « Gestion du service public », [2007] RTD com 694.

Pailluseau, Jean. « Les fondements du droit moderne des sociétés » [1984] JCP E 14193.

Pando, Annabelle.
« Pour une dérogation à la réserve héréditaire en faveur de la philanthropie, entretien avec Marie-Hèlène des Esgaulx », (2011) 189 LPA 3

« Philanthropie : quelles stratégies appliquer pour une transmission de patrimoine » (2016) 228 LPA 4.

Parance, Béatrice. « Une association de protection de l'environnement justifie d'un préjudice personnel direct en relation avec la violation de la règle d'urbanisme », note ss Civ 3e, 26 septembre 2007 [2008] JCP G II 10020.

Patarin, Jean.

Obs. ss Civ 1ere, 15 février 1983 [1983] RTD 350.

Obs. ss Civ 1ère, 10 juillet 1979 [1981] RTD civ 426.

Patault, Anne-Marie. « Regard historique sur l'évolution du droit des biens. Histoire de l'immeuble corporel » dans *L'évolution contemporaine du droit des biens : Actes troisièmes Journées René Savatier,* coll Publications de la Faculté de droit et des sciences sociales de Poitiers, t. 19, Paris, PUF, 1991, 4.

Pauliat, Hélène. « Gratuité d'accès aux musées et résidents irréguliers : pas d'exclusion de principe » [2013] JCP A 2091.

Pellier, Jean-Denis. « La nature juridique du patrimoine affecté de l'entrepreneur individuel à responsabilité limitée » [2013] RTD com 45.

Penner, James. « Purposes and rights in the common law » (2014) 48:2 Rev Jurid Thémis 579.

Périnet-Marquet, Hugues. Obs. [2014] JCP G 1129.

Perrot, Roger. Note ss Civ 1ere, 17 novembre 1981 [1983] RTD civ 198.

Perrot, Xavier. « L'inaliénabilité des collections publiques et la restitution des oeuvres d'art » (2017) 3 RDP 599.

Perrotin, Frédérique.

« Don intracommunautaire : un projet d'instruction décevante » (2012) 35 LPA 3.

« Parrainage ou mécénat : une opération difficile à distinguer » (2012) 204 LPA 3.

« Vers la fondation européenne » (2012) 224 LPA 3.

« Les dix ans de la loi mécénat : un régime fiscal attractif » (2013) 22 LPA 4.

« Assurance-vie et réserve héréditaire » (2014) 241 LPA 4.

« Mécénat et abus de biens sociaux » (2014) 148 LPA 4.

« Mécénat: la nouvelle donne » (2018) 151 LPA 4.

« IFI et don » (2018) 101 LPA 4.

« Mécénat d'entreprises : un rapport très critique de la Cour des comptes » (2018) 256 LPA 4.

« Territorialité des dons et legs » (2015) 209 LPA 4.

« Générosité et fiscalité » (2019) 113 LPA 7.

Peterka, Nathalie. « Achats pour autrui entre époux » dans Michel Grimaldi, dir, *Droit patrimonial de la famille 2018 - 2019*, 6e éd, coll Dalloz Action, Paris, Dalloz, 2017.

Picard, Marie. « Deaccesioning- Menace sur la collection du musée de Détroit » (2015) 22 Juris Art 49.

Ping Lee, Denise. « The Business Judgment Rule: Should it Protect Nonprofit Directors? » (2003) 103 Columbia Law Rev 925.

Planiol, Marcel. Note ss CA Nîmes, 22 janvier 1890 [1891] D II 113.

Poirrier, Philippe.

« Musées et politiques culturelles en France » (2004) 96 Lett OCIM 13.

« Introduction » (2007) 9:1 Cult Mus 13.

Poli, Jean-François. « Les fondements de la règle de l'inaliénabilité dans le patrimoine culturel » dans Marie Cornu, Jérôme Fromageau, Jean-François Poli et Anne Christine Taylor, dir, *performances et limites ?* coll Droit du patrimoine culturel et naturel, Paris, L'Harmattan, 2012, 41.

Ponsard, André. Note ss Civ 1ère, 10 juillet 1979, [1980] Defrénois art. 32174.

Pontier, Jean Marie.

« Le contentieux culturel devant le juge administratif » [1989] RDP 1607.

« La notion d'œuvre d'art » [1990] RDP 1403.

« L'établissement public de coopération culturelle : un nouvel outil juridique pour la culture? » [2002] AJDA 430.

« Le code du patrimoine » [2004] AJDA 1330.

« Mode d'emploi pour la gestion des services publics culturels » [2007] JCP A 2128.

« Le service public culturel, point de rencontre du juridique et du politique » dans Jean-Pierre Saez, dir, *Culture & société: un lien à recomposer*, coll Saison une, Toulouse, L'attribut, 2008, 37.

« Le Ministère de la culture, inutilité, nécessité ? » [2009] AJDA 634.

« Une restitution, d'autres suivront » [2010] AJDA 1419.

« Réflexions discursives sur une catégorie juridique spéculative : les services publics culturels » dans Jean-Marie Pontier et Jacques

Léger, dir, *Les services publics culturels*, Aix-en-Provence, Presses universitaires d'Aix-Marseille, 2012, 9.

« Une décennie de gestion des musées nationaux » [2012] AJDA 74.

« Le régalien dans le culturel » [2012] AJDA 1673.

« L'infra-réglementaire, puissance méconnue » [2014] AJDA 1251.

« Restitution et spoliation d'œuvres d'art : quelles règles ? » (2014) 37 AJDA 2145-2151.

« Les enjeux de la loi LCAP en matière de patrimoine » (2017) 44 Juris Art 18.

« L'appellation Musée de France » (2017) 52 Juris Art 16.

Popovici, Alexandra. « La fiducie québécoise, re-belle infidèle » dans Alexandra Popovici, Lionel D Smith et Régine Tremblay, dir, *Les intraduisibles en droit civil*, Éditions Thémis, Montréal, 2014, 129.

Popovici, Alexandra et Lionel D Smith. « Lepaulle Appropriated » dans Remus Valsan, dir, *Trust and Patrimonies*, 12, coll Edinburgh studies in Law, Édimbourg, Edinburgh University Press, 2015, 3.

Posner, Eric A. « Altruism, Status, and Trust in the Law of Gifts and Gratuitous Promises » [1997] Wis L Rev 567.

Poujade, Bernard. « L'offre de concours » [1985] 6 RDP 1625.

Près, Xavier. « Heurs et malheurs du formalisme des dons manuels » (2016) 35 Juris Art 38.

Prétot, Xavier. Obs. ss CE, 11 mai 1994, *Fondation du Bocage c/ Préfet de Savoie* [1994] AJDA 912.

Réau, Louis. « L'organisation des musées » (1908) 17 Rev Synthèse Hist 166.

Resta, Giorgio. « Systems of public ownership » dans Michele Graziadei et Lionel D Smith, dir, *Comparative property law: global perspectives*, coll Research handbooks in comparative law, Cheltenham, UK, Edward Elgar Publishing, 2017, 216.

Revet, Thierry. « L'éthique des contrats en droit interne » dans Jean-Yves Naudet, dir, *Éthique et droit des affaires : de l'éthique des entrepreneurs au droit des affaires*, Librairie de l'Université, coll Éthique et déontologie, Aix-en-Provence, Librairie de l'Université, 1997.

Rhattat, Rachid. « L'élaboration d'un cadre juridique européen de l'entrepreneuriat social à l'épreuve des obstacles juridiques, fiscaux et administratifs nationaux » (2014) 2 RDUE 157.

Rhodes, Anne-Marie E. « Big Picture, Fine Print: The Intersection of Art and Tax » (2003) 26 Colum J Arts 179.

Richer, Laurent.

« La notion de tutelle sur les personnes en droit administratif » [1979] RDP 971.

« L'intervention des personnes privées dans la gestion du service public des musées » dans Édouard Bonnefous, Laurent Richer et Eric Peuchot, dir, Droit au musée, droit des musées, Paris, Dalloz : Fondation Singer-Polignac, 1994, 125.

Rickett, Charles Edwin. « Charitable Giving in English and Roman Law - A Comparison of Method » (1979) 38 Camb Law J 118.

Rochfeld, Judith. « Penser autrement la propriété : la propriété s'oppose-t-elle aux "communs" ? » (2014) 3 RIDE 351.

Rodriguez, Karine. « Parrainage » dans Philippe-Henri Dutheil, dir, *Droit des associations et fondations,* coll Juris corpus, Paris, Dalloz, 2016, 664.

Rose-Ackerman, Susan. « Altruism, Nonprofits, and Economic Theory » (1996) 34:2 J Economic Literature 701.

Rose, Carol M. « Giving, Trading, Thieving and Trusting: How and Why Gifts Become Exchanges and Vice Versa » (1992) 44 Fla L Rev 295.

Roskis, Dan. *Rep Dr sociétés*, *sub verbo* « Fondation d'entreprise ».

Rouault, Marie-Christine. Note ss CE, 11 mai 1994, *Fondation du Bocage c/ Préfet de Savoie* [1995] JCP N II 281.

Sagaud, Jean-François. « Regard notarial sur le régime des libéralités faites aux associations, congrégations et fondations » [2007] JCP N 1208.

Saint-Pierre, Diane.

« Politiques Culturelles et Patrimoines au Québec et Canada » (2007) 9 Cult Mus 121.

« Les politiques culturelles au Canada et au Québec » dans par Philippe Poirrier, Pour une histoire des politiques culturelles dans le monde, 1945-2011, Paris, Comité d'histoire du Ministère de la culture, 2011, 113.

Salgado, Maria-Beatriz. « L'entrepreneur individuel à responsabilité limitée : illusion des uns, désillusion des autres » [2014] JCP E 1024.

Saujot, Colette. « Inaliénabilité reconnue aux collections muséales : le recours à la procédure de déclassement doit être respectée » [2008] JCP G II 1018 ; [2008] JCP A 2245.

Sauvage, François. « La succession anticipée du collectionneur d'art » dans Vivien Zalewski, *Mélanges en l'honneur du professeur Raymond Le Guidec*, Paris, Lexis Nexis, 2014, 489.

Savatier, René.

Note ss T. civ. de la Seine, 1er février 1927 [1928] D II 121.

Note ss Civ 1ère, 9 novembre 1959 [1959] D I 613.

Note ss Civ 1ère, 19 octobre 1965, [1966] RTD civ 328.

Note ss CA Rennes, 28 juin 1966 [1967] RTD civ. 422.

« Transfert d'une valeur comptable d'un patrimoine à l'autre » [1975] RTD civ 756.

Note ss CA Poitiers, 24 mars 1976, *Ville de Poitiers c/Société des antiquaires de l'Ouest et autres* [1976] JCP G II 18379.

Scalise, Ronald J. « Undue Influence and the Law of Wills: A Comparative Analysis » (2008) 19:1 Duke J Comp Int Law 41.

Schuster, Mark J. « Sub-National Cultural Policy- Where the Action is: Mapping State Cultural Policy in the United States » (2002) 8:2 Int J Cult Policy 181.

Scott, Francis Reginald. « The Law of Successions in the Quebec and in the French Civil Code » dans Barreau de Montréal, dir, *Le droit civil français, Livre-Souvenir des Journées du droit civil français*, Paris, Recueil Sirey, 1936, 177.

Sédillot, Richard. « Il est temps de modifier les conditions de restitution des biens culturels » (2017) 48 Juris Art 14.

Selbach, Gérard. « Esquisse d'une histoire des musées américains : naissance, croissance, missions et politique fédérale et locale » (2007) 5:1 Lisa 58.

Séners, François. « Une personne privée peut prendre en charge un service public même en dehors de toute délégation de service public », [2007] RJEP 273.

Sériaux, Alain.

« La notion juridique de patrimoine : Brèves notations civilistes sur le verbe avoir » dans Alain-François Bisson, Ernest Caparros, dir, *Mélanges Germain Brière*, coll Ouvrages collectifs, Montréal, Wilson & Lafleur, 1993, 311.

« Présentation de « L'esprit du don » de J.-E. Godbout » [1993] RRJ 1993 679.

J-Cl Civil code, art 900-1, Fasc. unique « Libéralités – Dispositions générales – Clauses d'inaliénabilité ».

J-Cl code, art. 906, fasc. unique : « Donations et testaments – Capacité de disposer ou de recevoir par donation entre vifs ou par testament – Libéralités adressées à des personnes futures ou incertaines ».

Rep Droit Civ, sub verbo « Propriété ».

Serinet, Yves-Marie. « Pot-pourri procédural à propos d'un litige relatif à une donation avec charge au profit d'une université » [2015] JCP G 660.

Sibony, Anne-Lise. « La Cour de justice favorise l'émergence d'un « espace de générosité » transfrontalier » (2011) 3 RTDE 595.

Smith, Lionel D. « Trust and Patrimony » (2008) 38:2 Rev Générale Droit 379.

Smith, Lionel D et Alexandra Popovici, dir, « Colloque du Centre Paul-André Crépeau de McGill portant réflexions sur l'affectation » (2014) 48:2 Rev Jurid Thémis 533.

Souleau, Henri.

« Les libéralités adressées à la Fondation de France » [1970] Defrénois art. 29521.

Note ss CA Nancy, 26 avril 1976 [1977] Defrénois art. 31396.

Sousi, Gérard.

Note ss Civ 1re, 4 novembre 1982 [1983] Rev sociétés 826.

« Introduction : Colloque sur la prévention du trafic international de biens culturels organisé par l'association Art et Droit à Lyon le 16 novembre 2000 » (2001) 13 LPA 3.

Stebbins, Theodore E, Julia Brown Turrell, Jay E Cantor et John Walsh. « The Museum's collection » dans Martin Feldstein, dir, *The Economics of Art Museums*, Chicago, University of Chicago Press, 1992, 13.

Stoljar, Samuel. « Enforcing Benevolent Promises » (1989) 12:1 Sydney L Rev 17.

Tait, Allison Anna.

« Publicity Rules For Public Trusts » (2015) 33:2 Cardozo Arts Entertain Law J 421.

« The Secret Economy of Charitable Giving » (2015) 95:1 BUL Rev 1663.

Tam, Sara. « In Museums We Trust: Analyzing the Mission of Museums, Deaccessioning Policies, and the Public Trust » (2012) 39:3 Fordham Urban Law J 849.

Terré, François. « La personne et ses patrimoines. Des pépins par milliers » [2010] JCP G 2458.

Tetley, William. « Mixed jurisdictions: Common Law v. Civil Law (Codified and Uncodified) » (2000) 60:3 La Law Rev 677.

Touzeil-Divina, Mathieu. « Inaliénabilité conforme à la CEDH d'une pierre domaniale et publique ; note ss Civ 1re, 13 février 2019, pourvoi numéro 18-13.748 » [2019] JCP N 303.

Tripet, François. « La prohibition de la fiducie-libéralité : pourquoi une telle démesure ? » (2006) 293 Gaz Pal 6.

Ullberg, Allan, Patricia Ullberg et Ann Hostra Grogg. « A short story of the museum » dans Robert C Lind, Robert M Jarvis et Marilyn E Phelan, *Art and museum law: cases and materials*, Durham (NC), Carolina Academic Press, 2002, 425.

Usinier, Laurence. « La réserve héréditaire n'est pas d'ordre public international », note ss Civ. 1re, 27 sept. 2017 [2017] RTD civ 833.

Verjat, Armelle.

« Fondation d'utilité publique » dans Philippe-Henri Dutheil, dir, *Droit des associations et fondations*, coll Juris corpus, Paris, Dalloz : juris éditions, 2016, 1367.

« Le mécénat » dans Philippe-Henri Dutheil, dir, *Droit des associations et fondations*, coll Juris corpus, Paris, Dalloz : juris éditions, 2016, 635.

Vialleton, Henri.

Note ss Civ, 24 janvier 1928, [1929] S I 37.

« Famille, patrimoine et vocation héréditaire en France, depuis le Code civil » dans *Mélanges offerts à Jacques Maury*, 2, Paris, Dalloz, 1960, 577.

Vincent, A. « Violation d'une règle d'urbanisme et préjudice personnel direct d'une association », obs. ss Civ 3e, 26 septembre 2007 [2007] D 2535.

Waline, Marcel. Note ss CA Nîmes, 4 décembre 1944 [1946] D jurispr 28.

Wallig, Remco. « Le mécénat culturel. Une histoire au service des musées » (2005) 87 Cahier Espaces 24.

Weil, Stephen E. « From Being about Something to Being for Somebody: The Ongoing Transformation of the American Museum » (1999) 128:3 Daedalus 229.

White, Jennifer L. « When It's OK to Sell the Monet: A Trustee-Fiduciary-Duty Framework for Analyzing the Deaccessioning of Art to Meet Museum Operating Expenses » (1996) 94:4 Mich Law Rev 1041.

Wicker, Guillaume. « Le nouveau droit des libéralités : entre évolution, révolution et contre-révolution » (2007) 157 Droit et Patrimoine 74.

Witz, Claude. « La révision des charges et conditions en matière de libéralités après la loi du 4 juillet 1984 » [1985] D Chron 101.

Yolka, Philippe.

J-Cl Propriétés publiques, Fasc. 10 « Distinction du domaine public et du domaine privé ».

J-Cl Propriétés publiques, Fasc. 45 « Domaine public mobilier ».

Yolka, Philippe et Fanny Tarlet (actualisation). *J-Cl Propriétés publiques*, Fasc. n°45 « Domaine public mobilier ».

Zénati- Castaing, Frédéric.

« Mise en perspective et perspectives de la théorie du patrimoine » dans Centre de droit privé fondamental et Institut d'études judiciaires, dir, *Aubry et Rau: leurs œuvres, leurs enseignements*, Strasbourg, Presses Universitaires de Strasbourg, 2006, 63.

« L'affectation québécoise, un malentendu porteur d'avenir. Réflexions de synthèse » (2014) 48:2 Rev Jurid Thémis 623.

IV. ÉTUDES, RAPPORTS ET CHARTES

American Association of Museums.

America's Museums: The Belmont Report; A Report to the Federal Council on the Arts and the Humanities, 1968.

American Association of Museums, « Excellence and equity: Education and the public dimension of museums », 1992.

Bachelier, Gilles et Conseil d'État. *Rapport sur les règles de territorialité du régime fiscal du mécénat du conseiller d'État*, 2013, en ligne : <https://www.centre-francais-fondations.org/ressources-pratiques/plaidoyer/Territorialite-du-mecenat-12-2012/rapport-sur-les-regles-de-territorialite-du-regime.pdf/view>.

Bourgie, Pierre. *Rapport du groupe de travail sur la philanthropie culturelle: vivement pour une culture philanthropique au Québec !*, Québec, 2013.

Brisson, Max et Pierre Ouzoulias. Rapport d'information n°239 (2020-2021) au nom de la commission de la culture, de l'éducation et de communication, 16 décembre 2020, en ligne : < http://www.senat.fr/rap/r20-239/r20-239.html>.

Chiffert, Anne, Robert Lecat et Philippe Reliquet. *La rénovation des instruments juridiques des services publics culturels locaux*, 18, Ministère de la Culture et de la Communication, Inspection Générale de l'Administration des Affaires Culturelles, 1999.

Conseil d'État.

Rendre plus attractif le droit des fondations, Rapport public, Paris, La Documentation française, 1997.

Réflexions sur l'intérêt général : Rapport public 1999, n°50, Paris, La Documentation française, 1998.

Les associations et la loi de 1901, Rapport public, Paris, La Documentation française, 2001.

Cour des comptes.

Observations de la Cour des comptes sur les comptes d'emploi pour 1994 à 1998 des ressources collectées auprès du public par la Fondation de France, Paris, La Documentation française, 2002.

Les musées nationaux après une décennie de transformations : 2000-2010 : rapport public thématique, Paris, La Documentation française, 2011.

Le soutien public au mécénat des entreprises, 2018, en ligne <https://www.ccomptes.fr/fr/publications/le-soutien-public-au-mecenat-dentreprises>.

Dufour, Gwenaëlle et Régis Vabres. « Les dons « oubliés », les dons innovants : étude juridique et fiscale », Rapport au Ministre de la vie associative, 2012, en ligne : < https://www.associations.gouv.fr/IMG/pdf/Etude_FG_2012_dons_oublies_et_innovants.pdf>.

Dutheil, Philippe-Henri et Antoine Vaccaro. *Étude sur la rénovation de l'intérêt général* (2013).

El Haïry, Sarah et Naïma Moutchou. *La philanthropie à la française : rapport remis au Premier ministre*, 10 juin 2020, en ligne : < https://www.vie-publique.fr/rapport/274626-la-philanthropie-la-francaise-rapport-remis-au-premier-ministre>.

Groupe de travail sur l'avenir du réseau muséal du Québec. *Rapport du groupe de travail sur l'avenir du réseau muséal du Québec - entre mémoire et devenir*, Dir Ministère de la Culture et des Communications, octobre 2013.

Herbillon, Michel. *Les nouvelles formes du mécénat culturel*, Rapport d'information, n° 4358, Paris, Assemblée Nationale, Commission des affaires culturelles et de l'éducation, 2012.

Jutras, Johanne. *Institutions muséales reconnues et soutenues*, Québec, Ministère de la Culture, des Communications et de la Condition féminine, 2010.

Laffite, Pierre. *Fondations : Rapport au nom de la commission des Affaires culturelles du Sénat sur le projet de loi créant des fondations d'entreprises et modifiant les dispositions de la loi n° 87-571 du 23 juillet 1987 sur le développement du mécénat, relatives aux fondations*, Sénat, n°213, 1989-1990, en ligne : < http://www.senat.fr/rap/1989-1990/i1989_1990_0213.pdf>.

Lévy, Maurice et Jean-Pierre Jouyet. *L'économie de l'immatériel : la croissance de demain*, Paris, La Documentation française, 2006.

Ministère de la Culture.

« Mécénat – Entreprises ; Comparaisons internationales », en ligne : < https://www.culture.gouv.fr/Sites-thematiques/Mecenat/Entreprises/Comparaisons-internationales>.

Charte du mécénat culturel du Ministère de la Culture, en ligne : < https://www.culture.gouv.fr/Sites-thematiques/Mecenat/Documentation-et-textes-juridiques/Textes-juridiques/Charte-du-mecenat-culturel>.

Musée du Louvre.

« Charte éthique du musée du Louvre pour ses relations avec les donateurs individuels », en ligne : <https://www.louvre.fr/sites/default/files/medias/medias_fichiers/fichiers/pdf/louvre-charte-ethique-individuels.pdf>.

« Charte éthique du musée du Louvre en matière de mécénat, parrainage et autres relations avec les entreprises ou fondations », en ligne : <https://www.louvre.fr/sites/default/files/medias/medias_fichiers/fichiers/pdf/louvre-charte-ethique-du-musee-du-louvre-en-matiere-de-mecenat-parrainage-et-autres-relations-avec-les-entr.pdf>.

Pérès, Cécile et Philippe Potentier, dir. *La réserve héréditaire*, Rapport du groupe de travail. Direction des affaires civiles et du Sceau, Ministère de la justice, France, 13 décembre 2019, en ligne : < http://www.justice.gouv.fr/publications-10047/rapports-thematiques-10049/la-reserve-hereditaire-32881.html >.

Perruchot, Nicolas, Richard Dell'Agnola et Marcel Rogemont, *Rapport d'information déposé en application de l'article 145 du Règlement par la Commission des finances, de l'économie générale et du plan en conclusion des travaux de la Mission d'évaluation et de contrôle (MEC) sur le musée du Louvre*, rapport public, 1719, Assemblée nationale, Commission des finances, de l'économie générale et du plan, 1958.

Premier Ministre. Le plan gouvernemental de relance du mécénat et des fondations présenté par le Premier ministre le 17 décembre 2002, en ligne : <https://www.vie-publique.fr/documents-vp/patrimoine_2005/plan_mecenat.pdf>.

Québec, Ministère de la Culture et des Communications.
La politique culturelle du Québec : Notre culture, notre avenir, juin 1992.
Énoncé d'orientations : s'ouvrir sur le monde, Le réseau muséal québécois, 1994.
Politique muséale : vivre autrement... la ligne du temps, 2000, en ligne : < https://www.mcc.gouv.qc.ca/publications/politiquemuseale.pdf>.

Rémond, Christine. *Le mécénat: interventions des entreprises dans la vie culturelle en France et à l'étranger. Bibliographie générale*, coll Collection du Département des études et de la prospective du Ministère de la Culture et de la Communication la culture, 1159-0025, Paris, La Documentation française, 1992.

Richert, Philippe et Commission des affaires culturelles du Sénat. *La gestion des collections des musées*, 379, Commission des affaires culturelles du Sénat, 2003, en ligne : < http://www.senat.fr/notice-rapport/2002/r02-379-notice.html>.

Rigaud, Jacques, Philippe Douste-Blazy et Ministère de la Culture. *Pour une refondation de la politique culturelle*, Rapport au ministre de la Culture, Paris, La Documentation française, 1996.

Rigaud, Jacques. *Réflexion sur la possibilité pour les opérateurs publics d'aliéner des œuvres de leurs collections*, Ministère de la Culture et de la Communication, 2008, en ligne : < https://www.culture.gouv.fr/Espace-documentation/Missions/Reflexion-sur-la-possibilite-pour-les-operateurs-publics-d-aliener-des-oeuvres-de-leurs-collections-Jacques-Rigaud>.

Schmitz, Alain. *Le mécénat culturel : outil indispensable de la vitalité culturelle*, Rapport d'information, Commission de culture, de l'éducation et la communication, Sénat, n° 691, 2018, en ligne : < https://www.senat.fr/notice-rapport/2017/r17-691-notice.html>.

Index de jurisprudence

Les numéros renvoient aux numéros de pages.

Juridictions françaises

Juridictions américaines

Juridictions européennes

Index

Les numéros renvoient aux numéros de pages.

Table des matières

Structures éditoriales du groupe L'Harmattan

L'Harmattan Italie
Via degli Artisti, 15
10124 Torino
harmattan.italia@gmail.com

L'Harmattan Hongrie
Kossuth l. u. 14-16.
1053 Budapest
harmattan@harmattan.hu

L'Harmattan Sénégal
10 VDN en face Mermoz
BP 45034 Dakar-Fann
senharmattan@gmail.com

L'Harmattan Cameroun
TSINGA/FECAFOOT
BP 11486 Yaoundé
inkoukam@gmail.com

L'Harmattan Burkina Faso
Achille Somé – tengnule@hotmail.fr

L'Harmattan Guinée
Almamya, rue KA 028 OKB Agency
BP 3470 Conakry
harmattanguinee@yahoo.fr

L'Harmattan RDC
185, avenue Nyangwe
Commune de Lingwala – Kinshasa
matangilamusadila@yahoo.fr

L'Harmattan Congo
67, boulevard Denis-Sassou-N'Guesso
BP 2874 Brazzaville
harmattan.congo@yahoo.fr

L'Harmattan Mali
ACI 2000 - Immeuble Mgr Jean Marie Cisse
Bureau 10
BP 145 Bamako-Mali
mali@harmattan.fr

L'Harmattan Togo
Djidjole – Lomé
Maison Amela
face EPP BATOME
ddamela@aol.com

L'Harmattan Côte d'Ivoire
Résidence Karl – Cité des Arts
Abidjan-Cocody
03 BP 1588 Abidjan
espace_harmattan.ci@hotmail.fr

Nos librairies en France

Librairie internationale
16, rue des Écoles
75005 Paris
librairie.internationale@harmattan.fr
01 40 46 79 11
www.librairieharmattan.com

Librairie des savoirs
21, rue des Écoles
75005 Paris
librairie.sh@harmattan.fr
01 46 34 13 71
www.librairieharmattansh.com

Librairie Le Lucernaire
53, rue Notre-Dame-des-Champs
75006 Paris
librairie@lucernaire.fr
01 42 22 67 13

www.ingramcontent.com/pod-product-compliance
Lightning Source LLC
LaVergne TN
LVHW021138061026
849535LV00002B/289
* 9 7 8 2 3 4 3 2 4 7 7 5 5 *